历史中国书系

三国原来是这样

姜狼——作品

中国出版集团　现代出版社

图书在版编目（CIP）数据

三国原来是这样 / 姜狼著. -- 北京：现代出版社，2024.12. --（历史中国书系）. -- ISBN 978-7-5231-1098-0

Ⅰ．K236.09

中国国家版本馆CIP数据核字第20247AS606号

三国原来是这样
SANGUO YUANLAI SHI ZHEYANG

著　　者	姜　狼
选题策划	张　霆
责任编辑	张　瑾
责任印制	贾子珍
出版发行	现代出版社
地　　址	北京市安定门外安华里504号
邮政编码	100011
电　　话	010-64267325
传　　真	010-64245264
网　　址	www.1980xd.com
印　　刷	三河市宏盛印务有限公司
开　　本	710mm×1000mm　1/16
印　　张	31.75
字　　数	529千字
版　　次	2024年12月第1版　2024年12月第1次印刷
书　　号	ISBN 978-7-5231-1098-0
定　　价	898.00元（全14册）

版权所有，翻印必究；未经许可，不得转载

滚滚长江东逝水（代序）

民间有句老话："少不看《水浒》，老不看《三国》。"

"少不看《水浒》"，是说年轻人读了《水浒传》，容易激发过剩的雄性荷尔蒙，跑上梁山做"替天行道"的买卖；"老不看《三国》"，是说《三国演义》这部小说充斥着诡诈与欺骗，老年人读了可能会变得像曹操那样老奸巨猾。

《水浒传》和《三国演义》是中国文学史上的绝世双璧。《水浒传》走的是底层路线，写的是江湖侠客，以及仕途上的落魄不得志者。《水浒传》虽然写的是北宋末年的宋江农民起义，但内容多属虚构，九分虚一分真。

与《水浒传》同时代问世的《三国演义》走的则是高层路线，依托汉末三国的历史架构，写的是诸侯逐鹿，纵横捭阖，气势磅礴，让人心折！自《三国演义》问世以来，社会影响极其深远，三国也借着罗贯中的那支妙笔，成为中国人最熟悉，也最亲切的时代。曹阿瞒是个白脸奸雄，诸葛军师是个半仙，周都督赔了夫人又折兵，关二爷仁义忠孝，刘皇叔哭过鼻子、摔过孩子……

因为《三国演义》的名气响，西晋史家陈寿呕心沥血编撰的正史《三国志》反倒不太为人熟知，更遑论南朝宋史家裴松之的《三国志注》了。

《三国演义》被罗贯中写得花团锦簇，绚烂夺目，但毕竟是一部文学作品，文学作品是允许虚构的。清人章学诚将《三国演义》的历史真实度（参照正史）比为"七分实，三分虚"，确实很有灼见。

有个问题一直萦绕在我心中：同样是大统一王朝崩溃后出现的乱世，三国和五代十国的历史轨迹极为相似，虽然这两段历史罗贯中都写了，但为什么罗贯中要详写三国而略写五代？《三国演义》是罗贯中的呕心沥血之作，而《残唐五代史演义》却写得七零八落。

其实客观来说，罗贯中的选择无疑是正确的，五代十国（罗贯中只写五代）虽然承盛唐之后，却显得暮气沉沉，欺世盗名者如过江之鲫。正如元朝人张鸣善在《水仙子·讥时》中说:"说英雄谁是英雄?五眼鸡岐山鸣凤,两头蛇南阳卧龙,三脚猫渭水飞熊。"

五代十国能称得上英雄者寥寥数人而已,好不容易出了一个英雄柴荣,却如流星般划过历史的天空,而罗贯中《残唐五代史演义》也不过用三言两语就带过了柴荣。

三国时代从东汉末年算起,长不过百年,却英雄纷起,豪杰遍地。一代风流才子苏东坡迎风高唱:"大江东去,浪淘尽,千古风流人物。"

三国和五代十国就像是一条抛物线的两个点,三国是"往上抛",而五代十国则是"往下掉"。自"安史之乱"后,中国处在一个历史大转型时期,由粗豪奔放进入了缜密严细,五代十国自然不讨人欢喜。五代十国虽然上继盛唐,下启隆宋,但宋朝人对五代十国多半没什么好感,尤其是欧阳修,几乎将五代十国骂得一无是处。

虽然三国是汉末唐初三百年天下大乱的开始,但毕竟就整个历史发展阶段而言,三国处在了历史上升时期。三国是乱世,不过却乱得精彩,肉麻一点说,"乱出了艺术",三国热自然就长久不衰。

三国热实际上并不是从罗贯中开始的,早在隋唐时期,三国的故事就已经家喻户晓,"得之于道路,传之于众口"。别的不说,三国的那些明星大腕都有自己的粉丝团,最典型的是诸葛亮,他的粉丝遍及古今。曹操也有大量的粉丝拥趸。

明星不是衡量一部戏或一个团队优秀与否的唯一标准,但却是非常重要的标准。曹操、诸葛亮、刘备、孙策、孙权、关羽、张飞、赵云、荀彧、吕布、马超、周瑜、司马懿,哪个单挑出来都是能压住场的一线明星。谁不喜欢星光灿烂的阵容?见了明星我们一样会尖叫,荧光棒满天飞。我们可以理直气壮地说:我们花钱就是来看明星的!

当然明星扎堆容易造成剧情被弱化,但三国显然没有受到这个定律的影响,三国的人物层次分配得非常合理,一二三线都有,还有大量跑龙套的群众演员。我们不但记住了活跃在三国舞台的各路明星,也记住了精彩的三国故事,一张票看两路戏,赚了。

也许是受《三国演义》的影响,我们心中的那个近乎完美的三国,更多的是指公元184年东汉黄巾起义到公元234年诸葛亮病逝五丈原,这五十年的精彩历史。尤其是东汉末年那二十多年时间,几乎包揽了三国历史最精华的部分。比如孙策平江东、官渡之战、三顾茅庐、赤壁之战、借荆州、马超复仇、刘备入蜀、失荆州、失空斩、星落五丈原等。

其实要从严格意义上来讲，三国真正开始于公元220年曹丕代汉称帝，曹操、孙策、袁绍、吕布、刘表、荀彧、荀攸、庞统、法正、郭嘉、周瑜、鲁肃、吕蒙、关羽都是东汉人。

不过正因为三国的精华部分都在东汉末年，所以陈寿写《三国志》时，也没有严格拘泥于时代分界线，直接把东汉末年划进三国时代。就如我们现在讲春秋、战国，这两个伟大时代实际上都应该称为东周，可大家都习惯了春秋战国，没人再计较什么东周了。

我们有幸处在旧历史阶段的终点和新历史阶段的起点，曾经的金戈铁马、庙堂谋略、儿女情长，被我们尽收眼底。"以铜为镜，可以正衣冠；以古为镜，可以知兴替；以人为镜，可以明得失。"用现在时髦的话说，历史是一个大课堂，我们能从中学到许多有益的东西。

站在历史面前，每个人都会感觉到自我的渺小，我们应该充满敬畏地去审视历史。一千个读者就有一千个哈姆雷特，历史也有许多角度和侧面，供我们切入，去寻找自己心中的那一份感动。

我们站在历史的新高度往回看，那一个个熟悉的身影，那一个个精彩的片段，总会在夜深人静的时候，悄悄地走进我们的内心深处，继续上演他们的故事。

三国之气势，足以倾倒古今，尝临江边，沐浩荡之风烟，叹一身之微妙；慕鸟鱼之畅情，悲物事之牵锢。滚滚长江东逝水，浪花淘尽英雄……

青山依旧在，几度夕阳红，不由得心潮慨然。最喜斜倚水边树，饮水上风，听水中语，顿有不知今夕何夕之痴。

"几度东风吹世换，千年往事随潮去"，三国之事，三国之人，已越千八百载而直抵今人之前，却无半点疏隔之感，谢陈承祚乎？谢罗贯中乎？或是谢曹刘关孙、诸葛司马乎？天知道。

"汤汤川流，中有行舟。随波转薄，有似客游。策我良马，被我轻裘。载驰载驱，聊以忘忧。"

是为序。

目　录

一 / 三国的疆域划分 / 001

二 / 东汉衰落的秘密 / 009

三 / 曹操的智库 / 018

四 / 刘备和关羽、张飞的兄弟情义 / 027

五 / 小霸王孙策 / 036

六 / 从刘备看东汉三国士、庶分野 / 044

七 / 刘备的用人之术 / 052

八 / 诸葛亮的职业规划 / 059

九 / 诸葛亮为什么不篡位 / 067

十 / 三国非主流顶尖智囊的悲喜人生 / 075

十一 / 三国的乱世草头王 / 084

十二 / 四世三公话袁绍 / 094

十三 / 赤壁之战 / 104

十四 / 东吴军界的双头鹰 / 115

十五 / 三国的另类军阀 / 124

十六 / 三国花瓶男 / 136

十七 / 曹操的七十二座空冢（上）/ 145

十八 / 曹操的七十二座空冢（下）/ 153

十九 / 曹魏宫廷的斗争 / 160

二〇 / 诸葛亮北伐的得与失 / 172

二一 / 孙权和群臣的博弈 / 186

二二 / 孙权的家庭悲剧 / 197

二三 / 三国跳槽史 / 208

二四 / 三国名女漫谈 / 217

二五 / 三国后妃 / 225

二六 / 蜀汉两名相 / 236

二七 / 司马懿的忍功 / 247

二八 / 司马师时代的血与火 / 257

二九 / 司马昭的权力之路 / 268

三〇 / 三国的酒肉江湖 / 276

三一 / 魏国武将群像 / 285

三二 / 马超等人的命运探秘（上）/ 296

三三 / 马超等人的命运探秘（下）/ 305

三四 / 吴蜀关系 / 314

三五 / 魏国的封疆大吏 / 323

三六 / 蜀汉三大边镇 / 334

三七 / 东吴两大边镇 / 345

三八 / 三国神童 / 353

三九 / 蜀汉真的没有人才吗 / 366

四〇 / 风流名士——嵇康和阮籍 / 373

四一 / 三国文人不相轻 / 383

四二 / 三国末路帝王的人生终局 / 389

四三 / 三国官制 / 401

四四 / 三国礼仪制度 / 412

四五 / 迷雾中的木牛流马 / 422

四六 / 算一算三国的经济账 / 428

四七 / 三国的法律制度 / 440

四八 / 三国文学纵横谈（上）/ 447

四九 / 三国文学纵横谈（下）/ 454

五〇 / 评说三国历次战争 / 464

大事年表 / 477

一 / 三国的疆域划分

在谈三国的疆域之前，先把汉朝的行政区划制度简单地介绍一下，毕竟三国直接从汉朝脱胎而来，不讲汉朝——尤其是东汉——便没法说三国。

在中国的行政区划史上，"九州"这个词注定是绕不过去的，一直以来，"九州"都是古代中国的雅称。"九州"一词最早出现在《尚书·夏书·禹贡》篇，据说是大禹治水后设立九州。关于九州之详指，向来说法不一，以《禹贡》为准，九州是冀州、兖州、青州、徐州、扬州、荆州、豫州、梁州、雍州。

不过从夏商周直到先秦，州都不是一个具体的行政区划。秦始皇统一中国，废除分封制，改行郡县制，将秦朝疆域划分为三十六个郡，后增为四十郡。自从吃饭赖账的刘邦敲掉了不可一世的项霸王，建立大一统的汉帝国后，行政区划是郡国制，即诸侯国与郡县同时存在。

但郡国制有个最明显的弊病，诸侯权力过大，据有兵权和财权，最终导致七国之乱，险些砸掉了汉景帝刘启的饭碗。刘启也看穿了其中利弊，但真正对行政区划进行大手术的是景帝的儿子汉武帝刘彻。

刘彻雄才大略，他为了解决这个问题，双管齐下。一方面，实行推恩令，让诸侯国在内部分封成若干个小国，削弱诸侯对中央的威胁。另一方面，刘彻为了加强中央集权，元封五年，也就是公元前106年，创立了刺史部制度。刘彻将天下划分为十三个州，州长官称为刺史。

这十三个州是：司隶（地位相当于北京直辖市，今关中地区）、并州、荆州、兖州、豫州、扬州、冀州、幽州、青州、徐州、益州、交州、凉州。西汉时的州部制度从严格意义上来说不算正式的行政区划，只是监察区，州刺史就是朝廷派到地方监察吏治民生的钦差大臣。

因为是巡查地方，所以西汉的刺史没有固定治所，吃完上家吃下家，成天东游西窜。真正将州部制度固定下来的是东汉，从此州部制度正式成为一级行政区划，直属朝廷，相当于现在的省、自治区和直辖市。

东汉的十三州：

司隶（今陕西关中、河南沿黄河两岸地区、山西西南地区）

豫州（今河南东南部、安徽淮河以北地区）

兖州（今河南东北部及山东中部地区）

徐州（今山东东南部、江苏长江以北地区）

青州（今山东东部地区）

凉州（今甘肃、宁夏）

并州（今内蒙古沿黄河两岸地区、陕西东北地区、山西大部地区）

冀州〔今河北（自京津以南）南部地区〕

幽州〔今河北（自京津以北）北部地区、辽宁（自铁岭以南）大部及朝鲜西北角〕

扬州（今安徽淮河以南地区、苏南、浙江、江西、福建）

益州（今陕西汉中、四川、重庆、云南、贵州）

荆州（今河南南部、湖北、湖南）

交州（今广西、广东及越南北部地区）

东汉除了以上十三州，还有西域长史府（今新疆大部），东汉的疆域面积大体和西汉相当，几乎就是从西汉复制粘贴过来的。

我们一般都把西汉和东汉合称为汉朝，实际上东汉和西汉是两个政权，因为被王莽在两汉之间横插了一腿，所以两汉没有直接的上下继承关系。东汉的天下是光武帝刘秀历尽千辛万苦打下来的，只不过刘秀为了巩固统治，上承了西汉的法统而已。

在经历了光武帝、明帝、章帝三代盛世后，在和帝刘肇的支持下，宦官势力以迅雷不及掩耳之势杀进了政治舞台，成为最为瞩目的一股政治力量。和帝之后至黄巾起义之前，东汉实际上有三股势力在权力场上角逐杀伐：宦官集团、外戚集团和清流官僚集团。尤其是宦官和外戚，成天杀来杀去，东汉帝国被搞得破破烂烂。到了桓灵之时，东汉彻底走向衰落，最终无药可治，暴病而死。

东汉灭亡的直接起因是半仙张角发动的黄巾起义，但实际上东汉亡于藩镇之手。东汉统治的崩溃，中央权力出现了真空地带，各地豪强像猫儿一样，闻到了诱人的腥味，嬉皮笑脸地凑了过来，拉胳膊拽腿揪脑袋，将东汉五马分尸。

我们耳熟能详的三国实际上就是从藩镇衍变过来的，东汉末年，藩镇军阀成群结伙地出现在中华大地上，势力大的横跨数郡，势力小的也有至少一个郡的地盘。诸葛亮在他的成名作《隆中对》里就说"自董卓已来，豪杰并起，跨州连郡者不可胜数"。

历史由乱而治其实就是一系列大鱼吃小鱼、小鱼吃虾米，对资源重新整合的过程，在抢蛋糕的过程中，不断有竞争者被强者打败，大浪淘尽始见金，胜利者毕竟是极少数。

东汉刚破败那会儿，尤其是董卓被灭之后，形势异常混乱，各藩镇之间互相撕咬，地盘犬牙交错。这种竞争方式非常像马拉松比赛，在比赛前，几百位选手站在起跑线前，号令枪一响，一窝蜂地冲了出去。但跑得越远，掉队的就越多，最终就剩下十几个人，开始最后的决战。

我们对袁绍、曹操、刘备、孙策（孙权）、刘表、刘璋（刘焉）、马腾（马超）、吕布、袁术、张绣、公孙度这些大牌军阀都比较熟悉，他们都是马拉松比赛中坚持到最后的选手。其他人如李傕、郭汜、刘虞、韩馥、公孙瓒、刘岱、张燕、张杨等曾经风光一时的人物都被淘汰了。这都算知名的，比如严白虎、桥蕤、刘辟、杨奉、马相这样的小军阀，基本上没多少人知道了。

大部队被甩掉了，坚持下来的这些选手就要开始近距离对决了，有些人没坚持住，掉队了，比如吕布、袁术、张绣。剩下的袁、曹、孙以及诸刘等人，他们都看到了不远处的冠军红线……

在这些人中，最有实力争天下的是袁绍、曹操和孙策（孙权）。袁绍是当时的天下第一人，地盘最大，据有幽、并、冀、青四州；兵力最强，有二十万精锐部队。曹操虽然在政治上占有极大的优势（挟天子以令诸侯），地盘也不算小，控制着徐、兖、豫、司和关中地区，但曹操的整体实力相比袁绍还是稍有些寒酸。

如果要为袁、曹擂台赛投票的话，估计袁绍得票最多，但结果却给大多数人开了一个大玩笑，笑到最后的却是曹操。淘汰掉了袁绍，曹操全面接手河北四州，成为天下第一军阀。曹操的宝贝公子曹丕甚至还接手了袁绍的儿媳妇甄宓……

虽然除曹操，还有五六路军阀，但真正有实力敢和曹操掰腕子的，只有江东的孙权。小说戏文说吴侯孙权据有"江东六郡八十一州"，大抵是正确的，当时孙权控制着整个扬州六郡（九江、丹阳、庐江、会稽、吴郡、豫章）的地面，六郡合共九十二城。当然孙权的天下并不完全是他打下来的，如果没有英勇无敌的哥哥孙策夯实了地基，孙权要想当江东军霸估计只能在梦里了。

和曹操、孙权这样的豪门大户相比，那位面目慈祥的"大汉孝景皇帝玄孙"刘玄德就惨多了。虽然刘备初出江湖战黄巾军的时候，孙权可能还在老娘怀里吃奶呢，但曹操有个好爸爸（有钱），孙权有个好哥哥（有势），刘备有什么？除了一腔热血抱负，两手空空。

刘备出身太低，虽然他扛着"大汉皇叔"镀金招牌四处跑马拉赞助，但他得到的不是白眼就是大棒子。没人捧场，刘备只好带着关羽、张飞几个穷哥们儿，扛着几杆破枪，在江湖上到处讨饭吃。其实刘备也曾经阔过，在徐州当过两任军霸，结果都被赶了出去。

刘备早期的失败实际上败在身边没有智囊团，曹操和孙权手下人才济济，谋士挤满了屋子，刘备的破庙里却空空荡荡。简雍、孙乾、糜竺都不是济世命才，只能跑个腿、对个嘴（外交）什么的。直到刘皇叔三顾茅庐，连哄带骗撬来了诸葛亮这个"贤内助"，刘备才算开了窍。

虽然请来了诸葛亮，但刘备的日子还是过得挺紧巴，只能躲在新野城头上晒太阳。刘备真正发家是在刘表死后，曹操大举南下，结果在赤壁被周瑜一把大火给请了回去。

曹操被烧跑后，荆州成了无主之地，曹、孙、刘三家开始对荆州进行残酷的争夺战。这时曹操还控制着南阳、襄阳（曹操新置郡）和南郡，南郡是长江水道要冲，地理位置非常重要。

孙权虽然已经捞到了江夏郡，但又盯上了南郡，这年头没人嫌钱多咬手。不过守南郡的曹仁也是块硬骨头，东吴大帅周瑜啃了足足一年，磕了几颗大牙，才将南郡吃下肚。

曹操和孙权在江北大打出手，鸡毛乱飞，这时刘备也没闲着。刘备看上了荆州在长江南岸的武陵、长沙、零陵、桂阳四郡，没费多大力气，刘备就轻松把江南四郡划到自己的户头上了。刘备发家致富奔小康，曹操和孙权在旁边气得吹胡子瞪牛眼，他们嘴里的肥肉，嚼着嚼着居然被刘备吞下了肚，简直窝囊透了。

刘备虽然得到了江南四郡，但因为南郡被孙权控制着，刘备集团被限制在长江南线，对刘备的发展极为不利，所以刘备厚着老脸去找孙权借地盘。刘备软磨硬泡，再加上孙权从抗曹战略考虑，最终同意把南郡借给刘备，这就是小说、戏文中有名的"借荆州"。

当时的分裂形势日趋明朗，除了曹刘孙三家大户，还有凉州的马腾、西川的刘璋、汉中的张鲁以及辽东的公孙度。这四家都不具备统一的能力和实力，领衔主演还是那拆不散的铁三角。

铁三角中，曹操据有幽、冀、徐、司、豫、并、兖、雍诸州，当之无愧的江湖老大。即使刘备吞掉了荆州，对曹操也构不成战略威胁，真正对刘备暴富感到恐惧的是江东的孙权。

在地理位置上，荆州处在扬州的上游，孙权最怕敌人从上游顺江直下，对他发起攻击。从东吴的战略地缘角度来看，荆州就是江东的门户，刘备横卧在大门前，孙权能睡踏实吗？谁知道刘备会不会夜半三更蹭到自己床边，一刀下去……

孙权越想越觉得吃亏，自己挺聪明的，怎么被刘备这个大耳朵贼给骗了。不能让刘备一个人吃大头儿，要求刘备至少把荆州划一分给他，不然咱俩没完。吃进嘴里的骨头再吐出来？刘备还嫌荆州不够他七姑八婆住的呢，凭什么给你孙碧眼？

刘备根据诸葛亮的隆中发展计划，打起了刘璋的主意，经过两年的拉锯战，阴阳手段都用上了，刘备终于如愿以偿地得到了西川千里肥地。这时刘备横跨荆益二州，面积广大，兵强马壮，对曹操和孙权都构成了极为严重的战略威胁。

当初刘备和孙权达成共识，荆州算是孙权看在妹妹孙尚香的面上，借给妹夫刘备的。等刘备拿下西川后，就把荆州还给孙权。孙权见要账的时候到了，就派人催刘备快点把荆州吐出来。

刘备装傻，说等我拿下凉州，再把荆州还给大舅哥。孙权当然不同意，双方展开了多回合的火爆谈判，就差在谈判桌上拔刀对砍了。最终刘备让步，割让长沙、零陵、桂阳三郡给孙权。

孙权兴高采烈地派人去接收三郡，没想到镇守荆州的关二爷一手横着一把青龙偃月大菜刀，一手指着孙权的马仔，气运丹田，大吼一声：滚！将东吴的官老爷们全都吹回去了。

联吴抗魏是刘备军事集团做出的重大战略指导方针，结果被关羽生生给破坏了。孙权丢了面子，恼羞成怒，你不给我没关系，那我就武装接收！孙权的马仔吕蒙连敲带诈，从关羽嘴里撬走了三郡。虽然吃了块肥肉，但孙权的战略目标是整个荆州,后来趁关羽北伐的时候,派吕蒙白衣渡江,砸掉了关羽的饭碗,骄傲的关二爷人头落地。

孙权终于得到了荆州,兴奋得尾巴差点翘上了天,从此西大门无忧矣!孙权是爽歪歪了,刘备哭得死去活来,当然不知道刘备是哭丢了荆州,还是哭他的把兄弟关云长。

丢失荆州,导致刘备军事集团在战略上全面被动,统一大业基本泡汤。幸亏刘备之前从曹操手上硬生生撬走了西川北面门户汉中,否则刘备只能挖个坑自己往里跳了。

曹操虽然马前失蹄,但他依然坐稳了江湖头号金交椅,凉州早在几年前就被曹操划到了自己的户头上。只有辽东的公孙渊还在摇头晃尾巴,但天下三分大势已定,公孙渊无论怎么跳大神,都无足轻重。

公元220年,伟大的奸雄曹操撒手西归,长子曹丕不久后就踢掉了傀儡皇帝刘协,建立了大魏帝国。刘备不甘示弱,一年后也坐上了金銮殿,国号大汉,史称蜀汉。至于孙权,称帝比较晚,公元229年,孙权的大吴公司才正式对外挂牌。

三国之中,无疑曹魏是头号强国,吴次之,蜀最弱。魏国控制着司州、荆州、豫州、兖州、青州、徐州、凉州、秦州、冀州、幽州、并州、雍州、扬州,地域广大,人口众多,经济实力强劲。

在曹魏的十三州中,秦州是从凉州拆出来的,而曹魏的所谓扬州,实际上只是淮南一小片地区,正版的扬州基本上都是孙权的地盘。东吴的地盘也不算小,有扬州、荆州、交州,全都是有效控制。后面又从荆州中拆出郢州,从交州中拆出广州,算是五个州。

蜀汉地盘最小,丢了荆州后,只有一个益州。可能是觉得一个州太寒酸,在汉中置梁州,勉强算是两个州。虽然蜀汉还设有凉州牧,马超就吃过这个空心大饼,没什么实际意义。

蜀汉要想重新占据战略主动,就必须夺回荆州,否则单线向曹魏进攻成本太高,风险太大。刘备称帝后,不听人劝,以倾国之兵,杀向东吴。东吴的将军们最善于放火,当年周瑜一把火烧跑了曹操,年轻后生陆逊也是一把火请刘皇叔从哪儿来回哪儿去。

不过因为蜀汉和东吴要面对共同的敌人曹魏,所以双方拍完板砖后,很快就抱在一起称兄道弟。公元229年,蜀汉和东吴达成了瓜分曹魏的协议,日后灭魏之后，东吴划走豫州、青州、徐州、幽州，蜀汉卷走兖州、冀州、并州、凉州。至于司州，以函谷关为界，东属吴，西归蜀。实际上这纸协议一文不值，以当时曹魏的国力，要想灭曹魏，基本属于梦里中彩票，醒来空欢喜。

曹魏地盘不但大，而且基本都是经济发达地区。东吴的面积虽然不算小，但因为当时的东南地区尚没有进行大规模开发，东吴的核心地带主要是长江中下游地区，其他地区经济比较落后，对东吴整体实力的提升暂时起不到多大作用。蜀汉的情况更糟，益州只有四川盆地地区经济发达，长江以南地区是"蛮人"的天堂，属于经济欠发达地区，蜀汉实际上只能指望盆地吃饭。

夺取荆州失败后，蜀汉失去了由东线进入中原的通道，只能北越秦岭，直接和强大的魏国短兵相接。诸葛丞相空有满腔热血，但双方实力差距过于悬殊，老鼠啃大象，劳而无功。诸葛丞相鞠躬尽瘁，死而后已，最终遗恨千古。诸葛亮感动了历史，但却没有感动他的敌人。

诸葛亮死后，他的事业继承人姜维九伐中原，次次失败，同时极大地消耗了蜀汉本就非常弱小的经济实力。最终在三国的博弈中，蜀汉第一个倒下。公元263年，魏国的实际统治者司马昭发兵大举伐蜀，拉开了司马氏统一天下的大幕。

名将邓艾和钟会受命西征，两路并进。钟会是正兵，举堂堂正正之旗，邓艾是奇兵，偷渡阴平一战成就了邓艾的不朽将名。刘备的宝贝儿子刘阿斗屈膝投降，蜀汉灭亡。

按笼统的说法，十分天下，魏据其七，吴据其二，蜀据其一。而司马昭吞并了蜀汉，实力暴涨，而且占据了有利地形，司马氏的统一大业已经不可逆转。

两年后，司马昭在准备篡位的时候突然暴死，白白便宜了儿子司马炎。司马炎踢掉了傀儡曹奂，拿掉了大魏公司的招牌，在礼炮齐鸣声中，大晋公司正式挂牌营业。

晋朝在灭蜀之后，下一个目标肯定是东吴。吴人见蜀亡了，兔死狐悲，一片风声鹤唳，以为晋人很快就会来砸他们的场子。吴人心惊胆战地盘算哪一顿饭是他们的最后晚餐，没想到这一等就是十五年！

公元280年，大晋皇帝司马炎一声令下，数路虎狼之师浩荡东下，一鼓克定建业。东吴暴君孙皓终于实现了自己"青盖入洛"的宏伟志向，被请到洛阳喝茶去了。

轰轰烈烈的三国历史正式拉下了帷幕，用现在的行话说，历史翻开了新的一页……

用唐朝诗人刘禹锡的名篇《西塞山怀古》结束本篇：

西塞山怀古

王濬楼船下益州，金陵王气黯然收。
千寻铁锁沉江底，一片降幡出石头。
人世几回伤往事，山形依旧枕寒流。
今逢四海为家日，故垒萧萧芦荻秋。

二 / 东汉衰落的秘密

张让是谁？赵忠又是谁？答案是两个太监。

说到太监，我们都不会感到陌生，有些太监早已经"大名垂宇宙"了，比如明朝三大太监头子王振、刘瑾、"九千岁"魏忠贤，清末孝钦皇太后身边那位气焰熏天的内务府总管李莲英……

太监是中国古代政治史的一个特殊现象，因为古代都是家天下，为了保持家天下的血统纯洁，只有去了势的男人才可以进宫洒扫执役。太监本没有资格参与军国大事，那都是帝王将相们的事情，古代帝王历来严禁太监干政，违者重惩不殆。

当然这都是纸面上的禁令，政策是死的，人是活的，活人不能被尿憋死。因为政治形势的变化，有些帝王就利用太监为自己的政治目标服务，但养虎遗患，最终导致太监势力尾大不掉，严重影响了政治稳定。

中国历史上有三个王朝的宦官之祸最为酷烈，第一个是东汉，第二个是唐朝，第三个是明朝。虽然不能把这三个大一统王朝的灭亡全都算在太监头上，但太监干政却是导致帝国崩溃的主要原因之一。

东汉是第一个出现宦官之祸的王朝，在这里先讲一下，东汉还没有"太监"这个名词，"太监"一词是到了唐朝才有的。在东汉之前，"宦官"也不全是去过势的男人，士人也是可以入宫当差的，秦末巨贼赵高极可能不是太监。直到东汉初年，朝廷才规定入宫的宦官必须全部由"阉人"当值。

东汉出台这个规定，是吸取了西汉皇帝身边幸佞乱政的历史教训。但人算不如天算，东汉统治者没有想到，他们的帝国被这伙阉人咬得千疮百孔。一阵狂风过后，帝国的神像轰然坍塌，只留下一堆华丽的碎片，供后人凭吊叹息。

东汉最强盛的时期，公认是光武帝刘秀中后期、明帝刘庄、章帝刘炟、和帝刘肇时期，也就是公元37年至公元106年。光武帝建武十三年（公元37年），刘秀历经十五年艰苦血战，消灭了最后一个割据军阀——盘踞在西川的公孙述，华夏一统。东汉帝国开始偃武修文，开创了又一个伟大的盛世。

刘秀是历史上被严重低估的开国皇帝，他的帝国绝对不是对西汉的简单延续，刘秀上马打天下，下马治天下，是难得的全才型统帅。在统一后到驾崩的这二十年里，中华大地上一片生机盎然，帝国重新焕发出了青春的光彩。

之后的汉明帝刘庄虽然崇尚法术，严于治人，曾经弄出"楚狱"大案，株连数万人，引发全国性的政治恐慌。但刘庄治下十八年，东汉帝国依然运行在一个正确的轨道上，史称"明帝即位，人无横徭，天下安宁"（《通典》卷四）。

刘庄死后，皇太子刘炟顺利继位。刘炟的性格和父亲不一样，刘庄严苛，而刘炟则性情温润如玉，待人宽和。但刘炟却宽容过了头，"孝章皇帝弘裕有余，明断不足，闺房谗惑，外戚擅宠"（袁山松语）。刘炟内宠窦皇后，外戚势力由此而大兴，又废立太子，开东汉衰落之始，王夫之就持这个观点。

不过刘炟对权力的控制力很强，但他最大的错误就是死得太早了。章和二年（公元88年），三十一岁的刘炟去世，十岁的皇太子刘肇继位。实际上控制权力的是皇太后窦氏以及窦氏外戚，窦氏也是东汉第一家开张的外戚权力铺子，其实刘肇的生母并不是窦太后，而是梁贵人。

窦氏外戚集团虽然是靠着皇太后窦氏上位的，但他们并非都是草包饭桶，比如窦太后的哥哥窦宪，也算是一代名将。永元元年（公元89年），窦宪率军北击匈奴，将匈奴人赶出了世世代代繁衍生息的大漠故土，迫降二十万匈奴人，剩余的匈奴人如潮水般逃向陌生的西方世界。

窦宪为人将才有余，德行不足，心胸狭窄。窦宪跟着妹妹发达之后，就开始摇头晃尾巴，对过去的仇家进行打击报复，猖狂至极。窦宪连皇帝刘肇都不放在眼里，甚至图谋不轨。

刘肇是个聪明的孩子，他知道窦宪准备做什么，可他从小生在宫里，身边没有自己的势力。刘肇唯一能指望的，就是从小陪伴他长大的宦官们。刘肇和以大宦官郑众为首的宦官集团结成了政治联盟，永元四年（公元92年），刘肇借助宦官的力量发动政变，一举铲除窦氏外戚集团，夺回了最高权力。

在这场惊心动魄的权力斗争中，最大的赢家无疑是宦官集团，宦官集团以郑众封侯为标志，正式走上了历史舞台，上演了一幕幕历史丑剧。其实以刘肇的能力，控制这些宦官不成问题，不过刘肇犯了和他老爹刘炟一样的错误，短命！二十七岁时，刘肇就到九泉地府见祖先去了。

因为刘肇的儿子刘隆只有三个月大，虽然立为皇帝，但无法执政，只能由皇后邓绥临朝听政，以邓氏为代表的外戚势力再一次走上前台。不过此时宦官势力羽翼渐丰，他们已经不单纯是在宫里洒水扫地了，而是开始参与政务。史称东汉宦官"手握王爵、口含天宪"，政治力量不断壮大，已经可以和外戚集团平起平坐了。

邓绥的政治平衡艺术水平很高，在她治下，宦官们还都比较本分。但自公元121年邓绥死后，太监们见没人管得了他们，又开始摇尾巴了。汉安帝刘祜虽然使用雷霆手段，废黜了邓氏外戚，但随后又重用皇后阎氏的娘家人。

东汉的外戚政治从来没有改变，只不过东家倒了换西家，风水轮流转，看大奖砸到谁的头上了。之前的刘肇夫妇虽然也用宦官，但他们有手段，能镇住太监们。

但之后上台的阎家外戚无德无行，阎皇后自己生不了孩子，就对皇太子刘保下毒手，杀死了刘保的生母李氏，并废掉刘保，汉安帝刘祜刚咽气，阎家外戚就改立旁支的北乡侯刘懿做皇帝。没想到刘懿命短，还没过足皇帝瘾就死掉了。

刘懿的死，让一直沉寂的宦官集团终于等到了翻身的机会，以中黄门孙程、王康、王国为首共十九个大太监，在章台门发动兵变，先杀掉和他们不一路的太监江京、樊丰，然后强行拥立刘保即位，就是汉顺帝。

阎太后和刘保有杀母之仇，刘保得势则意味着阎太后的逍遥日子过到头了。孙程的公公兵团直接把刀架在了阎显的脖子上，稍一用力，阎氏兄弟人头落地。阎太后有野心没能力，最终被废掉，没多久就郁闷而死了。

宦官集团再一次在和外戚势力的较量中取得了完胜，在赌桌上赢家通吃，孙程等十九个主事太监全都封侯，出尽了风头。孙程出力最大，受封万户侯。

宋人刘克庄有词云："使李将军，遇高皇帝，万户侯何足道哉！"飞将军李广拼了一辈子老命，连个侯爵也没捞到，而东汉的太监却能封万户侯，真不知道历史到底在讽刺谁。

其实在汉顺帝看来，孙程等人再牛，说到底不过是自己家的高级奴才。这些奴才一旦影响到国家大事，刘保毫不犹豫下重手，孙程等人想扳倒名将虞诩，结果被刘保全部踢出洛阳城，哪儿凉快哪儿待着去。

虽然不久后刘保又把这些太监召了回来，孙程这伙强贼在官场上杀人越货，没他们不敢做的事情。刘保能把这些太监揉捏得恰到好处，"挥之即去，招则须

二 / 东汉衰落的秘密

来"，也是很有政治手腕的。

太监和常人不一样，他们没有生育能力，也没有什么远大抱负，他们眼里只有"权、钱"二字。甚至为了自己的利益，还经常和其他派系的太监火并，弄得鸡毛满天飞。

直到汉顺帝之时，东汉的太监们虽然没少干涉朝政，但更多的是内部撕咬，他们的主要敌人是外戚集团。而外戚集团的主要敌人又是清流官僚集团，东汉这三股势力基本没有全盘交集，多是一对一的单挑，这种形势一直延续到汉桓帝刘志时期。

长江后浪推前浪，一代新人换旧人，孙程那伙强贼早就变成了冢中枯骨。随后顶上来的一拨是以单超、徐璜、具瑗、左悺、唐衡五人为代表的新兴宦官势力，他们的主要政敌是汉桓帝刘志的内兄——以大将军梁冀为代表的梁氏外戚集团。

梁氏外戚集团势力之大，东汉诸外戚无出其右，仅梁氏一门，"前后七侯，三皇后，六贵人，二大将军，夫人、女食邑称君者七人，尚公主者三人，其余卿、将、尹、校五十七人"。可以说大汉天下姓梁不姓刘。

东汉共有好几拨外戚执政，但没有哪一个像梁冀这么臭名昭著。汉桓帝刘志之前的皇帝是汉质帝刘缵，刘缵自幼聪慧过人，因为看不惯梁冀那副猖狂丑恶的嘴脸，当着满朝公卿的面说了一句"此跋扈将军也！"梁冀丢了面子，一怒之下，毒死了年仅九岁的汉质帝。

梁冀最大的敌人是清流官僚集团，但因为梁冀在汉桓帝即位后，依然对后宫指手画脚。加上梁皇后仗着哥哥的权势，在宫中为非作歹，结果把刘志逼得狗急跳墙。

刘志本来和清流官僚也有过节，名臣杜乔和李固当初就反对立刘志做皇帝，得罪了刘志。但还没等刘志报仇，梁冀就逼死了杜乔和李固，彻底得罪了天下清流。梁冀两面树敌，自然没有好果子吃，刘志就决定先动手。

但刘志面临着和当初汉和帝刘肇一样的问题：手上无兵，刘志别无选择，只能通过单超等五人来实现自己的目标。

单超等人做事果敢狠绝，一般来说太监要做大事，往往都是狠角。他们凑集了一千多武士，联合了朝中反对梁冀的官僚势力，以雷霆闪电之势打掉了梁冀，威福享尽的梁冀自裁谢罪天下。

上次孙程封了万户侯，已经非常牛了，但和单超相比，小巫见大巫。刘志出手真阔绰，一甩手给了单超两万户封邑！其他四个大太监最少的也得到一万三千户封邑。

在东汉历次由太监发动的政变中，没有哪一次比这次诛杀梁冀的后果更为严重。诛杀梁冀后，太监集团对朝中进行了大规模的政治清洗，阿附梁冀的太尉胡广、司徒韩缜、司空孙朗这些重臣全部出局，太监们得到了他们梦寐以求的最高权力。还有就是太监们为了进一步控制朝廷，开始担任朝中重臣职务，比如单超就当上了车骑将军。

不仅他们在朝廷上吃香的喝辣的，他们的亲戚也都跟着沾了光，在地方上担任封疆大员。这些猫三狗四品行非常恶劣，得势之后，"辜较百姓，与盗贼无异"。不仅是他们的亲戚，他们的狗腿子也在外面欺行霸市。

本来东汉淳厚的社会风气被他们彻底败坏了，人心思乱，各地百姓为了活命，纷纷揭竿而起，史称"民不堪命，起为寇贼"。东汉帝国的墙根被这窝耗子咬得稀巴烂，在历史的狂风中摇摇欲坠，眼看着楼就要塌了。

此外，梁冀的失败直接导致了外戚集团的萎靡不振，虽然之后还有窦武、何进两家外戚，但由此，外戚这股曾经的重要政治力量已经被边缘化了。东汉政坛的三足鼎立变成了两强并立，宦官集团和清流官僚集团因为没有了外戚势力做缓冲，直接面对面交上了火，从而导致局面更加不可收拾。

因为单超早死，其他四个太监都不具备单独掌控权力的能力，被以司隶校尉韩缜为代表的清流官僚集团打倒在地，左悺自杀，具瑗被废。但宦官势力的生存土壤早已经形成，无非阿猫死了，阿狗换了件马甲再蹿出来。

五侯倒台后，跳出来的是以侯览、曹节、王甫为首的公公兵团。因为形势发生了变化，侯览面对的不再是外戚集团，而是更占有舆论优势的清流官僚集团。公元167年年底，刘志病死，继位的是十二岁的章帝玄孙刘宏，也就是著名的昏君汉灵帝。

虽然汉桓帝刘志的皇后窦氏临朝听政，窦太后的弟弟窦武出面主持朝政，但窦武实际上的身份不仅代表外戚集团，而且也应算进清流官僚集团。窦武为人正派刚直，和清流往来甚密，在他身边聚集了大量清流名士。这也引出了中国历史上一个著名典故：党锢之祸。

党锢之祸的主角其实并不只是清流官僚，还有许多士林中人。他们虽然官职不高，有些还是白身，但他们和清流官僚同属一个利益阶层。许多清流派都是从士林中出来的，属于清流官僚的预备队，有些类似于明朝末年的东林党。

东汉末年的士林清流名号繁多，派系纷杂，按名望和地位划分，有"三君""八俊""八顾""八及""八厨"。窦武就是"三君"之首，是当之无愧的士林领袖，其他比较著名的人物还有陈蕃、李膺、张俭、杜密、范滂等人。当然我们还不能忘了，在"八及"中，还有一个刘表，后来的荆州牧，刘备的"同宗兄长"。

党锢之祸的主要性质是夺权，因为宦官势力长期霸占权力的蛋糕，为非作歹，引发了清流士林的极度不满。清流士林都是孔圣人的门生，追求的是治国平天下，哪能容得下这伙阉人。

党锢之祸可以划分为三个阶段，第一个阶段还在汉桓帝刘志末年，河南尹李膺弹劾前北海郡太守羊元群在郡贪污，结果羊元群花钱买通了太监，竟定了李膺反坐之罪。随后廷尉冯绲打死了因罪系狱的山阳太守单迁（单超之弟），而大司农刘祐上书朝廷，要求限制太监的经济掠夺。结果被太监们全都打下去了。

太尉陈蕃不服，上疏为三人喊冤，同时其他清流又集中向宦官在地方上的势力开火，触怒了宦官集团的利益。侯览等人立刻反击，因为他们处在强势地位，很快压制住了清流官僚集团，陈蕃、李膺等人被罢免。

看到太监们气焰嚣张，清流官僚当然沉不住气了，决定大举反击，这是党锢之争的第二个阶段。这次反击不同第一次打嘴仗，而是以窦武、陈蕃为代表的清流官僚准备发动政变，一举铲除宦官集团。

但窦武却犯了打击面过大的错误，他要杀尽所有太监！结果遭到皇太后窦氏的反对。太监坏蛋多，但也有好人，比如丁肃、赵祐等人，他们人品正直，文学高深，深得士林敬重。窦武不分青红皂白，要把太监一锅端，结果那些本来置身事外的太监全都站在了自己的对立面。

宫中太监为了活命，全部抱成团，打着窦武、陈蕃谋反的旗号提前发动攻击。虽然窦武手上有兵，但这些兵爷却非常怵那些阴险的太监，太监们在阵前一阵恐吓，窦武的部下一哄而散。窦武成了光杆司令，自然没好下场，皇太后被废，诛窦氏三族！

七十多岁的老太尉陈蕃率领八十多个门生横着刀，悲壮地闯进了承明门，要和太监们决一死战。鸡蛋碰石头，结果可想而知，陈蕃被杀，家族故旧全部禁锢，不许出仕。

党锢之祸的第三个阶段更为火爆，窦武、陈蕃被杀后，士林大愤。天下士大夫以被禁锢的李膺为首，拿起了舆论武器，对宦官集团展开了轰轰烈烈的舆论大批判。在舆论上彻底搞臭了宦官集团，几如老鼠过街，人人喊打。

宦官集团被批成了臭大粪，自然极为恼火，上次出手太轻了，再不给书呆子们点颜色看看，真不知道马王爷有几只眼了。宦官集团决定这次将士林一网打尽，这也是党锢之祸的最高潮。

建宁二年（公元169年）十月，太监们在汉灵帝面前诬陷士林是钩党，年少的刘宏问何谓钩党，太监们说士林"相举群辈，欲为不轨，是谓钩党"。只要被扣上了谋反的大帽子，肯定是没好果子吃的。李膺被捕，下狱就义，李膺所有门生故吏全部遭到禁锢。

至于其他士林名流，宦官都没有放过，下令在全国范围内进行追杀。最典型的就是张俭，被宦官追得走投无路，四处敲门求救。因为张俭在士林中的名声极好，天下人宁可自己家破人亡，也要收留张俭。这就是东汉历史上一个著名的典故——望门投止。

张俭可以说是党锢之祸中士林名气最大的一个，清末戊戌变法失败后，谭嗣同没有逃跑，而是等着杀头，在临死前写下了一首著名的《绝命诗》：望门投止思张俭，忍死须臾待杜根。我自横刀向天笑，去留肝胆两昆仑！

变态的太监们依然没有收手，下令凡"天下豪杰及儒学有行义者"皆为党人，全国上下顿时陷入了极度的政治恐慌中。东汉事，不可为矣！

东汉是彻底完蛋了，但太监们的好日子还没过完。侯览、曹节等人很快被时间淘汰掉了，顶上来的是以张让、赵忠为代表的十二个太监头子，史称"十常侍"。

要说东汉的大太监从郑众算起，已经有好几拨了，个个飞扬跋扈，但还没有哪一拨太监能比张让这一拨更"牛"。太监们虽然不能生儿子，但不妨碍他们认干儿子，张让的干儿子是谁？汉灵帝刘宏！

刘宏虽然是章帝玄孙，但他这一支宗室的社会地位很低，他父亲只做过亭侯。要不是刘宏中了大奖，进宫当上皇帝，他这辈子只能在社会最底层苦苦挣扎。刘宏知道这伙太监的厉害，根本不敢招惹他们，反而厚颜无耻地拜张让做了干爹。

搞笑的还不是刘宏拜干爹，而是刘宏拜干妈。刘宏的干妈也是一个太监，就是赵忠，不知道张让和赵忠是不是"夫妻"关系。拜太监做干爹已经够丢人了，更何况还有个太监老娘。

刘宏脸皮够厚，不但不以为耻，反而到处吹嘘："张让是我公（父），赵忠是我母！"。七百年后，唐僖宗李儇也拜了大太监田令孜做干爹，就是著名的十君阿父，估计李儇就是从刘宏这儿得到的启发。

张让和赵忠有了刘宏这么一个孝顺儿子，更加不可一世。你不服？有本事你也认个皇帝儿子！

张让等人和前几任太监主要在政界耍横相比，祸害更大，因为他们把贼手伸向了经济领域。历史已经证明，一旦经济崩溃，离翻船的日子也就不远了。

宦官集团打着为皇帝修建宫室的旗号提高田税钱，公然掠夺百姓财产，他们则从中吃大头。宦官集团纵容自己的家眷故旧在地方上掌握权力，"父兄子弟布列州郡"，"辜榷财利，侵掠百姓，百姓之冤无所告诉，故谋议不轨，聚为盗贼"。

实际上伸出黑手翻老百姓钱柜子的还不只是太监们，皇帝刘宏也是个历史上有名的钱迷，爱财如命。刘宏搂钱的手段多种多样，最著名的就是刘宏开了一个权力铺子，公开批发官帽子。按官场老规矩，出价高的当大官，出价低的当小官，一毛不拔的树上凉快去。

刘宏和太监们合伙做生意，狠赚了一笔，吃得满嘴流油。他们都爽了，老百姓可都被逼得没活路了，官逼民反，民不得不反！这是千古不变的定律。

中平元年（公元 184 年）春，平地一声炸雷：巨鹿人张角举起了武装反抗汉朝统治的大旗！张角和两个弟弟以"太平道"为掩护，以"苍天已死，黄天当立；岁在甲子，天下大吉"为联络口号，旗下汇集了数十万愤怒的百姓。他们头裹黄巾，扛着锄头，怒吼着冲州撞府。官府不给百姓们一个公道，老百姓只能自己去讨还公道，这就是历史上大大有名的黄巾起义。

黄巾起义规模空前，天下震动，更差点儿没把汉灵帝和太监们吓得屁滚尿流。虽然明事的中常侍吕强劝朝廷立刻对被禁锢的党人进行大赦，不然党人和黄巾万一合流，大势去矣。

刘宏虽然也照做了，同时官军大举出动，剿杀黄巾军。但不除作恶万端的宦官，根本不可能解决任何问题。在宦官问题还没有解决的情况下，藩镇问题又开始凸显。因为地方藩镇通过镇压黄巾起义，开始暗中坐大，形成强大的独立藩镇，曹操、刘备、孙权最终埋葬了东汉王朝。

宦官集团专权作恶是黄巾起义的直接诱因，郎中张钧愤怒地弹劾张让等人，结果可想而知。但自党锢之祸后，清流士林已经不成气候，在朝中完全是宦官集团在唱独角戏。在地方上，由于藩镇力量的强势崛起，他们成了东汉历史舞台上最后一拨和宦官集团抗衡的力量。

至于外戚方面，中平六年（公元189年）汉灵帝刘宏死后，长子刘辩继位。因为刘辩的生母是何太后，所以何太后的异母哥哥何进当上了大将军，这也是东汉最后一支外戚势力。

但以何进为代表的外戚实际上只是个花架子，名为大将军，实际上兵权都控制在宦官集团手中，这是汉灵帝刘宏生前安排的。何进有名无权，自然不甘心被太监骑在头上，准备除掉宦官集团。而宦官们又不喜欢皇帝刘辩，想除掉刘辩，改立刘宏的次子陈留王刘协。

双方的矛盾不断激化，不过天下舆论基本上都站在何进这一边，比如随后在三国史鼎鼎大名的人物，袁绍、袁术、董卓、曹操、逄纪、荀攸等人。

形势对何进很有利，但何进为人少谋寡断，做事犹豫不决。席下首谋袁绍劝何进先发制人，可何进由于妹妹何太后的反对，不知所措，白白浪费掉了好机会。

何进这边还在磨磨蹭蹭时，宦官集团已经开始下手了。张让等人趁何进进宫的时候，埋下伏兵，一举击斩何进。不过因为何进的军队并不是宫中人马，所以宦官们控制不了。以袁绍为首，何系人马开始绝望地反扑。

虽然最终结果外兵集团大获全胜，袁绍率兵闯进宫中，对太监势力进行血洗，"宦者无少长皆杀之，凡二千余人"。随后张让、段珪胁迫刘辩和刘协外逃，但被反对派的军队逼得走投无路，横竖是个死，甩掉小皇帝，投河自尽了。

至此，祸害东汉整整百年的宦官势力彻底覆灭，但陪太监们灭亡的，还有光武帝刘秀一手打拼下来的东汉帝国。之后的故事我们很熟悉了，各路诸侯为了能抢到最大的那块蛋糕，开始了火并。大浪淘沙，最后站在决赛场上只有三个人：曹操、刘备、孙权。

三 / 曹操的智库

这个世界上什么东西最贵？答案肯定是五花八门的。有人说是粮食，有人说是资源，也有人说是关系，当然肯定也有人说是人才。

在当今社会，随着竞争的日益加剧，人才的流向越来越受到重视。因为社会分工的不同，人才的种类很多，作为一个管理者，物尽其用、人尽其才，就可以无往而不胜。

是细节决定成败，还是管理决定成败？都对！但同时我们还要认识到，人才同样能决定成败！古往今来的胜利者，且不说他们的人品香臭，也不说他们的手段能否拎上台面，但他们无一例外都是会使用人才的高手。尤其是用智力型的人才，说得通俗一点，就是智囊，古代称为谋士，现在比较流行的说法称为智库。

在楚汉战争中为什么笑到最后的是吃饭赖账的草根刘邦，而不是气宇轩昂的贵族项羽？原因很简单，刘邦没别的本事，就是会用人，对人才舍得下本钱，人人都愿为刘邦效死，比如张良、陈平。项羽什么都会，就是不会用人，好容易有一个亚父范增还不能善用，结果兵败身死。

项羽本是秦末汉初当之无愧的第一，刘邦只是配角，但刘邦却顶翻了项羽，当上了主角。在西汉和东汉之际，江湖老大非刘秀莫属，王莽只是个垫场的，而公孙述之流只能做井底的蛤蟆头子。

在轰轰烈烈的三国时代中，谁是男一号？刘备和孙权都是牛人，但他们偏安一隅，在气势上就弱了很多。三国的第一，非曹操莫属。

虽然曹操最终也没有统一天下，但不是曹操无能，而是刘备和孙权都是狡猾的顶尖枭雄，曹操生不逢时，时也！命也！如果曹操和刘秀调换一下，凭王郎、隗嚣、公孙述这些蔫瓜烂菜，早就被曹操剁碎下锅了。

三国各不统属，互相拍板砖，鸡毛满天飞。不过无论是讲块头还是讲整体实力，曹操建立的魏国都是最强大的。曹魏横跨中原，"十分天下据其八"，蜀吴两国都没有单独和曹操叫板的实力，只能两弱联合对抗一强。

曹操之所以能成为三国头号枭雄,他本人的雄才大略、诡谲多谋是重要原因,但不是唯一原因。曹操能成大业,除了他的大脑,还有两件趁手的兵器。左手名将如云,神挡杀神,鬼挡杀鬼;右手谋士如雨,连横合纵,为曹操解疑释惑,提供智力支持,曹操想不成功都难。

曹操不但用兵如神,用人方面也是绝顶高手,千里马和伯乐两种角色,曹操一肩双挑。曹操的智库一般来说有个粗略的划分:一线智库和二线智库。

所谓一线智库,主要是指曝光度最高的核心谋士团,有荀彧、荀攸、郭嘉、程昱、刘晔,号称五大天王。后来郭嘉早亡,一代奸雄司马懿补了郭嘉的缺,但曹操不太放心司马懿,一直不予重用。

所谓二线智库,当然是指曝光度不太高的那些谋士,比如董昭、蒋济、陈群、毛玠、袁涣、何夔、满宠等人。二线智库的星光虽然不如一线的灿烂,但他们往往都有点石成金之妙。一线和二线的区别也许并不在于实力,而在于机会。

相对来说二线智库我们都不是特别熟悉,但一线的五位天王我们都不陌生,不过荀彧和荀攸、郭嘉是真正的一线,而程昱和刘晔的地位则稍弱一些,介于一、二线之间。

可以把曹操和刘备的智库做一个泛泛的比较:荀彧是曹操的智库头牌,类似于诸葛亮;荀攸类似于庞统;郭嘉类似于法正;程昱类似于马良;刘晔类似于黄权。至于另一个大牌贾诩,论名气和实力属于一线,但贾诩是投降过来的,并不是曹操的核心智囊,有些类似于刘巴。

我们都知道三国谋士群的代表性人物是近乎半仙的诸葛亮,诸葛亮与庞统、法正等以战术谋略为主的智囊不同,他主要负责大战略的谋划。在曹操的阵营中,与诸葛亮的作用和地位相似的就是荀彧。诸葛亮对刘备有多重要,荀彧对曹操就有多重要。

荀彧出身东汉著名大族颍川荀氏,据《后汉书》记载,荀彧是战国大思想家荀子的第十三世孙,家族地位要比诸葛亮高一些。颍川荀氏在东汉名臣辈出,荀彧的祖父荀淑是一代大儒,名臣李固和李膺都师事之。

荀淑有八个儿子,各有才学,号称荀家八龙,荀淑的次子荀绲于汉桓帝延熹六年(公元163年)生下了荀彧。生荀彧的时候,东汉帝国已经出现了破败的迹象,等到荀彧长大成人后,东汉在宦官、黄巾军以及藩镇各方势力的联合拉扯下,已经被大卸八块,天下分裂格局不可避免。

宦官和黄巾军都只是历史的匆匆过客，他们提前被打败了，活跃在东汉末年历史舞台上的是从庙堂草野中杀出来的各路枭雄，也就是藩镇。开东汉藩镇专权的是董卓，除董卓之外，中原地区还有许多军阀，但公认的两大明星是河北的袁绍和山东的曹操，吕布只是根搅屎棍子。

荀彧虽然和曹操鱼水情深，但荀彧的第一选择却是袁绍，不过荀彧和袁绍接触一段时间后，发现袁绍外强中干，用人不明。荀彧觉得自己跟着袁绍恐怕没有多少展示才华的空间，所以倒戈跟曹操泡在了一起。

曹操正处在事业的起步阶段，手下武将不少，但谋士却寥寥无几。一个团队如果没有自己的智库，打拼的难度会非常大，刘备就是个明显的例子。曹操听说荀彧来投，仰天大笑："我的张良终于来了！"曹操本人就是个智多星，再加上荀彧，如虎添双翼，可直上青云而高翔了。

荀彧的加盟是曹操事业的一个重大拐点，从此曹操有了明显的战略目标，最终完成霸业，荀彧居功至伟！荀彧给曹操制定了两大战略目标，第一步先效法汉高祖刘邦占关中，汉光武刘秀据河内，经营兖州作为根据地，不能四处打游击。

根本固后，再伺机效法晋文公纳周襄王，迎汉献帝刘协，从而尊奉天子，号令天下，取得政治上的主导权。关于挟天子以令诸侯的战略方针，曹操也想到了，只是他还在犹豫，如果不是荀彧苦劝，曹操或许就放弃了。

后来的形势发展证明了荀彧的战略远见，当北方只剩下袁绍和曹操准备决战的时候，曹操才体会到荀彧的重要性。因为袁绍在军事上要比曹操占优势，如果不是袁绍优柔寡断，放弃了迎还献帝，曹操连政治上的优势都无法获得，曹操会更加地被动。

荀彧不愧是第一流的谋士，他看人很准，在袁曹决战前夕，孔融劝曹操不要轻易和袁绍开火。孔融的理由是袁绍地广兵强，手下多虎将谋臣，不易卒取。

荀彧驳斥了孔融的观点，荀彧曾经在河北待过一段时间，他对袁绍的底细摸得很清楚。袁绍兵虽多但不善用，谋臣虽众但各怀其私，内部有派系之争，武将皆逞匹夫之勇，一战可擒之。人人都喜欢预测，猜得准的叫神仙，猜不准的叫乌鸦，荀彧的功力近乎神。

不过荀彧这个人正统观念非常强，在荀彧眼中，东汉政权才是正统。荀彧和曹操之间也不是主仆关系，而是事业上的合作伙伴。荀彧以为曹操想做齐桓晋文，则自己就是当仁不让的管仲，九合诸侯一匡天下。

但荀彧后来发现曹操的野心越来越大,有篡位的野心,这就冲破了荀彧的底线。荀彧劝曹操尽忠汉室,不要行大逆不道之事,由此得罪了曹操。曹操在南征孙权的时候,暗示他已经不需要荀彧了,请荀公自行了断吧。荀彧知道他和曹操的缘分尽了,面色平静地饮药自尽。

曹操平生在政治棋盘纵横杀伐,无所不克,但也有下臭棋的时候,逼死荀彧无疑是最臭的一步棋。荀彧的死给曹操造成的损失不可估量,荀彧不仅是当时官场上的头牌花旦,能镇住场子,而且智力绝人,试想如果刘备逼死了诸葛亮,会是什么样的结局,真为曹操感到可惜。

好在曹操身边还有许多一流谋士,死了一个荀彧,至少还有荀攸。荀攸是荀彧的侄子,不过荀攸却比荀彧大了八岁,荀攸出道要比小叔早。汉灵帝末年大将军何进谋诛宦官张让等人的时候,荀攸就参加了何进的智囊团。

后来何进败了,董卓专权,荀攸又谋划铲除董卓,结果事机泄密被捕。幸好不久董卓败死,荀攸大摇大摆地出狱。荀攸见中原板荡不宁,准备去相对比较稳定的西川发展。只是天下多事,道路多艰,荀攸没去成,蹲在荆州等买家。

一个很有趣的假设,如果荀攸真到了刘璋手下,受到了刘璋的重用,刘备和诸葛亮能打赢荀攸吗?如果荀攸不受重用,刘备收西川后,又如何安排荀攸。荀攸的身价可不比诸葛亮低,一山能否容下二虎?当然这样的假设毫无意义,毕竟荀攸没去西川。

荀攸后来跟了曹操,曹操激动得满世界吹喇叭:"公达(荀攸字)归我,天下不足定也!"荀攸在曹操手下,一直处在小叔荀彧的阴影之下,荀彧的星光太亮了,荀攸难免显得有些黯淡。但荀攸和荀彧的作用不同,荀彧更适合玩大战略,而战术则是荀攸的强项。

荀攸最经典的一次演出是救白马之围,建安五年(公元200年),袁绍派大将颜良南下攻白马(今河南滑县),曹操率兵迎战。当时袁强曹弱,如果两军正面交战,曹操几无胜算。

荀攸给曹操出了一个绝招,派一支轻兵假装偷袭袁绍的大本营,诱使袁军回撤救援。曹军趁白马袁军空虚之际,一举可斩颜良。曹操依计而行,果然成功地解除了白马之围,同时也成就关云长于万人阵中斩颜良的不世英名。

由于职能分工的关系,曹操是董事长,荀彧是总经理,总镇后方,而荀攸则是企划部部长,在前线出谋划策。《三国志》称荀攸总共替曹操"画奇策十二",

可以说荀攸是曹操身边的首席政治分析师，所以曹操对荀攸异常地敬重，让长子曹丕视荀攸如父。

荀攸同小叔荀彧一样，死在了征讨孙权的前线，曹操闻荀攸死，痛哭流涕，如折一臂。荀攸的人生轨迹和成就与后来的"凤雏先生"庞统非常相似，只是曹操要比刘备幸运，多用了荀攸十几年。而刘备重用庞统，只有短短的五六年，刘备实在是亏大了。

讲过了荀氏叔侄，下面讲的这个人物可以说是曹操智库中最传奇的一个谋士——郭嘉。说到郭嘉，不能不让人联想到刘备的"新宠"法正，郭嘉和法正简直就是绝配。法正是刘备"保荆跨益，横踞汉中"战略中的关键人物，可以说没有法正，就没有刘备的霸业，对于曹操，郭嘉同样如此。

其实郭嘉本来是颍川智士戏志才的替补，戏志才是曹操早期的重要谋士，可惜早亡。曹操找荀彧推荐人才，荀彧推荐了郭嘉。郭嘉和推荐人荀彧一样，都曾在袁绍的地头上混过，但郭嘉发现袁绍不足以成大事，就炒了袁绍的鱿鱼，跳到曹操的槽里捞饭吃。

郭嘉的看人眼光极其毒辣，他刚拜了曹操的门子，就给曹操提出了著名的《十胜十败论》。郭嘉通过对袁绍集团和曹操集团的对比，讲出了袁绍必败，曹操必胜的十条理由。

归纳来讲，郭嘉认为曹操类似汉高祖刘邦，"用人无疑，唯才所宜"。做事果决，略小节而重大事，同时曹操具有政治优势。而袁绍正好相反，多谋少决，用人犹豫不定，略大事而重小节，假宽实忌。袁绍不过是项羽的翻版，取之虽不易，但曹操一定能取得最后的胜利。

不过曹操有时也容易犯犹豫的毛病，所谓"用兵之害，犹豫为大；三军之灾，生于狐疑"。曹操在东征吕布的时候遇到了困难，曹操有畏难情绪，想撤，幸好被郭嘉及时劝止。曹操强打精神，终于在白门楼灭掉了吕布，铲除了一大祸患。

袁绍虽然是曹操的头号敌人，但吕布则虎卧榻旁，是曹操的心腹大患。不除吕布，一旦袁曹交兵，曹兵主力必然北上，而东线空虚，这就给了吕布机会。如果吕布乘虚直捣中原，曹操腹背受敌，那么曹操的人生就可以结束了。

一个团队在激烈的竞争中要有一个明显的自身定位和发展方向，在实力不如敌人的情况下，应该先解决敌人，就是战略上以守为主，战术上以攻为主。主攻战术实际上也是为日后主攻战略服务的。就比如两个实力相当的棋手下象棋，在没有吃掉对方的车马炮之前就想一口吞掉对方的老帅，几乎是异想天开。

曹操虽然解决了吕布，而且坐镇中原，并拥有一定的政治优势，但曹操的生存空间依然不大。除了北边的袁绍极大地牵扯了曹操的精力，南线据有江东的孙策也是曹操的大患，孙策对曹操的威胁，较之吕布有过之而无不及。

吕布只是一个草头王，乱世中浑水摸鱼的。而孙策集团则是一个军政合一的正规团队，有严密的组织体系和明确的政治诉求，孙策的存在对曹操的压力极大。曹操一直担心等到他和袁绍决战的时候，孙策在背后狠插他一刀。

不过郭嘉却笑着告诉曹操："主公勿忧孙伯符！尽可以放心地和袁绍周旋，直接无视孙策的存在。"

郭嘉的理由很简单，孙策的优点是为人雄悍，大度能容人，人皆愿为之效死。但孙策最大的毛病是对人无防备之心，什么乱七八糟的人物都能接近孙策。孙策在江东大块吃肉，肯定会得罪人的，以孙策的这种待人方式，要杀孙策，一匹夫之力。不久后，孙策果然被前吴郡太守许贡的三个门客刺杀。

孙策死后，江东由孙权接手，但孙权需要一个缓冲时间来稳定局势，暂时不会对曹操构成威胁，曹操可以集中全力和袁绍决战。公元200年，决定历史走向的官渡之战开始了，笑到最后的是曹操，袁绍因惨败吐血而死。

曹操手下诸将欲携官渡大胜之威，一举铲除袁绍的残余势力，统一河北。郭嘉头脑很冷静，他微笑着告诉诸位将军："百足之虫，死而未僵，袁绍虽死，但袁绍的两个儿子袁谭和袁尚却手握重兵。二袁兄弟向来不和，如果我们把他们逼急了，他们会联手与我们死战到底。如果我们暂时收手，二袁没有了外部压力，自然就会互相内耗。彼为鹬蚌相争，我为渔翁。等到二袁都杀残了，我们再收拾他们，易如反掌。"

人有一个共通的弱点，就是"生于忧患，死于安乐"。当面临生死劫的时候，人往往会爆发出极为惊人的求生欲望。但一旦危险消失，会立刻陷入小富即安的状态，郭嘉就深谙人性的这个弱点。

因为荀彧在许都主持政务，曹操身边的主要谋臣也就是荀攸和郭嘉，荀攸对二袁的观点和郭嘉相差不大。曹操对荀攸和郭嘉百分百地信任，曹操善纳良言，果然一举解决二袁，彻底肃清袁氏在北方的残余势力，一统北方。

郭嘉通过一连串的组合拳，奠定了他在曹操心中新晋一哥的地位，因为在曹操诸谋士中，郭嘉年龄最小，不到四十岁。所以曹操把郭嘉视为曹家第二代的核心智囊，"欲以后事付之"，没想到郭嘉因病早逝，把曹操心疼得死去活来。

曹操南征荆州惨败于赤壁后，痛定思痛的曹操不由得想起了郭嘉，须发花白的曹操痛哭流涕曰："郭奉孝在，不使孤至此！"英雄惜才之心总是共通的，十五年后，刘备西征荆州，同样败于孙权之手，诸葛亮长叹："法孝直若在，则能制止主上东行；就复东行，必不倾危矣。"

郭嘉的早逝使曹魏集团智库直接出现了可怕的断裂层，荀攸、贾诩、程昱等人虽然个个神机妙算，但毕竟年龄太大，不具备辅佐曹家第二代的条件。郭嘉如果能活到曹丕建立魏国，也不过五十岁，正是事业发展的黄金年龄。随着郭嘉的遗恨离世，一切都成了泡影。

当然即使郭嘉多活二十年，曹魏也不可能统一天下，要知道诸葛亮和孙权都不是吃素的。但郭嘉至少可以保证曹魏不走弯路，在和吴蜀的对抗中不至于吃那么多的哑巴亏。

我们也不能把曹操建立的霸业都算在郭嘉一个人的头上，就比如不能把诸葛亮过分神化一样，他们都是普通的人。作为一个成熟的团队，不能把未来发展的成败都系于一人之身，这是非常危险的。

在曹操发展壮大的过程中，另一位奇士程昱的作用不可小视。郭嘉向称"鬼才"，以用计胆大著称，而程昱论智力论胆量，都不逊于郭嘉。程昱与郭嘉这种文雅方正的纯谋士相比，身上还多了一点侠气和痞气，和同样痞气的曹操正好臭味相投，因此深得曹操喜爱。

要以年龄而论，程昱比曹操大了十四岁，应该算是曹操的长辈。程昱不仅腹有良谋，而且他的军事能力也非常突出。曹操离开大本营兖州，南下攻徐州的时候，被吕布偷袭兖州，几乎全面崩溃。只有程昱守住三座城池，扛住了吕布集团劈头盖脸的暴打，为曹操保住了老本。

程昱的智库生涯中，最漂亮的战绩是守鄄城，当时袁绍兵临黄河，准备南下吃掉程昱。当时程昱手上只有七百个大头兵，显然不够袁绍吃的。曹操很着急，立刻要给程昱增兵两千，无论如何也要顶住袁绍。

按常理来说，军队多多益善，但程昱却笑着拒绝了曹操的好意。程昱分析了他为什么拒绝接受援兵，因为袁绍手上有雄兵十万，自视甚高，袁绍的目标是歼灭曹操的主力部队。

如果袁绍知道鄄城只有七百曹军，会觉得以自己这样的大块头吃这点小虾米太寒碜。但曹操要是增了兵，袁绍就会认识到鄄城对曹操的重要性，而且两千曹军不算少，袁绍反而会大举围攻鄄城，到时程昱真是死透了。

事态的发展也在程昱的预料之中，袁绍听说鄄城兵少，顿时失去了兴趣，程昱这只狡猾的老鼠成功在猫的眼皮底下溜掉了。曹操知道程昱玩的生死赌后，激动地告诉贾诩："程仲德胆子真够大的，孟贲、夏育（战国秦的两位勇士）不过如此！"

程昱和郭嘉一样，都是精通人情世故的谋略高手，当然最重要的是程昱摸清了袁绍的为人脾性。兵圣孙武子说："知彼知己者，百战不殆。"从曹操到手下谋士，个个都对袁绍了如指掌，袁绍几乎被对手招招算定，失败是必然的。

在袁曹决战前，舆论比较偏向袁绍，众人都相信他能笑到最后，因为袁绍实力超强，但曹操却拿走了所有的蛋糕。究其原因，还是出在用人上。论谋士资源，袁绍不比曹操弱，他手上有重量级谋士田丰，此人智薮不在诸葛亮、荀彧之下，但袁绍就是不信他，结果自食其果。

反观曹操，他赢就赢在最大限度地开发了身边的谋士资源。两人身边都有丰富的资源，曹操懂得开发经营，袁绍却直接无视，二人优劣高下立判。王夫之对曹操善于用人大加称赞："曹孟德推心以待智谋之士，而士之长于略者，接踵而兴。孟德智有所穷，则荀彧、郭嘉、荀攸之徒左右之，以算无遗策。"

用人说难也难，说容易也容易，人才就是拿来用的，人才浪费是世界上最大的浪费，尤其是智力型人才。为人主者，可以独断专行，但前提是要集思广益。有些竞争者之所以失败，并非身边没有一流谋士，而是有其人而不得其用，比如项羽对范增，袁绍对田丰，杨玄感对李密。

北宋人秦观在《袁绍论》中提出过待士六条，非常有见地，即"师士者王、友士者霸、臣士者强、失士者辱、慢士者危、杀士者亡"。秦观这里所提到的士，主要是指智力型人才。曹操、刘备师士，故能称王称霸，项羽、袁绍失士杀士，皆自取灭亡。

读书人谋求治国平天下，他们需要一个平台，谁能给他们这个平台，他们就会竭尽其智，最终受益的还是领导者。惹毛了读书人，他们会文绉绉地埋汰人。

讲个小笑话，元末大盐贩子张士诚本名张九四，发达之后，觉得这名太土，想换个雅名。有位读书人可能是没得到张九四的重用，怀恨在心，就给张九四起名"士诚"。

没读过书的张九四觉得这名字好听，可他哪知道，这名出自《孟子·公孙丑下》，原文是"士诚小人也"。可笑张九四扛着"小人"的招牌，四处跑马介绍自己：本王名叫张士诚，是个小人……

自古都说马上打天下，这话对了一半，有马未必能胜，有智有马才能赢天下。历代开基创业，往往只看到将士们在前线浴血拼杀，却容易忽视帷幄之中谋士的作用。隐藏在战场背后的那群谋略家，更能决定历史发展的方向。

当然，判断谋士提出的方案是否合理可用，需要领导者自身有相当高的谋略判断能力。曹操本人就智力殊绝，所以帐下谋士用智的起点比较高，刘邦和朱元璋都是大老粗，但他们至少能信任张良和刘基，用人不疑，是一门学问。

四 / 刘备和关羽、张飞的兄弟情义

人在江湖飘，哪能不挨刀。

为了少挨刀，最稳妥的办法：一是少得罪人，与人方便，与己方便；二是多结交江湖好汉，在家靠父母，出门靠朋友。江湖上经常能看到好汉成群结伙地在各大山头扯旗子，什么"贾家楼三十六义""陷空岛五鼠""乱石山七雄"，规模最大的是水泊梁山，一百零五个男人和三个女人喝鸡血拜了把子。

不过要说江湖名号最响亮的把兄弟，我们张口就能说出：刘关张桃园三结义，《三国演义》头一篇就讲东汉末年天下大乱，三位好汉刘备、关羽、张飞在桃园起誓结拜兄弟，共同闯荡江湖的精彩故事。

这年头，不知道《三国演义》的不多了，刘关张三雄结义更是深入人心，影响非常大。卖草席的落魄皇族刘玄德、杀人亡命的绿豆贩子关云长、杀猪卖肉的个体户张益德，结成了史上最牛的超级三人组合。

刘皇叔善使一对双股剑、关二爷扛着一柄八十二斤重的冷艳锯，张三爷手执丈八蛇矛枪，兄弟三人联手在江湖上杀出了名堂。刘备后来称汉中王，拜封五虎上将：关羽、张飞、赵云、马超、黄忠，关羽和张飞当仁不让地坐上了前两把交椅。

关羽和张飞对刘备来说，不仅是打天下的从龙旧臣，更重要的是兄弟三人穿过一条裤子，打死都不分家。兄弟三人的关系亲密到了什么程度？刘备曾经深情地说过："兄弟如手足，妻子如衣服。衣服破，尚可缝；手足断，安可续？"

因为这句话，刘备经常被扣上"歧视妇女"的大帽子。实际上刘备是被冤枉的，这话并不是刘备发明的，刘备说这句话之前还有三个字：古人云。当然最重要的是，刘备爱兄弟胜过爱妻子是小说家言，《三国演义》美化刘备到了无以复加的地步，但毕竟不是正史。

桃园三结义显然是罗贯中杜撰出来的情节，但罗贯中写三国，虽然有些是向壁虚构，但基本上都是从史料上的相关记载引申发挥出来的。罗贯中拉出桃园拜

把子的桥段，肯定是从《三国志·蜀书·关羽传》这句话得到的启发："先主与二人（关张）食则共器，寝则同床，恩若兄弟。而稠人广坐，侍立终日，随先主周旋，不避艰险。"

其实不看《三国演义》，从正史这段史料上来看，刘关张的关系也非同一般，不是兄弟胜似兄弟。至于三人同睡一张床，同学们不要想歪了，古人经常睡在一起的，比如晋朝名将双璧刘琨和祖逖。他们就曾经搭伙睡过觉，天还没亮，刘琨就一脚踹醒祖逖，二人对着公鸡翩翩起舞。

但在《三国志·魏书·刘晔传》中，刘晔却说："关羽与备，义为君臣，恩犹父子。羽死不能为兴军报敌，于终始之分不足。"意思是说关羽和刘备是父子关系，刘备如果不为关羽报仇，就对不起当年的父子情分。

刘备和关羽到底是"恩若兄弟"还是"恩若父子"？虽然关羽的年龄据考证要比刘备还要大一些，但年龄并不能说明什么，一来刘备是主，关羽是臣；二来干儿子比干爹年龄大的也不是没有，比如千古一帝石敬瑭……

其实不必纠缠于刘关张的关系，无论是兄弟，还是父子，感情好，才是真的好。刘关张亲如兄弟（父子），但"稠人广坐，侍立终日"，说明关张和刘备还是上下级的关系。刘备坐着，关张站着；刘备吃着，关张看着，他们的任务应该包括对刘备贴身保护，类似于保镖的角色。

关于刘备的出身，其实并没有罗贯中说得那么寒碜，什么家穷吃不上饭，织草席子叫卖糊口。刘备家境是比较贫寒，但从正史的记载来看，刘备应该出身小市民阶层。因为同族刘元起的资助，刘备才得以拜大儒卢植为师，读了两年私塾。

青少年时代的刘备，喜欢和街上的豪侠少年结交为友，"善结交"。交朋友是要花钱的，平时喝个小酒，赌点小钱，这都是拉拢人的手段，刘备的交友钱估计都是从刘元起给的零花钱中省下来的。

当然刘备的家世和曹操、孙权相比，确实寒碜了不少，曹操的老爸曹嵩是大财主，家资巨万，孙权是个含着金钥匙出生的富家少爷。刘备讨伐黄巾军的出场费，还是中山大户张世平、苏双赞助的，"多与之金"，所以才能拉起一支队伍，没钱谁跟你玩啊。

乱世中竞争，实际上就是烧钱，谁烧得钱多谁就离胜利更近。刘备的这两个小钱很快就烧完了，再加上刘备朝中无人，虽然破黄巾军有功，但只捞到了安喜县尉这样的末品小官，曹操却高迁至济南相（郡守），这时刘备不一定知道曹操是哪路尊神。

刘备只混到小县尉，身边的弟兄们见老大兜里没钱，早晚都要饿瘦，都一哄而散了。但无论谁来谁走，刘备的身后永远站着关羽和张飞。

《三国演义》说张飞字翼德，实际上张飞字益德。当然张翼德也不是罗贯中改的，北宋人张预在《十七史百将传》中就写成"张翼德"。罗贯中之所以用"张翼德"，应该是翼字比益字更具有画面的动感，取如虎添翼之意。

罗贯中说张飞"豹头环眼，燕颔虎须"，仿佛从煤堆里爬出来的。实际上这是误解，张飞是个白面儒将，还有书法作品问世，擅写"八分书"。评话类小说往往会根据具体的需要来对历史真实人物进行再创造，不过张飞的武力值并没有下降，曹操都知道关羽和张飞是"万人敌"。

在《三国演义》中，张飞出场最精彩的一场戏是"怒鞭督邮"，写得畅快淋漓，好不痛快！这场戏在历史上确有其事，情节丝毫不差，唯一的改动就是抽鞭子的主角并不是张飞，而是张飞的大哥刘备。

据《典略》记载，刘备素有"武勇"，也是个吃江湖饭的练家子。可罗贯中却把刘备美化过了头，成天哭鼻子，甚至江山都是哭出来的。不过一般老大是不拎刀上阵的，刘备的武功估计只是票友级别，唬唬外行还可以。真正上阵砍人，还要看关羽和张飞。

其实关羽、张飞真正感动后人的并不是他们的绝世武功，而是他们的忠诚。在这个现实世界里，忠诚往往只是神话，听得见看不到。以关羽、张飞的本事，如果跟着曹操或孙权，混个正号将军完全不是问题。

可他们跟着刘备，只有吃苦受穷的份儿，要换成其他意志不坚定的人，早就撂挑子另寻山头去了。当时的刘备要地没地，要钱没钱，要枪没枪，有的只是一个虚幻而迷茫的未来，所谓"志在四海，两手空空"。

在看不到彼岸的情况下，关张并没有跳下刘备这条破船，另攀高枝，而是与刘备同生死、共患难。有苦兄弟们一起吃，有难兄弟们一起扛，不离不弃，这才是男子汉大丈夫所为！罗贯中神化关羽不是没有原因的，历史上真实的关羽已经足够让我们感动。

最能表现关羽忠诚本质的是建安五年（公元200年），曹操攻克徐州，刘备仓皇北逃河北，找袁绍避难，关羽被曹操俘获。虽然曹操极力拉拢关羽入伙，但

· 四 / 刘备和关羽、张飞的兄弟情义 ·

关羽面对名利，丝毫不为所动，坚持要北渡黄河，寻找刘备的下落。

这段历史在史书不过寥寥数语，却被罗贯中演绎得荡气回肠。关二爷骑着赤兔马，奉着两位皇嫂，挂印封金、千里走单骑，过五关斩六将，是《三国演义》神化关羽的第一个高潮。

关羽给后人留下最深刻的印象是四个字：仁、义、忠、孝，这正是传统儒家思想的精髓所在。和刘备更注重"仁"的形象相比，关羽主要的思维和行为更突出了一个"义"字，通俗一点讲，就是重情重义，这是一个好男人最应该具备的品质。

江湖和官场是两个截然不同的社会层面，不管官场中人的品质如何，"仁"字是必须天天挂在嘴边的。谁要说不爱老百姓，公开说要发百姓财，在官场上是很难混下去的。

而侠义江湖的社会道德体系没有官场那么严密，江湖的核心价值就是一个"义"字，古人拜把子都称为"结义"，没听说过有"结仁"的。《水浒传》中好汉的聚会窝点就叫"聚义厅"，讲义气，是一个江湖中人是否可交的重要衡量标准。

关羽就很够义气，他"身在曹营心在汉"，无时无刻不想回到刘备身边。但关羽知道曹操待自己如国士，关羽不忍就这样一走了之，必须在报答完曹操的厚遇后，才能心无愧疚地离开。

关羽不爱荣华富贵吗？当然爱！但左右关羽思维的是"君子爱财，取之有道"，正如《三国演义》中关羽回绝曹操收买时说的那句话："吾固知曹公待吾甚厚。奈吾受刘皇叔厚恩，誓以共死，不可背之。吾终不留此。"关羽是在为曹操解白马之围时，于万军阵中袭斩袁绍大将颜良之后，才"拜书告辞而归先主"的。

我们在歌颂关羽"义"的同时，不应该忘记曹操的"义"，曹操的大度宽容同样令人敬佩。如果说曹操不听郭嘉等人相劝杀刘备，是顾及自身光辉形象，那么曹操杀关羽实际上有很多可以在理论上站得住脚的借口。

曹操并没有这样做，只是平静地告诉手下人"彼各有主"。曹操没有得到关羽是一种遗憾，但这种遗憾恰恰让关羽和曹操的光辉形象得到了升华。

无论是真实的三国历史中，还是《三国演义》中，能用好关羽的也只有刘备。因为关羽的作用对穷困半辈子的刘备非常重要，身边本就没什么人才，再放跑了关、张，刘备只能被历史淘汰掉。

关羽从自身角度来讲,他不可能选择曹操,刘备虽然落魄无着,但跟着刘备就能突显自己的柱石作用。如果跟了曹操,不过是和张辽、徐晃这些人一个级别,曹操手下的名将一大堆,这个考虑同样适用于张飞。

"宁为鸡口,毋为牛后",在职场上进行前途的选择,在盯着大公司外招职位的同时,可以适当地对小公司多加考察。有些小公司同样有发展前景,小公司人才稀缺,大公司有时可能还要面临内部竞争。而小公司一旦发展壮大,第一批创业者就是"开国元勋",名利双收。诸葛亮之所以选择刘备,也是这个原因。

关羽确实很有眼光和胆识,用股市来打个比喻,关羽一开始就把所有的本钱押在一只小股票上。无论这只股票小涨还是暴跌,关羽死咬着不松口,最终因为各种原因,这只小股突然大牛起来,关羽自然就赚了个盆满钵溢。

刘备在江湖上蹚了大半辈子,一直处在打游击的状态,今天在曹操这里喝顿酒吃几个梅子,明天就跑到袁绍那里吃了顿大餐,说得难听些就是个要饭的。但草根中藏龙卧虎,要饭的叫花子也不是没有成就大业的,请看朱元璋。

刘备真正翻身是在赤壁之战后,通过各种手段,盘下了荆州,一跃成为日享万钟的诸侯,有资格和曹操、孙权平起平坐了。关羽和张飞跟着刘备落魄江湖近二十年,终于苦尽甘来,不说名位富贵这些浮名虚利,更主要的是体现了自我的人生价值。

"患难之中见知己",在刘备穷酸破落的时候,关、张始终对刘备不离不弃,即使打散了,不远千里也要找到大哥。前途虽然凶险万分,但兄弟们抱成团在刀山火海中打天下。

蜀汉射声校尉杨戏在其所作的《季汉辅臣赞》中对关羽和张飞的评价是"济于艰难,赞主洪业"。关张把自己的一生都毫无保留地交给了刘备,甚至肉麻一点讲,关羽和张飞的存在价值就是为刘备奉献一切。

刘备是个非常重感情的人,关、张对自己忠心可鉴日月,刘备当然待关、张如亲骨肉。关羽和张飞已经刻进了刘备的生命里,成为刘备的一部分。

刘备虽然非常尊敬他的首席智囊诸葛亮,但刘备和诸葛亮的关系是事业上的联盟,是一种英雄间的惺惺相惜。要论感情,刘备未必把诸葛亮当自己人,不然也不会临死前在白帝城费尽心机地玩托孤。

刘备对关羽和张飞则已经不单纯是友情,更有一种刻骨铭心的亲情。人与人的交往就是这样,越是关系疏远的越是客气,越是关系死铁的越是随意。

如果以刘备的感情倾向来论，真正属于刘备集团核心的只有关羽、张飞、糜竺、法正。糜竺在刘备当年最穷酸的时候，不仅把妹妹嫁给了刘备，而且把自己的家财奴仆全都献给刘备。

糜竺虽然没有什么本事，但因为他完成了人生中最重要的一次感情投资，让刘备对他一辈子感恩戴德。刘备平蜀后，在权力分配上基本没糜竺的份儿，不过刘备对糜竺"赏赐优宠，无与为比"。独一份，没有之一，糜竺在刘备心目中的地位甚至可能还略高于关张。

糜竺文不能文，武不能武，刘备在做事业的时候也指望不上他。刘备在荆州已经基本形成了人才储备骨架，文有诸葛亮、庞统、马良、殷观，武有关羽、张飞、黄忠、赵云、魏延、霍峻，事业的发展即将迎来大井喷。

从刘备集团的战略考量来看，荆州只是刘备的跳板，他真正的目标是夺取刘璋统治下的益州。但刘备对益州虎视眈眈，同时必须防备曹操和孙权在背后对荆州下黑手，尤其是孙权。

在刘备的益州战略中，实际上战略核心还是荆州，刘备绝对不敢冒丢失荆州的风险去赌益州，从这次刘备的人事安排上就能清楚地看出来。刘备去益州，只带了庞统、黄忠、魏延，基本上都是刘备集团的二线储备力量。一线力量诸葛亮、关羽、张飞悉数留在荆州看家。

刘备西去后，负责荆州军政的主要是诸葛亮和关羽，此时关羽的防线在江北，主要防御目标是曹操。刘备留下家底守荆州，这样的安排确实非常稳妥，曹操和孙权基本没机会下嘴。

但随着刘备的军队在益州陷入困境，前线首席智囊庞统又被乱箭射死，刘备面临着死棋的危险。万般无奈之下，刘备只能调动家底，诸葛亮、张飞、赵云全部入川进剿刘璋，荆州交给关羽全权负责。

庞统死后，刘备身边没有智囊，诸葛亮必须入川，帮助刘备进行战略规划。选择关羽守荆州，客观来说，关羽并不是这方面的专才。关羽"刚而自矜"，骄上悯下，不善于处理人际关系，包括外交关系。

如果刘备调走关羽留下张飞呢？也不妥。张飞是个"莽撞人"，张飞爱敬君子而不恤士伍，"暴而无恩"，比关羽在军中下层更不得人心。刘备对张飞这个弱点了如指掌，所以两害相权从其轻，刘备只能选择关羽。

至于小说戏文中的"四将军"赵云，实际上赵云在刘备集团中的地位并不高。《三国演义》说西川五虎上将的排序是：关张赵马黄，而《三国志》的排名却是关张马黄赵，赵云倒数第一。

赵云虽然地位略低，但赵云却是刘备集团中少有的谋略型将领，比关羽、张飞都稳重。从后来赵云摆空营计，劝刘备不要搜刮西川百姓，最后从政治角度分析伐吴战略的错误，都可以看出赵云的出众才能。

赵云虽然优秀，而且也跟随刘备多年，但不知出于什么原因，刘备一直不重用赵云。赵云对刘备忠贞不贰，甚至还救过刘阿斗，刘备却不太信任赵云，自然不可能把事关身家性命的荆州交给赵云。

刘备让关羽坐镇荆州，或者是出于万不得已之举，但确实是刘备平生最臭的一步棋。刘备西进益州，荆州的安全就在于能否稳住对荆州垂涎三尺的孙权。而关羽在"东和孙权"的战略上屡犯大错，最终酿成大祸，彻底粉碎了刘备统一天下的梦想。

因为刘备曾经和孙权达成过一份君子协定，荆州在名分上算是刘备借孙权的，等到刘备吃掉西川后，就把荆州还给孙权。刘备伐蜀期间，孙权因为要独自面对来自曹操的打压，还没有能力偷袭荆州，再加上自己不占理，所以也暂时管不了刘备。

但当刘备成功拿下刘璋后，孙权立刻向刘备索要荆州的统治权。吃到嘴里的，万没有再吐出来的道理，刘备开始扯皮耍赖，说"吾方图凉州，凉州定，以荆州相与"。孙权见刘备要吃黑账，当然大怒，准备武力夺回荆州。

孙刘联盟出现了严重裂痕，夹在孙刘中间的关羽就成了能否解决荆州争端的关键。刘备智库建议刘备适当给孙权一点甜头，让孙权分担来自曹操的巨大压力，不然孙权天天上门要账，小日子就没法过了。

刘备最终同意将长沙、零陵、桂阳三郡划给孙权，果然就稳住了孙权。刘备弃小保大的战略虽出自无奈，但也不失为明智。只是好端端的吴蜀联合大计却偏偏坏在性格高傲的关羽手上，关羽拒绝分三郡予吴，并对孙权出言不逊。结果惹恼了孙权，通过武力强行接收三郡，狠狠地打了关羽一个响亮的耳光，估计刘备脸上也发烧。

但吴蜀争端到此并没有解决，因为三郡不是刘备给的，而是孙权自己抢回来的，孙权丝毫不领刘备的人情，虽然这场祸端是关羽惹下的。关羽平生唯刘备马首是瞻，老大说打狗，关羽绝不撵鸡。但唯独这次关羽不听话，平白得罪了孙权，差点要了刘备的老命。

刘备这时已经隐约感到了不安，尤其对关羽的狂傲做派。但刘备一来要和曹操拼汉中，无暇过问荆州事务，二来刘备凭对关羽的了解，认为关羽能吸取失三郡的教训。

一个人的性格一旦形成，是极难改变的，实际上关羽并没有吸取教训，依然老子天下第一的派头。在刘备拿下汉中，自封汉中王之后，关羽不善于处理集团高层之间人际关系的弱点暴露无遗。

关羽得知刘备封的"五虎上将"有老将黄忠，立刻甩了脸子，说什么"大丈夫终不与老兵同列"。关羽的态度其实早就在刘备和诸葛亮的预料之中，前来赐封的前部司马费诗好话说尽，关羽看在老大的面子上，这事才算完。

关羽善于下而骄于上的毛病一直改不过来，这点张飞做得就比关羽好，张飞义释严颜，传为历史佳话。黄忠应该知道关羽瞧不起自己的事情，黄忠为人淡泊，从来不计较这些。

关羽对自家人要小性子，人家不和他一般见识。可孙权是外人，孙权不认你关羽是哪根葱，得罪了孙权，孙权肯定要报复关羽，这正是关羽的悲哀之处。

汉建安二十四年（公元219年），孙权趁关羽率主力北伐曹操，荆州空虚之际，开始对荆州下黑手。最终的结局我们都知道了：吕蒙和陆逊玩了一出漂亮至极的白衣渡江，一举拿下关羽，全盘黑掉荆州。一代名将关羽就此告别人间，成就了一段可歌可泣、可悲可叹的历史。

关羽是和刘备血雨腥风一起闯荡出来的，关羽的死和荆州的丢失对刘备来说几乎就是塌天的灾难。再加上守上庸三郡的孟达等人叛蜀降魏，致使蜀军接连失去了两条进攻中原的捷径，一夜之间刘备几乎面临破产。

不知道刘备心里是不是痛恨关羽骄傲误事，但几十年的兄弟情分还在，刘备最该恨的不是关羽，而是三国历史上的头号搅屎棍子孙权。当年联合抗曹的时候，孙权虽然出了大力，但不能说刘备一点功劳没有，孙权却全盘抹杀刘备的功劳，为自己霸占荆州寻找理论根据。

荆州是江东的西大门，孙权一日不得荆州，一日睡不安稳。但荆州同样是蜀汉北伐中原的重要战略通道，刘备是绝不甘心丢掉荆州的。刘备于公元221年称帝后，第一件事就是倾蜀中之兵，大举伐吴，夺回荆州。

刘备伐吴的真实原因，无论是《三国志》《华阳国志》还是《资治通鉴》，提到的都是为关羽复仇，至少从字面上是可以这样理解的。陈寿说刘备"忿孙权之袭关羽"，常璩说刘备"将东征，以复关羽之耻"，司马光说刘备"耻关羽之殁"。关羽之死对刘备的刺激极大，《三国演义》为了美化关羽的魅力和刘备的仁义，把刘备攻吴写成了纯粹是为二弟关羽报仇。

当然如果死抠字眼，也可以把关羽当成荆州的代名词。但从"恩若兄弟"和"恩犹父子"两句评价来看，刘备和关羽的感情极深，可以理解刘备这种愤怒而绝望的心情。周瑜死的时候，孙权不也是哭得死去活来嘛。

人都是有感情的，何况是几十年患难与共的热血兄弟！关羽之死不仅让刘备悲恸欲绝，对张飞的心理打击也是毁灭性的。虽然史书上没明说张飞对关羽之死的反应，但《三国志·张飞传》开篇就说张飞"少与关羽俱事先主，羽年长数岁，飞兄事之"。关张二人已经成了名将的代称，关不离张，张不离关，就如同杨家将中的孟（良）不离焦（赞），焦不离孟。二哥死了，张飞的痛苦可想而知。

刘备对张飞向来是非常疼爱的，大哥往往都对幺弟有特别的感情。刘备很了解张飞的为人脾性，和关羽正相反，善于上而严于下。刘备经常劝张飞对身边的下人不要太狠，一旦下人被逼急了，张飞随时都有生命危险。

张飞也是头犟驴，将刘备的善言警告当成耳旁风，依然我行我素。都说刘备看人眼光不如曹操，其实未必，曹操也有看走眼的时候。当初吕布偷袭兖州，曹操很自信地告诉手下："兖人皆可叛我，唯独魏种不会抛弃我。"结果第一个叛变的就是魏种，差点没把曹操羞死。

刘备看人很准，张飞要是听刘备的，哪怕是稍稍收敛一下，也不至于在出兵为关羽报仇的前夕，被手下人愤怒地杀掉。关羽被杀后，张飞成了刘备仅有的心灵依靠，从某种角度来说，刘备是在为张飞而活着。

张飞的死对刘备来说是又一次沉重的感情打击，当年三兄弟一起快意恩仇，在江湖山野纵横飞驰的场面，永远留在了刘备的记忆深处，将陪伴着刘备一起消失在苍天大地之间。

随着刘备兵败夷陵，不但关羽之仇没报成，刘备也因为这场大惨败而心力交瘁，最终在白帝城撒手人寰，时年六十三岁。

五 / 小霸王孙策

在东汉三国时期，有许多英年早逝的英雄人物，如流星一般划过了历史的天空。历史并没有给他们太多的演出时间，但就是这几场戏，被他们演绎得轰轰烈烈、荡气回肠。

在这张流星名单上，如果将英年早逝定义为四十岁以下，有郭嘉、庞统、典韦、周瑜、曹丕、孙坚等人。如果放宽一些，五十岁以下也可以。这个年龄段早逝的有法正、鲁肃、吕蒙、马超、霍峻、田畴等人。

但在三十岁之前早逝的不算多，真正算得上一流人物的也许只有一个，那就是下面我们要讲的孙策。

孙策生于汉灵帝熹平四年（公元 175 年），卒于汉献帝建安五年（公元 200 年），年仅二十六岁。古人计算年龄都是按虚岁算的，在实际年龄上再加一岁。二十六岁放到现在，也只是年轻人事业刚刚起步的阶段，或者还在校园中读书深造。

孙策虽然死得早，但孙策十七岁就开始在江湖上闯荡，纵横杀伐，最终在江东创建了孙家的霸业。在三国东吴的创建过程中，孙家父子两代三人，真正起到决定性作用的是孙策。

孙坚为孙家的江山开了个好头，但事业基础因为孙坚的战死而几乎崩溃。是孙策在父亲战死后，擦干眼泪，提枪上马，奉着老母和几个年幼的弟弟，在虎狼堆中杀开了一条血路。三国各自头牌枭雄中，孙权的起点最高，直接做大国诸侯，而曹操和刘备都是白手起家的。

虽然孙权在赤壁大败曹操，随后智取荆州，接着又在夷陵放火烧跑了刘备。但孙权并不是在创业，而是在守业，孙权之所以能看得这么远，是因为他站在了巨人的臂膀上。

孙策临死前在孙权面前自夸，说举贤任能，孙权比他强；但要万人阵上取敌首级，争雄天下，孙策比孙权强。孙策这话丝毫没有夸大，他所说的这些都在他和孙权的人生轨迹中得到了印证。

自古创业难，乱世中创业更难。现代意义上的创业，是建立在一个相对公平、公正的大环境下，有社会舆论和法律进行监督。在古代可没有这么多讲究，大鱼吃小鱼、小鱼吃虾米。乱世中的生存原则，归纳起来一句话：有本事吃人，没本事被人吃掉。很残酷，很暴力。

不否认孙策在创业过程中，双手沾满了敌人的鲜血，但孙策也只是按乱世中的江湖规矩玩游戏，三国英雄中谁身上没背着一笔血债？曹操还因私怨屠城泄愤，也没有影响曹操在世人心中的光辉形象。

在乱世中不杀人就能发家致富几乎就是笑谈，孙策要是心存半点善念，早就被人砍翻在地，一家老小都要陪着死。历史很残酷，但这正是历史的魅力所在。

孙策十七岁的时候就过早地蹚江湖，实际上也是残酷的现实逼出来的，如果孙坚不早死，也许孙策日后事业的起点不会比孙权低。但历史是没有如果的。

孙坚很有本事，因为破黄巾军有功，在中平三年（公元187年），三十二岁的孙坚就当上了长沙太守，随后又封乌程侯。这时孙坚已经拉起了自己的队伍，成为东汉江湖上响当当的诸侯，盛名在外。

孙坚在诸侯讨伐董卓的军事行动中出尽了风头，却也因此遭到了袁术等人的猜忌。虽然孙坚是挂靠在袁术名下闯荡江湖的，毕竟不是袁术的嫡系。袁术野心勃勃，但他要征服江东，有两个大障碍，一是荆州的刘表，二是孙坚。

袁术派孙坚去攻刘表，意在一石二鸟，同时削弱刘表和孙坚的势力，自己好浑水摸鱼。孙坚未尝不知道袁术的心思，但如果能得到荆州，自己也有了离开袁术单飞的本钱。结果孙坚用兵不慎，被刘表大将黄祖设埋伏乱箭射死，时年只有三十七岁。

孙坚的意外战死对孙家来说几乎就是塌天的灾难，作为孙家的长子，十七岁的孙策必须站出来，用他尚显稚嫩的双肩，来承担家族复兴的重任。孙坚死的时候，没能留给儿子太多的遗产，孙坚的本部人马都被袁术扣了下来。

好在孙坚集团的骨干人员都愿意继续跟着孙策闯荡，比如吴军早期四巨头程普、黄盖、韩当、朱治，四人在孙策创业过程中起到了非常重要的作用。四人虽然在后期没有太多表现的机会，但他们顺利地帮助孙策在血雨腥风中茁壮成长，就是对孙家做出的最大贡献。

孙策接手这样一个烂摊子，还要面对身边许多强敌，创建事业的难度可想而知。孙策名义上是第二代接班人，实际上他才是江东吴国的创始人，名为守成，实同开创。

白手起家最需要的是什么？需要钱，也需要枪，但最需要的还是人才。孙策仅有程、黄、韩、朱是不够的，孙策需要进行人才储备，真正渴望建功立业的人是不会嫌人才多的。

要说孙策旗下拉到的最重量级的人才，非周瑜莫属。其实早在孙坚刚发家的时候，因为孙策和周瑜同年，所以他们成为最要好的朋友，后来还成为连襟。

扯句闲话，我们都知道连襟是亲姐妹各自丈夫的统称，连襟有时还被称为"连乔"。这个典故和孙策、周瑜有关，孙策娶了大乔，周瑜娶了小乔，"连乔"也就成了连襟的雅称。

当时江东人才济济，再加上还有大量从北方逃难到江东的人才，孙策选才的范围很大。孙策为人勇悍，善于待士，加上自身形象非常阳光，票房号召力很强，江东文武两界精英大多数都聚到了孙策的大旗下。

孙策时代是吴国人才储备的最关键时期，在孙权时代大放光彩的那班精英，至少一大半是孙策留下来的。比如文班张纮、张昭、孙邵，孙策早期还有两个谋士：秦松、陈端，早卒。武班除了程、黄、韩、朱，还有周瑜、鲁肃、吕蒙、蒋钦、周泰、陈武、凌操（子凌统）、贺齐、朱然等。

当然这些人才并不是在同一时间被孙策拉来的，人才储备是需要时间的。人才要经得起竞争的考验，投奔孙策的肯定不止以上这些人，还有很多人。除了早逝的，大多数人因为能力不足，而被历史自然地淘汰掉了。

孙策当然知道历史的残酷生存法则，古代可不比现在，输了，擦干眼泪再爬起来继续奋斗。古代一人赌输，整个家族都要陪着挨刀，就是族诛制度。

关于族诛，有诛三族、诛五族、诛九族等几种不同的说法。明成祖朱棣为了报复政敌，发明了诛十族，甚至还搞出了瓜蔓抄，整座村镇被诛尽杀绝。

孙策在收复父亲失地的时候，有一个人是孙策无法绕过去的，就是淮南大军阀袁术。虽然孙策非常讨厌袁术的为人，但因为袁术掌握着孙策的未来，孙策要找袁术借兵，就要学会低头。自古会低头的，往往能成大事，比如给夫差尝屎的勾践。

孙策是个粉面小生，唇红齿白，虎背熊腰，所以深得以貌取人的袁术的好感。借兵如借钱，要低眉顺眼地拍债主的马屁，拍得舒服了，钱自然就好借了。不过虽然孙策好话说尽，但袁术一直没答应孙策的请求，这年头兵员稀缺，袁术没舍得给。

身无分文，不敢横行，孙策再有本事，双拳还难敌四手。孙策碰了一鼻子灰，只能靠着随手招来的几百号散兵游勇打天下，结果可想而知。孙策的乌合军很快就被强人给杀散了。

孙策要想创业，必须靠父亲留下来的那一千多精锐部队，孙策只能继续求袁术。孙策的脾气非常火暴，但为了前程，只能隐忍，这才是成大事者必须具备的功夫。人活着需要尊严，但尊严不是无价的，这个世道只要尊严不要生存的人肯定有，但绝对少见。

孙策的苦苦哀求最终还是感动了袁术，把孙坚的人马悉数还给孙策。孙策借来了投资创业的第一笔钱，在江湖上干了几票大买卖，比如攻克庐江（今安徽合肥）。

袁术之前对孙策有过承诺，孙策若拿下庐江，就让孙策做太守，不过袁术后来食言了。孙策虽然胸中怒火熊熊，但他现在还得罪不起袁术，逞英雄容易，逞完之后怎么办？冲动容易误大事。

孙策不但忍功好，而且头脑灵活，他把自己攻克江东的战略意图和袁术的江东战略拴在一起。袁术无法分清自己和孙策的利益界限，孙策打着为袁术打江东的旗号，袁术只能顺着孙策的杆往上爬。

袁术放手让孙策去江东发展，彻底释放了孙策心中那股巨大的能量，"潜龙腾渊，鳞爪飞扬"，等待孙策的将是美好的未来！

孙策把母亲吴氏安顿好，带着弟兄们潇洒地闯世界去了。孙策为人骁勇善战，军令严整，连战连捷，史称"渡江转斗，所向皆破，莫敢当其锋"。

孙策第一桶金不应该算是攻克庐江，因为果实被袁术给吃了。孙策真正意义上的第一桶金，是兴平二年（公元195年）的秣陵之战，秣陵就是今天的江苏南京。

孙策攻破盘踞在秣陵的薛礼（肯定不是薛仁贵）和笮融等人，盘下了秣陵周边大片地块。生意都是由小做大的，迈过了人生路上的第一个生死局，接下来的路就是一片坦途。这和打牌是一个道理，胸中那口气提了上来，打什么牌都顺手。大郡丹杨（今安徽宣城）、会稽（今浙江绍兴）、豫章（今江西南昌）、吴郡

（今江苏苏州）相继落入孙策的口袋。

东汉郡的面积非常大，比如会稽郡就相当于现在浙江和福建两省面积的总和，原豫章郡是现在的江西全境。随后孙策自领会稽太守，从豫章郡南部析置庐陵郡，再加上不久后就打跑了袁术的马仔刘勋，夺回了本就该属于孙策的庐江郡。

孙策的地盘扩大为六郡，也就是小说戏文中经常提到的"江东六郡八十一州"。要成就大事业，就必须有自己的战略根据地，不要学黄巢、李自成那样四处流窜打游击。根据地的意义就在于可以培养自己的战士，再不济也有个退路。

在乱世中要想出人头地，仅有一身好功夫是不行的，看看有头无脑的吕布就知道了。一定要有长远的战略规划，包括稳定根据地，进行人才储备，发展经济，稳定人心。能不能做好这些，就看统治者的智商高不高了。无论乱世还是盛世，只要有竞争存在，就要拼智商。

孙策的智商非常高，他虽然在江东称王称霸，但他知道自己只是东汉帝国的外藩。大家出来混，都要遵守一个潜规则，就是奉东汉皇帝为天子，大家只做诸侯。真正有头脑的竞争者是绝不会在乎虚名的，谁破坏了这个潜规则，就会在政治上严重失分，受到天下人的唾弃。

孙策的运气很好，第一个破坏江湖潜规则的袁术称帝是在孙策拼下江东之后，孙策已经基本不需要袁术了，所以孙策敢和袁术决裂，同时还捞到了政治分数。如果孙策在有求于袁术的时候，袁术闹出称帝丑剧，孙策就左右为难了，也许这是天意。

孙策和袁术划清界限，也抹掉了自己曾经是袁术马仔的污名，孙策从挟天子以令诸侯的曹操那里领到了一根大骨头：讨逆将军、晋爵吴侯。有了这块朝廷颁发的金字招牌，孙策在政治上大获成功，愚蠢的袁术就这样成为孙策的一块垫脚石。

其实从曹操的角度来看，孙策的势力发展壮大绝不是什么好消息，孙策雄悍难制，是个闻名江湖的刺儿头。曹操早就有夺取江东的战略考虑，这样才不至于两线受困，只是曹操在北线被袁绍死死压制，实在无力南下，只能眼睁睁看着孙策在江东耍威风。

孙策和孙权两兄弟一直以来就是曹操的心头大患，当然曹操要庆幸他最终面对的是孙权，而不是孙策。虽然曹操曾经说过"生子当如孙仲谋"，称赞孙权的能力，但这种称赞只是一种人生如寄的感慨，无伤大雅。

对于孙策的评价，曹操也是一句话"此儿难与争锋！"这句话包含的更是曹操对孙策的恐惧和不安。曹操知道孙策对中原的野心，曹操现在最怕的就是孙策在他背后捅刀子。

为了稳住孙策，曹操不惜自降辈分，和孙策结为姻亲。曹操把自己的侄女嫁给了孙策的同母弟孙匡，同时又为自己的儿子曹彰娶了孙策堂兄弟孙贲的女儿。这两次婚姻的辈分有点乱，前者曹操还是孙策的长辈，后者曹操就成了孙策的平辈。

古代高层通婚主要还是一种政治行为，辈分不辈分的不太讲究。后来孙权把妹妹嫁给刘备，可绝不是孙尚香仰慕刘皇叔，甘愿献身的，无非政治拉拢。曹操赔着笑脸和孙策攀亲戚，个中原因孙策自然也清楚，不过孙策从来就没把曹操当成亲戚看，孙策眼里只有万里江山。

孙策要想争霸天下，最重要的一步就是消灭曹操，取得中原的统治权。并夺过汉献帝刘协这块世界上最昂贵的"橡皮图章"，挟天子以令诸侯，先与袁绍决战，消灭袁绍后，再逆江西进，扫掉荆州刘表和益州刘璋，完成统一大业。

曹操的实力孙策也是知道的，相对曹操，相邻的荆州刘表实力要更弱一些，但孙策先强攻曹操的战略无疑是正确可行的。如果孙策先攻下荆州，但同时袁绍和曹操二人之间决出一个胜利者，那孙策的统一梦基本破灭，只能画江而守。

曹操这块骨头很硬，但曹操要准备和袁绍决战，主力部队都调往北线，南线就相对空虚。一旦曹操陷在袁绍的泥潭里拔不出来，孙策的机会就来了，这正是曹操最害怕的。孙策的战略眼光相当独到，也许是背后高人给出的招，但孙策能知善而用，这也是真本事。

当时在曹操南面的各路诸侯中，提出在袁曹决战时从南线出兵偷袭许都的只有两个人，一个是孙策，另一个是刘备。刘备的偷袭和孙策基本无二，但刘备当时只是客居荆州，刘备处处受人敌视，刘表也不信任他，加上刘表胸无大志，也不敢轻易得罪曹操。

孙策就不怕曹操，他偷袭许都的计划并不是纸上谈兵，而是实实在在的军事行动。对孙策来说，这将是他争霸天下的最佳机会，一旦错过，后悔莫及！孙策做事不像袁绍、刘表瞻前顾后，优柔寡断，孙策性格果决，他决定的事情，会在最短时间内开始运作。

史称孙策"阴欲袭许,迎汉帝……密治兵,部署诸将"。孙策即将做好偷袭曹操的准备。如果孙策大举北上,必然和袁绍结成战略联盟,将曹操挤在中间狠狠地打。曹操兵力有限,腹背受敌,难说没有崩盘的可能。

就在历史即将改写的时候,江东突然发生了一场重大变故:孙策被人刺成重伤,卧床不起。孙策出了事,江东形势不稳,孙策不敢贸然北上。孙策自己想做曹操的背后黄雀,江东同样有人希望自己做那只有头无脑的螳螂,手上的饭碗千万不能砸了,否则连个要饭的家伙都没有。

孙策是被当年吴郡太守许贡三个门客刺杀得手的,当初许贡密谋诛杀孙策,但事机不密,孙策知道后,立刻骗杀了许贡。许贡死后,这三个门客自感受许贡厚遇,准备刺杀孙策报恩。孙策身边防范甚严,三人一直找不到下手的机会。前不久孙策外出射猎,没带多少护卫,三人等待这个机会已经好多年了,果然刺杀得手。

虽然孙策当时没被刺死,但伤势比较重,需要安心静养,老话说得好:伤筋动骨一百天。孙策还在盘算等伤好之后,继续纵马横戟,争霸天下。只是历史并不准备再给孙策机会,建安五年(公元200年)四月,二十六岁的孙策在众人的哭泣声中撒手人寰。

孙策在死前,把江东军政大权顺利地移交给了二弟孙权,孙策向来欣赏孙权,认为孙权是个守成令主。但孙权的弱点也非常明显,就是小富即安,他没有哥哥那么宏大的志向,他只想做个江东王。无论是赤壁之战,偷袭荆州,还是夷陵之战,孙权的战略底线都是"保境安民"。

如果说曹魏的统一战略结束于赤壁惨败,蜀汉的统一战略结束于关羽失荆州,那么东吴的统一战略就结束于孙策之死。孙策死后,东吴军事集团改变了之前外向型的进取战略,而逐渐形成了内敛型的防守战略。

孙策实在太年轻了,上天要是多给孙策二十年的时间,他不一定能灭掉曹操,但完全有可能消灭荆州的刘表集团。或者孙策再进一步吃掉刘璋,与北方的曹操或袁绍隔江抗衡。

局势真要发展到了这一步,那刘备基本没戏可演了。以孙策的做事风格,一旦认为刘备有威胁,他会立刻对刘备下手,顺手收拾了诸葛亮。孙权之所以要借荆州给刘备,是因为孙权没有能力单独对抗曹操,所以必须拉刘备这个垫背的。

孙策则不一样，有他在，完全可以直接和曹操掰腕子，根本用不着刘备来做战略支点。

　　许贡那三个不知名的门客在无意中改变了历史，如果不是他们这几刀，东汉末年之后出现三国鼎立局面的可能性极小，反而极有可能提前出现南北朝。

六 / 从刘备看东汉三国士、庶分野

俗话说得好：物以类聚，人以群分。自人类进入阶级社会以来，由于社会地位的千差万别，开始出现以社会地位或生活习惯区分的群体，也就是我们常说的阶层或小圈子。

古代社会等级体系森严，王公贵族只在自己的小圈子里蹚来蹚去，升斗小民只能蹲在墙脚聊天磨牙："今天您啃了几个窝头？"唐人刘禹锡在名作《陋室铭》（一说作者是崔沔）中写道："谈笑有鸿儒，往来无白丁。"白丁想挤进鸿儒圈子，只有一个可能：端茶送水。

当然这种等级森严的小圈子从来只对社会地位，不针对具体的人。铁打的营盘流水的兵，如果升斗小民草鸡变成了凤凰，就有资格挤进精英堆里，谈笑风生。而如果王公贵族不幸落了难，或者子孙后代沦为草根，对不住，这里不是您待的地方，哪儿凉快上哪儿去。

落魄贵人或其子孙，即使头上戴着龙子龙孙的大帽子，照样没人买账，最典型的就是刘备。刘备是扛着"大汉孝景皇帝玄孙、中山靖王之后"的镀金招牌，大摇大摆登上历史舞台的，可刘备得到他想要的了吗？

按《三国演义》的说法，刘备是汉高祖刘邦的第二十一代孙，罗贯中还煞有介事地捏造了一份世系表，按辈分汉献帝刘协还要叫刘备一声族叔。实际上刘协是刘邦的第十七代孙，也就是说刘协足足比刘备高了四辈！估计罗贯中在造假之前忘记按史书的记载算辈分了。

虽然后世有许多人对刘备自称是汉朝宗室表示怀疑，比如裴松之说刘备"世数悠远，昭穆难明"。司马光认为刘备"族属疏远，不能纪其世数名位"。不过刘邦建国以来四百年，宗室派系极为庞杂，龙子龙孙成千上万，刘备是刘邦的后人也没什么好奇怪的。

和刘备恩怨极深的荆州牧刘表、益州牧刘璋都自称是"汉孝景皇帝玄孙"，鲁恭王刘余后人，却没见有多少史家质疑刘表和刘璋的宗室身份。最不可思议的是，孙权还是兵圣孙武子的后人，从孙武子到孙权隔了多少年？六百年！基本上很难听到对孙权身份的质疑。

先不说孙权对刘备来说是个外人，同宗刘表、刘璋同样"昭穆难明"，可他们却稳做一方诸侯，当时的荆州和益州冠盖如云，士林清流挤满了大街。为什么刘备却不招人待见？四处被人撵着要饭？当时名流多数都对刘备有一种莫名其妙的优越感，他们从骨子里瞧不起刘备。

为什么刘表和刘璋对士林清流有这么大的吸引力，而刘备却没有？其实道理很简单，二刘之所以有票房号召力，主要原因并不是他们的出身如何"高贵"，而是他们有较高的社会地位，最重要的是，他们和士林渊源非常深，这点是刘备无法与之相比的。

刘表就不用说了，当年的"八顾"之一，本身就出自士林。刘表文化素质很高，加之待人谦和，又有钱有势，自然受人尊重。刘璋是前益州牧刘焉的儿子，刘焉也是士林出身，"精学教授"，在官场上地位显赫，人脉很广，所以被刘焉父子吸引到益州的名士很多。

刘备有什么？不过是个卖草席的，名义上是宗室，实际上是标准的底层草根，难怪豪门清流嫌憎刘备的出身。曹操虽然是"太监"的干孙子，但曹操是个富家子弟，加上本人文采飞扬，和名流打得火热。孙权的父亲孙坚和哥哥孙策都是一路诸侯，社会地位高，更不用说袁绍和袁术四世五公了。

刘备集团其实是由底层文士和武人组成的，不算许靖这些花瓶，除了诸葛亮和庞统可以称为清流名士，马超是贵胄子弟，其他人出身都非常低。这样的流浪军事集团，对清流名士来说根本没有吸引力，嫌弃还来不及呢，哪敢上刘备的破船？

世家名流之所以不接受刘备，是因为人嫌贫爱富的本性起到了相当大的作用，在现实世界中，谁不想攀高枝？另外，还有一个更深层次的社会原因，就是从东汉开始，上流社会开始有明显的士族化倾向，士族和庶族的社会等级逐渐明晰，门第观念基本形成。

对于士族和庶族两个名词，我们并不陌生。自曹魏初年，陈群提出了"九品中正制"的用人制度而被曹丕采纳之后，直到隋朝建立这三百多年里，士族垄断了政治、经济、文化资源，将庶族排斥在统治核心层之外。

中国自先秦以来，至清亡为止，这两千多年来的政治体制一直反复循环。先秦之前是贵族世袭政治，西汉中后期以及东汉中前期是士大夫政治，钱穆先生称之为"士人政府"。而东汉中后期以降，士族门阀制度大行其道，又回到了贵族世袭政治的窠臼。

当然士族地位在魏晋南北朝的历史大环境中，每个时代都会有升有降，士族在政治上最辉煌的时期是东晋，东晋十一帝几乎全是傀儡皇帝，掌握最高权力的是士族门阀集团。

除了东晋，其他几个朝代，如魏、（西）晋、南北朝和隋唐，士族都没有获得最高权力，但他们的经济、文化地位却处在社会金字塔的顶端。

隋唐开始实行了比"九品中正制"更为合理、公平的科举制度，但士族门阀的影响依然非常大，唐朝几个有影响的豪门，如京兆韦氏、闻喜裴氏、清河崔氏、博陵崔氏、京兆杜氏，都是从魏晋时期就发达的老牌士族。真正废除这种"贵族政治"的是宋朝，宋朝的"士大夫政治"最终获得了统治地位，从根子上铲除了士族门阀制度生存的土壤。

士族门阀制度从一开始就公开地维护豪门的各种利益，尤其是政治利益。士族门阀几乎瓜分了重要职务，堵塞了贤路，将大量庶族出身的人才排斥在统治核心之外。

西晋左仆射刘毅曾经提出过一个著名观点：上品无寒门，下品无士族。而同时代的大诗人左思更是激烈地批判士族门阀制度："世胄摄高位，英俊沉下僚。"

在"九品中正制"正式推行之前，也就是公元220年以前，社会等级虽然还没有魏晋那般森严，滴水不进，但也已经出现了士、庶分野的苗头。可以把士族门阀的兴起衰亡用太阳升落的时间坐标来比喻：

  东汉——早晨八九点钟的太阳
  三国——上午10点钟至11点钟的太阳
  两晋——中午12点钟至下午2点钟的太阳
  南北朝——下午3点钟至4点钟的太阳
  隋唐——下午4点钟以后至太阳落山

也就是说，士族门阀制度萌发于东汉，形成于魏，极盛于两晋，享余威于南北朝，残存于隋唐。

我们经常提到"士族"这个名词，士族有时也称为世族、势族、甲族，但"士族"的使用率比较高。"士族"的出现，和"士"有着极为密切的历史渊源，实际上"士族"主要就是从"士"这个阶层衍变发展过来的。

"士"是先秦史上的重要社会阶层，虽然在先秦诸侯国中，"士"只是统治集团的最底层，一等为卿、二等为大夫、三等为士。在古代，阶级的划分就是社会资源的分配，这个社会资源包括政治、经济和文化上的地位，"士"作为统治集团的一部分，当然也可以享受到这些特权。

这三种社会资源都对"士"的发展壮大起到了非常大的作用，但其中以文化资源对"士"的影响最大。古代统治阶级为了保障自己江山的千秋万代，都实行文化愚民政策，即限制底层百姓（奴隶）读书的权利。让老百姓变得愚蠢无比，大字不识，这样统治者才能骑在老百姓的头上作威作福，所谓"民可使由之，不可使知之"。

在先秦时期，"士"已经衍生出了许多种定义，比如勇士、巧士、技艺之士、商贾之士。我们这里所说的"士"，是特指通晓六艺（礼、乐、射、御、书、数）的那些人。

"士"作为兵头将尾，被高层统治者视为"自己人"，"士"在经济上有一定特权，有了钱自然就可以读书，"士"逐渐成为社会文化层面的主导者。先秦时期我们熟悉的"诸子"，他们绝大多数人出身于"士"，比如管仲、孔子、孟子、老子、荀子。还有一些出身于贵族，但他们的社会身份已经变成了"士"，比如商鞅。

"士"在漫长的历史进程中，社会身份逐渐由统治阶级的末端转化为读书人阶层，即"学士"。这一转变始于先秦，成于西汉。西汉是由平民集团建立的，打破了贵族对权力的世袭，平民百姓通过读书和选举推荐，也可以进入统治核心。

比如公孙弘，他家贫无业，却精读《春秋》，最终封侯拜相。公孙弘的飞黄腾达让天下士子欢欣鼓舞，"天下学士靡然乡风矣"。从此之后，西汉讲学之风盛行，直接影响了东汉的学风。

东汉是"士史"中特别重要的一个阶段，东汉的士重名尚节，以清流自许，蔑视权贵。当然除这部分狂士外，还有相当多的士进入了统治体系，成为清流派官僚。钱穆先生将东汉的士称为"书生贵族"，并认为自东汉末年起，"门第世家已露头角，世代书生变成了世代官宦"。

晋朝以来那些士族门阀的祖上，大多数在东汉做过清流官僚。比如琅琊王氏的祖上王仁任东汉青州刺史，陈郡何氏的祖上何夔在东汉安帝时任车骑将军，闻喜裴氏的祖上裴茂是东汉献帝的尚书令（亲曹派），太原王氏的祖上王柔仕东汉为匈奴中郎将，泰山羊氏的祖上羊续是东汉南阳太守，京兆杜氏的祖上杜畿也是清流官僚之后，等等。

不说晋后，只说晋前，三国时期著名的清流名门个个家世显赫。颍川荀彧是战国大思想家荀子的后人、东汉大儒荀淑的孙子；颍川钟繇的祖父是大儒钟皓；颍川陈群的祖父是东汉超大号的名流陈寔；弘农杨修的父亲是汉太尉杨彪，祖上是"关西孔子"杨震；山阳王粲的曾祖父王龚和祖父畅都位至三公；零陵刘巴的父亲刘祥是江夏太守；吴郡顾雍的曾祖父是颍川太守顾奉；鲁郡孔融的祖上是孔子，等等。

东汉"书生贵族"的世袭化已经非常明显，这对日后士族门阀集团形成起到了至关重要的作用。陈寅恪先生也说过："所谓士族者，其初并不专用其先代之高官厚禄为其唯一之表征，而实以家学及礼法等标民于其他诸姓。"魏晋以降的士族门阀集团之所以比庶族寒门有巨大的优越感，主要还是源于世家传承的家学基础，也就是文化上的优越感。

除了少数清流名门，同时期的大多数人家境一般，但通过自己的努力也挤进了名流行列。这些清流名士无论是家世显赫的，还是家世衰微的，只要读了书，就属于士林中人。

而在东汉时期，士林无论多么清高尚谈，他们都不可能和官府划清界限，实际上士林就是朝廷清流官僚的预备队。两者之间这种极深的渊源就决定了清流不可能脱离"修身齐家治国平天下"这个范畴。

读书人穷困的时候才想到独善其身，当有机会兼济天下的时候，他们绝大部分人是不愿意错过的。士林要想"奉时以骋绩"，需要的就是机会，谁能给他们这个机会，他们就和谁合作。

当这些士林名流看到袁绍、曹操、孙策（孙权）能够给他们提供兼济天下的机会，自然一窝蜂地都跑来了。至于刘表和刘璋虽然才具平庸，不足成大事，但他们治下的荆州和益州在战乱时代受到冲击较小，加上二人本属士林集团，也能拉来不少清流。

刘备之所以在早期混得一团糟，重要的原因就是他的政治起点太低太寒酸，他无法给清流们提供实现梦想的舞台，清流们自然就看不上刘备。刘备身边在早期几乎就没有清流，简雍、孙乾和糜竺都不能划进士林，糜竺还是个做生意的，更和士林扯不上关系。

刘备真正开始对士林具有吸引力，还是在占领荆州之后。刘备有了钱袋子和枪杆子，自然不比过去穷酸落魄的时候，这时才断断续续有清流愿意和刘备合作，比如庞统、马良、殷观等人。到了刘备拿下益州后，生产规模也就越来越大了。

当然，话说回来，有些人之所以愿意和刘备穿一条裤子，并不是仰慕刘备，而是身不由己，被逼出来的。比如刘备得蜀后，得到了两大名士许靖和刘巴。

许靖本是中原名士，后因避战乱来到了益州。虽然刘备围困成都的时候，许靖想缒城投降刘备，但许靖也是无奈之下的二选一。如果让许靖在曹操和刘备之间选择，许靖毫无疑问会选择曹操，刘备对名士的吸引力远远不及曹操。

刘巴更有意思，刘巴和刘备简直就是上辈子结下的孽缘。也许是出身士林，清高的刘巴特别鄙视刘备这个"老兵"，当初刘备在荆州南下的时候，许多人都跟着刘备逃难，只有刘巴单独北上投降曹操。

后来刘巴回到江南，但随后刘备在赤壁之战后连取三郡，刘巴回归曹操的路被刘备给堵上了，只好继续南下跑到了交州，辗转又到了益州。刘备做了西川王后，刘巴就落到了刘备的手上，不过刘备虽然得到了刘巴的人，却一直没有得到刘巴的心，刘巴和刘备保持着相当远的距离。

刘备的三弟张飞不知道发什么神经，突然闯到刘巴的家里做客，遭到了刘巴的拒绝。后来诸葛亮责怪刘巴太不给张飞面子，刘巴就说了一句话："大丈夫处世，当交四海英雄，不可与兵子共语。"刘备听说了这事，又羞又恼，他知道刘巴瞧不起自己。

在刘巴的潜意识里，只有曹操这样的才算是"四海英雄"，刘备之流的草根只能算是兵头子。虽然刘巴也参加了蜀汉统治集团，但主要还是身不由己。如果刘备同意刘巴离开，刘巴早就跑得没影了。

刘巴拒绝张飞的事情很快就传到了孙权的耳朵里，后来孙权对张昭谈了自己对这件事的看法。张昭认为张飞是当世名将，又是刘备的心腹手足，刘巴做得有些太绝情了，应该给刘备留一点面子。

张昭本是士林出身，却有些不理解刘巴的举动，但孙权却能站在士大夫的角度看待这个问题。孙权告诉张昭，刘巴要是顺着刘备的杆子往上爬，低眉顺眼地做刘备的奴才，和张飞这等兵子为友，那刘巴就没有资格再做名士了。

刘巴这件事很好地说明士林清流对刘备这样的低层武人集团有一种骨子里的鄙视，瞧不起刘备，羞辱刘备，才算没给士林抹黑，可见当时的士庶之分到了何等严重的程度。

自东汉分裂以来，天下士林主要分为几个大集团：袁绍的河北士林集团、曹操的中原士林集团、刘表的荆州士林集团、孙策（孙权）的江东士林集团、刘璋的益州士林集团，另外还有一些名士散落于陇西（如侯瑾）、辽东（如管宁）、交趾（如刘熙、薛综）等地。

这五大士林集团的政治领袖，要么家世显赫，比如袁绍、刘璋；要么才华横溢，比如曹操；要么出身名将世家，比如孙策（孙权）；要么直接就是士林出身，比如刘表。

五大士林集团的著名士林人物粗略计列如下：

袁绍：田丰、审配、沮授、王修、崔琰、陈琳……

曹操：荀彧、荀攸、孔融、钟繇、袁涣、华歆、杨修、司马朗、阮瑀……

刘表：王粲、韩嵩、宋忠、傅巽、蒯越、刘先、裴潜、潘濬……

孙权：张昭、张纮、顾雍、诸葛瑾、严畯、虞翻……

刘璋：樊敏、高颐、许靖、刘巴、法正、秦宓、杜琼、许慈……

再看刘备旗下：白板

士林要出来做事，一般会要求买家具备三个条件，一是家世好；二是有自己的地盘；三是与士林有渊源。以上五人都完全具备这三个条件，所以士林趋之若鹜。而早期的刘备，这三个条件完全不具备。

士林中人很少有人愿意加入这样一个流浪的低层武人集团，因为这会自降身价。大家都是在士林中玩的，跟什么样的老大混江湖，事关自己的体面和前程，半点马虎不得。

至于诸葛亮选择刘备的时候，刘备也只是寄居刘表门下，前途非常不明朗。

诸葛亮是响当当的士林出身，他跟着落魄的刘备，不怕掉身价吗？这个话题随后会专门进行讲解。

有一个值得注意的历史现象，就是士族门阀享尽威福的魏晋南北朝时期，出现过两个由底层武人和寒人联合组成的政权。一个是刘备建立的蜀汉，另一个是陈霸先建立的陈朝，巧合的是，这两个政权正好处在魏晋南北朝的一头一尾。

蜀汉时期标准士族门阀制度开始成形，之后三百多年，无论各朝皇帝出身有多低寒，其政权主流还是士族门阀集团，特别是南朝中前期。梁朝末年，侯景发动叛乱，导致南朝统治彻底崩溃。

侯景几乎杀尽了以王谢为首的士族门阀集团，南朝士族势力一蹶不振，以陈霸先为代表的庶族寒门势力成了南朝政治舞台上的主角。士族对中国中古时期的统治，从某种角度来说，始于蜀汉，终于南陈。

至于隋唐的士族门阀，自隋文帝杨坚创建科举制度以来，隋唐的政治体制开始了由"贵族政治"向"士大夫政治"的第二次转变。虽然这种转变起初不是很明显，豪门大族还是比庶族寒门更有机会进入权力核心。但终唐一朝，时间越往后，士大夫政治的迹象越明显，直到宋朝最终完成。

七 / 刘备的用人之术

在《三国演义》第四十一回《刘玄德携民渡江 赵子龙单骑救主》中，罗贯中给我们讲了一个极其精彩和感人的故事：常山赵子龙在曹操万马军中杀了个七进七出，最终救出主公刘备的独苗儿子刘阿斗。

刘备因被曹操追得几乎走投无路，两手空空，没有东西赏赐赵云，就把阿斗摔在地上，激动地曰："为汝这孺子，几损我一员大将！"赵云感动得泪流满面。这个故事就引出了一个著名的歇后语：刘备摔孩子——收买人心。

历史上的刘备是否真的摔过阿斗，阿斗一脑袋的糨糊是否就是老爹在长坂坡摔出来的，已经于史无考。估计这段精彩至极的《长坂坡》是罗贯中天马行空想象出来的，我们在这里不纠缠史实和演义的真伪之分，而是要借"刘备摔孩子"这个典故来讨论一个话题：刘备的用人艺术。

在《三国演义》这部巨著中，罗贯中着重刻画了四个人物：曹操、诸葛亮、关羽、刘备。诸葛亮、关羽、刘备被严重神化，而曹操又被严重丑化。至于孙权，在罗贯中看来，孙权不过是三国的头号搅局者，永远也当不了主角，可以直接无视。

现在争议的主要焦点倒不是诸葛亮和关羽，因为针对他们的争议不算太大，历史上他们的所作所为也确实有资格让罗贯中倾心演绎。让罗贯中饱受非议的是丑化曹操和美化刘备，曹操是伟大的政治家、军事家、文学家，难得的性情中人。

曹操的这种性格非常符合近现代人的审美标准，而刘备却因为个性不太突出，加上罗贯中把刘备美化过了头，引发了强烈的逆反心理，刘备现在成了厚黑学的"二师祖"（"大师祖"是刘邦）。

历史上的刘备远没有《三国演义》中那般完美，刘备真要用事如神，早就统一天下了，也不会被曹操满大街追着打。虽然刘备最终没有成为第二个刘秀，但能据两川之险，尽人才之用，成就偏霸之业，没两把刷子是不行的。袁绍当年比曹操阔多了，结果又如何？

　　刘备能和曹操、孙权鼎足三分，绝不是只依靠两川地利艰险，否则公孙述、刘禅、李势、谯纵、王衍、孟昶、明理这些两川王也不会被人灭掉。吴起说过人君成事"在德不在险"，这个所谓的"德"，当然不仅包括君主的人品私德，更重要的在于君主会不会用人。

　　善用人者，兴；不善用人者，亡。这是千古不变的大道理。通俗一些讲，用人制度是否完善，决定了一个团队的未来发展空间，也就是在《曹操的智库》那一篇中讲到的用人决定成败。

　　用人一般分为两个层面，一是人尽其才，也就是好钢用在刀刃上。二是管理者要会治人，也就是用人的手腕，或曰权术。人才要服服帖帖地顺着管理者的指挥棒转，首先要对管理者心服口服，这点最重要。荀彧和郭嘉为什么抛弃袁绍而选择曹操，一句话，他们不服袁绍。

　　做老大的要有相当的人格魅力，才能让弟兄们死心塌地地跟着自己打天下，再苦再难也不离不弃。老大不能服众，弟兄们就会三心二意，一遇到大挫折，全都作鸟兽散了。

　　都说曹操有人格魅力，确实如此，但刘备的人格魅力并不逊于曹操，只不过二人的风格不同而已。曹操是外张型的，而刘备则是内敛型的。

　　最能体现刘备人格魅力的有两件事，一是关羽、张飞对刘备忠贞不贰，二是刘备携民渡江。

　　关羽和张飞为什么死心塌地跟着刘备，最终为刘备而死，原因很简单，刘备待关张以国士之礼，亲如兄弟，在感情上就打动了关张。人是非常容易被感动的，一旦感情上有了依赖感，刀山火海，在所不辞！如果刘备像中行氏把豫让当等闲人看，关羽和张飞早就撂挑子跑了。

　　刘备携民渡江在《三国演义》中被演绎得荡气回肠，感人至深。但这不是罗贯中的无中生有，史上确有其事。刘备自从被曹操从徐州赶出来后，无家可归，只好寄居在"同宗兄长"荆州牧刘表的地盘上。

　　公元 208 年，刘表死后，次子刘琮献荆州降于曹操。曹操为除掉刘备这个心腹大患，亲率大军来取刘备的人头。当时刘备驻扎在樊城，为了躲避曹操的追杀，刘备不得已率部南下。

　　因为平时刘备在荆州广施仁德，极得民心，等逃到当阳时，刘备身边聚集了十多万拖家带口的老百姓。如果曹操面临这种生存绝境，估计早就拍马狂逃了。

而刘备却在明知行军缓慢肯定会被曹操大军追上的情况下，还是带着百姓悲怆地向南行进。有人劝刘备不要犯傻装纯洁，刘备却说了一句足以感动历史的话："夫济大事者必以人为本，今人归吾，吾何忍弃去！"

刘备的逃难大军每天只能前进十几里，很快就被曹操的五千骑兵追上。刘备毫无意外地惨败，险些丧命，刘备为他仁德的承诺而付出了极为惨重的代价。

历代史家对刘备危难之际不忘百姓给予了高度的赞美，"以人为本"，历代成大业者莫不以人为本，刘备说得出，做得到，他最后的成功是他应该得到的。

当然，刘备这个人很会作秀，善于自我炒作，有时分不清他是在演戏，还是真情流露。比如在逃难时路过刘表墓，刘备在墓前痛哭流涕，难说其中没有演戏的成分，以此来加强自己在世人心中仁德的好印象，收买人心。

不过初唐诗人王勃却认为刘备携民渡江，是"坐以十万之众，而无一矢之备，何异驱犬羊之群，饵豺虎之口？"，因此认为刘备"应变将略"不如诸葛亮，实在是小瞧了刘备。

刘备不是没考虑过弃百姓而逃，至少不会被曹操追上，但刘备的政治人品决定了他不可能这么做，或者说不忍这么做。刘备也许能力上有些不足，但绝对是个好人，这点比曹操和孙权都要好。

炒作是一种正常的宣传手段，无可非议。但无论怎么炒作，都要有一个底线，就是炒作的目的要为自己的核心利益服务。很显然，刘备携民渡江不是把老百姓当人质。刘备即将面对死亡的绝境，在这种情况下，炒作名誉还有什么实际意义？以刘备的枭雄之姿，他才不会为了空头名誉搭上老命，刘备没那么傻。

还有一点，刘备面对的是曹操，所以拉百姓做人质注定起不到作用。曹操当年因泄私愤而屠城的丑史，刘备不可能不知道，老百姓在曹操心中其实没什么地位，刘备没必要和犯有前科的曹操搞什么民心战。当阳之役也证明了曹操对百姓是个什么样的态度，如果曹操真的爱惜百姓，刘备也不可能输得这么惨。

刘备虽然善于笼络人心，但有句老话说得好：做一次好事不难，难的是做一辈子好事。刘备也是这样，即使刘备是在装一辈子好人，那也是非常不容易的。

刘备是有些虚伪，这个世界上要找到像卢梭那样赤裸裸地批判自己人性弱点的人（见卢梭《忏悔录》），很难。人或多或少都有些虚伪，这是人"自我保护"的本性，不能作为否定刘备的依据。

当然刘备也知道，仅会拉拢民心是远远不足以成大事的，老百姓也不可能对刘备打江山有最直接的帮助。刘备真正能依靠的，还是身边那些文臣武将，他们才是刘备"以人为本"的核心。

刘备在投靠刘表之前穷酸落魄，身边没几个趁手可用的人才，穷光蛋一个，没人跟他玩。夺荆州之后，刘备和曹操、孙权的人才储备竞赛才真正开始。攻下益州后，刘备的势力达到了极盛，在用人方面选择的余地越来越大。

人才越来越多，刘备不能再用以前的那种作坊经营模式，以感情拉拢人心。必须要实行公司化管理模式，不能大家一个锅里捞肉吃，用人一定要有层次感。《水浒传》一百零八人表面上称兄道弟，人人平等，实际上梁山的等级非常森严，除了二三十个核心人物，其他都是跑龙套的。

因为领导者性格的不同，每个人的管理方式也各有特色。曹操性格张扬，魅力十足，所以有资格俯视自己手下的人才。孙权性格温和，他手下的人才和孙权是一种朋友关系。而刘备因为出身低，加之性格内敛，所以刘备往往会仰视身边的人才，特别是对诸葛亮。

正如刘备对庞统说的那样："操以急，吾以宽；操以暴，吾以仁；操以谲，吾以忠。"刘备的"宽、仁、忠"有一部分是他的性格基因所固有，另一部分则是刘备根据曹操这个反面教材刻意做作出来的。

刘备因为是后起力量，他各方面都不如曹操。曹操本人就是个智囊，人才对曹操来说，只是"智穷"时的智力补充。刘备本人智力（不是智商）有所欠缺，所以他对人才（主要是谋士）的依赖远大于曹操。打个比方，人才是曹操的营养液，饭后喝两瓶，可以大补。而人才对刘备来说却是馒头大饼，一顿不吃就饿得慌。

不过即使如此，由于刘备也是当世枭雄，在他身上也有霸气强势的一面。荆楚巴蜀的人才因为特定的历史原因，很难去投奔星光灿烂的曹操，再加上曹操身边人才济济，去了也只是二线，不如选择刘备这个潜力股。

而且刘备对帐下功臣绝不吝啬，在攻克成都之前，刘备就承诺破城后允许中下层军官吃空府库财物。进入成都后，刘备又大赏高层文武，通过两方面的笼络，弟兄们对刘备死心塌地，几无二心。

当然这些人主要是刘备在荆州的原从集团，属于嫡系，而益州新降文武和刘备并没有什么渊源，如何用好益州集团是刘备面临的最大问题。一旦处置不当，极有可能发生大乱，瞬间崩溃不是没有可能。

益州集团虽然不是刘备的嫡系，但荆州集团本来也不是刘备的嫡系，嫡系是可以培养的。刘备现在不敢得罪益州集团，唯一的选择就是将益州集团中的精英纳入亲信系统。比如刘备对法正、董和、李严、费祎、庞羲、吴壹等人。

以上这几位都是看到刘备即将发达时，主动投降的，刘备用他们理所当然，但凡有点头脑的都会这么做。难能可贵的是刘备对政敌的态度，比如对黄权和刘巴。

当初刘璋听从张松的建议，准备请刘备入蜀抵御张鲁时，就遭到了黄权和刘巴的极力反对，认为这是引狼入室。这时的刘璋已经鬼迷心窍，听不进去。

刘备在益州有耳目，黄刘二人的事情刘备肯定是知道的。刘备得蜀之后，二人闭门不出，等待刘备的杀手闯进宅子。不过让黄权和刘巴意外的是，刘备下令部下严禁侵扰二人，违者族诛。刘备的大度很容易就感动了二人，二人决定出山给刘备打工。

刘巴在荆州的时候就深深地得罪了刘备，把刘备恨得咬牙切齿。刘备这次义释刘巴，不排除有深层次的战略考虑，比如拉拢蜀中人心。但刘备能以德报怨，不能不说刘备胸怀是很宽广的。

人才的可贵之处在于"才"，人才的品德未必都是好的，或多或少有人格上的缺陷。但统治者在打江山的时候，需要的是智力的会集，而不是品德的堆积。刘备是做大事业的，刘备恨的是刘巴的"人"，而不是刘巴的"才"。

事实也证明刘备的正确，黄权和刘巴在得到刘备的重用后，皆倾其智，为刘备服务。刘备的军队进入成都之后，抢空了府库，刘备顿时陷入了经济窘境，兜里没钱了。

刘巴给刘备出了一个好主意，"铸造以一当百的大钱，由官府直接经营，一切搞定"。刘备按照刘巴说的去做，果然"数月之间，府库充实"。刘备重用刘巴，很快就尝到了甜头。当然刘巴的大面值货币无疑是对本就不富裕的蜀中百姓的经济掠夺，但对刘备来说却能解燃眉之急。至于老百姓骂大街，装聋作哑就行了。

当然刘备也不是什么神明，用人看走眼的情况也不少。庞统当时因为传说中的面貌丑陋，明明怀经天纬地之才，却不受刘备重用，只当了个小县令。庞统心怀不满，借酒消愁，每天从早上鸡打鸣一直喝到凌晨狗睡觉。

要不是诸葛亮屡屡举荐，说不定刘备就错过了这位鬼才。庞统对刘备的入蜀战略有多重要？庞统战死后，刘备一提到庞统就痛哭流涕。能让刘备天天哭鼻子的，恐怕也只有庞统和法正了。

不过好在刘备虽然少了一个庞统，却多了一个法正，论智力水平，庞统和法正是一个级别的。刘备攻克益州及后来收取汉中，法正可以说都起到了决定性的作用。

法正是刘备集团中罕见的高智商人才，法正对刘备的重要性，就相当于郭嘉对曹操的重要性，其价值不言而喻。郭嘉和法正用智，贵在于"奇"，加上性格爽直，分别深得曹操和刘备的喜爱。

郭法二人与各自团队智囊不同的是，他们不仅是主公的用智之士，还是主公的朋友。君臣关系往往等级森严，但如果大臣能和君主建立私人交情，那效果就不一样了。刘巴就因为不是刘备的嫡系，所以退朝之后，与刘备绝无私交，他知道刘备和自己永远是两条不相交的平行线。

法正因为为刘备立下奇功，加上二人很投脾气，所以他们的私交极好。法正在刘备心中的地位早就超过了诸葛亮，诸葛亮只是刘备聘用的总经理，难说是刘备的知己朋友，而法正则是刘备的私人顾问，二人之受宠程度高下立判。

法正的智力没得说，他最大的问题是个性太强。法正恩怨分明，当他成为刘备手下第一红人之后，法正就开始对过去得罪他的仇家进行打击报复，"擅杀毁伤己者数人"。

有论者批判法正这是小人得志，其实大可不必对法正过度苛刻，法正报复仇家，也报了恩主的恩。以德报怨是一种道德上的让人尊敬的选择，并不是唯一的选项。法正杀人必须给予批判，但无须上纲上线，曹操得志之后，不也满世界地追杀仇家刘阳的儿子吗（见《三国志·魏书·王朗传》）？

法正时任蜀郡太守，"天子脚下"，法正做的这些事情，刘备肯定是知道的。但刘备明知法正杀人犯法，却视而不见，随便法正怎么折腾。有些人没看透刘备的心思，就请诸葛亮劝刘备敲打一下法正，别把事做得太绝。

诸葛亮见法正受宠，心里虽然打翻了醋坛子，却拒绝出面说话。诸葛亮知道刘备当初困居荆州时，北有曹操，东有孙权，身边还带着孙尚香这颗定时炸弹，日子过得非常憋屈。而刘备得蜀之功，首推法正，所以让刘备出面敲打法正，几乎是不可能的事情。

刘备坐视法正杀人，诸葛亮装傻，其实都是不想得罪法正。法正心胸如针尖，容易记仇，刘备现在正是用人之际，犯不着为几个平头百姓的冤屈而治法正之罪。

因为曹操和孙权提前瓜分了中原和江东的人力资源，留给刘备选才的余地非常小。正如王夫之所言："及其（刘备）分荆据益，曹氏之势已盛，曹操又能用人而尽其才，人争归之。蜀所得收罗以为己用者，江、湘、巴、蜀之士耳。"

选才面相对比较窄，刘备没有和人才讨价还价的本钱，对方无论出什么价，刘备都必须接受。在这种情况下，刘备宁可背着假仁假义的罪名，也绝不会和法正这样的高端人才翻脸。在这个世界上，人才是不能用有形的价值来衡量的。

刘备用人非常实际，他从来都是奉行双重标准的。对于一线的人才如法正，刘备视如掌上明珠，百依百顺。而对于那些多一个不算多，少一个不算少的二线人才，刘备就没那么客气了。

曾经对刘备攻取益州有过一定贡献的彭羕，和法正一样都是狂徒，但法正受宠，而彭羕则不受刘备、诸葛亮的喜欢，被发配到外郡。彭羕没捞到好处，就密约马超谋反，结果被马超告发。虽然彭羕在狱中悔过，但刘备还是杀掉了彭羕。

彭羕的悲剧就在于他不是法正，法正可以一朝得志，形色嚣然，而彭羕就不行。刘备杀彭羕，表面是因为彭羕犯的是谋逆大罪，于法当诛。但真实的原因还是刘备并不认可彭羕的才能，至少没到法正这个档次。

刘备用人有时很情绪化，在得蜀之后，继续留关羽守荆州是个明显的战略失误，但刘备一直不换人，最终酿成大祸。关羽因自身原因导致失败，刘备却把账算在了养子刘封和孟达的头上，最终逼死了刘封，孟达以上庸三郡降魏，致使蜀汉在北伐战略上遭到了严重的损失。

蜀汉中后期的人才凋零，刘备要负一定责任，黑锅不能由诸葛亮一人背着。不过综合来看，刘备也是个用人的一流高手，在用人手法上不比曹操、孙权逊色多少。

陈寿说刘备"弘毅宽厚，知人待士，盖有高祖之风"。因为陈寿本是蜀人，对故主的评价略有夸张，但大抵是公允的。

八 / 诸葛亮的职业规划

因为《三国演义》的空前影响，蜀汉丞相诸葛亮在中国历史上已经成为智慧的化身，人称诸葛半仙。《说唐》《薛仁贵征东》中的半仙徐茂公、《明英烈》中的半仙刘伯温，都是以《三国演义》中的诸葛亮为原型塑造的。

通常认为罗贯中是神话诸葛亮的第一人，其实早在西晋，神话诸葛亮的运动就达到了高潮。从陈寿开始，张辅、李兴、尚驰、习凿齿、袁宏等人铺天盖地地吹捧诸葛亮。到了唐朝，李白、杜甫、刘禹锡、裴度、吕温、温庭筠、李商隐继续给诸葛亮摇旗呐喊，诸葛亮想不出名都难。

在这几拨耍笔杆子的杰作中，影响最大的应该是杜甫的那首《蜀相》：

丞相祠堂何处寻？锦官城外柏森森。
映阶碧草自春色，隔叶黄鹂空好音。
三顾频烦天下计，两朝开济老臣心。
出师未捷身先死，长使英雄泪满襟。

在这首诗中，"三顾频烦天下计，两朝开济老臣心"写得最为动情，诸葛亮"鞠躬尽瘁，死而后已"的精神感人至深。诸葛亮为了报刘备三顾之恩，拼了一辈子的老命，为刘备父子做牛做马，最终累死在战场上，悲剧性的结局更让诸葛亮赢得了千秋万代的感慨和同情。

诸葛亮二十七岁时被刘备伙同关羽和张飞强行劫出茅庐，开始了他波澜壮阔的一生，直到五十四岁病逝于五丈原。在这漫长的二十七年的江湖闯荡生涯中，诸葛亮虽然没有给历史交出一份多么漂亮的答卷，但至少他尽力了。成功，其实也就是一个自我证明的过程，有勇气去证明自己，就是一种成功。

诸葛亮生于汉灵帝光和四年（公元181年），祖籍是琅琊阳都（今山东临沂沂南附近）。诸葛亮生活在士族和庶族开始分野的东汉末年，但诸葛亮显然不是庶族出身，而是出身清流名门。

诸葛亮的祖上是西汉元帝时的司隶校尉诸葛丰，司隶校尉在官场上属于一线职务。诸葛丰是元帝时官场有名的刺头，为人刚直，不畏权贵，加之出身士林，历史口碑很好。世代传承下来，到了诸葛亮这一代，诸葛氏的清流名门地位已经非常巩固了。

东汉末年，士林已经基本形成了一个特定的社会圈子，想让士林中人和你交朋友，要么出身士林，要么官位显赫，要么本人身属士林，不然他们是瞧不上你的。诸葛亮的父亲诸葛珪虽然只任过太山郡丞，而且死得早，但诸葛亮的叔父诸葛玄却是官场上的红人，官场和士林两路都能吃得开。

有了叔父这株大树，诸葛亮自然可以躲在树荫下乘凉，不用天天晒太阳。诸葛玄后来虽然丢掉了豫章太守的位子，但因为他和荆州牧刘表是至交好友，诸葛玄就带着侄子来到荆州地界安营扎寨。

刘表有两层身份，一是荆州的政治、军事领袖，二是荆州的士林（文化）领袖，有了诸葛玄做阶梯，诸葛亮很容易地就挤进了荆州的士林圈子。

当时天下大乱，荆州正处在南北汇集之地，大量士林中人在荆州进进出出。诸葛亮通过和他们的交往，可以"秀才不出门，便知天下事"，这对诸葛亮日后的职场发展起到了非常重要的作用。

对于太平时代的中下级军官或者草头兵来说，他们要想谋取富贵，最方便的捷径就是生逢乱世，不然他们出头的概率极小，对谋臣智士来说也是一样。

这些文人虽然在士林圈中混得有头有脸，但基本都被排斥在官场主流之外，当然不是说他们都渴盼乱世，但至少他们在乱世中出人头地的机会更大。

如果东汉的太平盛世能多维持一百年，三国时代的那帮清流中，也就是袁绍、荀彧、荀攸、孔融、杨修等少数人进入官场一线的可能性更大，毕竟他们不仅出身一等清流名门，在官场人脉也极广。

诸葛亮在官场没人脉，当时在士林中名望也不算太高，"亮每自比于管仲、乐毅，时人莫之许也"。这个"时人"只能是士林中人。诸葛亮要是生活在盛世时代，不是说一定不能出头，但概率并不算太大。

诸葛亮自小读圣贤书，成天孔子云孟子曰，标准的儒家知识分子，满脑袋的"修身齐家治国平天下"。虽然诸葛亮后来在《出师表》中说过"苟全性命于乱世，不求闻达于诸侯"，但明眼人都知道诸葛亮这是自抬身价，他甘心老死草野之间？鬼都不信。

读书人求仕是一种文化上的惯性，严光、管宁这样甘愿隐于草野的毕竟是极少数看破红尘的。当然读书人要求仕进，不能说他们是热衷名利，大多数读书人还是希望通过在政界的一番作为来实现自己的人生理想，诸葛亮自然不会例外。

东汉选人制度主要是举秀才和举孝廉，要求各级官员推荐人才，由朝廷选择任用。本来这种制度可以最大限度地发现士林清流的可用人才，但随着东汉朝政的日益腐朽黑暗，权贵子弟往往凭着裙带关系上位，察举制度名存实亡。

黄巾军起义以来，四海分崩离析，各路军阀横州跨郡，地域被人为地割裂。诸侯们用人往往是"拔出萝卜带出泥"，也就是通过任用一个人才，然后这个人才再推荐其他人才。比如荀彧向曹操推荐戏志才和郭嘉，周瑜向孙权推荐鲁肃。

除了领导者由上而下地考察人才，人才也可以由下而上地考察领导者，如果感觉这个领导者不适合，立刻卷铺盖走人。荀彧、郭嘉都是这样炒了袁绍的鱿鱼。也就是东汉名将马援说的："非独君择臣也，臣亦择君矣。"

诸葛亮即将出山的时候，天下形势已经日渐明朗，北有曹操，东有孙权，西有刘璋，本地还有刘表，再加上离诸葛亮不远处的刘备，诸葛亮可以选择的也就这几家而已。

现在大学生毕业之后，四处投简历找工作，这实际上也是一个互相选择的过程。当然因为就业压力太大，现在人才市场基本是供大于求的局面，所以用人者的选才面比较大，往往占据着主动地位。

诸葛亮差不多也面临着这样的就业形势，他应该选择哪路诸侯做东家呢？有比较才有选择，诸葛亮应该早就开始对这几家诸侯进行暗中考察，并一一对比这几家公司和领导者的优劣，做出一个相对准确的就业评估。

诸葛亮在进行模拟选择的时候，事先给自己做了一个定位，就是他去了新东家，必须是这家公司的首席。诸葛亮自视甚高，平时自比管仲、乐毅，跑龙套的角色诸葛亮不会接单。

有了这个定位，问题就来了。

先说投奔曹操，曹操本人智力殊绝，再加上身边已经有荀彧、荀攸、郭嘉、程昱、刘晔、贾诩这些一线智囊。如果诸葛亮去了，曹操肯定会欢迎，曹操喜欢搜集人才是出了名的。但曹操不可能让诸葛亮这个年轻人做首席，不然置荀彧这些人于何地？

另外，曹操的为人诸葛亮应该是有一定了解的。阿瞒兄野心勃勃，早就对汉朝的天下垂涎三尺，这和诸葛亮这类正统知识分子的政治思想有冲突。诸葛亮跟了曹操，即使曹操让诸葛亮做首席智囊，一旦二人在政治思想上发生矛盾，荀彧的下场就是诸葛亮的下场。

再看孙权，要说诸葛亮跟孙权是比较方便的，因为诸葛亮的同胞大哥诸葛瑾就在孙权手下任长史，很得孙权信任。诸葛瑾当然希望弟弟能来江东和他一起做事，互相也有个照应，估计诸葛瑾没少在孙权面前给弟弟吹喇叭。

诸葛瑾应该是给诸葛亮写过信的，请弟弟到江东发展。即使确有其事，诸葛亮也不太可能选择孙权。理由是和对曹操的考虑如出一辙，孙权旗下的头牌花旦是周瑜，周瑜是孙权嫂子的妹夫，关系极铁，诸葛亮不可能撼动周瑜的地位。诸葛亮去了，最多也是就和张昭同等地位，与其这样，还不如不去。

要说诸葛亮最方便投靠的，肯定是荆州牧刘表。刘表是其叔父诸葛玄的旧交，诸葛亮这些年在隆中种地读书，没少得到刘表的照应。如果刘表天天派人来捣乱，诸葛亮早就被折腾跑了。

诸葛亮就在刘表身边，对刘表的为人能力再清楚不过了，刘表"外宽内忌，好谋无决，有才而不能用，闻善而不能纳"。最要紧的是，荆州有两股势力在明争暗斗，一边是刘表的合法继承人长子刘琦，另一边是刘表最喜欢的次子刘琮。

刘琮的娘舅家蔡氏在荆州势力很大，刘琦已经被挤到了墙脚边，一旦刘表死了，荆州内部肯定发生夺嫡的重大事件。荆州要乱了，曹操和孙权肯定会下黑手捞外快的，荆州必然成为乱战中心。在这种情况下，诸葛亮更不敢把自己的身家性命轻易押在刘表身上。

刘表不合适，刘璋呢？要说刘璋为人宽厚，如果刘璋能让诸葛亮当上首席大军师，诸葛亮未必没有大的发展空间。但问题是，刘璋会重用诸葛亮吗？基本没可能。

因为诸葛亮是外来户，要想挤进本地势力占据主流的益州政坛，难度非常大。要是只做二线角色，那去了又有什么意思？再者，诸葛亮的法术思想和刘璋的中庸无为思想完全不搭调，诸葛亮要限制打击豪强利益，刘璋根本不可能点这个头。

盘来盘去，四大诸侯都不太适合诸葛亮的职场发展规划，只剩下一个没地盘、没钱粮、没枪杆子的刘备了。选择刘备？诸葛亮肯定曾经考虑过，但可行性又有大呢?

刘备是建安六年（公元201年）被曹操暴打后，走投无路，这才找同宗刘表要饭吃的，寄居在新野。诸葛亮在荆州也住了好多年，加之他的暂住地离新野也不算很远，诸葛亮的许多朋友都应该是和刘备有过来往的，刘备早年的"英雄事迹"，诸葛亮或多或少也了解一二。

要说刘备这大半辈子活得真是不容易，为了讨生活四处流浪，别人高兴了赏他碗饭吃，比如袁绍；不高兴了抡起大棒子照头就打，比如曹操。现在逃到荆州避难，说好听些是刘表的兄弟加客人，实际上在刘表的心里，刘备和要饭的叫花子没什么区别。

刘备早期逐鹿中原的失败，最大的原因是他身边没有一流的智囊。刘备本人智力不太发达，再没有高级谋士的帮衬，失败在所难免。吕布再不济，身边还有个一流谋士陈宫。

刘备要想在残酷的竞争中生存下来，就必须建立一套完整的人才储备体系，这一点前面也讲到了。之前是家庭作坊式的零敲碎打，自己身兼董事长和总经理，明显不是刘备的能力所能胜任的。现在的刘备急需聘请一位职业经理人，给自己提供最大限度的智力支持。

至于这职业经理人具体应该聘用谁，刘备本来打算由徐庶来扛大旗的。《三国志》无徐庶传，徐庶的智力等级无法具体界定，徐庶后来仕魏，任过御史中丞这样的高级职务。再从诸葛亮日后对徐庶的推崇来看，徐庶虽然没有罗贯中吹得那么神通广大，但应该是个一流人才。

不过徐庶并没有接受刘备的邀请，而是向刘备推荐了诸葛亮："我的朋友诸葛亮有经天纬地之才，江湖人称卧龙，足堪与将军共图大业，将军要不要见见诸葛亮？"不知道徐庶拒绝刘备，是确实自认才智不如诸葛亮，还是瞧不上刘备。

刘备寄居荆州期间，和当地名士司马德操（水镜先生）有些交情，司马德操经常在刘备面前提及诸葛亮，另外捎带着推销凤雏庞统，刘备应该是知道诸葛亮的。

只是刘备并不认识诸葛亮，天知道他是不是个书呆子，东汉末年士林中出得最多的就是这种书呆子，未必能成大事。刘备觉得自己虽然做人挺失败，但好歹也算是江湖上有头有脸的人物，就大大咧咧地告诉徐庶，请徐先生把这个什么卧龙带到寒舍一叙，我要面试。

徐庶笑着告诉刘备，诸葛亮这个级别的人物，可不是刘将军随便能叫唤来的，您要亲自去请。刘备也确实能放下架子，去就去吧，人才难得嘛。不过刘备第一次去的时候，却没见着诸葛亮，嘟嘟囔囔地回来了。

《三国演义》说刘备一顾茅庐时，诸葛亮正好外出游山玩水去了，所以刘备没碰着。史书上也没说诸葛亮在一顾的时候跑哪儿去了，但最大的可能应该是诸葛亮已经提前知道刘备要来，故意躲到外面。

诸葛亮和徐庶是至交好友，徐庶在刘备面前推荐了诸葛亮，极有可能在第一时间就把这事通知了诸葛亮。诸葛亮在求职规划中，已经基本踢掉了曹操、孙权、刘表和刘璋，只剩下刘备有待考察。

当诸葛亮开始做跟随刘备闯天下的准备时，估计心里会非常矛盾。刘备现在四大皆空，要地没地、要人没人、要钱没钱、要枪没枪，跟着刘备是要冒极大风险的，弄不好会同归于尽。

但诸葛亮是优秀的职业经理人，他并没有拘泥于刘备现在的窘况，而是看得更远。刘备是穷了点，但意志坚定，志向远大，具备相当的领袖才能。人是第一生产要素，只要人在，阵地就在，风险和收益并存，不冒风险，谈何成功，曹操当年也是拎着脑袋从刀山火海中杀出来的。

而且如果诸葛亮以智力入了刘备的股，还有一点非常让诸葛亮动心，就是他只要过去，肯定能成为刘备身边的头牌花旦。宁为鸡口，不为牛后，刘备因智力不足，必然会依赖于诸葛亮，这样诸葛亮就有很大的空间来展示自己的绝世才华。

在小公司工作肯定没有在大公司工作风光，在大公司上班每天进出高档写字楼，属于高级白领，甚至金领。小公司的创业起点比较低，但正因为是一张白纸，画家才有着墨的空间。当然大公司起点高，只要人才有突出的能力，照样能创出一番大事业，这个要因人而异，不能搞一刀切。

诸葛亮这次考察刘备，不考虑刘备的物质条件，诸葛亮知道刘备兜里也没几个钱。主要还是考察刘备的人品和应对困难的能力，诸葛亮应该知道刘备"弘毅宽厚、知人待士"这些优点，但毕竟他和刘备素昧平生。所以诸葛亮有必要考察一下刘备，看看刘备是不是真的爱才惜才。

这和求婚是一个道理，如果女方有意拒绝了男方的第一次求婚，男方就彻底放弃了，女方肯定会认为男方没有诚心。诸葛亮就是这样考验刘备耐心的，诸葛亮也许在想，如果你刘老大真的想娶我，那就多跑几趟吧。

不知道过了多长时间，刘备又去了第二趟茅庐，结果又没见到诸葛亮。罗贯中说这一次诸葛亮是受好友崔州平的邀请，结伴旅游去了。这有可能真有其事，史书记载崔州平是诸葛亮可以交心的密友，朋友一起游玩是很正常的。

诸葛亮第二次躲着刘备，依然是要考察刘备的耐心，尊重人才可不是嘴上说出来的，要看你的实际行动。但问题是诸葛亮为什么偏偏在刘备来的时候出门，他难道在刘备身边有内线？极有可能是徐庶或司马德操等人事先把刘备的出行日期捅给了诸葛亮，诸葛亮提前出门了。

诸葛亮现在已经基本确定要把自己的未来交给刘备，不然根本没必要和刘备这么兜圈子，直截了当地告诉刘备"我们之间是不可能的"，一切就都结束了。刘备是个聪明人，他不可能想不到这是诸葛亮有意试探他，因为之前徐庶也说了诸葛亮是要请出来的。

两次都没见到诸葛亮，刘备心里或多或少会有些不快。不过刘备急需一名高参，他没有选择余地，硬着头皮第三次求见。

果然这次诸葛亮没再打着旅游的旗号开溜，卧在草堂上等着刘备，卧龙嘛，当然要卧着。至于徐庶是不是同行，不得而知。这是刘备和诸葛亮平生第一次相见，也许他们心里都明白，对方将陪伴着自己走向一个不可预知的未来。

用《诗经·邶风·击鼓》篇来形容刘备和诸葛亮的天作之合再贴切不过了：

> 击鼓其镗，踊跃用兵。土国城漕，我独南行。
> 从孙子仲，平陈与宋。不我以归，忧心有忡。
> 爰居爰处？爰丧其马？于以求之？于林之下。
> 死生契阔，与子成说。执子之手，与子偕老。
> 于嗟阔兮，不我活兮。于嗟洵兮，不我信兮。

二人在刚见面的时候稍有些羞涩拘谨，但他们的结合是前生修来的缘分。短暂的沉默后，刘备开始对诸葛亮掏心窝子，并恳请诸葛亮出山，做他的职业经理人。刘备发誓要用一辈子的时间来证明他对诸葛亮的感情，诸葛亮终于做出影响历史的决定：接受刘备的邀请，一起在腥风血雨中打拼。

随后诸葛亮拿出了应该是准备已久的事业发展规划书，即垂名青史的《隆中对》，给在黑暗中悲壮徘徊的刘备点亮了明灯。诸葛亮对天下大事了若指掌，他知道现在再打曹操或孙权的主意非常不现实。

　　唯一的出路就是先夺荆州，再以荆州为跳板，进入益州。横跨荆、益，巩固孙刘联盟，两路狂攻曹操。攻克中原后，大汉雄师渡江南下，擒下碧眼小儿，统一中原。

　　诸葛亮的职业规划很完美，只是他没有想到，以后的路会那么艰难。也许是诸葛亮高估了自己，也许是高估了刘备，创业最终宣告失败。

　　但诸葛亮至少敢于去挑战，不断地失败，不断地努力，其实这就是成功的过程。

九 / 诸葛亮为什么不篡位

接着上一个话题，继续谈诸葛亮的职业规划。

诸葛亮被刘备三顾茅庐的诚意所打动，同意出山担任刘备集团的首席智囊，在激烈的竞争中为刘备集团做大做强提供智力支持。

刘琮投降曹操后，刘备被曹操满大街地追杀，几乎走投无路。是诸葛亮挺身而出，单舟赴江东，力劝孙权联合刘备抗曹。虽然孙权在鲁肃的劝导下，已经决定和曹操刀兵相见，但如果没有诸葛亮出色的外交艺术，孙权未必肯拉绝路上的刘备一把，大不了孙权单独抗曹。

赤壁之战后，劫后余生的刘备应该庆幸拥有诸葛亮，否则一旦孙权不肯帮忙，刘备就见阎王去了。诸葛亮也通过联孙抗曹这次大手笔彻底征服了刘备，在刘备手上的牌面中，诸葛亮是当仁不让的"二王"，一人之下，万人之上。

刘备攻下益州后，诸葛亮的地位虽然因为法正等新贵的介入而略有下降，但依然是刘备的当家大总管。每逢刘备外出办事，都要留下诸葛亮坐镇成都，在后方筹办粮草军需，史称"足食足兵"。刘备的家业能搞得这么大，不能说诸葛亮是最大的功臣，但最起码也是功臣之一。

法正在公元220年去世后，诸葛亮在刘备的权力架构中又恢复了一哥的地位。太傅许靖在名义上是蜀汉君臣之首，不过许靖只是装点官场的漂亮花瓶。

虽然两年后刘备东征孙权惨败，蜀汉官场精英损失了不少，比如马良、黄权、张南、冯习、傅彤、程畿等人，但蜀汉人才储备的基础还在。当然蜀汉精英死得越多，诸葛亮之于刘备的重要性就越突显，尤其是这场惨败之后。对于这一点，刘备和当事人诸葛亮心知肚明。

因为夷陵之败，刘备本已日渐衰老的精神遭受了极为沉重的打击，几近崩溃。刘备知道上天留给自己的时间已经不多了，为了保障蜀汉权力的正常运转，刘备不得不开始准备后事了。

皇太子刘禅这一年只有十七岁，他性情庸和，不具备单独挑大梁的能力，刘备必须找一个霍光式的总管家来代理执政。至于人选，刘备开始时未必只有诸葛亮一个选择，但选来选去，再没有人比诸葛亮更合适，刘备决定托孤于诸葛亮。

刘备死后，诸葛亮不出所有人意外地成为蜀汉帝国的"相父"——没有帝号的皇帝。真正属于诸葛亮的时代，在他羞涩地走出草堂十六年后，才姗姗来迟。诸葛亮从踏进职场的第一天，他的角色就是刘备这家小公司的总经理，十六年来一直没有改变过，虽然刘备的小公司早就发展成为大财团。

诸葛亮跟了刘备这么多年，也基本得到了以他的才能所能得到的物质条件。刘备克定蜀川后，赏了诸葛亮黄金五百斤、银千斤、钱五千万、锦千匹（《华阳国志》作万匹），诸葛亮一夜暴富。但诸葛亮出来混江湖，并不单纯是为了赚钱养家，而是要轰轰烈烈做一番大事业。

现在诸葛亮的机会来了，刘备把蜀汉的军政财大权全部交给了诸葛亮，诸葛亮是否考虑过拿掉蜀汉刘家的招牌，换上诸葛家的门脸？诸葛亮要是成为公司法人，他也许会有更大的斗志来经营自己家的产业，如果能统一天下，诸葛家就可以坐享千秋万代的尊荣。

至于夺位手段，学习王莽这个假道学"尧舜禅让"，将流着鼻涕的小主子刘禅踢下台，随便赏个窝头，就算对得起老主子刘备了。千古一帝赵匡胤发动陈桥兵变时，可没想过当初老主子柴荣是如何厚待他的。

在诸葛亮的职业规划中，夺位的念头不可能没有，这是人的本性，诸葛亮不可能例外。只是改朝换代是天大的事情，事关方方面面的利益，绝对不能头脑发热。

诸葛亮擅长谋略，而且为人谨慎，在进行一件事的规划时，他会通盘考虑其中的利与弊。这样的方案可不可行，如果要做，有可能遇上什么样的阻力，如何解决这些阻力，都是诸葛亮需要面对的大问题。

以诸葛亮的智商，他很快就能够对是否改朝换代做出准确的判断。这样做的政治风险极大，"诸葛一生唯谨慎"，他不会轻易去拿九族性命赌这一把，万一赌输了，一切都没了。诸葛亮用智，都会在百分之一百的肯定之后才会出手，0.01%的失败可能性在他眼中等于99.9%的失败可能。

虽然刘备临死之前，就举国托付于诸葛亮，并和诸葛亮进行了二人各自人生中最重要的一次谈心。刘备满脸真诚地告诉诸葛亮："君才十倍曹丕，必能安国，终定大事。若嗣子可辅，辅之；如其不才，君可自取。"

从字面上的意思看，刘备给了诸葛亮一张权力通行证，也就是诸葛亮可以自己决定是否改朝换代。诸葛亮对刘备的作用不须多讲，但刘备也并没有亏待诸葛亮。刘备除了老婆没舍得给诸葛亮，该给的都给了，儿子也交给诸葛亮抚养，从刘备的角度来看，他已经仁至义尽了。

但人都是有私心的，在权力私有化的时代，刘备不可能有这份胸襟气度，曹操也没有。刘备创业极其艰苦，一生大起大落，好容易积攒了这份不算太大的家业，怎么会轻易让给外人？

刘备和诸葛亮在茅庐相识以来，他对诸葛亮一直是"敬鬼神而远之"。他们在事业上是几近完美的结合，但在感情上，很难说他们是铁杆的知心朋友，诸葛亮知道他和刘备到底是什么样的关系。

正基于这种感情上的距离，刘备在托孤时，重点有两个，一是让诸葛亮尽心辅佐刘禅，二是提前在诸葛亮的头上套了个政治紧箍咒。刘备知道诸葛亮这样的正统儒家知识分子最重名节，如果诸葛亮真的变心，那刘备的这句话就将在诸葛亮的道德禁地中折磨他一辈子，让诸葛亮永远生活在背叛和内疚之中。

诸葛亮知道刘备和他之间若隐若现地存在一条难以逾越的感情鸿沟，但他也许没有想到刘备会把这种犯大忌的话挑得这么直白。诸葛亮跪在地上痛哭流涕，《三国演义》说诸葛亮汗流遍体，叩头流血，确实能反映出当时诸葛亮的恐慌。刘备说话的时候面容慈祥，可话中句句带刀见血，诸葛亮当然会反应过度。

诸葛亮毕竟不是司马懿那样的枭雄，曹丕死后，司马懿在魏国的政治地位和诸葛亮有些相似之处。首先他们都是各自国内的军政头牌，都以军事为主。其次司马懿也受魏明帝曹叡托孤，当上了辅政大臣。

当然，曹家三代从来都没放心过为人奸诈的司马懿，尤其是曹叡托孤时，在权力分配上为了限制司马懿，又拉出亲戚曹爽与司马懿共同辅政。在司马懿和曹爽的双巨头格局中，曹爽的戏份要更多一些，后来司马懿就被曹爽等人给架空了，成了一只政治花瓶。

在蜀汉方面，诸葛亮也要面对大大小小的掣肘因素，即使诸葛亮有心篡位，他未必能战胜朝中的保皇派。除诸葛亮自身的政治品格之外，这也是诸葛亮没动手的原因之一。

下面讲讲蜀汉的权力分配，我们看看诸葛亮都在哪些方面受到了制约。

首先是辅政大臣的选择，诸葛亮并不是唯一受遗诏的辅政大臣，诸葛亮之外，还有一个辅汉将军李严（后改名李平）。李严本是荆州人，后投降刘璋，刘备攻蜀时又转换了门庭，从严格意义上讲，李严虽受刘备赏识，但也不算是刘备的嫡系。

刘备为什么要用李严辅政？刘备不放心诸葛亮，难道就放心李严吗？这正是刘备政治手腕的高明之处。在对所用人选的政治忠诚度不放心的情况下，用一个人单独执政，政治风险太大。

而如果用两个或两个以上，他们之间就会自然形成一种权力的制约，你不服我，我不服你，这样反而有利于权力平衡。最安全的权力一定是最平衡的，刘备用李严基本上就出于这种考虑。

李严虽然是荆州人，但从派系上来说，却是原属刘璋的益州新附集团，和诸葛亮所在的荆州系基本没什么瓜葛。刘备这样安排也是精心考虑过的。如果所有的辅政大臣都属于一个派系（利益集团），那将对皇权造成更严重的威胁，更何况这样的局面是在皇帝年少无知的情况下。

再来谈谈刘备旗下的几大派系和他们之间的关系。

大略来说，蜀汉统治集团（刘备去世前后）由三个较大的派系组成，一是刘备的原从亲信集团，也就是陪刘备早期浪迹天涯的那拨老人，比如关羽、张飞、简雍、麋竺（麋芳，叛降孙权）、孙乾、赵云、刘琰、陈到等人。

二是荆州集团，主要人物有诸葛亮、庞统、刘封、马良、马谡、黄忠、魏延、蒋琬、费祎、廖立、伊籍、陈震、霍峻、杨仪、向朗、胡济、廖化、辅匡、赖恭、黄柱、冯习、张南、傅肜（死于夷陵之战）等人。

三是益州新附集团，主要人物有法正、董和（董允）、李严、黄权、刘巴、吴壹（又称吴懿）、吴班、孟达、庞羲、严颜、费观、邓艾、秦宓、王连、张裔、张翼、杨洪、费诗、李恢、王谋、何宗、李邈、马齐、姚伷、程畿（死于夷陵之战）等人。

除这三大派系之外，还有一些无法划分派系的重要人物，比如许靖、马超、马岱、王平等人。

因为刘备的原从亲信集团中的大多数人在刘备托孤时都不在人世了，比如关羽、张飞等，勉强还有赵云和陈到，孤单零落得不成气候，真正在蜀汉政治格局中角逐厮杀的是荆州系和益州系。

如果以刘备去世时为界，在此之前的蜀汉官场的权力分配中，荆州系和益州系是平起平坐的。《三国志·蜀书·伊籍传》记载刘备得蜀后造蜀科（法律），参与此事者共五人：诸葛亮、法正、刘巴、李严、伊籍，荆州系两个，益州系三个。

刘备在安排后事时，由于他对诸葛亮的忠诚心存疑虑，所以他要在诸葛亮身边安插一些益州系的大牌精英，作为牵制诸葛亮的力量。益州系的老大是法正，刘巴因为是天下名士，在益州系的声望也较高。

法正和刘巴都先于刘备去世，黄权降魏，董和虽然够级别，但他是文臣，所以不便立为辅政大臣。而牵制诸葛亮的这个人物，最好是益州系的武将，李严是再合适不过的人选。

刘备虽然把蜀汉军政交给诸葛亮打理，但李严却领重兵坐镇永安。刘备这样的安排是在下一个冷棋子，刘备相信诸葛亮变心的可能性并不大，但万一变心了，即使李严从自身的利益考虑，他也不会坐视诸葛亮篡位。当然，李严驻防永安主要还是防备孙权对益州下黑手。

如果从感情上来讲，益州集团的这些精英人马更亲近于刘璋，他们投降刘备，是万不得已而为之的。他们对刘备都不阴不阳，更何况对本就是外来户的诸葛亮了。诸葛亮和益州系的关系一般，甚至因为入蜀后，严法治蜀，得罪了许多蜀中权贵。

除了李严，刘备还在诸葛亮身边安插了吴壹和吴班，虽然二吴也是标准的益州系出身，和刘璋还有亲戚关系。但更重要的是，二吴还是刘备的大舅哥，吴壹的妹妹后来嫁给了刘备，也就是吴太后。

吴太后嫁给了刘备，自然就是刘家的女人，同时还是皇帝刘禅的嫡母，从吴太后的利益角度讲，她更不可能让诸葛亮对皇位有什么非分之想。虽然史书没有她干预朝政的记载，但有吴壹和吴班这样的军界高层在外撑腰，她在蜀汉官场的势力还是很强的。

二吴和益州系人马关系非常密切，从蜀中百官劝刘备纳吴壹的妹妹为夫人这件事就可以看得出来，包括益州系的头牌法正。二吴是绝对忠于蜀汉的人，吴壹的地位有些类似于北魏的曹爽。

刘备在诸葛亮身边布满了棋子，内有吴太后，外有李严、吴壹、吴班，以及其他益州系人马。虽然表面上诸葛亮大权独揽，但蜀汉文武跟着诸葛亮的指挥棒转的前提是，诸葛亮不能打破目前的权力均衡态势，他们不会允许诸葛亮越过雷池半步。

如果诸葛亮真的要决定改朝换代,就必须先铲除这些异己势力,否则只能是痴人说梦。司马懿就是在彻底铲除了曹爽、桓范等反对派之后,才开始经营自己的家天下。当然司马懿专权之后也没有称帝,经过司马家两代三人的苦心经营,大晋帝国正式建立于公元265年,距司马懿诛曹爽已经过了十六年。

以诸葛亮的智商,他不至于愚蠢到吃烫手山芋的地步,他应该清楚这么冒险的后果是什么。成功了还好说,一旦失败,不仅九族俱毁,而且身败名裂、遗臭万年。

不知道是出于什么心态和动机,李严曾经给诸葛亮写信,劝诸葛亮自加九锡,封王,过一把皇帝瘾。李严的"好意"立刻被诸葛亮婉言谢绝了,李严和诸葛亮交情不深,突然闹这一出,恐怕和当年孙权劝曹操称帝一样,是挖个坑请诸葛亮往下跳,诸葛亮可没这么傻。

其实从诸葛亮的角度来看,且不说贸然改朝换代的政治风险太大,而且这么做也不符合诸葛亮的政治理想和追求。有句老话说:"秀才造反,三年不成。"历史上纯知识分子出身的开国皇帝并不多,勉强算上王莽和之后的刘秀。

虽然有些开国皇帝自身的文化水平非常高,比如开两晋霸业之始的司马懿,但司马懿并不算是纯粹的儒生,而是生有"狼顾相"的枭雄。司马懿为人好权术、多机变,气质更接近于曹操,诸葛亮显然不具备这种气质。

汉光武帝刘秀倒是个俊秀书生,但刘秀是从新莽帝国的外围通过武力反抗一步步成功的,诸葛亮也不具备这个客观历史条件。而且就军事能力来说,刘秀要强于诸葛亮,伟大的军事家行列中,注定是要有刘秀一席之地的。刘秀有非常明显的领袖气质,这也是诸葛亮非常欠缺的。

在历代开国皇帝中,王莽和诸葛亮有许多相似之处,王莽是天下大儒,士林翘楚。王莽是一步步从社会底层杀到最高层的,要论权术,诸葛亮未必比王莽差多少,只要心狠就行了。

但问题是,王莽真正开创帝业的原因是他极强的社会背景,王莽出身当时天下第一豪门元城王氏。王莽的姑母王政君是汉元帝刘奭的皇后、汉成帝刘骜的母后,在宫中称王称霸。

王莽的几个叔父连任大将军或大司马,王莽的政治起点远高于诸葛亮。诸葛亮的处境并不好,在宫中受制于吴太后,在宫外受制于益州系人马,他没有王莽这样得天独厚的政治优势。

还有一点很重要，王莽和诸葛亮所处的历史环境不一样，当时王莽接手的是一个统一的帝国，王莽面对的主要问题是经济改革。而诸葛亮面对的是三国鼎立的大分裂时代，在乱世中生存，首先需要的是军事力量，而这恰恰是诸葛亮的能力短板。

诸葛亮虽然在后世赢得了千秋万代的盛名，但在刘禅初期的蜀汉官场，诸葛亮的江湖威望不算高，只不过由他来辅政而已。诸葛亮是外来户，在益州没多少人脉资源，如果要想获得更高的威望，他唯一的选择就是北伐曹魏，通过建立军功来树立个人威信。

所以于公于私，诸葛亮都必须北伐，在为蜀汉争取天下道义的同时，顺便也给自己的道德形象涂脂抹粉，镀一层金身。加上诸葛亮不具备王莽、刘秀、司马懿这样的枭雄气质，手段不够狠，让他去改朝换代，实在是难为了他。

王莽和刘秀其实都不是诸葛亮政治理想的样板人物，在诸葛亮的思维意识中，真正受诸葛亮崇仰的是周公姬旦。周武王早死，成王年幼，武王弟姬旦竭心辅政，成为千秋佳话。诸葛亮各方面的客观条件，也决定了他最有可能成为周公第二，而不是王莽第二，虽然当年王莽也扛着周公的旗号四处坑蒙拐骗。

在诸葛亮的潜意识中，与其冒极大的政治风险效法王莽，被千夫所指、万夫唾骂，不如以现有的有利政治条件直接做周公。周公辅幼主千古传颂。周朝三十八位君王，能让后人牢牢记住的恐怕只有周文王姬昌、周武王姬发和周公姬旦了（为博褒姒一笑而亡国的周幽王不算）。

政治理想未必一定要建立在名义上称王称霸的历史平台之上，这要因人而异，不能一刀切，诸葛亮自然懂这个道理。诸葛亮眼前就有一个活生生的例子——曹操。

曹操虽然先称魏公、后称魏王，建天子旌旗，与皇帝无二，但毕竟曹操在名义上还是汉朝的臣子，绝不越政治雷池半步。曹操是个聪明人，他只需要施展自己平生抱负的政治平台，何必纳虚名而受实祸，被人骂成王莽第二。这个骂名留给儿子曹丕去背，曹操倒落了个四面光滑。

诸葛亮一定是从曹操的人生轨迹中借鉴了相关的经验，大权独揽，实现平生抱负即可。如果诸葛亮能北伐灭魏，那在历史丰碑的最醒目处，刻上的将是诸葛亮的不朽盛名，而不是刘禅。世人皆知辽朝大名鼎鼎的临朝太后萧燕燕，谁知道当时的辽朝皇帝是耶律隆绪?

诸葛亮是个优秀的管理者,但他的气质太柔弱,用现在的行话说:气场不足,镇不住台面。诸葛亮有能力,没胆量。陈寿说他"应变将略,非其所长"是有道理的。如果诸葛亮真要改朝换代,恐怕"王莽第二"的恶名背定了。

在物欲横流的时代,绝对不图名利的人是基本不存在的,"天下熙熙,皆为利来;天下攘攘,皆为利往"。人并非不可以争名夺利,但名利有许多不同的存在和争取的方式。

名分两种,一是虚的名,二是实的名,周公的"名"似虚则实,王莽的"名"似实则虚。只要依托好的平台做出一番大事业,历史照样能牢牢记住你。

十 / 三国非主流顶尖智囊的悲喜人生

自从《三国演义》火爆问世以来，由于罗贯中铆足了吃奶的劲儿替诸葛亮摇旗呐喊吹喇叭，诸葛亮在中国人心中"首席智囊"的形象深入人心，已经很难改变过来。

诸葛亮不仅成为三国智囊的头号代表，也几乎成了三国这段历史的代言人。说到三国，许多人首先想到的恐怕还不是曹操或刘备，而是诸葛亮。

其实这种"以一代百"的现象从古至今一直存在，每个领域都有许多精英人才，但往往为大众所熟知的只有一个或几个明星人物。比如一提唐诗，必说李杜；一提宋词，必说苏辛；等等。

其实李杜苏辛只是各自文化时代的代表人物，不能说明其他同时代的诗人词家水平就差，谁敢说王昌龄、王维、白居易、小李杜、罗隐、大小晏、柳欧秦陆、李清照写得不如李杜苏辛？

话题回到三国，都说三国谋士如雨，这话不假。魏蜀吴三大智库中的精英我们已经耳熟能详了，比如诸葛亮、荀彧、荀攸、庞统、郭嘉、法正、鲁肃、刘晔等，个个都是大牌。

这些智库精英因为效力于魏蜀吴三大政治军事集团，在历史舞台上的曝光率非常高。一线明星往往都是这样，越红越炒，越炒越红，老百姓想不知道他们都难，可以称他们为三国的主流智囊集团。

有了主流，自然就有非主流。这里的非主流不是讲个性，而是在历史舞台上的曝光率。因为各种原因，除在魏蜀吴三家舞台上曝光率超高的那些大牌谋士之外，三国历史的天空中还散落了几颗闪亮的巨星。

这些非主流的超级谋士论知名度可能要略逊于诸葛亮、荀彧这些人，但要论谋略级别，他们和诸葛亮等人同等身价。比如贾诩、陈宫、陈登、田丰、沮授、徐庶等人，先来说说贾诩。

贾诩在这六人中显然非常另类，首先他是曹操手下的超大牌智囊，身价绝不比荀彧低。之所以没把贾诩放在《曹操的智库》那一篇，而放在这里讲，是考虑到贾诩腕虽大，但他不是曹操的心腹。

"诩自以非太祖旧臣，而策谋深长，惧见猜疑，阖门自守，退无私交。"属于大隐隐于朝的那类高人。从这个角度来讲，贾诩可以算成非主流，一如蜀汉的"小贾诩"刘巴一样。

汉桓帝建和元年（公元147年），贾诩出生在凉州武威郡姑臧。自东汉开国以来，东汉王朝就和散居于凉州周边的羌氏各部族进行了百年战争，这里长期兵荒马乱，复杂而险恶的生存环境正好造就了贾诩超强的适应能力。

贾诩的谋略水平放在整个三国谋士群中来考量，都是超重量级的，三国谋士还没有谁敢说自己的智商在贾诩之上。当初贾诩弃官还乡，路上遇到了一支反叛朝廷的氐兵，贾诩和同行的几十个人都被活捉，氐兵要活埋他们。

贾诩的临事应变能力非常强悍，他为了自救，谎称自己是护羌校尉段颎的外甥。当时段颎是朝廷专剿羌氏反叛的方面大员，在西土威望非常高，加上贾诩和段颎都是姑臧人。氐兵知道段颎的分量，当然不敢加害段校尉的外甥，就把贾诩给放了。

贾诩真有本事，吹牛撒谎脸不红心不跳，和氐兵头目有说有笑，喝了鸡血，拜了把子。然后贾诩揣着氐兵送的盘缠，大摇大摆地走了，而与贾诩同行的几十个倒霉鬼全部被活埋。

当然这只是小聪明，难度系数并不高，是个反应快的人遇到这种情况都会说：谁谁是我舅舅，谁谁是我二大爷。真正显示出一个人的谋略智商的，还是在大场面上。

不过贾诩第一次在历史舞台上正式出场亮相，就留下了千古骂名，可以说，三国初期的大乱，贾诩要负很大一部分责任。初平三年（公元192年），巨贼董卓被王允和三姓家奴吕布联合干掉，董卓手下的三大马仔李傕、郭汜、张济见前程无望，准备散兵回乡，不在官场上混了。

这时在董卓女婿牛辅手下混饭吃的贾诩却吃饱了撑的没事做，想显摆显摆自己的智力水平。贾诩给李傕壮胆，说如果咱们一哄而散，官府的一个小亭长就能把咱们收拾了。不如弟兄们齐心合力，东向与王允决战，事成，我们做诸侯，事败再逃不迟。

李傕这些人本就是江湖强贼，被贾诩这么一激，果然壮起了狗胆，张牙舞爪找王允寻仇，最终族灭王允，大败吕布。各路军阀杀在一处，砖头横飞，中原地区遭到了战争的空前破坏。"白骨露于野，千里无鸡鸣。"

因为贾诩说了句不该说的话，在历史上遭到了严厉的批判。其实真正要为李傕、郭汜之乱负责任的，除了贾诩，还有死脑筋的王允。如果王允不是要对李傕、郭汜斩尽杀绝，拒绝李、郭向朝廷投诚，逼得二人走投无路，事情也不至于闹到如此不可收拾的地步。

贾诩是个游离于主流社会价值和道德体系之外的非主流鬼才，贾诩存在的价值，也许不能用爱国爱民这样的泛泛标准来衡量。在乱世中，人的生存是第一位的，如果人的自身价值得到了彰显，整个社会也会随之进步，毕竟社会是由无数个人组成的。

就贾诩来说，李傕、郭汜这些乱世草头王不可能给贾诩实现个人价值提供很好的舞台，跟着强盗土匪能有多大出息？但当时群雄混战，袁绍和曹操都只处在事业刚起步的阶段，贾诩未必对他们有深入了解，再加上距离遥远，显然他们还不是贾诩合适的买家。

在贾诩的选择菜单上，张济的侄子张绣是个不错的人选，他盘踞在南阳一带，收入比较稳定。贾诩觉得暂时在张绣家里吃饭比较安全，就暗中和张绣挤眉弄眼，果然就把张绣的七魂六魄给勾了过来，派人来请贾诩过去当军师。

张绣的这个舞台虽然不算太大，但足够贾诩展现自己的神鬼之才了。贾诩之所以能在三国江湖上扬名立万，很大程度上就是因为在南阳的那次超精彩的演出。配合贾诩精彩演出的绿叶是三国头号枭雄曹操。

那还是建安三年（公元198年）的春天，因为张绣和荆州牧刘表结盟，曹操感觉到了南线的压力。再加上前一年张绣在南阳大败曹操，致使曹操长子曹昂和重将典韦战死，曹操想报一箭之仇，便大举南征。

但曹军刚到南阳没多久，就从北线传来田丰劝袁绍偷袭许都的消息，曹操不敢拿自己的老巢开玩笑，立刻撤军回去。张绣当然不想放过曹操这条大鱼，带着弟兄们，摇头晃尾巴，红头涨脸地要给曹操"送行"。

贾诩拦住张绣，劝张绣不要追击，追则必败。张绣瞪起牛眼看着贾诩，检查贾诩的脑袋是不是被驴给踢了，这么好的发财机会为什么不要？张绣不听，风一般地冲了出去，可很快张绣就被曹操的伏兵打败，差点把内裤给输掉了。

贾诩等张绣回来后，立刻又劝张绣再去追曹操，必能大胜。张绣这回有些相信贾诩了，拎着板砖冲出去，果然将曹操揍得鼻青脸肿。张绣越看贾诩越不像个人，他怎么如此能掐会算？曹操几乎被他招招算定。

张绣诚心下问，贾诩大笑："这事很简单，曹操初来便退，肯定是许都受到了袁绍的威胁，才急忙北撤。曹操用兵谨慎，料得将军必定在后追袭，所以曹操必在半路设下伏兵，将军果然中计。至于再追反胜，因为曹操打退了将军的追袭，以为将军不会再追，对将军放松了警惕。"

这下张绣彻底服了，贾诩能把人情世故看得如此透彻，当今世上也没几个人，无非郭嘉、程昱、法正而已。当然如果用事后诸葛亮的观点来看，贾诩的妙计实在没什么稀奇的，但问题是"马后炮"一文不值，如果凡事都"事后如何"，那历史就没有存在的必要了。

像贾诩这种级别的谋士，蹲在张绣这座小庙里着实委屈了他，就像张鲁这等小虾米用不起法正一样。张绣对贾诩来说也只是一个跳板，贾诩注定不可能跟着张绣啃一辈子窝头。

后来贾诩最终从良跟了曹操，但因为他和曹操过去的恩怨，使得贾诩在心中对曹操还是存在着一定的距离感，这也影响了贾诩在曹操那里的智力发挥。

不过贾诩天生就是混大场面的，他总是能在有意无意中改变历史的进程，他仅有的几次漂亮手笔都在历史上留下了深刻的印记。对于这一点，后来的魏文帝曹丕想必最有体会。

随着曹操日渐老矣，确定帝国继承人的问题刻不容缓，但曹操一直在曹丕和曹植之间犹豫不决。要不是贾诩一句"吾思袁本初、刘景升父子耳"，曹操未必就选择曹丕。可以说没有贾诩，就没有曹丕的未来，曹丕对贾诩感恩戴德一辈子，贾氏一族终魏之世，富贵长保。

人这一辈子，活着就是活着，无论是庙堂决胜，还是商场搏杀，抑或是草根糊口，都只是一个证明曾经存在过的过程。贾诩就是这样，自跟了曹操之后，贾诩就下定了归隐的决心。虽然贾诩死于公元223年，实际上贾诩的政治生命早在公元199年就已经结束，那一年贾诩五十三岁。

贾诩虽然大隐隐于朝，但毕竟曝光率非常高，世人对他的用智生涯也比较了解。相比之下，同样跻身于三国一流谋士圈的陈宫就没那么幸运了，陈宫别说名扬四海了，就是篇像样的正史传记都没有。

陈宫和贾诩一样，都和曹操有过很深的过节，尤其是陈宫。在曹操早期的创业过程中，陈宫注定是个绕不过去的人物，而且就感情倾向来说，曹操显然更喜欢陈宫，可惜他和陈宫此生有缘无分，最终上演了一出生死离别的人生悲剧。

陈宫的早期活动于史不详，只知道他是在曹操于初平二年（公元192年）七月任东郡太守后出场的。至于《三国演义》说曹操献刀刺董卓失败潜逃，被时任中牟县令的陈宫捕捉，陈宫怜惜曹操是个英雄，就弃官与曹操私奔，纯属天才的臆想。

罗贯中是天才，陈宫同样是天才，我们都知道后来荀彧"经营兖州、巩固根本"的战略对曹操争雄天下起到了决定性的作用。可曹操当时只是东郡太守，兖州是怎么落到曹操口袋里的？谁是曹操得到兖州的第一功臣？陈宫！

因为原兖州牧刘岱在和青州黄巾军的大战时丧命，兖州群龙无首，周边各大军阀肯定对兖州垂涎三尺，就看谁下手快了。陈宫敏锐地发现了这次黄金商机，陈宫和荀彧一样，都认为经营战略根据地的重要性。第一桶金，对创业初期的重要性不言而喻。

在征得了曹操的同意后，陈宫单车简从，来到兖州府治，在兖州高层面前为曹操进行了一次精彩的形象推广。陈宫的目标非常明确，要让兖州高层接受曹操成为兖州牧。

不知道是历史记载有遗失，还是陈宫的原话如此，史书只留下了陈宫游说兖州高层的一句话："今天下分裂而州无主，曹东郡，命世之才也，若迎以牧州，必宁生民。"

不过从这句简单的话来看，陈宫的语言艺术却非常不简单，话不在多，管用就行。陈宫并没有用流行的排比法，拿冀州牧袁绍或徐州牧陶谦来和曹操比较，如果陈宫用了排比法，就等于把实力更佳的袁绍和陶谦放在下任兖州牧的候选名单上，这对实力弱小的曹操来说非常不利。陈宫一上来就将曹操定位为兖州牧的唯一候选人，从而加大了曹操中选的可能性，这是陈宫的聪明之处。

陈宫非常善于对当事人进行形象包装，他直接把曹操和拯救天下联系在一起，"如果请曹东郡来做兖州牧，必能安一境之民"。陈宫明显在对兖州高层进行道德绑架，言下之意很简单，如果不迎接曹操，那你们就是一伙不爱惜百姓的民贼，这顶大帽子谁戴得起？

果然，陈宫道德绑架式的游说起到了很好的效果，济北相鲍信等兖州高层认可了陈宫对曹操的评价，曹操凭着陈宫的三寸不烂之舌，转眼间就把兖州划到了自己的户头上。

虽然陈宫为曹操发家立下了汗马功劳，但因为政治理念上的分歧，他和曹操的距离越来越远。公元193年，曹操因为名士边让"不屈曹操，多轻侮之言"，而杀掉了边让。

边让是中原名士，在士林威望甚高，边让的死让曹操的名声在兖州士林一臭到底，陈宫越来越无法容忍曹操的专横跋扈，特别是曹操为泄私愤，率军南下徐州屠城，屠杀无辜百姓数十万。一时间曹操恶名远扬，而"性刚直壮烈"的陈宫再跟着曹操混，就无法摆脱为虎作伥的骂名。

不过陈宫做事也够狠的，他表面上继续为曹操效忠，暗中联系了陈留太守张邈等人，趁曹操南征徐州、兖州空虚之际，发动叛变，迎接吕布入兖州。因为事发突然，曹操毫无防备，差点被陈宫整得倾家荡产。从此二人正式决裂，陈宫也开始了人生的另一场演出。

陈宫有些饥不择食，不知道他怎么就看上了吕布这个有勇无谋的武夫，事后证明，陈宫的选择是错误的。吕布横看竖看都不像是做大事业的，比项羽还不如。吕布虽然得到了陈宫，但吕布似乎不喜欢用智，陈宫明明是个一级厨师，吕布却自己操刀上案，让陈宫给他跑腿打杂。

吕布的刀工手艺可谓不入流，没折腾几刀，就让曹操把菜刀横在吕布的脖子上。这回吕布有些怕了，又想拜曹操做干爹，但遭到了陈宫的强烈反对。陈宫和曹操早就恩断义绝，势同水火，陈宫无法想象再次面对曹操会是个什么场面。

陈宫给吕布出的主意非常好：曹军远来，负月余之粮，势必不能久战。只要我们顶住曹操一个月，等曹军泄气的时候，我们捅曹操一刀，就可以喝庆功酒了。

吕布真要听陈宫的这招毒计，曹操撑不了多久就会撤，吕布不一定能灭掉曹操，但至少可以保全徐州。可吕布却听了老婆的谗言，放弃了自救计划，放纵曹操进入腹地，等待吕布和陈宫的，是人生的倒计时。

故事的结尾我们都知道，公元198年，曹操在白门楼生擒吕布，陈宫到底没有躲过曹操，被吕布手下叛将五花大绑地请到了曹操面前。曹操终于得到了报复陈宫的机会，曹操挖苦陈宫："公台平时以半仙自许，现在怎么会落到我的手上？"曹操说这话的时候，心里别提多快意了。

当然，曹操是很恨陈宫，但他未必就会杀了陈宫。魏种当初叛曹，曹操也恨得牙根痒痒，但后来生擒魏种，曹操讲了一句很感人的话"唯其才也！"将魏种给放了。曹操对陈宫，也是一个道理。

陈宫也知道只要自己服了软，曹操依然会重用他，但陈宫就是看不惯曹操的为人做派，他不屑于曹操伸出的橄榄枝，鄙夷地瞪着吕布，告诉曹操：要不是这个匹夫不听我良言善计，你曹某人也不可能站在我的面前。

曹操爱惜人才是出了名的，陈宫表明了对自己的态度，可曹操还是不死心，拿陈宫的老母亲和妻子做诱饵，劝陈宫归降。男人活着就是为了争一口气，何况像陈宫这样的侠儒，更不可能做出这种有损男人尊严的事情。

陈宫摇头拒绝了曹操的好意，在哀声向曹操求饶的吕布面前，昂着头来到刑场，含笑赴九泉。曹操被陈宫的英雄壮举感动得泪流满面，曹操虽然杀人成瘾，但具有男人的真性情，面对同样够男人的陈宫，曹操除了敬佩，还是敬佩。

在男人圈中，他们天不怕，地不怕，就怕丢面子。当初陈宫投靠吕布，就是想证明给曹操看，自己离开曹操照样可以成功。只可惜他选错了东家，满盘皆输。如果陈宫再跟着曹操，就算曹操对他百依百顺，陈宫又如何在曹操面前抬得起头来？人生一世，早晚一死，死又何妨？

陈宫是三国早期少有的侠儒，和荀彧、诸葛亮这样的纯谋士不是一个类型，能和陈宫归于一类的还有在《曹操的智库》篇讲过的程昱。当然，我们还不能忘了和陈宫同时期同地域的另外一位侠儒——陈登陈元龙。

陈登不仅是和陈宫同类型的侠儒，他们还都是非主流的高端谋士，智力级别相当于郭嘉、法正，只可惜生逢其时，未逢其主，如流星一般划过历史的天空。

陈登是灵帝时太尉陈球的族孙，前沛国相陈珪之子，少有吞吐天下之大志，包并八荒之雄心。他有些好高骛远？是的，但人是需要雄心壮志的，社会的进步实际上就是一个个野心的实现组成的。陈登可不是绣花枕头一包草，而是有真才实学的。

史载陈登"博览载籍，雅有文艺，旧典文章，莫不贯综"。书读到这个份上，即使陈登不在江湖上闯荡，在士林中照样能成为一代大儒。不过东汉的读书人都渴望在政界做出一番成绩，陈登自然也不例外。

陈登人生的主要轨迹大多数都留在了徐州，但这不影响陈登在三国史的地位。人要想功成名就，在什么地方发展并不是最重要的，而是要看给自己配戏的是不是大腕。陈登接触的都是些什么人？刘备、吕布、曹操、孙策，陈登想不出名都难。

要说陈登和以上这几位大佬的关系，除了和孙策是真刀真枪对着干，他和刘备、吕布、曹操的关系不太好确定，说亲不亲，说疏不疏。陈登和他们都算不上至交知己，只是刘吕曹三人的利益关系纠结在一起，所以他们和陈登自然就扯上了关系。

公元194年，徐州牧陶谦死后，徐州别驾糜竺按陶谦的遗愿，请刘备来接任徐州牧。不知道刘备是真的谦虚，还是顾虑名声，死活不接招，说不如把徐州交给大军阀袁术。

陈登向来瞧不起袁术，"公路（袁术的字）骄豪，非治乱之主"。陈登觉得跟着刘备混，比跟愚蠢的袁术更有投资前景，半劝半逼地推举刘备为徐州牧。

陈登在江湖上的人脉非常广，为了说服刘备的假仁假义，陈登居然请动了大牌军阀袁绍劝刘备接收徐州。袁绍真给陈登面子，陈登的信一到，袁绍立刻回书，吹捧刘备"弘雅有信义"，刘备的形象广告打得差不多了，也就扭扭捏捏当上了徐州牧。

当然陈登并没有把自己拴在刘备的破船上，他跟刘备更多的是一种英雄相惜的关系，换个说法就是陈登不是一家之私臣，而是天下之公臣。不久后，吕布偷袭了徐州，陈登又和吕布纠缠在一起。陈登对吕布的印象并不好，以陈登对于明君的标准来看，吕布显然还不够档次，草头军阀而已，怎么看都不像是做大事的。

在陈登的周边，能符合陈登标准的，也只有刘备和曹操。刘备很快丢掉了徐州，至少暂时失去了和陈登合作的资格。唯一符合标准的，只有曹操。陈登的为人秉性雄侠豪爽，和曹操性情比较接近，这也注定了陈登必须要倒向曹操。

吕布派陈登赴许都答谢曹操以汉献帝的名义封他为左将军，并让陈登在曹操面前斡旋，让朝廷把徐州牧的位子给他。陈登正愁没机会见到曹操，一到许都，陈登就劝曹操早点除掉吕布。

陈登估计将他所了解的吕布老底都捅给了曹操，有人送大礼，曹操自然笑纳，封陈登为广陵太守，让陈登暗中削弱吕布的实力，他们里应外合，找机会铲除三姓家奴。

因为陈登根本就没有给吕布跑徐州牧的事情，陈登刚回来，吕布就发了脾气，说陈登只图自己富贵，把他给甩了。陈登的反应很快，他说他确实求曹操了，并威胁曹操说，吕将军就像一头饿虎，必须给饿虎吃饱肉，否则饿虎就将吃人。

虽然陈登复述曹操的话却是"（待吕布）譬如养鹰，饥则为用，饱则扬去"。从而否定了陈登的求情。但陈登对曹操到底说了些什么，吕布根本不知情，这极有可能是陈登面对吕布的责问，临机生变想出来的谎话。

曹操的这句话（陈登复述）就是历史上非常著名的"饥鹰理论"，人都是利益动物，只有在没有满足人的利益的情况下，人才会尽力做事。否则一旦吃饱，就失去了前进的动力。无论是用人，还是社会发展，都离不开人的饥饿感。

要做出大事业，就一定要有饥饿感，陈登当然也是一只饿鹰，英雄没有野心不是英雄。可惜英雄多短命，陈登只活了三十九岁，就得病而终。顺便说一句，最后一个给陈登看病的是三国传奇名医——华佗。

在三国的非主流顶尖谋士中，不能不提河北王袁绍手下的两大智囊——沮授、田丰。沮授和田丰如果放在曹操的智库中，就相当于荀攸和荀彧，如果袁绍能从善如流，虽然不一定能消灭曹操，但也不至于被曹操打得那么惨，四州基业，一朝丧尽。

关于沮授和田丰，将放在袁绍的专题中进行详细讲解。

十一 / 三国的乱世草头王

前面我们讲过，历史由乱而治其实就是一系列大鱼吃小鱼、小鱼吃虾米，也就是对资源重新整合的过程（见《三国的疆域划分》）。在残酷的大搏杀中，只有少数的大鱼幸存下来，成为历史的主宰或主宰之一。至于那些小虾米，天生就是大鱼嘴里的美食佐料，胜者王侯败者寇，愿赌就要服输。

不过在一大堆的失败者中，除了那些先天不足的小虾米，最可惜的是曾经做过大鱼的那些人。他们都曾经阔过，成为当时历史舞台上非常耀眼的明星，光芒四射。只是因为各自能力上的欠缺，最终倒在了距离冠军红线不远的地方。比如秦末的项羽、隋末的李密、唐末的黄巢、元末的陈友谅、明末的李自成，以及晚清的太平王洪秀全。

话题回到三国，说到三国的失败者，我们近乎可以张口说出董卓、袁绍、袁术、吕布的名字。虽然他们对最后的胜利者曹操、刘备、孙权来说都只是配角，但他们都是黄金配角。黄金配角的出场价码未必就比一线主角的差多少。红花之所以美丽，是因为有绿叶的陪衬。

下面讲讲董卓、袁术、吕布。

在三国除曹操、孙权、刘备之外的所有乱世军阀中，董卓是唯一一个在法理上具有全国统治性的军阀，因为董卓曾经控制过东汉的中央朝廷。可惜董卓不是王莽，王莽所处的时代还属于治世，加上王莽会装纯洁，所以能建立自己的帝国。

董卓出现在历史舞台上的时候，天下已经大乱，藩镇割据的苗头已经出现。董卓面对的是袁绍、曹操、孙坚这等级别的人物，王莽篡位之时，对手都是些什么人？翟义而已。

和属于京城官僚体系出身的王莽不同，董卓属于外放的藩镇系。说得具体些，王莽虽然家境贫寒，但却出身于当时的天下第一豪门——元城王氏，政治起点非常高，董卓则是从社会最底层一步步杀出来的。

虽然董卓有幸在《三国演义》第一回中就出现在了我们的面前，但罗贯中笔下的董卓只是一个忘恩负义的小丑。对于董卓的出身，罗贯中只是简单提到了"董卓字仲颖，陇西临洮人也"。再不肯多费笔墨。《三国演义》中的董卓除了"身体肥大"，几乎就没有特别深的印象。

其实董卓在青年时代是一个标准的豪侠少年，因为性格豪爽，在西北边地结交了不少强人朋友。后来董卓回家耕地，他以前的那伙朋友来看望董卓，董卓很阔气地宰杀了几头牛，大块吃肉，大碗饮酒，好不痛快。人在江湖上行走，全凭一个"义"字，豪侠仗义，才能交到真朋友。

董卓是个江湖粗人，他不仅力大如牛，而且箭术极好，可以说是一身好功夫。在乱世要想生存下来，要么武功盖世，要么智谋超群，否则只能被人吃掉。因为董卓的武功强悍，讲究以力服人的当地羌胡都特别地怵他，所以董卓在陇西混得很滋润。

董卓当然也不是"四肢发达，头脑简单"，他至少懂得拉拢人心，能做到这一点并不简单。董卓和西楚霸王项羽都是练家子，但项羽为人吝啬，爱爵如命，还不如董卓豁达豪爽。

董卓后来以军司马的身份参加了东汉官军对叛羌的征剿，因董卓立了战功，朝廷赏了他九千匹缣。董卓有功，拿这些赏赐心安理得，但董卓却做出了一个惊人决定，将这些缣全部分给手下有功的弟兄们。

当老大的就应该有个老大风范，弟兄们抛妻弃子，闯荡江湖在刀山火海中卖命，不就是图个荣华富贵吗？

董卓自出道江湖以来，因为勇猛能战，加之豪爽仗义，最终还是在官场杀出了一条血路，成为西北地区赫赫有名的诸侯。要想在乱世中安身立命，手上就必须紧握住枪杆子，有了枪杆子，就有了一切。董卓当然懂这个道理，这些年在疆场厮杀，董卓也逐渐培养了自己的亲信部队。

但乱世诸侯们要想坐稳江山，除了枪杆子，还必须符合一个条件，就是一定要有自己的战略根据地。千万不能学黄巢、李自成，打一枪换一个地方，看上去很爽，但一旦遭到战略性失败，连个退路都没有。

中平六年（公元189年），东汉朝廷调董卓进京，任职少府。少府是九卿之一，通俗一点说，少府是专给皇帝管理私房钱的内务总管，"（少府掌山海池泽之税，以给供养）少府以养天子也"。平时管一管账，查看皇帝的私库又进了多少

· 十一 / 三国的乱世草头王 · 085

服饰、宝货，是个有名无实的闲职。

董卓在陇西地区混得有滋有味，有枪有钱有人，才不去京城做一个清汤寡水的官。董卓当然要拒绝，不过他不会公然和朝廷唱对台戏，而是借口说手下弟兄坚决反对他入京任职少府，死活不让他离开陇西。黑锅由弟兄们背着，董卓自己倒落了个四面溜光水滑，确实是好手段。

朝廷召董卓进京就是想解除董卓的兵权，见董卓不上钩，只好退而求其次。将董卓调任为并州牧，不能让董卓长久在陇西驻扎，藩镇割据就是这么来的。

董卓觉得这买卖挺划算，虽然离开陇西，但并州他并不陌生，以前他就做过河东太守。而且董卓知道朝廷内部不稳，河东离洛阳非常近，一旦朝廷有什么变故，董卓就可以立刻杀进京师，成就一番大事业。董卓"驻兵河东，以观时变"。

董卓的战略判断力确实很强，果然没多久，洛阳就发生了重大变故。大将军何进和以张让为首的太监兵团为了争夺最高权力而刀兵相见，为了拉个帮手，何进私下请董卓率兵进京。董卓苦苦等待的机会终于来了，立刻率军就道南下。

还没等董卓进洛阳，愚蠢的何进就被太监们给干掉了，随后袁绍等人又将太监兵团一锅烩了。外戚势力和太监势力就这样同归于尽了，但他们留下的权力真空正好由以董卓为代表的藩镇势力来填补，董卓也适时地发现并抓住了这次商机，顺利地捞到了第一桶金。

但有商机，不一定就能赚钱，商机往往意味着风险，有时是需要一定胆量的，做事四平八稳的很难赚到大钱。董卓同样面临着风险，因为他手上只有三千军士，确实不太多，这点实力很难镇住那些对自己有"想法"的异己分子。

董卓够聪明，他想出了一个"虚张声势"的办法，他让弟兄们每天晚上悄悄出城，然后第二天一早，董系人马打着大旗，大摇大摆地进城。经过四五天的折腾，董卓给京城各界造成了他至少有十几万军队的假象，京城果然被董卓给镇住了。

稳住了局面后，董卓做的最大一票买卖就是废立皇帝，将他看不顺眼的少帝刘辩给废掉了，改立陈留王刘协。董卓废立的原因表面上是刘辩木讷，刘协机灵，而且董卓和从小养育刘协的董太后攀上了亲戚。

真正的原因应该是刘辩年龄太大，当时已经十七岁了，而刘协只有九岁。如果董卓能控制朝廷，刘辩的年龄显然不符合董卓专政的要求，想找借口都没有。立九岁的刘协，董卓就可以打着皇帝年幼不能理政的旗号专权。

只是董卓下手太狠，废掉刘辩也就算了，董卓居然毒死了少帝。董卓以为这样可以铲除后患，但这步棋董卓明显下臭了，弑帝杀君在封建时代是头等大罪，董卓杀了刘辩，便自动丧失了道义高地，成为千夫所指的罪人。

朝中残存的清流官僚集团本来就对董卓不太感冒，加上刘辩无罪遭弑，虽然董卓也"犹忍性矫情，擢用群士"，但依然激起了士大夫们在感情上的强烈反弹。虽然他们的反抗都被董卓通过武力强行镇压了下去，但董卓的形象却被自己的野蛮行径越抹越黑，臭名远扬。

董卓到底是个粗人，不懂得掩饰自己的人性弱点，通俗说就是不会进行自我形象包装。董卓得志后，他骨子里的野蛮彻底爆发，经常无故杀人取乐，手段非常毒辣。董卓的倒行逆施激怒了天下人，尤其是京城外的地方藩镇势力，蛋糕都让董卓吃了，他们去喝西北风？

董卓也看出了地方藩镇势力对自己的杀心，为了避祸，董卓一把火烧掉了繁华的洛阳城，迁到了长安。迁都又是一步臭棋，这代表着董卓的战略方向从统一天下变成了割据一隅，在气势上就自动矮化了。

还有一点，迁都是强制性的，京师乱成一团，正如王夫之所说："使乘其（董卓）播迁易溃之势，速进而扑之，卓能其稽天讨乎！"如果不是袁绍等关外讨董的藩镇互相猜忌，坐失良机，一战大胜董卓，人心一去，董卓早就完蛋了。

董卓本来有机会像后来的曹操一样，挟天子令诸侯，据中原形胜之地，逐步实现统一。但董卓的所作所为，证明了他不过是个乱世草头王，和曹操根本不是一个档次的。

退据关中的董卓有些像秦二世嬴胡亥被杀后的时局，当时关东军阀并起，六国复兴，秦朝对关东彻底失控，巨贼赵高强行取消秦朝帝号，秦朝又变回了秦国。董卓就是这样，他也许从来就没想过要统一天下，做个"秦王"就非常满足了。

如果董卓能一改从前的恶习，善待百姓，安慰将士，据关中而王不是梦。但董卓却选择了一条道德上的不归路，依然嗜杀成性，搜刮百姓，别说天下乱得不成体统，就是关中地区，也已经被董卓折腾得几近崩溃。

董卓主动站在了天下人的对立面，等待他的只能是道德上的口诛笔伐和武力上的强烈反抗。当然道德的缺失还不足以使董卓破产，董卓最大的问题还是失去了朝中士大夫清流和身边中下层官僚武士集团的人心，当这些人决定成为董卓的敌人时，董卓的下场已经注定。

初平三年（公元192年）四月，在司徒王允、尚书仆射士孙瑞、司隶校尉黄琬与董卓的干儿子吕布等人合谋下，一举击杀董卓，为天下铲除了一大祸害。

董卓进入京城官场不过两年多的时间，却弄得人神共愤，董卓的死彻底引爆了长安各界积压已久的愤懑之情。董卓被杀后，举城狂欢，"百姓歌舞于道，长安中士女卖其珠玉衣装市酒肉相庆者，填满街肆"。

虽然说人心的向背在乱世中不一定能起到决定性的作用，但董卓在短短两年将人心败坏得这么彻底，可谓历史一大奇观。

董卓完蛋了，他的七姑八婆一个都跑不了，史称"杀其母妻男女，尽灭其族"。

董卓因为曾经控制过朝廷，是三国早期具有高度象征意义的大军阀，严格意义上来讲，董卓的失败才真正拉开了三国军阀混战的大幕。董卓死后，当初曾经抱成团讨伐董卓的"十八路诸侯"彻底分了家，哥几个红头涨脸地互相拍板砖去了。

当时势力比较大的军阀有冀州的袁绍、兖州的曹操、荆州的刘表，以及淮南的袁术，孙策、吕布在董卓死后不久的那段时间内还不成气候。至于刘备，不知所踪。在这四家大军阀中，袁术算是一个异类，下面对袁术做一个简单的介绍。

要说能力，无疑曹操最强，但要论出身，则是袁绍和袁术。二袁是从兄弟，出身于东汉中后期的天下第一豪门——汝南袁氏，袁术的父亲是桓帝时太尉袁逢的儿子，典型的含着金钥匙出生的贵公子。

袁术出身好，事业上的起点自然要比草根出身的高一些，在董卓擅行废立的那段时间，袁术就被董卓封为后将军。后将军是正号将军，位列上卿，袁术此之前并没有立过什么显赫的战功，他能吃到这块大蛋糕，估计还是出身好的关系。

不过袁术还算聪明，他见董卓倒行逆施，自然不肯上董卓的贼船，弃官逃到了东汉旧都南阳。袁术霸占南阳后，立刻摇头晃尾巴，"奢淫肆欲，征敛无度，百姓苦之"。

袁术为人志大才疏，要他济国安邦，基本没戏，如果让他祸国殃民，绝对是把好手，如果把董卓和袁术调换一下，袁术会比董卓还下作无耻。论野心，袁术甚至比曹操还要大，曹操只想做"周文王"，千古骂名留给儿子去背，袁术却想着做皇帝。

在封建社会，皇帝是人世间最尊贵的身份，袁术想当皇帝也没什么。中国历史上被正史所承认的有六百多个皇帝，还有成千上万的草头皇帝，身边只有十几个人，七八条破枪，据着一个山头，就敢自称天子。

袁术在南阳的时候就有称帝的打算，"观汉室衰陵，阴怀异志"。但后来因为袁术和堂兄袁绍发生了矛盾，被袁绍联合曹操用武力赶出了南阳，失魂落魄的袁术窜到了九江。东汉末年的九江并不是现在的江西九江，而是安徽淮南附近地区。

袁术的运气比较好，当初长沙太守杀掉了南阳太守陈咨，袁术凭空占了南阳。而袁术刚到九江不久，扬州刺史陈温就病死了，袁术没费什么力气就得到了淮南。

袁术是一个"皇帝臆想症患者"，他的人生存在的价值似乎就是当皇帝，也不管他的地盘有多大。汉建安二年（公元197年），袁术在寿阳称帝，国号是比较奇怪的"仲家"，但不是孤例。东汉初年，西川军阀公孙述称帝，国号"成家"，袁术八成盗窃了公孙述的"学术成果"。

皇帝轮流做，明年到我家，谁有本事谁做皇帝。但袁术明显地缺乏政治远见，说重点就是愚蠢至极。汉献帝刘协虽然被严重架空，但东汉皇帝的法统却没有人敢质疑，袁术冒天下之大不韪，自动跳出来成为各路诸侯的政治靶子，简直就是蠢得无可救药。

元末大儒朱升给朱元璋提出了著名的九字方针"高筑墙、广积粮、缓称王"。朱元璋心领神会，严格按照朱升的战略去做，直到八年后（公元1364年）在大臣们的胁迫下，朱元璋才勉强自称吴王，建立明朝还是四年后的事情。关于这一点，曹操做得要远比袁术高明。心急吃不了热豆腐，袁术偏偏不信这个邪，去咬热豆腐，结果把舌头给烫了。

其实皇帝的名分从来都是虚的，关键看自己有没有实力。有实力就是真皇帝，没实力就是假皇帝，曹操是个真皇帝，而袁术显然是个假皇帝。袁术的地盘并不大，整体的实力有限，袁术如果想把事业做大做强，应该爱惜百姓、礼贤下士，这才像个干大事的。

可袁术都在做什么？"淫侈滋甚，媵御数百。"他最大的快乐就是和几百个小老婆一起"探讨人生"。这时的袁术已经陷入"小富即安"的惰性思维中，他已经到了意识中潜存的激情极限，也就是他已经达到了他占有一块地盘称帝的目标，袁术的人生，已经毫无动力。

这和做生意一样，我们都需要第一桶金，但第一桶金从来就不是、也不应该是我们的终极目标，我们要赚更多桶金。人没有野心，就没有历史的发展和社会的进步，尤其是年轻人。为了社会的进步，我们需要年轻人更"狂妄"一些，不要怕失败。青春期的挫折是成长过程中必须交的学费。

袁术赚点小钱就忘乎所以，他注定不能成为历史的主宰，只是历史的匆匆过客，爽完了，一切都结束了。袁术坐吃山空，再大的家业也不够他折腾的，很快袁术就吃穷了。

兜里没钱，袁术再也牛不起来了，建安四年（公元199年），袁皇帝带着七姑八婆准备去投靠盘踞在潜山的部下陈简等人。陈简也是个势利眼，看袁术破败了，黑着脸拒绝了袁术。袁术的手下弟兄们没饭吃，都一哄而散了。

袁术实在混不下去了，准备厚起老脸去河北找堂兄袁绍讨一碗饭吃，结果消息被曹操打听到了。曹操当然不会放过袁术，派刘备在半路邀击袁术，袁术进退无路，心情极度郁闷，很快就死掉了。

袁术只是三国历史上的一个丑角，按罗贯中的说法，曹操在和刘备青梅煮酒论英雄的时候，笑骂袁术是"冢中枯骨"。用这四个字来评价袁术简直太传神了，袁术在历史上是个毫无趣味的人，这一点远远不如吕布。

虽然吕布和袁术一样，都只是历史的匆匆过客，但吕布要比袁术有趣多了。如果说袁术的人生波澜不惊，那吕布的人生就可以用波澜壮阔来形容。

说到吕布，我们可能会下意识地想到一位美女和一匹马，猜都不用猜，直接张口而出：女中貂蝉，马中赤兔。《三国演义》看多了，想不知道貂蝉都不行，中国古代四大美女之一。另外三个美女是东施的邻居、呼韩邪的老婆、安禄山的干妈。

貂蝉和董卓、吕布父子的感情纠葛是《三国演义》前期的重头戏，司徒王允巧设连环计，离间董卓和吕布，笔法之精妙，让人拍案叫绝。如果从"郎才女貌"的角度来看，吕布和貂蝉简直就是绝配。

吕布是堆热烘烘的牛粪，貂蝉这朵鲜花插在牛粪上是天作之合，董卓不过是一堆冷却的臭狗屎，毫无养分可言。如果让貂蝉自己挑夫婿，她一定会挑吕布，大帅哥谁不喜欢？男人喜欢美女，女人喜欢帅哥，天经地义的事情。子曰：食色，性也……

不过貂蝉这个绝世美妞很可能是罗贯中虚构出来的，正史中找不到关于貂蝉的任何记载。不过在唐人徐坚《初学记·职官部下》中有幸找到了貂蝉的踪迹，可惜这里的貂蝉不是美女，而是汉朝官员们经常戴的一种帽子。原文如下："侍中冠武弁大冠，亦曰惠文冠，加金珰，附蝉为文，貂尾为饰，谓之貂蝉。"

罗贯中捏造出貂蝉和吕布的爱情，想必是受到了《三国志·魏书·吕布传》中这段记载的启发："布与卓侍婢私通，恐事发觉，心不自安。"这个董卓身边的侍婢没有留下名字，正好给了罗贯中自由发挥的空间。

吕布之所以能在董卓的府里有机会调戏侍婢，是因为董卓收了吕布做干儿子，换了曹操，董卓敢要吗？吕布总共有几个爹？据考证，有一个亲爹，两个干爹，还有一个潜在的干爹。

亲爹当然就是吕爸爸了，其实董卓只是吕布的第二个干爹，第一个是前并州刺史丁原。至于潜在的干爹，如果不是大耳贼刘备在白门楼多嘴饶舌，吕布肯定有机会叫曹操爸爸的。所以吕布在江湖上还有一个雅号叫"三姓家奴"，这个雅号的发明者是张飞。

当然，就算吕布想巴结曹操，曹操也未必敢收这个干儿子。吕布一生有两大爱好，一个是喜欢认干爹，另一个是喜欢杀干爹。丁原和董卓都死在干儿子吕布的手上，曹操要收下吕布，天知道曹操能活到哪一天。还有一点注定了曹操不敢收吕布，曹操是个色中饿鬼，可惜吕布也是，万一吕布要给曹操扣上一顶绿帽子，岂不有辱曹操的一世英名？

说得直白一些，吕布就是一个利益动物，他闯荡江湖的原则就是谁出的价码高，他就跟谁混，全不管什么江湖道义。吕布因为骁武能战，深受丁原宠爱。

后来董卓入京师，想除掉丁原，董卓打听到吕布是个钱串子，二话不说，私下许给吕布更高的出场价码。吕布没理由和钱过不去，抽刀就将第一任干爹的脑袋切了下来，送给董卓做了见面礼。

公道一些说，董卓待吕布确实非常好，"甚爱信之，誓为父子"。估计吕布认董卓做干爹是拜过帖子磕过头的，属于正式编制。有吕布在，董卓就不怕反对派暗中行刺他了。

因为吕布的突然出现，让准备除掉董卓的司徒王允等人叫苦连天。要玩粗的，一百个王允也不是吕布的对手，王允唯一能做的就是策反吕布。好在王允口才很好，而且善于进行心理分析。

王允针对吕布犹豫地要顾及父子情分，当头泼了吕布一盆凉水："将军自姓吕，尊父是吕太翁，和董卓八竿子打不着的关系。当初董老贼投戟要杀将军的时候，可没念什么父子之情。"吕布顿悟，加上王允给出了比董卓当初给的更高的价码，吕布联合王允，亲手干掉了董卓。

刺董成功后，王允果然没有食言，封吕布为奋威将军，仪同三司，晋爵温侯，与王允共同理政。可惜王允是个书呆子，因为不懂变通，逼反了强贼李傕、郭汜，王允被杀。吕布没当几天辅政大臣，就骑着赤兔马四处讨饭去了。

吕布因为之前杀过两个干爹，在江湖上的名声已经彻底臭了，没有人敢收留这个定时炸弹。本来吕布是想投靠袁术，但袁术却"恶其反复"，大棒子将吕布赶了出去，哪儿凉快哪儿待着去。

还是袁术的堂兄袁绍胸怀宽广，收留了落难的吕布，让吕布跟着他打天下，吕布也确实立了一些功劳。但吕布是典型的小人性格，得志后就摇头晃尾巴，在袁绍面前不三不四。袁绍也有些恼了，准备干掉吕布，要不是吕布反应敏捷，早被袁绍大卸八块下酒喝了。

吕布并不稀罕袁绍给他的那块霉窝头，走就走，爷到哪儿都饿不着。吕布好歹也是一线大腕，给袁绍跑腿打杂确实有点寒碜，怎么着也要做一路诸侯，身价怎么来体现，社会地位！

在三国早期的江湖上，以中原地区为限，一线大腕也就那么几个：袁绍、曹操、袁术、刘备、吕布。吕布甩掉了二袁，他的人生轨迹注定要和另两位大腕——曹操和刘备发生交叉。

对曹操和刘备来说，吕布简直就是个丧门星，谁沾上吕布，肯定弄得满身腥膻。曹操、刘备分别被吕布偷袭了一次，曹操运气好，有程昱给他垫背，好歹守住了兖州。刘备就惨了，吕布趁刘备南下讨伐袁术时下了黑手，结果刘备倾家荡产，连吃饭的地方都没了。

当初吕布无家可归时，是刘备收留了吕布，好吃好喝好照应。刘备没想到吕布会这么厚颜无耻，虽然随后吕布反客为主，邀请刘备驻扎在徐州，勉强有碗饭吃，但刘备应该是记下了吕布的这笔账。

建安三年（公元198年），吕布兵败白门楼，哀求刘备向曹操求情时，刘备轻描淡写地告诉曹操："公不见丁建阳、董卓之事乎？"曹操会意，绞死了吕布。吕布在死前高声叫骂："大耳贼最不讲道义！"

吕布认为自己对得起刘备，袁术派大将纪灵来消灭刘备，是吕布辕门射戟，才保住了刘备的性命。但毕竟是吕布负义在先，以怨报德是最为人所不齿的，不知道吕布在骂刘备的时候，是不是有些心虚脸红。

吕布的死实在怨不得刘备，他并不具备在乱世中生存的能力。吕布集团的构架非常不合理，过于重武轻文（谋略），只知道红头涨脸地拍板砖，失败是不可避免的。

吕布好容易有一个顶级谋士陈宫，却言不听计不从。早听陈宫的良策，也不至于在白门楼被曹操捆成了粽子。刘备早期的失败，就在于身边没有智囊。吕布捧着金饭碗讨饭吃，还到处哭穷，实在是个笑话。

能养士而不能用士，跟没养一样。人才不是用来装点门面的，而是扎扎实实用来实战的。可能是吕布过于自信，或者他从来就没有意识到人才对事业发展的重要性，一味逞强好斗。

吕布的失败就在于他用一种草台班子的管理模式来经营自己的团队，没有长远战略规划，赚一票算一票。相比之下，曹操用的是正规公司化经营的路子，有明确的发展思路和近期、远期的目标。曹操经营事业非常有层次感，简直就是一门艺术。

就像两个人在打架，曹操武功高强，在开打之前先拉个云手，扎稳步子。而吕布不过是个愣头青，拎把菜刀，张牙舞爪就冲了上来，七七八八乱砍一通。

当年的西楚霸王项羽也是这样，项羽明明有一身好功夫，却舍长就短，最终败得一塌糊涂。乌江自刎前，项羽死不承认自己的错误，胡说什么"天亡我也！"上天为什么不亡刘邦？要论各方面的条件，刘邦是百分百必死的。

吕布和项羽很相似，但有一点比不上项羽，那就是项羽的骨头硬，打不过就自杀，是个纯爷们儿。再看吕布，被曹操生擒后，立刻向曹操服软，脸不红心不跳地暗示要做曹操的干儿子，之前的傲气都哪里去了？

可惜曹操没有认干儿子的习惯，况且吕布的年龄和曹操差不多。

十二 / 四世三公话袁绍

本来关于袁绍的话题应该放在上一篇《三国的乱世草头王》中的，所谓乱世草头王，自然就是最终的失败者。不过袁绍的事业做得要远远大过董卓、袁术和吕布，在相当长的时间内死死压制住曹操。作为曹操统一北方的过程中最重要的敌人，袁绍有许多事情要讲，所以单列一篇。

袁绍的出身，上面讲袁术的时候也提到了，他出身于当时的天下第一豪门——汝南袁氏。在东汉中后期，汝南袁氏能风光到什么程度？想想琅琊王氏在东晋南朝的社会地位就可以了。用当时人的话讲，汝南袁氏"树恩四世，门生故吏遍及天下"。

无论是古人还是今人，在提及袁绍时往往都会提到一个名词——四世三公。"四世三公"就是袁绍行走江湖时最闪亮的金字招牌，而且不是镀金的，是纯金打造的。刘备成天扛着的那块"大汉孝景皇帝玄孙、中山靖王之后"才是中看不中用的镀金招牌。

汝南袁氏的"四世三公"要从袁绍的高祖袁安讲起，袁安是东汉明帝、章帝、和帝时的三朝名臣。袁安的家学渊源极好，世代传学《易经》，特别是袁安在汉明帝刘庄大兴"楚狱"时出任楚郡太守，扫冤辩屈，活人无数，一举奠定了汝南袁氏在士林中的超高名望。

袁安为人刚直正派，所以朝廷非常倚重他，后来升任司空，不久改任司徒。有了袁安这样在官场、士林两头通吃的老祖宗，汝南袁氏从此官运亨通，下面做一个简单的列表：

　　袁安——司空、司徒

　　袁京（安子）——蜀郡太守

　　袁敞（安子）——司空

　　袁彭（京子）——南阳太守

袁汤（京子）——司空、司徒、太尉

袁成（汤子）——早卒

袁逢（汤子）——司空

袁隗（汤子）——太尉、太傅

袁绍（成子）

袁术（逢子）

所谓"三公"，是历代官场上最为位高权重的职位，周朝以太师、太傅、太保为三公，西汉以丞相、大司马、御史大夫为三公，东汉三公是太尉、司徒、司空。从东汉至唐，除了南北朝的鲜卑周法古周朝，其他各朝皆以东汉三公为准。

"四世三公"几乎就是汝南袁氏的代名词，不过在《三国志·蜀书·先主传》中，刘备提到了袁术家世"四世五公"。这很好理解，四世三公的"三公"是名词，而四世五公的"五公"是指袁家做过三公的五个人：袁安、袁敞、袁汤、袁逢、袁隗。

袁安做司空是在汉章帝刘炟元和三年（公元86年），经过近百年的经营，汝南袁氏成为当时天下最为显赫的家族，颍川荀氏都要稍逊一筹。当然，豪门内部同样分高低贵贱，袁绍因为他的父亲袁成死得早，祖父袁汤的爵位被袁术的父亲袁逢袭嗣，所以袁术一直瞧不起堂兄袁绍。

有种说法认为袁绍是袁逢庶出的儿子，也就是袁术同父异母的哥哥。因袁成早死，所以袁逢就把袁绍过继给亡兄做嗣子。不过就算袁绍是袁逢所生，但过继给了袁成，那就要给袁成传香火。不必钻这个牛角尖，都是老袁家的贵种，管他谁生的。

因为袁成的早逝，反而让袁绍在两个叔父袁逢和袁隗那里得到了特别的关爱，"二公爱之"，视同己出。从这一点来看，袁绍要比王莽幸运，王莽虽然也生在当时天下第一豪门，但因父亲王曼死得早，王莽家徒四壁，在社会底层受尽了磨难。

生在豪门和生在平民之家的区别其实只在于奋斗的起点有高有低，要想做成大事，还要看自身的能力。人是不能选择出身的，所以与其怨天尤人，不如面对残酷的现实，努力打拼。在未知的风险面前，豪门和草根是没有本质区别的，巨舰和小艇翻在水里，后果都是一样严重的。

即使是同生于豪门，人和人也是不一样的，西海龙王敖顺有句名言说得好："龙生九种，九种各别。"袁绍和袁术是堂兄弟，但袁术纯粹是个纨绔子弟，喜欢飞鹰走狗，顽劣无行。

再看袁绍，史称袁绍"姿貌威容"，换成现在的话就是气场很强大。和獐头鼠目的袁术相比，袁绍更招人喜欢。因为当初袁成在官场上层积累了不少人脉，"大将军梁冀以下莫不善之"。再加上袁绍本人能"折节下士"，所以袁绍在上流社会非常吃得开，"士多附之"。

早期的袁绍很有英雄慷慨气，深得社会舆论的好评，曹操当时无论是家世还是名望均远不如袁绍。以袁绍的能力和形象，如果生在承平时代，三公是跑不了的。但袁绍的青年时代，东汉江山已经摇摇欲坠，太监集团和外戚、清流集团杀得昏天黑地。

袁绍出身高级清流官僚集团，自然要站在太监们的对立面，否则如何在江湖上行走。汉灵帝刘宏死后，太监集团和外戚、清流集团的决战一触即发。当时秉政的是大将军何进，但何进为人多狐疑，做事太犹豫，袁绍反复劝何进先下手为强，何进不听，结果被杀。

何进只是清流官僚集团的代表，他的死并没有影响袁绍等清流派铲除太监势力的决心，袁绍率军闯入皇宫，对太监集团进行了灭绝性的大屠杀，一个不留。

不过因为当时袁绍自身的势力还太过弱小，所以胜利的果实被大军阀董卓给摘了去。袁绍暂时没地方去，就留在京师和董卓周旋。但时间久了，袁绍就发现董卓非常不好对付，与其在老虎嘴里捞食吃，不如到外地任个实职，有兵有地，不比在这里担惊受怕的强？

在袁家故交的积极斡旋下，董卓最终同意让袁绍离开洛阳，出任渤海太守，实封邟乡侯。渤海郡隶属冀州刺史部，就是现在的河北省沧州，地大物博，是做大事的好去处。袁绍来到渤海，也标志着他的身份由之前的清流名士转变成了地方实力派军阀，这是袁绍人生中的重大拐点。

虽然渤海太守的职位是董卓委任的，但袁绍显然不可能领董卓的人情。董卓是全国舆论高分贝声讨的国贼，如果袁绍和董卓走得太近，就等于自绝于天下，袁绍的智商还不至于这么低下。

为了捞到更大的政治利益，袁绍联合了堂弟袁术、冀州牧韩馥、豫州刺史孙伷、兖州刺史刘岱等关东诸侯，举旗声讨董卓。因为袁绍的威望在各路诸侯中最高，所以大家推举袁绍为总瓢把子，带着弟兄们去灭董卓这个老贼。

袁绍这次充当盟主，却直接导致了他的叔父太傅袁隗全家被董卓诛灭，死者五十多人。所谓"祸兮福所倚，福兮祸所伏"。袁隗全家被杀，反而间接替袁绍赚足了同情分。

后来联军讨董失败，各回各家、各找各妈去了，袁绍也回到了渤海。袁绍虽然有了立身之地，但渤海一郡显然不能满足袁绍的胃口，如果袁绍不能扩大生产规模，早晚被人吃掉。因为渤海郡是冀州辖地，袁绍第一个短期战略目标自然就是夺取韩馥麾下的冀州。

袁绍现在最大的问题是手下人才太少。不过这对袁绍来说显然不是问题，因为袁绍出身高贵，礼贤下士，再加上各界痛惜德高望重的袁隗太尉，为了报答老袁家的旧情，各地豪杰蜂拥来投袁绍。袁绍的帐下很快就挤满了泪流满面的袁家旧吏，袁绍有枪有人，腰杆自然也硬了起来。

不过战争是冷血无情的，袁绍真要和韩馥拼刀子，未必有绝对的胜算。袁绍的运气也够好，正在袁绍挖空心思夺取冀州的时候，盘踞在幽州的军阀公孙瓒突然南下进入冀州，打着讨伐董卓的旗号，准备私吞冀州。

韩馥现在成了风箱里的老鼠——两头受气，彷徨无措。袁绍敏锐地发现了这个机会，派谋士荀谌（荀彧胞弟）来游说韩馥献出冀州。荀谌凭着三寸不烂之舌，给韩馥分析了得失利害，果然说动了韩馥。袁绍不费一枪一箭，就轻易地挖到了人生的第一桶黄金。

有了真正意义上的战略根据地，袁绍可以说是困龙入海了，套用一句名言："广阔天地，大有作为。"袁绍也知道要做成大事，身边没有智囊是不行的，袁绍帐下也汇集了当时的顶级智囊沮授、田丰、逢纪等人。这些人的智力资源，足够支撑袁绍扩大生产规模的。

先说沮授，沮授本来是韩馥的心腹，但袁绍却用人不疑，引沮授为心腹智囊，沮授自然也倾其智力为袁绍效劳。这时的袁绍确实能做到人尽其用，如果他半路不掉链子，官渡之战的赢家未必就是曹操。

沮授从争雄天下的高度给袁绍制定了一个长远的发展战略，抛开沮授对袁绍肉麻的吹捧，沮授应对策略的核心是立足冀州，扫灭河北周边各派势力，比如黄巾军残余、黑山贼张燕，以及幽州的公孙瓒，对河北实行全面控制。然后奉迎汉朝皇帝于邺都，奉天子以讨不臣，取得政治优势。文武并举，数年之间就可扫平诸侯，匡扶天下。

沮授"奉天子以讨不臣"的战略要早于荀彧向曹操提出的同等战略，如果袁绍能提前下手请到汉献帝这尊金像，那曹操就会非常被动了。袁绍优柔寡断的性格很快就暴露了出来，随后谋士郭图再向袁绍建议奉迎汉天子的时候，因为袁绍不喜欢汉献帝刘协，怕刘协到时不好伺候，就放弃了这个战略。

袁绍放弃"奉天子以讨不臣"的战略不久，曹操就听从荀彧的建议，抢先下了手，一举控制了朝廷。消息传到河北后，袁绍突然回过味了，后悔得直撞墙。袁绍想尝试着让曹操把吃到嘴里的肥肉吐出来还给他，曹操当然没这么蠢，拒绝了袁绍。

要论各方面的条件，袁绍都远远强于曹操。就硬件来说，袁绍这时手控冀、青、并、幽四州，兵马数十万。要论软件，智谋之臣、熊貔之士，济济于帐下，绝不比曹操手下那班精英差。史称"审配、逢纪统军事，田丰、荀谌、许攸为谋主，颜良、文丑为将帅"。

袁绍能阔到什么程度？他准备南下攻击许昌时，一出手就是精卒十万，骑兵上万。因为袁绍的控制区地近北方产马区，马源不成问题。在冷兵器时代，骑兵是最先进的作战部队，相当于热兵器时代的装甲集团作战，冲击力可想而知。

要说战胜对手的概率，袁绍也远远大过曹操，因为袁绍的机会要比曹操多，如果要为袁曹决战投票，袁绍会得到很多投票。但为什么笑到最后的却是曹操？

在《曹操的智库》中，我们讲了郭嘉提出的《十胜十败论》，现在从袁绍和曹操在为人处世以及性格的差异来讲一讲。

袁曹二人在性格上的差异有些类似于秦末双雄——项羽和刘邦，袁绍几乎就是项羽的翻版，而曹操几乎就是刘邦的翻版。陈平曾经评价项羽："项王为人，恭敬爱人，士之廉节好礼者多归之。"袁绍也是如此，所以江湖豪侠义士，归之如云。

但项羽和袁绍都有一个通病，善致士而不善用士，养人而不能用人之才。项羽的问题是"爱惜爵位"，是只铁公鸡；袁绍的问题是"多谋少决"，做事太优柔，他们手上的牌面都比刘邦和曹操要好，结果都因为牌技不佳，全都打臭了。

反过来说刘邦和曹操，这两位爷都有点"无赖"性格，性格豪爽，不拘小节。刘邦喝酒赊账，在儒生的帽子里撒尿；曹操醉酒后，伏在案上大笑，胡须上全是肉渣子。

这等不注意形象的事情，是出身顶级贵族的项羽和袁绍做不出来的。当然这都是小事，刘邦和曹操在小事上大大咧咧，但在大事上绝不含糊，心狠手辣，做事绝不拖泥带水。

项羽和袁绍的失败还有一个共同点，就是他们对自己能力的绝对自信。因为出身累世贵族，他们的心理优越感非常强，总觉得老子天下第一。比如袁绍，虽然他在一定程度也能善言纳谏，但前提是智囊的谋略和他想的一致，不然袁绍是不听的。

袁绍准备在境内实行分封制，让三个儿子袁谭、袁熙、袁尚以及外甥高幹各据一州，巩固袁氏的天下。在乱世中搞分封制是非常危险的，这么做容易勾起被分封者的权欲，为境内的疆土和统治集团的分裂埋下了重大隐患。

三百年后的萧衍大搞分封制，儿孙各掌雄兵，结果手足残杀，被人一锅给烩了。谋士沮授苦劝袁绍不要玩火，现在搞分封绝对不是时候，可袁绍不听。后来的形势发展也证明了沮授的远见，袁绍集团的灭亡，有一半是源于袁氏三兄弟的手足相残。

曹操北上击袁，沮授又针对袁曹的优劣提出了一个绝户计：曹军虽然雄武能战，但他们粮少，所以曹操利在速战。我们粮食多，不怕和曹操耗时间，我们坚守不战，等曹军泄了气，一鼓可擒之。袁绍不听，结果招来一场大败。

说个不太恰当的比喻，曹操喜欢人才，但袁绍似乎更喜欢奴才，因为奴才听话。沮授虽然才智超群，但他提出来的这些建议却严重挫伤了袁绍的自尊心，好话都让你说尽了，我算干什么的？

袁绍为人"外宽而内忌"，表面上尊重人才，实际上人才在他心里并没有什么地位，曹操用人的"唯才是举"在袁绍这里只能是神话。曹操正好和袁绍相反，"外忌而内宽"，有时曹操也钻牛角尖，拿着菜刀满世界追杀仇人的儿子，但毕竟是孤例。

魏种当年在吕布偷袭兖州时第一个叛变，把打包票说魏种不会叛变的曹操羞得满脸通红。后来曹操抓住了魏种，把剑横在了魏种的脖子上，恨恨地说："唯其才也！"当场释放，继续重用。这种胸襟气度，不由得让人心折！

如果说曹操的心胸像大海，那袁绍的心胸不过像井口那么大，容不得真龙。下面说一说袁绍帐下与沮授齐名的另一名重量级谋士田丰，田丰的遭遇能很好地说明袁绍"外宽内忌"的性格。

要说袁绍早期还能在一定程度上尊重人才，田丰就是当初袁绍重金礼聘出山的。田丰本以为袁绍有能力拯救万民于水火，就慨然来到袁绍帐下，准备大展拳脚。

哪知道袁绍只看中田丰在河北士林中的名望，根本就没打算重用田丰。田丰屡屡给袁绍献奇计，比如力劝袁绍奉迎汉天子以讨不臣，袁绍当成耳旁风。

袁绍率主力南下官渡与曹操决战，遭到了田丰的强烈反对。田丰很有战略远见，他告诉袁绍，真正着急决战的是粮少的曹操，而不是我们。我们要避免和势力正锐的曹军主力决战，而是休养生息，精兵简政，增强实力。

田丰也敏锐地发现了曹军数量不如袁军，田丰提出我们可以利用曹操这个劣势，派兵四处骚扰曹操。比如我们佯攻甲点，曹军过来救援，我们再去攻乙点，曹军过来时，我们再砸丙点。胜用骑兵优势，让曹军疲于奔命，消耗掉曹军的锐气，两年之内，必可擒曹操于麾下。

如果袁绍听从了田丰的毒计，不一定就能如田丰所说两年之内灭曹，但至少能极大地消耗曹军的战斗力，曹操也就没有能力北上急于决战。时间拖得越久，对袁绍越有利。

可袁绍从来就不相信田丰，觉得自己实力这么强大，对付曹操没必要这么麻烦。两年后？恐怕黄花菜都凉了，他摇头不听。田丰坚持己见，苦劝袁绍，结果把袁绍惹急了，系田丰于狱中。自己率着大队人马，自信满满地南下和曹操决战去了。

结果袁绍临阵应变能力不如曹操，再加上不听谋士良言，被曹军杀得血流成河，袁军死伤惨重。消息传到河北狱中，有人来给田丰道喜，说田公料事如神，袁公回来后，必能重用田公。

田丰这些年在袁绍身边周旋，对袁绍为人了如指掌。田丰仰天长叹，对这个人说："你还是没有看透袁将军，如果此战破曹，我还有活下来的希望。现在战败了，我必死，不信你等着看吧。"

袁绍战败回来后，果然担心因此败遭到田丰的耻笑，爱面子的袁绍再也不爱惜人才，下令处死田丰。这就是跟随袁绍闯江山的下场？兔子还没捉到呢，就把猎狗烹了，袁绍实在蠢得无可救药。

虽然田丰为人刚而犯上（荀彧语），但做大事业的哪能没有一点度量，何况田丰是袁绍的超级谋臣，袁绍说杀便杀，岂不令天下智士寒心。看来当初荀彧和郭嘉跳下袁绍这条船是正确的，不然他们的下场比田丰好不了多少。

曹操在这一点就远比袁绍精明，如果在刘备穷困来投时杀掉刘备，张绣、张鲁、刘琮等人哪还有胆量投降曹操？人都有一种惯性思维，将同类人的遭遇和自己的未来联系起来，杀一人而沮天下人归顺之心，这样的蠢事曹操做不出来。

田丰的智力水准是历史证明过的，晋人孙盛将田丰称为张良再世，像田丰这个级别的谋士，如果袁绍礼而用之，胜负尚未可知。袁绍平生杀人无数，却杀了他最不该杀的田丰，袁绍失败的结局，在田丰大笑而死的那一刻，已经不可避免了。

宋人秦观在《袁绍论》中明确指出，袁绍的灭亡，不在于官渡之败，而在杀田丰。秦观的理由是虽然官渡惨败，但袁绍的综合实力依然不弱于曹操，如果袁绍能"东向而事丰，问以计策，卑身折节"，并收抚残兵，休养生息，笑到最后的未必就是曹操。

秦观的这个观点确实没错，但问题是如果袁绍真的如秦观所说向田丰低头认错，那还是袁绍吗？

袁绍做事业的起点比曹操高，各方面的条件都比曹操优越，结果曹操拿走了所有的蛋糕。曹操和袁绍相比有一个非常明显的优点，那就是曹操一旦决定做某事，就立刻下手，绝不拖泥带水。

要做成大事，有个三字要诀，就是"稳、准、狠"。"稳"是指做事要通盘考虑，兼顾战略和战术利益；"准"是指要确定具体的目标，不要假大空，似是而非；"狠"是指确定目标后，以雷霆万钧之势火速将目标拿下，因为机会是瞬息万变的，夜长梦多。

"稳、准、狠"是曹操的优点，却恰恰是袁绍的弱点，尤其是在机会的把握上。每次面临着重大战略选择的时候，袁绍都会犯犹豫不决的老毛病，机会浪费了一火车。

比较典型的事例是建安五年（公元200年），曹操控制区发生了重大政治事变，董承谋诛曹操，事泄被杀。同时刘备在徐州竖起反旗，曹操为铲除心腹大患，决定亲征刘备。

刘备在徐州的军事存在将极大地牵扯曹操的北线战略，对袁绍非常有利，袁绍应该不惜代价保住刘备。田丰也劝袁绍利用曹军东征之际，袭取许都，端掉曹操的老巢。

袁绍没有同意，找了一个不三不四的理由拒绝了田丰的建议，袁绍推托自己的儿子得了病，不忍远征。田丰见袁绍做事如此犹豫糊涂，气得以杖击地，大呼苍天误我。

曹操幸运地躲过了这一场大劫，顺利地赶跑了刘备，解除了东线警报，可以全力对付袁绍了。失去了（控制徐州的）刘备这个战略支点，袁绍将独自承受曹操的所有压力，一加一大于二的道理袁绍居然也不懂，实在愚蠢到了极点。

其实曹操东征刘备的时候也有些犹豫，曹操担心袁绍乘虚南下，但郭嘉果断地告诉曹操，可以放心东征，袁绍必不会南下。郭嘉认为袁绍为人犹豫狐疑，做事四平八稳，轻易不敢冒险。一切果如郭嘉所料。

袁绍本来在棋盘上占有很大的优势，结果老帅稀里糊涂地就被曹操吃掉了，真不知道这棋是怎么下的。袁绍下的臭棋数不胜数，所以屡战屡败，但真正让袁绍集团走上毁灭之路的臭棋，应该算是袁绍在继承人的问题上犯下的大错，舍长立幼，人为制造内部分裂。

本节开始也讲了，袁绍有三个儿子，依次是袁谭、袁熙、袁尚。如果按立长的原则，年长且贤德的袁谭应该继承袁家的基业，但袁绍却最喜欢正妻刘氏所生的三儿子、美姿容的袁尚，袁绍打算立袁尚。

虽然在立袁尚为嗣之前，袁绍就死了。但在袁绍生前，分封三子各领一州，长子袁谭守青州，袁熙守幽州，而袁尚留在了冀州本部，实际上是确定了袁尚继承人的地位。

袁谭见父亲偏心，当然不服，兄弟之间的裂痕越来越大。袁绍刚咽气没多久，冀州的亲尚派如审配、逢纪立刻拥立袁尚为河北主。袁谭为了争取本属于自己的利益，在辛评、郭图等人的支持下和袁尚大打出手，丝毫不顾及兄弟情分，结果白白便宜了坐山观虎斗的曹操。

袁绍经营河北二十多年，实力非常雄厚，建安五年（公元200年）袁绍虽然在官渡惨败，但袁绍的整体实力并没有下降多少。而袁绍于公元202年病死后，他的宝贝儿子们为了夺取河北的最高统治权而自相残杀，即使如此，曹操最终彻底扫清袁氏的残余势力，也足足用了四年！

前面讲了，秦观将袁氏集团覆灭的原因归于袁绍杀田丰，这是一个重要原因，但不是唯一原因。有句话说得很好：堡垒最容易从内部攻破，如果不是袁氏集团内部出了大乱，曹操未必有多少胜算。

袁绍在和曹操的斗争中，不断地犯下战略性错误，一错再错，最终"不及八年，而袁氏无遗种矣"（苏轼评语）。历史教训可谓深刻。

袁绍的事情就讲到这里，用《三国演义》中感叹袁绍的那首诗收场：

累世公卿立大名，少年意气自纵横。
空招俊杰三千客，漫有英雄百万兵。
羊质虎皮功不就，凤毛鸡胆事难成。
更怜一种伤心处，家难徒延两弟兄。

十三 / 赤壁之战

我们都知道《水浒传》中有一个著名的"武十回",从第二十三回武松景阳冈打虎开始,至第三十二回醉打孔亮结束,武松在施耐庵(作者存疑)的笔下无限风光,"武十回"可以说是《水浒传》中扛大旗的章节。

与《水浒传》几乎同时问世的另一部扛鼎大作《三国演义》里,也有与"武十回"类似的著名桥段,这就是赤壁之战。

赤壁之战在《三国演义》中的戏份超重,如果从第四十一回《刘皇叔携民渡江 赵子龙单骑救主》算起,到第五十回《诸葛亮智算华容 关云长义释曹操》,也是整整十回。如果把限度放宽,算上赤壁之战的前奏第三十四回《蔡夫人隔屏听密语 刘皇叔跃马过檀溪》,一部百二十回的、时间跨度长达百年的《三国演义》,居然用了十七回的篇幅讲赤壁之战前后不过一年多的故事。

在罗贯中的生花妙笔下,本来比较平淡乏味的赤壁之战被演绎得轰轰烈烈、荡气回肠。"赤壁十七回"几乎集中了《三国演义》最精彩的篇章,我们可以张口说出《三国演义》中与赤壁之战有关的著名典故:

马跃檀溪、走马荐诸葛、三顾茅庐、隆中对、火烧新野、携民渡江、长坂坡、当阳桥、舌战群儒、智激周瑜、群英会、草船借箭、苦肉计、连环计、横槊赋诗、借东风、华容道。

罗贯中对赤壁之战如此不惜笔墨,自然有他的道理。可以这么说,赤壁之战是整个东汉三国时代最有决定性的一场战争。孙权和刘备联合作战,在赤壁击败了曹操的军队,奠定了三国鼎立的基础。甚至从某个角度来说,赤壁之战是中国古代战争的代名词,名气实在太大了。

至于三国三大战役的另两场大战——官渡之战和夷陵之战,官渡之战拉开了三国鼎立的大幕,但高潮还没有来到;夷陵之战则正式否定了三国提前统一的可能性,而且三国的高潮部分随着曹操、刘备的离世,也逐渐成为历史的记忆。

赤壁之战幸运地处在三国历史的高潮点上,官渡之战的主角只是袁绍和曹操，夷陵之战的主角只有孙权和刘备，而赤壁之战则是曹操、刘备、孙权三大绝世枭雄的集体汇报演出，这在三国历史上仅此一次。

战争无论是什么样的性质和模式，总要有人主动挑起战争的。赤壁之战的"发起人"，毫无疑问是曹操，没有曹操的统一战略，就不会有赤壁之战。

赤壁之战的出现，前提是曹操获得了官渡之战对袁绍的胜利，统一了北方，这才开始启动南下战略，曹操希望通过对孙权、刘备的征服，实现全国性的统一。

当历史的车轮进入三世纪（东汉建安五年，公元200年）的时候，东汉末年军阀大混战的形势逐渐明朗化，简单地介绍一下当时的割据形势：

袁绍——河北四州

曹操——中原地区

公孙度——辽东

马腾、韩遂——西凉

张鲁——汉中

刘璋——西川

刘表——荆州

孙权——江东

士燮——交州（今广东、广西）

刘备——四海为家、浪迹天涯（寄居刘表治下的新野）

从曹操统一战略的角度来看，扳不倒强大的袁绍，曹操就没有资格谈统一，曹操也知道他和袁绍之间必须死掉一个。好在曹操允文允武，帐下谋士竭智，武夫用命，再加上袁绍不断地犯错误，最终曹操赢得了这场生死对决，统一了北方。

曹操不像孙权只盯着荆州，割据江东，成一方偏霸之业，曹操要的是整个天下。当时除曹操之外，还有四路比较大的军阀，从西向东分别是：西凉马腾、益州刘璋、荆州刘表、江东孙权。曹操会先吃哪一块蛋糕呢？

从战斗力的角度讲，马腾和孙权比较难对付，刘璋和刘表稍弱。曹操并不在乎对手是谁，袁绍何其强大，不照样被他干掉了。刘璋虽然好对付，但毕竟西川山路奇险，不是一朝一夕能拿下的。万一陷进了泥潭里，孙权背后下黑手，那麻烦就大了。

曹操除了担心孙权，还要时刻提防着刘备。虽然刘备寄居刘表门下，但刘备的能力曹操再清楚不过了，如果荆州有变，不排除刘备成为荆州之主的可能。曹操在没有解决孙权和刘备之前，是很难放心远征马腾或刘璋的。

曹操在制定统一战略的时候，肯定是以汉光武帝刘秀的统一进程为蓝本的，刘秀就是先扫清中原，然后消灭西北隗嚣和益州的公孙述，统一天下的。曹操已经把自己看成了第二个刘秀，对曹操来说，马腾就是隗嚣、刘璋就是公孙述，至于辽东公孙康（公孙度子），就当是卢芳，最后再收拾他。

统一日程表制定好了，下面曹操开始进入实际操作阶段。至于是先攻刘表还是先攻孙权，曹操经过通盘考虑，决定先拿下刘表，顺手除掉刘备。刘表的能力远逊于孙权，而且荆州地处长江中流，如果占领荆州，曹军就可以用荆州水军，顺江直下，一鼓拿下孙权。

但要拿下刘表和孙权，水战是曹操必须面对的，虽然曹操对水战并不熟悉，但不会可以学，谁天生就会演杂技呢？都是刻苦训练出来的。建安十三年（公元208年）春，曹操在邺城玄武池操练水军，开始为他平生的第一次水战模拟演练。

对于第一个对手刘表，曹操和刘表基本没打过什么交道，但曹操也通过各方面的渠道了解了刘表的为人。刘表出身士林，好清谈，所以郭嘉讽刺刘表是个"座谈客"，除了一张大嘴，没别的什么本事。而且刘表做事犹豫，也没什么野心，只想"欲保江汉，观天下变"。

柿子当然要拣软的捏，何况荆州据天下之中，战略地位极为重要。占据荆州，东可取孙权，西可取刘璋，南能致士燮于麾下，一本万利的买卖为什么不做？建安十三年（公元208年）七月，曹操率军出征刘表，正式拉开了"千古第一名战"——赤壁之战的大幕。

曹操的运气非常好，还没等曹操抽刀出鞘，就传来一个好消息：刘表于八月间病死，次子刘琮继位。当然刘表不死，曹操也不怕他，只是下手会麻烦些。

曹操的好运还没有完，听说曹操大举来犯荆州，荆州的士大夫们无不欢欣鼓舞，他们等这一天已经很久了，至于他们的主人刘琮命运如何，和他们没有关系，他们只考虑自己的利益。名士蒯越、傅巽、韩嵩等人从利害角度给刘琮上形势分析课，劝刘琮早点投降，尚不失封大国。

刘琮是个乳臭未干的小儿，根本不懂军事，见曹操来势汹汹，害怕曹操吃人，立刻将荆州打包送给曹操。天上掉下一块大肉饼，正砸在曹操锃光瓦亮的脑门上，曹操笑得合不拢嘴，这好事上哪儿找去？

蒯越等人为曹操兵不血刃拿下荆州立下了头功，曹操自然不会亏待他们，封蒯越等荆州士大夫的代表十五人为侯。这年头做什么事情都要花钱，做买卖，讲的就是诚实守信，童叟无欺。

虽然曹操平白得到荆州，但曹操此次南征，除了要抢地盘，还有一个非常重要的任务，就是除掉大耳贼刘备。像刘备这样困在池中的潜龙，绝对不能让他游进大海，否则对曹操来说后患无穷。

刘备也知道曹操是冲着他来的，这时的刘备屯在樊城，实力非常弱小，根本不具备和曹操决战的能力，唯一的办法就是南撤。虽然刘琮献了荆州，但这只是理论上的，曹操的军队还没有实际控制荆州，刘备准备据保钱粮丰厚的江陵，再做打算。

因为刘备人品好，荆州士民归之如流，刘备南撤的时候，十几万哭泣的百姓自愿跟着刘使君南下，死也要死在一起。曹操愧否？曹操可不管什么百姓死活，当年在徐州屠杀几十万无辜百姓的恶名，曹操永远也洗不掉。刘备带着百姓自寻死路，也不能怪他心狠手辣。

曹操为了不让刘备占据江陵，率五千骑兵星夜兼程地南下，追击刘备。十几万百姓拖家带口，每天只能走十几里，而曹军骑兵"一日一夜行三百余里"，刘备很快就被曹军骑兵追上。

刘备为了维护自己的政治品格，付出了极为惨重的代价，险些全军覆灭，刘备狼狈地逃往夏口，和刘琦会合一处，勉强有个落脚的地方。但刘备的生存形势极度恶劣，有随时被曹操吞没的危险。

截止到此时，曹操对荆州的两个战略目标基本达到，既控制了荆州，也将刘备打得半死不活。曹操没想到荆州之战会这么顺利，基本上是他一个人在唱独角戏。本来在曹操的日程表上稍后进行讨伐孙权的军事行动，可以提前开始了。史称"太祖（曹操）破荆州，欲顺江东下"。

不过在是否应该趁热打铁征服孙权的问题上，曹操帐下的大牌谋士贾诩却和曹操唱起了对台戏，反对东征孙权。因为贾诩是战略旁观者，所以他看到了曹操没有看到，或者看到了没有重视的问题，就是"战略疲劳"。

所谓"战略疲劳"，说得雅一些，就是"强弩之末，势不能穿鲁缟"；说得俗一些，就是"一口吃得太多容易噎着"。贾诩的意思是让曹操先暂停东征孙权，给军队一个喘息休整的机会。曹操新得荆州，荆人未必心服，曹操应该安抚人心，发展经济，等消化完之后再攻孙权，到时孙权必不战自降。

孙权"不战自降"的概率基本不存在，但贾诩的这个以退为进的战略还是可行的，有四个原因：

第一，现在荆州还不是曹操的嫡系控制区，需要时间培养曹操在荆州的威望。威望是人心向背，与武力威慑没有直接的关系。

第二，如果曹操暂停东征，那么将置刘备于非常尴尬的境地，攻曹操他没实力，要攻孙权更不可能，只能夹在中间受气。曹操最好能将刘备赶到孙权控制区，或借孙权之手除掉刘备，或借刘备之才给孙权添乱，这都对曹操非常有利。

第三，曹操稳定了在荆州的统治后，就彻底封死了孙权集团向西发展的空间，从北、西、南三面将孙权死死压制住。孙权再有本事，也成了笼中困兽。曹操可以从三面骚扰孙权，让孙权日夜不得安宁，等到孙权精疲力竭的时候，曹操随时可以宣布游戏结束。

第四，如果曹操认为一时半会拿不下孙权，可以从荆州入川，以曹操的实力，收拾蔫了吧唧的刘璋易如反掌。毕竟从荆州入川要比从秦岭入川更方便些。荆州"利尽南海"，曹操同样可以继续由荆州南下，征服交州。真要出现了"十分天下曹操占其九"的局面，孙权的灭亡只是时间问题。

可现在的曹操自信满满，贾诩说的这些，曹操未必没有想过，只是觉得对付孙权不需要这么麻烦。曹操没听贾诩的，继续向东进军，面对一片大好的形势，曹操有些飘飘然了。孙权要是识时务，早点单车来降，尚不失封侯。否则大军一到，立成齑粉。

曹操指望孙权给他做干儿子，几乎就是痴人说梦，孙权是什么样的角色？孙权不如哥哥孙策骁勇能战，却也是才具非常，能"纳奇录异"，所以张昭和周瑜这样级别的大佬俯首帖耳地给孙权当牛做马。孙权不奢望统一中原，但至少要鼎足一方，以待天时有变。

早在几年前，鲁肃就给孙权提出了著名的《榻上对》，对孙吴集团的长远发展进行了战略规划。鲁肃认为"汉室不可复兴，曹操不可卒除"，为孙权计，当保守江东，横踞荆州，"竟长江所极"，然后在此基础上与曹操争衡天下。

所以无论是从鲁肃的战略角度，还是从孙权的战术角度，荆州都是必须划到户头上的。孙权也一直奉行"荆州至上"的西线战略，经常对刘表治下的荆州零敲碎打，占了不少便宜。

这次刘表病亡，二子争嫡，东吴统治集团就看到了夺取荆州的好机会，孙权和鲁肃认为曹操即将南征荆州，他们应该趁早下手。按鲁肃的意思，荆州人事的变动，对寄居樊城的刘备影响最大，所以东吴应该联合刘备，一起对抗曹操，然后再图荆州。

鲁肃确实很有战略远见，他对荆州形势的分析果然不久后就得到了验证，刘备被曹操满世界地追杀。好在鲁肃下手快，见到了刘备，提出了孙刘（包括刘琦）联合共同抗曹的战略构想。

鲁肃此来，对陷入绝境中的刘备来说，实在是个天大的好消息。但形势是瞬间变化的，刘备不敢打包票孙权一定会抗曹，就派诸葛亮去柴桑，说服孙权下定决心抗曹。

刘备的担心不是没有道理的，自从曹操给孙权写了一封恐吓信，说自己大举水军八十万，即将水陆并下后，对是否武力抗击曹操，江东统治集团内部产生了巨大的争议，一派主和，一派主战。

劝孙权投降的主要是江东的士大夫阶层，代表人物是张昭。张昭的理由是曹操新收荆州，并得到了荆州水军，我们（江东）所持的长江地利之险，曹操也同样拥有。所以我们不能拿鸡蛋往石头上碰，不如投降以保全性命。你好我好大家好，才是真的好。

在江东士大夫阶层的潜意识当中，跟着曹操混，做个中原名流，显然要比做偏安的江东名流更光彩。至于孙权，他们也是无奈之下的二选一，和曹操相比，孙权的人格魅力欠缺得太多。

而劝孙权迎战的主要是江东庞大的武人阶层（见《三国志·卷五十五》），代表人物是鲁肃和周瑜。武人和清流不一样，清流们到哪儿都能领到高薪，武人如果降曹，就会从孙权的嫡系变成曹操的杂牌军，身价将大幅度地下降。"宁为鸡口，不为牛后"的道理，他们当然懂。

鲁肃堪称攻心高手，他从孙权本人的利益角度分析孙权为什么不能降曹。鲁肃告诉孙权：我这个给将军跑腿打杂的可以降曹，但将军不可。以我的本事，降曹后待遇不会比现在低。但如果将军降曹，"位不过封侯，车不过一乘，骑不过一匹，从不过数人，岂得南面称孤哉！"

鲁肃的话果然让孙权动了心，还有一层考虑，孙权可能没有明说。孙权真的降曹，以孙权的能力，曹操会不会对他下黑手，斩草除根？这种可能性并非不存在，因为孙权要降，刘备必死。曹操最忧的两大对手都消失了，就没必要再怕什么"杀一人而沮天下人归顺之心了"。

当然鲁肃这是从孙权个人利益的角度来劝战的，但对从军事角度来说，孙权未必有多少抗曹成功的信心，毕竟双方实力的差距明摆着。周瑜是江东军事首脑，他最有资格从军事角度坚定孙权的抗曹决心。

针对曹军八十万的说法，周瑜认为这是曹操的攻心之术，纯属吓唬人的。周瑜的分析综合起来有四点：

第一，曹操在兼并袁绍集团后，所统军队不过十五六万，即使加上刘表的七八万，总数也不过二十多万，哪来的八十万？

第二，曹军主力从北方远涉而来，而且荆州水军新附曹操，战斗力并没有纸面上写得那么强大。

第三，曹操虽得长江水利，但曹军主力不擅水战，曹操舍长就短，不足为惧。

第四，马腾的西凉兵随时有可能在曹操南征时下黑手，曹操腹背受敌，此为兵家大忌。

周瑜和鲁肃的轮番苦劝，再加上诸葛亮在旁边煽阴风点鬼火，将孙权逼得走投无路，最终年轻气盛的孙权下定决心，和曹操决一死战。不说什么避免江东生灵涂炭这样的假大空话，孙权为了维护自己江东霸主的地位，也不可能降曹。

江东的士大夫们之所以没有像荆州士大夫那样成功献地，主要原因是江东士林明显不如江东武人集团强势。刘表的荆州牧是东汉朝廷任命的，而孙权的江山是江东武人集团铁血打下来的，说话的分量就不一样。张昭等人都被孙权当成清客养着，真正办大事的，还是看周瑜、鲁肃、黄盖这些军界精英。

虽然孙权铁了心要和曹操玩命，但他不可能不清楚双方实力的差距，曹军哪怕只有周瑜说的二十万，也远远强过几万江东兵。而孙权的盟友刘备和刘琦手上也没多少兵，水陆兵合在一起，满打满算也不过两万人。

对孙权来说，大话已经吹出去了，硬着头皮也要和曹操死扛到底，没有退路是孙权唯一的路。战争的胜负与军队数量有一定关系，但不是绝对的。

历史上几次著名的大战都是以少胜多，比如昆阳之战、淝水之战、钟离之战、采石之战。曹操本人几年前就在官渡以少胜多，大败袁绍。也许这是孙权唯一能聊以自慰的地方：曹操能做到的，我为什么做不到！

每个人心中都有一个蕴藏无限能量的小宇宙，但这个小宇宙通常只有在被逼上绝境的时候，才会猛烈地爆发。说一个咱们最熟悉的成语：哀兵必胜！行军打仗有个讲究，就是对敌方来说，哀兵不可战；对己方来说，忿兵不能战。

孙权和刘备都是哀兵，他们都已经无路可退，要么战胜曹操，鼎足而立；要么人头落地，成为历史的笑柄。一切都准备好了，孙刘联军和曹军在长江沿岸的赤壁相遇，双方三派展开了一场惊心动魄的命运大决战。

孙刘联军（主要是孙权的水军）驻扎在长江南岸，曹军驻扎在长江北岸，但双方的水军却在大江上剑拔弩张地对峙。从曹操的角度讲，完全和孙权拼水军并不现实。最稳妥的办法就是利用荆州水军突破吴军的江上防线，让自己的陆军渡到南岸，包围南岸的吴军，一举将其击溃。

对于吴军前线主帅周瑜来说，曹操的步兵野战部队当时打遍天下无敌手，一旦让曹军主力过江，后果不堪设想。不过周瑜也不必太担心，毕竟曹操虽有荆州水军，但曹操本人并不熟悉水战，这也许是周瑜战胜曹操最关键的原因。

形势的发展也证明了曹操确实不擅长水战，双方水军在长江上试探性地打了一回，"操军不利"，只好退回北岸。曹操似乎也发现了自己对水战的驾驭能力有待提高，其实不只是曹操本人，以北方人为主的曹军也普遍对水战不适应。

陆战和水战是两种完全没有可比性的战争方式，曹军若是《水浒传》中的"黑旋风"李逵，而吴军就是"浪里白条"张顺。要在地面上打，十个张顺也被李逵给收拾了。要在水里打，虽然李逵也稍识水性，但张顺是个水鬼，水性极好，李逵哪里是张顺的对手，被灌了一肚子的水。

水战还有一个特点，就是受自然气候条件变化的影响很大，说得具体一点，就是风向的变化。历史上的水面作战，大多数胜利方都是靠放火结束比赛的，原因就在于有风。古代舰船都是木制的，最怕火烧，只要水面上大风一起，顺势添几把火，多少舰船都能给烧掉。

这次吴军对抗曹操水军，首先想到的也是火攻。罗贯中在《三国演义》里把提出火攻的功劳送给了诸葛亮和周瑜，实际上首先提出火攻的是东吴老将黄盖。

在江上侦察时，不知道是吴军的水上侦察兵，还是黄盖自己发现曹军舰船都用大铁链串联起来了。曹操这么做，本意应该是曹军不擅水上作战，在船上站不稳，东摇西晃的没法打仗。所以曹操想出这个办法，将舰队固定起来，这样曹军士兵就可以在船上如履平地了。

看来曹操对水战的特性确实很陌生，他这么做表面上是方便了弟兄们，实际上给吴军提供了火攻的最有利条件。吴军要想实行火攻，除了江上要起东南风，还要符合一个条件，就是曹军舰船必须要固定起来。这样烧起来才方便，不然大火一起，曹军舰船四处逃窜，火攻的效果会大打折扣。

战争中的那些输家之所以失败，未必是对手有多么强大，而是自己犯下一个又一个战略错误，这些错误被对手敏锐地发现并抓住，一举获得胜利。黄盖就从曹操固定舰船的行动中发现了有利的战机，无论是商场还是战场，机会往往都是一瞬间的，就看能不能抓住了。

黄盖给周瑜出主意，说曹军"方连船舰，首尾相接"，我们可以利用这个机会放火。周瑜是名将，从谏如流，何况他长年生活、战斗在江边，对水战的特点也了如指掌。这时已经到了年底，冬季的气候普遍比较干燥，利于纵火，所谓干柴烈火，一点就着。

得到周瑜的同意后，黄盖又是准备膏油木柴，又是给曹操写诈降书。吴军虽然得到了火攻的两大有利条件，但如果不能靠近曹军舰船，一切都是空欢喜。

罗贯中在《三国演义》中把这段写得极为精彩，什么黄盖献苦肉计、阚泽下诈降书，不过全是子虚乌有。不知道曹操大脑是不是突然短了路，也不多加考虑就相信了黄盖的诈降计，可谓智者千虑、必有一失。曹军将士们听说黄盖过江投降，都挤在船上看热闹，哪知道他们看到的是一场震撼历史的焰火表演。

为了节省篇幅，具体的赤壁之战就不多费笔墨了，摘录《资治通鉴·卷六十五》相关史料如下：

瑜等在南岸，瑜部将黄盖曰："今寇众我寡，难与持久。操军方连船舰，首尾相接，可烧而走也。"乃取艨艟斗舰十艘，载燥荻、枯柴、灌油其中，裹以帷幕，上建旌旗，预备走舸，系于其尾。先以书遗操，诈云欲降。时东南风急，盖以十舰最著前，中江举帆，余船以次俱进。操军吏士皆出营立观，指言盖降。去北军二里余，同时发火，火烈风猛，船往如箭，烧尽北船，延及岸上营落。顷之，烟炎张天，人马烧溺死者甚众。瑜等率轻锐继其后，擂鼓大进，北军大坏。操引军从华容道步走，遇泥泞，道不通，天又大风，悉使羸兵负草填之，骑乃得过。羸兵为人马所蹈藉，陷泥中，死者甚众。刘备、周瑜水陆并进，追操至南郡。

不过对于发生在公元208年年底的这场赤壁之战，还有一种说法，就是曹操并不是被吴军用火攻烧跑的，而是因为曹军得了一种疾病，很多士兵患病而死。曹操无奈之下，自己烧掉舰船北撤的。事见《三国志·郭嘉传》，"后太祖征荆州还，于巴丘遇疾疫，烧船"。

陈寿在《三国志·武帝纪》中也只是简单地提到了曹操因"大疫，吏士多死者，乃引军还"。但陈寿在写曹操的时候，存在着一个为曹操"回护"的问题。

比如建安十九年（公元214年）十一月，曹操诛灭皇后伏氏一族，杀害了两个皇子，但在《三国志·武帝纪》中却只字不提杀皇子的事情。随后刘备在蜀中听说伏后被害，为伏后发丧，说明曹操干的这件事情早已传遍天下。陈寿为尊者讳，替曹操在赤壁战败涂脂抹粉，是可以说得通的。

同样出自陈寿的手笔，在《三国志·先主传》中，陈寿实话实说："（先主刘备）与曹公战于赤壁，大破之，焚其舟船。先主与吴军水陆并进，追到南郡，时又疾疫，北军多死，曹公引归。"这个事情就讲到这里。

再说说孙权和刘备两个胜利者，对于在赤壁之战谁的作用更大，各种说法不一。先看看当事双方的态度，诸葛亮在说服孙权抗曹的时候，提到了刘备还有"关羽水军精甲万人，刘琦合江夏战士亦不下万人"。

而鲁肃后来邀请关羽"单刀赴会"时，却说刘备"众不过一校"，意思是说刘备手下就那几杆破枪，赤壁之战的功劳应该完全归于孙权。其实双方的话都不完全可信，他们这么说无非想抬高自己的身价，或者贬低对方的功劳，给自己脸上贴金。

孙权自认为赤壁之战是他的功劳，可《三国志·武帝纪》却说是"公（曹操)至赤壁,与备战,不利"。甚至在同卷附载的《山羊公载记》说是刘备放火烧跑了曹操。"公舰船为备所烧。"黄盖快要哭鼻子了,真够冤的。而在《三国志·关羽传》中,陈寿留下了这么一句:"孙权遣兵佐先主拒曹公",抗曹的主角成了刘备,孙权倒成了跑龙套的。

且不论赤壁之战是谁的功劳,但赤壁这个地方不但改写了历史的走向,"三足鼎立之势已成",还有幸成为三国历史上一个伟大的坐标,星光之灿烂,名声之显赫,史无其二。

其实赤壁之战之所以能从历史上数不清的大战中脱颖而出,从某个角度看,主要归功于两个人。浪漫一点说,归功于一首伟大的宋词、一部伟大的小说。

这部小说肯定是罗贯中的《三国演义》,罗贯中用巨长的篇幅替赤壁打了一个超级广告,赤壁想不出名都难。至于宋词,宋朝有许多描写赤壁的佳词,但要说代表作,相信绝大多数人会下意识地想到一代词雄苏轼的那首千古绝唱《念奴娇·赤壁怀古》。

这首词从某种角度上来讲,可以说是苏轼词人生涯中的巅峰之作。甚至肉麻地说,是整个北宋词史上扛大旗的极品之作,至于南宋词史上的扛鼎之作,也许是另一位词雄辛弃疾的《永遇乐·京口北固亭怀古》。

苏轼的这首词格局宏大,气势磅礴,行文高雅,一唱三叹,让人爱不释手:

大江东去,浪淘尽,千古风流人物。
故垒西边,人道是,三国周郎赤壁。
乱石穿空,惊涛拍岸,卷起千堆雪。
江山如画,一时多少豪杰!

遥想公瑾当年,小乔初嫁了。
雄姿英发,羽扇纶巾,谈笑间,樯橹灰飞烟灭。
故国神游,多情应笑我,早生华发。
人生如梦,一尊还酹江月。

十四 / 东吴军界的双头鹰

接着上一篇《赤壁之战》的话题讲，上面也讲了赤壁之战功劳的分配问题，尤其是苏轼的那首《念奴娇·赤壁怀古》，几乎将赤壁之战所有的功劳都划到了周瑜的名下。

战争是一个集体项目，个人英雄主义一定要服从于集体英雄主义。说战争是某一个人决定的，这对胜利团队的其他人是不公平的，谁也没少出力，凭什么你一个人吃大头？

站在孙权的角度来说，在这场决定自己命运的赤壁之战中，孙权永远都不会忘记手下那帮铁血武将。正是这些铁打的汉子，为自己撑起了一片蓝天。至于以张昭为首的篾片清客，孙权没追究他们的投降罪就已经给足面子了，在这些人的词典里，除了投降，还是投降。

说到孙权时代前期的东吴武将，可以称得上是群星璀璨，算得上名将的有程普、黄盖、韩当、朱治、周瑜、鲁肃、吕蒙、陆逊、吕范、蒋钦、周泰、甘宁、陈武、凌统、潘璋、朱然。鲁肃和陆逊虽然不是纯粹的武将，但鲁陆二人一直算在东吴的武官系统中。

在这些人中，可以分成三种类型。一是元老型，即程普、黄盖、韩当、朱治四位吴军早期大佬；二是统帅型，有周瑜、鲁肃、吕蒙、陆逊，东吴的历史几乎就是他们几个人书写的；三是打手型，比如周泰、甘宁这些人。

东吴的军政体制有个特点，就是军政分家，孙权主内政，四大巨头主军事。孙权信得过他们，将身家性命都交给了他们打理。正如在《三国演义》中孙权对陆逊所说："阃以内，孤主之；阃以外，将军制之。"这是孙权用人的一个优点，用人不疑，让人钦佩。

要说能力，四大巨头各有千秋，周瑜和鲁肃侧重于战略布局，而吕蒙和陆逊都是一等一的战术高手。不过要问四人中最与众不同的是谁，答案根本不用猜——周瑜。

周瑜是三国第一等的风流名将，或者说是儒将。虽然三国的儒将也没几个，但这不能说明周瑜的"风流"是浪得虚名。即使把周瑜和其他时代的一流儒将相比，也毫不逊色。

什么是儒将？首先当然要会用兵，不然李白也成了儒将。儒将不仅要博览群书，气质儒雅，最要紧的是要精通百艺。就是琴棋书画，至少要精通几样，史上有名的儒将都是这方面的行家。

比如西晋风流名将刘琨，精通音律，兼长诗文。匈奴兵来犯晋阳城，刘琨为了退敌，于月明星疏之夜，一袭白衣登上城楼，吹笳呜咽，匈奴兵泪流满面，风卷而去。

刘琨之外，柳世隆、萧衍（称帝前）、岳飞都是顶级的风流名将，柳世隆善鼓琴，"风韵清远"。萧衍就不用多说了，全才。岳飞那首《小重山》，"欲将心事付瑶琴，知音少，弦断有谁听？"赚尽了文坛风流。

和这几位极品儒将相比，周瑜丝毫不逊色。周瑜出身士林世家，曾祖父周荣是汉和帝时名臣，从祖父周景和从父周忠都是汉朝太尉，家学甚好。周瑜不但长得帅，"长壮有姿貌"，而且精通音律，符合儒将的标准。

周瑜对音律精通到什么程度？周瑜喜欢听别人鼓琴，哪个地方弹错了，周瑜都能听出来。然后回头看着弹琴者，这就是著名典故"曲有误，周郎顾"的由来。

当然在乱世中混江湖，风流儒雅只是名将的副业，会打仗才是真本事。不能学东晋桓玄，军事搞得一塌糊涂，却装风流。桓玄乘大舰顺江东下，鼓笳齐鸣，高吟"箫管有遗音，梁王安在哉？"最后却被草根枭雄刘裕给吃掉了，成为历史的笑柄。

不过周瑜和桓玄在本质上是不同的，桓玄想得到天下，而周瑜只想通过战争来实现自己的人生抱负，没想过要建立自己的江山。周瑜即使有这个想法，恐怕也实现不了，因为他侍奉的主公是小霸王孙策⋯⋯

周瑜和孙策简直就是前世注定的缘分，两人同生于东汉熹平四年（公元175年），孙策比周瑜大一个月。当初长沙太守孙坚出兵讨伐董卓，就把家眷送到了周瑜的家乡庐江郡舒县（今安徽庐江附近），孙策和周瑜就是这个时候认识的。

二人年龄相仿，意气相投，很快就打得火热，估计没少"同床共寝"。笑谈一句，古人纯洁的友情很大程度上都是一起睡出来的，比如刘关张。周瑜和孙策都是江东有名的大帅哥，当红小生，所以人们亲切地称周瑜为周郎，孙策为孙郎。

周瑜和孙策不仅是换过帖子的磕头把兄弟，而且还是连襟。在第五篇《小霸王孙策》中我们也讲了，孙策娶了大乔，周瑜娶了小乔，连襟的另一个雅称"连乔"即源于此。

因为孙策和周瑜情同手足，也了解周瑜的为人和能力，所以后来孙策渡江发展，就请来周瑜，兄弟俩一起打天下。周瑜为孙策早期的发展立下了汗马功劳，史称"（周瑜）从攻横江、当利，皆拔之。乃渡击秣陵，破笮融、薛礼，转下湖孰、江乘，进入曲阿，刘繇奔走"。

孙策这时还挂在淮南军阀袁术的名下，后来袁术将时任庐江太守的周瑜从父周尚调回寿春，周瑜也来到了寿春，见到了袁术。袁术很欣赏同僚，想让周瑜当自己的马仔，估计没少给周瑜出价码。

人都是现实的，周瑜和孙策的感情没得说，但为了自己的前程，多几个选择未尝不可。这和买商品一样，货比三家才不吃亏。周瑜也确实有过跳槽的考虑，但周瑜"观术终无所成"，和孙策根本不是一个档次。袁术无德无能无行，周瑜何必给这种劣才陪葬，找了个借口离开寿春，辗转回到了孙策身边。

周瑜的选择无疑是正确的，如果周瑜跟了袁术，等袁术失败后再跟孙策，那身价就会暴跌。孙策还能不能信任周瑜都是个问题，兄弟感情再深，也经不起背叛的伤害。一只碗摔成两瓣，即使用胶粘起来，依然会有裂痕。

孙策对周瑜的回归感到异常的兴奋，四处宣传他和周瑜的感情，"周公瑾英俊异才，与孤有总角之好，骨肉之分"。这时的孙策已经成为江东王，自然不会亏待周瑜，拨给周瑜两千个弟兄，五十匹马。江东不产马，五十匹马不算少了，这一年是建安三年（公元198年）。

孙策是个热血小伙，满脑袋的江湖义气，只要周瑜不背叛他，除了大乔舍不得给，江东的天下就是咱两兄弟的。周瑜也知恩图报，为孙家的江山南征北战。孙策的地盘当时只有长江下游地区，在周瑜的搏命下，现在的江西全境很快就被划进孙策的户头上了。功劳之大，在江东几乎无人可比。

周瑜和孙策在事业上的关系是"双头鹰"类型，孙策主要负责核心统治区的军政，周瑜主要负责外围地区的军政。周瑜在江东可以说是一人之下、万人之上，但周瑜对孙家的忠诚是不用怀疑的。

建安五年（公元 200 年），孙策被前吴郡太守许贡的三个门客刺杀，死前把江东交给了十九岁的弟弟孙权。孙策的意外离世是江东的重大损失，好在有周瑜在，他要对得起孙策对他的信任。

从某种意义上来讲，周瑜和张昭就是"托孤大臣"，张昭负责内政，周瑜负责军事，即所谓"内事不决问张昭，外事不决问周瑜"。周瑜对孙权有一定的了解，认为碧眼兄弟也是个能成大事的，"张昭、周瑜等谓权可与共成大业，故委心而服事焉"。

孙策死后，江东政局不稳，有些人对孙权能否驾驭好江东这艘巨舰心存疑虑，想换山头。周瑜对孙权的及时表态，在很大程度上稳定了人心，周瑜这样级别的大佬都信心十足，弟兄们还怕什么？

东吴统治集团自在江东立足后，就一直奉行"荆州至上"的西线战略，从地理位置上讲，没有荆州做前线缓冲，江东本部的战略安全难以保障。周瑜一直坐镇西线，甚至还遥领江夏太守，目的就是伺机征服荆州。

因为荆州牧刘表也不是盏省油的灯，他的手下大将、江夏太守黄祖经常对东吴进行军事骚扰，所以周瑜身兼取荆州和守住江东门户的双重战略任务。

周瑜对于孙权的重要性，完全不次于后来诸葛亮对于刘备的重要性，周瑜分担了孙权的大部分军事压力，也有利于东吴的内政建设。在孙权还在茁壮成长的年代里，说周瑜是东吴的头牌花旦，并不为过。

此时的周瑜还只是东吴的头牌，从全国范围来讲，也只是一线尾、二线头。真正让周瑜成为三国舞台一线大腕的是赤壁之战，因为这场著名的战争，周瑜一夜走红。

周瑜是东吴的军事大总管，孙权的身家性命都押在了周瑜的手上，周瑜当然要尽心尽力，报答孙策的托孤之情。关于赤壁之战，上一篇已经讲过，这里不再多讲。

简单一点讲，在这场决定孙权和刘备生死存亡的搏命大战中，具体谁的功劳最大不容易分明，双方都说自己出力最多。单从东吴内部的角度来看，打个比方，一场比赛，东吴方面上场十一人，大家都有功劳，但决定比赛胜负的是黄盖，他打进了一粒金球。比赛胜利是一个团队协同作战的结果，主教练合理的排兵布阵也功不可没，东吴队的主教练，当然是周瑜，孙权只是这支球队的拥有者，不负责具体的战术安排。

赤壁之战的胜利对东吴"荆州至上"的西线战略来说也是决定性的，打跑了曹操，荆州成了无主之地，曹、孙、刘三家在荆州展开了残酷的竞争。

周瑜对得起孙策，经过一年多的艰苦作战，最终攻克荆州重镇江陵。东吴拿下江陵后，不但荆州唾手可得，还打通了西取益州的水陆通路，孙权又多一个战略选择。

不过因为东吴占领长江北岸，控制南岸四郡的刘备集团的发展遭到了沉重的战略打击。在刘备的外交争取下，东吴在荆州的扩张稍有些收敛，并把江陵借给了刘备。但孙权为了彻底封死刘备集团的生路，还是同意了周瑜的意见，让周瑜率兵西进取蜀。但还没有等周瑜在历史的画卷上涂抹属于自己那一抹亮色，周瑜的生命就在回江陵的路上终结了，时年三十六岁。

历史总是这么奇妙，在一些伟大人物即将扭转历史方向的那一刻，突然将他们请到天堂，留给后人无限的遐想。周瑜取蜀的计划到底可不可行，下面简单分析一下。

关于取蜀的战略目的，周瑜在和孙权的对话里说得很清楚：现在曹操新败，暂时没有力量对我们（东吴）发起大规模的进攻，所以我们应该利用这个战略缓冲期，去攻打相对较弱的刘璋。如果拿下西川，再北取汉中张鲁，与西凉马超集团联合，从西、南、东三个方向进攻曹操，则大事可图。

如果周瑜不死，东吴真的可以顺利取下西川吗？恐怕不能。在周瑜的取蜀战略中，提到了曹操、刘璋、张鲁，甚至和东吴不靠谱的马超都提到了，却偏偏漏掉了处在东吴腹心下的刘备军事集团。这是周瑜瞧不起刘备的实力，有意忽略，还是一时头脑发热，忘了刘备？

周瑜取西川一旦成功，刘备将遭到灭顶之灾，届时东吴（取西川后）将对刘备控制的江南四郡形成半月形战略包围。而交州军阀士燮对东吴也处在半臣服的状态，东吴几乎可以说将刘备捏在手心里，随时可以灭掉刘备。

即使东吴联合马超，一时半会也吞不掉曹操，曹操多大的块头，何况曹军整体实力依然强悍。东吴最有可能的就是先吃掉刘备，和曹操形成南北朝格局。

从刘备的利害角度讲，刘备绝不可能坐视东吴从自己的家门前大摇大摆地路过取蜀，否则自己的饭碗就砸了，何况取蜀是诸葛亮早在《隆中对》中就制定的发展战略，刘备早就对益州垂涎三尺了。

刘备半耍赖半威胁地告诉周瑜："汝欲取蜀，吾当被发入山，不失信于天下也。"这是刘备一个明显的军事信号：只要你敢过我家门，别怪皇叔我背后给你捅刀子。

刘备绝不是罗贯中笔下只会哭鼻子的主儿，而是三国响当当的草根枭雄，说得出，做得到。刘备分派兵力，扼住吴军入川的必经要道，摆明了要和孙权玩命的架势，孙权只好作罢。

其实即使吴军穿过刘备的控制区，也未必能在短期内通过武力消灭刘璋。后来刘备举荆州精兵，帐下精锐除了关羽，几乎全部上阵，费尽九牛二虎之力，用了一年多的时间才吞掉刘璋。

吴军几乎孤军深入，吴军的军队给养如何解决？指望刘备给孙权补给？做梦去吧。可以肯定的是，只要吴军入蜀，刘备肯定会和孙权拼命。在这种腹背受敌的情况下，如果周瑜不死，不知道天才的周都督如何面对这个烂摊子。

人可以天马行空地幻想美好的未来，但终究要面对残酷的现实，刘备的存在，决定了周瑜取蜀只是一个梦想。这和几十年后孙权想利用辽东军阀公孙渊称臣而据有辽东一样，想想而已，千万别当真。

不过周瑜是东吴顶尖的战略型统帅，他的早死对东吴来说是巨大的损失，孙权得到噩耗后，痛哭流涕。好在周瑜在临死前推荐了鲁肃，鲁肃同样是战略高手，有了鲁肃接班，孙权依然可以安心做他的江东王。

鲁肃是继周瑜之后，东吴少有的高端战略人才，鲁肃在三国历史上的分量，并不逊于诸葛亮。但由于罗贯中在《三国演义》中将鲁肃写成了一个搞笑小丑，抹黑得一塌糊涂，对鲁肃来说实在不公平。

当然，在《三国演义》中，尤其是赤壁之战那一段，鲁肃只是个配角，罗贯中也只是几笔嬉笑怒骂就带过去了。最惨的是周瑜，一个风流倜傥、志向远大的东吴大都督，被罗贯中丑化成了心胸狭窄的小人，成天被诸葛半仙捉弄……

话题回到鲁肃，我们都知道诸葛亮是刘备帐下的首席政治分析师，其实鲁肃从某个角度来说，则是孙权帐下的首席政治分析师。周瑜虽然也擅长战略规划，但鲁肃对孙权集团发展的规划要更早，具体时间大约在建安五年（公元200年），孙策死后不久，这一年鲁肃二十九岁。

在上一篇《赤壁之战》中，我们讲过了鲁肃的《榻上对》，二十九岁的鲁肃那时刚刚在周瑜的推荐下来到孙权帐下谋差事，如果不亮几手绝活，恐怕孙权都瞧不上他。

鲁肃《榻上对》的主旨思想是立足江东，鲸吞荆州，然后北向与曹操决战。由于鲁肃的性格比较内敛稳重，他提出的这个争霸战略不如周瑜的取蜀战略那么激进。鲁肃主张稳扎稳打，"以观天下之衅"，就是站稳脚跟，等待机会。

在东吴的历史发展进程中，鲁肃的《榻上对》可以说是一篇纲领性的战略方针，足可以和诸葛亮为刘备规划的《隆中对》相媲美。不过具体一点说，《隆中对》对刘备集团发展战略的规划非常细致，每一步该怎么走，都讲得明明白白。

而《榻上对》则说得比较笼统，鲁肃只提到了必须取荆州，保障长江中下游的安全。再放宽一些，也不过是取益州，"竟长江所极"。至于如何统一，鲁肃并没有一个完全而清晰的战略构架，以待时变而已，这一点甚至还不如周瑜的取蜀战略有明确的具体实施步骤：北结马超，共攻曹操。

孙权本人并不擅长战略规划，基本上是周瑜、鲁肃指到哪儿，孙权就举着菜刀杀到哪儿。鲁肃死后，孙权最大的战略目标居然只是夺荆州，甚至还以偷袭荆州得手而沾沾自喜。

孙权帐下虽然文武济济，但具体分析，武将中的战术高手虽多，比如吕蒙、陆逊、徐盛；文臣中厚重君子多，比如张昭、顾雍、诸葛瑾等，但一直缺少具有大局感的战略型人才。仅有的两个极品周瑜和鲁肃还都英年早逝（不包括孙策），对东吴的发展来说是非常重大的损失。

鲁肃的大局感非常强，周瑜死前推荐鲁肃主掌东吴军事是英明之举。鲁肃相对短暂的一生中，有两大亮点，一是《榻上对》，二是"联刘抗曹"战略。

诸葛亮在《隆中对》中就告诉刘备，要抗衡曹操，必须联合孙权，两弱抗一强。鲁肃也敏锐地看到了，以曹操强大的整体实力，东吴单独抗曹非常吃力，最稳妥的办法就是联合刘备，从东、西两个方向对曹操进行战略牵扯，各取所需。

鲁肃是坚定的"连横"主义者，因为刘备在荆州还没有发展起来，势力单薄，鲁肃从大局考虑，劝孙权"以土地业备"，扶持刘备集团成长为能联合抗曹的一极力量。虽然鲁肃这么做都是为东吴的利益服务的，但鲁肃不计一时一地之得失的大帅风度，值得赞叹。

鲁肃确实很有战略远见，他已经意识到以曹操和孙权（刘备）的实力，在短期内是不可能看到统一了，"曹操不可卒除"。最稳妥的办法就是鼎足而立，守得住，才能打得开。

鲁肃的统一战略，说得直白一些，就是防守反击。在实力相对较弱的情况下，与强大的对手打对攻战，就等于拿鸡蛋往石头上碰，场面很华丽，结果很难看。

有些为鲁肃可惜的是，虽然鲁肃为东吴的天下耗尽了最后一口气，（建安二十二年，公元217年）四十六岁的鲁肃病逝于荆州前线，但鲁肃"连横"的战略主张却一直得不到孙权的认同。

孙权没有什么战略大局观，他能看到的，只是眼前的那点蝇头小利。在孙权的眼中，后来偷袭荆州得手的吕蒙比鲁肃更了不起，甚至还不太厚道地责备长眠于九泉之下的鲁肃，说吕蒙"图取关羽，胜于子敬"。目光短浅，让人愤叹。

从战术角度来看，吕蒙偷袭荆州得手是场华丽的胜利，为东吴确保了西线的安全，彻底粉碎了刘备集团统一天下的梦想。但从战略高度来看，这场偷袭战却是孙权下的一招臭棋，败笔非常明显。

对东吴来说，他们的敌人不是西线的刘备，而是北线的曹操。换句话说，出于两弱抗一强的战略考虑，在刘备没有消灭曹操之前，几乎没有可能先对孙权下手。刘备严格按照诸葛亮《隆中对》的战略构想下棋，诸葛亮对东吴的态度是一直以"和"为主，不主动挑起战争。

所以，孙权如果真正缓解东吴的生存压力，控制淮河南岸地区才能基本解决这个问题。当然，魏国驻守淮南头号军事重镇合肥的是名将张辽，张辽几乎就是孙权的克星。

但问题是关羽北伐时，魏国荆州一线军事吃紧，曹操在和孙权达成和解协议后，已经派张辽率淮南军主力西进与关羽作战。淮南的魏军兵力相对比较弱，孙权完全可以袭取合肥，彻底巩固长江防线。至于孙权这么做不太讲道义，孙权向来翻脸比翻书还快，道德对孙权没有约束力。

拥有淮南对南方政权来说，进可取中原，退可守江东，战略回旋余地非常大。南北朝的陈朝、五代十国的南唐因为最终丧失淮南，不但彻底失去了统一中原的可能性，自身战略安全也受到极大的威胁。

其实也不能说孙权没有统一的野心，曹操和刘备哪个不想成为大一统的帝王？但关键是曹刘敢想敢做，魏蜀的战略目标从一开始就是统一天下，唯独孙权只想守住自己的这一亩三分地儿，做个快乐的土财主。

至于鲁肃说的"以观天下之衅"，不是指坐等天上掉馅饼，而是以主动的姿态去寻找机会。孙权所谓的统一，估计也就是希望曹操暴死，中原大乱，某些魏国大将献地来降。世上有这等好事？有！比如侯景投降萧衍，结果又如何？

孙权有能力，不愧是一代英雄，但孙权最缺乏的不是能力，而是勇气，这一点甚至还不如诸葛亮。诸葛亮"统治"下的蜀国是三国最弱小的，但诸葛亮能以天下一分之地，独抗占据天下七分的魏国，虽百死犹不回头，为报先帝三顾之恩，鞠躬尽瘁，死而后已。

鲁肃对孙权的忠诚不用多说，但鲁肃跟着孙权似乎有些大材小用，如果鲁肃侍奉的是孙策，那结果就不一样了。

为东吴一声长叹，可惜孙策，可惜鲁肃。

至于吕蒙这样的人物，懒得说什么，或不想多说什么。

十五 / 三国的另类军阀

在第十一篇《三国的乱世草头王》中,我们讲了董卓、袁术、吕布,这三位爷都是三国前期(实际上是东汉末期)臭名昭著的大军阀,坏事没少做,口碑极差。

当然我们不能以此就认定乱世军阀都是他们这等横眉竖眼、龇牙咧嘴的模样,虽然同属一个行业,但因为人和人的性格不同,乱世军阀们的表现也不一样。

以三国的乱世军阀为例,大致来说,可以分为几种类型:一是宏图大志型,比如曹操、刘备、孙策(孙权);二是草莽混蛋型,比如董卓、袁术、吕布,虽然他们也有雄心,但能力太差,人品太臭,当然没资格和曹孙刘相提并论。

除了以上两种类型,还有一种小富即安型的,他们不参与中原争霸,只想保一方平安,守一世富贵。这种类型的军阀在人品上普遍不错,甚至可以用"温柔"来形容,比如荆州军阀刘表、益州军阀刘璋、交州军阀士燮,就是这种类型的代表人物,先说刘表。

在三国大大小小几十个军阀中,可以说刘表是最特殊的一个。之所以这么讲,倒不是说刘表本事通天,能上天揽月亮,下海捉王八,而是刘表正宗的士林出身。

当时军阀里能和士林扯上关系的大有人在,袁绍和袁术就出身一等清流高门——汝南袁氏,但他们本人严格说不算是士林中人。在汉灵帝末年,太监集团发动的那场"党锢之祸"中,遭到全国性追捕的士林黑名单上,就有刘表的名字。

我们都知道刘备成天扛着"大汉孝景皇帝陛下玄孙"的镀金招牌四处跑马拉赞助,其实刘表也是大汉孝景皇帝陛下的"玄孙",刘表的先祖鲁恭王刘余和刘备的先祖中山靖王刘胜都是汉景帝刘启的儿子。

刘表和刘备在各方面都非常相似,同是宗室远支,又同受学于当代大儒,刘备的业师是九江太守卢植，刘表师从于南阳太守王畅。要说二人的区别，主要还在于性格上。刘备性格豪爽，有侠士之风，而刘表是标准的儒生，温文尔雅，天生就是吃士林饭的。

东汉盛行讲学之风，尤其是东汉中后期，各地的士子都互相拜把子，形成一个个山头，刘表也有幸跻身其中。关于刘表的派系，各史说法不一，甚至《后汉书》还给出了两种说法，自相矛盾。

陈寿在《三国志》中说刘表是"八俊"之一，张璠在《汉纪》中说是"八交"，范晔在《后汉书·刘表传》中称为"八顾"，而在《后汉书·党锢传》中却说是"八及"，简直乱成了一锅粥。

在刘表的这些朋友中，老乡张俭无疑最具知名度（他们都是山阳人，今山东高平），可以说是年轻士子的形象代表。年少气盛的刘表就跟着这些士林中的朋友"讥谤朝政"，利用社会舆论向太监兵团开火。

太监们被惹毛了，一怒之下，向士子们发动反击，就是著名的"党锢之祸"。张俭亡命海角天涯，四处敲门求救，所谓"望门投止思张俭"。刘表运气不错，生就一双兔子腿，一下就跑没影了，躲过了这场大劫。

直到光和二年（公元179年），汉灵帝才对党锢案做了一定的让步，但还没有完全解禁。五年后，也就是中平元年（公元184年），张角的黄巾起义爆发，朝廷才正式对涉及党锢的士林中人彻底解禁。刘表就是在这个时候结束逃亡生涯，重新沐浴在灿烂的阳光里的。

由于刘表在士林中显赫的名声，他很快就找到了一份好工作，给大将军何进做事，进入了权力核心层的边缘地带，这对刘表日后的发展起到了至关重要的作用。这个大将军掾从职位上来说只是小角色，但毕竟在天子脚下，有利于自己的形象推广，俗话说得好，近水楼台先得月。

黄巾事起，军阀混战，在初平元年（公元190年）的时候，孙权的老爸——长沙太守孙坚杀掉了荆州刺史王睿，荆州刺史的位子就空缺了。不知道刘表是不是走了当时控制朝廷的董卓什么门路，刘表被朝廷封为荆州刺史。

荆州虽然居天下之中，土地肥沃，人口繁盛，但因为受到中原战乱的波及，其内部也乱成一团，四分五裂。袁术占据南阳，苏代（当是孙坚嫡系）占据长沙，张虎占据江夏，陈生占据襄阳，贝羽占据华容，还有数不清的宗族武装（所谓宗贼）在荆州地面上撒欢，形势非常混乱。

刘表进入政坛一线以来，他的表现并不像后来那么优柔寡断，这点和早期的袁绍非常相似。刘表知人善用，从谏如流，他听从了帐下谋士蒯越等人的建议，以仁义治荆州，安抚百姓。同时再使上一点手腕，骗杀了几股有影响的宗贼武装，很大程度上减轻了荆州面临的治安压力。

当然这时刘表所能控制的荆州，地盘不算大，周边几个大郡都不在刘表手上。刘表这个人很不简单，用我们现代话说，就是文、武两手都硬。文的一手，刘表派蒯越等人去说服江夏的张虎和襄阳的陈生，不知道蒯越他们是怎么说的，反正把张虎等人都给收编成正规军了。武的一手，刘表先后用武力平定了江南三郡，即长沙、零陵、桂阳，除了南阳被张绣控制，荆州所属各郡县基本落到了刘表的口袋里。

通过对荆州的控制，刘表也一跃成为当时拥有较强实力的大军阀，史称刘"南收零、桂，北据汉川，地方数千里，带甲十余万"。以如此雄厚的资本，刘表完全有条件逐鹿中原，争霸天下。

但刘表本人并没有这么大的野心，能守住荆州这份不小的家业，就算是前世烧高香了。刘表主政荆州后，实行的是内向保守的发展战略。

对外不轻易用兵，袁绍和曹操争雄中原，刘表不偏不倚，两不得罪。对内发展经济，主攻方向是教育，刘表是士林清流，他对普及文化有一种与生俱来的痴迷。

刘表外治不足，内治有余，他统治荆州二十多年，荆州成为当时天下少有的安居乐业之地。大批贤士来到荆州避难，从某种角度来讲，荆州是全国的士林中心。别人先不说，诸葛亮就在荆州躬耕十多年，没有刘表的照顾，诸葛亮早就跑路了。

总体上来看，刘表这辈子过得平平淡淡，没有什么特别的亮点。站在历史的高度讲，刘表的人生有三件非常重要的事情值得一说，这三件事情都深刻地影响了三国历史的走向。

第一件事是孙坚之死。孙坚受袁术的指派，来攻刘表，将刘表的地盘搅得乱七八糟。后来孙坚在围攻襄阳的时候，被刘表大将黄祖的部下乱箭射死。

虽然孙坚不是刘表本人干掉的，但孙坚的儿子孙策和孙权却把杀父之仇记在了刘表头上，当然孙权这是在为吞并荆州找借口。不过从东吴内部的角度讲，"为父报仇"却是一个能凝聚人心的正当理由，孙坚的死等于间接帮助了孙权

"荆州至上"的战略。

第二件事是收留刘备。刘备从袁绍那里逃出来后，无家可归，刘备想到了同宗兄弟刘表。刘表一方面是出于同情，一方面是想借助刘备的力量，防御曹操，就热情地把刘备迎到荆州，以兄弟礼相待。

刘表接纳刘备，对后来刘备借赤壁之战的胜利，收服荆州，并以此为跳板占领益州，形成三国鼎立的局面，有着直接的影响。当然还有一点非常重要，就是刘备在荆州遇到了千古第一名相诸葛亮，成就了三国史上最动情的一幕——三顾茅庐。

第三件事是废长立庶。刘表有两个儿子：长子刘琦，次子刘琮。刘表不喜欢大儿子，却因为次子刘琮"貌类于己"，所以特别宠爱刘琮。关于刘琮的身世，《后汉书》说刘琮并非刘表的后妻蔡氏所生，而是刘表为刘琮娶了蔡氏的侄女，有了这层关系，蔡氏就视刘琮如亲生。

刘表将不受宠的刘琦打发到了江夏，接替战死的黄祖做太守，实际上取消了刘琦"继任荆州牧"的资格。刘表此举有个非常明显的后果，就是王粲、蒯越、韩嵩、傅巽这些亲曹的清流名士聚集在刘琮帐下，为后来刘琮投降立下了汗马奇功。

可以说刘表的天下，正是毁在了这些投降派的手上。江东的张昭、程秉这伙人肯定羡慕死了王粲他们，可惜孙权不是刘琮，周瑜、鲁肃也不是蔡瑁、张允。张昭等人真可谓"出师未捷身先死，长使英雄泪满襟"。

刘表只是一个三国历史上的匆匆过客，和袁绍非常相似，所以《三国志》《后汉书》都将袁绍和刘表放在一卷传记中。刘表和袁绍的共同点非常多，比如：

第一，都是当时社会的顶级清流，旗下汇集了河北和荆州的许多顶级名士。

第二，都是全国第一等的大军阀，军事实力非常强劲。

第三，性格上有相同的缺陷，即"外貌儒雅，而心多疑忌"。能致人而不能用人。

第四，行事优柔寡断，二人都有偷袭曹操的机会，结果一次都没成行，曹操幸运地躲过了两场大劫。

第五，舍长立幼，人为地制造统治集团内部分裂，曹操之所以能吞并河北和荆州，和二人犯下的战略错误有关。

要说二人的不同，可能袁绍要比刘表更有一统中夏的雄心壮志，刘表没袁绍那么大的野心，按苏辙的话讲，就是"晏然自守，一无所与"。不求有功，但求无过而已。

刘表手上的牌面虽然不如曹操光鲜，但帐下也是人才济济，更兼幅员千里，雄兵十万。即使曹操吞并袁绍后大举南下，在刘表不早死的情况下，和曹操决战，曹操未必能占多大的便宜。

后来荆州的失陷，最关键的不是刘表生前失人心，而是在荆州上层聚居了一伙拥有强大力量的清流亲曹派，上面也讲了。除了王、蒯、韩、傅四大名士，还有刘先、和洽、邓羲、宋忠、裴潜、司马芝、刘巴等人，他们都对曹操有着莫名其妙的好感。

这些名士之所以如此渴望投到曹操帐下，三番两次地劝刘表降曹，当然不是因为曹操的人格魅力，而是慑于曹操强大的军事实力。他们心里都有本小账，一旦曹操大举南下，荆州兵和曹操刀兵相见，无论胜负，他们的家产都势必会受到影响。万一曹操取胜，迁怒于他们，他们的小命就没了。

出于这种考虑，他们当然要想办法巴结曹操，至于刘表和刘琮的生死存亡，他们根本不在乎。特别是韩嵩，从许都通使曹操回来后，把曹操吹上了天，惹怒了刘表，差点被刘表杀掉。

刘表一死，这些人就一窝蜂地围住了年幼的刘琮，连劝带吓唬，说曹操如何强大，我们如何弱小。拿鸡蛋碰石头的蠢事，咱还是不做的好。这种考虑同样适用于在军界有地位的蔡瑁、张允等人，但不包括对刘表忠诚的文聘。

曹操占领荆州后，全州文武欢天喜地地来拜曹丞相的门子，只有文聘没凑这个热闹。后来曹操见到了文聘，责备文聘为何不早降，文聘痛哭流涕："先日不能辅弼刘荆州以奉国家，荆州虽没，常愿据守汉川，保全土境，生不负于孤弱，死无愧于地下，而计不得已，以至于此。实怀悲惭，无颜早见耳。"文聘一番出自肺腑的表白，把曹操感动得一塌糊涂，曰："卿真忠臣也！"

刘表统治荆州二十年，家业倾覆之际，居然只出了一个忠臣文聘，还是个武夫，真不知道这是刘表的幸运呢，还是刘表的悲哀。

说完了刘表，我们再来讲同样"温柔可人"的益州军阀刘璋。要说刘璋，就不得不先讲一讲刘璋的老爸——前益州牧刘焉，没有老爸风里雨里打下的这片江山，凭刘璋的本事，八辈子也别想当军阀。

刘焉和刘表一样，都是汉景帝之子鲁恭王刘余的后代，标准的龙子凤孙。只是自汉高祖刘邦登基以来，经过近二十代人的繁衍，汉朝的龙凤子孙何止千万。所以要想在"书生贵族"渐成气候的东汉混出头，打着宗室旗号是不行了，刘备就是典型的例子。

不过刘焉情况要比刘备好一些，刘焉的近几代祖先应该在官场上混得不错，所以刘焉的政治起点不算低，"少仕州郡，以宗室拜中郎"。说明刘焉很早就进入官场了。

刘焉是个很有野心的人，这点又和刘备很相似。刘焉本来在官场上混得有头有脸，历任冀州刺史、南阳太守、宗正、太常等准一线职务，但刘焉似乎想去一个皇帝老子管不着的地方称王称霸，因为刘焉敏锐地感觉到，中原要大乱了……

刘焉的本意是当交州牧，交州就是现在的广东和广西以及越南北部地区，基本属于东汉政治中心的辐射范围之外，远离是非之地。但因为老友、侍中董扶一句话，说他夜观天象，益州上空盘绕着一股天子气。不知道董扶是如何看出益州有天子气的？因为董扶本就是蜀人，可能有些夸张的成分。

刘焉满脑袋的皇帝梦，听董扶这么一说，还真动了心。刘焉这才临时改变了主意，撺掇朝廷把他外放到了益州，做起了益州牧，又拜封阳城侯，成为手握重兵的地方一霸，为后来蜀汉三足鼎立埋下了伏笔。

益州就是现在的四川，号称天府之国，人杰地灵，物产丰富。而且地势险要，每逢乱世，这里总会出现割据势力。刘焉也确实有两把政治刷子，主政益州以来，"抚纳离叛，务行实惠"，很快就稳定了乱七八糟的益州局势。

但刘焉这么勤勉的目的，当然不是为朝廷效力，而是自己发家致富，"阴图异计"。刘焉得志后，立刻露出了狐狸尾巴，私造天子乘舆，除了没公开称帝，皇帝能享受到的一切，刘焉都享受到了。

《三国的另类军阀》讲到了刘焉，他有一点另类，具有一定的法术思想。刘焉初来益州，怕益州豪强不服他的统治，找些乱七八糟的借口，杀掉了十几个益州豪强。

通过武力镇压，刘焉牢牢控制住了益州。在乱世中，一味求"仁"是绝对不行的，比如刘备，既有"仁"的一面，也有"威"的一面，要文武通吃，赏罚并举，才能成大事。如果刘备只会哭鼻子抹眼泪，早就被曹操收拾了。

刘焉是三国早期具有相当实力的军阀，而且管理能力也不错，在他的治理下，益州成为天下大乱局面下难得的世外桃源。有稳定才能有发展，这是千古不变的真理。

不过刘焉死得很早，在兴平元年（公元194年）就死了。刘焉的死因有两个，一是他的两个儿子刘范和刘诞联合西凉军阀马腾谋诛乱贼李傕时事败被杀，二是州治绵竹起了一场大火，烧毁了刘焉的许多财物。这两次让刘焉在精神受到了极大的刺激，急火攻心之下，死了。

刘焉共有四个儿子：刘范、刘诞、刘瑁、刘璋，而刘瑁和刘璋中的一个将成为下一任的益州牧。不清楚刘瑁的性格，但从"州大吏赵韪等贪璋温仁，共上璋为益州刺史"这句话来看，刘瑁应该是个刺头，至少不比弟弟刘璋更温顺。权力场上没人喜欢刺头，都喜欢刘璋这样的。

说刘璋是三国历史上最温柔的军阀，应该不为过，刘璋的性格甚至比刘表还要温顺。刘璋是个典型的老好人，本事平庸，但人品很好。要讲三国第一"仁"，刘璋比刘备更有资格，刘备可不是一般的虚伪狡诈，三国有名的老戏骨。

从个人的角度看，刘璋几乎"完美"，谁不喜欢和老实人交往？但如果放在乱世竞争中的大角度看，缺点就太多了。乱世中做大事，首先要有手段，在枪杆子决定历史发展方向的时代，"仁"只是一个美丽的装饰品，有了更好，没有也不碍事。

刘璋的性格在这两种矛盾对立下的反差，《后汉书·刘璋传》说得很到位：璋性柔宽无威略。人都有一个共通的本性，就是"欺软怕硬"，尤其是在社会管理层面上，统治者性格软弱，必然导致法治松懈。法律失去了威慑作用，就是社会出现大乱的前兆。

刘璋性格软弱，很难驾驭住那些有想法的刺头，头一个跳出来捣乱的是刘璋的"恩人"赵韪。刘璋很相信赵韪，上台后就把大权交给赵韪。谁也没想到赵韪的胃口太大，居然想踢掉刘璋。刘璋运气好，在东州兵（南阳、关中入蜀者）的帮助下，灭掉了赵韪。

紧随赵韪之后跳出来捣乱的是张鲁，张鲁我们都不陌生，就是"米贼"，所谓"米贼"，其实就是道教重要分支之一的五斗米教。张鲁和刘璋的渊源甚深，张鲁的母亲长得非常美丽，刘焉在世的时候，张母经常去找刘焉，二人很可能有私情。

所以看在张母的面子上，刘焉封张鲁为督义司马，派张鲁和别驾张修去攻取汉中。汉中自古就是西川门户，后来蜀汉之所以能抗衡曹魏五十年，就是因为控制了汉中。张鲁很有野心，攻下汉中之后，杀掉了张修，自己在汉中称王称霸。

刘璋在担任益州牧的二十多年里，主要做了两件大事，一是后来的开放关口，放刘备入蜀，二是刘璋和张鲁的关系。刘璋没有处理好汉中问题，导致了汉中和益州近三十年的军事对峙，于是让刘备抓住了机会，打着防御张鲁的旗号入川，最终形成三国鼎立的局面。

张鲁占据汉中之后，开始脱离益州的行政管制。刘璋一怒之下，杀掉了张鲁的风骚老娘和弟弟，彻底和张鲁翻了脸。其实刘璋完全没有必要杀人质，如果刘璋把张母和张弟一直控制在手中，反而能成为有效牵制张鲁的感情利器。刘璋杀了人质，手上就没有牌对付张鲁了。为什么曹魏总是要孙权进献人质，就是通过控制人质对孙权进行感情牵制，减弱来自孙权的威胁。

当然刘璋最大的失误还不是与张鲁翻脸，张鲁的实力还不足以撼动刘璋在益州的统治地位。真正让刘璋灰头土脸走下历史舞台的，是他邀请刘备率兵入蜀，替他去防御张鲁。

早在刘备三顾茅庐的时候，诸葛亮就给刘备制定了"横跨荆益"的发展战略，在刘备的战略计划中，他是必须占据益州的。但刘备一直找不到合适的进川借口，如果刘备从开始就用武力解决刘璋，恐怕实力上无法支撑刘备完成取蜀大业。

最方便快捷的取蜀之计就是能得到刘璋的邀请，进入蜀中腹地，再相机取成都。刘备衰了大半辈子，也确实该转运了。益州的别驾从事张松本来是想私下通款曹操的，哪知道曹操眼高瞧不起张松，张松一怒之下，私下把益州卖给了刘备。

在张松的劝说下，刘璋同意请刘备入川，任务是防御张鲁。在是否迎接刘备的问题上，益州中高层发生了激烈的争辩，以张松、法正、孟达这些自认为不得志的人，极力主张邀请刘备，他们认为如果刘备能取代刘璋，他们就有机会施展自己的才华。

而黄权、刘巴、王累等人却坚决反对，黄权反对的理由很有代表性。黄权认为刘备是天下枭雄，也算是一方诸侯，入川后，以部下礼相待，刘备肯定不服；

如果以主人礼相待，则一山容不得二虎。王累甚至用绳索把自己吊在城门上，劝说刘璋不要相信张松伪诈之言，但刘璋不听。

刘备进蜀后，果然处心积虑地要夺益州。虽然后来刘璋发现了张松和刘备暗中私通，杀掉了张松，并武力对抗刘备，但已经来不及了。刘备的荆州军主力从葭萌关南下，诸葛亮、张飞等后续部队大举入川。刘备已经撕下了伪装，摆明了要鸠占鹊巢。

刘璋为人虽然"暗弱"，但客观来说，刘璋还算是个忠厚老实人。益州从事郑度劝刘璋烧掉涪水以东的粮草辎重，将百姓迁至涪水以西，坚壁清野，死守不出。等荆州军粮耗尽的时候，再大举反击，必擒刘备。

刘璋不忍心看到老百姓为了他的利益受苦受难，就拒绝了郑度的这条毒计。消息传到刘备耳朵里，刘备长长出了一口气，如果刘璋听郑度的，那刘备的取蜀大业恐怕就要毁于一旦了。

刘璋当然知道如果坚壁清野，最后的胜利基本属于他，但刘璋就是无法说服自己把利益置于老百姓生命之上，这点非常难得。刘璋的"仁"并不是一时的冲动，而是温柔性格形成后的一种反映。

后来刘备大军围住成都，这时刘璋手下还有三万精兵、足够支撑一年的钱粮。因为其父刘焉是士林出身，加上刘璋"温仁"，益州各界对刘璋还是非常拥护的。文武各界纷纷向刘璋请命，愿意为刘璋的天下和刘备拼个鱼死网破，可见刘璋在益州是很得人心的。

刘璋可能是厌倦了长达一年多的战争，也可能是担心一旦和刘备决战，老百姓会遭到更大的战争创伤。刘璋说了一句很感人的话："父子在州二十余年，无恩德以加百姓。百姓攻战三年，肌膏草野者，以璋故也，何心能安！"最终决定向刘备投降，避免了蜀中遭到更大的灾难。

在刘璋投降之前，蜀郡太守许靖不想陪刘璋送死，想缒城投降刘备，结果事泄被捕。许靖此举是典型的叛变，于法于情，杀之并不为过。但刘璋一方面怜悯许靖老朽之年，另一方面自己都朝不保夕，何必再难为老许头。心一软，饶了许靖。

刘备最终能顺利地占领西川，在某种程度上来说，刘璋做出了相当大的"贡献"。如果刘璋决定和刘备血战到底，即使刘备最终获胜，那也是惨胜。万一要把诸葛亮、张飞这样的核心人物拼没了，刘备真的得不偿失了。

以刘璋的这种性格，他很难成为一个合格的领导者，即使益州不为刘备所夺，日后也必为曹操所得。但刘璋的人品非常好，至少他能将益州百姓受的战争创伤归咎到自己身上，爱民之情，溢于言表。

因为刘璋为人宽厚，所以当刘璋在简雍的陪同下坐着小车出城投降时，益州官民哭声一片，场面非常感人。从管理的角度讲，刘璋将益州治得乱七八糟，但从人情的角度讲，刘璋非常得人心，这在三国时代大小军阀中是极为难得的。

刘璋出降后，刘备出于管理的角度，将刘璋安置在了荆州，做一个无忧无虑的富家翁。后来孙权偷袭荆州得手，为了否定刘备的政治地位，孙权抬出刘璋，让刘璋做有名无实的益州牧。几年后，刘璋病故，年岁不详。

说到三国温柔的军阀，我们能在第一时间想到的，基本上就是荆州刘表和益州刘璋。其实在东汉末年群雄逐鹿的历史大背景下，除二刘之外，还有一个温柔的军阀。此公的历史知名度远逊于二刘，但"温柔指数"并不比二刘低，他就是交州刺史士燮。

士燮虽然是土生土长的交州人，但他的祖上却是鲁国人，和孔子同乡。后来王莽废汉建新，天下大乱，士燮的老祖宗为了避难，逃到了交州。不知道士家的祖上是否都是士林出身，但士燮本人却知礼好学，研习《春秋》，是南土有名的清流学者。

士家在交州是豪门大族，在交州官场的人脉深广，士燮几弟兄进入官场后，基本控制了交州的政局。士燮是交趾（今越南河内）太守，弟弟士壹是合浦（今广西合浦东北）太守，士䵋是九真（今越南清化）太守，士武是南海（今广州）太守。

东汉末年的交州行政区划共分为七郡，除了苍梧、郁林（也作郁林，南齐萧昭业被废后就降封于此）和九真三郡，士家兄弟居然控制了其中四郡，势力非常大。史称"燮兄弟并为列郡，雄长一州，偏在万里，威尊无上"。

士家兄弟很会享受生活，每次出门的时候都大讲排场，敲锣打鼓，吹吹打打，侍卫数百，车骑满道。几兄弟骑着高头大马在前面，老婆小妾们坐着小车跟在后面，士家的第二代少爷们骑马断后，场面非常搞笑。

不过就此认定士家兄弟都是"小人得志"，则有失公允。士燮几个弟弟具体是什么情况，史无明载，但士燮却是正宗的士林清流，敢给《春秋》作注的，能不算是名士吗？

当时正在交州避难的中原名士袁徽给曹操帐下头号智囊荀彧写信，猛夸士燮"学问优博，达于从政……兼通古今，大义详备"。虽然袁徽在士燮的地盘上吃饭，但如果不是士燮确实有真才实学，袁徽没必要这么巴结士燮，袁徽也是有身份的人。

士燮为人和治学都是一流之品，但士燮最大的遗憾并不是身居偏僻的交州，而是生逢乱世。如果他能生在东汉的承平时代，以他的社会地位，做做学问，交交名士，在政治上基本不需要担什么风险，优游卒岁。

但人是不能选择出生时代的，不过好在士燮的变通能力非常强。说得通俗一点，就是会见风使舵，能屈能伸。说起来非常容易，真要做起来，并没有那么简单。

由于地理位置上的原因，士燮在执政中后期，与北边的荆州刘备集团、江东孙权集团接壤。当时刘备被孙权限制在长江南岸，发展空间有限，根本没有余力来打士燮的主意。

孙权不一样，孙权早就看中了交州，想收归帐下。在建安十五年（公元210年），孙权派鄱阳太守步骘出任交州刺史。步骘是个文弱书生，但他背后是强大的江东政权，士燮绝对不敢得罪孙权。步骘一到交州，士燮就对步骘毕恭毕敬，实际上承认了孙权对交州的统治权。

士燮生于汉顺帝永和二年（公元137年），比孙权大了四十六岁，相当于祖父和孙子的年龄差距。但权力场上可不讲什么年龄和辈分，一切凭枪杆子说话。

士燮既然拜了孙权的门子，自然要在新主子面前好好表现自己，孙权可不是好伺候的主儿。士燮不但倾交州所有，经常给孙权送一些时令干货，甚至还勾结了西边的益州豪强雍闿，让雍闿改换门庭，认孙权做干爹。孙权听说这事后，非常高兴，不知道又赏了士燮几颗枣子。

士燮傍上了孙权这棵大树，但他和孙权基本是宗主国和附属国的关系，不算是孙权直属系统的官僚。从历史记载来看，士燮从来没有见过孙权，只是派使者往来联络。

在三国历史上，还有一个军阀和士燮非常相似，就是辽东的公孙家族。公孙家族共有三代四人统治过辽东，前三个统治者公孙度、公孙康、公孙恭都对中原政权（曹操）毕恭毕敬，不敢少忤。

但第三代的公孙渊却犯悖成性，一方面对曹魏趾高气扬，大放厥词，另一方面又对孙权朝三暮四。公孙渊的骑墙做派最终惹翻了曹魏，司马懿大举进攻辽东，最终族灭公孙渊。

和不知天高地厚的公孙渊相比，士燮就知道进退，对孙权从一而终。做人要学士燮，明白自己几斤几两，多大的脚穿多大的鞋。士燮要敢对孙权不三不四，以江东兵的强大实力，灭掉士燮轻而易举。

老子有句名言："知人者智，自知者明。"所谓当局者迷，旁观者清。了解自己未必就比了解别人更容易。

士燮就懂这个道理，所以他能在乱世中安然度过余生，在吴黄武五年（公元226年），享尽了荣华富贵的士燮无疾而终，高寿九十岁。

十六 / 三国花瓶男

"普天之下，莫非王土；率土之滨，莫非王臣"。不过帝王坐江山，却不可能事无巨细都要亲自过问，累都累死了。帝王会通过官僚系统来体现自己的意志，帝王制定好大政方针，然后具体的脏活儿累活儿就交给大臣们去做。

因为各自职能的不同，大臣通常分成好几种类型，这和公司经营是一个道理，有技术研发部门，有公关策划部门，有法务维权部门，还有一线生产部门，各司其职。

其他时代的历史在这里不多说，只以三国为例，三国的大臣也有好几种类型。大体来讲，可以分为假皇帝型，如诸葛亮；总管型，如荀彧；智库型，如郭嘉、法正；二当家型，如周瑜、鲁肃；老黄牛型，如顾雍、蒋琬。

这几种类型本篇都不讲，只讲另外一种类型，就是花瓶型的大臣。花瓶型的大臣相对其他类型来说比较特殊，这些大臣论级别，基本上都在群臣之首，在官场和士林威望较高，但他们往往只代表一个政权的政治形象，却没有具体的权力。

我们经常提到的三公——司徒、司空、太尉，外加一个太傅，在大多数情况下都是政治花瓶，却是官场上不可或缺的美丽点缀。至于具体的人选，以三国为限，可以挑出五位——魏司徒华歆、魏司空王朗、魏太傅钟繇、蜀汉司徒许靖、吴辅吴将军张昭。

华歆虽然是曹魏官场的一线重臣，但他在历史上并没有留下太深的印记，典型的有虚名而无实权。因为奉行"丑化曹魏"的原则，罗贯中在写《三国演义》时，就把华歆丑化成了一个得意忘形的小人。

在《三国演义》第八十回，曹丕逼迫汉献帝刘协让出帝位，建立魏国。华歆按剑指着跪在地上听封的刘协，厉声而言曰："立一帝，废一帝，古之常道！今上（曹丕）仁慈，不忍加害，封汝为山阳公。今日便行，非宣召不许入朝！"活脱脱一副小人嘴脸，让人愤慨。

虽然这件事是罗贯中胡编的，有意丑化华歆，但历史上的华歆确实做过对不起汉朝的事情。建安十九年（公元214年），伏皇后的父亲伏完试图诛杀曹操，事败，曹操大怒，让华歆去收拾伏皇后。华歆为了巴结曹操，毫不顾及廉耻，骂骂咧咧地牵着伏皇后关了禁闭，不久伏皇后被杀。

这件事是华歆人生中永远洗不掉的污点，不过评价一个历史人物，不能搞一刀切，做了一件坏事就将其彻底否定。人性格上的两面性，在华歆身上体现得非常明显。其实每个人心中都有一个天使和一个魔鬼，华歆自然也不例外。

除了牵扯伏皇后一事，华歆的人品并不算特别的恶劣，历史上的华歆以"清纯"闻名，绝不是浪得虚名之辈。华歆曾经做过豫章（今江西南昌）太守，在任期间，豫章虽然谈不上风调雨顺，但至少社会比较安定，"吏民感而爱之"。老百姓其实是很好打发的，只要别天天折腾他们，让他们有口安生饭吃就行了。

华歆做了官，不过他真正的身份是国家级的清流名士，当官对他来说几乎算是副业。华歆还算是个聪明人，他知道自己有几斤几两重，后来孙策率兵攻打豫章，华歆清楚自己不是孙策的对手，立刻开门迎接孙策，避免了杀身之祸。

政坛上的华歆无足轻重，孙策根本不会将他放在眼里。但文坛上的华歆，却是盛名在外的大人物，所以孙策对华歆极为尊重，甚至以学生礼拜见。华歆经常参加江南士大夫的聚会，因为华歆风流俊雅，每次都是华歆大出风头，史称"皆出其下，人人望风"。

华歆这个人喜欢出风头，他轻易不放过显摆自己的机会，功利心比较强。《世说新语·德行》记载了一个非常著名的故事，很能形象地说明华歆的为人处世风格。

华歆早年和名士管宁私交非常好，二人合伙经营一片菜园子。有一次管宁偶然间在菜地里锄到了一块金子，管宁不稀罕这东西，但华歆却捡起金子，看了一眼，才丢掉了。华歆的举动让管宁非常不舒服，但也没说什么。

后来二人坐在一张席子上读书，突然外面有个大官经过，吹吹打打，管宁视若无物，继续读书。华歆有些沉不住气，丢下书跑到外面瞧热闹，非常羡慕。管宁怒不可遏，立刻用刀将席子割成两半，和华歆断绝了关系。这就是著名典故"割席断交"的由来。

其实读书人有些功利心也没什么不好，说得雅一些叫事业心，如果读书人都像管宁那样隐居避世，帝王通过谁来治理天下？华歆人品并不恶劣，至少胸怀是有的。

后来曹丕称帝，让公卿大臣举荐贤良君子，华歆不计较当年管宁的"割席之辱"，推荐管宁入选。等到魏明帝曹叡继位时，华歆又上表请辞太尉的职务，推荐管宁接替他。华歆这么做非常不容易，割席断交不是一般的耻辱，但华歆却坦然如常，这份胸襟气度，让人敬佩。

同样是在《世说新语·德行》篇，还记载了一件事，有一次华歆和王朗为躲避追杀，同乘一条船逃生。小船没划多久，岸上就有一个人招手请求上船避难。华歆嫌船小，不想让这个人上船，王朗觉得这条船足够再容纳一个人，就请这个人上船共渡。

后来追兵越来越近，可能是小船划得太慢，王朗就有些嫌弃刚上船的这个人，想把他推下水，却遭到了华歆的反对。华歆认为既然人家上了船，怎么能再把人家推下去，这样做也太不仁义了。在华歆的坚持下，三人都安然无恙。

还有一件事非常感人，魏国不知道打了什么胜仗，抓了一些女俘，分给大臣们做奴婢。华歆虽然也接收了女俘，但随后就给女俘寻了一个好婆家，嫁了出去，可能还不止一个女俘。

说句不太厚道的话，华歆后来"日行一善"，很有可能是因为当初牵扯伏皇后，在良心上有所亏欠而做出的道德补救。但如果真是这样，恰恰说明华歆是个能守住自己良心底线的人。知道自己错做了事会受到良心的谴责，说到底还是有药可救的。华歆能做到这一步，已经非常不容易了，不必对华歆求全责备。

说完了华歆，再来讲一讲王朗。王朗和华歆几乎就是一个模子刻出来的，他们早期的宦海经历极为相似：

第一，华歆劝过冀州刺史王芬不要谋废汉灵帝刘宏，王朗也劝过徐州刺史陶谦要忠于朝廷。

第二，二人都任职江东大郡，华歆是豫章太守，王朗出任会稽太守。

第三，二人的地盘全部被小霸王孙策占领。不同是的华歆主动投降，而王朗则武力反抗，失败后才投降孙策。

第四，二人皆是江东第一等的清流名士，最后都在曹操的邀请下回到中原，成为曹操手下的名士双璧。

不过曹操是个明白人，像华歆、王朗这等级别的人物，来到他帐下，只能做美丽的政治花瓶，是不能具体做事的。一个政权能不能得到士林的普遍拥护，就看身边有没有第一等的名士。当时中原能够达到华歆、王朗级别的名士不多，比如孔融、杨修等人。

本来王朗在孙策手下混得不错，如果王朗不离开江东，到了孙权手下，他的名士级别甚至比张昭还要高。但王朗心里有一本账，在东汉末年，真正的士林中心还在中原，江东只是临时避难场所，一旦有机会做中原名士，大多数人是不会拒绝的。后来曹操下江南，荆州清流帮和江东清流帮哭着喊着要降曹，就是明证。

王朗和孙策一直处在敌对状态，与其留在江东做名士，不如回到中原做个更光鲜的名士。王朗为了回到中原，从曲阿出发，跋山涉水辗转了一年多，才来到曹操身边。

虽然王朗是当时的顶级名士，但曹操帐下的那伙智囊如荀彧、荀攸、郭嘉、程昱、刘晔这些人，也都是顶级名士，所以根本显不出王朗的身份。王朗似乎也乐于充当政治花瓶的角色，花瓶也不是一般庸才可以胜任的，如果不是这块材料，就如同烂泥根本糊不上墙，但王朗有这个资本。

其实说华歆、王朗这些人为花瓶，并不是因为他们毫无才干，而是他们相对荀彧、荀攸来说更有条件充当政权形象代言人的角色。曹丕刚继承魏王位的时候，王朗就上疏劝曹丕"育民省刑"。

王朗从维护政权稳定和发展的高度，提出了"慎法狱"的重要建议。王朗认为朝廷应该选派有德行的官员主管法律，现在战乱时代，人口骤减，只有清理冤假错案，才能最大限度地释放青壮年的劳动力，让他们从事农业生产。人口相对增加了，地多人少的现象就能得到有效遏制。

王朗还很有意思地提到，如果因为严刑峻法导致青壮年入狱服刑，那么社会上就会产生"怨旷之女"，就是找不到婆家的待嫁黄花闺女。为了国家富强，就必须鼓励适龄男女婚嫁，多生孩子。人口多了还有一个好处，就是能解决兵员稀缺的问题，尤其是青壮劳力，在任何一个时代，他们都是武装力量的主要来源。

虽然王朗的这道"育民省刑"疏有些过于理想化，他并没有把统治者的贤愚对政权的影响考虑进来。但总体上来看，王朗"慎法狱"的主张还是符合历史发展主流的。

法律的主要作用是威慑，而不是惩罚，社会的进步绝不是靠严刑峻法来实现的，解决吃饭、就业问题才是王道。王朗的政治思想基本属于儒家范畴，主张以德治国，以德服人。王朗一直反对朝廷劳民伤财，主张休养生息、发展经济，不轻易言兵。

在乱世鼎立时代，以德服人恐怕效果不大，关键时刻还是要靠枪杆子说话。不过至少在统治区内，以德服人是没错的，王朗的德行本来就不错，所以他提出以德服人的观点，还是很有说服力的。

王朗是三国的政界名臣、清流名士，人品相对比较端正，在江湖上有相当高的名望。但在《三国演义》中，王朗因为是魏国重臣，罗贯中的原则是"帝蜀寇魏"，所以王朗不幸被罗贯中严重抹黑，成为拔高诸葛亮光辉形象的小丑。

在《三国演义》第九十三回，诸葛亮和王朗阵中对骂，结果王朗被诸葛亮的"义正辞严"生生骂死。罗贯中还煞有介事地写了一首诗，吹捧诸葛亮："兵马出西秦，雄才敌万人。轻摇三寸舌，骂死老奸臣。"

罗贯中是个无中生有的高手，王朗明明在魏太和二年（公元228）于家寿终正寝，罗贯中却把王朗拎出来好一顿寒碜，实在好笑。罗贯中为什么要抹黑王朗？魏国另两名超级名臣钟繇和华歆都死在王朗之后，罗贯中难道和王朗有仇？天知道。

讲完了魏国的两大超级政治花瓶，我们再来讲蜀汉和东吴的两只大花瓶。至于魏太傅钟繇，将在以后写其子钟会的专题中简单介绍一下。

要说蜀汉的头号名臣，既不是千古一相诸葛亮，也不是绝代鬼才法正，更不是关羽、张飞这伙江湖耍大刀的强人，而是太傅许靖。我们都知道名士许邵曾经说过曹操："子治世之能臣，乱世之奸雄。"许靖就是许邵的堂兄。不过许靖向来和堂弟不和，兄弟俩每次见面都跟乌眼鸡似的，张牙舞爪的恨不得吃掉对方。

虽然哥俩没什么感情，但他们都是中原一流名士，而且合伙办了一个点评会。兄弟俩喜欢评论周边名士，每个月都要换个主题，比如这个月讲"德行"，下个月就讲"雅量"。在家乡汝南，名士们都把许家兄弟的点评称为"月旦评"。

许家两兄弟的仕途都非常坎坷，浪迹天涯，不过相比许邵英年早逝，许靖的命运要好一些。许靖的流浪路线几乎遍布了大半个中国，从为了避难投奔豫州刺史孔伷开始，许靖的人生轨迹是：豫州刺史孔伷—扬州刺史陈祎—吴郡都尉许贡—会稽太守王朗—交趾太守士燮。

在交趾，许靖勉强安下身来，士燮是个可爱的军阀，最喜欢收容落难的清流名士，所以许靖的小日子过得还不错。许靖是名重天下的超级名士，他的到来顿时让士林星光黯淡的交趾蓬荜生辉。

同在交趾避难的名士袁徽给好友荀彧写信，称赞许靖是"英才伟士"。曹丕曾经称赞旗下三大名士华歆、钟繇、王朗为"一代伟人"，以许靖的重量级，如果他在曹魏做官，资历要比三大名士更老。

不过三大名士都有一个比较安稳的生活，但许靖却命中注定是个精神流浪者，交趾并不是他人生的终点站。以许靖的社会地位，他无论到哪里，都是一等一的名士，对装点一个政权的门面来说，是再合适不过的人选。

益州牧刘璋旗下还没有一位重量级名士，刘璋就想到了许靖，派人来交趾请许靖入蜀。和经济相对落后的交趾相比，益州"天府之国，沃野千里"，是个理想的避难场所。而士燮的这座小庙对许靖这尊大佛来说，是有些屈尊了。

许靖告别了交趾，风尘仆仆地来到了益州找刘璋要饭吃。刘璋真够慷慨，一甩手给许靖开出了巴郡和广汉太守的肥票。虽然不太清楚许靖的治政能力如何，但刘璋之所以敢把这两大郡交给许靖，想必许靖在治政方面还是有两把刷子的，不然刘璋哪敢拿自己的饭碗开玩笑。

刘璋这个人非常善良忠厚，他很少薄待手下人，更何况刘璋从来就没有把许靖当成马仔，许靖在士林中的地位刘璋是清楚的。后来刘璋让许靖做了蜀郡太守，蜀郡太守是益州各郡中地位最高的，相当于现在省会城市的级别。

许靖为人"倜傥瑰玮"，但许靖有个最大的问题，就是贪生怕死。当初许靖从中原逃亡江南，就是害怕董卓对他打击报复。建安十九年（公元214年），荆州牧刘备大军攻克成都城下，准备拿掉刘璋，自为西川王。

在刘璋还没有决定对刘备是战是降的时候，许靖就害怕一旦城破，玉石俱焚，准备悄悄地出城投降刘备，这才能保住自己这条老命。不知道哪个环节出了问题，许靖没有叛变成功，被人拿到了刘璋面前。

从许靖入蜀以来，刘璋对许靖好吃好喝好照应，算是对得起许靖了。许靖这次叛逃未遂，于公于私都对不起刘璋，刘璋有一万个理由杀掉许靖。但因为刘璋素来仁厚，没忍心杀许靖，一挥手饶了他。

这次叛逃未遂事件是许靖人生的一个重大污点，东汉末年士林名士重尚气节的作风在许靖身上没有丝毫体现，确实给士林抹了黑。正因为这个原因，刘备在心里非常瞧不起许靖，根本没打算重用这个徒有其表的所谓名士。

有战略眼光的法正从招揽人才的角度，给刘备上了一堂政治分析课，点明刘备谁都不可以重用，唯独许靖非重用不可。法正的理由很简单：许靖是蜀中原刘璋手下唯一一个具有全国知名度的"国家级"名士，如果刘备不重用许靖，那天下人就会以为刘备不重视人才，这对刘备集团的长久发展是非常不利的。

刘备是个聪明人，稍微一点拨，他就明白该怎么做了。而且刘备集团由于政治起点比较低，身边恰恰缺少像许靖这样的政治花瓶来装点本来就有些寒酸的门面，所以刘备对许靖非常尊敬，当然这是做给别人看的。

从社会文化的角度来看，刘备能得到许靖，实在是莫大荣幸。以刘备的政治底子，如果许靖在中原做官，刘备哪怕是搬来一座金山，许靖都不会正眼瞧他一眼。现在放着这个超重量级名士不用，就等于承认自己永远是低层武人集团，刘备才不会做这等傻事。

许靖虽然一直被刘备当成花瓶贡在案上，但许靖的社会地位不仅没有下降，反而得到了一定程度上的提升。我们都知道刘备手下的头牌花旦是诸葛亮，但诸葛亮见了许靖，都要恭恭敬敬地下拜，半点也不能含糊。

最能体现许靖在蜀中地位的是许靖葬子，许靖的儿子许钦得病死了，老年丧子的许靖强忍悲痛给儿子操办丧事。蜀汉上流社会的所有达官贵人，包括诸葛亮，得到消息后，能爬动都来参加葬礼。许靖的面子之大，实在让人咂舌（事见《三国志·蜀书·费祎传》）。

在蜀汉的政治架构中，许靖从来没有获得真正的权力。不过因为许靖在社会上的广泛知名度，所以一直被当成蜀汉群臣之首。许靖的政治任务其实也不需要做什么实事，他只需要多活几年，给名士稀缺的蜀汉政权撑住场面，就是给刘备做出的最大贡献。

其实从许靖的内心深处来讲，他是渴望回到中原的。那里不仅是他朝思暮想的故土，而且如果他能回去，他在曹丕那里得到的，将远比刘备给他的多。但刘备连刘巴这样的名士都舍不得放走，何况许靖这等级别的名士？

许靖一生随遇而安，像蒲公英一样，飘落到哪里，哪里就是他的家。许靖也知道，自己这时（在刘备称帝时）已经七十多岁了，就算刘备想放他走，他也没有力气走了，不如且认他乡是故乡，平淡地度过自己的余生。蜀汉章武二年（公元222年），七十四岁的许靖病逝于成都。

如果说许靖是蜀汉的头号政治花瓶，那东吴的头号政治花瓶则非张昭莫属。虽然张昭肯定不乐于当花瓶，但孙权铁了心把张昭当成一只漂亮而不实用的花瓶，摆在客厅最显眼的位置，供人观赏。

张昭其实本来可以成为诸葛亮式的"相父"，孙策临死前，就让张昭做了孙权的"相父"，是名正言顺的托孤重臣。张昭是标准的士林出身，在当时的士林江湖中属于一线名士，但张昭为人好尚清谈，不长于时务，搞的基本上都是些花架子。

孙策选择张昭托孤，也是无奈之中的选择，从治政能力上来说，孙策显然更看重正议校尉张纮。张纮和张昭都是清流名士，二人是孙策帐下的谋士双璧，但张纮的战略眼光却是张昭无法相比的。比如后来张纮建议孙权迁都秣陵，就足见张纮的魄力和眼光。

但在建安四年（公元199年），孙策派张纮到许都出了一趟公差，被曹操强行留了下来。等张纮回到江东的时候，孙策已经被刺杀了，所以孙策在张纮不在身边的情况，只能选择张昭来辅佐孙权。在后孙策时代，张昭主要负责江东的文政，军政全权交与周瑜打点。

张昭的治政能力，从《三国志·张昭传》的记载来看，他并没有什么突出之处。无非就是劝孙权不要骑马打猎，不要到野外四处游荡，小心走上孙策的老路。张昭作为托孤老臣，劝谏孙权也并不为过，但张昭除了充当这种"近臣"的角色，国家大事，几乎找不到张昭的事迹。

不过让张昭大出风头的，还是赤壁之战前对曹操的态度。曹操雄兵直抵长江，以强大的武力逼迫孙权投降。在东吴内部，极力主张投降的就是以张昭为首的士林清流。

张昭为了劝说孙权降曹，上蹿下跳，好不风光。张昭从骨子里渴望做中原名士，在当时的历史条件下，做中原名士和江东名士在江湖地位上是有区别的。

可惜张昭押错了宝，赤壁之战，孙刘联军放了一把火，把张昭的潜在主人曹操给请了回去。因为张昭的投降主张，彻底得罪了孙权，孙权长叹："子布诸人，各顾妻子，挟持私虑，深失所望。"从此孙权在感情上疏远了张昭，也宣告了张昭在江东政治生命的结束。

其实即使孙权不恨张昭，以张昭的能力，也无法在历史舞台上博得更多的掌声。其实也不是孙权没给张昭机会，但张昭在赤壁之前的表演实在过于拙劣，远没有一个治国良相在危难时刻所应该体现出来的那种忧患意识。

赤壁之战也是张昭人生中的重大转折点，因为张昭的言行深深伤害了孙权。所以张昭在东吴政坛上的地位，由一个治国良相，迅速降为一个大号的篾片清客，说得雅一些，是一个政治花瓶。

要说江湖地位，张昭是东吴文臣之首，这一点从未改变。但孙权却一直不肯让张昭出任丞相，先是用孙邵为相，孙邵死后用顾雍，就是不用张昭。

孙权两次晾起了张昭，表面上的原因是孙权爱惜张昭，认为张昭性情刚烈，不适合做事务繁重的丞相。实际上孙权对张昭的怨恨一直没有消除，不然以张昭的地位，无论如何也不可能当不了丞相，哪怕是虚职。

张昭这个人在政治上喜欢玩花活，喜欢在一些鸡毛蒜皮的小事上大出风头，经常和孙权闹别扭，以此来显示自己的与众不同。不过孙权虽然在政治上不重用张昭，但也非常看重张昭对装点政权门面的重要性。

东吴还不如蜀汉，白捞到一个超重量级的名士许靖。张昭在士林中的分量可能要略逊于许靖，但对孙权来说却是唯一的选择。东吴名士不少，但真正能够得上"国家级"名号的，只有张纮和张昭，但张纮早逝，所以东吴的政坛，当然由张昭来挑大梁。

十七 / 曹操的七十二座空冢（上）

说到曹操，我们实在太熟悉了，有时就感觉像谈到刚离开的老朋友一样亲切。在《三国演义》中，罗贯中着重刻画了四个人物：智多星诸葛亮、武圣关羽、仁君刘备，以及奸雄曹操。

由于《三国演义》在民间的影响，曹操的白脸奸雄形象早就定了型，和王莽并列成为乱国奸贼的代表人物。清人崔象津有诗云："中原继霸犹堪穆，竖子成名变莽操。"

说到竖子，我们会立刻想到西晋狂徒阮嗣宗的那句名言："时无英雄，使竖子成名！"虽然从严格意义来说，曹操是东汉人，而不是三国人。

在《三国演义》中，罗贯中由于"帝蜀寇魏"的写作宗旨，极力美化蜀汉三大主角刘备、诸葛亮、关羽。曹操则被丑化成了白脸奸雄，但实际上曹操是罗贯中刻画最为成功的人物。《三国演义》中的曹操阴险奸诈，手段毒辣，不过给读者的感觉却是无比真实。

罗贯中丑化曹操的那些情节，大多数都是有历史记载的，罗贯中并没有冤枉曹操。相反，从罗贯中对曹操的描写来看，罗贯中应该是很欣赏曹操的。尤其是曹操临死前，与侍妾分香那个故事，就写得非常感人。相比曹操，三国第一配角孙权根本就没在罗贯中笔下捞到多少戏份。

当然罗贯中从感情上来讲，是严重偏向刘备的，所以欣赏归欣赏，该丑化的照样不客气。在曹操临死前，罗贯中写道："（曹操）又遗命于彰德府讲武城外，设立疑冢七十二：'勿令后人知吾葬处，恐为人所发掘故也。'嘱毕，长叹一声，泪如雨下。须臾，气绝而死。"

曹操的多疑是出了名的，在《三国演义》中，曹操自知一生行恶太多，怕有人掘他的坟头，就挖了七十二座疑冢，迷惑世人。其实所谓七十二座疑冢只是后人附会，纯属子虚乌有。

曹操在死前，是公开下过遗令的：死后葬于邺城的西冈之上，与战国大政治家西门豹的祠堂相邻而居，同时下令不许在他的坟墓里塞上金银珠宝。曹操是盗墓专家，平生专掘别人的坟头发死人财，发丘中郎将、摸金校尉就是曹操的杰作，怎么会给别人挖自己坟头的机会？

人是非常复杂的，其实每个人心中都有一个天使和一个魔鬼，只是曹操这种人格的两面性体现得更为极端。对于曹操的评价，在《三国演义》曹操死后的附录的那首《邺中歌》，可谓经典至评。

这首歌本来并没有出现在《三国演义》原稿中，这首诗的作者钟惺比罗贯中晚生了二百年，这是后来毛宗岗父子在修订《三国演义》时给加上去的。

在这首《邺中歌》里，最能给后人以心灵震撼的是这几句："英雄未有俗胸中，出没岂随人眼底？功首罪魁非两人，遗臭流芳本一身。文章有神霸有气，岂能苟尔化为群？"曹操英雄与奸雄的双重气质，在这首诗中被渲染得淋漓尽致，艺术感染力非常强。

最早认定曹操是奸雄的，是蜀汉第一名臣许靖的堂弟许劭。还在曹操年轻的时候，阿瞒来找许劭，想请这位名士预测一下自己的未来。许劭应该对曹操有一定的了解，许劭故意卖关子，不说话。曹操逼得急了，许劭张口来了这么一句："子治世之能臣，乱世之奸雄。"曹操对许劭的这个评价非常满意，仰天大笑。

不过同样一件事，在《后汉书·许劭传》中，范晔却记载成了"君（曹操）清平之奸贼，乱世之英雄"，意思截然相反。不过从曹操的人生轨迹来看，陈寿的记载更为准确一些。

许劭的评价非常靠谱，如果曹操生在承平时代，以他的能力，成就不在袁安、杨震之下。但曹操的这种霸道性格显然更适合在乱世中生存，换句话说，对后人来讲，拥有一个三国乱世的曹操，要比拥有一个东汉盛世的曹操，更值得我们庆幸。

在三国四大领袖中，如果用京剧的行当给他们分类，孙策是短打小生、孙权是二花脸、刘备是唱功老生，曹操是袍带丑。袍带丑是带有浓厚喜剧色彩的角色，曹操就是这样，无论是正史还是演义，曹操一出场就非常搞笑。

曹操从小就是个浪荡子弟，喜欢成天东游西逛，不务正业。曹操的叔叔看侄子游手好闲，就向曹操的父亲曹嵩告了状，曹嵩没少敲打儿子。曹操恨透了这个乌鸦叔叔，不扳倒这个人生路上的第一个敌人，以后还怎么在江湖上混？

有一次曹操又到外面闲逛，突然迎面撞上了乌鸦叔叔。曹操反应奇快，立刻躺在地上，口吐白沫，四肢抽搐，作中风状。曹叔一看也吓坏了，立刻通告曹嵩来救人。等曹嵩来的时候，曹操正蹲在树边看蚂蚁上树呢。

曹嵩很奇怪，问曹操你不是中风了吗？曹操的演技很到位，装可怜地告诉父亲："因为叔父讨厌我，所以我只能装疯卖傻，呜呜——"曹嵩爱子心切，就相信了曹操的连篇鬼话，从此弟弟再说儿子，曹嵩一句也不信了。曹操略施小计，就甩掉了烦人的乌鸦叔叔，以后再没人管得了他了，曹操可以"恣意放荡"，做一个快乐的野孩子了。

曹操的家世非常优越，虽然不是累世清流名门，但也是名震一方的大财主家庭，父亲曹嵩曾经花了一亿钱买官做，足见曹操的家底之厚实。不过曹操却不是一个纨绔子弟，他也是有真才实学的。

曹操从小就喜欢读书，知识面非常广泛，史称"博览群书"，这也为日后曹操成为一代文学大家打下了基础。不过在诸子百家中，曹操显然最喜欢兵家，曹操的偶像是兵圣孙武子。

曹操对兵家学做出的最大贡献就是他曾经倾其智力，为兵家圣典《孙子兵法》作注，曹操的军事能力在这部他批注的《孙子兵法》中得到了最大限度的释放。说曹操是三国头号军事家，想必没有太大的争议，刘备和孙权在军事上确实要比曹操矮一头。

在乱世中要成就大事，军事能力是放在第一位的，无论什么时代，枪杆子都对历史发展具有决定性的作用。当然，同时我们还应该看到，军事是政治的延续，在错误政治的指导下，是不可能有战略上的军事胜利的。在政治方面，曹操同样可以被称为三国的第一。

曹操的政治眼光非常毒辣，分析人、事都一针见血，大致可以体现在如下几个方面：

第一，拒绝冀州刺史王芬等人谋废汉灵帝刘宏的建议。王芬打算趁刘宏北巡河间旧邸（河间是冀州属郡）的机会，拿下刘宏，另立其他刘姓宗室为帝。

曹操擅长政治分析，当年霍光废昌邑王刘贺之所以成功，是因为刘贺在朝廷没有自己的势力，霍光是汉武帝钦点的顾命大臣，执政十几年，权力基础雄厚，废掉刘贺不过一句话而已。但汉灵帝在位十余年，权柄自专，势力远非刘贺可比。

此外，王芬从来没有执政朝廷的经历，他在朝廷的政治根基几乎为零。就算王芬拿掉刘宏，另立新君，朝廷方面未必买账。如果朝廷打着汉灵帝的旗号号召各州发兵勤王，王芬以一冀州之地，根本不是朝廷的对手。

刘宏后来突然改变了北巡计划，王芬的企图失败，不久王芬畏罪自杀。幸亏曹操没有跳进王芬的粪坑，以当时曹操的势力，刘宏干掉曹操易如反掌。人生虽然很漫长，但决定人生成败的往往就那几步关键选择。可以骂错人，但千万别站错队，否则一切归零。

第二，汉灵帝死后，刘辩即位，大将军何进为了诛杀乱政的宦官集团，准备招以董卓为代表的地方藩镇势力入京。曹操认为搞掉几个为非作歹的太监，京师兵就足够了，何必招外兵进来掺和。结果事态的发展也如曹操所料，董卓进京后，果然暴虐好杀，废杀刘辩，京师大乱，拉开了东汉末年军阀混乱的大幕。

第三，董卓得志之后，很欣赏曹操的才干，想让曹操留在他身边做马仔。曹操这级别的人物，怎么可能跟董卓做小弟？在曹操看来，董卓只是个乱世草头王，不可能成大事的。

为了不给董卓当垫背的倒霉鬼，曹操连夜逃出了董卓的魔爪。如果曹操跟了董卓，即使董卓死后，曹操可以单独拉出一票人马立山头，但名声已经臭了，曹操才不会做这种傻事。

第四，和拒绝参与王芬谋废汉灵帝一样，曹操同样拒绝了袁绍等人企图拥立幽州牧刘虞做皇帝的计划，理由可参见第一条。

第五，也是影响三国历史和曹操事业的重大政治决定——迎还汉献帝。"奉天子以讨不臣"，汉献帝刘协虽然从一开始就是个傀儡，但他的正统帝位却是天下人全都承认的，真正的金字招牌，无价。

虽然曹操在是否迎还汉献帝上有过犹豫，是荀彧苦劝才最终成行，但首肯的毕竟是曹操。看看后来袁绍因错过了迎还汉献帝而头撞南墙，以及孙策幻想着要"挟天子以令诸侯"，就知道汉献帝的政治作用有多大了。

要说曹操在政治上的败笔，也不是没有，建安十九年（公元214年），曹操废杀伏皇后和两个皇子就是曹操人生中抹不去的污点。曹操可以杀伏完，但伏皇后和两个皇子的身份太特殊，岂能说杀就杀？曹操对皇室痛下杀手，招来了刘备狂风暴雨般的怒骂，在政治上曹操比较被动。

当然，曹操的人生哲学就是"宁可我负天下人，不教天下人负我"。曹操最不在乎的就是道德上的虚名，枪杆子在手，可以通吃天下，骂我两句又如何？袁绍让陈琳把曹操的祖宗十八代都骂了，结果笑到最后的还是曹操。

现在有句笑谈："人至贱则无敌"，一切的道德约束都不在乎了，这样的人是最可怕的。在这方面，曹操做得最为彻底。

曹操是个典型的利己主义者，在他眼里，他就是世间万物的主宰。即使没有和曹操的利益发生冲突，只要曹操看谁不顺眼了，照样抡起砍刀，七七八八乱砍一通。至于名声臭不臭，曹操根本不在乎。

曹操是个嗜血狂，这在历史上是出了名的，三国时代有三大杀人狂：董卓、曹操、孙权，但董卓和孙权的杀人比起曹操，实在是小巫见大巫。

曹操杀人，大致可分为几种类型：

一、政敌

建安五年（公元200年），杀董承、王服、种辑、吴子兰，俱灭族。

建安十九年（公元214年），杀伏完（并伏皇后及两个皇子），灭族。

建安二十三年（公元218年），杀金祎（《后汉书·献帝纪》做"全祎"）、耿纪、韦晃、吉本等，俱灭族。

二、诽谤者或瞧不顺眼的

兴平元年（公元194年），杀边让，并其妻儿。

建安十三年（公元208），杀孔融，灭族。

建安二十四年（公元219年），杀杨修，看在老太尉杨彪面上，未族其家。

另外还有袁忠、桓邵，皆因得罪了曹操，被曹操灭族。

三、曹操认为可疑的或需要杀的人

华佗是当代名医，曹操屡请不至，一怒之下，杀掉华佗。

还有曹操的一个侍妾，因曹操多疑，被曹操用大棒子打死。

曹操军中的一个主粮官，因军中缺粮，曹军要哗变。曹操杀了这个无辜的粮官，栽赃这个粮官偷粮，勉强稳定了军心。

四、敌军士兵

建安五年（公元200年），曹操在官渡大败袁绍，俘虏大批袁军。这些袁军心向袁绍，对曹操假投降，被曹操发现。曹操为绝后患，前后活埋袁军八万人!

五、无辜百姓

初平四年（公元 193 年），曹操的父亲曹嵩在避难徐州期间，被徐州牧陶谦部下杀害。曹操为了报私仇，率军南略徐州。曹操没能攻克徐州州治郯县（今山东郯城），便把怒火撒向了无辜百姓。

曹操对取虑、睢陵、夏丘三地百姓进行灭绝人寰的大屠杀，《后汉书·陶谦传》记载："（曹操）过拔取虑、睢陵、夏丘，皆屠之。凡杀男女数十万，鸡犬无余，泗水为之不流。"《资治通鉴》的说法是："鸡犬亦尽，墟邑无复行人。"

父嵩被杀，百姓何罪！曹操怎么能忍心下此毒手？！谁无父母？谁无妻儿？曹操为了给父亲报仇，去找陶谦寻仇，打不过陶谦，就拿百姓泄愤，这岂是英雄所为？无耻至极！给曹操扣一顶"反人类罪"的大帽子，丝毫不为过，屠杀百姓在任何时代都是极其严重的反人类罪行。

刘备虽然有时也虚伪，但刘备在对老百姓的态度上就远强于曹操。不要说刘备没有屠杀百姓的记录，就是灭政敌三族的例子也没有。历史需要曹操这样的天才，但老百姓需要的却是刘备这样的仁君，也许这就是历史的悖论。

除了第一条杀政敌，曹操不需要承担过多的道义责任，因为如果在董承、伏完、全祎这三次反曹行动中，任何一次获得了成功，曹操都将身首异处，九族尽灭。灭族本来是古代竞争的一个潜规则，胜者为王败者贼，所有人都不可能例外。

当然，曹操滥杀无辜，批判批判也就算了，也不必揪着不放。曹操是一个具有双面人格的伟大成功者，在他的身上，除了魔鬼的一面，还有天使的另一面。评价一个历史人物，不能搞一刀切，做了一件好事就全部肯定，做了一件坏事就全部否定，这是不客观的。

曹操在历史上的负面形象，有一部分是《三国演义》为了丑化曹操而搞出来的"冤假错案"。比如《三国演义》中曹操在赤壁横江赋诗时，因扬州刺史刘馥劝他自重，曹操大怒，一槊刺死了刘馥。

据《三国志·刘馥传》，刘馥确实是在赤壁之战那一年（公元 208 年）病故，但刘馥是死在扬州刺史的任上。而且罗贯中把刘馥的儿子也搞错了，《三国演义》

中刘馥的儿子名叫刘熙,实际上刘熙是刘馥的孙子,刘馥的儿子是刘靖。

刘馥是曹操帐下负责边镇防守的重臣之一,和梁习、张既这些方面大员同一个级别,刘馥对曹操防御孙权立下了汗马功劳,曹操怎么可能会杀这样的重臣,除非曹操疯了。

曹操对老百姓刻薄蔑视,但对于能帮助他打天下的人才是非常尊重的。尊重人才,是曹操成功的最主要因素之一。曹操喜欢网罗人才,只要是确实有真才实学且愿意给曹操效力的,曹操不问其出身来历,都非常欢迎。

不仅是那些可以帮助曹操打天下的文士武夫,就是曾经做过江湖老大的军阀,只要来投奔曹操,曹操都待为上宾,最典型的就是刘备。刘备在徐州被吕布打得落花流水,逃亡许都,来找曹操要饭吃。

程昱认为刘备是天下枭雄,劝曹操早点除掉刘备以绝后患。其实曹操应该知道如果留下刘备,日后极有可能会出现程昱所说的这个情况。但曹操不但不杀刘备,反而好吃好喝好招待,比梁山兄弟还亲热。

曹操不对刘备下手,一方面是他所说的,杀一人而沮天下人归顺之心,不值得。另一方面,曹操敬重刘备是个英雄,不忍下手。前面也提到了魏种叛变的事情,让曹操特别丢面子,但抓到魏种后,曹操还是舍不得杀他,继续重用。

像曹操这样的双重人格,在历史上并不鲜见,但将双重人格表现得如此彻底的不多,石虎、刘骏、高洋这样的变态疯子不值一提。在三国人物中,具有江湖气质的很少见,但曹操和刘备肯定能入围。如果说刘备是三国的"宋江",那曹操就是三国的"晁盖",孙策是"花荣"。至于孙权,不太好比较。

梁山的聚义大业实际上定型于晁盖时代,宋江时代不过继承发展,最终还被招安了。晁盖是个豪爽英雄,论心机远不如宋江,但豪爽过之。曹操也是这样,要是论耍花枪,曹操不如刘备。曹操就是个直肠子,恨你就满世界地追杀你,爱你就席地共坐,大块吃肉,大碗喝酒。

曹操喜欢杀人,但曹操却是个难得的性情中人。三国四大统治者中,除了孙权最为无趣,曹操、孙策、刘备都是江湖豪侠。如果能和曹操关系处好了,和曹操交往实在是人生一大乐事。如此洒脱、豪爽、可爱、霸气的朋友,谁不愿意与之共饮谈笑,一醉方休?

我们都知道,刘备喜欢把江湖上的一些哥们义气式的管理风格放在用人上,毕竟刘备集团是从一个低层草根武人集团发展壮大起来的,其行为处事都带有明显的江湖风格。其实在这一点上，曹操做得也不错，虽然曹操的政治起点要高于刘备。

刘备是个从社会最底层艰苦创业的草根，自然会带着江湖气。曹操虽然不算是草根，但从小也在江湖上闯荡，喝过鸡血、拜过把子的朋友也不少。且不说曹操手下文武可以和曹操勾肩搭背，玩得火热，就是当年曹操最危险的敌人袁绍，曹操和其私交也不是一般人能比的。

曹操在很早的时候就和袁绍是江湖兄弟，共同起兵反过董卓，而且都是官宦名家子弟，所以从小就打得火热。但让两个人都没有想到的是，他们很快就从江湖兄弟变成了江湖仇人，而且他们的利益是完全冲突的。也就是说，两个人，最终只能活下来一个。

曹操的创业历程相比于刘备来说，其实也并不轻松，那也是拎着脑袋在腥风血雨中打拼出来的。刘备满世界地流浪讨饭吃，曹操的情况也好不了多少，尤其是曹操面对袁绍的时候，压力之大，远非外人所能想象。

十八 / 曹操的七十二座空冢（下）

　　袁曹相比，曹操胜在握有政治优势，挟天子以令诸侯。但要是论军事实力，曹操则远远不如袁绍。袁绍控制河北四州之地，雄兵二十万，战马无数，谋臣武将如云如雨。袁绍凭借着强大的军事实力，将曹操死死压制着，曹操连喘口气都难。

　　在袁绍和曹操的生死对决中，几乎所有人都认为袁绍会获得最终的胜利，需要的只是时间。其实不只是局外人，就是曹操手下的那帮得力马仔，都明显对曹操信心不足。为了给自己画一张保命符，许多人私下和袁绍有书信来往，等到袁绍攻下许都的时候，他们就可以提前到袁绍帐下领骨头啃了。

　　曹操的压力能大到什么程度？当曹操在官渡大败袁绍后，发现了袁军留下的一大箱子书信，全是曹军将领写给袁绍的通款信。曹操看都不看，下令全部烧毁。

　　曹操这么做，是效法楚庄王"灭烛绝缨"，收拢人心。当然更重要的还是因为曹操能理解人"欺软怕硬"的本性，曹操说了一句大实话："以当初袁绍的强大实力，我都不知道能活到哪一天，更何况手下这些人。"

　　以袁曹当时的实力对比，曹操对打败袁绍明显的不自信，不过曹操一直把这种悲壮的绝望隐藏在心里，每天微笑着面对人生中最残酷的竞争。曹操是曹军的主心骨，如果他在众人面前表现出哪怕是一丝一毫的软弱，都会严重动摇军心，弄不好就有可能彻底崩盘。

　　之前我们讲过，曹操是个典型的双重性格，经常在两个性格的极端走钢丝，曹操的性格变化起伏也比较大。

　　不过曹操在对待敌人的态度上，也是因人而异的。如果曹操的敌人没有什么能力，或者没有背景，曹操杀之如砍瓜切菜，毫不手软。但如果是和曹操有纠葛，尤其是有过感情纠葛的敌人，曹操就会显示出非常温情的一面，男儿的真性情挥洒无余。

在曹操的所有敌人中，陈宫和袁绍是曹操在感情上永远无法回避的话题。陈宫当初和曹操是一起在腥风血雨中闯荡过的，但后来陈宫瞧不上曹操的为人做派，换台跟了吕布。

最后吕布被曹操生擒于白门楼，吕布哀号求生，但陈宫任曹操百般劝降，大义凛然地向曹操求死。当陈宫含笑看着曹操，慷慨赴死之时，曹操被感动得泪流满面。

还有就是袁绍，曹操和袁绍的竞争关系不用多说。当曹操最终平定袁绍的残余势力，统一河北后，曹操来到袁绍的墓前，拜祭老友。看到袁绍坟前植物凋落枯萎，曹操不禁悲从中来，当着众人的面，流涕痛哭。

曹操此举，依然有其功利性的因素。一方面，曹操通过拜祭袁绍，展示自己重感情的一面，给自己脸上贴金，收拢河北人心。另一方面，曹操是个感情外露的人，这样的人最容易怀旧。相信曹操在拜祭袁绍时是动了真感情，这和后来刘备携民渡江时、拜祭刘表墓时痛哭流涕是一样的。

有句老话说："万言万当，不如一默。"在官场上，像曹操和刘备这种豪放不羁的性格是很容易吃亏的。好在他们生逢乱世，盛世承平时代建立的等级森严的社会体系被打破，所以我们才有幸看到无数草根枭雄从社会最底层一路狂奔，上演了一出出精彩的历史活剧。

曹操从严格意义上来说不算是草根阶层，刘备才是如假包换的底层草根。但曹操的性格和行为作风却明显的草根化，其实我们常说"魏晋风度"，这个"魏"不应是仅指曹丕以后的魏，应该包括曹操。从某种角度上来讲，曹操才是"魏晋风度"行为艺术的鼻祖。

"魏晋风度"是一种高雅的行为艺术，这都是清流名士才有条件玩的性格游戏。虽然有些人玩得比较疯狂，比如刘伶在屋里裸奔醉酒、毕卓偷酒，阮籍丧母吃肉、王戎钻李取核，但这些事情放在名流圈中，却是正宗的名士做派。

曹操是政治家、军事家，但曹操同样是文化圈中的顶级名流。在魏晋名士的风度专史《世说新语》中，有不少关于曹操的故事，能说明这一点。

在三国的几大领袖中，曹操可谓文武全才。要论武艺，曹操"才武绝人"，善使小戟，翻墙跳跃身手敏捷。在龙亢，曹军发生士兵哗变，曹操执剑，杀了几十个叛兵。这也是平时习武的好处，危难时刻可以自救。

再说文的，且不说曹操是一代诗文大家，文学史上的"三曹父子"名声显赫，曹操的一些"副艺"也是顶尖的。曹操善草书、会抚琴、能弈棋、懂医药，明养生之道。说曹操是三国名士中的极品，丝毫不为过。

既然是名士，那当然要有名士的做派。名士做派分为很多种，有张狂不羁型的，有贤淑型的，有闷骚型的，曹操属于第一种。史书记载曹操"为人佻易无威重"，就是不注重仪表打扮，邋里邋遢。

曹操是个会享受生活的男人，他经常招来一帮歌舞伎，一边喝酒，一边欣赏美女的曼妙舞姿，通宵达旦地调笑取乐。最经典的一个镜头是：曹操穿着便装与宾客喝酒，在席间纵横谈论。喝醉的时候，曹操大笑着把头伏在案上的杯盘中，胡子上、衣襟上沾满了菜汤肉末⋯⋯

如此张狂不羁，才是真名士的做派，英雄都有真性情。曹操虽然在对待敌人的手段上过于毒辣，但客观来说，曹操是当之无愧的三国第一号英雄。不说别的，就这份豪爽大气，刘备都要逊曹操三分，更不要说枯燥无趣的孙权了。

曹操的这份豪爽大气，在他的文学作品中体现得淋漓尽致，让人心折不已！与政治史上、军事史上的曹操相比，文学史上的曹操同样伟大。

上面也提到了文学史上的"三曹"，"三曹"指的是曹操和两个儿子曹丕、曹植，曹家父子在中国文学史上的地位非常显赫。在文学史上能与三曹父子相抗衡的父子文学集团，也只有南北朝的梁武帝父子三人（萧衍、萧纲、萧绎，另加萧统），以及北宋的三大家苏洵、苏轼、苏辙。

在这三家父子文学集团中，除了三苏的领头羊是苏轼，其他两家都是老爹打头阵。其实要论才气和成就，曹植并不比老爹逊色多少，他那一篇《洛神赋》，写得让后人叹为观止。

不过因为曹操是马上打天下的，所以在气势上就远远胜过两个文人气质更浓厚的儿子。曹操的诗，普遍比较雄浑大气，让人热血沸腾。宋人刘克庄对辛弃疾词作的评语是："大声镗鞳，小声铿鍧，横绝六合，扫空万古。"这句评语送给曹操，同样受之无愧。

曹操有三首《气出唱》，尤其是第一首，开头写得极有气势："驾六龙，乘风而行。行四海，路下之八邦。历登高山临溪谷，乘云而行。行四海外，东到泰山。仙人玉女，下来翱游。骖驾六龙饮玉浆。河水尽，不东流。"

"诗为心声"，胸中有物，笔下才能龙蛇飞走，成就佳什，否则就枯燥无味。曹操性情豪放，气魄雄伟，加上才情横溢，所以曹操的作品充溢着积极向上的精神,可谓"王道荡荡"。曹操不是个轻易服输的人,遇到挫折就向命运低头,那不是曹操。

在名篇《龟虽寿》中,曹操这种不服老的精神表现得尤为突出,"老骥伏枥,志在千里;烈士暮年,壮心不已"。人老志不老,虎老雄心在。曹操知道人的生命都有终点,但他不甘心就这样垂垂老去,总想多做些事情,继续证明自己存在的价值。

曹操的诗还有个特点,就是"以诗言志",把自己的政治抱负和理想通过诗歌的形式表现出来。在曹操现存的二十六首诗中,知名度最响的,肯定是那首千古绝唱《短歌行》,其实曹操还有一首《短歌行》。这首不太知名的《短歌行》,与其说是四言诗,不如说是一篇施政纲领。

今不嫌其长,将此诗摘录如下:

西伯昌,怀此圣德。三分天下,而有其二。修奉贡献,臣节不隆。崇侯谗之,是以拘系。后见赦原,赐之斧钺,得使征伐。为仲尼所称,达及德行,犹奉事殷,论叙其美。

齐桓之功,为霸之首。九合诸侯,一匡天下。一匡天下,不以兵车。正而不谲,其德传称。孔子所叹,并称夷吾,民受其恩。赐予庙胙,命无下拜。小白不敢尔,天威在颜咫尺。

晋文亦霸,躬奉天王。受赐圭瓒,秬鬯(音"唱")彤弓,卢弓矢千,虎贲三百人。威服诸侯,师之所尊。八方闻之,名亚齐桓。河阳之会,诈称周王,是其名纷葩。

在这首毫无"诗味"的诗中,曹操表达了对周文王姬昌、齐桓公姜小白、晋文公姬重耳所建立功业的赞美。上面也讲了诗可以言志,曹操写这首诗,并不是无缘无故地吹捧三位先圣,而是借此来阐述自己的政治思想。

周文王、齐桓公、晋文公都是当时天下的霸主,威服九州,但他们有一个共同点,就是绝不越政治雷池半步。他们无论功业有多么伟大,都对当时的朝廷俯首帖耳,终身称臣。

特别是周文王姬昌,姬昌和商纣可谓有深仇大恨,无时无刻不想消灭商纣,取而代之。姬昌一直在为这个政治目标奋斗着,但姬昌明白自己所处的历史大环境，他只能为儿孙灭商铺路，统一天下的事情，交给儿孙们去做吧。

姬昌的这种"受实利而拒虚名"的做法，对曹操产生了直接而且深远的影响，当然往大了说，也影响了三国历史的大格局。曹操在统一北方之后，政治野心不断膨胀，先后逼迫傀儡皇帝刘协封自己为魏公、魏王，位在汉诸侯王之上，距离帝位只有一步之遥。

不过曹操深知汉朝立国四百年，威泽深远，汉朝在法理上的正统地位并没有因天下大乱而受到太大的影响，至少在曹操时代，余威尚在。所以曹操打定主意，他在法统上的政治地位就到魏王为止，终身做汉朝名义上的臣子，绝不公开废汉称帝。

曹操和另外一位乱世枭雄刘裕有着很多相似之处，他们都是在腥风血雨中艰苦打拼，天下三分有其二。但之所以刘裕可以公然废晋称帝，而曹操没有，说到底，根子就出在一点上。

刘裕虽然没有完全征服天下，但当时和刘裕对立的政权，如北凉、北魏、北燕、夏、西凉、西秦，都不是出自东晋政治系统，最多就是和东晋建立名义上的虚位君主关系。刘裕篡位，北方诸国根本找不到在政治上否定刘裕的借口，晋朝内部的权力更迭，与卿等何干？

但曹操不一样，曹操面对的蜀汉和东吴，全部都是由东汉政权内部的藩镇衍化而来，至少在名义上，刘备和孙权都打着汉朝的旗号，特别是刘备这个汉朝"皇叔"。刘备和汉朝法统有着天然的继承关系，一旦曹操换牌子，那最大的赢家一定是刘备，这点曹操非常清楚。

如果曹操公然称帝，就等于把手上最重要的政治牌——"挟天子以讨不臣"自动废掉，公开承认自己是汉朝的逆臣。这么做对曹操来说几乎就是政治自杀，曹操可没袁术那么蠢。刘备和孙权其实是希望曹操废汉称帝的，只有这样，他们才能光明正大地打着汉朝旗号讨伐曹操。

建安二十四年（公元219年），孙权没安好心地给曹操上书称臣，请曹操称帝建魏。曹操拿着孙权的信，仰天大笑，陈群、司马懿等人都劝曹操应承天命，曹操摇头拒绝。曹操说了一句话："若天命在我，那我就是周文王。"

曹操的意思再清楚不过了，改朝换代是必然的，只不过骂名由儿子曹丕来背，老子种树，儿子乘凉。曹操在自述式的文章《让县自明本志令》给自己的政治地位定了性："（我）身为宰相，人臣之位已极，意望已过矣。"

这正是曹操的聪明之处，曹操虽然翩翩起舞，但他的舞步始终在政治红线以内，让刘备和孙权抓不到半点把柄，至少在法理上曹操可以自圆其说。

相比曹操的知进知退，历史轨迹和曹操极为相似的梁太祖朱温就愚蠢多了。朱温杀皇帝、废皇后，废唐建梁，自以为得计，实际上是挖了一个政治陷阱自己往里跳。朱温的敌人全部是从唐朝原有官僚系统脱胎出来的藩镇，这导致了朱温在政治上的严重失分，历史形象极坏。

曹操的手段其实比朱温好不到哪儿去，除了不杀皇帝，皇后皇子照样杀，但曹操却守住了自己的政治底线。当然，也可以这么理解，曹操之所以不称帝，是因为称帝会导致曹操遭到来自刘备和孙权的政治攻击，在曹操控制区内引发政治混乱。

终曹操一生，曹操在名义上都是汉朝臣子，凭曹操做的那些坏事，骂曹操是汉朝奸臣并不为过，但汉朝逆臣的大帽子却戴不到曹操的头上。三国三大领袖中，他们对政治红线都有自己的一本小账。

孙权肯定不会抢在汉朝正式灭亡之前称帝，所以孙权一直希望曹操先往粪坑里跳，自己再称帝，就可以洗掉骂名。但曹操一直不上钩，孙权只好继续等，这一等就是九年（从曹丕称帝算起）。

刘备更是个大滑头，虽然他是汉朝宗室，但汉献帝是天下承认的共主，刘备要抢在曹操之前称帝，是比曹操称帝还愚蠢的政治自杀行为。刘备最大的政治资本就是汉朝宗室的身份，你这个宗室都抢先背叛朝廷，还有什么资格指责曹操篡位？

在古代的政治道德架构中，谋逆是第一等死罪，为臣不忠，是要背上千古骂名的。曹操是个非常务实的政治家，他只需要能施展平生抱负的政治舞台，至于用什么名义，都是无关紧要的。

曹操对历史最大的贡献就是统一了战乱程度远远超过吴、蜀的北方地区，因为军阀常年混战，中原地区的经济遭到了极大的破坏，生灵涂炭。王粲在《七哀诗三首·其一》中悲哀地写道："出门无所见，白骨蔽平原。"

东汉末年的军阀，至少有七八成集中在中原地区，大大小小的军阀为了争地盘，成天群殴，人口损失极大。如果不是曹操，而是袁绍统一北方，以袁绍的统治力，短暂的北方统一很可能是昙花一现，一如一百八十年后的苻坚。

至于董卓、李傕、郭汜、袁术、吕布、张绣、韩遂、张鲁，都只是些乱世草头王，根本担负不起从分裂走向统一的历史重任。历史选择曹操，那是因为曹操非常优秀，优胜劣汰，这是历史的铁律。

曹操虽然屠杀过无辜百姓，但从总体上来看，曹操统治下的北方百姓，日子要远远好过于董卓、吕布、袁术统治时。正如曹操在《让县自明本志令》所说："设使国家无有孤，不知当几人称帝，几人称王。"

这话有些自负，不过曹操说的却是实情，如果不是曹操扫灭群雄，中原地区的百姓还要遭受更大的苦难。虽然曹操本人并没有实现完全统一，但曹魏在北方的统治却为几十年后西晋王朝的大一统打下了最直接、最坚实的基础。

司马氏灭蜀前的统治疆域，一直维持在曹操临终前的大致范围内。西晋和后来的北宋一样，都是守成多于开拓的时代，可以称为"二次创业"，因为前人已经为其把统一的基础打好了。西晋统一的首功是曹操，北宋统一的首功是柴荣，一个被深深隐藏在历史背后的男人。

曹操是三国伟大的政治家、军事家、文学家，是一个非常有趣的男人。

十九 / 曹魏宫廷的斗争

该批判的也批判了，该称赞的也称赞了，对于曹操，我们要一分为二地看。其实曹操这辈子活得也不容易，拎着脑袋在刀山火海中艰难拼杀，表面上风光无限，但谁又知道曹操背后的辛酸？

人在江湖中舍命搏杀，无外乎两个目标，一是体现自己的存在价值，二是为儿孙谋个长久的饭碗。尤其是第二点，自古就是老子种树儿乘凉，老子打天下，儿子坐天下，天经地义的事情，没有人可以例外。

曹操经历了千苦万难，好不容易统一了北方，积攒了一份偌大的家业。虽然曹操铁了心不称帝，但曹家的江山自然由自己的儿子来继承，曹操可不是尧舜。

说到曹操的儿子，据《三国志·魏武诸子传》记载，曹操培育下一代的战果丰硕，一共生了二十五个儿子，还不包括许多女儿。从历史舞台的曝光率来讲，这二十五位曹家少爷中，绝大多数是跑龙套的。在这些人中，够得上明星大腕的，只有三个：曹丕、曹植、曹冲。

对于曹丕和曹植，我们已经非常熟悉了，一个魏文帝，一个陈思王，文学史上的这哥俩都是大名鼎鼎的人物。其实曹冲的名气并不在两个哥哥之下，"曹冲称象"的故事家喻户晓。在进入正题之前，先讲一讲这个有趣的小故事。

曹冲生于建安元年（公元196年），母亲是曹操的侧室环夫人，环夫人生平不详。曹冲来到人世间时，曹操已经四十二岁了，可谓老来得子。曹冲自幼聪明过人，极得曹操的宠爱，如掌上明珠一般。

最能体现曹冲聪明才智的事情，自然就是给大象称体重。应该是公元200年或201年，孙权可能是从海外搞来了几头大象，当时孙权和曹操的关系还不错，为了增进友谊，孙权就给曹操送了一头。

曹操控制的中原地区没有大象，所以这头大象的到来，引起了曹魏官场的轰动，大家都跑来看这个稀罕物。曹操也兴致勃勃地欣赏这头瑞兽，因为孙权并没有同时送来这头大象的体检报告，所以曹操很想知道这头大象到底有多重。

以前有部经典的木偶动画片《曹冲称象》，就非常有趣地讲述了这个经典故事。在这部动画片中，黑炭头模样的许褚准备把大象大卸八块，称大象的肉就能得到大象的重量，结果许褚被大象踢翻在地，曹操大笑。

还是年幼的曹冲聪明，他想到了一个绝招，曹冲骑在大象身上，用一把香蕉，将大象引到了河边的大船上。然后曹冲在船的吃水处画了一道白线，大象下船后，让士兵搬来石头放在船上，当石头将船压到了白线，曹冲再命人称出这些石头的重量。石头重量等于大象重量，曹冲果然是神童。

曹冲称象的这个办法在现在看来，也许并不新鲜，这不过是简单的重量对换。但曹冲当时只是个七岁的孩子，能有这般见识，实在是非常了不起的。

当然曹冲受到曹操宠爱，不仅因为这些小聪明，还因为曹冲"辨察仁爱，与性俱生，容貌姿美"。如果曹冲能长大成年，他极有可能是曹丕和曹植最强劲的夺储对手，可惜曹冲在建安十三年就夭折了，年仅十三岁。

曹冲的早夭对曹操的打击，几乎是毁灭性的，老年丧子是人生三大至痛之一，另两大至痛是早年丧父，中年丧妻。曹操每想到仓舒早夭，就流泪不止，形容哀戚。

曹丕劝父亲节哀顺变，没想到曹操却当头给了曹丕一棒："（曹冲之死）此我之不幸，而汝曹之幸也。"曹操很怀疑曹丕是否真的惋惜曹冲早夭，曹操这话的意思很明白：如果曹冲多活二十年，后来的储君还不一定是谁呢，未必就是你曹子桓。

在公元208年，曹丕并没有被立为储君，那时曹操还生龙活虎到处乱窜，所以也不急于立储。所以曹操这话并不只是冲曹丕来的，"汝曹"的意思是"你们"，当然也包括曹植、曹彰、曹熊等卞夫人嫡出的几个儿子。

历史上一直存在这个争议，就是如果曹冲不早死，曹操有没有可能立曹冲为嗣。晋人孙盛对此是持否定意见的，孙盛认为曹冲毕竟是庶出，"春秋大义，立嫡以长不以贤"，所以曹冲"虽存犹不宜立"。

孙盛的观点其实只说对了一半，自古立嫡不立庶，但未必就立长不立幼。如果曹操真下定决心立曹冲，办法只有一个，先废掉卞夫人的正室名分，扶正曹冲的生母环夫人，这样曹冲立为储君就名正言顺了。

其实卞夫人本来也是侧室，曹操的正室本来是刘夫人，刘夫人早亡，曹操便将刘夫人所生的长子曹昂交给继任正室丁夫人抚养。建安元年，曹操废掉丁夫

·十九 / 曹魏宫廷的斗争· 161

人，这才扶正卞夫人，而这时卞夫人的长子曹丕都已经十岁了。曹昂才是曹家兄弟中真正的嫡出长子，可惜曹昂在宛城战死，自动退出了日后的争储大战。

在曹操之前，废嫡立庶的例子也不是没有。最著名的一例：汉光武帝刘秀为了扶正最心爱的女人阴丽华，不惜废掉皇后郭圣通，并拿掉嫡长的皇太子刘强，换上阴丽华的儿子刘庄。曹操要真的废卞立环，扶正曹冲，以曹操的脾气，谁又敢说个不字。

当然曹操在吸取了袁绍、刘表废长立幼的教训后，未必会冒着极大的政治风险去这么做。其实自嫡长子曹昂战死后，在曹操的心目中，日后的储君之位，基本确定在卞夫人生的四个儿子中挑选。

在卞夫人所生的四个儿子中，曹彰、曹熊基本没有什么竞争力，真正的较量，将在曹丕和曹植之间展开。

曹丕和曹植这哥俩是天生的冤家，他们同母，皆卞夫人所生，而且都是文学大家，才华横溢。最要命的是他们之间还有两层势如水火的关系，他们在政治上是你死我活的竞争关系，在感情上，他们也是牛眼相向。据说他们都曾经爱过一个绝色美女——甄宓。

甄宓可以说是三国时代（以《三国演义》为准）最负盛名的三大美女之一，另外两个是貂蝉和小乔。不过要论传奇色彩，甄宓无疑是最让后人好奇的。甄宓的家世非常显赫，她先后做过袁绍和曹操的儿媳，嫁给曹丕后生下了魏明帝曹叡，甄宓同时还是大才子曹植的梦中情人。

曹丕和曹植这对亲兄弟最终反目成仇，险些上演骨肉相残的人伦悲剧，原因并不主要因为曹丕吃曹植的酸醋，而是比感情更重要的权力。为了争夺储君之位，兄弟二人几乎刺刀见红，把曹魏官场搅得鸡毛乱飞，差点没把老爹曹操给折腾死。

曹丕比曹植大五岁，曹丕生于汉灵帝中平四年（公元187年），曹植生于汉献帝初平三年（公元192年）。虽然兄弟俩为同母所生，但他们的性格却截然不同，曹丕内向稳重，"喜怒不形于色"；而曹植却生性爽直，"不治威仪"，就是站没站相，坐没坐相，这点和曹操很像。

历史上有个非常奇特的现象，就是人物在政治史和文学史上的双重人格表现症。比如李煜和赵佶，这两个后主在政治史上的表现一塌糊涂，但文学史上的他们却都是一代宗师，星光四射，曹植也是如此。

说到曹植,我们很自然地就会想起一个著名成语:才高八斗。南朝宋的一代狂才子谢灵运曾经大言:"天下才共一石(量词,一石共十斗),曹子建(曹植字)独得八斗,我得一斗,自古及今共用一斗。"谢灵运这样的大文豪如此崇拜曹植,可以想见曹植的才气有多逼人!

曹植的文学成就,和父亲曹操不一样,曹操是以诗闻名于史,而曹植则是以赋著名。曹植流传至今的总共有四十多篇赋,其中两篇最为著名,一是后来曹植失意时写下的那篇千古名篇《洛神赋》,一是曹植在年少得意时写的《铜雀台赋》。

据《三国志·曹植传》记载,曹操在邺城建了一座雄伟壮丽的铜雀台,为了检查儿子们的文学水平,曹操让诸子每人写一篇《铜雀台赋》。曹植文思敏捷,率先完成了命题作文,曹操一看,嘴巴张得能塞进去一个大面包,"甚异之"。

不过这篇《铜雀台赋》在历史上很有争议,一般来说流传着两种版本,一是《三国志》附注的那个简略版,二是后世经常传载的丰腴版,我们所熟悉的是丰腴版的《铜雀台赋》。

我们之所以熟悉这个版本,是因为罗贯中在《三国演义》中曾经引用过,就是诸葛亮智激周瑜那段。原版本曾经有这么两句:"连二桥于东西兮,若长空之。"罗贯中为了情节的需要,很搞笑地改成了"揽二乔于东南兮,乐朝夕之与共"。

在《三国演义》中,诸葛亮为了激怒周瑜对曹操的仇恨,说曹操八十三万大军下江东的目的就是得到孙策之妻大乔和周瑜之妻小乔,以娱晚年。结果周瑜不甘心戴绿帽子,发誓和曹操势不两立,铁了心要抗曹。罗贯中不愧是天才,这种情节也亏他想得出来,同时让曹植背了一千多年的黑锅。

在曹植灿烂的文化星光下,曹丕的文化形象相对有些黯淡,世人言"三曹",其实更多的是在说曹操和曹植,曹丕仿佛成了可有可无的角色。实际上,曹丕的文学成就绝不在弟弟曹植之下,只不过兄弟二人走上了不同的人生道路而已。

曹丕在"三曹父子文学集团"中的地位,有些类似于"四萧父子文学集团"中的萧统。萧统论文才绝不逊于两个风流弟弟萧纲、萧绎,但萧统却不以诗著名,而是以一部《文选》笑傲文学江湖。

曹丕同样以一部著名的《典论》名垂文学史,史载"文帝(曹丕)《典论》二十篇,兼论古者经典文章,有此篇论文章之体也"。开了历代文学评论之先河,梁朝刘勰著的那部《文心雕龙》,就是明显按照曹丕的路子写的。

可惜因沧海桑田，这部《典论》并没有流传下来，现在只有三篇残文传世。我们应该感谢萧统，要不是他在《文选》中摘录了曹丕的这篇《典论·论文》，后人就无法欣赏到这篇绝妙好辞了。

曹丕和萧统相比，有一点比较幸运，就是萧统的二十篇诗文今已不存，但曹丕的诗集却幸运地流传了下来。在曹丕大量的诗文中，个人比较偏爱那首《善哉行》，诗不算太长，摘录如下：

上山采薇，薄暮苦饥。溪谷多风，霜露沾衣。野雉群雊，猴猿相追。远望故乡，郁何垒垒。高山有崖，林木有枝。忧来何方，人莫之知。人生如寄，多忧何为？今我不乐，岁月如驰。汤汤川流，中有行舟。随波转薄，有似客游。策我良马，被我轻裘。载驰载驱，聊以忘忧。

从这首诗的字面上看，似乎是曹丕人生晚期所作，好像有看破红尘的意思，很类似于苏轼那首《临江仙》：小舟从此逝，江海寄余生。实际上这首《善哉行》是曹丕年轻时的作品，创作年代当为建安十七年（公元212年），曹丕随父亲曹操南征孙权时。

曹丕虽然是嫡长子（不算死去的曹昂），但他却在和弟弟曹植争储的政治斗争中一直处在下风。对曹丕来说，他是天经地义的王储人选，无论曹植有多么优秀。曹丕没得到猎物，就意味着失败，所以曹丕站在浩荡长江边，心情郁闷，感慨系之，写了这首《善哉行》。

按照家天下的惯例，某人在称帝称王之时，会同时确立储君的人选。比如刘备在当汉中王后，就册立长子刘禅为王太子；孙权在做吴王时，也册立长子孙登为王太子。

曹操在建安十八年（公元213年）被汉朝傀儡朝廷晋封为魏公的时候，就应该确定"帝国"的继承人。由于长子曹昂早在十七年前（公元197年）征张绣时战死，所以曹丕作为实际上的嫡长子，他本来是储君唯一的人选。

但曹操并没有这么做，而是将确定储君的事情搁置下来，因为他对曹丕似乎并不太感冒，而曹操最喜欢的只有两个儿子：曹冲、曹植。曹冲五年前（公元208年）早夭，曹冲的这份父爱，基本被曹植捞了去。曹丕？依然两手空空。

曹丕的性格相对曹植来说，比较"沉闷"，不如曹植更活泼招人喜欢，所以曹植更得到了曹操的偏爱。曹操曾经说过："子建（曹植），儿中最可定大事。"事实上曹操一直不早早确定曹丕的储君身份，就是想给曹植机会。

曹植是个聪明人，他当然知道老爹在暗示他要主动些，别三棒子揍不出一个闷屁。曹植对储君的位子也垂涎三尺，在等级森严的封建政治体系中，做诸侯和做皇帝的区别是什么？官大一级压死人，更不用说威福自享、生杀自专的帝王了。

为了能达到政治目的，曹植也开始四处活动，机会往往是可遇不可求的，一旦错过，可没地方买后悔药吃。曹丕和曹植的夺位之争，虽然没有日后东吴孙和、孙霸两兄弟争储的斗争那么惨烈，但也在社会上造成了很不好的影响。

不过好在曹操对权力的掌控力非常强，曹魏统治集团一线重臣并没有过多地掺和到争储的政治斗争中，二人的派系，主要是由一些文坛名士组成。曹植的心腹是"二丁"，即丁仪、丁廙，还有杨修、邯郸淳等人。曹丕的人马主要是吴质、徐幹、路粹等人。

因为曹丕和曹植都是读书人，他们和文坛清流们交往甚密，有些人难以划分严格的派系。但在当时的官场上，大多数人还是在感情上倾向于曹丕的，比如崔琰、毛玠、贾诩、朱铄、陈群、司马懿等人。

曹植和这些官场重臣的交情并不是特别密切，但曹植最大的优势就是深得曹操的宠爱，"几（立曹植）为太子者数矣"。从兄弟二人争储开始，曹植就一直占有相当大的优势，曹丕一度被曹植压得喘不过气来。

在这种不利的情况下，曹丕只能以守为攻，先扎好云手，慢慢地等待机会再向曹植发动反击。曹丕和曹操身边那帮重臣的关系都不错，为了扩展思路，曹丕私下派人找贾诩，请贾诩帮忙给他谋个出路。

贾诩向来不轻易做得罪人的事，他未必能确定曹丕一定能成功，所以他并没有公开自己的选择倾向。只是不咸不淡地让曹丕平时做事稳重些，孝敬父亲，友好群贤。即使曹植上位，他也没办法揪住贾诩的小尾巴，至少贾诩的话里并没有特别的感情倾向，换了曹植他也一样说。

但这些话对曹丕来说却非常重要，别的先不说，就是"不违子道"，做到这一点不一定会成功，但做不到这一点肯定会失败。曹丕一直在隐忍，苦苦等待表现自己"仁孝"的机会。

机会总是留给有准备的人，有一次曹操出征，曹丕和曹植各怀鬼胎地来给父亲送行。曹植一直没改掉轻浮好显摆的毛病，他现场写了一篇赋，对父亲进行肉麻的称赞，"称述功德"，把老曹头哄得喜笑颜开。

其实要耍笔杆子，曹丕并不比曹植差，但曹丕不可能再吃曹植嚼过的馒头。曹丕的首席智囊吴质悄悄告诉曹丕，要以情制胜，办法就一个字：哭！

曹丕天资聪颖，演技过硬，哭谁不会？曹丕可能动了真情，感情压抑已久的曹丕半真半假地在曹操面前泪流满面，给父亲行了大礼。曹操虽然不太喜欢曹丕，但看到曹丕如此动情，曹操也感动得老泪纵横，从此对曹丕另眼相看，曹植无形中失了不少感情分。

吴质这招非常毒辣，虽然曹操并没有立即确定储君人选，但曹丕通过此举扭转了被动的局面，至少在父亲心中的地位，不至于被曹植甩得太远。

在比赛中，如果想获得胜利，一般来说需要具备两个条件：一是自己发挥非常出色；二是对手出现重大失误。真正能决定比赛胜负走向的其实往往是第二点，如果对手不出现重大失误，即使自己发挥再出色，也很难笑到最后。

曹丕稳扎稳打，连哭带闹，渐渐追上了曹植。现在曹丕就希望曹植能多犯错误，正负相减，只有这样，曹丕才有可能超过曹植。曹植也真"配合"兄长，可能是曹植觉得自己胜券在握了，有些麻痹大意，犯了许多低级错误，最终被曹丕一个完美的逆转，一切都完了。

在这场兄弟之争中，曹植的优势之大，几乎让曹丕绝望。且不说曹植是曹操自曹冲死后最宠爱的儿子，就是曹植身边那帮跑腿打杂的，都是大有来头的。

曹植帐下的首席智囊丁仪，是曹操政治恩公丁冲的儿子。曹操念及丁冲的旧情，特别高看丁仪，甚至想招丁仪做女婿。虽然在曹丕的阻挠下，丁仪没登上龙门，但他在曹操心中的地位依然很高。丁仪经常在曹操身边走动，对曹植的受宠起到了非常重要的作用。

至于曹植另一个高参杨修，出身更为高贵，杨修是东汉名臣、"关西孔子"杨震的玄孙，太尉杨彪的儿子。杨修在曹操时代晚期，基本属于一线重臣，史称"是时，军国多事，修总知外内，事皆称意"。几乎就是曹魏的当家大总管。

杨修是曹操身边的红人，连曹丕都要想办法巴结他，可见杨修的地位之高。在这些人的连番鼓吹下，曹植的形象包装非常成功，差不多就是文武全才。

曹操之所以一直犹豫没有立曹植，并不是对曹植有意见，而是曹操在犹豫如何（立曹植为储之后）面对曹丕。虽然曹操不喜欢曹丕，但无端废掉他，曹操自然也会觉得在感情上亏欠曹丕。

不过感情归感情，在立储的问题上，曹操打定了主意，半点也不含糊。后来曹操因事废掉了两大在感情上严重倾向于曹丕的名臣——崔琰和毛玠，崔毛之死的直接原因并不是曹丕，但曹操这么做，似乎很难不和曹丕扯上关系，难道真是无巧不成书？

曹植各方面条件都强于曹丕，但曹植最大的问题，说白了就是不会演戏。同样是在舞台上，曹丕演技纯熟，说笑便笑，说哭便哭，至于装纯洁、扮憨厚，更是曹丕的强项。曹植这点做得太差，他基本上是本色演出，不懂得掩饰，做什么都直来直去，这样太容易得罪人。

也许在智商上，曹植要强于曹丕，但在情商上，曹植远不如曹丕。曹丕聪明之处就在于他会想办法笼络曹操身边的人，不仅包括一线重臣，就是一些不入流的侍臣婢女，都被曹丕感情收买了。

这些人成天围在曹操身边，有一句没一句地说曹丕好话，"宫人左右并为之称说"，时间久了，确实对曹操废植立丕起到了很大的作用。当然，曹植的失败主要原因还在他自己身上，曹丕想尽办法讨父亲的欢心，而曹植却接二连三地往曹操枪口上撞。

对曹植来说，他犯下的最严重的政治错误就是强闯司马门事件，这件事情应该发生在名义上的魏国国都邺城。汉朝的皇家制度有规定，除了皇帝本人，任何人都没有资格乘车穿越司马门，必须步行经过，以示尊卑有别。

但不知道曹植抽了哪根筋，或许是喝醉了，他在光天化日之下"尝乘车行驰道中，开司马门出"。这是一起性质极为恶劣的政治事件，曹操再牛，在名义上还是汉朝的臣子。曹植此举无疑将曹操的政治野心彻底暴露出来，给曹操的正面政治形象严重抹了黑。

曹操本来是非常器重曹植的，但当曹操得知这件事后，气得七窍冒烟。曹操万没想到，他心中最合适的继承人曹植居然敢做下此等大逆不道的举动！曹操也一直在反思，是不是自己对曹植还不是很了解，是个脑袋正常的人，都不可能做这等蠢事。

司马门事件之后，曹操痛定思痛，下令严加管束儿子们的举动，不许再出现这类犯政治禁忌的事情。虽然曹操并没有因此事直接将曹植扫地出门，但曹植在曹操心中的地位一落千丈，"植宠日衰"。

在官场上混，最忌讳的就是"明知故犯"，上峰有令严禁做某事，却偏偏去捅马蜂窝，用句歇后语讲，就是粪耙子摇头——找屎（死）。司马门事件对曹植来说，教训不可谓不深刻，但曹植似乎并没有引以为戒，结果再一次撞在老爹的枪口上。

因为汉末天下大乱，经济凋敝，为了恢复生产，曹操厉行节约，曾经下令禁止贵妇人穿华丽的锦衣。不知道是曹植有意为之，还是曹植的妻子崔氏（崔琰的侄女）不把曹操当回事，她公然穿着锦衣在大街上招摇。

曹操无意间发现了自己儿媳妇的违制之举，心中的愤怒可想而知。孔子有句名言"其身正，不令则行；其身不正，虽令不从"。曹操颁告天下的禁令，自己的儿子儿媳带头违反，曹操的威信自然就大打折扣。如果处理不好，甚至可能严重威胁曹操统治区的政治稳定。

盛怒之下的曹操不顾亲情，下令将崔氏赶回娘家，随后赐死。崔氏和曹操并没有血缘关系，但曹操完全可以看在曹植的面子上，只对崔氏严加惩治而不是赐死。

最关键的问题是，曹植在曹操心中的地位已经无足轻重了，上次的司马门越制事件已经让曹植在政治上严重失分，这次又闯了大祸，曹操对曹植彻底失望。

不过最终让曹操下定决心抛弃曹植，立曹丕为储君的原因还有两个。一是杀杨修，二是贾诩说风凉话。

杨修之死，一方面是曹操在政治上对杨修不太放心，因为杨修是袁术的外甥。另一方面杨修的治政能力非常强，从杨修"忖度太祖（曹操）意，豫作答教十余条（使曹植在曹操的政治考试下过关）"。

如果曹操立曹植为储君，以后曹植继位后，杨修很有可能会形成一股强大的相权势力，对曹魏皇室造成严重的政治威胁。而且杨修出身非常高贵，在上流圈子人脉很广。曹操对杨修始终不放心，最后寻了个不三不四的理由，杀掉了杨修，以绝后患。

在建安二十二年（公元217年）的五月，曹操逼迫汉献帝刘协封他为魏王，这一年曹操已经六十三岁了，天知道他还能活几年。所以曹操已经没有时间再拖延立储问题了。

其实，这时曹操已经基本将曹植踢掉了，只是还没有下定决心。曹操找来贾诩，想听听贾诩的看法。虽然在名义上贾诩并不是曹丕党羽，但贾诩却是希望曹丕上台的，至少从性格上来说，贾诩和曹丕很相似，而曹植，从来就和贾诩不是一个世界的。

贾诩故意卖关子，不理曹操，把曹操惹毛了，贾诩才不阴不阳地说了句："我在想袁绍、刘表父子的事情。"有话不直说，拐弯抹角绕圈子，两头都不得罪。

曹操当然能听懂贾诩话里的弦外之音，袁绍和刘表都是废长立幼，导致统治集团内部严重分裂，才使曹操有隙可乘的。曹操不希望内部发生裂变，为了曹魏江山的长治久安，曹操终于下定决心了。

在同年的十月，曹操正式宣布立曹丕为王太子，确定了曹丕为日后大魏天下的继承人，曹植落选。

对于这样一个结果，可以说是情理之外，意料之中。带头领跑的，不一定能第一个冲过红线，曹植的失败，主要原因在于他自己。是他不停地犯错误，直到曹操对曹植的耐心用完了，曹丕等于白捡一个天大的便宜。

历代都有一个现象，就是在争储的斗争中，那些过于出风头的，或者是气质文弱的，往往都竞争不过性情厚重、气质雄悍的。比如刘强败于刘庄、杨勇败于杨广、赵德昭败于赵光义、朱高炽险些败于朱高煦、胤禩败于胤禛等。

曹操之所以最终选择曹丕，恐怕还有一个原因，就是曹操的历史任务是开创，而历史大环境则要求第二代是个守成令主。历代守成令主，多半性情温和，处事稳重，而曹丕无疑最符合条件。

曹植虽然才华出众，但为人轻浮骄躁，曹操对曹植这个性格缺点一直放心不下。如果曹植最终即位称帝，以他的性格脾气，很可能成为汉元帝第二，在艺术上是天才，在政治上是昏君，这绝不是曹操希望看到的。

曹操选择曹丕，从某种意义上来说，是曹植自己不争气，煮熟的鸭子让他自己踢飞了。曹操对立曹丕为储似乎还有些犹豫，毕竟他对曹植的感情要比曹丕深。即使曹植接连犯禁，但曹操的气头应该是过去了，他总是有意无意地在暗示曹植：只要好好表现，你还有机会。

在建安二十四年（公元219年），关羽从荆州北伐，曹魏南线形势吃紧。曹操本来有意让曹植率军南征，给他一个自救的机会，如果曹植能在这场战争中有上佳的表现，曹操甚至有可能重新考虑继承人的问题。

曹丕是个聪明人，他当然知道老爹心中想什么，从曹丕的利益角度考虑，他绝对不能允许曹植有这样重大的自我表现机会。为了保住自己的位子，在曹植临行前，曹丕设计请曹植喝酒，说是替弟弟壮行，结果阴险的曹丕灌醉了曹植。

曹操准备给曹植送行，等了半天也没见曹植的影子。曹操一打听，曹植居然喝醉了，正在睡觉觉呢。曹操的脸色那叫一个难看，曹操对曹植已经彻底失望了，国家危难之际，你还有心思喝花酒？我还敢把江山交给你吗？

当然曹操可能并不知道这是曹丕下的黑手，但主要责任还应该由曹植自己来背，曹植简直就是有头无脑，他怎么就轻易相信曹丕？曹植的情商之低，让人摇头。

曹丕和曹植的争储战争，如果用一句话来形容他们胜败的原因，那就是曹丕智商不如曹植高，但曹丕情商更高；曹植之所以失败，正好相反，有智商，没情商，失败是必然的。

曹丕这种性格，最适合在官场上吃饭，而曹植过于散漫的性格，士林江湖也许才是他真正的归宿。曹丕的胜利让人惊叹，但曹丕的心胸却不够宽广。

曹操死后，曹丕顺利地继承了魏王位，从这一刻开始，曹丕开始发泄对曹植的怒火，极为狠毒地报复弟弟。曹丕先是杀掉了曹植帐下的两大智囊丁仪、丁廙兄弟，剪除曹植的羽翼。杀了二丁，曹丕依然不肯收手，他甚至想一劳永逸地在肉体上消灭曹植。

之后的故事我们再熟悉不过了，曹丕寻了个不三不四的罪名要杀曹植，幸亏母亲卞太后苦苦哀求，曹丕才答应给曹植一个自救的机会。曹丕要求曹植在七步之内写一首诗，否则就别怪哥哥无情无义了。

曹植对自己的争储失败也许并没有太多的伤感，但他无法忍受曹丕对自己的绝情，在这种悲怆绝望的气氛中，曹植写下了这首悲唱千古的《七步诗》："煮豆持作羹，漉菽以为汁。萁在釜下燃，豆在釜中泣。本自同根生，相煎何太急？"

这首诗在《三国演义》中被简化成了："煮豆燃豆萁，豆在釜中泣。本是同根生，相煎何太急？"但两个版本的意思都是一样的，曹植含着眼泪责问曹丕为什么要对他斩尽杀绝？

曹丕"深有惭色"，知道自己做得太过分了，再加上老娘以死相逼，曹丕只好饶了曹植，虽然曹丕恨不得亲手宰了曹植，以绝后患。曹丕虽然不讲兄弟亲情，但相比南北朝的父子兄弟残杀，已经算是非常厚道了。

曹丕很虚伪，他明明想杀曹植，却胡说什么"植，朕之同母弟。朕于天下无所不容，而况植乎？骨肉之亲，舍而不诛"。这话鬼都不信。不过曹丕的人品总体来说还算不错，至少他还能顾及名声，哪像刘骏、刘彧、萧鸾、高湛这伙变态，杀起兄弟来如宰羊，毫无人性。

曹植还算幸运，虽然争储失败，但终曹丕之世，曹丕并没有太过为难他。曹植的政治生命早在公元220年，父亲曹操撒手人寰的那一刻，就已经结束了。不过对历史来说幸运的是，曹植的艺术生命非但没有因此终结，反而更加地顽强，为后人留下了一篇篇佳什，这也是曹植的幸运。

二〇 / 诸葛亮北伐的得与失

在第八、九篇中，我们讲了诸葛亮的职业选择和职业规划，即诸葛亮为什么选择辅佐刘备和诸葛亮为什么没有改朝换代。本篇再次回到诸葛亮的话题上，主题是诸葛亮的北伐。

说到诸葛亮北伐，不由得想起南宋大诗人陆游那首著名的《书愤》，原诗如下：

> 早岁那知世事艰，中原北望气如山。
> 楼船夜雪瓜洲渡，铁马秋风大散关。
> 塞上长城空自许，镜中衰鬓已先斑。
> 出师一表真名世，千载谁堪伯仲间。

这首诗最经典的两句是"颔联"：楼船夜雪瓜洲渡，铁马秋风大散关。这是千古传诵的名句。但陆游这首诗的诗眼却在"结联"，就是最后两句：出师一表真名世，千载谁堪伯仲间。

陆游是在六十二岁（公元1186年）的时候写下这首诗的，我们都知道陆游对北方金国的态度始终没有改变，陆游是个强硬的主战派。但当时南宋一味主和，主战派得不到重用。

陆游奔走半生，郁郁不得志。看着年华老去，白发徒添，陆游悲愤交加，写下了这首千古名作。陆游虽然并没有获得较高的政治地位，但他对北伐的坚决态度和诸葛亮却是相通的，这也是陆游提到诸葛亮《出师表》的原因。

话题回到诸葛亮，历史上的诸葛亮并不以文学著名，他是成功的政治家和不太成功的军事家，和文坛很难扯上直接的关系。但诸葛亮有两篇文章在文学史上大名鼎鼎，一是他初出茅庐时的《隆中对》，二是他在北伐前给皇帝刘禅上的那道名垂千古的《出师表》。

《出师表》的创作时间是蜀汉建兴五年（公元227年）五月，这时距离诸葛亮托孤秉政，已经过去了四年。蜀汉章武三年（公元223年），蜀汉昭烈帝刘备为了夺回被孙权袭取的荆州，倾国之兵杀向东吴，结果被陆逊一把火给请了回去。刘备气病交加，不久撒手人寰。刘备在死前，任命诸葛亮为"内阁首辅大臣"，确立了诸葛亮在蜀汉政坛一哥的地位。

自三国鼎立以来，曹魏最强，东吴次之，蜀汉最弱，而在夷陵之战后，蜀汉元气大伤。本就弱小的国势更加雪上加霜，这就是诸葛亮在《出师表》开头说的："今天下三分，益州疲弊，此诚危急存亡之秋也。"

按正常的逻辑讲，实力弱小，就应该保境安民，不主动向大国挑衅。但蜀汉却反其道而行之，从建立至灭亡四十余年间，可以说是"生命不息，攻魏不止"。一次次穿越千山万水，悲壮地向北进攻，又一次次失败，最终无力再战，被司马氏控制着的魏国一朝灭亡。

先不说蜀汉为什么要不断地北伐，只谈谈诸葛亮时代的北伐问题。诸葛亮之所以不顾与曹魏的国力差距，屡次北伐，大致有以下几个原因：

第一，蜀汉的立国方针就是消灭曹魏，复兴汉朝。刘备出道江湖以来，一直举着"复兴汉室"的政治旗帜，态度极为坚决。如果蜀汉建国后，和曹魏称兄道弟，或者干脆称藩称臣，那么蜀汉就在天下人面前自动丧失了道义上的高度，蜀汉的合法性就会受到质疑，进而影响内部稳定。

第二，基于第一条，刘备"创业未半而中道崩殂"，所以北伐曹魏的历史任务自然就落到了诸葛亮的肩上，诸葛亮北伐，不过是继承了刘备的遗志而已。

第三，诸葛亮虽然当上了蜀相，但他在政治上并不是益州土著派系。诸葛亮在官场虽然属于武官系统，但他在当丞相之前，一直没有独立建立军功的机会。在乱世中混江湖，要让弟兄们心服口服，没有军功，是绝难服人的。

如果诸葛亮按兵不动，那么诸葛亮就很难在益州官场树立自己的威信。无论是从蜀汉政权的角度，还是从诸葛亮自身利益的角度，北伐曹魏都是诸葛亮没有选择的。

第四，蜀汉的存在对魏国来说是重大的战略威胁，如果蜀汉不主动出击，以攻为守，那么魏国就会大举进攻蜀汉。正如《后出师表》所说"然不伐贼，王业亦亡。惟坐而待亡，孰与伐之？"从这个角度来说，蜀汉北伐也是无奈之举。

第五，北伐曹魏符合诸葛亮本人的政治理想，诸葛亮早年就在《隆中对》中提出了分兵两路北伐曹魏的战略构想。只可惜关羽大意失荆州，从荆襄北伐成为泡影，诸葛亮只能走艰难的山路。但诸葛亮灭魏的决心从来没有变过。

北伐曹魏虽然是蜀汉的立国方针，但夷陵之战败后，蜀汉暂时没有实力发动战争，他们最需要做的就是养精蓄锐，来年再举。蜀汉的疆域和曹魏比起来，实在过于弱小，蜀汉自失荆州之后，只实际控制着益州，偏居西隅。

一般来说，东汉三国时期的益州，明显可以分成两个部分：北部、南部。北益州是蜀汉国土的主体，约为大渡河以西、长江以北地区。南益州就是我们经常提到的南中地区，这里胡汉杂居，经济相对北益州来说，比较落后，但战略价值却非常重要。

刘备之前的西蜀政权对南中地区的控制力相对比较弱，所以夷陵之战败后，南中几大豪强，比如建宁土帅雍闿、牂柯太守朱褒、越嶲夷王高定都造了蜀汉的反。南中几郡的叛乱，导致本就疆域狭小的蜀汉平白少了一半国土，三面受夹击，生存压力空前增大。

诸葛亮想要集中全蜀之力北伐曹魏，就必须先解决南中叛乱，这是一个诸葛亮无法选择的命题。蜀汉建兴三年（公元225年），经过了两年多的隐忍休整，诸葛亮亲提锐旅，南征南中。

好在南中几郡的军事实力都明显弱于蜀汉正规军，蜀军在南中并没有遇到什么像样的抵抗，就敲掉了雍闿等叛将。即使是在南中地区威望甚著的土帅孟获，诸葛亮也没把他当盘菜，七擒七纵，遂成历史佳话。

诸葛亮在南中的行动目的非常明显，就是不以兵耀威，而是以德服人，确保南中几十年的政治安定。其实以孟获的军事实力，诸葛亮真想杀他，第一擒的时候就可以开刀了。诸葛亮攻心为上，最终将孟获感动得泪流满面，发自肺腑地向诸葛亮起誓"公，天威也，南人不复反矣！"

诸葛亮圆满地完成了南中战略，稳定了大后方，同时获得了南中地区大量的物质支援，这对日后北伐曹魏起到了非常重大的作用。历代战争的胜利者，无不有一个稳定而丰饶的大后方，无论是政治意义，还是军事意义，抑或是经济意义，大后方的重要性都不言而喻。

对蜀汉来说，对南中的军事行动不是孤立的，而是北伐曹魏的前奏。南中平定之后，诸葛亮一边调整休养，一边积极准备发动对曹魏的战争。建兴五年（公元227年），一切准备就绪后，诸葛亮心情复杂地给皇帝刘禅上了那道《出师表》，继续他人生的冒险之旅。

我们不从现实政治利益的角度来看，而是从感情的角度来看《出师表》，可以看出，诸葛亮确实是动了真感情了。诸葛亮在《出师表》中，除明确了北伐曹魏的战略任务外，其他的多是在和小皇帝刘禅谈心，谈自己的人生，谈先帝（刘备），也谈到了刘禅本人。

当年刘备"盛邀"诸葛亮的时候，是刘备人生中最为落魄黯淡的时期，"（诸葛亮出茅庐后）后值倾覆，受任于败军之际，奉命于危难之间"已经二十一年了。人生中有几个二十一年？可以说诸葛亮的大好青春都奉献给了刘备，风风雨雨这么多年，难怪诸葛亮无限感慨。

诸葛亮是铁了心要北伐，但诸葛亮最担心的并不是曹魏，担不担心，曹魏的实力都明摆着。诸葛亮最不放心的是刘禅，阿斗平庸之才，更兼年少无知，诸葛亮不在他身边，最怕阿斗学坏。所以诸葛亮以"相父"的身份半是劝诫、半是警告阿斗："亲贤臣、远小人，此先汉所以兴隆也；亲小人，远贤臣，此后汉所以倾颓也。"

《出师表》最大的魅力并不在于诸葛亮的雄心壮志，"攘除奸凶，兴复汉室，还于旧都"，而在于诸葛亮的真情流露。我们可以想见，一千七百多年前的一个夜晚，在卧室里，须发皆白的诸葛亮借着蜡烛的微光照映，伏案走笔。写到动情处，诸葛亮不禁泪流满面……

诸葛亮北伐前，做足了一切准备，包括人事上的、军事上的安排。在一个风和日丽的日子里，诸葛亮拜辞了刘禅，无限感慨地北上。为了报答刘备的三顾之遇，诸葛亮决定拼上自己的老命，至于能不能成功，听天由命吧。

至于诸葛亮的北伐路线，从诸葛亮驻扎汉中来看，当然是走山路，北进关中。自荆州失陷，以及上庸三郡降魏之后，蜀汉的北伐路线只剩下汉中这一条路了。

不过诸葛亮很快就得到了一个好消息，当年叛蜀降魏的上庸军头孟达，在曹魏不受重视。在诸葛亮的引诱下，孟达决定回到诸葛亮温暖的怀抱中。可惜孟达做事太磨叽，被诸葛亮日后的对手司马懿以闪电之势迅速攻到上庸，孟达根本不是司马懿的对手，被击斩之。

其实孟达这一路只是诸葛亮北伐的一个重要选择，但诸葛亮似乎更愿意走汉中这条路。诸葛亮行事稳重，如果他得到上庸三郡，也只能以偷袭取胜，但以曹魏的国力，打奇袭战的效果明显不佳。

诸葛亮从汉中北伐的战略目的非常明显，就是不断蚕食雍凉，席卷关中，斩断曹魏的战略右臂，重现当年秦统一六国之前的格局。如果能达到这一目的，蜀就变成了秦，雄踞天下之高地，而曹魏就变成除楚之外的关东五国，至于孙权，当然就是楚国的翻版。

战略目标已经确定好了，接下来要做的就是如何选择具体的战术手段来达到战略目标，这就引出了三国史上著名的"子午谷之争"。蜀汉头号大将魏延向诸葛亮提出了一个极为大胆的作战计划：魏延带五千精兵，备足干粮，穿子午谷北上，奇袭长安，成不世奇功。

这个说法是《魏略》载附于《三国志·魏延传》，而其本传中记载的却和《魏略》的版本略有不同，本传中原文是"（魏延）辄欲请兵万人，与亮异道会于潼关，如韩信故事"。

比较鱼豢（《魏略》著者）和陈寿的记载来看，魏延都是要轻兵北进打偷袭战，但目标不同。鱼豢说魏延是要控制长安，席卷雍凉，陈寿则说魏延要扼守潼关。

鱼豢的说法虽然要比陈寿的详细，但漏洞较多，首先魏延怎么敢肯定他兵临长安，镇守长安的魏安西将军夏侯楙就会被吓跑？其次，子午谷艰险崎岖，魏延的五千步兵翻山越岭，勉强在十天后滚到长安城下，也疲惫不堪，而且肯定会有相当数量的非战斗减员。夏侯楙再胆小如鼠，也不至于怕这几千疲兵。

再比较两个版本，还有一个非常重要的因素，就是鱼版的魏延虽然认为可以奇袭长安，扼死雍凉魏军的东归之路。却忽略了一个问题，就是雍凉魏军虽然被困死，但关东魏军却可以大量西进增援。即使诸葛亮随后率大军达到长安，也会和魏国的关中兵、雍凉兵以及援军打成一团，胜负尚难预料。

而陈寿的版本则很好地解决了这个问题，陈寿说魏延奇兵奔袭潼关，目的在于掐断魏军在关东的主力向西增援的通道，然后"关门打狗"，一举歼灭魏雍凉军。

无论是鱼版还是陈版，魏延的这个计划都异常地冒险，但相对来说，偷袭潼关显然要比直接奇袭长安更有可行性，逻辑上也能圆得通。潼关是连接关中、雍凉地区和中原地区的险隘重镇，战略地位极为重要。

依魏延的计划，一旦蜀军奇袭潼关得手，等于拦腰截断魏军的蛇字战略布局。而且还有一点对蜀军非常有利，就是蜀军在局部的（和关中魏军）的力量对比中占有相当大的优势，如果魏军率领这一万多蜀军能在潼关顶住关东魏军的疯狂进攻，几乎提前宣判了雍凉魏军的死刑。

再有一点，这次魏延奇袭潼关是绝对保密的，可以打魏军一个措手不及。从"（魏）以蜀中惟有刘备。备既死，数岁寂然无声，是以略无备预；而卒闻亮出，朝野恐惧，陇右、祁山尤甚"这段记载来看，魏朝上下对诸葛亮从正面的北伐都没有心理准备，何况是魏延的偷袭？

虽然魏延奇袭潼关的计划也是非常冒险的，但兵贵用奇，如果当年刘邦不是"明修栈道，暗度陈仓"，出奇制胜，刘邦根本没有战胜项羽的可能。有句老话说得好：马无夜草不肥，人无横财不富。富贵就要险中求，没点冒险精神，是很难发大财的。

可惜诸葛亮并不认同魏延的这个计划，认为太过冒险，所以"制而不许"。诸葛亮的军事思想比较正统，或者说是保守，所谓"举堂堂正正之旗，布堂堂正正之阵"。

诸葛亮和魏延在战略上并没有冲突，只是在于具体的战术手段不同，"诸葛一生唯谨慎"，过于冒险的事情，诸葛亮是不会做的。诸葛亮更倾向于穿越地势相对比较平坦的斜谷进入关中，稳扎稳打，伺机歼灭魏军主力，慢慢地蚕食雍凉，诸葛亮相信一口吃不成大胖子。

一个极有可能改变三国战略大战局的伟大的冒险计划就这样被诸葛亮给否定了，留下了千古谜题，是是非非，争论不休。魏延没有得到诸葛亮的批准，心情非常懊丧，经常讽刺诸葛亮胆小如鼠，没少在背后骂诸葛亮。

但诸葛亮是蜀军统帅，魏延不过是一个方面大将，细胳膊拧不过大粗腿，只好忍气吞声。诸葛亮有他自己的想法，魏延有提出建议的自由，诸葛亮也有投否决票的权利。

其实正面决战未必就没有胜算，何况在关中地区，蜀军是占有相当大的兵力优势的。说诸葛亮不懂军事，并不客观，用兵谨慎是每个军事统帅都应该具备的作战常识，不能说诸葛亮胆小如鼠。

诸葛亮即将开始的北伐，是一场胜负未可知的持久战，魏蜀的争霸战不是一场大规模的战役能解决的，比如确定三分天下的赤壁之战。诸葛亮不想冒险，不等于说他没有胆量，谁都知道刀兵无情，敢倾一生心血坚持北伐，这是需要非常大的勇气的。

关于诸葛亮北伐的次数，《三国演义》说是六次，就是我们熟知的"六出祁山"，实际上诸葛亮总共只有五次北伐（以《三国志》记载为准）。从时间上来看，这五次北伐分别是：

第一，建兴六年（公元228年）年初；

第二，建兴六年（公元228年）年底；

第三，建兴七年（公元229年）年初；

第四，建兴九年（公元231年）二月；

第五，建兴十二年（公元234年）二月。

其中前三次北伐是在一年之内完成的，频率非常密集，尤其是第一次北伐，声势最大，形势最好，也最为知名。上面我们讲了魏延想用奇兵制胜，但这一次北伐，因为魏国毫无准备，所以也可以称为奇兵。

在第一次北伐时，诸葛亮虽然拒绝了魏延的冒险计划，但诸葛亮却借鉴了魏延的思路，就是效法韩信，"明修栈道，暗度陈仓"。诸葛亮开动宣传机器，扬言要从斜谷北上，攻取郿城（今陕西眉县）。

郿城西距长安不过二百多里，一旦郿城失守，蜀军就可沿渭水西进。所以诸葛亮的声东击西之计，果然骗住了坐镇长安的魏明帝曹叡。曹叡派大将军曹真率魏军主力火速赶往郿城，严防死守，不能放一个蜀兵进入关中地区。

诸葛亮成功地稳住了魏军主力，他真正的攻击目标是陇西地区。陇西是连接凉州和关中的重镇，如果蜀军能占领陇西，就等于拦腰斩断了魏国的西线战略体系。诸葛亮这次走的是祁山（今甘肃礼县东北），在行政区划上属于魏国秦州（曹丕时置秦州）的天水郡。

诸葛亮的战略意图其实还是没有跳出魏延"占领潼关，隔断关东、关中联系"的思路，二人的区别只是在于魏延打的是一场战役，而诸葛亮打的是一场战争。魏延是"奇中见奇",诸葛亮是"正中见奇"。

诸葛亮声东击西,确实取得了非常好的实战效果,自刘备死后,蜀汉一直沉寂无闻,魏国没有想到,蜀军会大举北伐,"(魏)朝野恐惧……关中响震"。蜀军声势浩大的北伐,让关西各郡头目开始盘算自己的未来,难道蜀军北伐真是当年刘邦汉军的重复?曹叡是项羽第二?

一切皆有可能,蜀军虽然相对较弱,但当年汉军从纸面上的实力来看,也丝毫看不出刘邦有战胜项羽的可能,结果又如何?南安、天水、安定三郡在没有受到蜀军攻击的情况下,向诸葛亮摇了白旗。

兵家之上者,是不战而屈人之兵,诸葛亮凭空得到了三郡,几乎提前实现了斩断关中和凉州之间联系的战略目标。从某种角度来说,也间接实现了魏延的奇袭战略。

诸葛亮虽然拿下南安等三郡,但诸葛亮也清楚,魏国是不会对此善罢甘休的,肯定会大举反扑。魏国现在最担心的就是三郡的叛变会引发多米诺骨牌效应,其他郡县会纷纷效仿,或者在蜀军的攻击之下失陷。

对蜀军来说,阻止魏军西进最有效的办法就是扼守险峻要塞,至于这个阻塞点,诸葛亮选择了街亭。街亭位于广魏郡东部,这里依山而建,地势开阔,是关西和关中地区的交通要塞。只要蜀军能守住街亭,就等于扼死了魏军西进的咽喉。

在街亭守将的作用方面,诸葛亮出人意料地选择了当时名头不太响的参军马谡。诸葛亮似乎在刻意模仿当年刘备出人意料地选择魏延为汉中守将一样,而放弃了当时已经成名的魏延和吴懿。

马谡可不是个简单的人物,是诸葛亮帐下的一流高参。几年前诸葛亮南征南中时,就采取了马谡提出的"攻心为上"的战略方针,结果大获成功。所以诸葛亮对马谡格外看重,丝毫不顾及刘备临死时说得那句话:"马谡言过其实,不可大用。"

只是让诸葛亮没有想到的是,这次用马谡是他军事生涯中少见的大败笔,直接导致了第一次北伐的全面溃败。接下来的故事我们已经耳熟能详了,京剧有出名段"失空斩",这"失"指的就是马谡的失街亭。

马谡最大的问题不是他的智力水平不行,而是他的实战能力太低,也就是不能将纸面上的优势在现实中表现出来。马谡饱读兵书,却有些泥古不化,属于纸上谈兵的典型人物。

街亭位置险要，依山傍水，诸葛亮在马谡临行前应该是给马谡下过命令的，要求马谡将部队驻扎在河边，这样可以保证蜀军人畜的水源供应。但马谡却冥顽不化地认为兵家所云：置之死地而后生，"违亮节度"，拉着队伍上了山，所谓一夫当关，万夫莫开。

至于蜀军的饮水问题，估计马谡是让士兵一担担往山上挑水。与马谡同行的副将王平虽然识字不多，是个粗犷武夫，但王平却理解诸葛亮的作战意图，劝马谡千万别玩火，小心烧着了自己华丽的屁股，骄傲的马谡瞧不起王平，不听。

敌人的失误就是自己最大的幸福，马谡的对手张郃是一代名将，一眼就看穿了马谡的用兵失误，立刻抓住战机，将蜀军赶出街亭。张郃先掐断蜀军的水源供应，从心理上沉重打击蜀军的斗志，然后魏军大举围山，"大破之"。虽然蜀军的伤亡可能并不算重，只不过"士卒离散"，但张郃夺取街亭的战术目的已经达到。

从蜀汉的角度看，街亭的丢失对诸葛亮的北伐成果几乎造成了致命的伤害，魏军可以长驱直入关西，诸葛亮蚕食雍凉的计划已经没有实现的客观条件了。诸葛亮万般无奈之下，只好拔军南撤，轰轰烈烈的第一次北伐就这样虎头蛇尾地收场了。诸葛亮除了收获一场惨重的教训，什么也没得到。

因为马谡严重违反军纪，按律当斩，诸葛亮也判了马谡的死罪。不过综合史料来看，马谡应该不是死在诸葛亮刀下的，而是先畏罪潜逃，丞相长史向朗知情不报被免官。后来马谡被缉拿归案，踢到大牢准备杀头，马谡运气好，没等吃刀头面的时候，就病死在狱中。

马谡是一流的前线高参，但他在守街亭之前从来没有单独领兵作战的经历，诸葛亮选择马谡是一个天大的错误。这和刘备选择魏延守汉中不同，当时魏延就是一流大将，作战经验丰富，这才是刘备敢将事关身家性命的汉中要地交给魏延的原因。

马谡食古不化，但失街亭的责任主要还在于诸葛亮用人不明，古代官员举荐有个"连坐"原则，就是甲推荐了乙做官，如果乙犯了错，甲要承担连带责任。马谡呆板地效仿韩信背水一战，而诸葛亮则想学刘备，结果全都砸了锅。明末大儒王夫之批评诸葛亮："武侯之任人，一失于马谡，再失于李严，诚哉知人之难也。"是有道理的。

用人讲究的是因才适用，舍其长就其短，必然要坏事的。清人顾嗣协有首诗说得好："骏马能历险，力田不如牛。坚车能载重，渡河不如舟。舍长以就短，智高难为谋。生材贵适用，慎勿多苛求。"当时蜀军帐下有许多名将，别人不说，有个超大牌的魏延，诸葛亮却不知道出于什么考虑，对魏延百般限制，严重浪费了人才资源。

马谡因街亭之失而丧命，对本就选才范围相对狭小的蜀汉来说是莫大损失。马谡有才，但用之非所，很难想象曹操会派郭嘉领兵作战，刘备会让法正和夏侯渊玩命。诸葛亮用人有失明察，虽然诸葛亮也因误用马谡向朝廷请罪，自贬三等，但这是诸葛亮应该负的政治责任，无话可说。

第一次北伐虽然失败，但不幸中的万幸是蜀军主力并没有受到重创，只不过诸葛亮白忙活了一场，大不了甩掉包袱，从头再来。不过从诸葛亮在当年年底又再次北伐来看，诸葛亮对第一次北伐的失败非常不甘心，从哪里跌倒的，就从哪里爬起来。

第二次北伐的契机是这年五月，魏军大举伐吴，却惨遭失败。魏军横东跨西，在打退了诸葛亮的第一次进攻后，曹叡就把精力放在了东线，对付孙权。诸葛亮认为魏军主力都被孙权牵制在了东线，关中的魏军兵力相对空虚，机不可失，时不再来。

这次北伐和第一次北伐有个相同之处，就是诸葛亮在临行前又写了一道《出师表》，就是《后出师表》。这道表的作者现在存疑，极有可能是后人伪托诸葛亮之名写的，我们不深究这个问题，《后出师表》的主体精神还是非常符合诸葛亮的人品性格的。比如那两句精准概括诸葛亮一生忠诚品质的名言："鞠躬尽瘁，死而后已。"

诸葛亮在第二次北伐时，放弃了前次北伐时的奇袭思路，不再走祁山一线，而是从散关北上，去攻取渭河要塞陈仓。我们对陈仓这个地方再熟悉不过了，一代战神韩信初出江湖，就使出了"明修栈道，暗度陈仓"的大手笔。

陈仓对长安的战略意义不言而喻，诸葛亮这次选择陈仓，目标非常明显，就是兵锋直指长安。长安是雍凉等州的首脑重镇，如果蜀军能攻克长安，关西魏军则丧其胆，一鼓可取。

和韩信"暗度陈仓"相比，这次诸葛亮是明度陈仓，但战略目标是一致的。虽然诸葛亮当初拒绝了魏延的冒险计划，但诸葛亮却一直没有走出魏延的战略思路，从某个角度讲，诸葛亮是魏延夺取关西战略的忠实执行者。

诸葛亮选择陈仓为突破点，应该是个临时决定，或者认为陈仓魏军较少，可以一战破取。蜀军只带了为数不多的粮食，得志满满地来攻陈仓，结果在陈仓城下，诸葛亮吃了陈仓守将郝昭一记大闷棍，"陈仓已有备，亮不能克"。

一千多魏军在郝昭的率领下，抵抗数万蜀军足足二十多天，诸葛亮拿郝昭没有一点办法。再加上魏军主力火速前来支援，蜀军粮食又不够吃，诸葛亮只好恨恨而退，这一趟又白跑了。

从历史记载来看，这次突袭陈仓，诸葛亮是想出奇制胜，不过是魏延奇计的翻版。诸葛亮在军事理论上是一代大家，但他的临战能力总感觉少了些什么，或者说是缺乏冒险精神。

与其出散关攻陈仓，倒还不如押上魏延那一宝，出奇兵，翻越子午谷，穿过冢岭山、灌举山，直捣潼关。诸葛亮和魏延就像两个赌徒，魏延赌红了眼，什么都敢往赌桌上押。诸葛亮就不行，他只敢下小注，赚了更好，赔了也不伤筋骨。

第二次北伐的失败，主要原因有两个，一是诸葛亮选错了攻击点；二是诸葛亮攻克陈仓的准备不足。这场陈仓攻坚战是诸葛亮军事生涯中难得一见的艰苦战役，诸葛亮几乎用上了所有攻坚战的作战方式，但全被郝昭给顶了回去。

诸葛亮似乎不太善于打攻坚战，元人胡三省认为郝昭能守住陈仓，并不是郝昭有多厉害，而在于诸葛亮不会用兵。胡三省引用孙武"用兵之术，攻城最下"，批评诸葛亮不懂变通，虽有些刻薄，大体上还是有道理的。

经历了两次北伐的挫折，诸葛亮似乎在战略上的气势明显不足，不再寻求一战定江山，而是转向战术层次的北伐，第三次北伐（公元229年）就是这样。这次蜀军北伐，主将并不是诸葛亮本人，也不是魏延、吴懿等大牌，而是副将陈式（有可能是陈寿之父）。

陈式的主攻方向也不是关中地区，而是较为偏僻，但对汉中极有战略意义的武都、阴平两个郡。这两郡紧挨着汉中的西边，魏军在这两郡的军事存在，对汉中的威胁非常大。最要命的是，这两郡距离成都也不算远，万一魏军抄小路南下，一旦进入平原地区，诸葛亮的麻烦就大了。

这次北伐相比前两次来说比较顺利，原因主要是魏军在这里的军力比较薄弱，陈式很快就把两郡划进了蜀汉的版图。不过第三次北伐虽然相对来说比较务实，但诸葛亮北伐的总体思路并没有转变，他依然在寻求一战定江山的机会。从这个角度来讲，在诸葛亮五次北伐中，只有第三次北伐是以战术性为主，其他四次都是战略层次上的。

第四次北伐，诸葛亮依然选择了以祁山作为战略突破口。除了对第一次北伐莫名其妙的失败心有不甘，诸葛亮认定斩断魏关中、关西地区的战略通道，对北伐成功起到至关重要的作用。

这次北伐，诸葛亮取得了非常不错的战绩，除了大破魏军主力郭淮和费曜所部，还得到了上邽地区的粮食，"大芟刈其麦"。不过即使如此，蜀军的粮食供应依然是个大问题，因为山地险峻，所以诸葛亮在北伐时是动用的新式运输工具——木牛流马。

诸葛亮在第四次北伐遇到的最大困难也许还不是粮食短缺问题，而是他的对手——天下枭雄司马懿！司马懿是何等人物，他算准了诸葛亮想速战速决的心思，下令严守不战，和诸葛亮耗粮食。

两军对垒时，拼的就是粮食，看谁咬牙坚持的时间更长。诸葛亮因中都护李平的粮食供应没有跟上，上邽的麦子也吃完了，诸葛亮只好长叹后退。虽然司马懿在张郃的威迫下，勉强出山追击诸葛亮，张郃被诸葛亮在木门道射杀，但诸葛亮的第四次北伐依然是虎头蛇尾。

在这几次北伐劳而无功后，诸葛亮认识到了粮食是取得军事胜利的首要物质基础，所以从汉中撤回来后，诸葛亮"劝农讲武"，休养生息。诸葛亮第四次北伐和第五次北伐中间相隔的时间最长，足足三年！

在这三年时间里，诸葛亮做足了第五次大举北伐的准备，除了准备大批军粮，诸葛亮还日夜操练士卒。在第五次北伐的前一年，诸葛亮将军粮运到了斜谷南口，以方便军队就地取食，这也是削减军队作战成本的一个重要步骤。

诸葛亮这些年来身体情况一直不太好，他也似乎隐隐感觉到了什么，第五次北伐也许就是他人生的谢幕演出。一切准备就绪后，建兴十二年（公元234年）二月，诸葛亮亲率十万雄师，在春暖乍寒之际，高举大汉旗帜，心情复杂地穿越斜谷，悲壮地向关中挺进……

诸葛亮早就感动了历史，但依然没有感动他的敌人，作为诸葛亮最强大的对手，司马懿在渭水之滨静候着老友的到来。司马懿算定了诸葛亮不会从郿城出武功，而是驻屯五丈原，诸葛亮果然留在了五丈原。

诸葛亮这么用兵确实太过保守，不过诸葛亮有自己的苦衷。如果走武功沿渭水北岸向东进攻，蜀军未必有多大的胜算，毕竟魏军主帅是老奸巨猾的司马懿。

最重要的是蜀军虽然粮食丰足，但也经不起太长时间的消耗，一旦粮食吃完了，就将陷入死局。

诸葛亮之所以选择五丈原作为屯兵之所，主要原因是五丈原正好处在斜谷北口，斜谷是蜀军粮食运输的命脉，万不可有失。同时一旦蜀军被魏军打败，蜀军可以及时地通过斜谷南撤，避免被司马懿下锅煮了饺子。

诸葛亮行事过于谨慎，但诸葛亮的求战之心依然强烈，他屡次向司马懿下战书，要求两军决战。司马懿这个人最大的能耐就是忍，无论是在官场上还是在战场上，在形势不利的时候，司马懿比谁都能忍。任凭你跳脚骂大街，我自装聋作哑，你能奈我何？

现在蜀军士气正盛，司马懿也不会蠢到撞诸葛亮的枪口，就一个字：拖！司马懿从多方渠道打听到了诸葛亮身体每况愈下，看样子撑不了多久了，更坚定了死守的决心。

诸葛亮从二月出兵，一直耗到八月，在半年时间里，都没有机会和魏军正面决战。诸葛亮心情抑郁，再加上公事操劳，终于扛不住命运的进攻，大病一场，卧床不起。在勉强向朝廷来使李福托付了他死后的人事安排后，诸葛亮含恨病逝于五丈原，寿五十四岁。

诸葛亮为报"先帝厚遇之恩"，明知不可为而为之，鞠躬尽瘁，死而后已，将后世之人感动得一塌糊涂，成为三国历史上一座伟大的丰碑。诸葛亮一直是历史上的热门议题，各种角度的评论、诗词不绝于书，从这层意义上讲，诸葛亮确实是三国当之无愧的第一人！

关于诸葛亮北伐，历代史家贬多于褒，宋人何去非的观点就很有代表性："孔明有立功之志，而无成功之量；有合众之仁，而无用众之智。故尝数动其众而急于立功，功每不就而众已疲。此孔明失于所以用蜀也。"

诸葛亮北伐失败，抛开魏蜀综合国力的差距，诸葛亮用兵过于拘泥于"行堂堂正正之阵"，不敢用奇，是主要原因。唐人吕温指责诸葛亮"奇谋非长"，是有一定道理的。诸葛亮虽然也有用奇兵之处，比如第一次北伐就是，但诸葛亮的"奇"，更多是战术层面的，归根结底，诸葛亮用的还是"正兵"。

何去非在《蜀论》中举了一个例子，范蠡曾经告诉越王勾践："兵甲之事，（文）种不如蠡；镇抚国家，亲附百姓，蠡不如种。"何去非认为诸葛亮就是蜀汉的文种，他的长处在于政治，而非军事。以诸葛亮之所短，"出其兵乃与魏氏角，其亡宜也"（苏洵语）。

我们再举一例，如果小霸王孙策初出江湖时就死了，让孙权披挂上阵，铁血打江山，孙权能拿下江东吗？答案显然是否定的。诸葛亮在军事理论上是对历史做出巨大贡献的，但他和马谡一样，都长于理论，短于实战，这点远不如油滑的军头司马懿，也许这就是历史的无奈之处。

诸葛亮的话题就讲到这里，以明朝大儒王阳明的一首《龙冈漫兴》来结束本篇：

> 卧龙一去忘消息，千古龙冈漫有名。
> 草屋何人方管乐，桑间无耳听咸英。
> 江沙漠漠遗云鸟，草木萧萧动甲兵。
> 好共鹿门庞处士，相期采药入青冥。

二一 / 孙权和群臣的博弈

罗贯中的《三国演义》，实际上就是三个人的江湖：喜羊羊诸葛亮、美羊羊关羽，以及灰太狼曹操。慢羊羊刘备作为蜀汉开国君主，实际上也没在罗贯中笔下捞到多少戏份，有些本该刘备出演的戏，都被匀给诸葛亮和关羽，甚至是沸羊羊张飞了。

但不管怎么说，刘备还算是领衔主演，在《三国演义》中依然属于一线角色，不算吃亏。要说《三国演义》中最大的黄金配角，不是刘备，而是同样鼎足三分、偏霸一方的懒羊羊孙权。

"三国"，顾名思义，少了孙权的吴国，还能称为三国吗？可惜历史就是这么莫名其妙，虽然孙权的蛋糕做得比刘备、曹操都大，但无论是正史中，还是《三国演义》里，"三国"都是魏蜀争霸、东吴搅局的格局，孙权成为跑龙套的了。这对孙权来说，确实有些不太公平。

孙权是东吴政权发展壮大的关键人物，他短于开创，强于守成。但不可否认的是，要论个人魅力，且不说曹操和刘备、诸葛亮这些外人，就是在东吴内部比较，孙权也远不如孙策和周瑜。孙权不是偶像派，但这不能说孙权没实力，实力派和偶像派的区别也只在于站在镁光灯下的次数。

在对孙权各色各样的评价中，也许他的哥哥孙策说的那句名言最为贴切，后人对孙权的了解肯定不如孙策。孙策在临死前指出了他和弟弟的优劣，"举江东之众，决机于两阵之间，与天下争衡，卿不如我；举贤任能，各尽其心，以保江东，我不如卿。"换句通俗的话讲，孙策是军界精英，天生就该上战场的，而孙权是政界精英，命里注定要吃官场饭的。

孙权是汉末三国时代少有的寿星，活了七十一岁，比曹操、刘备都高寿。关于孙权的统治时间，有三种算法，一是从公元229年孙权称帝算起，共二十四年；二是从公元222年孙权受曹丕封为吴王算起，共三十一年；三是从公元200年孙权接替哥哥孙策主政江东算起，共五十三年。

孙权的运气比曹操、刘备都好，江山是哥哥铁血打出来的，从这层意义上来讲，孙权是守成令主，不是开国雄主。孙权有许多缺点，但他最大的缺点就是气势不够大，缺乏一股雄心壮志，这点孙权比不过孙策。

曹操和刘备的统一战略非常明晰，他们从始至终都在为自己的统一战略服务。孙权的统一战略相对曹刘来说比较模糊，说孙权不想统一也不客观，但孙权的统一行动更多的是一种纸面上的游戏，喊喊口号而已。有时甚至连口号都懒得喊，只想守着一亩三分地，做个快乐的土财主。

孙权自己不思进取，也难怪罗贯中会无视他，《三国演义》实际上是一部《魏蜀争霸》，孙权只是个黄金配角。在三国的战略格局中，魏蜀像两个秤盘，孙吴像一只重重的砝码，偏于魏，蜀吃紧；偏于蜀，魏吃紧。

当然，配角也不是好当的，没有相当扎实的舞台功底，也是很难胜任的。孙权这点做得很好，他缺乏战略远见，注定不能成为开拓性帝王。不过孙权是个战术高手，他适合做具体而细致的事务，这点曹操和刘备似乎都比不过孙权。孙权有许多战术上的长处，其中最大的优点是会用人，也就是孙策所说"举贤任能，各尽其心"。

之前我们讲过了三国另两大巨头曹操和刘备的用人方式，曹操、刘备都是从基层搏杀出来的，曹刘和追随他们打江山的一线人才感情很深，这点不多介绍了。

孙权则是另外一个情况，东吴的江山是孙策开创的，江东官场一线人物有许多都是孙策时代甚至是孙坚时代的老资格，孙权对他们来说是个小字辈。这种关系决定了孙权天生在这些老一辈面前就要矮一头，用人的方式是仰视角度，而不是曹操的俯视角度。

这里先把东吴官场重要人物的出场时间做一个归整（截止到孙权中期），以便大家阅读下文：

孙坚时代

文官系统：无；

武官系统：程普、韩当、黄盖、朱治、芮祉。

孙策时代

文官系统：张昭、张纮、顾雍、秦松、虞翻、陆绩、胡综；

武官系统：周瑜、太史慈、朱然、吕范、邓当、吕蒙、贺齐、芮良、芮玄、蒋钦、周泰、陈武、董袭、甘宁、凌操、凌统。

孙权时代

文官系统：诸葛瑾、严畯、程秉、薛琮、刘基、张温、骆统、吾粲、是仪、吴范；

武官系统：鲁肃、陆逊、朱桓、全琮、吕岱、潘濬、徐盛、潘璋。

从这个表中，我们可以看出，孙权手上的牌面，可能要比曹操那边稍逊，但远强于刘备（早期）。孙权也确实会利用自己的人力资源，把自己的利益最大化。孙权的能力不用怀疑，像程普、张昭、周瑜这样的老资格都对孙权俯首帖耳，可见孙权的能力是得到官场一线公认的。

用人和买菜其实是一个道理，人和菜都有保质期，不过是保质期的时间长短不同而已。曹操和荀彧是公认的君明臣贤组合，曹操也视荀彧为肱股心腹，结果后来二人翻了脸。刘备和诸葛亮也是如此，如果法正不早死，蜀汉政坛的首席还不知道是谁呢。

孙权也没有逃脱这个怪圈，关于从完美结合到产生分裂的这个标界点，如果说曹操的标界点是荀彧反对他称魏公，刘备的标界点是法正的强势介入，孙权的标界点就是赤壁之战前，张昭等文官系统坚决投降的观点对孙权造成的强烈刺激。

建安十三年（公元208年）十月，曹操率大军席卷而至赤壁。曹操写信给孙权，要和孙权"会猎于东南"，实际上是敦促孙权早点投降。在对曹操的态度上，东吴的武官系统基本上同仇敌忾，要和曹操决一死战。而文官系统则苦劝孙权投降，代表人物就是张昭。

孙权的本意是不想投降的，但他慑于曹操强大的武力威胁，一直在痛苦地犹豫。幸好鲁肃、周瑜从孙权的个人待遇上以及吴魏实力对比上开导孙权，再加上诸葛亮的煽风点火，孙权这才下定决心，联合刘备，武力抗曹。

孙权对张昭等篾片清客的丑陋表现非常厌恶，骂他们"各顾妻子，挟持私虑"。孙权随后在高层会议上拔刀砍桌子，喝道："谁再叽叽歪歪地劝孤投降曹老瞒，别怪老子翻脸不认人！"实际上这话就是说给张昭、秦松这些铁杆投降派听的。

虽然赤壁之战后，孙权并没有追究张昭这些人的投降罪，但孙权在心里已经对张昭丝毫没有好感了。只不过张昭作为东吴官场的头牌人物，孙权还想榨干张昭的剩余价值，让张昭做一个政治花瓶，撑撑场面。

表面上孙权对张昭毕恭毕敬，跟干儿子差不多，张昭敢公开指责孙权做错事。但一旦涉及政治利益，孙权坚持自己对张昭的政治打压，坚决不重用张昭。

文官系统的最高职务是丞相，孙权在黄武元年（公元222年）被曹丕封为吴王，有资格开府拜相了，百官就推荐张昭当丞相。如果从官场资历来说，张昭比任何人都有资格当选，不过孙权却不同意让张昭做丞相。

孙权对张昭毫不留情面，他的理由是："方今多事，职统者责重，非所以优之也。"意思是现在乱世多事，丞相的人选必须有能力帮助我处理军国大事，而不是找一个政治花瓶。孙权放弃了张昭，而让当时的二线角色孙邵入围。

几年后，也就是黄武四年（公元225年），孙邵病故，丞相的位子又空缺了。看来张昭在官场上的人脉非常广，这次东吴百官再次联名推荐张昭，这下看你孙权没借口可找了吧。

孙权还是不给张昭面子，向众人暗示张昭心胸狭窄，"所言不从，怨咎将兴"。孙权再次抛弃了张昭，改任太常顾雍为相。张昭知道孙权依然对自己当初劝他降曹心怀忌恨，什么怕麻烦自己、为人性刚，都不过是孙权的借口。

在孙权的内心深处，他永远无法原谅张昭在赤壁之战前对他造成的感情伤害，只要有机会，孙权就会当众给张昭难堪，出这口恶气。孙权在建国称帝的时候（黄龙元年，公元229年），设宴招待百官。

张昭一直改不了上杆子拍马的老毛病，又想拍孙权的马屁。还没等张昭动嘴，孙权冷不丁来了一句："如张公（赤壁迎曹）之计，今已乞食矣。"弄得张昭面红耳赤，好不难堪。看到张昭难堪，孙权的心里肯定乐开了花。

坚决不用张昭为丞相，是孙权用人的一个不公开的政治底线，因为当年张昭押错了宝，这不过是他应该受到的（来自孙权的）惩罚。其实东吴官场的丞相一职，相对于主管蜀汉军政的诸葛亮来说，是个荣誉性的虚职，东吴的丞相不过是个大号的三公。

以张昭在官场和士林中的阅历，无论他当不当这个虚位丞相，张昭都是东吴官场和士林当之无愧的第一，顾雍的分量远远不如张昭。张昭未必就稀罕这个丞相位子，但孙权对张昭的忌恨，却让张昭感到非常不爽。

赤壁之战前的劝降，是张昭对不起孙权，但张昭自认给孙家兄弟做了一辈子的牛马，没有功劳，还有苦劳。张昭是个欺软怕硬的主，他对曹操可以奴颜婢膝，但对孙权，张昭还是敢硬顶的。

孙权和张昭之间最有名的一场战争，发生在吴嘉禾二年（公元233年），盘踞在辽东的军阀公孙渊跨海来使，向孙权称臣。好大喜功的孙权兴奋得不得了，派使节跨海赴辽东，准备和公孙渊结成反魏同盟。

关于这次公孙渊称臣，东吴群臣又犯了胆小怕事的毛病，生怕因此得罪了强大的曹魏。以张昭、顾雍为首，东吴群臣一拥而上，劝孙权不要上公孙渊的当，咱们没理由替公孙渊背黑锅。

孙权已经走火入魔了，根本听不进劝，后来张昭把孙权说急了，恼羞成怒的孙权拔刀出鞘，指着张昭的鼻子骂："江东人士，入宫拜我，出门拜君，我已经够给你面子了。每次我做点什么事情，张公都要跳出来搞乱，我已经忍你很久了！"

张昭知道孙权还没有忘记赤壁的仇恨，张昭在孙权幕下吃了二十多年的官饭，对付孙权这个愣头青不在话下。张昭不知道是演技高超呢，还是真情所致，张昭提到了孙权的母亲吴氏在临死前将孙权托付给他的往事，张昭当众老泪纵横，孙权也被张昭感动了，扔了刀，对着张昭号啕痛哭。

但感情是感情，政治是政治，一码归一码，孙权在礼数上把张昭当亲爹一样供养着，但就是不听他的。张昭因为孙权听不进劝，已经在家装病了。张昭这时也在气头上，孙权自己做错了事，就应该谦虚一点。

孙权进入中晚年以后，脾气极坏，一听张昭不给他面子，气头上的孙权命人用黄土将张昭宅子的门封死。孙权气咻咻地想：看谁能耗得过谁！张昭看来是下决心和孙权死扛到底了，也让家人用土从门里封死，老夫还真不信能败在你这个碧眼小儿手上。

孙权还是派人去辽东勾结公孙渊，结果公孙渊将魏吴的实力对比后，感觉孙权并不可靠，就把孙权给卖了，吞了吴国送来的礼物。消息传到江东，孙权仿佛被公孙渊当众狠狠扇了几个大嘴巴，恨不得找个地缝钻进去。

孙权这才意识到张昭当初劝自己是正确的，孙权还不想和张昭的关系闹僵，孙权亲自来到张府宅外，大声叫喊请张昭开门。张昭推说自己有病不能上朝，请皇帝回吧，老臣就不出门远送了。

看到张昭这么不给面子，孙权的火暴脾气又上来了，让人放火烧门，看谁能扛过谁。当然这是在假烧，真把张昭烧成烤鸭了，顾雍他们还敢给自己卖命吗？

这场著名的"塞门之战"，是孙权和张昭几十年恩恩怨怨的总爆发，眼看局势不可收场，张昭的儿子们将老爹强行架出门。孙权知道戏该收场了，对着张昭又是一番鬼哭狼嚎，然后用小车载着胡须花白的张昭向宫里驶去，两个老男人的背影渐渐模糊……

对于这场奇怪的战争，晋人习凿齿站在君主本位论的基础上，对张昭提出了严厉的批评。习凿齿认为张昭这是在演戏，有意给自己脸上贴金，不无道理。但问题并不是出在张昭这里，孙权才是这场闹剧的根源所在。

当初孙策说孙权"举贤任能，各尽其心"没错，以前的孙权确实礼贤下士，但人都是会变的。其实我们在偷袭荆州得手之前看到的那个孙权，并不是真正的孙权。偷袭荆州得手后，那个骄傲狂悖、果于杀戮的暴君，才是真正的孙权。

在孙权执政早期，东吴官场到处都是一派和谐的温馨场面，文尽其智、武尽其勇。张昭主内政，周瑜主外政，周瑜死后，鲁肃依然是一个合格的继任者。但鲁肃的死，应该是孙权性格发生重大转变的前奏。

孙权一直不认同鲁肃割让荆州与刘备，吴蜀联合抗魏的战略构想，只是出于对鲁肃的敬重，一直和鲁肃打马虎眼，就这样不阴不阳地撑着。不过在公元217年鲁肃病死后，孙权就从战术上否定了鲁肃正确的战略构想。两年后，孙权偷袭荆州得手，做了一个快乐的土财主。

得到荆州后，孙权的事业达到了最鼎盛的时期，但这同时也是孙权人格发生重大变化的关键期。陈寿批评孙权"性多嫌忌，果于杀戮"更多的是指孙权的中老年时期，年轻时代的孙权可不是这样的。

在三国三大领袖中，孙权是和群臣矛盾最多的一位，曹操只和荀彧交过火，刘备更多是和诸葛亮发生心理暗战。孙权的火暴脾气决定了东吴百官几乎都成了他潜在的敌人，成天打打骂骂，东吴官场一地鸡毛。

孙权在东吴官场上有两个最著名的敌人，一个是上面讲过的张昭，另一个是虞翻。虞翻和张昭一样，都是江东士林的一线名士，而且虞翻的资历并不比张昭逊色多少，也是孙策时代的老资格。

虞翻是东吴士林中少见的侠儒，虞翻不仅善使矛枪，而且一日能步行二百里，属于文武全才。虞翻什么都好，唯独他的脾气一直惹人诟病，实在太火暴了。孙权这样的驴脾气，虞翻都看不上眼，可见虞翻狂到了何种程度。

虞翻是个直筒子脾气，向来是有一不说二，他没少在孙权面前给孙权添恶心，"（虞）翻数犯颜谏争（于孙权）"。结果惹得孙权很不高兴，将虞翻下放到地方上一个小县，好好反省去吧。

虽然孙权后来又将虞翻调回了身边，但虞翻的驴脾气一直没改过来，照样见谁骂谁。孙权偷袭荆州得手后，释放了被关羽关押的曹魏名将于禁，因为这时孙权和曹操是暂时的结盟关系，所以孙权对于禁还是非常客气的。

这本来没有虞翻什么事，但虞翻就是想出风头，一边骂于禁没骨气，一边要拿鞭子抽于禁。于禁再怎么没骨气，也轮不到你虞翻充好汉。当初张昭劝孙权投降曹操，也没见虞翻拿鞭子抽张昭，典型的小人得志，丑态百出，让人鄙视。

虞翻随后又在孙权举行的宴会上公然羞辱于禁，惹得孙权极为不高兴。孙权还要利用于禁来巩固他和曹操的同盟关系，因为随后刘备必须要倾蜀之兵来夺荆州。但如果因为虞翻的胡闹，而影响了自己的联魏抗蜀的大局，孙权能恨死虞翻。

但虞翻喜欢出风头的毛病一直没有改掉，有次孙权在宫里举办宴会，文武百官欢笑宴饮。孙权借着酒兴，起身给大臣们敬酒，别人都毕恭毕敬地起身接酒。虞翻可能是喝醉了，不想再喝了，趴在地上假装醉酒，张牙舞爪的没少出洋相。

孙权真以为虞翻醉了，就回到座上，哪知道他刚回头，虞翻就嬉皮笑脸地回到了位子上，继续吃喝。孙权一看就急了，这不是有意驳我面子吗？我已经忍你很久了！孙权头脑一热，拔剑就要当众杀死虞翻，要不是大司农刘基死死抱住孙权，苦苦相劝，虞翻的小命早就没了。

虞翻再怎么二百五，也是官场上的一线重臣，而且是海内名士，杀了他，对孙权的负面影响是非常大的。孙权也就不再和虞翻计较，但不久后虞翻再次跳出来给孙权捣乱，最终孙权忍无可忍，将虞翻赶到了交州，从此虞翻在交州过了十几年的谪居生活，再也没有回到江东。

孙权每次见到虞翻，二人都跟斗眼鸡似的，扑棱着翅膀撕咬起来。可当虞翻从孙权身边消失之后，孙权似乎总感觉少了些什么。是不是真爱一个人，最好的试验就是把这个人从自己的生活中抽走，让时间来证明这份感情是真纯还是假纯，一试就灵。

孙权终于意识到，他对虞翻是有真感情的。虽然他从此再也没有见过虞翻，但在孙权心里，虞翻似乎一直没有远离，每想到虞翻，孙权都感觉非常愧疚。

最后孙权终于良心发现，念起了虞翻的好，派人去交州寻找虞翻的下落，这时距虞翻被赶出江东，已经过去了十六年。而虞翻在吴嘉禾二年（公元233年）的时候，就在交州寿终正寝了。

虞翻被流放交州的十几年里，一直没有忘记自己是孙权的马仔，每逢吴国发生大事，虞翻总想尽臣子的一番赤诚。只是上次孙权要拔剑杀他的阴影，在虞翻心里已经扎下了根，虞翻每想到这事都感觉后怕，"欲谏不敢"。

虞翻是江东最著名的狂徒，像他这样的人物，都被孙权给整得畏首畏尾，孙权真够厉害的。客观来说，虞翻虽然脾气不好，但终究是个诤臣，有句老话说得好："家有诤子不败家，国有诤臣不亡国。"虞翻就像是一盆凉水，孙权什么时候头脑发热，虞翻这盆凉水就可以浇到孙权头上，帮助孙权保持冷静。

可以说虞翻是东吴唯一一个具有反抗精神的诤臣，张昭不完全算是，而陆逊、诸葛恪又都是统筹全局的方面大员，不是虞翻这种类型的。孙权损失了虞翻，从某种意义来说，远比陆逊之死给孙权造成的损失大。

虞翻是个优秀的谏臣，虞翻被驱逐出朝廷后，在孙权身边得宠用事的是吕壹——一个刻薄宵小。虽然当时东吴的权力架构是文有顾雍主内，武有陆逊主外，但吕壹实际上才是东吴政坛的头牌。

吕壹的权力非常大，史称"举罪纠奸，纤介必闻，重以深案丑诬，毁短大臣，排陷无辜"。顾雍这样的国宝级重臣都得少喝吕壹的洗脚水，更不用说其他大臣。当然，吕壹其实只是孙权养的一条官场斗犬，吕壹做的这些坏事，哪桩哪件没有孙权的授意在前？不然吕壹敢玩火吗？

吕壹得势的时候，虞翻可能已经被谪居交州了，不然以虞翻的火暴脾气，不当众扇吕壹的耳光才怪。也就是顾雍这样的老好人，能忍受得住孙权这号不按常理出牌的。如果黄皓早生几十年，在刘备的授意下，给诸葛亮添恶心，不知道诸葛亮会是个什么心情。

顾雍和张昭、虞翻一样，都是江东士林的一线名士，但顾雍的性格与张虞二人完全不是一个类型的。张昭、虞翻都是属螃蟹的，眼睛长在脑门上，横着走路。而顾雍却非常谦恭，行事极为低调，不张扬，是东吴官场上难得的老好人。

顾雍在历史上的形象比较模糊，感觉就是一只政治花瓶，除了被孙权拎出来装点官场，别无长处。其实不是这样，顾雍是个有真才实学的人，和张昭、虞翻从来没有在基层锻炼过相比，顾雍有着相当丰富的地方工作经验，这也是孙权选择顾雍为相的原因之一。

史称顾雍在二十岁的时候就当上了合肥长（县令），这一年是公元187年或公元188年，这资历在东吴官场是非常老的。从派系上讲，顾雍也是孙权的嫡系人马，孙权刚主政江东时的正式官衔是会稽太守，但真正管理会稽的却是顾雍。

顾雍的治政能力很强，在会稽任内，顾雍"讨除寇贼，郡界宁静，吏民归服"。几年后顾雍离开地方，来到东吴权力核心层，孙权非常器重顾雍，视为左右臂。

顾雍应该是了解孙权为人的，"伴君如伴虎"，别看今天孙权和你勾肩搭背，明天说翻脸就敢捅你刀子。顾雍的为官哲学，说得雅一点，就是"万言万当，不如一默"，说得俗一点就是装傻充愣，千万别在孙权面前逞英雄，老虎的忍耐度是有限的。

顾雍的政治生涯平静如水，没有什么大起大落。也许是顾雍内向的性格使然，顾雍和孙权纠结了几十年，从来没见顾雍因为什么事情和孙权红过脸。

每次孙权举办宴会，顾雍虽然都在座，但顾雍每次都像尊泥菩萨一样，面无表情地坐着。顾雍从来不喝酒，他只闷头吃菜，丝毫起不到调节现场气氛的作用。

这还不算，顾雍不喝酒，也不喜欢看到别人耍酒疯，谁要是当着孙权的面耍酒疯，别怪顾雍现场给他难堪。孙权是个野猴子性格，喜欢上蹿下跳、吱哇乱叫，顾雍这么压制酒会气氛，让孙权非常不满，说了句："顾公在座，使人不乐。"

顾雍不是虞翻，虞翻给孙权添恶心，孙权就敢拿剑要虞翻的小命。但对于顾雍，孙权除了尊重，还是尊重，毫无办法。孙权在战略上是个浅见者，但在政治上还是能拎得清大事的。

顾雍不仅是东吴文官系统的头牌，最重要的是顾雍在江东士林中的地位是非常崇高的。顾雍的背后站着江东的士大夫阶层，他们是孙权维护统治的两大基石之一（另一为武将集团），孙权再不喜欢顾雍闷倒驴的性格，也不会因为这个和顾雍过不去。说得确切些，是不和自己过不去。

东吴的权力格局与曹魏、蜀汉有着明显的区别，如果说曹魏是集体决策制、蜀汉是诸葛亮一超独大制，东吴就是双头鹰格局。说得通俗一些，东吴权力分配就是孙权主内政，四大巨头周瑜、鲁肃、吕蒙、陆逊主军事。

东吴的军界领导集团因四人的相继病故而发生变化，但东吴的政界首脑一直就是孙权本人。从孙权时代一开始，东吴就是这种"君主内、将主外"的权力分配格局，只不过刚开始几年，孙权经验尚浅，由张昭代行几年政界首脑职责而已。

在这种权力分配格局下，东吴丞相的职能明显地被弱化了，孙权本人的治政能力非常强，所以并不需要顾雍起到诸葛亮那样的作用。从某种角度来讲，顾雍也是一只政治花瓶。但和张昭"金玉其外、败絮其中"不一样，顾雍这只花瓶是非常实用的，可以"堵漏补缺"。

顾雍当了十九年的丞相，基本上没有什么轰轰烈烈的动作，顾雍"星味"不足，但他的能力是毋庸置疑的。孙权之所以敢于抛弃张昭，就是相信顾雍的治政能力，不然孙权也不会轻易冒险。

孙权对顾雍的使用实际上是东吴内政具体用人选择上的调整，并没有触及东吴"君主内、将主外"权力格局的核心。上面我们讲了，东吴是四大军界巨头和孙权平分权力的局面，这才是东吴权力分配的核心问题所在。

四大军界巨头在孙权时代具体的执外政时间如下：

周瑜：从建安五年（公元200年）至建安十五年（公元210年）；
鲁肃：从建安十五年（公元210年）至建安二十二年（公元217年）；
吕蒙：从建安二十二年（公元217年）至建安二十五年（公元220年）；
陆逊：从吴黄武元年（公元222年）至吴赤乌八年（公元245年）。

从上面这个简表，我们可以看出，周瑜和鲁肃是东吴正式建国前的两大军事主管，而吕蒙在四大巨头中的地位最弱，是个过渡性角色。陆逊主管东吴军政的时间最长，长达二十三年。可以这么说，孙权时代的中后期，东吴官场，实际上就是孙权和陆逊的权力游戏。

陆逊在东吴军政两界的地位不用多说，自吕蒙死后，陆逊是东吴官场上的真正头牌花旦，张昭、顾雍都要比陆逊低一头。无论是白衣渡江袭荆州，还是夷陵放火败蜀军，陆逊的功劳都是实打实的。

吴黄武元年（公元222年），陆逊率领的吴军西线兵团在夷陵大败蜀军后，他就一直驻扎在荆州，替孙权守住西大门。这时的东吴实际上是由扬州朝廷和荆州朝廷组成的，孙权负责扬州（江东本部），陆逊打理荆州。

荆州对孙权来说是西线命脉，一旦荆州被蜀汉或曹魏夺回，江东本部就将陷入万劫不复的深渊，这是孙权无论如何都承受不起的。孙权把事关身家性命的荆州交给陆逊，是孙权没有选择的选择。当时除了陆逊，东吴军界没有谁比陆逊更有资格守荆州了。

孙权和陆逊的政治蜜月期相对较长，直到陆逊临死前一年，就是吴赤乌七年（公元244年），孙权封陆逊为丞相，正式成为东吴官场的首席。但让意气风发的陆逊做梦也想不到的是，就在他的仕途达到最顶峰的时候，灾难正悄悄地向他靠近⋯⋯

陆逊即将面临的这场灾难，实际上也是孙权的灾难。说得严重一些，是东吴历史上空前的政治灾难，直接导致了东吴政权由稳定向混乱、由清明到残暴、由兴盛到灭亡的转变。

这场政治灾难的总导演，就是孙权本人。

二二 / 孙权的家庭悲剧

上面我们讲了东吴即将发生一场政治灾难，同时这也是一场孙权主导的家庭悲剧。东吴官场几乎所有的一线人物，包括孙权的至亲儿女，全都被牵扯进来。打击面之大、后果之严重，冠绝东吴历史。

有句老话说得非常好："虎毒不食子。"但陷入政治、感情旋涡的孙权，显然不在此列。在这场因为"夺储"而引发的空前政治地震中，孙权嗜血残暴的本质，被完全暴露出来，其心肠之狠、手段之毒，让人叹为观止。

让我们从头说起。

这场家庭悲剧的起因是孙权的几个儿子争夺皇太子之位，我们先来了解孙权这个东吴第一家庭的人员组成。孙权在他七十一岁的高寿人生中，总共育有七个儿子，分别是：

长子孙登，生于公元209年，卒于公元241年。
次子孙虑，生于公元213年，卒于公元232年。
三子孙和，生于公元224年，卒于公元253年。
四子孙霸，生年不详，卒于公元250年。
五子孙奋，生年不详，卒于公元270年。
六子孙休，生于公元235年，卒于公元264年。
七子孙亮，生于公元243年，卒于公元260年。

另外，孙权还有两个著名的女儿，长女孙鲁班，乳名大虎，因嫁给全琮，所以称为全公主。次女孙鲁育，乳名小虎，因嫁给朱据，所以称为朱公主。

要说东吴历史上最著名的女人，至少有四个：大乔、小乔、孙尚香、全公主。全公主是东吴中期政坛的一个活跃人物，在孙权的这场家庭悲剧中，孙鲁班扮演了一个极不光彩的角色。可以这么讲，没有孙鲁班在其中搅浑水，这场夺储之争不至于闹到如此不可收拾的地步。

说到东吴的储君，在刚开始的时候并没有什么争议。因为孙登是长子，在公元221年，曹丕册封孙权为吴王后不久，孙权就确定了孙登为东吴王国的继承人。孙权对孙登抱有非常大的期望，为了将孙登培养成可用之才，孙权不惜血本。

孙权让张昭做孙登的师傅，同时命镇守荆州的陆逊总领太子宫事，并以江东的四位顶级名流诸葛恪（诸葛瑾子）、张休（张昭子）、顾谭（顾雍子）、陈表（陈武子）来辅弼孙登，号称太子四友。另外，谢景、范慎、刁玄、羊衜等人都是江东一线名流，阵容是非常豪华的。

孙登的人品是相当不错的，虽然孙登有时很贪玩，喜欢到野外打猎，但至少孙登还知道"常远避良田，不践苗稼，至所顿息，又择空间之地，不欲烦民"。在这些江东一线名臣的重点关照下，孙登的政治素质完全可以让孙权放心，日后可以顺利地接班。

但让孙权没有想到的是，孙登天生没有皇帝命，吴赤乌四年（公元241年）五月，孙登病故，时年三十三岁。孙登的早逝，打乱了孙权对日后帝国运转的部署，孙权必须重新在余下五个儿子中间选择一个继承人——古代确定储君的原则是"有嫡立嫡，无嫡立长"，由于孙登不是嫡子，所以孙家皇子只能按长幼顺序排。由于皇次子孙虑早在孙登死前九年就死了，诸王子中老三孙和年齿最长，孙权很自然地就立孙和为皇太子，这一年是赤乌五年（公元242年）。

孙权立孙和，除了孙和年齿顺序占优，还有一个原因，就是孙和的生母王夫人很受孙权的宠爱。古代宫廷斗争不仅是母凭子贵，子凭母贵的例子也不鲜见。

孙权有两个王夫人，大王夫人在黄武年间（公元222—229年）得幸于孙权，生下皇三子孙和、皇四子孙霸。小王夫人在嘉禾年间（公元232—238年）受宠，生下皇六子孙休。

孙权贵为大国天子，身边自然不缺少美女。而孙权在诸多嫔妃中，最喜欢的应该是步夫人，即全公主和朱公主的生母。虽然孙权一直没有正式册封步夫人为皇后，但步夫人是当时吴国公认的准皇后，在宫中说一不二。

赤乌元年（公元238年）步夫人卒后，王夫人（大王夫人，下同）才终于熬出头来，成为宫中的一号人物。孙权一直比较宠爱王夫人，再加上孙和已经被立为皇太子的缘故，孙权准备扶正王夫人，册封她做皇后，算是对这些年来王夫人倾心伺候自己的褒赏。

孙权做梦也没有想到，就是这个立王夫人为皇后的念头，拉开了东吴政坛这场空前浩劫的大幕……

在古代的后宫制度中，皇后就是皇帝的后宫版，身份是极尊贵的。一旦王夫人当上了皇后，她就是江东一人之下、万人之上的国母。看到王夫人即将飞上枝头做凤凰，王夫人名义上的女儿全公主孙鲁班心急如焚，她担心王夫人真的当上皇后，那她以后就没好日子过了。

孙鲁班和王夫人向来不和，积怨甚深。虽然《三国志》并没直说孙鲁班和王夫人之间到底有什么仇恨，但从王夫人要当皇后对孙鲁班的刺激来看，二人的仇恨应该是非常深的，而且还可能是王夫人先得罪了孙鲁班。

孙鲁班是在官场上混大的，自然知道王夫人一旦被立为皇后，对自己来说意味着什么。她也明白自己反对立王氏为后，必然会得罪王氏的儿子孙和。以后等到孙和继位后，还会有自己的好果子吃吗？不如一并将王氏母子干掉，绝了后患。

从政治基础来说，孙和是王氏的根基，只要刨掉了孙和这棵大树，王氏就是无根之木，轻轻一推就得乖乖倒下。但孙和是法定的皇位继承人，不是孙鲁班说扳倒就能扳倒的，她需要等待机会。

还有一点，孙鲁班要扳倒孙和，就要对准孙权对孙和的容忍底线。这底线是什么？就是孙和不把孙权放在眼里。

孙鲁班很聪明地抓住了孙权这个心理特点，在老爹面前拼命抹黑弟弟。有一次孙权让孙和去朱雀桥边的长沙桓王庙拜祭，长沙桓王庙是为孙策建的，孙权称帝后，追封孙策为长沙桓王，故有此名。

这本来是件稀松平常的事情，孙鲁班按理是没办法在这件事上寻孙和的错处的，但事情偏偏坏在了扬武将军张休身上。张休是孙和太子妃张氏的叔父（张妃父亲是张承），自然就是孙和阵营的重要人物。

不知道张休少了哪根筋，就住在桓王庙附近的张休突然邀请皇太子来他家喝茶聊天，孙和也没多想，就窜到张休家喝茶去了。孙和可能不知道，在他的身后，早就被皇姐孙鲁班安插了眼线，孙和的一举一动，都被线人及时汇报给了孙鲁班。

孙鲁班得到这个消息后，如获至宝，立刻妖妖娆娆地窜到宫里告孙和的刁状。孙鲁班这个女人非常工于心计，她虽然是在抹黑孙和，但绝不添加半点个人意见，只是客观叙述，具体什么滋味，让孙权自己品尝好了。

孙鲁班抹黑孙和的原话是："太子不在（桓王）庙中，专就妃家（张休宅）计议。"孙鲁班多余的话一句都不说，但这话是非常有杀伤力的。孙鲁班的潜台词是孙和背着孙权，暗中和张休等人勾结，不知道会干出什么见不得人的勾当。

上面这盆脏水是孙鲁班送给弟弟的，送给王夫人的那盆脏水，孙鲁班也准备好了。孙鲁班难得抓到一次机会，干脆把王氏母子一锅烩了。相比抹黑孙和时的"和风细雨"，孙鲁班抹黑王夫人可就不客气了，虽然孙鲁班一样是"客观叙述"，至于真假，孙鲁班心里最清楚。

孙鲁班告诉孙权，某次父皇龙体欠安，她发现王夫人脸上春风无限，喜上眉梢。孙鲁班的潜台词非常明显，就是王夫人巴不得孙权早点死，好让儿子孙和早点登基做皇帝。

孙权年轻的时候确实英武过人，但老年孙权却总给人一种残暴昏聩的印象，偏听偏信，尤其是宠爱孙鲁班，简直到了"丧心病狂"的地步。孙鲁班说太阳是黑的，孙权不说太阳是白的。在东吴官场上混的都知道，孙权最疼这个女儿，从来不会拂全公主的面子。

孙权从孙鲁班嘴里得知王氏对自己如此不敬，果然怒火冲天，气头上的孙权立刻派人去责骂王夫人。具体骂什么不清楚，但从史料上这句"（王）夫人以忧死"来看，孙权对王夫人没有讲半点夫妻情分，估计什么难听的话都讲了出来。

王夫人就这么不明不白地被孙权骂死了，王夫人的死对孙和的政治前途几乎是致命的打击。孙权这个人大多数时间都比较清醒，可一旦糊涂起来，那是六亲不认的。孙权恨屋及乌，对孙和已经没有多少好感，"太子（孙和）宠益衰"。

这句"宠益衰"是《资治通鉴》的说法，而《三国志》的说法是"宠稍损"。当然，不管孙和在孙权心中的地位是"宠益衰"还是"宠稍损"，孙和在孙权心中的地位大幅度下降，是不争的事实。

孙和在感情上的严重失分，导致他的储君地位出现了动摇，至少不如以前那么稳固了。孙权当初立孙和为太子，下面几个弟弟就严重不服孙和，尤其是孙和的同母弟——鲁王孙霸，早就瞄上三哥那个让人眼热的位子了。

其实东吴闹出这场兄弟骨肉残杀的悲剧，孙和与孙霸势同水火，绝大部分的责任要由孙权来背。换句话说，孙霸的野心，是孙权给娇惯出来的。

孙权对子女的溺爱，在三国史上是出了名的。在子女的教育问题上，孙权做得不如曹操和刘备，曹操对待子女不可谓不严厉，家教甚好。刘备虽然是草根出身，但在临终前，也教育刘禅："勿以恶小而为之，勿以善小而不为！"

孙权的子女教育原则性不强，出于对子女的慈爱，孙权在不知不觉中走上了袁绍和刘表的老路：嫌长爱幼。当然孙权没有袁刘做得那么直白，孙权初时也没嫌弃孙和，但孙权对孙霸的态度，则在无形中助长了孙霸的夺储野心。

从封建礼法上来讲，皇太子是预备皇帝，他的礼仪级别仅次于皇帝，远高于诸侯王。孙和做了皇太子，在政治待遇上自然就应该比弟弟们高，以显示尊卑有别。

但孙权并没有这么做，而是将孙霸的政治级别提高到与孙和同一个档次，史称"太子（孙和）与鲁王同宫，礼秩如一"。孙权这么安排，表面上看是一视同仁，但孙和毕竟是未来的皇帝。难道孙权希望日后吴国出现两个皇帝？难道孙权不怕袁绍和刘表的悲剧重演？真是脑袋锈掉了。

"天无二日，国无二主"，这是古代官场最基本的政治原则，一旦破坏这个基本原则，政局动荡是不可避免的。孙权偏爱孙霸，导致孙霸取代孙和做太子的野心暴涨。在孙霸的潜意识里，父皇安排自己等同太子，就是在给自己进行政治暗示，自己应该主动一些。

孙权给了孙霸"分宫别僚"的特权，就是允许孙霸在官场上公开成立自己的小团伙，"鲁王党"就这样被孙权人为地制造出来，与孙和的"太子党"相抗衡。

先将"太子党"和"鲁王党"的主要人员构成简单介绍一下：

孙和"太子党"	孙霸"鲁王党"
张休（张昭子）	全寄（孙鲁班嫡子）
顾谭（顾雍孙）	杨竺
朱据（孙鲁育丈夫）	吴安
吾粲	孙奇

从阵容上来看，孙和的人马在官场上的分量要更重一些，但由于孙权对孙霸的公开偏袒，使得孙霸系人马有恃无恐，敢于公然向孙和发难。

也因为这层原因，东吴官场被非常明显地分裂成亲太子系和亲鲁王系两派，两派之间对立情绪非常严重，成天互相拍板砖，鸡毛乱飞。

孙霸系人马公开炮轰太子，"鲁王之党杨竺、全寄、吴安、孙奇等共谮毁太子，吴主惑焉"。这个"惑"字用得非常绝妙，将孙权老迈昏聩的形象非常生动地表现出来。两子争宠的糟糕局面，完全是孙权给搞出来的，孙权是这场家庭悲剧的幕后总导演。

不过孙权也逐渐认识到两子争宠会对官场造成巨大的分裂，对统治不利。孙权有意识地限制孙和、孙霸的政治待遇，"吴主夺二宫备卫、抑绝宾客，四方礼敬不复得通"。

孙权这么处理二子争宠，明显又是一个大败笔，真正吃亏的还是孙和。打个比方，孙霸抢了孙和的宝贝，而孙权却判定二人皆有罪，各打四十大板，岂非滑稽？争储事件理亏在孙霸，不在孙和，孙权所谓的处理其实是火上浇油，导致局势更加无法收拾。

太子和鲁王的争储大战在东吴官场引发了巨大的争议，所有一线官员都不可避免地被卷进了这场纷争中，其中就包括东吴的镇国之宝陆逊。对于孙权人为制造内部分裂，陆逊非常担忧，就给孙权上了一道奏疏。

从派系上来讲，陆逊既非太子党，也非鲁王党，陆逊严格约束子弟，不允许他们掺和二宫争储的政治斗争，立场相对中立。但陆逊和太子党骨干成员有亲戚关系，比如顾承、顾谭就是陆逊的外甥。在感情上，陆逊是明显偏向于孙和的。

陆逊的态度非常明确，孙和是法定的皇位继承人，孙霸再受宠，毕竟长幼尊卑有别。陆逊希望孙权从国家千秋大业着想，降低孙霸的政治待遇，只有这样，才能避免两败俱伤。

陆逊这时并不在京师，而是坐镇武昌，陆逊对孙权的影响在后期其实并不大。而且孙权在杨竺等人的狂轰滥炸下，已经开始动摇对孙和的信任了，准备拿掉孙和，扶孙霸上马。

看到陆逊在外面对自己指手画脚，孙权显得相当不满，"吴主不悦"。孙权越老越自负狂妄，孙权认为自己是永远正确的，根本听不进去任何苦口良言，陆逊也不行。孙权和陆逊几十年的交情，风风雨雨都走过来了，却因为这件事情，让两人之间的感情出现了巨大的裂痕。

在这场兄弟内耗中，孙和刚开始是比较主动的，朝中重臣基本都站在他这一边。除了陆逊上表替他说话，顾谭也公开请求孙权将孙霸逐出建业外放，顾谭知道这么做肯定会得罪孙霸，所以顾谭拼命撇清自己，"今臣所陈，非有所偏，诚欲安太子而便鲁王也"。

顾谭说话还算是客气的，至少没明说要驱逐孙霸，而公认的太子党——太子太傅吾粲，出手远比顾谭狠得多。吾粲上表请求孙权将孙霸驱逐出朝廷，远放夏口，杨竺等人尽数流放。

吾粲的本意其实也是想保全孙霸一党，至少不会让两兄弟同归于尽。但吾粲的做法太过激进，再加上吾粲是公认的太子党，所以孙霸认为吾粲这是在故意往死里整他。孙霸和杨竺开始对吾粲疯狂报复，不知道孙霸对孙权说了吾粲什么，导致孙权大怒，立刻将吾粲下狱，不久吾粲被杀于狱中。

让人感觉到不可思议的是，吾粲出事的罪名居然是"数与（陆）逊交书"，就是说吾粲犯的是"与陆逊勾结罪"。孙权冷不防地来这么一手，瞬间就将本置身于事外的陆逊强行扯了进来，看来孙权对陆逊的不满已经到了无法容忍的地步，火山即将喷发……

作为东吴最有分量的大臣，陆逊的存在对孙权的威望会构成相当的负面影响，至少大多数人会认为孙权之所以能当皇帝，是因为有陆逊辅佐他，而这恰是自负的孙权所不能容忍的。

孙权与陆逊的彻底决裂，与孙和并没有太大的关系，东吴君弱臣强的权力构架，才是孙权决定向陆逊动手的真正原因。不然如果陆逊死在孙权后面，天知道陆逊会不会对东吴幼主（不一定就是孙和）产生重大威胁。

孙权这个人做事非常果绝，从不拖泥带水，他必须尽快解决陆逊。孙权三番两次地派太监去武昌"责问"陆逊，实际上是想骂死陆逊，对陆逊这个级别的人物是绝对不能动刀子的。

在这场莫名其妙的灾难中，陆逊甚至都不知道自己做了什么，更遑论做错了什么。孙权如此不给陆逊留情面，确实让陆逊悲愤异常，几十年风里雨里替孙权做牛做马的功劳，就这么被孙权一笔勾销了，换了谁，也咽不下这口恶气。

陆逊是个刚烈性子，被孙权派来的太监恶狠狠地羞辱，一时受骂不过，"愤恚而卒"，时年六十三岁，这一年是吴赤乌八年（公元245年）。

陆逊可以说是东吴中期的官场擎天柱，陆逊坐镇荆州，北御曹魏，西防蜀汉，对孙权来说，重要性不言而喻。但孙权之所以敢拿下陆逊，倒不是孙权老糊涂了，而是孙权已经有了取代陆逊的最佳人选。

这个"最佳人选"是诸葛瑾的儿子、都乡侯诸葛恪。陆逊被骂死不久，孙权就下诏让诸葛恪全面接管陆逊的权力地盘，"会逊卒，恪迁大将军，假节，驻武昌，代逊领荆州事"。孙权也许是觉得陆逊太老了，该升级换代了。

陆逊的倒台，从人事角度来看，并没有什么不妥之处，只是孙权太不讲情面了，做事太绝。但从孙和的角度来看，陆逊的倒台，几乎是灾难性的结局。陆逊是公认的亲太子派，有陆逊在，孙和还能躲在大树下乘凉。现在大树倒了，孙和只能被晒在烈日下了。

孙权拿掉陆逊，也确实有这么一层意思，孙权对孙和的不满也不是一两天了，未必没有考虑过换太子的事情。孙权踢掉孙和并不意外，官场上大多数人都已经有了心理准备，但意外的是接替孙和的人并不是孙和的政敌孙霸，而是孙权最小的儿子孙亮。

孙亮生于公元243年，陆逊死的那一年，孙亮只有三岁。孙亮之所以迅速上位，有两个原因，一是他的生母潘夫人极受孙权的宠爱，二是全公主孙鲁班将赌注全部押在了孙亮的身上，和潘夫人结成了政治联盟。

全公主仗着自己在孙权面前受宠，经常替孙亮说好话，"数称亮美"。孙鲁班觉得孙霸有些靠不住，毕竟孙霸与孙和同母，假使孙霸上台，万一孙霸要念起当初自己害死他母亲王夫人的旧仇，自己还有好日子过吗？

现在的形势对孙鲁班非常有利，孙权太年老，而孙亮太年幼。一旦孙亮上台，那么孙鲁班就有可能趁机控制最高权力，至少确保十年富贵。从自身的利害角度来衡量，孙鲁班也不会再跳上孙霸的那条破船，天知道孙霸的那条破船什么时候就翻了。

很难说孙鲁班在孙权撤换孙和的决策过程中起到多大的作用，以孙权的智力水平，不至于被孙鲁班牵着鼻子走。孙和的失势，主要原因还在于孙权已经对三儿子失去了兴趣，孙鲁班不过是搭上了这趟顺风船而已。

孙权对孙和的不满，似乎让孙霸看到了无限的希望，但孙和失势，不等于孙霸得势。孙权对孙霸也越来越反感了，理由是"鲁王霸结朋党以害其兄"，所以"（孙权）心亦恶之"，孙权却把自己纵容孙霸企图夺储的责任推得一干二净。

孙权的下一步打算已经非常明确，废掉孙和，改立孙亮，但如果不除掉孙霸，对孙亮来说依然是个重大威胁。从道德的标准上来衡量孙和做太子这几年的得失，并没有什么不可赦之罪，但孙权显然不是按常理出牌的人，只要他想做，那就是正确的，因为在孙权的潜意识里，他才是世界上唯一正确的。

在吴赤乌十三年（公元250年）的秋天，孙权终于对他的儿子们举起了屠刀，像当年偷袭盟友关羽一样。在三国几大领袖里，孙权是公认的"薄情寡义"，不如曹操真性情，也不如刘备讲义气，孙策的豪爽坦诚，也是孙权比不了的。

孙权先拿孙和开斋祭旗，史称"吴主遂幽太子和"，孙权虽然暂时没有废掉孙和，但在政治上已经判了孙和死刑。孙和的政治地位决定了这将是一场腥风血雨的开始，官场中人已经嗅到了一股浓重的血腥味。

骠骑将军朱据就劝孙权不要轻易动太子，这是动摇国本的大事，不可草率行事，可孙权铁了心要拿下孙和，不听。从派系上来讲，朱据是朱公主孙鲁育的丈夫，与孙和私交甚好，可以划进太子党。

朱据的政治经验不太丰富，在被孙权拒绝的情况下，朱据与同为太子系的尚书仆射屈晃带着一班手下"泥头自缚"，就是把自己绑上，用泥巴糊住头发，跪在宫外，请求孙权放孙和一马。朱据这么做是典型的逼宫行为，是要遭到天忌的，果然孙权大怒，"（对朱据）甚恶之"。

东吴宫、府关于在处理孙和问题上的矛盾，被朱据这么一搅和，彻底公开化了。太子系人马见朱据率先打响头炮，觉得这是个难得地挽救孙和的机会，纷纷上书劝孙权给孙和留条活路，其中表现最为激进的是无难督陈正和五营督陈象。

这时的孙权已经走火入魔，太子系人马如此冒失的劝谏，实际上是在火上浇油。孙权的脾气就是个顺毛驴，凡事千万别逆龙鳞，否则只能适得其反。

被太子系人马逼得走投无路的孙权决定出重手反击，不给你们点颜色看看，不知道马王爷长几只眼！孙权早就打算对太子党一网打尽了，现在机会来了。

孙权先是下诏处死陈正和陈象，如果仅是杀了他们，也不算什么。最让人发指的是，孙权居然对二陈灭族！二陈何罪？家眷何辜？孙权简直就是丧心病狂，天知道历史怎么会选择孙权的。

至于率先挑起战争的朱据和屈晃，依然不肯向孙权低头，在大殿上，二人"叩头流血"，再向孙权做最后一次的争取。孙权没杀他们就已经给足面子了，在这种关系彻底破裂的情况下，孙权怎么可能再听得进去他们的劝谏？

孙权冰冷着老脸，命令武士将朱据和屈晃扑倒在地，每人赏了一百杀威棒，赶出朝廷。至于其他的太子系人马，孙权杀的杀，贬的贬，"群司坐谏诛放者以十数"。剪掉了孙和的政治羽翼，孙权就开始对孙和下手了，"废太子和为庶人"，贬居故鄣，正式宣告了孙和的政治死刑。

孙和的运气比孙霸好多了，至少还活着，三年后，孙和郁郁而终，年仅三十岁。孙和的皇帝梦终究是一场镜花水月，但让孙和意外的是，他这一脉的皇帝梦却在他的儿子身上得到了延续，而且一坐江山就是十六年。孙和的儿子非常有名——东吴末代皇帝、著名暴君孙皓。

孙和的势力彻底倒台，并不意味着孙霸等到了春天，在孙权的计划中，孙和与孙霸都必须给孙亮让路。只是让天下人没有想到的是，孙权会对孙霸下狠手。

孙和只是被孙权废掉了政治生命，但孙霸却没有他三哥这么好的运气。孙权下诏，赐孙霸自尽，让孙霸从此从地球上彻底消失，心肠之狠，让人叹为观止。

为了能扶孙亮上位，孙和的太子党与孙霸的鲁王党都是必须打掉的，留下任何一方，都是养虎遗患。太子党全盘被废，鲁王党的下场也一样悲惨，孙霸的几大心腹——杨竺、全寄、吴安、孙奇悉数被杀，罪名是党附孙霸，图谋对前皇太子孙和不轨，这个借口实在牵强得可笑。

不知道在赐死孙霸的那一刻，孙权的心理产生了什么样的起伏。孙霸其实并没有做出什么伤天害理的事情，并且孙霸"谮和"，完全是孙权给惯出来的。孙权不去反思自己的错误，反而将所有责任一股脑儿全推给儿子，实在让人心寒。

孙亮的两大政治障碍全部被孙权拔掉了，接下来的事情就顺理成章了，吴赤乌十三年（公元 250 年）十月，孙权正式册立年仅八岁的幼子孙亮为皇太子，这一年孙权已经六十九岁了。

汉昭帝刘弗陵出生时汉武帝刘彻已是六旬老翁，刘彻也是在那场影响空前的巫蛊之祸中废掉皇太子刘据，改立幼子刘弗陵。孙权似乎在刻意模仿刘彻。

平心而论，孙权比起刘彻来差距大得离谱，且不说刘彻的功业远大于孙权，就是刘彻临终前下的那道《轮台罪己诏》，向天下人认错的这份胸怀，孙权就不具备。

孙权和刘彻不具备可比性，倒是和越王勾践有得一比，二人同样能忍辱负重，成就一番偏霸之业。但二人都是性情刻薄，只能共患难，不能同富贵。文种为了勾践的江山忍辱负重，陆逊替孙权做牛做马，到头来都被生生逼死，兔死狗烹，可叹。

这场家庭悲剧，是东吴历史的一个重大转折点。这不仅为孙权时代的行将结束做了一个不太完美的注脚，也直接影响东吴政权的稳定。两年后，七十一岁的孙权撒手人寰，年仅十岁的孙亮"终于"当上了东吴皇帝。

孙亮的上台简直就是汉昭帝刘弗陵的翻版,孙权是刘彻第二、孙和是刘据第二、潘夫人是勾弋夫人第二(运气稍好些,被刺杀)、孙亮是刘弗陵第二。至于霍光第二,自然就是号称东吴第一神童的诸葛恪。

诸葛恪在孙权的刻意扶持下,终于登上了东吴第一权臣的宝座,孙权也到地下找汉武帝探讨老年得子的心得去了。但孙权留下的这个烂摊子,却没有谁能够力挽狂澜,只能眼睁睁看着东吴帝国这艘巨舰,一点点地往下沉没。

东吴帝国在这场夺储悲剧之前,整体上还是积极向上的,至少派系分裂没有那么明显。但孙权彻底打破了权力分配上的平衡格局,导致权力高层出现了真空。诸葛恪虽然表现得很强势,但东吴官场的巨大分裂,却导引着诸葛恪走向了一条充满血腥味的不归路。

同时走上不归路的,还有积孙坚、孙策,以及孙权父子两代三人之功打下来的东吴帝国。

二三 / 三国跳槽史

说到"跳槽"这个词，我们已经非常熟悉了。在现代经济活动中，跳槽是很正常的人事变动行为，没有什么大惊小怪的。人才在社会上寻找自己的存在价值，需要一个能展现自己才华的发展平台，如果人才认为在原有的平台上发挥不了自己的才华，跳槽也是不可避免的。

《后汉书·马援传》记载，东汉建武四年（公元28年），河西军阀隗嚣派部下马援到洛阳来拜见刘秀，马援说了一句在历史上特别有名的话："当今之世，非独君择臣也，臣亦择君矣。"

无论是用人方，还是人才，他们之间的合作都是一个互相选择的过程，大家各取所需，其乐融融。尤其是在竞争日益激烈的社会大环境下，人才的流动非常频繁，今天在甲公司出勤拿工资，明天就可能跑到乙公司点名报到去了，这实在再正常不过了。

现代的人才市场竞争如此，古代政治军事集团之间的人才争夺战同样惨烈，最有名的应该是春秋战国时代，"楚材晋用"的例子不胜枚举。本国人终生效力于本国的例子并不多见，更多的是周游列国，在各诸侯国间寻找自己的存在价值。

比如齐国人孙武子效力于吴国，卫国人吴起效力过鲁、魏、楚，秦国名相商鞅本是魏国贵公子。苏秦更牛气，战国七雄被这个卖嘴的蹚了个遍，最后还佩上了关东六国的相印。

相同的话题，我们回到三国。三国时期的跳槽名气上可能不如春秋战国时期的跳槽，但激烈和混乱程度丝毫不逊于春秋战国。我们所熟悉的那些三国人物，大部分都有过跳槽的历史，真正从一而终的不算少，但也不算多。

下面我们把有过跳槽史的三国名人简单列个表：

一、魏国方面（以最终效力为标准）

姓名——原属集团

荀彧——袁绍

贾诩——董卓、李傕、张绣

郭嘉——袁绍

张辽——丁原、董卓、吕布

张郃——袁绍

董昭——袁绍

钟繇——李傕

华歆——孙策（非嫡系）

王朗——孙策（非嫡系）

于禁——鲍信

徐晃——杨奉

庞德——马超

文聘——刘表

袁涣——袁术、吕布

张范——袁术

崔琰——袁绍

陈琳——袁绍

黄权——刘璋、刘备（黄权降魏是被动之举）

蒯越——刘表

韩嵩——刘表

孟达——刘璋、刘备

二、蜀汉方面

姓名——原属集团

赵云——公孙瓒

许靖——刘璋

法正——刘璋

董和——刘璋

刘巴——曹操、刘璋

马超——自为一路诸侯，兵败来投

李恢——刘璋

费祎——刘璋

姜维——魏国

三、东吴方面

姓名——原属集团

甘宁——刘表

潘濬——刘表、刘备

糜芳——刘备

太史慈——刘繇

四、其他方面

姓名——原属集团

吕布——丁原、董卓

陈宫——曹操、吕布

从这个简表上，我们可以看出，曹魏阵营中有跳槽史的最多，东吴阵营的多是江东本土精英，所以跳槽率最低。蜀汉因为是一个外来军事集团，所以蜀汉精英有相当一部分是从刘璋阵营转投过来的，而蜀汉原属集团的精英也相当多，比如关羽、张飞、陈到、诸葛亮、庞统。

在这些有过跳槽史的三国精英中，他们的跳槽也各自有自己的特点，大致来说，可以分为以下几种类型：

一是鄙视原主型，代表人物是荀彧、郭嘉、法正。

二是借用一去不复返型，代表人物是赵云。

三是原主失败、被迫改投新主型，代表人物是蜀汉的原刘璋集团旗下精英，以及张辽、潘濬、黄权（降魏）。

四是强扭的瓜不甜型，代表人物是刘巴。

五是辗转反复型，代表人物是马超、庞德、甘宁。

在这五种跳槽类型中，争议最大的当属第一类"鄙视原主型"的，因为这类人物跳槽后直接和旧主反目成仇，这就引出了一个争议话题。像这样跳槽的方式，是属于"弃暗投明"呢，还是"忘恩负义"呢？

我们先来讲讲荀彧的问题。关于荀彧的生平事迹，在第三篇《曹操的智库》里已经详细讲解过了，这里只简单分析一下荀彧的跳槽史。

荀彧出身于东汉第一等的清流名门——颍川荀氏，战国大思想家荀子的嫡派传人。东汉颍川的具体位置就在现在河南省郑州以南、许昌以西地区，地处中原腹地，自古就是四战之地。

因为这个原因，荀彧有先见之明地认为这里不宜久居，正好同是颍川人的冀州刺史韩馥久慕荀彧高名，派人来请荀彧，荀彧顺着杆子往上爬，带着荀氏家族北迁至冀州。韩馥是个中庸之才，能力一般，荀彧这次北迁冀州不代表他选择了韩馥做自己的事主，纯粹避难而已。

韩馥只是历史上的一个匆匆过客，真正和荀彧的命运发生交集的是与荀彧同为贵公子的袁绍。袁绍是东汉末年横跨官场、士林的顶尖精英，无论是出身，还是江湖威望，袁绍都远远在当时的奋武将军曹操之上。

袁绍用一些见不得光的手段，将韩馥驱赶出了冀州，自为冀州牧。早期的袁绍也非常懂得收拢人才，像荀彧这等级别的人才自然受到了袁绍的格外垂青，"（绍）待彧以上宾之礼"。说得通俗一点，就是袁绍待荀彧以无双国士，仿佛当年刘邦待张良一样。

但让袁绍感到郁闷的是，自己微笑着倒贴送给荀彧，荀彧居然连正眼都不瞧自己。荀彧通过自己的观察，发现袁绍并不符合自己心中"明主"的标准，"彧度绍终不能成大事"，最终抛弃了袁绍，这一年是初平二年（公元191年）。

荀彧关于袁绍不能成大事的判断，是建立在将袁绍与东郡太守曹操的对比基础上的。曹操在得到荀彧后，笑得合不拢嘴，连称"此吾之子房也"。荀彧在袁绍那里可能并没有得到如此高的评价，但这显然不是荀彧抛弃袁绍的根本原因。

袁绍为人的弱点，前面我们也讲了不少，袁绍最大的问题是"多谋少决，外宽内忌"。在乱世中，像袁绍这种温开水式的性格，是最容易吃亏的，曹操为人处世的特点正好与袁绍相反，非常适合在乱世中捞饭吃。

荀彧年轻的时候就已经在江湖上闯出了自己的名号，南阳名士何颙称赞荀彧为"王佐才"，荀彧之前最有名的"王佐才"是谁？张良！荀彧本人也自视甚高，一般的买家，荀彧是瞧不上眼的。

在乱世争雄时代，人才的流动是双向的，也就是我们经常提到的"君可择臣，臣亦可择君"。袁绍选择荀彧，是看中了荀彧的能力，而荀彧抛弃袁绍，也是因为袁绍不是自己最合适的买家。

袁绍很对得起荀彧，但荀彧这么做对得起袁绍吗？如果袁绍和曹操是两个具有法律主体地位的国家，而荀彧就生在袁绍这个"国家"，那荀彧的弃袁投曹的行为有待推敲。

问题在于，当时的法律主体政权是东汉王朝，袁绍和曹操只是东汉王朝下属的两个相对独立的政治军事集团。从法理上讲，荀彧的跳槽不过是从东汉政权内部的一个角，跳到了另外一个角而已，从法理意义上讲，谈不上背叛。

郭嘉的情况和荀彧几乎如出一辙，但又略有不同。不同之处在于，荀彧当初是找韩馥避难的，袁绍取代韩馥，荀彧才和袁绍发生命运的交集。而郭嘉则是在袁绍统治河北后，主动找袁绍讨生活的。

郭嘉和荀彧是同乡，而且从史料上来看，荀彧应该是非常了解郭嘉才能的。郭嘉具体北上找袁绍的时间不太确定，但肯定在公元 197 年之前（此年郭嘉投奔曹操）。

对于袁绍，郭嘉的态度与荀彧没什么差别，都认为袁绍不是合适他们的买家，虽然袁绍待郭嘉也非常厚道，"甚敬礼之"。前面也讲了，人才出来混江湖，需要的是发展平台，而非华而不实的礼遇。

袁绍和曹操在用人上最大的区别是，袁绍能"致人而不能用人"，而曹操则是"能致人亦能用人"。在三国一线人物中，有许多是从袁绍处叛逃到曹操那里的，比如荀彧、郭嘉、张郃。但从曹操那里叛逃的，几乎没有，勉强算有一个兵败投降关羽的于禁。曹操的乱世生存能力和人格魅力都远强于袁绍，这也是为什么郭嘉在和曹操一番长谈后，仰天长笑曰："真吾主也！"

人才有选择发展平台的自由，铁打的营盘流水的兵，有的人才离开了，又有人才进来了，这都是很正常的。荀彧、郭嘉抛弃袁绍选择曹操，和陈宫抛弃曹操选择吕布一样，从人员流动的角度来看，确实没什么可指摘之处。

有个现象说起来很有意思，同样是背叛旧主，在归附新主后，对旧主发起了无情进攻，最终导致旧主彻底灭亡，但荀彧、郭嘉和法正的待遇显然不一样。三人的行为如出一辙，可从古至今基本听不到对荀彧、郭嘉的指责，倒是对法正

"忘恩负义"的指责铺天盖地，让人不解。

我们在第七篇中讲过了法正，但那一篇讲的是法正在刘备手下的受宠程度，本篇重点讲一讲法正的叛逃行为。法正是右扶风人（今陕西西安附近），祖父是关中名士法真，是士林中的顶尖人物。

汉献帝建安初年，军阀连年混战，天下饥荒，法正没地方吃饭了，就和同乡孟达一直南下入川，投靠在益州刺史刘璋门下。法正在刘璋门下混得并不如意，只做过新都县令和军议校尉，在官场上属于三线职务。

法正自负国士无双，却因为个人的一些原因，不受刘璋重用，"志意不得"，郁郁寡欢。在建安十二年（公元207年）的时候，益州别驾张松在被曹操莫名其妙地拒绝之后，私通荆州军阀刘备，准备迎接刘备入川。

因张松和法正是多年的至交好友，张松就推荐了法正去荆州联络刘备。这时法正和刘备素昧平生，法正对刘备也没多少了解，还磨磨叽叽不想去。后来被逼得没办法，法正才不情不愿地跑了趟荆州，和刘备进行了有生以来的第一次接触。

这次在法正看来纯粹是混差旅费的荆州之行，却极大地改变了法正对刘备的看法。法正回到西川后，激动地拉着张松的手，歌颂刘备的英明神武。法正在反复权衡刘璋和刘备的优劣后，最终下定决心，抛弃刘璋，归附在刘备的大旗下。

在益州集团对待是否迎接刘备入川的问题上，刘巴、黄权、王累等人是坚决的拒绝派，而张松、法正又是坚决的欢迎派。最终张松、法正等人的主张获得了刘璋的批准，这么讲，刘备之所以后来能顺利夺取西川，张松、法正是两大首功之臣。

因为张松后来私通刘备事发，被刘璋杀害，所以法正就成了刘备进攻西川的活地图。事实上，在庞统中箭死后，诸葛亮不在刘备身边，法正是刘备帐下的头号谋士。

在刘备战胜刘璋的过程中，法正起到了至关重要的作用，尤其是法正凭着对刘璋的了解，算定刘璋不会采用郑度"坚壁清野"的战略主张，果然刘璋没采用郑度的建议，让刘备避免了一场大祸。

法正被称为"小人"，主要是法正曾经在刘备围攻雒城的时候，给刘璋写了一封信，估计这才是法正的形象被丑化的主要原因。在这封信中，法正以刘备集团首席幕僚的身份，对刘璋进行战略恐吓，劝刘璋早点投降，不然的话，哼哼……

人都是要讲良心的，人们最欣赏的是"以德报怨"，最鄙视的是"忘恩负义"。而法正的所作所为，恰恰被认为是"忘恩负义"之举，再加上法正得志之后，肆意报仇，所以法正的政治形象非常糟糕。

法正抛弃刘璋、选择刘备到底算不算是忘恩负义？严格意义上来讲，恐怕算不上。"忘恩负义"的前提是刘璋对法正有恩，而且是大恩，刘璋对法正有恩吗？从刘璋对法正的任用级别来看，刘璋并没有给予法正很高的待遇和重视，不过是以一般人才视之。

战国时代有个刺客，名叫豫让，他有一个著名观点，就是"中行氏以众人遇我，我故众人报之；智伯以国士遇我，我故国士报之"。豫让为了报答智伯的厚遇之恩，在赵简子灭亡智伯后，豫让三番两次地要行刺赵简子。

豫让的行为和法正其实没什么区别，中行氏待豫让如常人，所以豫让没有替中行氏报仇。同理，刘璋以常人之礼待法正，法正也可以以常人之礼待刘璋，礼尚往来而已，不必对法正过于苛责。

还有一点，就是上面讲过的，法正抛弃刘璋、选择刘备，不过是东汉政权内部的跳槽行为。刘璋是东汉王朝认可的益州牧，刘备也是东汉王朝认可的左将军，二刘相争只是内部火并而已。

其实如果以法正"忘恩负义"的行为来看，荀彧和郭嘉同样少不了要戴上一顶"忘恩负义"的大帽子。郭嘉人品上也有瑕疵，陈群就举报过郭嘉"不治行检"。

荀彧虽然反对曹操称王称帝，一生忠于汉朝，但法正为之效力的刘备也是正牌汉裔，刘备建立的也是汉朝政权，法正并没有背叛汉朝，更何况法正死的时候，刘备还没有正式称帝。

综上所述，法正不是君子，但也不是小人，他是个绝顶的天才，仅此而已。不能因为法正效力的是现在不受欢迎的刘备，就将法正定性为"忘恩负义的小人"，如果法正为曹操效力呢，是否要另当别论？

对法正的态度，要参考对郭嘉的态度，如果郭嘉是小人，那法正的小人帽子戴着也不憋屈。如果郭嘉不是小人，那和郭嘉行迹如出一辙的法正自然也不是。

在上面提到的五种跳槽类型中，最有意思的是第四类，即"强扭的瓜不甜型"，代表人物是刘巴。刘巴的跳槽比较特殊，虽然刘巴的后半生是在刘备统治下度过的，但刘巴从来就不希望和刘备缠在一起，因为他瞧不起刘备。

刘巴总共跳了两次槽，全部都是在被逼无奈下跳的。第一次跟着曹操，曹操在荆州失败后，刘巴不想投靠刘备，逃到了交趾找士燮混了一段时间，然后来到益州投靠了刘璋。第二次是刘璋被刘备打败，在刘备的软磨硬泡下，刘巴为了活命，只好违心地和刘备一起搅马勺。

刘巴和刘备的"结合"，是典型的乱点鸳鸯谱，命运把两条平行线硬生生扭在一起，就好比将扈三娘嫁给王英一样，完全不靠谱。刘巴为刘备效力，是场三输的结局。刘巴自己不愿为刘备效全力，自己的才能得不到充分发挥，刘备也等于失去了一个可用的大才，曹操更不用说，刘巴最渴望为之效力的人其实是曹操。

从尊重人才本意的角度来看，刘备应该大度地放刘巴北上，让刘巴的才能在曹操那里得到充分的发挥。可现实就是这样残酷，刘巴一心想走，刘备宁可让刘巴彻底地烂掉，也绝不会放他去投曹操。

在这一点，刘备做得似乎不如曹操胸怀大度，曹操得到关羽之后，因为关羽"降汉不降曹"，曹操大度地放关羽回到刘备身边。当然，刘备不放刘巴，还有另一层考虑，就是像刘巴这样的名流士大夫在蜀汉底层武人集团中的点缀作用。

关羽虽然是万人敌，但当时曹操手下同样名将如云，不缺关羽一个。但刘备手下名士极度稀缺，蜀汉具有全国知名度的名士，只有许靖和刘巴。许靖年龄太大，不知道什么时候就死了，而刘巴时当壮年，刘备是准备留下刘巴接替许靖的。只是刘备没想到，刘巴死得那么早。

在三国的跳槽史上，有两种情况值得关注，一是领导与被领导的关系变化。说句通俗点的，就是以前是打工的，后来机缘巧合，自己创了业；二是原来自己当老大，后来失了势，被迫给人打工领工钱。这两种类型的具体人物，前者是吕布，后者是马超。

吕布本来是丁原和董卓手下的头号打手，从来没当过老大，丁原和董卓先后被淘汰后，吕布这才混出头，拉起了属于自己的一票人马，在江湖上纵横闯荡。

虽然最后吕布被更强势的曹操干掉了，但吕布的人生轨迹却说明了一个真理，就是陈胜吴广当年冲着天空呐喊的那句"王侯将相，宁有种乎！"老大不是天生的，普通的小弟通过自己的努力，或机缘巧合，同样可以做老大。

至于马超，则是吕布的另一个方向。马超在三国前期（东汉末年）也是一路响当当的霸主，雄踞西凉，虎狼之兵数十万，是曹操的心腹大患。可惜马超有勇无谋，嫩鸡斗不过老鸭子，被曹操打成了光棍，老婆孩子及马氏宗族，悉数被杀。

仓皇无计的马超带着堂弟马岱和心腹名将庞德逃到汉中，给五斗米道主张鲁当了小弟。但张鲁显然不是个做大事的，马超跟着他不是长久之计，后来刘备即将攻下西川，马超辗转南下，投靠了刘备。凭借马超的威名和家世，马超不出意外地当上了蜀汉"五虎上将"，位列第三。

有句老话说得好：由俭入奢易，由奢入俭难。换个角度说也是一样的：由小弟变老大，是人人都能接受的；由老大变小弟，则是非常人能忍受的。这种滋味，刘备也曾经尝过，最典型的是越王勾践，以堂堂国主之尊，给夫差当马奴，受尽凌辱，非大胸襟者，难以为之。关于马超，以后会专门进行讲解。

三国跳槽的事情，就先讲到这里。

二四 / 三国名女漫谈

三国是一个伟大的英雄时代，各路好汉怀着一腔热血，从不同的角落里杀出来，在历史舞台上纵横杀伐，给后人留下无限的感慨。因为体质和各方面因素的作用，在人类进入阶级社会之后，活跃在历史舞台上的多是男人。

历朝历代的帝王将相史，说白了，就是一部男人的专史。和占尽风光的男人相比，人类的另一半——女人，却成了历史的配角，这对广大妇女同胞来说，是非常不公平的。

即使是在相对不公平的历史竞争中，还是有一大批优秀的女性脱颖而出，成功挤进男人主宰的历史主流舞台，上演了一幕幕或精彩或悲壮的历史活剧。

具体到三国来讲，三国（东汉末年）的名女人从数量上看，并不算太多。不过因为三国时代在历史上的极高知名度，她们的知名度也跟着水涨船高。三国的名女人大致分为两种类型：

后宫型（帝王们的女人）：卞氏、甄宓、郭女王、甘夫人、糜夫人、吴氏、步氏等。

官场型（帝王将相们的女眷、江湖名士）：貂蝉、蔡文姬、大乔、小乔、孙尚香、孙鲁班等。

关于后宫型的名女人，我们将在下一章中进行专门讲解，这一章着重讲一讲第二种类型的名女人。

在三国的后宫型名女人和官场型名女人中，无疑后者的知名度更高。除了孙鲁班（孙权之女全公主），上面提到的五个女人的知名度，远远超过了许多三国的二三线人物。貂蝉曾经在第十一篇《三国的乱世草头王》的吕布部分中讲过了，不再重复。下面我们讲讲另外四个三国名女人，首先讲的是蔡文姬。

整个三国（东汉末年）时代的名女人中，唯一能被划进文学家范畴的，只有一代才女蔡文姬。蔡文姬出生在东汉魏晋时代，可谓显赫至极，既是一线贵族豪门出身，又是一线清流名门出身。

蔡文姬本名叫蔡琰，字昭姬，晋人为了避晋文帝司马昭的名讳，强行给她改名为文姬。蔡文姬的老爹蔡邕，是东汉末年文坛的一代宗师，在士林中的威望极高。关于蔡邕，将放在《三国文学纵横谈》（上）篇中讲解，这里只讲蔡文姬。

蔡文姬姐姐或妹妹的女儿，嫁给了后来的魏朝大将军、"晋景帝"司马师，就是景献皇后羊徽瑜。蔡文姬有个外甥更是了不得——晋朝第一风流名将羊祜，羊徽瑜的弟弟。

因为得到了蔡邕的熏陶，所以蔡文姬的文学功底非常深厚。《后汉书·蔡琰传》称她"博学有才辩，又妙于音律"，是个全面型才女。可以这么讲，东汉有两位在后世极负盛名的才女，前有班昭，后有蔡琰。

有句老话说得好："自古红颜多薄命。"其实将这句话换成"自古才女多薄命"，也是一样可以讲通的。那些历史上有名的才女，比如班昭、左芬、谢道韫、徐惠、关盼盼、萧观音、李清照、朱淑真、秦淮八艳、贺双卿莫不如是，当然也包括蔡文姬。

蔡文姬的感情历程非常坎坷，也非常复杂，下面做一个简单的介绍。蔡文姬的第一任丈夫是河东人卫仲道，这个卫仲道于史无名，蔡文姬嫁给他后不久，卫仲道就去世了，没有留下孩子。

丧夫的蔡文姬暂时还没有找到感情的归宿，后来天下大乱，蔡文姬生活的地点非常靠近匈奴，在兴平年间（公元194—195年），蔡文姬被匈奴人俘获，被强行带回匈奴。

史书上没有记载蔡文姬的容貌如何，但以蔡文姬的绝世文才，长相应该是非常美丽。蔡文姬被南匈奴的左贤王看上了，强行霸占了蔡文姬，孤苦伶仃的蔡文姬无路可逃，只好违心地留在了匈奴，这一留，就是十二年。

这个南匈奴左贤王，从历史记载来看，很有可能是刘豹。说到刘豹，在历史上没什么名气，但他有个大名鼎鼎的儿子——开创五胡时代的前赵（汉）光文皇帝刘渊。

刘豹在晋武帝司马炎灭吴前一年（公元279年）去世，距离他纳蔡文姬那年已经过了八十五年！如果刘豹纳蔡文姬属实，那刘豹非常高寿。男生一般来说在十三四岁就有了性能力，而这一年的蔡文姬，为十八九岁。

蔡文姬和刘豹的夫妻感情一直若有若无，至少蔡文姬在匈奴过得并不快乐，但在匈奴的十二年里，蔡文姬却给刘豹生了两个儿子。说到蔡文姬，很自然想到在历史上另外一个和蔡文姬人生轨迹极为相似的女人——宋高宗赵构的生母韦贤妃。

公元1127年，女真铁骑踏破东京汴梁城，将包括韦氏在内的宋朝后妃掳到北方。韦氏被金国皇族完颜宗贤（盖天大王）看上，上演了龙凤配好戏，生了两个可爱的大胖儿子。后来宋金议和，孝顺的赵构想方设法把母亲从女真人手上赎了回来，尊为皇太后，安然度过了后半生。

如果说赵构是韦氏人生中的"贵人"，那蔡文姬的生命中同样有一个"贵人"，就是大名鼎鼎的曹操。曹操和蔡文姬的父亲蔡邕私交很好，从年龄上看，蔡邕比曹操大二十三岁，应该不是朋友辈的交情，可能是曹操和蔡邕有过师生之谊。

曹操重金赎回蔡文姬的时间，应该在建安十年（公元205年）或建安十一年（公元206年）。尤其是公元206年，曹操消灭了河北袁氏军事集团，曹操的势力达到了极盛。

曹操和刘豹做的这笔交易，肯定会让刘豹心里非常不爽。只是曹操的实力非常强大，小胳膊拧不过粗大腿，刘豹只好不情不愿地放蔡文姬南下，但蔡文姬在匈奴生的两个儿子必须留下来。

蔡文姬是个至情至性的奇女子，虽然曹操重金赎她，让蔡文姬感动得泪流满面，毕竟她可以回到魂牵梦绕的中原故土。但那两个带有匈奴血统的儿子却是她的亲生骨肉，无论她委身于刘豹是否情愿，毕竟女人的心都是肉长的，骨肉分离时刻，让蔡文姬痛断肝肠。在回到中原后，蔡文姬满怀悲情地写下了中国文学史上的绝世之作——《胡笳十八拍》。

《胡笳十八拍》在汉乐府诗中的地位，就相当于《念奴娇·赤壁怀古》在宋词中的地位、《三国演义》在小说中的地位，影响巨大，地位极为崇高。这首诗之所以称为"十八拍"，是因为分成了十八个小段，每一段为一拍，故名。

《胡笳十八拍》是一首蔡文姬的人生自叙诗，蔡文姬用文学的手法，哀哀戚戚地讲述了自己是如何在汉地被掳到匈奴，如何在匈奴生活，最后又如何回到中原的故事。

这首充满血泪和悲伤的千古绝唱，最感人之处就是蔡文姬用的是写实手法，虽有一定的艺术夸张,但事件本身是真实的。真实的艺术,是最容易感动人的。宋人严羽在《沧浪诗话》中评点王安石版的《胡笳十八拍》就说"浑然天成,绝无痕迹。如蔡文姬肝腑间流出"。

最能反映蔡文姬与两个儿子生死诀别时的痛苦心态的是第十三拍:"不谓残生兮却得旋归,抚抱胡儿兮泣下沾衣。汉使迎我兮四牡骈骈,胡儿号兮谁得知?与我生死兮逢此时,愁为子兮日无光辉,焉得羽翼兮将汝归。一步一远兮足难移,魂消影绝兮恩爱遗。十有三拍兮弦急调悲,肝肠搅刺兮人莫我知。"

蔡文姬丝毫不留恋匈奴的异域生活,但她无论如何也舍不下两个亲生骨肉,这种彻入骨髓的痛,外人很难体会。也因为如此,蔡文姬回到中原后,异常珍惜这来之不易的自由,重新开始一段感情,最痛苦的是往事并不如烟,在梦里依稀出现,欲说还休,奈何?

蔡文姬回到中原后,曹操做了一回撮合山,将蔡文姬介绍给了她的同乡董祀。曹丞相介绍来的一位绝代才女,单身的董祀岂能拂了曹丞相的美意,曹操满面春风地做了一回蔡文姬的娘家大哥,"重嫁于祀"。

曹操和蔡文姬这段超越男女情爱的感情,实在让人羡煞。论年龄,蔡文姬比曹操小二十多岁,当是晚辈,但他们却如同兄妹。换句肉麻的说法,蔡文姬应该是曹操的红颜知己,也许是曹操一生中唯一的红颜知己。

曹操与蔡文姬之间,有段文学佳话,就是曹操恳请蔡文姬将已经散佚的蔡邕的四千多篇文章靠记忆整理出来。因为连年战乱,文坛宗师蔡邕的文章多所亡佚,是蔡文姬靠着自己强大的记忆力,勉强抄下了四百多篇。虽然数量只是总量的十分之一,但这已经是蔡文姬对后世文坛做出的巨大贡献了,也足以告慰亡父蔡邕的在天之灵了。

略带夸张地讲,蔡文姬是东汉末年(三国时期)的第一号才女,她在文学上的成就,罕有其匹。在才女紧缺的三国时代,能拥有蔡文姬,从这个角度来讲,是三国的幸运。

讲完了蔡文姬,接下来我们讲一讲三国时代的另外两位知名大美女,一是孙策的老婆,二是周瑜的老婆,就是我们熟知的大乔和小乔。大小乔在《三国志》里难觅芳踪,却在《三国演义·赤壁之战》里大出风头。

在《孔明用智激周瑜　孙权决计破曹操》那一回里,诸葛亮为了说服周瑜起兵抗曹,背诵了一段曹操次子曹植写的《铜雀台赋》,其中有两句:"揽二乔于东南兮，乐朝夕之与共！"

诸葛亮明知道大小乔是孙策和周瑜的老婆，有意刺激周瑜，结果把周瑜惹毛了，红头涨脸地要和曹操玩命，男人谁愿意被人扣上一顶绿帽子？其实罗贯中在篡改曹植的名句，曹植的原文是"连二桥于东西兮，若长空之虾蟆"。罗贯中为了丑化曹操，简直是无所不用其极了。

曹操倾其精锐之兵讨伐孙权是因为曹操想得到大小乔，这个观点实际上并不是罗贯中提出来的，至少在唐朝就有了类似观点。晚唐风流才子杜牧写过一首名诗《赤壁》："折戟沉沙铁未销，自将磨洗认前朝。东风不与周郎便，铜雀春深锁二乔。"就把周瑜抗曹的原因归纳成了要保护老婆和大姨子。

把大小乔说成赤壁之战的主因非常可笑，但大小乔确是当时公认的天下绝色，极品女人。其实大小乔并不姓乔，而是姓桥，《三国志·周瑜传》记载了孙策和周瑜娶大小乔的过程："（瑜）从攻皖，拔之。时得桥公两女，皆国色也。策自纳大桥，瑜纳小桥。"当然还有种观点认为，乔姓与桥姓在汉朝的时候其实是一个姓氏，"乔"字与"桥"字是同字异写，这也有可能。

不过心高气傲的孙策似乎有些小瞧自己的岳父"桥公"，在《三国志》周瑜本传的后面，裴松之还附录了《江表传》的一句史料：（孙）策从容戏瑜曰："桥公二女虽流离，得吾二人为作婿，亦足为欢。"

罗贯中在写刘备去东吴相亲时，大小乔的父亲乔国老为刘备娶得美人归（孙尚香，后面谈到）起到了非常大的作用。这个乔国老，于史无证，如果以桥姓论，东汉末年最有名的桥姓人物是大名士、太尉桥玄。

桥玄是二桥生父的可能性极小，桥玄死于光和七年（公元183年），寿七十一岁。孙策、周瑜娶大小乔的时间应该在建安四年（公元199年）灭张勋之后，这时的大小乔年龄上限当在二十岁左右，也就是说大小乔生于桥玄六十余岁时。

六十多岁生子并不稀罕，刘彻六十四岁生育刘弗陵，孙权六十二岁生育孙亮。不过如果大小乔真是桥玄的女儿，史书不会不留下记载。桥玄在东汉末年士林中的地位非常崇高，孙策和周瑜如果真是桥玄的女婿，那脸上可不是一般的光彩。

《三国志》只是提到了大小乔是"桥公"之女，"公"在当时是尊称，没有一定的社会地位，是不会被如此尊敬的。也许这位"桥公"是桥玄的什么亲戚，或者是当地有头有脸的名士，这也不一定。

这位"桥公"也许并不知道自己的两个绝色女儿的人生路是如何走过来的，但大小乔能嫁给当时江东的两大美男军帅——孙策和周瑜，绝没辱没她们的家世。所谓美人配英雄，孙策、周瑜与大小乔的结合，可以说是绝配。

他们四个人中，任何一个人换了配偶，都会让人感觉不舒服，也许这就是前生注定的缘分。缘分看不见摸不着，但又确实存在。民国绝世才子徐志摩在《致梁启超》文中写得好："我将于茫茫人海中访我唯一灵魂之伴侣，得之我幸，失之我命，如是而已。"

在三国各类名女中，大小乔的知名度是极高的，特别是小乔，比三国许多二线人物的名气都大。其实这类现象并不少见，最典型的就是《水浒传》，梁山上的那帮好汉，除了少数一线人物，大多数都是跑龙套的，这些人的名气远不如武松的风流嫂子，甚至不如他嫂子的姘头。

可惜的是，在权威史料上极难寻觅到大小乔的芳踪，她们的人生是怎么度过的，有哪些快乐与忧伤，后人无从知晓。甚至连孙策和周瑜的儿女们是不是大小乔生的，都不清不楚，不得不说是个遗憾。

相比大小乔，东吴另外一位名女相对就比较幸运了，在历史上多露了几把美丽的小脸。这个女人论知名度绝不在小乔之下，而且她还是大乔的小姑子，她就是三国头号刁蛮公主——孙尚香。孙尚香这个名字实际上也是后人附会出来的，这位刁蛮公主的芳名是什么，今已无考。

与大小乔一样，孙尚香的名气同样是被罗贯中给捧出来的，在《三国演义》那华丽的名段《甘露寺》中，孙尚香出尽了风头。不过客观来说，罗贯中对孙尚香的描写，基本上是按照史料来写的，没有太大的发挥，但这样的孙尚香已经足够惊艳了。

如果说蔡文姬是（东汉末年）三国的头号才女，那孙尚香就是（东汉末年）三国的头号打女，标准的巾帼不让须眉的形象。说来好笑的是，有关孙尚香的权威史料，不是出自《三国志·吴书》，而是意外地出现在了《三国志·蜀书·法正传》里，还有一部分散落在《三国志·蜀书·赵云传》中。

孙尚香是孙权同父异母的妹妹，在东吴政权实际上处在半独立的情况下来看，孙尚香是有实无名的东吴公主，地位非常尊贵。孙尚香与一般的贵族女子温婉内秀不同，她更像是一个假小子，为人行事有男人之风。

史称孙尚香"才捷刚猛"，一个女孩子的气质被称为"刚猛"，可以想见孙尚香的勇悍。所谓东吴儿女多奇志，不爱红装爱武装，孙尚香这名太温婉，不符合她的刚猛气质，不如改名孙尚武得了，呵呵。

不过孙尚香毕竟是个女孩子，在一般情况下，女孩子长大了，都是要嫁人的。孙尚香的地位决定了她的婚姻必然是带有某种政治性的目的，这是古代贵族女子难以抗拒的命运安排，为了家族的最高利益，她们往往都要牺牲个人的幸福。

孙权一直是把妹妹当成自己的政治筹码来看待，他要在合适的时机，选择合适的买家，将妹妹卖个好价钱。在公元209年，孙权为了拉拢实力日益见强的刘备，决定利用妹妹做诱饵，固定和刘备的战略同盟关系，将孙尚香嫁给了刘备。

虽然不知道孙尚香的具体出生年份，但刘备至少比孙尚香大二十二岁（刘备生于公元161年，孙权生于公元182年），从刘备的角度来说，这是老牛吃嫩草。如果从孙尚香的角度看，她嫁给刘备也没有辱没自己，刘备可是当时响当当的天下枭雄，总比嫁给士燮更有面子吧。

在这场政治婚姻中，刘备是彻底的输家，孙权才是赢家。孙尚香平时喜欢习武，身边养着一支百余人编制的娘子军，孙尚香和刘备缠绵的时候，这些娘子军都要仗剑侍立两旁，刘备每次都要提心吊胆，生怕孙尚香一时犯浑，割了自己的脑袋。

政治婚姻有一个天然的缺陷，就是家族利益高于夫妻感情。孙尚香即使和刘备的夫妻感情培养出来了，毕竟还是孙权的妹妹，她在刘备身边，更多的是代表东吴集团的利益。孙权把妹妹安插在刘备身边，就像是一颗定时炸弹，不知道什么时候就炸了，到时粉身碎骨的只能是刘备。

孙尚香刁蛮公主的脾气，并没有因为嫁给刘备这个老滑头而有所改变，孙尚香来到荆州后，依然是骄横跋扈，不可一世。作为孙尚香的陪嫁，孙权调拨过来护卫孙尚香的江东兵，"纵横不法"，搞得荆州鸡飞狗跳，一地鸡毛。

刘备和孙尚香表面上是夫妻，同床共寝，但心里根本信不过孙权的妹妹，"（刘备）内虑孙夫人兴变于肘腋之下"。为了防止孙尚香对自己下黑手，刘备特定选派赵云做自己的贴身保镖。这种把对方当贼一样防着的婚姻，对刘备和孙尚香来说，都是一种感情折磨。

对于孙尚香婚姻的不幸福，孙权已经感觉出来了。当然以孙权刻薄的为人，他估计不会怜惜妹妹的不幸，而只是叹惜自己并没有利用妹妹在刘备那里得到好处。既然妹妹这张政治牌打不下去了,那再让妹妹留在荆州就没什么意义了,不如把妹妹接回来,另寻买家。

孙权接孙尚香回吴的时间,是在建安十六年（公元211年）,这一年刘备发兵西上,去窃取刘璋控制下的益州。孙权觉得机会来了,就派心腹窜至荆州,悄悄地接回孙尚香,同时顺走了刘备唯一的儿子阿斗。

决定带阿斗回吴的是孙尚香本人,可能是她和阿斗已经建立了深厚的感情,舍不得阿斗。但她却没有意识到带走阿斗,对刘备来说意味着什么！幸亏留守荆州的张飞和赵云反应奇快,在长江中截住了孙尚香的船,强行夺下了阿斗。《三国演义》中那出精彩的《截江夺阿斗》,并不是罗贯中的艺术虚构,而是实有其事。

不过在晋人常璩撰写的《华阳国志》中,却对孙尚香回吴给出了另外一种解释。在这个版本中,孙尚香回吴并不是孙权的主意,而是因为孙尚香为人过于嚣张跋扈,法正劝刘备将孙尚香给休了,赶回了东吴娘家,但《华阳国志》并没有提孙尚香回吴是否带着阿斗。

其实不管哪一种说法更接近历史的真实,孙尚香和刘备的婚姻已经彻底破裂是不争的事实。而二人的婚姻实际上只维持了两年的时间,聚少离多,再加上孙权的因素。二人的关系与其说孙尚香是刘备的夫人,不如说孙尚香是孙权派到刘备身边的卧底,感情破裂是迟早的事情。

由于史料不全,不知道孙尚香回到东吴后的人生轨迹是什么样的,是否再嫁？是否快乐？不过关于孙尚香的人生结局,倒有个非常著名的"投江殉夫说"。

说是公元222年,刘备伐吴,兵败夷陵之后,江东有谣言称刘备死于乱军之中。寡居的孙尚香听到噩耗后,素服来到江边,面对夷陵的方向失声痛哭,最后跳江自尽,到地下追寻丈夫去了。

这种说法不知从何而来,但投江自尽的结局更符合孙尚香平时刚烈的气质,这种可能性到底有多大呢？只有天知道！

二五 / 三国后妃

　　这一篇可以算作上一篇的姊妹篇，就历史影响来说，上一篇出场的那些女人在知名度上要远远大于本篇要讲的这些女人。但就当时的社会地位来说，本篇要讲的女人，都是人中龙凤，非后即妃，都是女人世界的统治者。

　　无论是皇后（王后）还是皇妃（王妃），关于她们的身份，一言以蔽之，她们都是帝王的女人。不过皇后（以下包括王后）和皇妃（以下包括王妃）在社会等级上还是有差别的，皇后就是女人世界中的皇帝，而皇妃虽然是"一人之下，万人之上"，毕竟上面还有人压着她们。

　　皇后还有种称谓，就是"海内小君"，母仪天下，身份极为尊贵，所谓"皇后之尊与帝齐体"。至于皇妃，说得难听些，就是皇帝的小老婆，多一个不嫌多，少一个不嫌少。

　　从秦朝开始算起，除了极个别受制于河东狮的帝王，比如杨坚之于独孤伽罗，明孝宗只爱张皇后等，历史上大多数帝王都有一个大老婆，几十个甚至上百个、上千个小老婆。英明神威如汉武大帝者，后宫塞进了近两万名美妇人，供刘彻日夜淫乐。

　　具体说到三国，有可能是因为连年战乱，人口骤减，三国帝王的后宫人数并不算很多（不包括普通宫女）。当然，自古帝王的感情生活向来都是非常丰富的，谁的人生路上没有几段感情故事呢？

　　以三国三大领袖来讲，在他们漫长的人生道路上，都发生过不止一段感情。曹操有过三任夫人，分别是丁夫人、刘夫人以及卞夫人。刘备有过糜夫人、甘夫人和吴后，孙权更多：谢夫人、徐夫人、步夫人、两个王夫人，外加一个潘夫人。我们先来讲一讲曹魏宫廷的事情。

　　在曹操的三任夫人中，最为后人所熟悉的，是第三任卞夫人。不仅因为她是曹操的压轴夫人，而且是因为她生下了魏文帝曹丕和陈思王曹植这两位三国史上重量级的名人，曹丕称帝后，尊卞氏为皇太后，地位尊崇，想不出名都难。

卞夫人出身于倡家，也就是世代艺人家庭，与后世理解的那个"娼"字不是一个概念。但在门阀制度深入人心的东汉时代，倡家出身是非常卑微的，比东晋纺织婢出身的皇太后李陵容好不到哪去。

卞夫人嫁给曹操的时候是在公元179年，这一年曹操二十五岁，卞夫人二十岁。这时的曹操还只是个微末吏员，没什么江湖名望，他娶卞氏，从男人的角度来看，也不算辱没了曹操的家世。

卞氏做了曹操的女人，但她的身份只是侍妾，而非正妻。当时曹操有过两个正妻，一是丁夫人，二是刘夫人，但刘夫人早卒，留下了儿子曹昂，由丁夫人代为抚养。

卞氏本来没有机会取代丁夫人的位置，她的上位，可以说完全是丁夫人自毁前程，这才给了卞夫人机会。虽然曹家长子曹昂不是丁夫人生的，但丁夫人极疼爱曹昂，视如己出。

建安二年（公元197年）对曹操、丁夫人、卞氏以及卞氏所生的儿子曹丕的人生来说，都是一个颠覆性的年份。在这一年正月，曹操讨伐南阳军阀张绣失败，随军出征的曹昂被张绣军所杀，年岁不详。

曹昂的死，对丁夫人造成了毁灭性的精神刺激，成天念叨是曹操杀死了曹昂，每天"哭泣无节"。丁夫人非常有个性，她恨曹操，就一恨到底，甚至三次拒绝了曹操对她的善意讨好。曹操连吃了三回闭门羹，心情悲凉地仰天长叹："真诀矣！"

曹操彻底断绝了对丁夫人的念头，也正式结束了和丁夫人之间的婚姻关系，两人形同陌路。但像曹操这等身份的人物，身边不能没个大太太镇场子，这才扶正了卞氏。

其实当时曹操并不是只有卞氏这一个选择，他身边还有其他侍妾，比如曹冲的生母环夫人等人。但曹操之所以坚定地选择卞夫人继任正室，还有一个原因，就是卞氏当年在曹操最落魄的时候，没有背叛曹操。曹操为了奖赏卞夫人的忠诚，正室之位非卞夫人所属。

那件事发生在中平六年（公元189年）的冬天，董卓在洛阳专权跋扈，作恶多端。董卓看中了曹操的才干，想重用曹操，但曹操觉得董卓志大才疏，久后必败，所以微服东逃回乡。

古代交通和通信都不太方便，曹操东逃之后，留在洛阳的卞氏和曹操失去了联络。袁术不知道从哪弄来的消息，说曹操已经在路上死了，就把这个消息告诉了卞夫人。

曹操原来的那帮亲信一听曹操死了，那还留在洛阳做什么，都想卷铺盖另寻财路。卞夫人不太相信袁术说的话，告诉弟兄们："曹君现在生不见人，死不见尸，万一没死，日后相见，脸面往哪搁？再者，我们都是曹公的人，理当同甘苦，共患难，背主而逃是很可耻的。"

就因为卞氏说的这些非常感人的话，让曹操听到了，曹操感动得不得了，卞氏在他心中的好感成倍增加。所以曹操在选择正室的时候，丝毫没有犹豫，直接扶正了卞氏。

卞氏走对了她人生路上最重要的一步棋，如果她背叛了曹操，以曹操的刚戾性格，卞氏肯定没好果子吃。

卞氏把自己所有的赌注都押在了曹操身上，结果赚了个盆满钵溢，赢得了下半辈子的荣华富贵。随着曹操的政治地位不断高升，卞氏也跟着丈夫风光无限，所有人都在羡慕这个女人。

但在家天下时代，在官场混的女人，如果要确保下半辈子的幸福，不仅要在丈夫心里有地位，更重要的是要生出家族事业的继承人。如果做不到这一点，很可能就会被其他生了继承人的女人干掉，历史上这样的例子非常多，就不详举了。

卞氏非常幸运，她嫁给曹操后，接连给曹操生下了四个儿子：曹丕、曹植、曹彰、曹熊。更重要的是，曹丕在诸兄弟中行二，仅次于早死的长子曹昂，是实际上的嫡长子，曹植也很得曹操的宠爱。

此外还有重要的一点，就是曹操极喜欢的小儿子曹冲早逝，让曹丕、曹植自动少了一个强劲的政治对手。虽然后来曹丕和曹植为了夺储打得头破血流，但无论谁最后胜出，卞氏都是名正言顺的皇太后，旱涝保收，稳赚不赔。

当然，卞夫人毕竟是个做母亲的，看到两个儿子乌眼鸡似的死掐，她心里也不好受，但又不能插手。后来曹丕战胜了曹植，准备对曹植进行政治清算，是卞太后心疼曹植，拼尽全力，说服了曹丕给弟弟一次重新做人的机会。曹丕看在老娘的面子上，没有杀曹植，不然曹植早完了。

对卞太后来说，两个儿子，手心手背都是肉，伤了哪一个，当娘的心里不疼？换成曹植胜利后报复曹丕，卞太后一样会出面说情的。卞太后性格温婉，意志坚强，她和曹操的脾气性格正好互补，她和曹操的结合，是一场双赢的感情故事。

在曹操死后，卞太后实际上就自动填补了曹魏统治集团内部的威望缺失，在一定程度上继续发挥着曹操式的作用。从卞太后本人的综合素质来看，她也有能力担当丈夫生前的角色。

客观来说，卞太后不是一个贪图物质享受的女人，虽然她有资格享受这一切。当时天下连年战乱，经济低迷，为了减少对国家造成的经济负担，卞太后下令不允许身边出现金银器物，让这些值钱的物件在合适的地点，发挥出它们合适的价值。

能做到这一点非常重要，卞太后所处的政治地位，决定了她将成为官场道德品德的风向标。如果她带头享受，下面人就会跟风。孔子有句名言："其身正，不令而行；其身不正，虽令不从。"最好的命令是以身作则，这比每天发出一千道强硬的命令更能服众。

卞太后还有一点做得非常好，就是特别的重亲情，这给冰冷残酷的魏国官场吹进了一丝暖风。有一次卞夫人随曹操出征，在路上遇到了几位白发老人，卞夫人下车和他们交谈，送给他们礼物，并泪流满面地告诉他们："看到你们，我就想到了我早逝的父母……"

这并不是卞夫人在演戏，而是她的真情流露。人都是有感情的，即使一个人再残暴，在他心中也会有一丝温馨的空间，没有谁可以例外。从早期丁夫人的为人行事风格来看，卞夫人比她更适合担当这样的道德权威角色。

丁夫人脾气刚烈，而卞夫人则温和圆润，在平衡大家族的各方利益上，更需要的是卞夫人这样的人物。老子说"过刚易折"，是有大道理的。

打个比方，丁夫人就像是女人世界中的项羽，而卞夫人就像是刘邦。像鸡蛋一般光滑的刘邦最终战胜了有棱有角的项羽，不是历史的误会，而是历史的必然。

卞太后很高寿，在魏太和四年（公元230年）五月去世，时年七十一岁。

从某种角度上来讲，卞太后是曹魏帝国中最受尊敬的女人，但她并不是曹魏最知名的女人。三国几个最知名的女人，蔡文姬更准确的身份是东汉才女，很难把蔡文姬算成魏人。其他的，比如大乔、小乔，外加一个孙尚香，都是东吴人。

要说曹魏最知名的女人，除了魏文帝曹丕的前妻、陈思王曹植的梦中情人、魏明帝曹叡的生母甄氏，恐怕找不出第二个，下面就讲一讲甄氏。甄氏的出名，很大程度是因为那场著名的爱情战争，至于她的社会地位，倒不是她出名的主要原因。

甄氏和她的第二任婆婆卞夫人出身寒微不同，甄氏出身豪门，她是新莽王朝的太保甄邯的后人，自甄邯之后，甄家世代为中层官僚。关于甄氏的名字，历来有很多种说法，比如甄宓、甄洛。这两个名字均出自曹植那篇千古名赋《洛神赋》，为统一名称，以下皆称甄宓。

甄宓生于汉灵帝光和五年（公元182年）十二月，与孙权同年出生，比曹丕大五岁，比曹植大十岁。中国史家有个传统，凡是贵人出生，都会天花乱坠地胡吹一通，说什么黄龙出、甘露降、产房起火、乌龟爬爬、兔子蹦蹦，乱七八糟，什么版本都有。

甄宓的出生也被一些无聊文人加上了一层虚幻的光环，说甄宓生下来后，家人经常看到有神人拿着一件玉衣盖在她的身上。这等笑谈不值一提，但甄宓确实有些与众不同，不是因为所谓的神人披衣，而是甄宓在文学上的才华。因为家教，再加上甄宓的天资聪颖，她从九岁开始，有系统地学习文化，喝了一肚子的墨水，被家人亲切地称为"女博士"。

古代有句老话："女子无才便是德。"这是天大的谬论，女人为什么不可以读书？女人读了书，照样能成为一代文学大家，不信请看班昭、蔡文姬、谢道韫、李清照、管道升。她们随便哪一个放在当时的文化圈，都是顶级名士。

甄宓不仅学问好，而且人品也非常好，用现在的话讲，是德艺双馨。东汉末年军阀连年混战，百姓食不果腹，为了活命，百姓们只好卖掉家里值钱的珠宝换粮食。正好甄家有余粮，甄老夫人准备吃进这些珠宝。

当时只有十几岁的甄宓说了一通很感人的话："现在邻里都没有饭吃，我们与其和他们交换钱粮，不如把这些粮食捐给他们，让他们留下珠宝，日后需要时还能用得上。"甄宓的话感动了母亲，决定照甄宓的话去做。甄宓得到的，肯定是无数感激涕零的泪眼和感慨……

像甄宓这样长得漂亮、有学问、人品好的女孩，到了谈婚论嫁的时候，肯定是异常抢手的。不过甄家的社会地位很高，等闲的人家是娶不到甄宓这等极品美女的。

中国古代，婚姻讲究门当户对，在当时有资格娶甄宓的，也就是东汉末年那几大高等名门，比如汝南袁氏、颍川荀氏、弘农杨氏、太原王氏几家。甄宓不出意外地嫁给了当时天下第一豪门汝南袁氏的代表——河北王袁绍的二儿子袁熙，这是袁绍的决定。

限于史料的稀缺，我们不知道甄宓嫁给袁二公子后，他们之间的感情如何。只是知道后来袁熙被袁绍调往幽州做刺史，甄宓留在邺郡婆家，没有跟着袁熙上任。

甄宓也知道他的公公袁绍现在正紧张地和南边的曹操周旋，双方将争夺一个活下来的名额。也许甄宓不知道，曹操以及曹氏家族，对自己来说将意味着什么……

从袁绍和曹操的综合实力来看，袁绍笑到最后的可能性最大，这一点甚至连曹操都没有怀疑。但让所有人意外的是，最终拿走所有蛋糕的，却是相对弱势的曹操。这一年是公元200年，著名的官渡之战后，袁绍输掉了自己的未来，两年后袁绍病死。

袁绍的死，是曾经威赫一时的袁氏军事集团覆灭的重要象征事件，曹操吃掉河北四州，已经不可避免。公元204年，曹操攻下河北的政治军事中心邺都，以一个胜利者的身份来到这个陌生的城市。曹操的二儿子，时任五官中郎将的曹丕也随军来到邺都。

曹丕进城后，第一件事就是直奔袁府，可能曹丕并不知道甄宓的存在，但他相信袁府里一定有价值连城的宝贝。果然，在破乱不堪的袁府里，曹丕发现了正跪在袁绍夫人刘氏膝下战栗的甄宓，曹丕眼都绿了。

刘氏是个顺杆爬的女人，袁家破败后，她的命运也在风雨飘摇之中，天知道她的未来在哪里。现在曹丕的突然闯入，让刘氏敏锐地发现了博取荣华富贵的机会，绝对不能错过。刘氏修炼得都快成精了，她一眼就看出曹丕的心思。

刘氏强行抬起甄宓的下颌，请曹公子慢慢欣赏这朵美丽的鲜花，说得刻薄些，就是请曹公子验货。当曹丕"验完货"后，立刻傻掉了，口水都流出来了。十五岁的曹丕正当情窦初开，哪架得起刘氏这般撩拨，馋得抓耳挠腮。

二十岁的甄宓作为战利品，被十五岁的曹丕笑纳了，这是乱世中美丽女人不可避免的悲剧。有一个很典型的例子，宋太祖赵匡胤灭后蜀之后，只用了七天，就送蜀后主孟昶上了西天，然后霸占了孟昶的女人花蕊夫人……

曹丕虽然年纪小，却是一个花心大萝卜。他娶甄宓，一方面是为了享受生理上的快感，一方面也为了传宗接代，至于感情，恐怕没有多少。

甄宓委身曹丕不久，就生下了曹魏帝国的第三代继承人曹叡，也就是后来的魏明帝。

曹叡是曹操的长孙，极受祖父的宠爱，但甄宓却没有因为生下了曹家的长孙，而赢得丈夫的宠爱，曹丕对甄宓依然是不冷不热。曹丕这时已经有了新宠，就是小甄宓七岁的美女郭女王，曹丕是个薄情寡义的男人，也许他从来就没有爱过甄宓。

甄宓是一个正当年的女人，有着正常的生理需求和心理需求，在曹丕不能满足她的时候，寂寞的甄宓很自然地就和她的小叔子曹植走得很近。曹植是个感情外露的才子，看到曹丕对甄宓冷鼻子冷脸，曹植非常同情嫂子。时间一长，这种同情就会演化成爱情，当然由于她特殊的身份，她不可能和曹植发生最直接的身体接触，但"柏拉图"式的精神恋爱是少不了的。

精神恋爱很伟大，但同样很痛苦，这是一种交错在时空中的灵魂碰撞，虽然没有迸出激情的火花，但这份爱却深深地刻在灵魂的深处，这是一种巨大的折磨，同时，也是一种巨大的享受。

自从被曹丕实际上抛弃之后，甄宓对荣华富贵已经看得非常淡了，人生一世，草木一秋，何必恋栈如此！郭女王赢得了一切，那就让她这个胜利者去享受她的战争红利吧。甄宓未必会对曹丕的冷落而伤心，也许真正让她伤心的是：与曹植近在咫尺，却远隔天涯！

甄宓是个感情丰富的女人，郭女王是个纯物质的女人，而曹丕虽然是文学家，但他更像是一个冰冷油滑的政客，这一点就决定了甄宓和曹丕的所谓爱情是一场悲剧。刻薄一些讲，甄宓富有感情的生命，早在曹军破邺城，前婆婆刘氏捧起她的脸给曹丕看的时候，就已经结束了。

甄宓的死因很简单：因为她对曹丕抛弃她非常怨恨，"有怨言"，曹丕正愁找不到除掉甄宓的借口。既然甄宓自己送上门了，那曹丕就没理由客气了，于魏黄初二年（公元221年）六月，"遣使赐（甄宓）死"，时年四十岁。

甄宓的死，对两个男人的打击最为沉重，一个是她的儿子曹叡，一个是经常在她梦中萦绕徘徊不去的曹植。对于当时十八岁的曹叡来说，母亲被父亲无情赐死，是他从懵懂走向成熟的一个重要标志。

曹丕虽然嫌弃甄宓，却没有嫌弃长子曹叡，依然疼爱这个儿子。有一次曹丕带着曹叡去郊外打猎，曹丕先射杀了一头母鹿，然后让曹叡射杀母鹿旁边的小鹿。曹叡不肯，流着泪说了句让人辛酸不已的话："陛下已杀其母，臣不忍复杀其子。"

曹叡的话外之音，曹丕当然能听得出来，儿子这是借杀鹿之事谴责自己对甄宓的薄情。对于甄宓的问题，曹丕确实有负于前妻，还算曹丕有点人情味，因为曹叡这句话，坚定了曹丕立曹叡为皇太子的决心，算是给前妻最后一次补偿吧。

关于曹植那篇千古名作《洛神赋》，以后会在《三国文学纵横谈》（下）中具体讲到。

讲完了曹魏的后妃，接下来要讲的是蜀汉宫廷和东吴宫廷。

刘备在早期虽然比较落魄，但也毕竟是一方诸侯，身边也有不少女人。早在刘备纳甘夫人之前，就已经"数丧嫡室"，天知道他有几个老婆。说得刻薄些，嫁给刘备的女人，多半没有好下场，不是早死，就是被"退货"，比如孙尚香。

不过刘备传说最终还是被一个女人给打破了，她嫁给刘备后，一直陪伴刘备到死，而且还比刘备多活了二十三年，可喜可贺。这个了不起的女人就是刘备最后一任正妻——穆皇后吴氏。

吴氏在历史上没有留下芳名，生于哪一年也不清楚，只知道她是陈留人（今河南开封周边地区），她的哥哥叫吴懿，弟弟叫吴班。吴氏的父亲很早就去世了，但吴太公和当时权倾一方的益州牧刘焉是多年旧交，吴懿为了讨生活，就带着妹妹和弟弟举家入蜀，跟着刘焉混饭吃。

当时的吴懿刚刚进入益州官场，名望甚低，但吴氏的名声远远在哥哥之上。原因很简单，因为有个算卦的先生曾经给吴氏算了一卦，说吴氏面相大贵，前程不可限量。在古代的政治隐语中，"大贵"实际上就是指当帝王，当然吴氏是女人，自然就是指当皇后了。

刘焉野心很大，一直就不太老实，听说吴氏以后贵不可言，口水立刻就流下来了。有种说法，说刘焉想娶有"旺夫命"的吴氏，因为刘焉想当皇帝。但因为吴氏是自己的世交晚辈，没好意思霸占吴氏，就把吴氏嫁给了自己的儿子刘瑁。

刘焉的算盘打得很精明，刘瑁娶了吴氏，以后自然就能当上皇帝。刘瑁的帝位是自己传的，说来说去，刘焉自己就应了天命，这买卖划算。让刘焉没有想到的是，他猜中了开头，却没有猜中结尾。刘瑁很早就死了，吴氏凄楚地当起了寡妇，盼着一个虚幻缥缈的未来……

像刘焉这样想的，历史上还有另外一例，就是后周的宣懿皇后符氏，几乎和吴氏的轨迹一模一样。符氏早年也被相士叹为贵不可言，被有野心的后汉河中节度使李守贞娶为儿媳，结果李守贞后来造反被杀，而符氏却改嫁给了一代圣主周世宗柴荣……

命运就是这样喜欢捉弄人，刘焉想当皇帝他爸的美梦破灭了，但吴氏的美梦却依然甘甜如饴。建安十九年（公元214年），荆州牧刘备消灭了益州牧刘璋，也就是吴氏的前小叔子，成为新任蜀王。刘备进川时的身份，除了荆州牧的头衔，还有另外一个身份，就是黄金老光棍。

刘备的新任压寨夫人孙尚香在他入川时就被孙权给接回去了，刘备空手白条地来到了天府之国。刘备作为天下三大军阀之一，身边没有压寨夫人，传出去实在不雅，刘备的弟兄们开始张罗，给老大寻一个能过日子的女人。

论身份，吴氏是前益州牧刘焉的儿媳妇，以刘备草根出身，如果将吴氏许配给刘备，并没有辱没他。刘备应该是听说过吴氏的，虽然不知道吴氏容貌如何，但想必不会太差，对吴氏应该是满意的。

不过因为刘备和吴氏的前夫刘瑁同族，刘备有些犹豫，此公向来是注意自己名声的。好在他的帐下头号红人法正以晋文公姬重耳娶侄子晋怀公的夫人怀嬴为例，说老大你和刘瑁再亲，有文公和怀公的血缘关系近吗？何况老大你什么时候见过刘瑁？刘备被法正说服了，最终还是娶了吴氏为夫人，至于回娘家的孙尚香，刘备早就抛到九霄云外了。

刘备娶吴氏，当然一方面是因为吴氏是中年熟女，风韵犹存；另一方面吴氏背后站着原刘璋手下的益州系人马。这些人强烈要求刘备娶吴氏为夫人，其实就是变相要求刘备给益州系写保证书，保证维护益州系的政治、经济利益。对于这一点，刘备和法正心里都门儿清。

刘备和吴氏的结合，依然没有摆脱上一场与孙尚香政治婚姻的影子。不过孙尚香代表的是与刘备对立的江东集团，而吴氏代表的却是隶属于刘备军政系统的益州系人马，这一点保证了吴氏不会被刘备猜忌。同床异梦的婚姻，是非常痛苦的。

吴氏嫁给刘备之后，正式身份是刘备的嫡妻，但吴氏却没有生育，刘备的三个儿子——刘禅、刘永、刘理都不是吴氏生的。不过吴氏在蜀汉官场上的政治地位却没有受到任何动摇，不说别的，吴氏的两个兄弟吴懿和吴班可都不是吃闲饭的。

吴懿和吴班都是蜀汉军界的一线人物,他们在蜀汉军界的深厚人脉,是吴氏屹立蜀汉官场三十年而不倒的重要原因。人都是势利的,如果不是吴氏娘家的背景深厚,谁能瞧得上她?皇太后又如何?汉灵帝的母亲董太后是怎么死的?

在天崩地裂的大乱世中,被命运抛弃的,不仅有男人,还有女人。女人是弱者,在男权时代是没有疑义的,但这是非常不公平的。吴氏运气不错,她的家世好、丈夫好、儿子好,甚至丞相也好,身边几乎都是好人,吴氏的下半辈子就这么平平淡淡地过来了,这是一种幸福。

如果按历史的知名度来讲,曹魏后宫的曝光率最高,卞氏、甄宓、郭女王鼎鼎大名,蜀汉的吴后和大小张后次之。知名度最低的要属孙权的几个老婆,比如谢夫人、徐夫人、步夫人、两个王夫人,倒是孙权晚年最宠爱的潘贵妃知名度稍高一些。

之所以东吴后宫走马灯似的换人,根子就出在孙权的见异思迁上。此公就像是窜入玉米地的黑熊,不停地掰棒子,掰一个丢一个,结果混到最后,这头可爱的熊手上永远只有一个棒子。

孙权第一个夫人是谢氏,是奉母亲吴太夫人之命明媒正娶的嫡妻,身份贵重。刚开始孙权还很喜欢谢氏,但没过多久,孙权的魂都被新宠徐氏给勾走了。孙权想让谢夫人下台,把位置让给徐氏,这等丢面子的事,谢氏当然不肯。结果孙权大怒,强行废掉了谢夫人。

新上位的徐夫人从辈分上算,其实是孙权的表侄女,徐夫人的祖父徐真是孙权的姑父。孙权是个天不怕地不怕的主,他才不管什么伦理道德,只要自己爽就行了。

最搞笑的是,孙权正式迎娶徐氏后,就让徐氏以嫡母的身份抚养长子孙登。孙登是徐氏的表弟,却要把表姐当母亲一样供着,真不知道孙登心里是个什么滋味。不过孙权和徐氏的血缘关系不算特别近,娶了也没什么,至少要比汉惠帝迎娶亲外甥女张嫣更能说得通。

但徐夫人并不是孙权感情之路的终点站,后来孙权又掰了一个棒子,就是步夫人。按惯例,孙权把徐夫人给甩了,理由是徐夫人爱吃醋。其实不仅女人爱吃醋,男人同样爱吃,谁家炒菜不放醋?

其实真正的醋坛子正是孙权,他身边所有女人吃的酸醋,都是从孙权那里舀来的。孙权又爱上了步夫人，一脚将徐夫人踢开，一切家庭内部矛盾的源头都是孙权。

步夫人本来差一点成为孙权感情之路的终点站，在孙权称吴王、当皇帝后，步夫人都是当仁不让的王后和皇后人选。但孙权可能是顾忌步夫人的同族——丞相步骘的势力，有意压制外戚，不能让步骘的势力范围过分扩张，这会危及皇权。

所以孙权虽然很宠爱步夫人，但就是不给步夫人正式的名分，步夫人这一等就是十几年。可孙权是铁了心要压制步氏，直到步氏去世，也没捞到皇后的名分。

步夫人的人品非常好，"性不妒忌"，属于贤妻良母型的女人。步夫人这辈子是对得起孙权的，她给丈夫生下了两个著名的女儿——全公主孙鲁班、朱公主孙鲁育。

三国的后妃相对于其他时代某些会折腾的后妃来说，还算是比较安分的，比如吕雉、贾南风、北魏文明冯后、宣武胡后、武则天、杨玉环、万贞儿、慈禧等人。

从权力角度来说，三国的后妃没有一个掌权的，但也许正是她们的幸运之处。三国的开国皇帝中，没几个是善茬，哪个不是在刀山火海中拎着脑袋拼杀出来的。如果三国的后妃梦想夺权主政，恐怕是没有机会的，曹操、刘备、孙权是被女人玩弄于股掌之间的男人吗？

她们生活得很平淡，甚至有些乏味，但人这辈子，何必一定要闹得轰轰烈烈，平淡的生活其实最容易回归人性的本真。

二六 / 蜀汉两名相

说完了三国的女人，咱们接着聊三国的男人。

三国的男人，从政治职责来说，可以分为以下几个类型：

第一，帝王型，比如曹操、刘备、孙策、孙权、司马师、司马昭，也包括那些失败的割据军阀，如董卓、袁绍、刘表、刘璋等人。

第二，相臣型，比如荀彧、荀攸、诸葛亮、蒋琬、费祎、张昭、顾雍等人。

第三，统帅型，比如周瑜、鲁肃、关羽、司马懿、姜维、邓艾等人。

第四，武将型，比如张、赵、黄、魏、诸曹、夏侯、甘、凌、周、蒋那帮拎刀玩命的。

第五，边臣型，比如张习、梁既、李恢。

第六，刺头型，比如孔融、祢衡、彭羕、虞翻。

第七，龙套型，比如孙、简、糜、二丁、杨修。

如果从性格来说，可以分为以下几个类型：

第一，豪爽型，比如曹操、孙策。

第二，闷骚型，比如刘备、孙权。

第三，淑男型，比如荀彧、杨修。

第四，张牙舞爪型，即刺头型的人物。

第五，中庸型，比如蒋琬、费祎、顾雍。

所谓中庸，其实是中国古代知识分子所恪守的一种生存原则，不强出头，不刚不屈，在两个极端之间走中间路线。在三国人物中，上面提到的蒋琬、费祎、顾雍都是"守中庸、行大道"的典型人物。顾雍之前已经讲过了，下面专门讲一讲蜀汉两大名相——蒋琬和费祎。

我们对蒋琬和费祎并不陌生，公元234年，诸葛亮在五丈原弥留之际，告诉朝廷派来的使者李福："我死之后，公琰（蒋琬字）可继吾任。公琰之后，文伟（费祎字）继之。"蜀汉的第二任、第三任首席执政官，被第一任首席执政官提前内定好了。

下面把蜀汉各时间执政时期做一个简单的表：

执政官	执政时间
刘备	公元214年至公元223年
诸葛亮	公元223年至公元234年
蒋琬	公元234年至公元246年
费祎	公元246年至公元253年
刘禅（黄皓）	公元253年至公元263年
姜维主管军事	

如果从东汉建安十九年（公元214年）刘备主政西川开始算，蜀汉政权共存在了五十年。在蜀汉五代执政官中，蒋琬的执政时间最长，为十三年，再加上费祎执政的七年，共二十年。

蒋琬和费祎执政的二十年，诸葛亮时代轰轰烈烈的北伐扩张政策在他们手上终止了，取而代之的是一种稳健保守的发展方向，可以说是进取不足，自守有余。不过在这二十年里，蜀汉的国势并没有明显的颓势，至少还有能力继续给曹魏集团添恶心，这就是能力的体现。

蒋琬是荆州零陵人，生年不详，从蒋琬在蜀汉的从政资历来看，他不应该划进蜀汉第一代执政集团，他和费祎实际上都是蜀汉第二代执政集团的首脑。从派系上讲，蒋琬出自刘备的荆州系，但不是嫡系，最多是个打下手的杂牌军，庞统和马良才是刘备的荆州嫡系人马。

在初出江湖的时候，蒋琬只是一个底层的吏员——书佐，跟着刘备进入了西川。蒋琬早期并不得志，只混到了广都长（今四川成都南），级别依然不高。汉制：一县人口过万，县执政官称县令，不过万则称县长。

蒋琬对这份工作应该是不满意的，认为刘备这么安排他是浪费人才。到任之后，蒋琬学习当年的庞统，成天胡吃海喝，当起了甩手大掌柜。后来刘备来到广都视察，看到县内事务乱成了一锅糊涂粥，老刘气得脸都绿了。一怒之下，刘备准备杀掉蒋琬，以儆效尤。

对于蒋琬的才能，蜀汉头牌诸葛亮是清楚的，所以第一个站出来替蒋琬求情的就是诸葛亮。诸葛亮一方面称赞蒋琬是国家级的人才，做县长是屈才了。另一方面诸葛亮认为人才往往重大事、轻小节，我们不能管窥蠡测。

鉴于之前庞统在耒阳的搞笑执政，再加上诸葛亮的面子不能不给，刘备半信半疑地给蒋琬一次自救的机会。虽然不久后蒋琬迁任什邡县令，但依然算不上重任，游离在官场二线之外。也许刘备的潜意识认为，庞统只有一个，蒋琬的分量还没有资格与庞统相提并论。

在刘备执政时期，蒋琬一直没有得到充分发展的空间，真正让蒋琬走进蜀汉一线官场的，是在诸葛亮执政之后。有了诸葛亮这位伯乐，蒋琬这匹千里马终于可以仰首长嘶，一驰千里了。人才最需要什么？机会！

其实诸葛亮在执政之初，就已经有了寻找培养下一代接班人的考虑。从后来诸葛亮得到姜维之后，有意让姜维主掌蜀汉日后军事系统来看，蜀汉的下一代执政官应该是以内政外交为主要方向。而蒋琬，文治长于军事，诸葛亮在几年的考察之后，基本确定蒋琬来接班了。

诸葛亮在建兴五年（公元227年）北伐后，就留下时任参军的蒋琬配合长史张裔驻守成都，权摄府事，开始系统培养蒋琬。三年后，张裔去职，蒋琬接替张裔做了益州长史，并加抚军将军，实际上成为蜀汉官场的二号人物，蒋琬接班已经没有任何疑问了。

在诸葛亮北伐期间，蒋琬在大后方担当起了后勤最高长官的职责，负责前线军需粮草的供应，"足食足兵"。诸葛亮在前线没有后顾之忧，蒋琬出色的政治才能让诸葛亮倍感欣喜，诸葛亮经常在大庭广众之下替蒋琬吹喇叭，生怕别人不知道蒋琬是他的事业接班人。

在公元234年，诸葛亮病逝五丈原后，蒋琬不出意外地接过了诸葛亮特意留给他的权杖，带领蜀汉在迷茫不确定的未来时空中穿行……

蒋琬的正式头衔非常多：尚书令，随后加行都护、益州刺史、大将军、录尚书事，整个蜀汉地位最尊崇的，除了刘禅，也就是蒋琬了。刘禅的动手能力不怎么样,所以也乐意把担子交给蒋琬去挑,诸葛相父提名的人选,想必是错不了的。

蒋琬执政之后,他面临的第一个问题就是如何带领蜀汉走出后偶像化的时代。诸葛亮在其执政期间就已经被神化了,他是蜀汉当之无愧的精神领袖。现在精神领袖没了,蜀汉人心惶惶,史称"新丧元帅,远近危悚"。稳定蜀汉军民的情绪,事关重大。

从性格上来分析,在偶像逝去之后,偶像的替任者多数都是性格沉稳的,比如霍光之于刘彻、曹丕之于曹操、李治之于李世民、赵匡胤之于柴荣、朱高炽(朱瞻基)之于朱棣、胤禛之于玄烨。蒋琬也是如此,沉稳的性格往往能最大限度地稳定人心,这是历史发展的必然规律。

为了稳定军民情绪,蒋琬现在最需要做的不是在诸葛亮的北伐未竟事业上勇攀高峰,而是让蜀汉军民相信自己有能力带领他们走出历史的泥淖。蒋琬在这方面非常下功夫,史称"(蒋琬)处群僚之右,既无戚容,又无喜色,神守举止,有如平日"。

有句话说得非常好:有稳定才有发展,尤其是在一个相对弱势的历史条件下,这一点尤为重要。不论蒋琬心里对诸葛亮的逝世如何伤心难过,但在大庭广众下,绝不能流露出来,否则人心就乱了。

蜀汉官场见蒋琬如此老成持重,大家的情绪也逐渐稳定了下来。时间可以冲淡记忆的伤痕,随着时光的流逝,蜀汉军民对诸葛亮逝世的伤痛,已经渐渐地淡去了。他们现在最需要做的,就是跟着蒋琬稳步前行,史称"众望渐服",蒋琬出色地完成了初步稳定人心的任务。

在偶像过渡的时代,第二代继承者在收拢人心上往往有一个共同点,就是改变第一代的严刑峻法的治政思路,以宽仁待人,从而平稳地度过后偶像时代。像蒋琬这种地位的人物,他的一言一行都深深影响着整个朝局的发展,对于这一点,蒋琬心里非常清楚。

自从诸葛亮死后,蜀汉官场最需要的就是团结,蒋琬当然知道团结人心的重要性。在《三国志·蜀书·蒋琬传》中,陈寿记载了这么一个故事:督农杨敏曾经在背后说蒋琬的坏话,骂蒋琬是个糊涂虫,"作事愦愦",根本不能和诸葛亮相比。

不知道哪个马屁虫子把杨敏这话告诉了蒋琬,请蒋琬治杨敏的罪,诽谤当朝执政，那可不是小罪。如果换成法正这号锱铢必较的，十个杨敏也完蛋了，但蒋琬不是法正，他听完来人的话，淡然一笑："杨敏说得没错，我确实不如诸葛丞相，杨敏说的是实话，没道理治他的罪。"

后来杨敏不知道犯了什么事，锒铛入狱，吃起了牢饭。官场中人都知道杨敏曾经骂过首席执政官，天知道蒋琬会不会在背后给杨敏捅黑刀子。人心隔肚皮，别看蒋琬嘴上说得这么感人，谁知道他肚子里有几条蛔虫？

杨敏的命运很快就明朗化了，蒋琬不但没有对杨敏下辣手，反而替杨敏圆场，杨敏安然出狱。蒋琬的老大风范很快就折服了官场中人，做老大的如果要让手下弟兄们服他，不仅要立威，更要立德，以德服人才是根本。

蒋琬不是圣人，难说蒋琬对杨敏说得那些话不反感，但他知道他现在的身份，是不可以公报私仇的，否则拿什么来服人？如果从私心角度来讲，蒋琬急于树立宽仁的形象，也是想让蜀汉军民走出诸葛亮的神话时代，从而确定自己"蜀汉一哥"的地位。

稳定任务完成了，接下来蒋琬要做的是制定蜀汉下一步的发展战略目标。在三国鼎立的历史大格局下，脱离这个历史环境空谈发展是不现实的，蒋琬在事关蜀汉生死存亡的对魏战略上，基本继承了诸葛亮的北伐思维，不过他们的对魏战略还是有不同之处的。

诸葛亮对魏态度非常坚决，第一次北伐不成功，就来第二次，直到生命列车驶到终点。蒋琬也是主张灭魏的，他也基本上继承了诸葛亮的北伐思路，不过二人的北伐战略还是有所区别的。

蒋琬根据自己的战略判断，他认为诸葛亮经山路北进，容易造成粮食运输的断链，从而影响前线战局。诸葛亮五次北伐均告失败，除了主观因素，客观因素主要有两点：一是粮食运输困难；二是山路崎岖，影响行军速度。

蒋琬改正了诸葛亮北伐走中路的战略思维，放弃中路进攻，改走东线的水路，也就是河道比较畅通的上庸三郡。这里曾经是蜀汉的地盘，后来孟达叛蜀降魏，成为保卫魏都洛阳的西南重要屏障。

魏军的实力，蒋琬心里是有数的。无论是走祁山，还是走上庸，蜀军都会啃到硬骨头，没有必胜的把握。蒋琬东出汉、沔，主要的战略考虑是解决前线的粮食运输问题，从战术角度来看，蒋琬的这个方案在一定程度上还是可行的。

至于如何攻取汉、沔三郡，蒋琬的计划是偷袭，以奇兵东下。如果能攻克三郡，就等于在魏国的腹地插进一把尖刀，因为这里离洛阳实在太近了。可惜还没等蒋琬开始动手，蒋琬前些年患上的旧病再次发作，身体状态非常差，只好忍痛放弃了东下计划，回到汉中养病去了。

虽然东线奇袭计划没有实施，但蒋琬抱定了放弃中路，专打两边的战略思维不放，主张狂攻西线凉州地区。如果说攻取汉、沔三郡更多的是一种对魏的政治威慑，那么攻取凉州更多的是军事上的考虑，斩断魏的战略右臂。

蒋琬在战略上继承了诸葛亮的北伐思维，但在具体战术上却没有重复诸葛亮北出祁山的老路。无论是走东线还是走西线，都比走中线更能节约国家战略成本，蜀是小国，国力有限，禁不起翻山越岭的折腾。

陇西与蜀汉接壤，因为历史的原因，蜀汉与当地羌胡有着非同寻常的关系，用现在的话讲，就是有相当的人脉资源。蒋琬也意识到了蜀汉具有的这个战略优势，至于具体的负责人选，除了凉州人姜维，再没有第二个选择。

这次蒋琬似乎下定决心了，上次没来得及在东线闹出大动静，这次蒋琬铆足了劲，准备在西线大干一场。在乱世靠军功吃饭的年代，没有军功是绝难服人的。为了这次能在西线捞点肥肉，蒋琬准备拖着病重的身躯，做姜维的后线接应，蒋琬知道自己时间不多了，拼了老命也要上。

可惜上天已经不打算再给蒋琬机会了，给他的时间已经够多了，整整十三年！蒋琬却什么也没做，上天的耐心是有限的。蜀汉延熙九年（公元 246 年）十一月，已经病入膏肓的蒋琬在涪城溘然长逝，留下一个弱小的帝国，在历史的长河中随风摇摆，没有人知道未来在哪里。

接替蒋琬做蜀汉首席执政官的，是十三年前，诸葛亮在临终前内定的隔代接班人费祎。

从辈分上来看，费祎和蒋琬其实是同一代人，费祎在蜀汉官场厮混的时间甚至还早于蒋琬。如果从性格来讲，二人的区别则比较明显。蒋琬性格稳重，不苟言笑；而费祎性格外向，活蹦乱跳，像个猴子。

费祎和蒋琬还有一个不同之处，就是费祎更善于交际，也就是外交能力比较强。当年蜀汉头牌大佬许靖的儿子许钦病故，成都所有的达官贵人全部到场吊唁，费祎蹭了一回好友董允的车，来到许府串了门子。

董允没见过这么大的场面，表现有些拘谨，"神色未泰"。费祎是前益州老大刘璋的表侄，早就见惯了大场面，在这群高官显贵面前，费祎"晏然自若"，跟没事人一样。这份淡定从容，让董允的父亲董和大为惊叹：这小子终究会做出一番大事业，我儿子不如费文伟！

虽然从某种角度来讲，蒋琬代表着底层百姓，而费祎则代表着中上层的精英，但费祎的能力却是当时蜀汉官场公认的。精英群体和草根群体出人才的概率基本上是相当的，都说草根出人才，其实精英中也出人才，就看当政者如何用人了。

对于费祎，诸葛亮是非常欣赏的。在诸葛亮征服南中回京后，蜀汉高层百官全都出城迎接诸葛丞相，论官衔，费祎不过是个黄门侍郎，但诸葛亮却做出一个惊人的决定：邀请费祎上他的专车，其他大佬全都步行入城，众人皆惊。

南征回来的诸葛亮已经四十四岁了，他开始有计划地培养事业接班人。诸葛亮在选定蒋琬做二代接班人的时候，就同时敲定了费祎来接蒋琬的班，不然诸葛亮不会无头无脑地以极高规格来对待费祎。没有人不知道，诸葛亮这么给费祎面子，用意是什么。

费祎被诸葛亮确定为第三任首席执政官以后，诸葛亮就开始有意识地培养费祎的参政能力。接班人需要与众不同的历练，要多放出去，接受大自然的残酷洗礼，温室里的花朵是经不起风吹雨打的。

诸葛亮为了北伐曹魏，不计前嫌地和孙权结成战略联盟，至于出使东吴的人选，诸葛亮选择了费祎。其实这非常好理解：与东吴的利益同盟稳定与否，事关蜀汉北伐成败。诸葛亮派费祎担任这个差使，实际上是给未来费祎执政方向定下了基调，就是继续与吴联盟，共同抗魏。

费祎性格外向，机智多变，由他出面和孙权周旋再合适不过了。孙权和费祎一样，都是活蹦乱跳的猴子性格，费祎在出使东吴期间，和孙权非常投脾气。孙权对费祎的印象非常好，每次费祎来到东吴，孙权都把费祎当成自己的哥们儿，好吃好喝好招待。

费祎是个能守住底线的人，无论和孙权的私交如何，在国家尊严上，费祎是半步不让的。在孙权给费祎举办的接风宴会上，东吴政坛精英诸葛恪、羊衜，也包括孙权本人，经常借天下大势对费祎发难。费祎见过大场面，并不怵东吴精英，席间"辞顺义笃，据理以答，终不能屈"。

在当时吴强蜀弱的形势下，费祎出色的外交才能在一定程度上替蜀汉挣得了不少面子，让孙权看到蜀汉虽弱犹不可欺，对巩固吴蜀联盟起到了很重要的作用。在诸葛亮北伐的这十几年间，他钦定的两大接班人蒋琬、费祎分别负责内政后勤和外交联络，在两条不同的战线上为国效力，费祎实际上是蜀汉的"外交部长"。

在诸葛亮执政晚期，费祎的工作重点从外交转向了内政，但从费祎调解魏延和杨仪之间的对立关系来看，这时的费祎还在某种程度上成为蜀汉的"联络部长"。人才之用，贵在发挥其特长，费祎善于沟通人际关系，好钢就要用在刀刃上。

在诸葛亮死后，蒋琬上台，这时蜀汉的主要历史任务就是伐魏，所以蒋琬长驻汉中前线。虽然蒋琬全权负责蜀汉内政、军事，但蒋琬主要还是侧重于军事，内政方面交给了费祎打理。

蒋琬、费祎的这种分工关系与明成祖朱棣、明仁宗朱高炽的关系非常相似，朱棣在位二十二年，主要精力都用在了和蒙古的军事对抗上，朱高炽实际上才是永乐朝内政的大总管，当了十年的"监国"。蒋琬和朱棣把内政都交给钦定的接班人，也是有意识地培养他们的从政能力。

费祎能被诸葛亮选定为隔代接班人，其能力绝不是吹出来的，而是实打实历练出来的。在蒋琬长驻汉中期间，费祎作为蜀汉实际上的首席执政官，充分发挥了自己的才干，为日后完全执政打下了良好的基础。

费祎的智商很高，他记忆力惊人，无论什么样的文件只要被费祎看过，就被复印在他的脑海中，随时可以调阅。这还不算是最牛的，费祎可以在和朋友说笑、饮食、下棋的同时处理公务，没有出现过差错。正事咱不耽误，该玩的咱还得玩，把工作当成副业，这是一种境界。

再肉麻一些讲，费祎的工作方式简直就像艺术。有时不得不承认，人的天赋是存在一定差异的。费祎的发小董允接任尚书令，董允也想学费祎把工作当成艺术，结果董允忙了几天，弄得晕头转向，累了个臭死，而且失误不断。董允长叹："费文伟的天赋确实在我之上！"

名声是靠真才实学拼出来的，费祎通过这几手漂亮的绝活，迅速在官场巩固了自己接班人的地位，这一点没有任何人否认。在蒋琬病逝之前，费祎就已经全盘接替了蒋琬的内政职权，什么大将军、录尚书事、益州刺史，都是费祎的囊中物。

从某种角度看，蒋琬担当的是蜀汉精神领袖的角色，而费祎才是蜀汉真正意义上的首席执政官。在延熙九年（公元246年）蒋琬病逝之后，费祎正式走上历史的前台，成为蜀汉毫无争议的带头大哥。

蜀汉统治五十年间，可以明显地分为两个阶段，一是绝对君权（相权）阶段，一是弱势相权阶段。从公元214年至公元234年，属于绝对君权（相权）时期，刘备和诸葛亮拥有至高无上的权力和威望。

自诸葛亮星落五丈原后，蜀汉的强人时代彻底结束，无论是蒋琬还是费祎，他们的执政集体都是典型的文官政府。当形势趋于稳定之后，由强人政治过渡到文官政治是历史的必然选择。

在诸葛亮时代，皇帝刘禅几乎就是一个高级的政治花瓶，除了名分，一无所有。但在诸葛亮死后，刘禅开始收回权力，蜀汉的权力格局从一超独大变成了君权和相权的互相制约。

由于蒋琬和费祎没有诸葛亮头上的那层神一般的光环，所以他们也没有在刘禅面前摆谱的资格。如果说诸葛亮是刘禅的父亲，那蒋费二人就是刘禅聘用的职业经理人。

蒋琬和费祎对自己的地位非常清楚，他们绝不会效仿诸葛亮那样对刘禅居高临下。在二人镇守汉中期间，虽然他们是当朝执政，但无论做出什么决定，他们都事先向刘禅请示，得到皇帝批准后才具体实施。

虽然这是明显的走过场，刘禅除了斗蛐蛐、玩鸟也没别的本事，但这个过场是必须要走的。蒋琬和费祎没有诸葛亮那样的绝对权威，至少在军界是如此，所以他们要想顺利地施政，必须举起刘禅这块金字招牌，用皇帝的名义来镇住军界强人，这也是文官政治中不可避免的现象。

至于这个所谓的军界强人，且不说蒋琬时代，在费祎时代，这个军界强人实际上指的就是大将军姜维。前面说过，姜维是诸葛亮在军事上的继承人，所以姜维对北伐有着一种天然的冲动。

在对待魏国的战略问题上，费祎和姜维有着明显的冲突，姜维是坚决的主战派，而费祎则是个主和派。费祎曾经对姜维说过一段非常有名的话："伯约成天鼓动北伐，我们比诸葛丞相何如？诸葛丞相五次伐魏，犹不能胜，何况我们？不如保境安民，守住咱这一亩三分地，就是天大的成功。至于北伐，交给子孙们办吧。如果伯约一味主战，万一事败，后果可不是你我等辈能承担起的！"

从整个蜀汉五十年历史上来看，费祎的战略主张是蜀汉伐魏大目标的一种

"逆退"，背离了蜀汉立国的根本。但现实一点讲，费祎的保守又是非常明智的，魏蜀两国实力悬殊实在太大，蜀灭魏的可能性有多大？估计差不多是猴子打败老虎的可能性。

诸葛亮时代五次北伐，消耗了大量国力资源，对国力弱小的蜀汉来说是一种沉重的负担，当初蒋琬放弃走中路的考虑，也是从蜀汉国力弱小的现实出发的。

但姜维却坚持认为北伐可取，每每攘臂大言，要借羌胡之力，一举克平陇右。费祎很讨厌这个愣头青，在他执政的五年里，有意识地限制姜维的好战思想。

蜀汉的大掌柜是费祎，军政财权一把抓，费祎每次拨给姜维的军队数量，没有超过一万人的。如果你姜伯约有本事，那就以弱胜强去吧，反正别想从我这里拔毛。终费祎执政时代，姜维始终被费祎牢牢压制，姜维窝了一肚子的火，但又无可奈何。

费祎执政的这八年（公元246—253年），正是三国时代相对比较平和的时期。三国之间没有发生大规模的战争，都把注意力集中在内政上，比如魏司马懿杀曹爽夺权，东吴孙和、孙霸争储，都发生在这个时期。

在诸葛亮、蒋琬执政时代，蜀汉国力没少被折腾，确实需要一个喘息的机会。比赛还有中场休息呢，对一个国家来说，一味好战是非常危险的，要知进知退。和平与战争的时机选择，是一门艺术。

费祎作为诸葛亮钦定的隔代接班人，在历史上的评价很高，王夫之就说："蒋琬死，费祎刺，蜀汉之亡必也，无人故也。"但蜀汉时代对费祎的评价却不是很高，在延熙九年（公元246年）九月蒋琬刚死后，费祎滥施宽仁，无故大赦，遭到大司农孟光好一顿骂。

由于有了诸葛亮这块政治模板，无论费祎做什么，时人都会拿他们做比较。诸葛亮走的是法家路线，轻易不言赦，蜀人好评如潮。费祎站在了诸葛亮的对立面，自然不受当时人的好评。"蜀人称亮之贤，知祎不及焉。"

费祎滥施仁政，这和他的性格有很大的关系，费祎性格开朗，不拘小节。可以这么讲，诸葛亮信奉法家"人之初，性本恶"的人性思维，他怀疑一切，从不轻易相信别人。

而费祎恰好相反，他信奉儒家的"人之初，性本善"信条，他相信世界上只有好人，没有坏人。不管是什么人，也不管人家底细如何，只要费祎瞧得上眼的，就和人家勾肩搭背，称兄道弟，好不亲热。

费祎的这种性格最终为他带来了杀身大祸，延熙十六年（公元253年）春，费祎在汉寿举行新春宴会，所有头面人物都到场吃喝。席间有一个前不久被姜维俘获的魏国将军郭循（也称郭修、郭随），趁费祎喝醉了酒，执刀上前，当场刺死费祎。

费祎为人过于豪爽，不察细务。郭循当初被俘后，本来是想刺杀蜀主刘禅的，但被刘禅身边人发现了，没能得手。以费祎的地位，应该是知道这件事的，怎么就半点不设防？还是在于他相信一切的人性本能，尤其是新附降人，几乎都可以不费力地接近费祎。

对于费祎这种无论亲疏皆可近之的性格，越嶲太守张嶷就曾经敲打过费祎："老兄你不要轻易相信那些降人，谁知道他们是不是魏国卧底？万一他们要在你面前使坏，你能防得了吗？"费祎把张嶷的善言当成耳旁风，最终丧命。

费祎时代就这么稀里糊涂地结束了，留下了满地鸡毛。刚才讲过，费祎的死，导致选才范围狭窄的蜀汉无人可用。而好战派姜维则摆脱了费祎的压制，获得了军权，从此走上了一条和魏国血拼到底的不归路，最终国亡身死，悲乎！

不过蜀汉的灭亡，最主要的责任方是姜维、刘禅、陈祗、黄皓等人，和费祎的关系不是很大。如果不是费祎适时地改变扩张战略，休养生息，恢复元气，以蜀汉的国力基数，恐怕灭亡时间还要更早。

南朝宋人裴松之就客观地评价过（蒋琬）费祎："蒋费为相，克遵画一，未尝徇功妄动，有所亏丧，外却骆谷之（魏）师，内保宁缉之实，治小之宜，居静之理，何以过于此哉！"

最后再说一句：战争是把双刃剑，在谋取自己利益最大化的同时，也有可能伤及自己的利益。轻易不言战，不等于惧怕战争，战争要适时而动，看准机会，一剑封喉，才是上策。

二七 / 司马懿的忍功

前面我们讲过曹操了，曹操是一代英雄豪杰，在群雄逐鹿的险恶历史环境中，从一无所有，到建立威名赫赫的大魏帝国，不是能力过人的人，是做不到的。

曹操在政治上最大的特点，就是恪守自己的政治红线，绝不越雷池半步，终身不称帝，篡人家国的骂名留给儿孙们背吧。在历史上与曹操相似的人物有很多，比如南北朝的宇文泰和高欢、五代十国的徐温，他们都是实际上的皇帝，但都终身称臣，只要实利，不要虚名。

其实要说与曹操轨迹最为相似的，并不是宇文泰、高欢，而是曹操的手下小弟，被当时的超级名士崔琰称为"聪亮明允，刚断英特"的司马懿。从人生轨迹来看，司马懿几乎就是和曹操一个模子里刻出来的，曹操在政坛经历过的大风大浪，司马懿也基本经历过。

他们分别是魏、晋帝国实际的创造者，他们都没有称帝，他们都非常狡猾，都是玩权术的高手。要说不同点，曹操是自己拉起队伍打天下的，司马懿是借着魏国这个政治平台发展起来的，但司马懿通过在关中和诸葛亮的对抗，其实已经树立了很高的军界威望。

在历史上，曹操和司马懿并称，最著名的就是后赵枭雄石勒那句："大丈夫行事当磊磊落落，如日月皎然，终不能如曹孟德、司马仲达父子，欺他孤儿寡妇，狐媚以取天下也。"

司马懿得天下，其实并没有石勒说得那么容易，要知道当时的魏国老大曹爽已经把刀架在了老司马的脖子上。这份生与死的折磨，石勒也不是没有经历过，典型的嘲笑别人没穿裤子，却忘记了自己在大街上裸奔……

司马氏建立的晋朝，从法理意义来说，共存在了156年，即公元265年建立，公元420年灭亡。实际上司马氏的统治时间还要再加上十五年，公元249年，司马懿杀曹爽夺权，这才是晋朝真正意义上的开始。这么讲，没有司马懿，就没有晋朝，如同没有曹操就没有魏国一样。

司马懿的天下到底是怎么来的，有许多种不同的切入角度，比如通过战争或者通过政变，最离谱的就是人心所向。大而泛之地讲，晋朝的天下，其实是司马懿装傻装出来的。在司马懿七十一年的人生中，装傻这条主线贯穿始终，从头装到尾，所以司马懿最终成功了。

装傻本来并不是一个高难度的技术活儿，随便谁都可以装傻，但装得像不像，那就是另一回事了。说得更明白一些，装傻的本质就是一个字：忍！在形势不利的时候，放下脸面，要学猫叫——喵喵，要学狗叫——汪汪，绝对没有难为情，张口就来，这就是艺术。

韩信当年从屠夫胯下爬过去的时候，所有人都鄙夷地大笑，这份屈辱绝不是常人能忍受得了的。

老话讲得好：忍人所不能忍，方能为人所不能为，将忍功发挥到极致的，往往能成就大事。在历史上比较知名的装傻成功范例中，有许多是我们非常熟悉的名字：勾践、刘邦、韩信、刘秀、刘备、孙策、慕容超、萧道成、杨坚、安禄山、赵构、朱棣等，当然还有司马懿。

纵观司马懿轰轰烈烈却不太波澜壮阔的一生，他的忍功已经达到了出神入化的境界，做人忍到了这个份上，恐怕曹操未必有司马懿这般厚黑。在三国历史上，如果说还有谁的忍功在司马懿之上，答案只有一个：刘备！

从性格上来看，司马懿是曹操和刘备的结合体，他既有曹操卓越的政治才能，又有刘备的狡猾厚黑，这两种性格的结合，决定了司马懿的前途不可限量。

司马懿出生于汉灵帝光和二年（公元179年），祖籍河内温县（今河南温县），家世显贵，河内司马氏在当时是一等的清流名门。司马懿的家教甚好，史称"博学洽闻，伏膺儒教"。虽略有夸张，但河内司马氏的子弟，家学自然是不会差的。

司马懿的哥哥司马朗在曹操手下做事，曹操可能是通过司马朗的介绍，知道了司马懿是个可造之才。爱才心切的曹操在建安六年（公元201）年，给司马懿发了一张求贤帖，请司马懿出山为他做事。

《晋书·宣帝纪》说司马懿"知汉运方微，不欲屈节曹氏，辞以风痹"。像司马懿这等虎视狼顾的人物，怎么可能甘心为即将沉没的大汉帝国殉葬？杨彪这么做还差不多，司马懿这应该是有意给自己抬身价的。

曹操没有司马懿那么多花花肠子，见司马小弟这么不给面子，派人去请司马懿，行前告诉使者："这小子再磨磨蹭蹭，大链子给我铐过来。"司马懿知道惹毛了曹操，会有什么样的严重后果，戏也演得差不多了，司马懿背着包袱卷子，满面春风地来找曹操混饭吃了。

司马懿天生就是混官场一线的，虽然曹操对司马懿的能力有所顾忌，但司马懿还是凭借自己的真本事在官场博得了一席之地。司马懿从政早期最精彩的故事就是在关羽北伐，曹操丧魂落魄时，司马懿敏锐地看到孙刘联盟的脆弱性，劝曹操联合孙权，结果让曹操逃过了关羽这一劫。

不过终曹操之世，司马懿没有受到重用，司马懿真正飞黄腾达是曹丕和曹叡时代。作为曹丕的嫡系，司马懿被委以重任，在曹丕南征孙权期间，司马懿成为魏国的代理皇帝，总管朝政。在曹丕时代打下的政治基础，是日后司马懿翻盘的关键，在官场混，没有人脉，是万万不能的。

曹操始终对司马懿抱有成见，而司马懿却安之若素，这份从容隐忍不是轻易可以学来的。不过最能体现司马懿一流忍功的，有两件事，一是对诸葛亮隐忍；二是对曹爽隐忍。这两次隐忍，司马懿都笑到了最后。

魏青龙二年（蜀汉建兴十二年，公元234年），诸葛亮为了报刘备三顾之恩，拖着疲惫的身体最后一次北伐，诸葛亮的老对手是司马懿。诸葛亮这次带了十万精锐，意图和司马懿决战，诸葛亮知道自己已经没有多少时间了。

面对诸葛亮的屡次挑战，司马懿才不会被诸葛亮牵着鼻子走，诸葛亮想速战速决，司马懿偏不给他这个机会。诸葛亮被逼急了，也放下了千古一相的架子，派人送了一套女人衣服给司马老兄，讥讽司马懿没有男人气概。

诸葛亮的言外之意就是：司马仲达，如果你还算是个男人，就出来和我决一死战，否则你就穿上这套妇人装回家吧，别在这儿耗了。司马懿是什么样的修行？诸葛亮这么幼稚的激将法对付吕布这号傻大个儿或许能成功，但司马懿这种老油条，怎么会轻易上诸葛亮的钩。

司马懿是个男人，面对诸葛亮突破男人底线的羞辱，司马懿也会怒发冲冠，这是男人本能的反应。但诸葛亮却找错了对手，司马懿的道行极深，感情上再受伤害，但那份淡定的理智还是有的，司马懿任凭诸葛亮叫骂，就是不出战，最终耗死了诸葛亮，也成全了诸葛亮的一世英名。

对于司马懿的这一忍，宋人何去非评论得非常精彩："仲达之所求者，克敌而已。今以一辱，不待其可战之机，乃悻然轻用其众为愤愤之师，安足为仲达也？"这话说得很到位，如果司马懿被诸葛亮逼急了，红头涨脸地拎着菜刀找诸葛亮玩命，那还是司马懿吗？

何去非认为司马懿能战胜诸葛亮，取胜的关键就一个字：忍！何去非借用东晋将军朱序在淝水之战后的一句话概括了司马懿的胜字诀："人不能忍，而我能忍，是以胜之。"忍字怎么写？心字头上一把刀！嘴上谁都会说忍，但真正做的时候，恐怕就没那么容易了。

不过耗死诸葛亮并不算是司马懿隐忍道路上最闪亮的路标，真正让司马懿扬名立万的，是在十多年后，司马懿咸鱼翻生，一举掀掉了魏国头号权臣曹爽，开创了有晋156年的天下。在这个翻盘过程中，司马懿的忍功真正达到了炉火纯青的地步，装傻艺术，被司马懿发挥到了极致。

魏景初三年（公元239年）春，魏国皇帝曹叡病情恶化，看样子没几天活头了。在弥留之际，曹叡特意从千里之外将司马懿从辽东召回洛阳，付以后事。司马懿作为魏国官场的头牌，不出意外地成为幼主曹芳的顾命大臣，官拜侍中，都督中外诸军事，总理朝政。

虽然曹叡在临死前学了一把刘备托孤，让曹芳抱住了司马懿，把司马懿感动得泪流满面，但司马懿并不是唯一的托孤大臣。司马懿再受曹叡的信任，毕竟是外姓，为了防范司马懿有异志，曹叡又拉来了宗室曹爽，与司马懿同辅朝政。

从实际权力分配来看，曹爽的地位还在司马懿之上，曹爽除了兼任司马懿的职务，还是魏国大将军。《晋书·宣帝纪》记载"（司马懿）与大将军曹爽并受遗诏辅少主。"一个"与"字，说明曹叡心中真正的"盗版诸葛亮"是曹爽，而不是司马懿。司马懿的地位，更接近于蜀汉的李严。

曹爽是魏国重臣曹真的儿子，曹真又是曹操的养子，曹真父子与曹魏皇室的关系非同一般，而且曹爽本人又和曹叡是从小光屁股玩大的发小。正是因为这层关系，所以曹叡才放心地把天下交给曹爽打理，毕竟一笔写不出两个曹字。

换句话讲，曹爽是魏国首席辅政大臣，司马懿是次席辅政大臣。不过司马懿在江湖上的地位远不是初出茅庐的曹爽可以比的，司马懿是魏国官场德高望重的老前辈，所以在早期的合作中，曹爽对司马大叔还是非常尊敬的，"爽以懿年位素高，常公事之，每事谘访，不敢专行"。

但不知道从什么时候开始，曹爽身边多了一伙清尚浮华的士人，比如邓飏、毕轨、李胜、何晏、丁谧等人。这些人虽然都是饱学之士，却贪图富贵。当初曹叡看不上这伙人，没有重用他们，而曹爽却和他们关系甚密。所以曹爽当政后，就把他们视为心腹智囊。

这伙浮浪士人知道他们下半辈子的富贵实际上都系在了曹爽的身上，但现在问题是司马懿分了曹爽的权力。为了自己的富贵，他们必须鼓动曹爽踢掉司马懿，单独执政，这样他们才能发横财。

何晏等人开始成群结伙地在曹爽耳边聒噪，说什么权力不能分享。曹爽是个笨蛋，没什么主见，渐渐地被这伙人给说动了，做起了单独执政的春秋大梦，开始对司马懿下手了。

本来司马懿有带三千精兵进皇宫宿卫的权力，这对幻想单独执政的曹爽来说是非常危险的，在曹叡死后的第二月，曹爽就打着小皇帝曹芳的旗号，公开夺去了司马懿的军权。然后曹爽塞给司马懿一个"太傅"的冷窝头，让他回家慢慢啃吧。

表面上曹爽依然把司马懿当干爹一样供着，实际上提前终结了司马懿的政治生命。司马懿还没明白过来是怎么回事，就被曹爽搞成了一个政治花瓶。随后曹爽大肆安插亲信，他的几个弟弟全都手握重兵，曹芳的天下，变成了秦爽的天下（曹爽本姓秦）。

司马懿莫名其妙地丢掉了权力，虽然太傅一职极为尊崇，但毕竟只有虚名而无实权。面对曹爽的攻击，人生阅历丰富的司马懿并没有在曹爽面前露出一丝的不满和愤怒，而是微笑着接受了曹爽的赏赐，在同朝老友的叹息声中，有滋有味地啃起了这个冷窝头。

不过曹爽还算是个聪明人，他知道自己的军事能力有限，面对吴蜀两国咄咄逼人的进攻架势，关键时刻还得请老司马出山帮忙。魏正始二年（公元241年）五月，吴兵大举进犯，司马懿请缨作战，得到了曹爽的允许。

一头白发的司马懿率兵南下，没费什么力气就赶跑了吴人，大获战争红利。司马懿作为魏朝头号国宝级老臣的地位，已经牢牢不可动摇，对于这一点，曹爽心里明白，却无可奈何。

从景初二年（公元239年）到正始九年（公元248年）十年间，司马懿也经常参加魏国最高层的军事决策，或者直接率军出征，不过魏国军事的最高指挥权始终牢牢控制在曹爽手上。

司马懿对这样的命运安排肯定不甘心，但司马懿知道现在还不是和曹爽摊牌的时候，他现在唯一能做的就是忍。在这些年里，司马懿从来没有触犯曹爽的虎威，只要曹爽不杀他，任由曹爽怎么安排，司马懿都安之若素。若没有那份淡定和隐忍，是很难定下心来忍受的。

由于没有了来自司马懿的威胁，曹爽的胆子越来越大，成天和手下那伙不三不四的人物胡吃海喝，朝政被搞得一塌糊涂。更让人难以容忍的是，曹爽在政治上的野心也急骤膨胀，甚至准备废掉曹芳，另开炉灶。

一旦曹爽突破了魏朝官场默认的政治红线，以司马懿为代表的老臣肯定是受害者，司马懿也密切注意着曹爽的动向。曹爽要想换块政治招牌，司马懿这块又臭又硬的绊脚石是必须搬掉的，曹爽一伙人也关注着司马懿的情况，看这个老家伙是否还能爬得动。

这时的司马懿处境非常危险，如果让曹爽发现他功力不减当年，曹爽必然会对他下手，这把老骨头非被曹爽给拆散架了不可。司马懿为了自保，现在要做的，就是装傻，制造自己行将就木、无力和曹爽争权的假象，干扰曹爽的判断。

接下来的故事我们非常熟悉了，曹爽为了近距离刺探司马懿的情况，借党羽李胜出任荆州刺史的机会，派李胜前来"拜别"司马懿，实际上是观察司马懿的动静。对于曹爽肚里有几条蛔虫，司马懿再清楚不过了，一场装傻充愣的好戏让后人过足了戏瘾。

在李胜进府之前，司马懿已经将剧本写好了，各部门配合得天衣无缝。当李胜满怀鬼胎地进内宅后，立刻瞪圆了牛眼，他看到了什么：

胡须花白的司马懿躺在榻上，一脸苦相，不停地咳嗽。两个侍女坐在榻边，端着粥汤，小心翼翼地喂着司马懿。司马懿现在老得连粥都喝不动了，稍不小心，粥溢了一身，胡须上全是肉末子。

这年的司马懿已经七十一岁了，人生七十古来稀，在古代的生存条件下，七十岁已经即将走到人生的尽头。李胜没想到几天没见，司马懿居然老成了这个模样，心中不禁窃笑。李胜既然来了，总要和老太傅说几句官话，好歹人家也是官场老前辈。

李胜假惺惺地问候司马懿："前不久听说太傅偶有小恙，怎么会这么严重？"司马懿是有名的老戏骨，大风大浪见多了，很"艰难"地告诉李胜"呜呼！吾老矣！老胳膊老腿也不听使唤了，没几年活头了。对了，李公这次去并州，一定要小心，北方胡人都不是善与之辈"。

司马懿又干咳了几声，拉着李胜的手，老泪纵横："今日一别，恐不复与李公再见。吾有二子，长司马师、次司马昭，皆少不更事，请李公念与老朽同僚之谊，以后多照顾他们哥俩，老朽地下有知，感激不尽。"说完，司马懿又是一番号啕痛哭，站在旁边看老爹演戏的司马师哥俩心里那个难受……

李胜看到司马懿这副模样，心情放松了许多，这老家伙眼花耳聋，果真没几天好活了。李胜等司马懿说完，立刻纠正："太傅听错了，我是去荆州，不是去并州。"司马懿继续装聋："哦，我真老糊涂了，原来李公刚从并州回来啊，一路辛苦。"

李胜这个别扭！从来没和谁说话这么费劲过，李胜坐在榻边，附着司马懿的耳朵边大喊："太傅，我是去荆州！荆州！"司马懿真能装大头蒜，这回"听"清楚了，又是干咳几声，满面惭色地向李胜道歉："让李公见笑了，我这耳朵不听使唤了。李公衣锦还乡（李胜是南阳人，属荆州），吾心甚慰。荆州地近吴人，孙权那老小子不是善茬，李公努力，为国建功立业！"

瞧司马懿这演技！姜还是老的辣，不服不行！司马懿连哄带骗加忽悠，把李胜玩得团团转。迷惑李胜并不是司马懿的目的，司马懿装傻的终极目标是通过李胜对自己的印象，干扰曹爽的政治判断。

司马懿的目标达到了，李胜前脚刚出司马家的宅子，后脚就窜到了曹爽府上，欢天喜地地向曹爽汇报情况："老家伙已经撑不了几天了，大将军可以无视这个老家伙，我们可以动手做我们的事了。"曹爽大喜，"爽等不复设备"，继续胡作非为。

司马懿忽悠李胜，并不是为了自保，而是麻痹敌人，然后反击，夺取最高权力。在政治斗争中，最忌讳的就是轻敌，敌人的机会，往往都是自己过于轻敌造成的。曹爽在盘算什么时候给司马懿送葬，而司马懿已经开始替曹爽准备办丧事了……

魏嘉平元年（公元 249 年）正月初，小皇帝曹芳要去位于洛阳城南的高平陵拜谒父皇曹叡，曹爽带着自家兄弟伴驾。曹爽现在没有任何心理负担，老司马已经快完了，曹爽的心情非常爽。

曹爽到底是只嫩鸡，政治经验严重欠缺，哪里是老鸭子司马懿的对手？司马懿早就在暗中布置了一切，就等着曹爽出城了。曹爽前脚刚走，司马懿立刻动手。司马懿在官场上有超强的人脉关系，许多老臣比如太尉蒋济、司徒高柔等人都站在了司马懿这边。在官场上混，人脉关系硬往往是取胜的关键。

司马懿迅速控制了京师要塞，最重要的是控制了皇太后郭氏，就封建官场的性质来说，皇太后的政治含金量甚至要大于皇帝。司马懿打着皇太后的旗号办事，在道义上牢牢占据主动，曹爽手上虽然有曹芳这张牌，但二王是打不过大王的。

司马懿给曹爽头上扣了顶"背弃顾命、败乱国典"的大帽子，率兵来围剿曹爽。其实曹爽本来是有机会虎口脱险的，司农桓范劝曹爽带着曹芳撤到许昌，打着皇帝旗号和司马懿对抗，未必没有胜算。

曹爽这个人有胆无量，他之所以能爬到这么高的位置，一是曹叡出于遏制司马懿权力的考虑，二是他身边那帮浮浪士人给架上去的。看到司马懿在自己面前耀武扬威，才知道被这个老家伙给耍了，那份后悔就别提了。但现在如果让曹爽放开了和司马懿对决，他没有这个胆量。

司马懿是个兵油子，他懂得"不战而屈人之兵"的道理，为了促使曹爽放弃抵抗，司马懿给曹爽画了一张空心大饼："只要你放弃权力，我保你后半生的荣华富贵。"同时司马懿还指着洛河发毒誓：如果我说话不算数，出门让狗咬。

由于平时司马懿装老实人装出名声来了，《晋书》说司马懿"内忌而外宽"，所以曹爽很容易就被司马懿钓上了钩，美滋滋地吃着司马懿送来的香饵。

曹爽最终打消了武力反抗司马懿的念头，说什么仍不失做富家翁耳。曹爽身边首席智囊桓范对司马懿的脾气再了解不过了，信司马懿的鬼话，还不如相信西边出太阳呢。

桓范见曹爽如此不争气，气得直哭："曹子丹（曹真）也算是一代豪杰，怎么生下了这样的儿子！可怜我们满门老小都要陪他死！"桓范想逃，可他早就上了司马懿的黑名单，很快就掉进了司马懿的大网中。

等到司马懿彻底控制了最高权力后，他背弃了自己的诺言，开始对曹爽等人进行清理。实际上司马懿从来就没想过要信守承诺，如果说曹操很有理想主义色彩，司马懿则绝对没有，从开始到结束，他的理想就是为利益而存在。

随后司马懿打着皇帝的旗号，给曹爽集团定了一个"大逆不道"的罪名，谋逆罪在古代是百分百的死罪，半点活路没有。曹爽和几个弟弟——曹羲、曹训、曹彦，以及集团主要人物何晏、邓飏、毕轨、丁谧、张当、桓范每人吃碗刀头面上路，家属全部陪葬，"男女无少长，姑姊妹女子之适人者皆杀之"。

当初被司马懿狠狠忽悠的李胜也跟着曹爽一起被杀，不知道李胜在被杀前想了什么，大概非常后悔。如果他能识破司马懿是在演戏，劝曹爽早做准备，也不至于落得如此下场。如果？历史没有如果。

除掉了曹爽这个大傻瓜，当年曹操积三十年之功开创的大魏帝国，轻易地落入了司马懿的口袋。据《晋书》记载，曹操曾经梦过三马同食一槽，怀疑司马懿父子有不臣之心。曹操告诫曹丕要当心司马懿，这小子绝不是个安分的人，将来恐毁我基业。那时曹丕正信任司马懿，不听。

公元249年，才是晋帝国的真正开始，而公元265年司马炎废魏称帝，只不过瓜熟蒂落而已。晋和魏在创建过程中有两个区别：

一是曹操以一人之力开创魏国基业，而晋朝是司马懿和儿子司马师、司马昭积两代人之力，辛苦经营天下十五年，这才有了司马炎的终成正果。

二是魏国是曹操通过不断的军事行动打下来的，而晋朝的建立则是通过政变建立的。

在家天下时代的权力交接中，历来都是老子种树，儿子乘凉，鲜有例外。如果没有司马懿，凭师、昭兄弟的能力和人望，恐怕是别想做夺权的春秋大梦。同理，如果没有师、昭兄弟在刀山火海中守住这份家业，司马炎当皇帝？别扯了。

通过军事手段建立政权的，对其开创者的主要历史考核标准是军事能力。通过政变建立政权的，其开创者往往都是权术高手，政治适应能力较强，通俗点讲就是非常能隐忍。这方面比较有名的人物是王莽、萧道成、杨坚、武则天、李昪、赵匡胤等，再加上个权术大师司马懿，以及不算是开创者的勾践。

这些开国帝王（某种意义上讲包括王莽和武则天）在形势对自己不利的时候，非常会善于通过政治伪装来干扰最高统治者对自己政治可靠性的判断。他们都是隐忍高手，装疯卖傻扮可怜，没他们不敢演的戏。最终他们都是时代的胜利者，除了王莽。

老话说得好："小不忍则乱大谋。"无论是时代精英还是市井草根，都会在人生道路上遇到坎坷挫折。在困难面前，能不能控制住情绪非常关键。林则徐曾经手书两个大字"制怒"，每当林则徐怒火上撞的时候，都会看"制怒"二字，火气消了，事情就好办了。

抛开司马懿的厚黑和功利,他的隐忍可以给我们很多的人生启迪。忍一时风平浪静,退一步海阔天空,这个"忍"和"退"不是结果,而是过程,是我们在追求结果时必然要经历的过程。

做人要知进知退,说得再通俗一些,就是要知道自己有几斤几两。司马懿如果在被夺权伊始就和曹爽火并,未必没有胜算,但当时爽强懿弱,拿鸡蛋往石头上碰,勇气固然可嘉,结果又如何?

二八 / 司马师时代的血与火

继续司马懿父子的话题。

在魏晋时代,有一个很有趣的现象,司马懿几乎就是曹操的盗版,开创了帝国基业,而司马炎完全是曹丕的盗版,直接继承了天下。不过魏和晋之间有一个区别,曹丕是直接从曹操手上接过权杖的,而司马炎则是从父亲司马昭那里接班的。

法理意义的晋朝总共有十五个皇帝,但从实际权力的角度看,应该有十八个皇帝,还包括当过最高执政官的司马懿、司马师、司马昭。或者说,司马懿父子三人实际上共同担当了曹操的角色。

从西晋的帝系传承角度看,西晋皇帝自司马炎以下皆出自宣帝司马懿、文帝司马昭这一脉,下面把西晋的世系做一个列表:

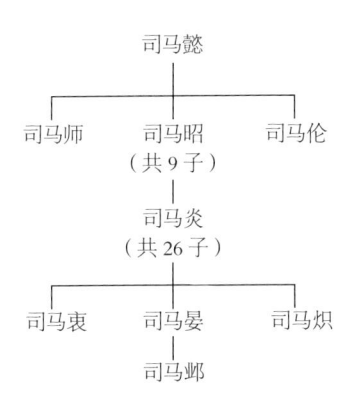

```
                    司马懿
         ┌────────────┼────────────┐
       司马师        司马昭        司马伦
                    (共9子)
                       │
                     司马炎
                    (共26子)
         ┌────────────┼────────────┐
       司马衷        司马晏        司马炽
                     司马邺
```

从这个列表中我们可以看出,司马昭子孙茂盛,而他的哥哥司马师却有根无脉,孤零零悬在半山腰。最高统治者将权杖传给弟弟的例子并不少见,比如秃发乌孤、赵匡胤、完颜阿骨打等人。

不过这些帝王都是有儿子的,他们都是因为各种原因(主要是乱世贪立长君),把皇位传给了弟弟。而司马师虽然活了四十八岁,却没有生育儿子,后来司马昭把自己的二儿子司马攸过继在了亡兄名下，算是给司马师传了香火。

司马师所处的时代，从时间上来看属于三国后期，确切地说，是从三国中期到后期的过渡阶段。司马师共统治了魏国五年（公元 251 年至 255 年），远不如其后司马昭统治了十年，但司马师这五年权臣生涯却是从刀山火海中走出来的。司马师在政治上和军事上的努力，为日后晋朝的建立起到了奠基的作用。西晋的建立，可以分为四个阶段：

第一，开创：司马懿时代（公元 249—251 年）；
第二，奠基：司马师时代（公元 251—255 年）；
第三，巩固：司马昭时代（公元 255—265 年）；
第四，正名：司马炎时代（公元 265—290 年）。

司马懿在嘉平元年（公元 249 年）发动军事政变。将执政的曹爽集团一网打尽，孑遗不留。晋朝司马氏一百七十年的统治就此发端，但此年的司马懿已经是七十一岁的耄耋老翁，体力、精力大不如前。司马懿折腾了不到两年，就油尽灯枯，赴九泉之下找曹操给自己做无罪辩护去了。

司马懿总共有九个儿子，排行最长的就是司马师，所以司马懿死后，司马师不出意料地接了班。虽然司马懿和司马师的母亲张春华的感情几近破裂，但司马懿还是很宠爱长子的。

司马师生于东汉建安十三年（公元 208 年），他的性格非常沉稳，史称"沉毅有大略"，这种性格最适合在非战争性质的政变中出彩。事实也是如此，司马懿在夺权过程中，司马师起到了决定性的作用。

不知道出于什么原因，在发动政变时，司马懿并没有让司马昭参与，司马师全程参与了政变，并且出谋划策，建立了奇功。司马懿在确定第二代接班人的问题上，没有任何回旋余地，非立司马师不可，不然何以服人？

乱世立储君有个特点，凡是立性格优柔的，多半不成事，比如石弘、姚泓、陈伯宗、李煜；而如果是性格雄悍的，多半能成大事，比如曹丕、司马绍、萧赜、高澄。司马师的性格优势决定了他最合适在乱世中接班，时间也证明了司马师的上台，对晋朝建立所起到的关键作用。

司马师在魏国官场的正式职务是大将军、都督中外诸军、录尚书事，军政大权一把抓，魏国官场的头牌大哥。自从司马懿夺权后，天下人心里都跟明镜似的，这江山早晚要改朝换代姓司马。司马师的上台，更让官场中人坚信了这一点。

当然，世事万变，司马师能不能将最高权力顺利在司马家内部传承，还是个未知数。人在江湖上混，难免有下臭棋的时候，如果司马师一步走错，那也有可能满盘皆输。人生就是一场赌局，所有人都想笑到最后，司马师想独吞肥肉，就看他有没有这个本事了。

在司马师的五年执政生涯中，他经历了两场著名的赌局，一是司马师和保皇派的政治斗争，一是和保皇派毌丘俭的军事斗争。在这两场赌局中，司马师都笑到了最后，直接保障司马氏政权的延续。如果司马师输掉了两场赌局中的任何一场，他和整个司马家族都将人头落地。

其实魏国保皇派反对司马氏专权的斗争，早在司马懿健在的时候就已经开始了。司马懿夺权后，依然打着幼主曹芳的政治旗号，司马懿不会干废立这等臭自己名声的事情。

但太尉王凌却瞧不起曹芳这个毛头娃娃，打算立年长的楚王曹彪做皇帝。王凌走这步险棋，实际上是打掉司马懿的政治资源，因为司马懿是曹芳的政治恩人（杀曹爽），所以如果能立曹彪为帝，司马懿的位子就是王凌的。

王凌有贼心有贼胆，但能力实在不怎么样，司马懿一直不松口。王凌无奈，只好在外镇发动军事叛乱，结果可想而知，这场叛乱被司马懿轻易地扑灭，王凌自杀，曹彪被赐死。

王凌只是保皇派的重要成员之一，他的死不影响保皇派继续在政坛上和司马师搏杀。当然这些保皇派并不在乎皇帝是谁，他们只是不甘心权力被司马氏一家独吞，权力的分配不均，往往是爆发大规模政治斗争的前兆。

当时主要保皇派成员计有：

> 太常夏侯玄（名将夏侯渊族孙，父夏侯尚是曹丕亲信，魏晋名士）
> 中书令李丰
> 光禄大夫张缉（曹芳岳父）
> 兖州刺史李翼（李丰弟）
> 镇东将军毌丘俭（扬州刺史文钦，并驻淮南）

中领军许允

黄门监苏铄

冗从仆射刘贤（《晋书》作刘宝贤）

这些保皇派大多数都是前曹爽集团的重要成员，可以说是嘉平政变的漏网之鱼，因为各种原因，司马懿没有对他们下手。在这些保皇派中，无疑以夏侯玄的名声最为响亮，是魏国士林中的顶尖名流。

嘉平政变后，夏侯玄的族叔、右将军夏侯霸害怕司马懿对他进行定点清除，叛逃入蜀。夏侯霸想拉夏侯玄一起西逃，夏侯玄没有去。可能因为这个原因，司马懿没忍心干掉夏侯玄，只是夺权废置。

由于夏侯玄在官场上的超高名望，保皇派心照不宣地将夏侯玄视作本集团的旗帜性人物，意欲推出夏侯玄和司马师对抗。他们的如意算盘是寻找机会踢掉司马师，扶夏侯玄上台。保皇派和司马师是两个不同的利益集团，司马师在台上一日，保皇派就别想吃香喝辣的。

别看保皇派对司马师恨之入骨，但在表面上，他们还是积极配合司马师开展各项工作的。比如保皇派的骨干李丰就非常受司马师的信任，夏侯玄、张辑、毋丘俭等人都是司马师内阁的重要成员。

保皇派能参与内阁事务，并不是说司马师眼拙看不出来他们脑后有反骨，而是保皇派本身就是一个势力很大的政治集团，司马师不会轻易动他们的。李丰经常往宫里跑，虽然司马师不知道李丰都和曹芳说了什么，但司马师知道肯定和自己有关，他也密切关注保皇派的动静。

李丰等人也不是没有察觉到司马师开始怀疑他们，在官场上搞权力斗争，最忌讳的就是"等明天"的心理。总觉得政敌不会这么快对自己下手，存在侥幸心理，"等明天再说"，拖来拖去，最终把自己拖下了深渊。

司马师是个非常难缠的对手，保皇派对此早有心理准备。前几年司马懿准备夺权时，司马师为了确保政变万无一失，就暗中在江湖上散养了三千名敢死士，官场上对此无所察觉。等到司马师用到这些人的时候，敢死士们全都从地下冒了出来，震惊官场。

司马师牢牢控制着京师兵权，在洛阳的保皇派手上无兵，最稳妥的办法就是从外镇调兵进京，寻找下手。李丰本来是打算让时任兖州刺史的弟弟李翼率兖州兵入朝，但李翼的入朝申请被司马师给驳了回去。司马师不傻，当然知道外藩带兵入京的危害性，比如当年的董卓……

一计不成，李丰又生一计。曹芳准备在嘉平六年（公元254年）的二月举行册封贵人的典礼，李丰看到了机会。李丰的计划是在殿上埋伏一票人马，然后诱司马师上殿，击杀之。

这次政变策划，李丰并没有事先征求曹芳的意见，在李丰眼中，曹芳也就是个没有生命力的政治木偶，告诉他干吗？黄门监苏铄还担心万一到时曹芳下了软蛋，事情就无法收场了。李丰对曹芳已经做了准备，一旦曹芳有变，就劫曹芳出城，有可能投奔淮南找毌丘俭。

这个计划不可谓不周密，皇帝册封贵人，大将军司马师于情于理都要参加典礼的。只要司马师来了，明年的今天就是他的祭日……

不过李丰太小看司马师的政治侦察能力了，司马师一直怀疑李丰的政治可靠性，早在李丰身边安插了自己的耳目。虽然这个线人并没有完全打探到李丰的政变计划，但线人怀疑李丰最近要搞出一些大动静，提前告诉了司马师要小心。

司马师因为没有得到有关李丰等人准备对他下手的确切证据，没有立刻和李丰决裂，而是派舍人王羕将李丰请到了大将军府，说是有要事商议。王羕是个强人，他料定李丰迫于司马师的权势，必定来府探视形势。

王羕够狠，他说如果李丰胆敢不来，我王某人将替他擒到大将军府！不知道王羕对李丰说了些什么，李丰"见劫迫"，只好硬着头皮坐上司马师特意拨派的豪华小车，忐忑不安地来见司马师。

司马师见到李丰后说了什么，史无明载，只有一句"大将军责丰"，估计是谴责李丰等保皇派破坏稳定局面的那些话。司马师的语气应该不太严厉，但司马师向来阴险，他越是沉静如水，他的敌人就越危险。

不过李丰没能沉住气，见司马师骂他，以为自己的计划外泄，李丰的眼前一黑，心中泛起一阵悲凉：完了！李丰还算是条血性汉子，在自知末日来到的情况下，他没有向命运低头，而是痛骂司马师专权祸国。

李丰骂司马师的话非常悲壮："卿父子怀奸，将倾社稷，惜吾力劣，不能相禽灭耳！"司马师本来并没有立刻杀掉李丰的计划，只是叫李丰过来，套套李丰的实话。

没想到李丰居然这么早就亮出底牌了，这让司马师非常开心。但李丰骂他的那些话却让司马师无法容忍，司马师的脾气本就不好，李丰这番自寻死路的话，果然激怒了司马师。暴怒的司马师喝令站立两旁的武士拿下李丰，当场格杀！

李丰的冲动彻底将保皇派的政治倾向暴露在了光天化日之下，司马师不可能饶过他们，放过敌人就是对自己的背叛。随后司马师派出大批武士，将在京师的保皇派所有成员一网打尽，夏侯玄、张辑、苏铄等人一个都没漏网。

至于保皇派的罪名，司马师的马仔、廷尉钟毓给定成了"迫胁至尊，擅诛冢宰，大逆不道"。其实定什么罪名不重要，重要的是司马师必须铲除政敌，这是官场的潜规则，欲加之罪，何患无辞！

这些反对司马师专权的保皇派彻底赌输了，夏侯玄、张辑等保皇派骨干成员被押到东市斩首，同时陪葬的还有所有保皇派的三族！

愿赌服输，毫无怨言。

在这场权力赌局中，最大的赢家是司马师，这毫无疑问。但最大的输家还不是李丰、夏侯玄他们，而是皇帝曹芳。

自青龙三年（公元249年）曹芳继位以来，到李丰出事这一年，曹芳已经当了十六年的皇帝。曹芳在三国历史舞台上的角色，有些类似于刘禅，他们早期都是不谙世事的懵懂少年，由权臣代替他们执政。

刘禅的运气要比曹芳好，诸葛亮自不必说，代诸葛亮执政的蒋琬、费祎都是比较弱势的执政官，他们对刘禅还是非常尊敬的，有事必先上奏。而曹芳就惨多了，他皇帝生涯中的三个执政官，一个比一个嚣张跋扈。

虽然司马懿非常尊重曹芳，但不过是种表面现象，对于实权，司马懿是从来不放手的。当然，司马懿的这种虚伪尊重总比司马师要好，司马师连场面话都不说了，他心里根本瞧不起曹芳，假以时日，即使没有李丰事件，司马师也不会让曹芳过好日子的。

司马师的专权跋扈，让曹芳感到非常不满，即使是普通人也不想任人随意摆弄，何况是本应掌控最高权力的帝王。为了扳倒司马师，曹芳也费了不少心思，李丰等人制订的政变计划，曹芳是知情的，《晋书》甚至称曹芳参与其中。

以司马师在朝廷中获取情报的能力，曹芳都干了些什么，司马师心中应该是有数的。所以李丰失败后，曹芳就成了司马师的眼中钉，无论曹芳是否参与针对司马师的清除计划，司马师都必须拿掉曹芳。

原因有两个：

第一，曹芳是保皇派最重要的政治资源，如果不否定曹芳的政治地位，那保皇派策划的这场政变就能占据法理高地。无论以后司马师对曹芳有多尊重，都洗不掉欺君的恶名。与其这样，不如废掉曹芳，另立符合司马师利益的皇帝，保护司马氏政权。

第二，曹芳的皇后是保皇派骨干张辑的女儿，司马师是断然不会让张皇后继续留在宫中的，这和当年曹操杀伏完后又弑伏皇后是一个道理。再者，就算司马师再给曹芳立个皇后，但司马师和曹芳的仇恨算是结下了。留着曹芳当皇帝，对司马师百害而无一利。

虽然在当年（公元254年）三月，司马师杀掉了张皇后，为曹芳改立了奉车都尉王夔的女儿为后，但曹芳恨透了司马师，二人的决裂不可避免。司马师废曹芳的决心是不可改变的，只是出于稳定国内形势的考虑，在清除保皇派七个月之后，司马师才开始拿曹芳开刀。

魏嘉平六年（公元254年）九月，司马师打着皇太后郭氏的旗号，以"荒淫无度，亵近倡优"的罪名，废掉了曹芳。事实上司马师根本就没有得到皇太后的允许，而是矫诏废帝。在司马师看来，郭太后不过是个橡皮图章，盖了红戳就完事了，没有必要和她商量什么。

郭太后对司马师擅自废帝的行为非常不满，这也太不把人当腕了。司马师的狗腿子郭芝面对郭太后的愤怒，鄙夷地告诉侄女（郭芝是郭太后的叔父），皇帝有今日，全是皇太后教育不当，能怪得了谁？

同时郭芝还警告：大将军废帝决心已定，殿下即有精兵，今天必须完成任务，否则大家都得难看！在权力和利益面前，亲情的力量实在不值一提，比如南北朝那伙杀兄屠弟、欺母霸嫂的变态皇帝。

这样的场景，我们非常熟悉，当年曹操怎么对付汉献帝的，现在司马师就怎么对他的后人。华歆奉曹操的意旨，牵伏皇后的头发下殿，曹操心中何其快意！可哪知道天道好还，报应还在子孙身上，真是造化弄人，何苦！

曹芳虽然满腹委屈，满心凄楚，但在权力和利益面前，眼泪是一文不值的。在司马师叔父、太尉司马孚的号啕痛哭声中，曹芳面无表情地离开了皇宫，揣着齐王的印绶，乘坐小车缓缓驰去……

曹芳的运气不错，虽然被废掉了，但依然富贵终身，直到二十年后，也就是晋泰始十年（公元 274 年），曹芳寿终正寝，时年四十三岁。

如果从曹丕开始算起，曹芳是魏国第三任皇帝，曹芳被废之后，被拎上台充当提线木偶的是曹髦。

曹髦是曹丕的孙子，东海王曹霖之子，登基前的爵位是高贵乡公。论法理辈分，曹髦和曹芳是同祖父的堂兄弟，曹芳被废那年，曹髦十四岁。之所以选择曹髦为帝，表面上是郭太后喜欢曹髦，但背后究竟有什么黑幕不得而知，很难说司马师没在其中发挥自己的影响力。

其实无论是谁为帝，哪怕是立长的彭城王曹据，在司马师控制军政权力的背景下，都将是个虚位君主。虽然世人都知道司马氏早晚要取代曹氏，但至少不是现在，司马师做事稳健，不会心急地去吃热豆腐。

历代通过"禅让"建立的新政权，在取代旧政权时都会有一个缓进的过程。曹操从迎汉献帝至许都，到曹丕废汉称帝，用了二十五年；刘裕从废晋（灭桓玄）到建宋用了十五年，等等。

无论新政权取代旧政权用了多少时间，他们都有一个共同点，就是在他们取代最高权力之后，或即将取得最高权力之前，都会扑灭反对他们的藩镇势力。这样才能扫清针对自己的军事威胁，然后顺利建立新政权。

曹操干掉了袁绍、刘裕干掉了桓玄、萧道成干掉了沈攸之、陈霸先干掉了王僧辩、杨坚干掉了尉迟迥，朱温干掉了秦宗权、朱瑄，打残了李克用。只有赵匡胤是个例外，他是在通过发动准备了半年的军事政变篡位上台后，消灭了反对他的李筠、李重进势力。

司马氏也面临着这个问题，当初司马懿刚上台，王凌就给司马懿一个下马威。司马师心里也清楚，司马氏的专权是魏国官场利益的重新分配，必然会得罪一些实权派，王凌就是一个很好的警示。

接过王凌"反对司马氏专权接力棒"的是镇东将军毌丘俭和扬州刺史文钦，他们继王凌之后，举起了手上的马刀，向司马氏发起了挑战。

毌丘俭和文钦从树林里跳出来，其实并不出司马师的意外。在干掉李丰等京城保皇派的时候，司马师心里就应该有预感，那些外镇的保皇派迟早要闹事的。

司马师应该知道毌丘俭和文钦是保皇派的骨干成员，之所以二人成了漏网之鱼，当然是因为他们镇守外藩，司马师暂时够不到他们。文钦和前执政官曹爽是老乡，私交很好，在曹爽时代，文钦混得风生水起。

自从曹爽栽在司马懿手里后，文钦的噩梦就来了，司马懿父子自然不会重用曹爽系人马，文钦虽然屡立战功，但"多不见许"，比当年李广混得还差劲。文钦脾气火暴，是个粗人，见司马父子有意压制自己，心中那个恼火！

毌丘俭和文钦的情况差不多，毌丘俭其实和司马懿的交情不错，早年跟着司马懿平定了辽东公孙渊叛乱。由于毌丘俭和李丰、夏侯玄私交甚密，李丰等人被杀，直接导致了毌丘俭对司马师的不信任，"亦不自安"。

在官场上混，总要讲究一个"嫡庶有别"的潜规则，先不论能力优劣，嫡系和杂牌军的待遇就是不一样。毌丘俭和文钦虽然都是魏国官场的一线人物，但他们出身于曹爽政治集团。即使他们有意投靠司马师，也不可能成为嫡系，只能做个杂牌军，这是心高气傲的他们无法接受的。

毌丘俭非常了解司马懿父子，这爷俩都是狼视虎顾的人物，外宽内忌，根本容不得反对派的存在。毌丘俭是曹爽、李丰系的重要成员，司马师断然不会饶过他。就算司马师不杀他，但把他变相囚禁在京师，仰人鼻息苟活，这和死了有什么区别？

李丰一出事，毌丘俭就已经做好了武力反对司马师的准备，富贵险中求，人都应该有点冒险精神的。毌丘俭和文钦足足准备了十个月，在正元二年（公元255年）的春天，毌丘俭在淮南公然树起了反对司马师专权的旗帜。

至于政治借口，毌丘俭和司马师一样，都打着皇太后郭氏的旗号，甚至都捏造伪诏。毌丘俭虽然是个武夫，但他在官场上混久了，也是个玩政治的高手。

毌丘俭的矛头只针对司马师，并不针对整个司马家族，这种战略就是我们常说的"团结大多数人，孤立极少数人"。毌丘俭此举用心非常险恶，他如果针对司马家族，那么司马家族就会团结在司马师旗下。

现在只针对司马师，毌丘俭甚至要求朝廷废掉人品恶劣的司马师，改任司马昭为首辅，并请司马师的叔父司马孚等司马家族重要成员出任要职。这么做就容易分化司马家族，诱发其家族内部矛盾，或者引发内乱。只有这样，毌丘俭才能浑水摸鱼。

由于毌丘俭出招过于狠毒，这回真把司马师逼急了。他倒不是怕把权力交给弟弟，而是如果不杀掉毌丘俭，自己的一世英名将毁于一旦，男人最怕什么？丢面子。

这时的司马师内外交困，更严重的是司马师的身体情况非常糟糕，司马师患有眼疾，前不久刚做了眼瘤割除手术，正需要安心静养。可现在的局势，司马师能安心吗？

有人劝司马师留在京师养病，派几员将军去扑灭毌丘俭就行了，司马师有些动心，但尚书傅嘏却认为此战司马师必须亲自前往。傅嘏的理由非常充分：现在局势微妙，人心不稳，一旦前线战败，必然会出现多米诺骨牌效应，到时人心一散，再不可收拾了。

听完傅嘏的话，司马师如梦方醒，在军事斗争中，最可怕的不是战事崩盘，而是人心崩盘。司马师绝对输不起这场赌局，不为司马家族的利益，也为自己的利益，司马师也必然亲征，不然他承担不起赌输的后果。

其实这场淮南之战倒没什么值得大书特书之处，就双方形势而言，司马师处在绝对的优势地位。最要命的是淮南兵的家属都在北方，淮南兵毫无斗志，还有就是吴军已经北上，准备偷袭寿春。

淮南人心不稳的致命弱点被司马师敏锐地抓住，司马师在不断勒紧毌丘俭脖子上绞索的同时，避免和淮南军决战。司马师眼疾越来越厉害，他经不起太大的折腾，只能通过"拖"字战术，来拖垮淮南兵的斗志，不战而屈人之兵。

毌丘俭进不得进，后又失据，淮南兵的军心很快就乱了，局势正朝着司马师设定的方向发展。综合各方面条件来看，毌丘俭起兵是典型的"快餐型战争"，他必须速战速决，但司马师就不给他这个机会，当年司马懿就是这样拖死诸葛亮的。

不过现在局势有了朝毌丘俭有利的局势发展的趋势，司马师的病情严重恶化，一只眼睛已经迸出，看样子司马师没几天好活了。司马师的侍从尹大目暗中通款文钦，暗示他再坚持几天，等司马师一死，淮南兵就能翻盘。文钦是个蠢货，不但没悟出尹大目的话外音，反而大骂尹大目无耻。

毌丘俭翻盘的机会就这么不经意间溜走了，文钦在魏军的压力下向南撤退，结果导致毌丘俭主力部队人心大乱，弟兄们见毌丘俭要坏事了，一哄而散。这种快餐型战争最忌讳的就是前线军心崩盘，淝水之战就是一个非常典型的例子。

收拾残破河山易，收拾散乱人心难！士气的崩盘后果往往都是灾难性的。毌丘俭兵败如山倒，局势不可收拾，不久被人杀掉，献首京师。倒是文钦运气好，带着儿子文鸯投降了吴国，勉强保住了性命。

毌丘俭赌输了一切，自然要承受历史的惩罚，毌丘俭的三族被司马师杀得精光。历史很残酷，但历史也是公平的，司马师要是完蛋了，司马家族也一个都别想活。

司马师赌赢了这一局，他当然有资格享受赌局红利，魏国头号权臣的位子稳如泰山，司马家族在取代曹氏家族的道路上又前进了一步。不过这一切已经和司马师没有关系了，正元二年（公元255年）正月底，司马师死于许昌。

二九 / 司马昭的权力之路

司马师倒了下去，司马昭适时而出，接过亡兄的大旗，继续带领司马家族在血雨腥风中逆行……

早在司马师上台之初，司马昭就成为司马家族下一任的舵手，这是天下公认的。司马师没有儿子，而且乱世中幼主的下场尽人皆知，所以司马师必须找一个年长的接班人。司马昭比司马师小三岁，而且又与司马师同母，能力又出众，不选司马昭，还能选谁？

司马昭和司马师的性格差不多，雄悍刚毅，做事心狠手辣。司马昭的上台，也意味着司马氏对权力的控制得到了加强。司马懿、司马师经营魏国已经六年多了，先后铲除了许多股反对势力，尤其是消灭保皇派后，司马氏在京师权力圈的地位可谓稳如泰山。

司马昭的历史任务很简单，就是继续对内巩固核心权力，对外扫清反对司马氏的武装势力（暂时不包括吴蜀）。前不久毌丘俭、文钦叛乱事件给司马昭敲响了警钟，司马昭很可能已经意识到了，他现在面对着最大的挑战，不是内部权力斗争，而是外部的军事斗争。

其实司马昭在他执政的这十年中，遇到的问题和父亲司马懿、哥哥司马师几乎如出一辙：

姓名	内部反对势力	外部反对势力
司马懿	曹爽等人	王凌、令狐愚
司马师	李丰等人	毌丘俭、文钦
司马昭	曹髦等人	诸葛诞

不过就内部反对派的实力来看，司马昭后来遇到的曹髦是最弱的，曹髦手下不过几十个老苍头而已。在对付曹髦的过程中，司马昭承担的不是军事压力，而

是政治压力，毕竟曹髦是皇帝。至于外部反对派，说来好笑，司马氏父子三人遇到的外部反对派全部来自淮南，也就是魏国的扬州。

在扑灭内外反对势力的过程中，司马氏父子三人的情况不太一样，司马懿和司马师都是先平定内部反对派，然后平定外部反对派。司马懿先灭曹爽，后灭王凌；司马师先灭李丰，后灭毌丘俭。而司马昭则相反，他先是消灭了诸葛诞集团，然后拿掉曹髦。

诸葛诞的出身很不简单，诸葛诞和千古名相诸葛亮都是西汉司隶校尉诸葛丰之后。三国时代的诸葛家族非常显赫，诸葛亮仕蜀，诸葛瑾仕吴，诸葛诞仕魏，外加一个诸葛恪，都是官场一线人物。《世说新语》把诸葛三兄弟分仕三国比喻成"蜀得其龙，吴得其虎，魏得其狗"。

虽然诸葛诞只当了"狗"，名声远逊诸葛亮和诸葛瑾，但在魏国官场的分量却远大于毌丘俭等辈，与当时魏国一线名士夏侯玄齐名。诸葛诞也是在士林中混大的，名声自然响亮，正因为诸葛诞为人浮华，魏明帝曹叡瞧不上他，一直不予重用。

诸葛诞真正的发迹，是在曹爽执政之后，曹叡刚死不久，诸葛诞就爬上了扬州刺史的高位。诸葛诞和曹爽集团的骨干成员夏侯玄、邓飏等人是铁哥们，穿过一条裤子。从这个角度来看，诸葛诞也算是曹爽集团的重要人物。

司马懿当年打掉了曹爽，并没有彻底清除曹爽集团的所有成员，这也是出于稳定大局的考虑。诸葛诞是个聪明人，在形势不利的时候，他不会强出头装大爷，老老实实地给司马父子卖命，深得信任。

前不久毌丘俭发动叛乱时，曾经派人来找时任豫州刺史的诸葛诞，要求联合反对司马师。诸葛诞没有同意，反而杀掉来使，向天下公布了毌丘俭造反的消息。在消灭毌丘俭的过程中，诸葛诞是出了大力的，这让司马师非常感动。

当然，诸葛诞讨好司马氏，并不是说司马懿父子有多大的人格魅力，而是司马懿父子做事过于心狠手辣，诸葛诞不得已才低头的。但正因为司马懿父子心狠手辣，恰恰对诸葛诞造成了很大的心理震撼，一旦惹毛了司马师，自己的下场比毌丘俭还不如。

司马懿父子是典型的政治机器，冰冷得没有人情味，对待政敌下手极狠。从杀曹爽开始，凡是反对司马氏父子专权被杀的，下场全部是灭三族。客观来说，诸葛诞虽然也是曹爽集团的漏网之鱼，但诸葛诞并没有反心，他和毌丘俭不同，他想得到的，只是一个安全的保证。

出于这种考虑，诸葛诞在主政淮南期间，大施仁政，收买人心，同时收养死士数千人，以备时变。诸葛诞最大的心愿其实只是想保住淮南，给自己留个安稳的窝，并没有想取司马氏而代之的野心。

但诸葛诞这么做，依然触犯了司马氏的利益，司马昭不可能容忍在自己的势力范围内出现一个独立的军政集团，换了谁也不能容忍。南唐后主李煜拼着命向赵匡胤低头服软，结果赵匡胤一句话："卧榻之下，岂容他人酣睡！"全盘否定了李煜的存在。

司马昭开始怀疑诸葛诞的忠诚，但又不敢把诸葛诞逼得太急。按司马昭的意思，他打算把诸葛诞召回京师，解除他的兵权，从而恢复司马氏对淮南的统治。在甘露二年（公元257年）的五月，诏书一下来，就逼反了诸葛诞，诸葛诞杀掉扬州刺史乐琳，正式向司马昭发起了挑战。

司马昭要解除诸葛诞兵权，触犯了诸葛诞的利益，自然得不偿失。但如果我们从另外一个角度看，难说不存在这样一种可能：司马昭早就瞧诸葛诞不顺眼了，论实力他不怕诸葛诞，就是缺少一个讨伐诸葛诞的名分。司马昭希望能逼反诸葛诞，然后光明正大地灭掉诸葛诞。

诸葛诞的造反，很大程度上是被司马氏父子逼出来的，也许司马昭要的就是这个效果。司马昭刚刚当上首辅，威望远不如哥哥，如果他不能获得一场战争的胜利，在乱世中的威望是很难提高的，司马昭需要一场由他亲征的战争！

因为司马昭在朝中的资历尚浅，他担心他走后，有反对派利用皇帝曹髦的身份在后院放火，因此干脆挟持曹髦和皇太后一起"亲征"。只有这样，司马昭才能放心地去敲打诸葛诞。

从军事角度看，诸葛诞的实力并不比司马昭弱，他除了控制十多万淮南兵，还新招五六万人马。再加上吴国的援军三万人，诸葛诞有足够的本钱和南下的司马昭军二十六万人抗衡，何况他的最高目标只是打退司马昭，而不是消灭。

但司马昭的最高目标则是彻底消灭诸葛诞，他确信自己有这个实力。随司马昭南征的都是魏国官场顶级精英，比如钟会、王基、石苞、州泰、胡烈，再加上司马昭本人的军事应变能力非常强，这场战争从一开始就朝着对司马昭有利的方向发展。

在战争开始阶段，真正和魏军交锋的不是淮南军，而是远道而来的吴军。魏军的战斗力并没有因为国内政局出现动荡而有所下降，吴军被魏军打得头破血流，损兵折将，好不狼狈。

吴国头号权臣孙琳为了推卸责任，杀掉了名将朱异，导致军心大乱。这本是吴国内政，但司马昭却敏锐地发现了孙琳杀朱异的另外一层目的，就是通过此举向被困寿阳的诸葛诞发出信号，希望诸葛诞能顶住司马昭的进攻，给吴军反击争取时间。

司马昭真够狠的，他想到了一条毒计，他先是派人给淮南军放出风声，说吴国援军即将赶来，而且魏军缺粮，撑不了多久。诸葛诞的粮食不太多，但听说魏军也没粮了，就敞开肚皮吃粮。结果等淮南军粮食吃光了，吴军也没来，魏军也没有撤，诸葛诞这才知道上了当。

魏国这么强大的经济实力，怎么可能会缺粮？反正司马昭有粮吃，就和诸葛诞对耗，一直耗到了甘露三年（公元258年）的春天。形势对诸葛诞越来越不利，最要命的是淮南军高级将领不断投降魏军，诸葛诞和吴国派来增援的文钦产生了矛盾。

诸葛诞一怒之下杀了文钦，将寿春城中的两派矛盾彻底激化，文钦的两个儿子文鸯、文虎逃出城投降了司马昭。司马昭是个玩弄权术的高手，他不同意部下杀掉文鸯兄弟，反而特赦文家兄弟，封为将军。

司马昭这么做是告诉淮南叛军：文钦当年叛魏，罪不容诛，文鸯兄弟按律也当斩，可我却重用他们。叛臣之子我都可以既往不咎，何况你们？司马昭此举彻底瓦解了淮南军的斗志，"城内皆喜"，除了诸葛诞的嫡系部队，其他人都没心思再给诸葛诞卖命了。

司马昭见总攻时机到了，下令攻城，魏军很快攻进寿春，诸葛诞见势不妙想逃，被魏军当场干掉，夷三族。倒是诸葛诞养的那些死士很有气节，宁死不降，他们被司马昭一个一个地杀掉，最终没有一个人投降，可见诸葛诞平时养人之德。

闹得沸沸扬扬的诸葛诞叛乱被司马昭平定了，司马昭发现了王凌、毌丘俭、诸葛诞接连在淮南发动叛乱的原因，就是他们全是曹爽余党，在政治上极端不可靠。司马昭改派心腹王基主政淮南，从而消除了来自淮南（勾结吴国）的隐患。

淮南横在吴国和魏国之中，战略地位非常重要，司马昭彻底控制淮南，对日后其子司马炎灭吴起到了桥头堡的作用，价值不可估量。

司马昭灭掉诸葛诞，他收获的绝不仅是战争红利，同时收获的还有一个政治上的大红包。乱世中要树立威望，首先是军功，有了军功，才有可能在政治上大捞一把。

司马父子三人通过三次对淮南的征服，基本打消了外藩武力反抗的念头，谁也不想落得和王凌、毌丘俭、诸葛诞一样灭三族的悲惨下场。外部形势的稳定也必然能巩固司马昭在政治上的地位，曹氏天下早晚必为司马氏取代，这已经成为天下人的共识。

司马昭虽然拒绝了皇帝曹髦封他做晋公的诏命，"九让乃止"，但这不过是个缓冲时期，司马昭想要什么，天下皆知。曹魏帝国的权力基础，被司马懿父子一点点地掏空，到了司马昭时代，只剩下一副庞大的空壳。

看到祖宗辛辛苦苦打下来的江山即将易主，傀儡皇帝曹髦心如刀绞。客观来说，曹髦的资质非常好，早在他登基之初，钟会就告诉司马师："（曹髦）才同陈思（曹植），武类太祖（曹操）。"这不是钟会吹牛，曹髦当得起这样的评价。

但现在的问题是曹髦无权，老话说得好："形势比人强。"如果将汉文帝刘恒和汉献帝刘协调换过来，谁能保证刘恒能做得比刘协更好？说到底还是生不逢时，这样的倒霉帝王还有很多：司马德文、元善见、萧纲、李晔、朱友贞、完颜守绪、崇祯、光绪……

曹髦不甘心成为司马昭的提线木偶，他希望能有机会干掉司马昭，恢复曹氏对魏国的统治。现在的形势对曹髦非常不利，司马昭的势力遍及朝廷内外，无论是外藩还是京官，一线人物几乎都是司马昭的人马。曹髦想翻盘？可能性实在是微乎其微。

曹髦的血性是日渐萎靡的曹魏宗室中难得一见的风景，有次曹髦召见大臣，当众斥责司马昭，说了句千古名言："司马昭之心，路人所知也！"这时的曹髦对司马昭专权已经忍无可忍，虽然他手上没有兵，但他依然选择了用鸡蛋碰石头，决定要和司马昭拼个鱼死网破。

曹髦现在头脑发热，已经管不了这么多，他鼓动大臣们和他一起讨伐司马昭。尚书王经知道曹髦没有丝毫的胜算，劝曹髦不要意气用事。

但现在的曹髦依然对战胜司马昭抱有一丝幻想："行之决矣！正是死何惧，况不必死邪！"曹髦的骨气让人感叹，但现实就是如此冰冷残酷，鸡蛋碰石头不会有好下场。看到皇帝疯了，那些亲司马昭的大臣，比如侍中王沈、散骑常侍王业等人，立刻撒开脚丫子找司马昭报信去了。

曹髦手上没兵，他只有召集了在宫中宿卫的几百个老苍头，甚至还有小太监。这支奇怪的军队拿着武器，高喊打倒司马昭的口号，悲壮地冲出了宫，找司马昭决一死战。

不知道司马昭听到这个消息后是什么反应，很可能是鄙夷地大笑，这小子真是活腻烦了，敢在老虎头上挠痒痒！如果说对付诸葛诞这样的实力派军阀需要司马昭亲征，对付曹髦根本用不着司马昭出面，派几个小弟兄就能摆平曹髦。

替司马昭出面的是他的头号狗腿子贾充，以及太子舍人成济。贾充是文官，让他杀鸡估计都难，真正动手的是成济。看到曹髦的"部队"怒吼着冲过来，贾充只是鄙薄地向成济发出命令："司马公平时不是白养你的，动手吧！"

成济唯司马昭命是从，既然主人发话了，那就动手吧，史称"成济即前刺帝，刃出于背，殒于车下"。年仅二十岁的曹髦就这样悲壮而悲哀地结束了自己有血性的生命。男人要有尊严地活着，即使是死，也要死得有尊严。

司马昭是个演戏的高手，听说成济杀掉了曹髦，立刻赶到出事地点，抱着曹髦的尸体号啕痛哭。司马昭心里那个痛快：叫你小子不听话，这就是你的下场！

从大历史的角度来看曹髦之死，刻薄些说有些不值一提，死了一个傀儡，再立一个就行了。但司马昭还是要拼命洗去自己的罪恶，首要问题是找个替罪羊，替自己顶包。

尚书左仆射陈泰建议司马昭将贾充拎出来顶罪，但贾充是司马昭的头号心腹，司马昭当然舍不得。算来算去，只有成济是个小虾米，拿他开刀最合适不过了。

恶毒的司马昭把杀皇帝的罪名扣在可怜的成济头上，"夷三族"。在权力场上，小虾米的下场往往是可悲的，他们没有自己的存在价值，当他们替主人完成滔天罪恶后，他们的剩余价值也被榨干了，除了被主人抛弃，没有第二条路。

成济是亲手杀了曹髦不假，但没有司马昭的指令，给成济一百个胆子，他也不敢杀皇帝。司马昭杀了人，却喊冤道："人不是我杀的，是刀杀的！"何其可笑！当天下人都是傻瓜吗？

但不管怎么样，曹髦的死，丝毫没有改变魏国被司马氏全盘掏空的事实，换招牌是迟早的事情。司马昭也在加快改朝换代的步伐，在新皇帝曹奂（曹操之孙）继位后不久，也就是曹髦被杀一个月后，司马昭被封为晋公，加九锡，正式上演了"禅让"丑剧的第一集。

在中国中古时代的政治易代过程中,"禅让"是一个常见的方式,最典型的是魏、晋、宋、齐、梁、陈六朝,他们都是通过"禅让"三部曲来完成改朝换代的。比如曹操先封魏公,后封魏王,最终由曹丕完成篡位。

司马昭也是这样,天下人都知道,所谓的"晋公"不过是司马昭将来篡位的前奏,即使司马昭本人不篡位,天下也是司马家的私物。经过司马氏父子三人十多年的苦心经营,基本灭绝了魏国境内的大小反对派,没人敢在虎头上拔毛。

内忧外患,在解除了内部(以国家为单位)隐患外,统治者往往会关注来自外部的威胁,尤其是军事威胁。当时天下魏蜀吴三分鼎立,就实力来说,魏大于吴,吴大于蜀,但这几十年来,魏国的主要对手则是蜀,而且对魏国来说最危险的对手也是蜀汉。

蜀汉自刘备开始,就坚定地奉行北伐曹魏的立国方针毫不动摇,虽然蜀汉表现出的血性让人敬佩,但蜀汉的国力实在过于弱小,在和魏国近五十年的拉锯战中,国力消耗极大。其实硬件的消耗还在其次,最要命的是蜀汉君昏臣佞,只有一个老姜维还在拼命,蜀汉事,已不可为矣!

虽然姜维的部队还有相当的战斗力,但蜀汉政权已经从内部腐烂掉了,这让司马昭看到了统一的希望。司马昭也确实有资格来统一天下,且魏国的实力有了显著的提升,而蜀汉的国力却下降非常明显,这一升一降,蜀汉被司马昭第一个开刀,也就在情理之中了。

魏国灭蜀,是在魏景元四年(公元263年)的春天,已经准备数年的司马昭终于下达了灭蜀令。替司马昭出面收拾刘阿斗的,是魏国末年名将双璧——邓艾、钟会。关于邓艾和钟会,我们会在以后的章节专门进行讲解。

这次魏国灭蜀,过程基本上还算是顺利,邓艾通过偷渡阴平,奇袭成都,迫使刘禅举国投降。蜀汉的灭亡,拉开了司马氏统一战争的大幕,虽然司马昭在名义上还是魏国大臣,但谁又能把曹操发动的赤壁之战看成汉献帝刘协发动的呢?天下,早就成司马家的囊中物了。

通过灭蜀战争,司马昭的个人威望达到了顶点,尤其是在敲打掉钟会在成都发动的叛乱之后,普天之下,再无人敢挑战司马昭至高无上的权威。司马昭觉得改朝换代的时机已经成熟,在魏咸熙元年(公元264年)的三月,司马昭又自称晋王,离帝位只差一步了。

不过当上晋王的司马昭已经五十四岁了，精力大不如前，而且一旦背上篡位恶名，本来就不好的名声将会一臭到底。与其这样，不如学学曹操，拎出曹丕来背黑锅，自己落了个干净清爽。

其实司马昭要不要这个皇帝名分都无所谓，关键的问题是司马氏能否控制住最高权力。纳虚名而受实祸，是非常愚蠢的，司马昭相信自己的智商不会比曹操低。司马昭已经有了继承人的人选，就是长子司马炎。

其实在立储问题上，司马昭也走上了曹操的老路，他非常喜欢性格温润如玉的次子司马攸，对司马炎不太感冒。但司马昭肯定知道袁绍、刘表废长立幼的下场是什么，虽然司马攸在名义上是司马师的嗣子。

何曾等人劝司马昭立司马炎为嗣的时候，说过什么司马炎聪明神武，非人臣之相，恐怕只是顺着司马昭递出的杆子往上爬的。司马昭是三国著名的演戏高手，此公心胸狭窄，比司马师还不如，指望他念哥哥旧情，传位给司马攸？别开玩笑了。

当然从司马氏基业传承的角度看，无论是司马炎上台，还是司马攸上台，由司马氏完成天下大一统的局势已经不可逆转，唯一不确定的因素只是到底需要多少年灭掉吴国。

司马懿、司马师、司马昭父子三人，用了十六年的时间，基本完成了中原政权权力的交接。司马炎要比曹丕幸运，曹丕面对的是一个不确定的时代，当时的三国尚处在均势，难说谁能吃掉谁。司马炎上台后，他需要做的，只是做好成为大一统皇帝的准备。

老子种树，儿子乘凉，在家天下时代的传承意识中是天经地义的。

三〇 / 三国的酒肉江湖

老话说得好,无酒不成席。这年头无论是操办红白事,还是亲友聚会,总是要摆上几瓶好酒的,喝多喝少,尽兴就好。不过酒是穿肠毒药,酒喝多了对身体有害无益,人体许多疾病都是贪酒造成的。小醉怡情,大醉伤身,这话半点不假。

说到喝酒,可以说这是一个人类的热闹的话题。自从酒出现以来,就再也没有离开过人类的世界,估计也永远不会离开了。

不要说普通人爱喝几杯,就是历史上那些大名鼎鼎的风流人物,绝大多数都能和酒扯上关系,有的还是著名酒鬼。

比如刘邦,在歌风台上持杯高唱:大风起兮云飞扬……

比如霍去病,洒酒于泉,与十万铁血将士举杯共饮。

比如杜甫,白日放歌须纵酒,青春作伴好还乡。

比如李清照,常记溪亭日暮,沉醉不知归路。

比如万历,被雒于仁好一顿痛骂:陛下贪酒好色,是个财迷。

西晋的吏部郎毕卓喜欢偷酒喝,醉倒在酒瓮旁;岳飞在热血沸腾的少年时期还是有名的酒鬼。老杜那首酒史名篇《醉中八仙歌》,将贺知章、李白、张旭、李适之、崔宗之等八个大号酒鬼一网打尽。

具体说到三国时代,三国的著名酒鬼不算特别多,似乎不如西晋那帮竹林酒徒喝出了艺术,但三国酒史还是非常精彩的。三国的酒肉江湖,因为那些巨星大腕的加入,人声鼎沸,非常热闹。

三国的酒史,大致来说,可以分为以下几种类型:

一、正式宴会型

二、外交酒会型

三、私人酒会型

四、借酒浇愁型

五、喝酒误事型

先说正式宴会型，三国比较著名的正式宴会，记得有如下几场：

董卓在郿坞举办宴会，邀请满朝文武入宴，一边喝酒，一边看他杀人取乐，惨号声震天。许多人吓得战栗觳觫，这哪是喝酒，简直就是受罪。

刘备进成都后，大摆酒席，犒赏有功将士们，瓜分了蜀中财物。弟兄们给你卖命，你做老大的不放点血，以后谁还跟你混？做人不能学小气的项羽，那号铁公鸡琉璃猫，成不了大事。

孙权举办大型酒会，和群臣联欢，结果被刺头虞翻生生搅了局，气得孙权拔剑要杀虞翻。你在众人面前故意损我面子，太不拿本大王当腕了，你会做人不？

吴后主孙皓大宴群臣，常侍王蕃不想陪这疯子喝酒，有意学虞翻装醉。不过孙皓的度量远远不及他爷爷孙权，孙皓一怒之下，杀了王蕃。虞翻的命好，他遇上的是孙权，如果他要摊上孙皓，十条小命也没了。

其实这种类型是没什么故事可讲的，喝不出多少乐趣。无非皇帝举杯，群臣伏地三呼万岁，然后大家按官场礼仪老老实实地喝酒。在这种场合下，谁都不能荒腔走板，乱了规矩。

不过万事皆非绝对，有的正式场合的宴会还是能喝出精彩来的，最著名的一次，应该是刘备和庞统那场著名的仁义辩。刘备打着替刘璋防御汉中张鲁的旗号，大摇大摆进入了益州。让刘备防御张鲁？除了刘璋，所有人都知道这是不可能的。

建安十七年（公元212年）底，因为刘备潜伏在刘璋身边的卧底张松事发，刘璋这才知道刘备的阴谋，二刘的关系彻底破裂。反正刘备早就做好了军事准备，随后刘备偷袭涪关得手，拉开了武装占领益州的序幕。

刘备拿下涪关后非常高兴，摆下几桌上等酒菜，邀请弟兄们入席吃喝，算是犒赏。之前的刘备一直是仁义君子的形象，不过因为这次刘备实在太兴奋，不小心把狐狸尾巴露了出来。

刘备在酒宴上张牙舞爪，大呼小叫，高调地庆祝这场伟大的军事胜利。刘备在席间转悠，看到了闷头喝酒的前线首席军师庞统，刘备揪住庞统大笑："麻雀，我们偷袭成功了，你今天高兴不？"

庞统一看刘备这张狂架势，很着急，刘备好不容易积攒的良好口碑，可不能因为这场酒给毁了。好名声树立起来非常难，但毁掉实在太容易了，这年头攒点人品不容易。

庞统觉得该给刘备泼几盆凉水，让他醒醒了。庞统敲打刘备："主公，咱别这么高调好不好？本来攻刘璋咱就不占理，现在又这么大肆庆祝，传出去恐怕有讳于主公的仁义名声，咱还是低调些吧。"

刘备喝高了，没能领悟庞统的意思，一看庞统不给他面子，刘备撕下了仁义的伪装。刘备竖着大尾巴，摇头晃脑地指着庞统大骂："你懂个啥！当年周武王伐纣，照样大吃大喝，还有舞蹈助兴。周武王能做，我为什么做不得！麻雀你喝醉了，回去洗洗睡吧。"

庞统见刘备已经开始说胡话了，知道他已经不省人事了，和醉鬼是说不通道理的。庞统苦笑着离席，回屋蒙头睡觉了。不过等刘备酒醒之后，回味庞统的那些箴言，这才发现事情的严重性。

刘备行走江湖，靠的就是他辛辛苦苦打造起来的仁义形象，前不久他还对庞统自吹自擂："操以暴，吾以仁；操以谲，吾以忠。"如果这事传到江湖上，对刘备的名声是非常不利的。

刘备立刻派人把庞统从热乎的被窝里拽回来，刘备又摆了一桌酒席，向庞统赔不是。庞统本身就是个酒鬼，估计刚才那场没怎么喝酒，这回赶紧补回来。

庞统一边吃肉灌酒，一边听刘备在他耳边絮絮叨叨。刘备和庞统的私交很好，二人不知不觉间又喝多了，手舞足蹈地谈心，一直喝到下半夜，这才尽欢而散。不过刘备得到了庞统的原谅，却被东晋著名的亲刘备派史家习凿齿好一顿数落，甚至说刘备自比周武王，毫无愧色，足见厚黑功力之深。

接下来我们讲第二种类型，也就是外交酒会型。说到外交酒会，有几次非常著名的酒场，第一个我们想到的，应该是关羽那场青史留名的单刀赴会。

刘备在西取蜀川的过程中，关羽作为刘备手下头号名将，坐镇荆州，看家护院，和东吴坐镇益阳的大都督鲁肃正好隔江相望。因为刘备取蜀之后，一直赖着荆州不还，一根毛都不想拔。鲁肃又不好和关羽刀兵相见，就发了个英雄帖，请关将军过江相会，我们谈谈。

有种说法认为关羽并没有去东吴的地盘，而是鲁肃和关羽约了一个中立地点，双方共同赴会。虽然史料没提到管饭的事情，但不管谁做东道主，总要摆上一桌席面的，这是外交礼仪。不要求弄来山珍海味，奇兽名禽，总要端上七碟八碗一两个硬菜。

其实像这样双方情绪对立时的外交酒会，也喝不出什么味道，双方剑拔弩张，恨不得吃掉对方，哪还有心思喝酒。这和鸿门宴的气氛差不多，刘邦在项羽的刀口下只想着如何逃命，喝的什么酒，老刘差不多都忘记了。

不过同盟国的外交酒会，气氛相对温和一些，谁也不会特别给谁难堪。比如蜀汉邓艾、宗预出使东吴，东吴沈珩、赵谘出使魏国，魏国邢贞出使东吴，东吴张温、薛莹出使蜀汉。东道主按外交惯例，都要摆酒给使臣接风的，然后在酒宴上谈正事。

在这些外交酒会中，张温出使蜀汉那次是比较著名的。为了维系吴蜀之间本就脆弱的同盟局面，张温来访时，诸葛亮给足了张温面子。要不是张温狂妄自负，问蜀中名士秦宓有没有学问，惹毛了秦宓，秦宓也不会当众给张温穿小鞋，让张温折尽了面子。

如果要说三国外交酒会中最有意思的一场，应该算是蜀汉名臣费祎出使东吴的那场，过程非常搞笑。我们都知道费祎性格外向，善于交际，所以他和同样是猴子性格的孙权特别投脾气。每次费祎出使东吴，孙权都好吃好喝好招待，二人勾肩搭背，好不亲热。

不过孙权这人没安好心，他特别想出费祎的洋相，每次费祎来，孙权都想法子把费祎灌醉，然后派出他手下一帮名士，如诸葛恪、羊衜，轮流上阵，向费祎发难，天南海北胡扯一通。费祎贪杯，但头脑还是非常清醒的，每次都有词堵住诸葛恪这帮狂人的嘴。

这次并不算很搞笑，最搞笑的是有次费祎来东吴，孙权按惯例自然要大摆酒宴，东吴所有一线名臣尽皆到场。以前孙权没能看到费祎出洋相，这次他不会错过机会。

在费祎来到酒场之前，孙权提前给手下弟兄们打了招呼："等会儿费文伟来的时候，你们不要放下筷子，尽情地吃，咱们这次好好地出他的洋相。"群臣大笑。

等一会儿费祎来的时候，孙权还是礼貌地放下筷子，行注目礼，请费祎入席。而东汉群臣则低头大吃大喝，声音震天价响，偶尔在席间还能听到窃笑声。费祎是个人精，他一看这阵势，就知道这是孙权出的馊点子，想拿他开涮的。孙权是皇帝，如果没有孙权的默许，江东那帮好汉哪个敢在孙权面前不敬？

费祎从来就不是盏省油的灯,想占他便宜,门都没有。费祎干笑两声,突然自言自语:"有凤凰来兮,麒麟都知道吐出食物恭迎凤凰,而有一群驴,也有可能是一群骡子,不认识凤凰,依然低头吃食。"费祎骂江东那帮精英是驴,真够狠的。

虽然费祎没骂孙权,但孙权的脸上非常挂不住,如果孙权手下是一群驴,那孙权又是什么?驴帮头目?不过还没等孙权吹胡子瞪绿眼,座中的东吴骑都尉诸葛恪沉不住气了,跳出来向费祎发起反击。

诸葛恪号称东吴第一神童,最是聪明伶俐的,平时自视甚高。没想到费祎不识天高地厚,居然骂他是驴,诸葛恪越想越窝火。你什么眼神?世界上有这么英俊帅气、才华横溢的驴吗?

诸葛恪冷冰冰地看着费祎,回了一句:"江东有的是梧桐树,但这是留给凤凰栖居的。这是从哪里飞来的野鸟,敢自称凤凰?"费祎似笑非笑地看着诸葛恪,他当然知道诸葛恪是谁,他的上司诸葛亮的亲侄子嘛。

诸葛恪骂费祎是野鸟,让费祎非常不爽,心里想:你不就会在驴脸上写字么?牛什么!费祎也是个眼睛长在脑门上的主儿,轻易不服谁的。费祎找孙权要来了纸笔,当众写了一篇《麦赋》,向在座的东吴精英们炫耀。瞧瞧,什么是才子?爷爷就是!

看到费祎显摆文才,诸葛恪并不示弱,也要来纸笔,写了一篇《磨赋》。言下之意是告诉费祎:你不就是麦子吗?爷爷是磨盘。没爷这磨盘,你这麦子只是能看不能吃的观赏植物。

其实像这种同盟国之间的酒间辩难,不过是嘴上风暴,文字游戏,认真不得的。双方有共同的战略目标,所以在交往的过程中,都会很好地拿捏住分寸,谁也不会让对方特别丢面子。虽然费祎和诸葛恪斗眼鸡似的掐了一阵,但事后照样把酒言欢,大家都是顶级精英,应该惺惺相惜才是,何必伤了和气。

外交酒会型就讲到这里,下面讲一下私人酒会型。这样的酒会在三国非常著名,我们张口就能说出:青梅煮酒论英雄。这件事发生在建安四年(公元199年),曹操在派刘备出兵征讨袁术之前,摆了一场酒局,和刘备喝了几盅。

虽然各家史料均没有提到"酒"字,不过都提到了"先主(刘备)方食"几个字。曹操总不可能闯进刘备的公寓,一边看着刘备吃肉,一边慷慨激昂:"天下英雄,唯使君与操耳。"曹操也没这么小气,一场酒能花几块大头银子?

刘备在这之前已经和董承等反曹派建立了秘密同盟，寻机干掉曹操。但刘备生活在曹操的控制之下，成天提心吊胆，生怕哪天事情败露。刘备心里有鬼，听说曹操把他看成英雄，吓得勺子掉在地上。要不是刘备反应迅速，拿雷阵雨当遮掩，说不定真让曹操看出他的马脚，那麻烦就大了。

借酒浇愁型的，这类人物在三国不算多，最有名的一个，应该是蒋琬。蒋琬虽然跟随刘备的时间比较早，但当时的蒋琬资历甚浅，还算不上是荆州系的一线人马。刘备打下益州之后，只是赏给蒋琬一个县令，踢到广都当起了摇头大老爷。

古代的县不比现在，那时县的面积虽然都不算小，但人口普遍不多，一般都在万人上下。按制度，县人口过万，长官称为县长，不过万的称为县令。过去的县长官其实没多少公务要处理，主要是完成上级分配的赋税任务，然后就管一些鸡毛蒜皮的小事。

蒋琬自负才计无双，他希望自己能像庞统那样，在更大的历史舞台上展现自己的才华。可刘备这厮不识货，我明明是一匹千里马，你这老家伙却让我拉磨，人才不是被你这么糟蹋的。

不过蒋琬在朝中无人，他小胳膊拧不过刘备的粗大腿，只好垂头丧气地去广都赴任了。到任之后，蒋琬对县里的工作毫无兴趣，什么都不管，每天躲在宅子里，喝得烂醉如泥，不省人事。

刘备向来买诸葛亮的面子，诸葛军师发话了，这个面子不能不给，不然诸葛亮以后就没法在官场混了。刘备虽然饶了蒋琬，但依然没有重用他，甚至还摘掉了蒋琬头上的乌纱帽。蒋琬成为蜀汉官场一线，还是诸葛亮主政之后的事情。

至于第五种喝酒误事型，最典型的人物就是曹植，要不是他临场贪杯，误了南救襄阳的军事行动，太子位没准儿就是他的。关于曹植醉酒的事情，在第十九篇《曹魏宫廷的斗争》中具体讲过了，不再重复。

曹植的情商远远低于他的智商，他也不动脑子想想，在这个争储的关键时刻，曹丕请他喝酒，能安好心吗？他居然敢去，更让人不可思议的是，他居然敢喝得酩酊大醉。

曹操本来还是对曹植抱有最后一丝希望，一看曹植醉成这样，曹操的心彻底凉了。给你机会你不争取，做事不经大脑，曹操绝对不敢冒险把江山交给这个没心没肺的儿子。

曹植被哥哥灌醉，这样的事情在历史上还有一例，就是唐太宗李世民在玄武门之变前，被大哥李建成叫去喝酒，中了毒，险些丧命。不过李世民是清楚李建成肚里有几条蛔虫的，他是硬着头皮去的。而曹植却兴高采烈地去赴鸿门宴，曹植的失败是不可避免的。

要说喝酒，曹操本身也是一个著名酒鬼，三国酒史上少不了他这号人物。曹操一会儿请刘备喝酒，一会儿在私人宴会上喝得烂醉如泥，张牙舞爪的洋相百出。

虽然曹操向来不太注重小节，但在大事上，曹操是绝对不糊涂的。喝酒归喝酒，政治归政治，两码事。有些历史人物把喝酒当成政治，把政治当成喝酒，结果只能是误人误己误天下。

曹操很爱酒，不过曹操从来不是酒的奴隶，曹操还曾经下过禁酒令。东汉末年，天下连年战乱，粮食歉收，为了保障境内的社会稳定，曹操毫不犹豫地在境内下达禁酒令。民以食为天，不以酒为天，这个道理曹操当然懂。

曹操在官场上有个著名的敌人，就是大才子孔融。孔融在三国酒史上也是个大号酒鬼，此公向来爱酒如命。孔融有句名言："座上客常满，樽中酒不空。"

孔融听说曹操要禁酒，当时就恼了，背地里没少骂曹操：你不让我喝酒，还让不让我活了！孔融和曹操不一样，曹操是统治者，他要考虑统治者的利益。而孔融只是个清闲的散官，他才不管什么天下事，每天有酒喝就行了。曹操禁酒，孔融自然不答应。

孔融给曹操写了一封书信，公开反对禁酒，这就是酒史上有名的《难曹公表制酒禁书》。孔融在这封书信中，对曹操极力挖苦讽刺，真是缺德带冒烟。孔融在信中公开为酒做无罪辩护，说尧帝不喝酒，不能致太平；孔子不喝酒，就不是圣人；樊哙不喝酒，如何救刘邦出鸿门；刘邦不喝酒，就没有力气斩杀白蛇。

孔融天花乱坠一通胡扯，什么郦食其、屈原、汉景帝、袁盎、赵充国等人全都出场，替孔融反对禁酒令摇旗呐喊。信的最后，孔融酸不溜丢地来了一句："由是观之，酒何负于治者哉！"不过曹操根本不甩孔融，你就会捣乱，哪儿凉快哪儿待着去。

除了以上五种喝酒类型，还有几种类型，不太好分开，在这里一并讲了。我们都知道酒是要花钱买的，不过还有一种办法不花钱也能喝到酒，那就是偷酒喝。

《世说新语·言语》篇记载了两则偷酒的小故事，是两对兄弟。一对是孔融的两个宝贝儿子，一对是钟繇的宝贝儿子钟毓、钟会。

我怀疑是不是刘义庆等人写错了，这两则偷酒的故事情节基本雷同，难道世上真有这么巧的事情？因为钟毓兄弟这则故事的记载较多，就说说这对顽皮的兄弟偷酒的趣事。

钟毓兄弟有次趁父亲钟繇睡午觉，蹑手蹑脚地进父亲的卧室偷酒。他们知道那里有瓶上等药酒，估计和现在的保健酒差不多。老爹平时肯定不让他们喝酒，否则他们也不至于沦落到做梁上君子的地步。

二人溜进屋里，打开酒塞子，刚要喝，钟繇就被惊醒了。钟繇看到两个淘气小子偷酒喝，觉得很有趣，就眯着眼睛看着儿子们。

钟毓兄弟见老爹醒了，知道偷是偷不成了，只好憨笑着抱起酒坛子喝酒，钟繇在旁边笑得非常开心。天伦之乐，不过如此。其实钟毓兄弟的行为根本算不上偷，只不过是意趣天真，这事没人认真。

酒虽然是好东西，但小孩喝酒肯定是不行的。前面我们也讲了，酒喝多了容易误事，实际上不仅是误事，醉酒的时候，还容易得罪人。

下面我们再讲一个喝酒得罪人的故事，非常搞笑，憋了半天，还是忍不住笑出声来。魏国名臣蒋济曾任扬州治中，当时曹操控制下的扬州有一个寿春县，时任寿春县令是时苗。

时苗有一次去拜见蒋济，名义上是汇报工作，实际上是想攀上蒋济这棵大树。蒋济是天下名士，如果能和蒋济扯上关系，以后时苗的仕途就不用发愁了。

时苗这次来得不巧，正赶上蒋大人在府上喝酒，已经喝得烂醉如泥，不省人事，不能出来接见时苗了。不过时苗却认为这是蒋济有意喝醉，躲着不见他。时苗站在府外，恨得咬牙切齿。

时苗这人实在太有意思了，他气咻咻地回到府上，找来一块大木头，用刀刻上蒋济的名字，然后刻下四个大字——酒鬼蒋济。

时苗把这个木头板靠在墙上，取出弓箭，成天对准这个木头板一边射一边骂："让你灌猫尿，让你不见爷爷，爷爷天天射死你……"不知道蒋济后来知不知道时苗这件趣事，如果知道了，估计蒋济能气得吐血，有这么糟蹋人的吗？

三国酒史上还有许多有趣的酒故事，比如诸葛恪在酒席上逼张昭喝酒，简雍用酒具婉转地劝刘备用法宽松，阮籍醉哭兵家女等，因篇幅有限，这些酒故事将放在他们的专论中讲解。

三国的酒故事，先讲到这里。

三一 / 魏国武将群像

在第三篇《曹操的智库》中，我们详细讲解了曹操手下那帮顶级谋士的事情，比如荀彧、荀攸、郭嘉、程昱、刘晔，号称曹操帐下的五大智谋天王，他们为曹操最终统一北方立下了汗马功劳。可以这么说，如果没有这些谋士，曹操能不能最终战胜袁绍都是个问题。

不过话说回来，仅靠文臣打天下成功的事情，谁见过？没有铁血武将群在前线洒汗流血，是打不来天下的。曹操也是一样，如果让荀彧拎刀上阵和吕布玩命，郭嘉扛枪找高顺单挑，不被打趴下才怪。

乱世，不仅是谋士们的天堂，同样也是武夫们的天堂。不得不承认，在古代，军人的主要价值是在战争中体现的，没有战争，古代军人的存在价值是不完整的。

曹操手下那帮强悍的武夫，是曹操能够成就大事业的另一个保证，没有他们，曹操什么都不是，刘备、孙权也一样。说得通俗一点，就是两手都要抓，两手都要硬，一手曰文，一手曰武，少了哪只手都办不成大事。

曹操的武将群，大致可以分为三类。第一种类型是原从亲属集团，比如夏侯惇、夏侯渊、曹仁、曹洪、曹休这伙强人。说到夏侯诸曹，倒有一个问题需要讲一下，就是曹操到底姓什么？

关于曹操的姓，历来有这么几种说法：

第一，本就姓曹，西汉开国名相曹参之后，估计这和刘备攀上汉景帝刘启是一个路数，给自己脸上贴金的。

第二，本姓夏侯，曹操的父亲曹嵩是夏侯氏之后，后来被大太监曹腾认为养子，改姓曹，所以曹操和夏侯惇是同族兄弟。

第三，有可能姓秦，曹操的族子曹真本姓秦，那曹操也有可能姓秦。

第四，不知道姓什么，"莫能审其生出本末"。

曹操的姓，是一桩历史公案，根本纠缠不清。所以曹操既和夏侯惇、夏侯渊是同族兄弟，又和曹仁、曹洪是同族兄弟，再加上曹真，曹操两只脚踏三条船，真不知道曹操是怎么玩转的，呵呵。

其实曹操姓什么并不重要，和谁是亲戚也不重要，重要的是有共同的利益需求，或者说是共同的价值取向。刘备自称是汉景帝陛下玄孙，也没见有谁搭理他，也就是一个绿豆贩子和一个杀猪的能看得起刘备。

夏侯惇和曹仁他们虽然和曹操有五花八门的亲戚关系，但他们之所以能在乱世杀出一片天空，那也是靠自己的真本事搏杀出来的。同是顶级名将的张辽、徐晃和曹操半点亲戚不沾，照样是曹操的心腹重将。还是那句老话：有本事吃肉，没本事看人吃肉。

曹仁在诸曹夏侯中是比较特殊的，因为其他人都是直接跟着曹操打天下，而曹仁不一样，在投奔堂兄曹操之前，曹仁就拉起过自己的人马。曹仁带着一千多个小兄弟在江淮之间横冲直撞，四处刮银子，类似于北宋末年的大盗宋江。

像曹仁这种闯荡模式，注定是做不成大事的，曹仁需要一个更大的发展平台，或者说，需要一架梯子。曹仁和曹操是亲戚，曹操发达了，曹仁很自然地就跟了曹操，他们可是一笔写不出两个曹字。

曹仁跟着曹操打天下，立下无数汗马功劳，是曹操手下的一线重将。和许多名将一样，曹仁也是个传奇将军，尤其是他在敌军万马军中勇救自己的小弟兄，可谓英雄虎胆。

这件事发生在曹操兵败赤壁后，数万吴军在大都督周瑜的率领下，风卷残云般地杀到了江陵城下。守江陵的曹仁知道周瑜为人心高气傲，就想先杀杀周瑜的锐气。

曹仁派大将牛金带着三百弟兄出城先敲打一下周瑜，没想到吴军实在太多了，一眨眼的工夫，这小股魏军被吴军团团围住，眼看就要被吴军吃掉。曹仁为人很讲江湖义气，他不能眼睁睁看着自己派出的弟兄战死。曹仁不顾荆州长史陈矫的反对，披甲上马，带着手下几十个亲兵闪电一般冲进吴军阵中。

曹仁是个练家子，功夫不错，他先是救出了牛金，可其他几百弟兄还陷在重围。曹仁再次杀进重围，东闯西突，又成功地将几百弟兄救出。我怀疑罗贯中在写赵云的长坂坡战之中，是不是受到了曹仁江陵救围的启发。

当曹仁带着几百弟兄骄傲地回到江陵时，城中将士们发出震天的欢呼！场面非常壮观。当曹操知道这件事后，不禁击案叫好，弟弟在前线中了彩头，当大哥的自然脸上有光。

和曹仁相比，另一位同族系名将夏侯惇的军旅生涯相对比较平淡。夏侯惇除了早期上战场拔刀砍过人，中后期夏侯惇的军事职务在一定程度上朝着文职方向转变。夏侯惇在镇守陈留郡期间，参与地方治务，兴修水利、带领部队从事农业生产，深受当地百姓好评。

曹操让夏侯惇当地方官，并不见得就是怀疑夏侯惇的军事能力，有些名将是基本不用上阵拔刀砍人的，比如周瑜、鲁肃。从曹操对夏侯惇的安排来看，曹操还是非常器重夏侯惇，在夏侯惇治理地方期间，曹操授予他临时决策的权力，自己看着办。

这样的待遇可不是人人都有的，虽然曹操不是皇帝，但夏侯惇的这种职权和"假节"差不多。不是特别重大的事情，夏侯惇不必上报曹操，可以自行处理。曹操要是不信任夏侯惇，敢给夏侯惇放权吗？

曹操不让夏侯惇上战场，还有一个可能，就是要保护夏侯惇。夏侯惇曾经在和吕布的作战中，被流箭射中了左眼，曹操再也不敢让夏侯惇轻易冒险。万一右眼再被射了，这对曹操和夏侯惇来说，都是承受不起的打击。反正曹操手下有的是能上场杀人的名将，不在乎夏侯惇一个。

曹操是非常器重夏侯惇的，曾经邀请夏侯惇同乘一辆车，以示尊荣。能享受到这种待遇的，夏侯惇是独一份。曹操这么做，实际上就是树立夏侯惇在曹魏军界头牌武将的地位，类似于蜀汉的关羽、东吴的周瑜。

历史上许多朝代都有自己的头牌武将，比如西汉的韩信、西晋的羊祜、前燕的慕容恪、南朝宋的檀道济、唐朝的李靖、明朝的徐达。这些头牌武将除了会打仗，也起到门脸的作用，有利于政权经营自己的品牌。

夏侯惇的名声似乎还不如张辽、徐晃等人显赫，但在《三国志》所有曹魏武将中，夏侯惇的传记排在第一，这就是夏侯惇被树立为曹魏头牌武将最好的证明。

在《三国志·魏将传》中，紧随夏侯惇之后的，是他的族弟夏侯渊。夏侯渊之所以能排第二，估计和他姓夏侯有关，陈寿写完了夏侯惇，顺手就写了夏侯渊，总不能再重新列一篇传记。当然，夏侯渊排位靠前，绝不是沾堂兄夏侯惇的光，没有真本事，沾谁的光也没用。

有趣的是，夏侯渊可以说是三国名将中亲戚关系最广泛的一个，简单列个表：

一、夏侯渊是夏侯惇的同族兄弟。
二、夏侯渊的老婆是曹操的表妹，曹操是夏侯渊的大舅哥。
三、夏侯渊的堂妹是蜀汉顶级名将张飞的老婆，他又是张飞的大舅哥。
四、张飞和夏侯夫人生的两个女儿嫁给了刘备的儿子刘禅，阿斗是夏侯渊的外甥。

因为这几层亲戚关系，所以夏侯渊一家在魏国和蜀汉都特别吃得开，后来夏侯渊的儿子夏侯霸投蜀，享受的可是国舅级的待遇，刘禅从没拿夏侯霸当降将。刘禅还请夏侯霸见他的儿子，说这些可爱的小兔崽子都是你们夏侯家的外甥。

夏侯渊在许多方面和他的堂妹夫张飞差不多，脾气暴烈，但实际上感情非常细腻。早年夏侯渊还没有得志的时候，穷得叮当乱响，更要命的是夏侯渊还养着一个儿子，以及他亡弟留下来的侄女。

夏侯渊所要面对的艰难选择是以他的经济条件，只能养活一个孩子，必须抛弃另一个。按人的自私角度理解，抛弃侄女，留下自己的儿子是很正常的选择。但夏侯渊却做出了一个非常艰难却伟大的决定，丢掉儿子，全力养活侄女。

夏侯渊这么做，是要承受巨大感情煎熬的，儿子毕竟是自己亲生的骨肉，谁也舍不得抛弃。可侄女毕竟是弟弟留下的唯一骨血，如果抛弃侄女，夏侯渊又将如何面对死去的弟弟？

被抛弃的儿子在乱世中存活的概率极小，可能已经饿死了，夏侯渊每次想到这个可怜的儿子，心都会一阵阵地绞痛。人非草木，孰能无情？夏侯渊这份磊落情怀，不由得让人肃然起敬！

夏侯渊的人品非常好，功夫也好，难怪曹操那么喜欢他。别看夏侯渊儿女情长，但上阵拔刀，丝毫不含糊。夏侯渊的战功，都是他把脑袋拴在裤腰上，在人肉阵中滚出来的。

要说夏侯渊的缺点，他最大的毛病就是做事急躁，曹操不止一次地告诫过他：做人不能有头无脑，凡事要先思后行。不过看样子夏侯渊把曹操的告诫当成耳旁风了，左耳进，右耳出，依旧我行我素。

曹操看人是非常准的，夏侯渊不听曹操的告诫，果然吃了大亏。在建安二十四年（公元219年），著名的定军山一战中，被老黄忠偷袭得手，一代名将就这么稀里糊涂地完蛋了。

夏侯渊虽然战死了，但他的敌人刘备并没有为难他的遗骸。因为张飞的老婆夏侯夫人通过老公，向刘备求情，请刘备赏她三分薄面，厚葬堂兄。张飞的面子，刘备当然要给，更何况夏侯夫人是自己未来的亲家母，夏侯渊很体面地被他的敌人厚葬了。

上面讲的诸曹夏侯是曹操的亲属原从集团，接着咱们讲第二种类型，就是半路出家型的名将。说到这种类型，我们可以张口说出曹操手下三位在三国时代最顶尖的名将：张辽、张郃、徐晃。

如果说夏侯惇是曹魏的头牌名将，那么张辽就是曹魏军界中知名度最高的名将，甚至在某种意义上来说，张辽才是曹魏军界的头牌名将，名气实在太大了。

张辽虽然和许多人一样，都是半路投曹的，但张辽的经历非常复杂，他是几经辗转，才最终跳上曹操这条船的。张辽初出江湖后，第一个侍奉的老大，是并州刺史丁原，也就是吕布的首任干爹。

随后张辽又受时任大将军何进派遣，去河北募兵，不过很快何进就完蛋了。紧接着董卓横行霸道，张辽很识相地拜董卓作为老大，董卓失败后，张辽这才跟着吕布闯荡江湖。

不过在吕布手下，张辽还不是头牌名将，吕布的头号打手是名将高顺，张辽是二号人物。说到高顺，很为他可惜，以高顺的地位和实力，只要他肯低头归顺曹操，一线名将是少不了他的。

高顺对吕布忠贞不贰，甘愿陪着吕布死，和高顺相比，张辽油滑了很多。张辽要是不识相，当初早就被董卓摆上人肉宴了，哪还有今天的风光？

其实张辽并不是演义中被迫投降曹操的，而是在吕布大势已去后，主动降曹的。老话说得好：良禽择木而栖，良臣择主而侍。吕布无法给张辽施展才华的舞台，而曹操可以给他，张辽为什么不可以改换门庭？

张辽刚开始跟曹操的时候，并没有受到重用，张辽真正打出名堂，还是那场扫清袁绍残余势力的柳城之战。张辽在此战中大出风头，击斩乌桓蹋顿单于，为张辽日后成为顶级名将铺平了道路。

要说张辽军旅生涯中的顶峰，肯定是名震千古的合肥之战，如果没有这场著名的战役，张辽可能已经"泯然众人矣"。合肥之战发生于建安二十年（公元215年）八月，孙权为了占领合肥，可谓出了血本，亲率十万精锐铺天盖地杀向了合肥。合肥距离江东的核心统治区实在太近了，一天拿不下合肥，孙权一天睡不踏实。

守合肥的三位魏军主将是张辽、乐进、李典，而合肥城中的魏军只有七千人，和十万吴军根本不成比例。此时曹操还在汉中折腾，无法及时抽身东下，曹操当然明白一旦合肥失守，打疯了的江东兵就有可能一鼓作气杀进中原腹地……

按曹操的战略遥控部署，由行事比较稳重的乐进守城，张辽和李典出战。不过孙权这场动静实在闹得太大了，魏军将领们都有些发怵，怯懦不敢战。张辽知道如果他打赢了这场恐怖的战争，他就将一跃成为三国时代的顶级名将，他绝对不会错过这个机会。

张辽情绪激动地告诉诸将："你们怕死，我不怕！咱都是血性爷们儿，不能让吴人看咱爷们儿的笑话！怕死的留下来，不怕死的跟我顶上去。"张辽的血性感染了诸将，大家都是从人头阵中滚出来的，男人的尊严让每个人都无法后退，不就是碧眼小儿吗？爷们儿今天做掉他！

激发了弟兄们的血性，下面的事情就好办了。张辽在军中挑选了八百名不要命的壮士，在夜里宰杀了几十头牛，弟兄们割肉下酒，用刀把子砸碎酒碗。个个血往上涌，青筋暴起，眼里全是血丝。

男人活着图个什么？就一句话：无论是站起来还是倒下去，都是个爷们儿！男人在逆境中，就应该用铁血和霸道来完成荡气回肠的征服。比如一代圣主柴荣。如果在高平之战中，柴荣稍有些犹豫和畏缩，等待他的就只有残酷的毁灭。

次日天还没亮，城门吱呀呀地缓慢打开，天很冷，但血很热。张辽带着八百弟兄骑着马如闪电一般，悲壮地冲进了吴军的滔滔大阵中。张辽身披重甲，手持一柄大戟，在吴军重围中来回撒欢。张辽连挑带刺，几十个吴兵应声倒地，其他吴兵吓得纷纷后退。

张辽很快就发现不远处的孙权，擒贼先擒王，只要能活捉孙权，张辽甚至可以提前终结历史……

张辽蛮横地朝着孙权冲了过来，套用演义小说的著名句式，张辽大喝一声："碧眼小儿休走！张辽爷爷在此！"孙权做梦也想不到张辽居然会冲到他面前，孙权吓得连连退后。不过孙权欺负魏军人少，大票吴军又围了上来。

之后的故事和曹仁勇救牛金那一节差不多，几十个魏军弟兄狂呼张将军救命，已经杀红眼的张辽，拨马回来，将被围的弟兄们捞了出来。这场经典的合肥之战一直杀到当天中午，张辽把吴军杀得流水落花，溃不成军。

不过张辽的风头还没有出完，十几天后，吴军和魏军在逍遥津又干了一仗。这场更加有名的逍遥津之战，彻底成全了张辽的一世英名，要不是孙权马快，这次孙权插翅难逃。

这两场著名的战役，不但让张辽一跃成为顶级名将，而且给孙权心里留下了浓重的阴影。几年后，张辽抱病跟着魏文帝曹丕再次南伐，孙权听说张辽又来了，胆战心惊地告诉手下诸将："你们都给我仔细点，来的可是张辽！老虎不发威，你们可别当成病猫！"

因为这两场战役，张辽出尽了风头，甚至这些老本足够他吃一辈子的。张辽死后，曹丕下诏褒奖张辽，这次褒奖的起因就是曹丕怀念张辽在合肥之战立下的不世奇功。"辽、典以步卒八百，破贼十万，自古用兵，未之有也。"评价不可谓不高，张辽应该知足了。

当时的魏国军界有两位姓张的顶级名将，除了张辽，另一个自然就是张郃。张郃投曹之前的经历没张辽那么复杂，他先跟着冀州刺史韩馥混，韩馥的地盘被袁绍吞掉后，张郃又跟着袁绍。袁绍大势已去后，张郃很自然地就倒在了曹操的怀中。

在投曹之前，张郃还是曹操的敌人，曹操对张郃的能力非常了解。所以张郃跳船后，曹操激动坏了，公开将张郃比成一代战神韩信。韩信可不是随便谁都能比的，世界上能有几个韩信？

要说曹操非常会做人，他会用各种独特的方式来赞美手下将军，每个人都有饼吃，你吃甜的，他吃咸的。所以大家在曹操手下都是最出色的，所以他们都会服从曹操，互相之间也不攀比妒忌，这样做有利于团结。

张郃和张辽这两名张姓名将之间的不同之处还是很多的，比如张辽是主动降曹的，而张郃是被迫投曹的。还有就是张辽主要在东线活动，专门对付不太老实的孙权。张郃除了偶尔在东线露下脸，基本上都在西线陪刘备、诸葛亮折腾。

张辽是孙权的命中苦主，张郃是刘备当仁不让的命中苦主，刘备在和张郃这些年的纠缠中，没有占到什么便宜。张郃在西线的军事生涯中，除了夏侯渊战死后，张郃临时代理了主帅职务，其他时期都是二把手。

虽然夏侯渊才是当时的西线大帅，但刘备显然没有将鲁莽的夏侯渊放在眼里，刘备心里最怵的是张郃。当老黄忠拎着夏侯渊的人头找刘备报功时，刘备摇头："夏侯渊的人头有什么用？我最想要的是张郃的人头！"如果张郃的人头能随便拿下，那张郃也就不是名将了。

如果从建安十五年（公元211年）张郃跟着曹操西讨马超算起，到公元233年张郃在木门道被蜀军伏兵射死，张郃在西线待了二十多年，为确保西线的军事安全立下了头功。刘备死后，诸葛亮继续尝到了张郃带给他的酸苦滋味。

张郃这一生中，并没有像张辽在合肥之战那样的标志性功劳，他身上的星味也不如张辽。最为张郃感到不平的是街亭之战，这场战役的胜利，从历史角度来看，打退了最强盛时期的蜀军，为中原政权保住了河西地区。

不过合肥之战中，历史牢牢记住了张辽，而在街亭之战，历史只记住了纸上谈兵的马谡。至于打败马谡的张郃，倒成了历史的配角。提到街亭之战，第一时间想到的主角，永远是马谡。甚至可以这么说，街亭之战是马谡的"成名作"，而这场经典战役从来不属于张郃。

张辽是公认的实力派加偶像派，在聚光灯下曝光的频率很高，而历史则有意无意地忽略了张郃，但没有人会否认张郃是一线的实力派。和东汉开国头号名将冯异相比，张郃能为人所共知，已经非常幸运了。冯异是刘秀手下头号名将，可战神级别的冯异知名度还不如廖化……

紧接着出场的是徐晃。在张辽、张郃、徐晃这三大半路投曹的名将中，徐晃和曹操的缘分最深。张辽和张郃投曹其实都是不情不愿的，不是形势比人强，他们未必会跟着曹操。

徐晃不一样，早在跟着车骑将军杨奉混的时候，徐晃就和曹操眉来眼去了。徐晃曾经劝杨奉归顺曹操，杨奉首鼠两端，想揩曹操的油水，被曹操打跑了，徐晃这时才名正言顺地投靠了曹操。这一年是建安元年（公元196年）十月。

可能是曹操还不太清楚徐晃的能力，在他投曹初期，曹操并没有直接让徐晃在外征讨，而是留在身边刷数据。其实刷数据没什么不好意思的，谁也不是天生的名将，很多名将都是靠刷数据积攒名望，然后打一场标志性战役，一战成名的。

徐晃在曹操手下刷数据的时间很长，足足十三年。在建安十三年（公元208

年），曹操南下荆州，徐晃才开始独立领兵作战。不过之后几年内，徐晃主要还是和其他将领配合作战，先和满宠配合追打关羽，然后又和曹仁配合对抗周瑜。

从这时开始，徐晃单独领兵作战的机会越来越多，徐晃本就是名将坯子，是个给点阳光就灿烂的主儿。曹操征马超那次，徐晃带着四千弟兄和西凉军五千余人激战，大败梁兴，抢占了黄河渡口，为曹操的主力部队渡河立下了头功。

张辽、张郃、徐晃这三大半路投曹的名将，有一个非常有意思的现象，就是张辽主要负责东线，张郃主要负责西线，而徐晃是被曹操当成万金油使用的。徐晃的作战区域不固定，基本上就是救火队长，哪里军情紧急，曹操就把徐晃推到哪里。

徐晃这个救火队长，最有名的一次救火任务，自然就是建安二十四年（公元219年），奉命南下，驰援曹仁守襄阳。关羽围着曹仁暴打，顺手还灌了于禁一肚子的水，荆州军士气大盛。徐晃肩上的担子很重。

徐晃带的全是新兵，战斗力不强，徐晃当然不会傻到和荷尔蒙过盛的关羽单挑。徐晃在这场救襄阳的战役中，将兵法上的诡异展现得淋漓尽致，让人拍案叫绝。徐晃充分展示了他作为一代名将的实力，名将绝不只是会上阵拔刀砍人，也没见周瑜砍过多少人，但周瑜却是三国超重量级的名将。

徐晃用兵可以概括为四个字："出其不意"，荆州军在对面建了五个军事据点，关羽想困死曹仁。徐晃很聪明地运用"声东击西"之计，他假装要攻击五个据点中最重要的围头屯，实际上是在麻痹荆州军的防范意识。

徐晃趁关羽不备，直接去抄另外四个据点，如果这四个据点被徐晃端了，那樊城就围不住了。关羽用兵有头无脑，立刻带着五千精兵来找徐晃算账。结果被徐晃迎头一顿暴打，荆州军惨败。随后关羽还没来得及报仇，就被东吴的吕蒙给掀翻了。

这次解樊、襄之围，虽然东吴偷袭荆州是主要原因，但没有徐晃和关羽的周旋，樊城早就被攻破了。曹操不可能给吕蒙等人颁发嘉奖令，在曹操看来，这次救援任务的头功，自然是徐晃。

曹操为了表彰徐晃，特意出营七里，以非常高的规格迎接徐晃，并公开给徐晃记了头功。曹操甚至还将治军严整的徐晃比成西汉名将周亚夫，这让徐晃倍儿有面子。曹操最善于拍部下的马屁，拍一个晕一个，足见曹操的道行之深。

周亚夫是一代名将，治军极严，连汉文帝来细柳营视察，都要下马步行。不过要说魏国以治军严整著名的，不只是徐晃，还有一位名将。可惜的是，这位名将最终晚节不保降敌，彻底毁掉了一世英名，他就是于禁。

如果于禁不是在襄阳被关羽水淹七军后，因一时贪生投降，以于禁在曹魏军界的地位，他绝对是三国顶级的名将。从派系上来说，于禁是曹操嫡系中的嫡系，极受信任的。

尤其是在曹操兵败南阳时，遏制青州兵哗变的过程中，于禁立下了头功。在前有乱卒、后有敌军的情况下，于禁带着本部人马"徐整行队，鸣鼓而还"，震慑了张绣，给曹操从容后撤赢得了宝贵的时间。曹操照例把于禁狠夸了一通，说什么"虽古名将，何以加之"！

在当时曹军五大一线名将——于禁、张辽、张郃、徐晃、乐进中，曹操似乎更偏爱于禁。原因倒不是于禁比张辽他们更能打，而是于禁用法极严，人皆惮之，这点和崇尚法术的曹操非常相似。

可惜于禁曾经得到的这一切荣誉，都在那场噩梦般的大水面前，被彻底地冲垮，于禁屈膝投降了敌人。这对曹操来说，无疑是可耻的背叛，而对于禁本人来说，却是他生命的真正终结。

之后的于禁虽然还活着，可他已经是个活死人，几乎所有人都像对待死狗一样无情地羞辱他，包括他的主人曹丕。当孙权灭掉关羽后，就把于禁送还给曹丕，曹丕恨透了于禁，特意让人画了一幅画。

在画中，于禁的副将庞德被俘后，大义凛然，只求速死，而于禁则跪在地上向关羽乞降！不知道于禁看到这幅画时，心理状态是什么样的，但于禁的心里肯定在滴血，那是种彻入骨髓的痛！男人不怕死，怕的是人格上的羞辱，特别是来自自家人的羞辱。

可这一切能怪谁呢？也许这并不能完全怪于禁，否则所有跳过槽的人全部要被否定。要怪只能怪刘备没有统一天下。如果刘备消灭曹操，那于禁的投降行为就不是背叛，而是弃暗投明。如果袁绍灭了曹操，那张郃也一样是可耻的叛将，这就是命运！

上面讲了这么多武将，其实他们还不是真正的专职武将，无论是张辽还是于禁，抑或是夏侯渊，他们都可以上马杀敌，下马治军，属于军界高层。要说曹魏真正的专职武将，也就是曹操武将的第三种类型，他们类似李逵那样专门抡斧子砍人的，有三个典型人物：典韦、许褚、庞德。

典韦和许褚是曹操帐下最知名的两大贴身护卫，他们的作用有些类似于李逵，相对于张辽这些"外臣"来说，典许二人是曹操的"私臣"。他们几乎没有单独外放领兵的机会，曹操手下的名将够多了，所以典许二人的任务就是贴身保护曹操。

典韦死得最可惜，因为曹操一句："此城有妓女否？"（《三国演义》搞笑版），而突遭横祸。而许褚则是典韦的替身，几乎片刻不离曹操。许褚统领着一支全部由一流剑客组成的侍从团，没有得到曹操的允许，任何人都休想从许褚眼前混进去。

要论出身，庞德和典许二人不一样，庞德不是曹操的嫡系，但要论忠诚，庞德则不遑多让。庞德本是马超的部将，在马超失败后，他几经辗转，于建安二十年（公元215年）降曹。而在建安二十四年（公元219年），于禁兵败后，庞德被俘，不屈被杀。

庞德只跟了曹操四年，却是所有曹魏一线武将中唯一一个被俘后殉节的。当曹操听到庞德的英雄事迹后，不禁泪流满面……

忠诚与出身无关，与意志有关。于禁是曹操的嫡系，而庞德只是在死后才成为曹操的嫡系。一个跪着生，一个站着死，于禁的渺小无形中衬托出了庞德的伟大。为庞德感慨，为于禁唏嘘。

魏国还有许多名将，但因篇幅有限，就先讲到这里。至于魏国末期的两位名将——邓艾、钟会，以后会专门讲到他们。

三二 / 马超等人的命运探秘（上）

中国是个有着浓厚英雄情结的国度，在五千年漫长的历史长河中，我们也许不记得有几个帝王，但我们一定会记得有很多英雄。

英雄之所以有别于市井草根，倒不是因为他们做出了常人难以做到的功业，而是因为大多数英雄都是失败者。英雄，说得通俗点，就是要具备两个要素：

第一，有血性，在血与火交织的历史舞台上尽情挥洒自己的男儿豪情，无论成败，激情澎湃，这样才能让历史记住。

第二，悲剧性的人生结局，人类天生有恻隐之心，同情失败者，尤其是那些富有人格魅力的失败者。

历史上其实还有许多成功的英雄，他们的人生结局非常完美，但对于这样的英雄，人们更多的是欣赏和赞美。能够在人们心中荡起巨大情感波澜的，往往是那些失败的英雄。

说到具体例子，最有名的一个：项羽！宋朝女词人李清照那首《夏日绝句》："生当作人杰，死亦为鬼雄。至今思项羽，不肯过江东。"为项羽赢尽了千古风流。至于那个对历史发展做出巨大贡献的伟大人物刘邦，则被人们毫不留情地骂成流氓无赖，与项羽相较何其远矣！

本篇我们讲三国的悲剧英雄。

说到三国，可以称为悲剧人物的有许多，其实每个人的存在都是一场悲剧，但悲剧英雄似乎不是很多。在这里，选择了四个具有代表性的悲剧人物，分别是马超、姜维、邓艾、钟会。其实吕布也应该被划进这个圈子，但吕布的人生，悲剧则有之，英雄则有些勉强。

马超、姜维、邓艾和吕布不太一样，虽然他们都是失败者，人生结局非常悲剧，但至少三人的历史形象相对来说都是比较正面的，不像吕布朝三暮四，在人格魅力上远不如马超等人。我们先来讲一讲马超。

肉麻一些讲，马超的人生是三国的一部让人唏嘘不已的传奇。论功业，马超不如同样悲剧的邓艾，邓艾几乎凭一人之力灭蜀，而马超把煮熟的鸭子都能踢飞了，最终辗转流离，客死他乡。但马超的悲剧性，却远远超过邓艾和姜维。

马超在三国历史上的名气甚响，尤其是在罗贯中的《三国演义》中，"锦马超"的雅号响遍了江湖。尤其是渭水之战，杀得曹操割须弃袍，极度狼狈。还有就是和张飞挑灯夜战三百回合，更让马超出尽了风头。

和曹操的纠结，是马超的悲剧人生中难以回避的话题。如果曹操没有闯入马超的世界，马超很可能凭借优越的出身，继承父亲马腾的家业，做一个骄傲的西凉王。

但这正是马超的悲剧所在，可以这么说，除孙权和刘备之外，任何和曹操同时代的人，他们的人生都是悲剧的。因为曹操要统一天下，就断然不可能容忍他们的存在。吕布、袁绍都被曹操给吃掉了，只是刘备和孙权很幸运，勉强从曹操的魔爪中逃出生天。

这个世界的生存法则很残酷，弱肉强食，有本事的吃人，没本事的被人吃。当然不是说马超没本事，虽然马超是子承父业，但在强人辈出的大西北，没几招看家本领，是绝难服人的。只是马超的对手是曹操，如果把曹操换成董卓或袁绍，马超未必就落下风。

其实马超的家底非常雄厚，仅在建安十六年（公元211年）马超起兵向曹操挑战时，就出手了十万虎狼雄兵。而且在东汉末年，西凉兵的强悍是天下闻名的。

有种说法认为马超的西凉兵奉行的是古罗马战法，这可能和传说中西汉宣帝时流浪到西域的古罗马军队有关。西凉兵的武器和中原兵不太一样，他们善使长矛，远程作战能力非常强悍。

曹操幕府中的有些人比较怵西凉兵的这种作战方式，劝曹操不要轻易往马超的枪口上撞。曹操精熟战法，对西凉兵的优势他不是不清楚，但他是曹操，世界上独一无二的曹操。要说曹操不重视马超那不真实，但曹操平生就喜欢啃硬骨头，没来由怕什么马超。

不过曹操在战争的初期因为轻视马超而吃了大亏，在渭水被马超的长矛阵杀得鬼哭狼嚎，败象非常难看，这场战役就是"割须弃袍"的出处。好在曹操及时调整了战略,他利用自己和西凉老军头韩遂有交情这层关系,成功地施行了离间计,破坏了马超和韩遂的合作关系。

曹操在阵前和韩遂叙旧,非常亲热,当然这是演给马超看的。随后曹操又写了封被涂得乱七八糟的信给韩遂,更让马超怀疑韩遂的忠诚。其实曹操这两招都是小儿科,换了刘备,绝对不会上钩。

马超最欠缺的不是热血,而是经验,很轻易地被曹操钓上了钩。随后一场决战,马超惨败,逃回了西凉。如果说这场渭水之战尚没有使西凉军团伤筋动骨,之后的那场冀城之战,简直就是马超人生中最大的噩梦,彻底葬送了马超的一切,包括他的未来。

如果从战术角度来解读这场战役,实在乏味无趣,并没有什么闪光之处。马超在冀城之战的惨败,最大的问题不是军事能力,而是在政治上,具体地说,是败在丧失人心。

刻薄一些说,马超根本不懂人情世故,他单纯地相信暴力机器能够摧毁一切。在征服雍州的过程中,马超一味使用诡诈和暴力,无论是反对他的,还是投降他的,只要他看不上眼,格杀勿论。

马超的暴力男形象使得凉州军政各界对他极为反感,用现在流行的话讲,就是在败人品。正如马超的死敌杨阜所说:"马超强而无义",在军事实力不占绝对优势的情况下,人心是一个可以决定胜负走向的重要因素,但马超却不懂这些。

从凉州各界精英反对马超的史料综合来看,他们甚至把对马超的反抗当成了反击异族侵略,个个慷慨激昂,悲壮感人。马超虽然有羌族血统(祖母是羌人),但后世的汉人并非对所有的胡人完全排斥,合作还是多于反抗的。

问题就出在马超不懂得收拢人心,杨阜等人并不是曹操的心腹,跟曹操混和跟马超混并没有本质的区别,何况马超也是正牌的汉朝将军,没有脱离汉朝的官僚体系。如果马超做事低调一些,待人温和一些,他未必就不能笑到最后。

马超的单纯迷信暴力,彻底激怒了凉州军政精英。马超失败后,马超宗族二百余口尽数被杀,就是凉州系对马超当初杀凉州刺史韦康、抚夷将军姜叙母亲(杨阜姑母)等人的报复性屠杀。

这场冀城之战,彻底败光了马超所有的家底,被打成光棍的马超已经无法在陇西立足,只好带着族弟马岱狼狈逃向汉中,投靠了汉中军阀张鲁。马超虽然是失败者,但毕竟是大腕,张鲁这座小庙容不下马超。一年后,刘备攻下西川,马超辗转南下，找刘备要饭吃了。

因为马超是东汉开国名将马援的后人，而且马超是西凉人，对日后刘备攻取陇西很有作用，刘备对马超也高看一眼。马超在刘备手下的级别非常高，先后任过平西将军、左将军、骠骑将军、领凉州牧。在刘备自封汉中王时给汉献帝上的表中，排名第一位的不是蜀汉政界头牌诸葛亮，也不是蜀汉士林头牌许靖，而是马超。

不过刘备尊重马超，不代表他信任马超，毕竟马超是曾经的西凉王，天知道他心里是不是还想当老大。马超在经历了太多的磨难后，也懂得了揣摩人情世故。

马超也看出来刘备暗中在防他，所以当彭羕劝马超谋反时，马超像是被针扎似的跳了起来，立刻向刘备举报了彭羕。"超羁旅归国，常怀危惧"，这句史料极生动地将马超心中的那份不安和恐惧描绘了出来。

现在的马超，与其说是刘备的高级将领，不如说是刘备的高级囚徒，就像后世的某位将军一样。马超对刘备的心态非常复杂，一方面他感激刘备在他最落魄的时候收留了他，另一方面又不满刘备对他的猜忌。

可现在人在屋檐下，不能不低头，现在的马超不得不与过去那个风流倜傥的马超彻底决裂，因为他没有选择。为了生存，马超必须向命运低头，刘备的意志就是他存在的方向。这很悲哀，但也很无奈。

马超在蜀汉一直没有被重用，但马超还必须感谢刘备。蜀汉章武二年（公元223年），四十七岁的马超在弥留之际，给刘备上疏，自陈家国不幸，满门二百余口被杀，现在只留下了一个族弟马岱，请陛下看臣薄面，给马岱一碗饭吃，臣下辈子做牛做马，报答陛下厚恩于万一。

何其凄惶！何其悲哀！我们可以想象得到，马超在写这封疏的时候，心里肯定在流血，也许是含着泪写下的。马超死了，他得到的只是一个不错的谥号："威侯"。也许是刘备念着马超当初在渭水大败曹操时的那笔风流账吧。

其实马超说马岱是家族唯一血脉，倒非实情，马超在蜀汉还至少生了一儿一女。儿子马承，继承父爵，女儿嫁给了刘备的儿子安平王刘理。再加上马岱在蜀汉军界混得风生水起，马氏家族一直受到刘汉宗室的厚待，这也许就是命运对马超悲剧性人生的一种补偿吧。

谈完了马超，我们再接着谈姜维。

姜维和马超有许多共同点，比如：

第一，他们都生在西北，长在西北。
第二，他们都和羌人有关系，马超的母亲是羌人，姜维的父亲姜冏死于羌乱。
第三，他们都不是蜀汉的原从人马，后来都被迫南下投蜀。
第四，他们都是男人。

姜维是三国后期的重要人物，当老一辈的曹操、刘备、诸葛亮、孙权、司马懿等人相继退出历史舞台后，三国历史的星光比较暗淡，是姜维和邓艾、钟会等人撑起了后偶像时代的一片天空。

对蜀汉来说，自从诸葛亮病死五丈原后，姜维适时地增补了诸葛亮留下的偶像真空。虽然蒋琬、费祎相继执政，但无可否认的是，姜维才是蜀汉后期真正的旗帜性人物。

蜀汉政权自建立以来，困扰统治集团最大的问题不是国土狭小，而是人才的匮乏。刘备、关羽、张飞、法正、马超等一线人物的去世，使得蜀汉群英的星光越发黯淡，尤其是夷陵之战的惨败，许多军界精英命丧前线，更让诸葛亮在用人方面捉襟见肘。

姜维的存在，实际上是诸葛亮依然活着的另一种表现方式，有了姜维，蜀汉幸运地保留了最后一丝血性。蜀汉以天下十分之一的弱势实力疯狂挑战当时的超级大国曹魏，虽然最终耗尽了所有元气，悲壮地倒下，但姜维无疑是成功的，因为他的血性已经感动了历史。

姜维本来和蜀汉是没有什么瓜葛的，甚至在蜀汉建兴六年（公元228年）之前，二十七岁的姜维还是蜀汉的敌人，当然主要是诸葛亮的敌人。这一年诸葛亮大举北伐，也许姜维并没有意识到，他的人生因此发生了重大转折，诸葛亮闯进了他的世界，从此再也没有离开。

作为大国曹魏西北边陲重镇天水郡的军事主官，再加上父亲姜冏战死的感情因素，他在曹魏的仕途不可限量。但命运就喜欢和人开玩笑，姜维在没有任何心理准备的情况下，被命运强行改变了他的国籍。从此，姜维从大魏的地方中层将领，变成了蜀汉的高级将官。

天水太守怀疑姜维私通诸葛亮，有可能要对姜维下手，姜维为了活命，万般无奈之下投降了诸葛亮。面对上天赐给他的这份珍贵礼物，诸葛亮笑得合不拢嘴，他早就听说了姜维的才干。激动不已的诸葛亮给朋友张裔写信，将姜维夸成了一朵花，"伯约，凉州上士也！"

诸葛亮是个军事理论上的大家，他自成系统的军事理论一直缺少一个可以信赖的传人。姜维的出现，让诸葛亮不再有丝毫的犹豫，选择了姜维做他的军事接班人。这时诸葛亮已经做好了未来的人事安排：蒋琬、费祎主内政，姜维主军事，蜀汉政权的双头鹰格局就是形成于此时。

不过在姜维投降诸葛亮到诸葛亮病逝的七年间（公元228—234年），因为诸葛亮的星光实在太耀眼，姜维反而有些默默无闻，站在诸葛亮身后经受着战争的洗礼。姜维真正作为主角站在历史舞台上，是在诸葛亮死后，这一年姜维只有三十三岁。

诸葛亮死后的蜀汉权力格局和东吴早期比较相似，孙权主内政，周瑜、鲁肃、吕蒙、陆逊四大军头主军事。蜀汉也差不多，蒋琬和费祎名义上是蜀汉头号权臣，实际上蜀汉的主要军事行动，多数是由姜维来具体负责的。

蒋琬和费祎都是纯文人，对军事并不在行，诸葛亮用他们为相，主要目的是希望他们能保持蜀汉的政治稳定。只有内部稳定，姜维才有更大的施才空间。至于政治上，姜维的资历还比较浅，需要更多的历练。

从公元234年开始，姜维一直在军界任职，直到247年，费祎和姜维平分了政治权力，"（姜维）与费祎共录尚书事"。当然姜维只是挂了个宰相的名，费祎的地盘，姜维也不便染指。姜维也知道，他如果想真正地在江湖上扬名立万，只能通过战争来获取，他天生就是吃战争饭的。

蜀汉军政分家，有利有弊，有利之处是军政两大巨头的互相制衡，可以最大限度地保障政治格局不会发生重大变化，比如权臣篡位。但缺点也有，就是当政界巨头和军界巨头在发展思路上出现分歧，问题就来了。

姜维是狂热的主战派，他继承了诸葛亮北伐的军事思想，在明知国力远不如魏国的情况下，依然选择主动进攻。但宰相费祎却主张保境安民，反对姜维疯狂而冒险的进攻计划。

因为费祎握有军队的分配权，在他执政期间（公元246—253年），有意压制姜维。

姜维在费祎手下一直郁郁不得志，心情苦闷可想而知。不知道姜维在内心深处是否对自己投蜀后悔过，自从跟了诸葛亮到现在（公元 253 年），十五年过去了，姜维在蜀汉并没有多少施展抱负的空间，岁月蹉跎，不觉老矣！

如果姜维当年留在魏国，弄不好也能混个凉州刺史、正号将军，可现在他却只能在夜深人静的时候抚剑长叹。宋人王质有句名词："醉倒投床君且睡，却怕，挑灯看剑忽伤神。"也许能反映出姜维那份抑郁和不安，寄人篱下的滋味，真的不好受。

虽然姜维是继诸葛亮之后蜀汉公认的旗帜性人物，但他始终未能获得最高权力，即使在费祎死后，姜维出任大将军，他依然没有能力控制朝廷。我们都知道蒋琬、费祎是蜀汉两大执政官，其实他们之后还有一个隐形的执政官，就是尚书令陈祗。

陈祗是东汉末年超重量级名士许靖的外孙，在蜀汉官场人脉非常广，刘禅和费祎都非常喜欢他。虽然论级别，姜维要高过陈祗，但姜维常年领兵在外，在朝中说话的分量很小，远不如陈祗这个真宰相。

在蜀汉景耀元年（公元 258 年）陈祗死之前，姜维在朝中根本斗不过陈祗，陈祗"上承主（刘禅）指，下接阉竖（黄皓）"，蜀汉的权力核心是三驾马车型的，早把姜维挤到了边塞喝风受苦。

客观来说，蜀汉在诸葛亮死后存在的三十年间，姜维是蜀汉真正的脊梁，是姜维几乎凭一人之力，捍卫了蜀汉的尊严。在这些年里，姜维不停地和魏军作战，尤其是他和魏国名将邓艾上演的双雄会，是三国后期难得一见的明星对抗。

邓艾是三国战神级别的名将，姜维遇上他，是姜维的悲哀，也是姜维的荣幸。但姜维最担心的并不是邓艾，他们之间半斤八两而已。姜维的心腹之患依然来自内部，陈祗死后，太监黄皓专权。姜维这些年在军事上没取得什么成绩，黄皓想打着姜维外战不力的借口废掉姜维。

黄皓和姜维有很深的过节，姜维曾经劝刘禅杀掉黄皓，刘禅没同意，姜维因此得罪了黄皓。姜维为了避祸，从此再也没有回到成都，而是远避沓中。

蜀汉无休止的权力斗争，尤其是对姜维的压制，严重影响了蜀汉军事实力。姜维是蜀汉的万里长城，有姜维在，至少可以保住蜀汉边境的军事安全。姜维的失势，让蜀汉北线门户洞开，诸葛亮担心的那一天，终于来了。

蜀汉景耀七年（公元 263 年）的春天，魏国权臣司马昭下令大举伐蜀。司马昭知道姜维在蜀汉军界的分量，为了割断姜维和蜀国本部的联系，魏国三路人马中，姜维的老对手征西将军邓艾和雍州刺史诸葛绪专门来堵截姜维，另一路的钟会从汉中南下。

现在的姜维就像是风箱里的老鼠——两头受气，前面有他的敌人，而他效力的国家却早就抛弃了他，可姜维还必须血战到底，男人的尊严容不得姜维背叛自己的事业。姜维对刘禅没什么感情，他现在能做的，就是拼尽热血，实现他曾经对诸葛亮做出的承诺。

如果姜维能够放下身段，向司马昭服软，以姜维的地位，在司马昭手下混个万户侯不成问题。就如同南宋的文天祥一样，忽必烈告诉文天祥：只要低一下头，宰相就是你的。文天祥仰天长笑，只求速死，成就了一世英名。

姜维走的路和文天祥异曲同工，虽然姜维在邓艾偷渡阴平，迫降刘禅后，万般无奈之下投降了钟会，但这不代表姜维在精神上跪在敌人面前。姜维是个老江湖，他敏锐地看出了魏军主帅钟会割据西川称王的野心，他认为这是一个机会，一个挽回自己和大汉帝国尊严的最后机会。

姜维的计划很毒辣，他想先劝钟会杀光属于司马昭嫡系的魏将，包括邓艾，然后除掉钟会这个孤家寡人，恢复蜀汉的统治。这个计划几近完美，钟会也顺利地除掉了他的心腹大患邓艾。

不过邓艾的死，和得罪了司马昭有关，但那些魏军主将没一个善茬。钟会要坑杀魏军诸将的消息很快就在魏军内部传开了，愤怒的魏国将军们在成都发动了武装暴动，钟会、姜维都死在了乱军之中。天下，不是钟会的，更不是姜维的，而是司马昭的。

姜维的最后一丝复国的希望破灭了，姜维在格杀了五六个魏军后，体力不支被魏军乱刀砍死。当姜维悲壮地倒下后，他的眼睛依然圆睁着，他不甘心！他不甘心自己的人生就这样可笑可悲地结束。

历史已经不属于姜维，也许历史从来就没有属于过姜维，作为蜀汉的旗帜，姜维却始终得不到出头的机会。姜维为蜀汉奉献了自己的一生，到头来他什么都没有得到。他得到的也许只是陈寿一句评语："姜维粗有文武，志立功名，而玩众黩旅，明断不周，终致陨毙。"

站在客观历史角度，陈寿说得没错，蜀是小国，根本不具备和魏争雄天下的实力。但姜维继承诸葛亮遗志，九伐中原，绝不是心血来潮，而是时势迫使姜维必须北伐。

诸葛亮曾经说过：蜀不伐魏，魏必伐蜀。蜀汉不停地北伐，实际上就是以攻代守，这种悲剧性的生存环境，才是造就诸葛亮、姜维悲剧的主要因素。

从个人私利角度讲，姜维完全可以在蜀汉做一个太平将军，在汉中骑马打猎就行了，位不失三公。但姜维的私德很好，郤正说他"宅舍弊薄，资财无余，侧室无妾媵之衷，后庭无声乐之娱"。

姜维是个真正干事业的男人，他对那些浮名浮利没有兴趣，只想在历史的丰碑上骄傲地刻上自己的名字。男人要对自己的事业忠诚，即使最终失败，也会赢得别人的尊重。

青史千秋，会记住那些伟大的失败者，比如姜维。

三三 / 马超等人的命运探秘（下）

继续上篇那个话题，上一篇我们讲过了蜀汉的名将双璧：马超和姜维，接下来我们讲一讲魏国的名将双璧：邓艾和钟会。

在三国后期的历史舞台上，邓艾是一个注定绕不过去的人物，甚至可以这么讲：抽掉了邓艾，三国后期的历史就无法谱写。邓艾的人生是一部悲壮而诡异的传奇，之所以将邓艾称为传奇，很大程度上是因为邓艾的出身。

我们常说三国出身最草根的一线人物是刘备，其实要说出身，邓艾要比刘备更加寒酸。刘备至少在早期还能上得起私塾，还有零钱和小弟兄们喝酒玩耍。邓艾家里几乎是一贫如洗，除了头顶天，脚踩地，外加一副烂铺盖，什么都没有。

邓艾和刘备的共同点还有很多，比如：

第一，少年丧父，跟着寡母艰难度日。
第二，刘备卖过草席，邓艾给人养过猪。
第三，都曾经受人资助。
第四，胸怀大志，抱负高远，刘备想当皇帝，邓艾想当名将。

虽然有这么多共同点，但有一点邓艾比不了刘备。刘备虽然家里穷得叮当响，但相貌堂堂，仪表非凡，一看就是个英雄坯子。邓艾的长相一般，虽然不至于长得像武大郎那般寒碜，但也不算是个帅哥。

邓艾是三国后期的名将，但实际上邓艾出生很早，东汉建安二年（公元197年），邓艾出生于义阳郡棘阳县（今河南南阳南）。直到曹操发动赤壁之战的时候，不知因何种缘故，举家迁到了汝南郡，当起了放猪娃。

说来宿命的是，邓艾童年时生活的棘阳，距离刘备客居荆州的据点新野不足百里！在新野卧薪尝胆的刘备，做梦都想不到，他千辛万苦创建的帝国，最终毁在离新野不远处的那个小家伙手里。

言归正传，邓艾事业的起点要远低于刘备，刘备在涿郡的地面上也算是一条名震十里八村的好汉。邓艾就不幸多了，因为邓艾有种生理缺陷，就是口吃。再加上他没有任何社会背景，一直被人瞧不起，无法进入仕途，只能做个看稻草的小吏。

不过英雄不问出处，要说出身低，有谁低得过朱元璋？一个穷飕飕的叫花子，建立了称雄东方近三百年的大明帝国。当然许多草根出身的英雄，他们之所以能最终飞黄腾达，很大原因是他们在"命中"会有贵人相助。

韩信如果没有萧何的极力推荐，估计一辈子都别想发达；蒋琬要不是诸葛亮一句话，早就被刘备砍了脑袋；朱元璋如果没有郭子兴的栽培，天知道他能不能杀出命运的重围……

邓艾也是一样，说来非常巧合的是，三国后期两大超级名将——姜维和邓艾，他们的"命中"贵人恰好分别是三国中期的两大超级名将——诸葛亮和司马懿。

因为正好司马懿是邓艾的上司，有次邓艾找司马懿汇报工作，和司马懿谈了一会儿，司马懿大为惊奇：此人才干非凡！有了司马懿这架通天梯，邓艾的仕途终于多云转晴，从此一路狂飙，达到了人生的顶峰。

邓艾遇到了司马懿，实在是他的幸运，这和姜维遇到诸葛亮的性质是不一样的。司马懿看中了邓艾这个潜力股，最大限度地发掘邓艾的潜在价值，邓艾的才能不仅是在军事上，在水利建设和农业规划上，邓艾同样是天才。

司马父子后来三次平定淮南叛乱，从水利和农业的角度来看，邓艾实际上是首功。邓艾向司马懿提出了在淮南屯田的建议，同时修通漕运通道，司马懿全都照准。史称"每东南有事，大军兴众，汎舟而下，达于江、淮，资食有储而无水害，艾所建也"。

司马懿死后，司马师依然很信任邓艾，继续给予重用。司马师这时身边有两大心腹高参，一个是钟会，另一个就是邓艾。不过虽然邓艾和钟会齐名，但邓艾比钟会大了二十九岁，而司马师上台的时候，邓艾已经五十六岁了，典型的大器晚成。

不过现在的邓艾还只是官场二线人物，邓艾心里明白，只要傍稳了司马师这棵大树，什么样的功名他捞不到？所以当扬州刺史毌丘俭写信请邓艾和他一起武力反抗司马师的时候，时任兖州刺史的邓艾毫不犹豫地斩杀来使，向司马师表示忠诚。

邓艾是个有远大抱负的男人，怎么可能跳上毌丘俭这条破船，司马师能给他邓艾的，毌丘俭永远给不了。邓艾在第一时间就出兵南进，为随后司马师主力消灭毌丘俭立下了大功。

干掉毌丘俭后，东线相对安定一些，而同时西线的问题则非常突出，姜维隔三岔五地来捣乱。司马师想到了邓艾，封邓艾为安西将军、假节（钦差大臣），同时兼领护东羌校尉。安西将军是官场上的重号将军，属于准一线职务，再加上可以假节，邓艾离一线越来越近。

也许姜维并没有想到，被司马师派来的这个半大老头子会是自己的命中克星，自从邓艾调到西线以来，姜维再也没过上安稳日子。姜维每走一步棋，都被邓艾牢牢算定。

用象棋的术语来讲，就是姜维陷进了一个"死局"，就是输不了，也赢不了，就这么半死不活地对耗着。就具体战术博弈来看，邓艾要稍占上风，姜维棋盘上的小卒子差不多都被邓艾给吃掉了，姜维只能依靠两象两士勉强捍卫着最后的尊严。

邓艾出道以来，还没怕过谁，姜维也不例外。尤其是发生在公元256年（魏甘露元年，蜀汉延熙十九年）的段谷之战，邓艾将姜维揍得鼻青脸肿，蜀军死伤惨重，姜维在蜀汉官场的威望，因为此战惨败而一落千丈。

邓艾通过对姜维的牢牢压制，渐渐成为魏军西线战场的头号名将，晋封为镇西将军，并全盘节制西线战场。不过邓艾也明白，虽然现在混到了一线，但如果要想青史留名，必须捞一票大的。

机会终于来了，魏景元四年（公元263年），司马昭大发精兵西进，志在灭蜀。虽然这次西征军的主帅名义上是钟会，但钟会走的是正路，而邓艾走的是奇兵。所有人都明白，这将是一场专门给邓艾准备的战争。

邓艾对这一点也心知肚明，他最强劲的对手姜维被钟会给吸引到汉中一线，在剑阁固守。姜维本身栖身的西北战场，尤其是阴平一带，就留出了巨大的空档，大致位置就是今甘肃省文县至四川省江油市之间的几百里天险山路。

如果邓艾能顺利通过这段山路，就能直达成都盆地，只要能一战迫降刘禅，战争就将提前结束。邓艾不会放过这个扬名千载的绝佳机会，他带领两千多名弟兄，背上干粮，悲壮而沉重地开始了这次奇妙而伟大的旅行，这就是历史上著名的"邓士载偷渡阴平"。

我们都知道蜀道之难,难于上青天,邓艾所走的阴平古道,连栈道都没有,全靠弟兄们一点点地开凿山路,一路上险象环生。可以说这支魏军是连滚带爬地走完了这段可怕的旅程,直达平原地区。

当然邓艾的运气非常好,如果阴平一带有蜀军驻守,"一夫当关,万夫莫开",凭险死守,已经没粮吃的邓艾前进无路,后退无门,只有死路一条。虽然邓艾的成功有一定运气成分,但运气总是留给那些有准备的人,你不准备充分,运气来了也没用。

过了阴平天险,之后的事情就非常简单了。魏军进入平原后,一路南下,在绵竹消灭了诸葛亮之子诸葛瞻的部队,随后一举迫降刘禅,蜀汉灭亡。

客观来说,虽然钟会吸引了蜀军的主力部队,但如果没有邓艾偷袭成都得手,姜维肯定不会投降钟会,这次灭蜀的头功,确实是邓艾的。随后司马昭以魏国皇帝曹奂的名义下诏,极力赞美邓艾,将邓艾比为前朝四大名将:白起、韩信、吴汉、周亚夫。邓艾被封为太尉,增邑两万户。

不过谁也没有想到的是,邓艾达到了人生中的最高峰后,突然迅速地坠落,速度之快,让人瞠目结舌。邓艾灭蜀之后,变得异常骄傲自负,眼睛都长在脑门上了,谁都瞧不起。

姜维这样级别的名将,也被邓艾骂为小儿,说什么姜维遇上了自己这位超级战神,活该他倒霉,结果遭到了许多人的耻笑,姜维再菜,也不是你邓艾随便骂的,你够腕吗?还有邓艾经常在蜀中士大夫面前吹嘘:没有我这个保护神,你们早完蛋了,快给我磕头致谢吧。

邓艾的这些丑事,司马昭未必不知道,最多当成个官场笑话,邓艾这老家伙难得发回财,让他吹回牛也没什么。邓艾吹牛也就罢了,最要命的是,邓艾居然有胆量挑战司马昭的权威。

邓艾在灭蜀之后,给司马昭写信,要求魏军乘势灭吴。邓艾灭吴战略的核心观点是著名的军事理论"兵先声而后实",即趁吴国内部混乱之际,大军东下,一举拿下疯子孙皓。

从理论上来说,邓艾的观点是正确的,蜀汉灭亡之后,东吴陷入了极度的恐慌之中,确实是灭吴的好机会。但邓艾太缺乏政治头脑,他也不想想,像灭吴这样的军国大事,应该由司马昭来做出决定,邓艾插哪门子闲腿。

邓艾的僭越之举严重激怒了司马昭,这是你该管的事吗?本来司马昭还特别欣赏邓艾,哪知道刚得志,狐狸尾巴就露出来了。司马昭开始怀疑邓艾的忠心,司马昭的蛋糕,谁都别想碰,否则爷爷就灭了他!

本来司马昭还不打算对邓艾动真刀子,只是回信邓艾,冷冰冰说了句:没我的命令,不要胡来。没想到邓艾居然敢顶司马昭,坚持要伐吴,这下彻底得罪了司马昭。邓艾提出伐吴的建议没错,但这不能建立在有损司马昭权威的基础上,这是司马昭绝对不能容忍的。

邓艾得罪的还不只是司马昭,近乎所有的西征军高层都被他得罪光了。邓艾灭蜀得了便宜,本应该低调些,可邓艾四处宣扬他是头功,自然让其他军界大佬特别不爽。你是头功,我们都是打酱油的?

西征军主要将领钟会、卫瓘、胡烈、师纂等人为了扳倒邓艾,向邓艾头上泼脏水,说邓艾要谋反。司马昭在后方,对前线局势不太了解,再加上他对邓艾的印象已经糟糕透顶。即使是司马昭相信邓艾,也要拿掉邓艾,毕竟邓艾不太老实,不知道什么时候再给自己添乱。

司马昭下令拿下邓艾,关进囚车里,押回洛阳治罪。不过司马昭未必要杀邓艾,其实邓艾从来就没有谋反的意思,只要当着司马昭的面把话挑明了,司马昭不傻,他分得出忠奸善恶。而同时钟会因为谋反作乱被杀,这更能证明邓艾的清白。

钟会是死了,可邓艾曾经得罪的其他军界高层比如卫瓘还在,卫瓘当初没少给邓艾下黑脚,他担心邓艾洗清冤案后,会报复自己。卫瓘趁邓艾的囚车还没有走远,派人连夜赶到绵竹,将邓艾和他的儿子邓忠一并送上西天,邓艾时年六十八岁。

虽然司马昭通过各种渠道,了解了邓艾一案的来龙去脉,但现在显然还不是他给邓艾平反的时候。如果这时就承认邓艾无罪,那岂不是变相承认了自己当初下令逮捕邓艾的命令是错误的?对于亟须积攒人品威望的司马昭来说,这么做是非常不明智的。

一代名将邓艾就这么稀里糊涂地死了,他明明没有造反,却背着骂名死了。邓艾的悲剧,主要责任还在于他自己,在官场上混,千万不要无故得罪人,同时要把蛋糕分给别人一块,你自己独吞了蛋糕,换了谁不恨你?

邓艾的冤案,直到晋泰始九年(公元 273 年),司马昭的儿子、晋武帝司马炎才羞羞答答地给邓艾平了反。可这时的邓艾，又在哪里？

邓艾之死，说到底是一场冤案，邓艾从来就没有谋反的野心，他得志后确实非常骄傲自负，但整体上政治品格还算不错的。而作为和邓艾齐名的另一位魏国顶级重将钟会的悲剧几乎是咎由自取，钟会实际上是被自己无限的欲望给撑死的。

和邓艾出身底层草根不同，钟会出身于当时顶级的清流世家——颍川钟氏，钟会的父亲钟繇是魏国的超级名臣、超级名士。说到钟繇，我们并不陌生，魏国建立后，有三大著名的名士老臣，被魏文帝曹丕称为"当世三大伟人"的，就是钟繇、华歆、王朗。

华歆、王朗原来都是一方诸侯，失败后才辗转投曹的，曹魏集团对二人的使用更多的是利用他们的名望和江湖地位来给自己的政权脸上贴金。而钟繇则是曹操的少数铁杆心腹，深受重用。

钟繇可不是华歆那样的花瓶角色，他的政治才干和治政能力非常突出。曹操为了防备西凉马腾，调钟繇坐镇关中，牢牢钉死了马腾，扫平了许多次关中叛乱，钟繇甚至还为曹操提供战马数千匹，为曹操赢得与袁绍的战争立下了汗马功劳。

钟繇在曹魏的政治地位是极高的，曹丕继位后，钟繇任职太尉，和华歆、王朗并称曹魏三人招牌名臣。在进入官场核心层之后，钟繇开始习惯了半隐居式的官场生活，有空就上朝找皇帝唠嗑，没事就回家练习书法，钟繇的晚年，过得非常快乐。

说到钟繇的书法，那是值得大书特书的，在中国的书法史上，钟繇的地位极高，影响极大。钟繇开创了楷书的书写体系，可以说是楷书的鼻祖。

虽然现在钟繇的真迹都没有流传下来，但他的那部由一代书圣王羲之临摹的传世名帖《宣示表》，却是书法史上一座伟大的丰碑，江湖地位极为崇高。论及中国书法史，而不谈钟繇，就好像论及中国小说史，而不谈《三国演义》一样，都是不完整的。

钟繇作为三国时期顶级的时代精英，他一生中的贡献，综合起来有三点：间接帮助曹操消灭袁绍、他的书法成就、他生下了两个同样是顶级时代精英的儿子，大的叫钟毓、小的叫钟会。

大儿子钟毓生年不详，而小儿子钟会则生于魏黄初六年（公元225年），不过让人惊讶的是，钟繇生于东汉元嘉元年（公元151年）。也就是说，钟繇是在七十五岁高龄时生下的钟会。钟会的母亲张昌蒲生于东汉建安四年（公元199年），钟繇的年龄比这个小老婆大近五十岁，典型的老牛吃嫩草。话题有点八卦了，回归正题。

在钟繇这两个儿子中，无疑钟会的知名度更高，而且在历史上闹出的动静也远大于兄长钟毓。钟会作为顶级名臣、名士钟繇的幼子，出生在巨宦豪门，他的仕途起点自然要远高于草根出身的邓艾。其实只要钟会不呆不傻，以他的聪明才干，天生就是在权力高层混饭吃的。

钟会从小就在名流圈中四处拜帖子，再加上他是德高望重的钟太尉的幺儿，官场大佬们都要给三分薄面，没少给钟会吹喇叭抬轿子，钟会在官场上的名声越来越响亮。邓艾拼了半辈子的命才出人头地，而钟会直接进入官场核心层，一步登天。

当然不能说钟会进入官场完全靠他的豪门背景，最重要的还是钟会有过人的能力，唐太宗李世民同样出身豪门，但李世民的天下也是靠铁血打出来的，这就是本事。

钟会和邓艾还有一点不同，就是邓艾多数时间外放，在地方上转来转去，而钟会一直在司马师和司马昭身边做首席高参。不要小看了幕府高参，在司马氏巩固统治的过程中，钟会起到的作用一点不比邓艾小。

尤其是在司马昭平定诸葛诞叛乱时，为了破解吴国对诸葛诞的军事救援，钟会使了一招极漂亮的反间计，成功策反了吴军前线主将全怿投降，为消灭诸葛诞立下了大功。史称钟会"寿春之破，会谋居多"。

这年头找到一个顶级智囊并不容易，司马昭捞到钟会这个宝贝之后，爱不释手，"亲待日隆"，当时人们都把钟会比成汉初头号谋士张良。虽然钟会这时没有上过战场，也不算是名将，但钟会实际上已经进入魏国官场核心，说他是一线重臣，并没有夸张。

钟会在官场上混到一线职务的标志是他出任司隶校尉，负责都城的军政大事。不过钟会的职务并不限于治理首都地区，还继续在司马昭身边摇鹅毛扇子，发挥他的聪明才智，替司马昭打天下提供智力支持。

钟会第一次外放，到地方上出任军职，是魏景元三年（公元262年）的冬天。司马昭已经做足了消灭蜀汉的准备，但在具体用人上，司马昭似乎不太放心邓艾，特意在西线安插了钟会，封钟会为镇西将军，并全权负责关西各州的军事。

从这次用人的特点来看，攻蜀主力其实还是邓艾，司马昭之所以用钟会，主要原因还是通过钟会来制衡邓艾。虽然钟会也未必可靠，但在两位主将都不受主帅信任的情况下，这样的平衡格局其实是最安全的，更何况司马昭在钟会身边也没少安插自己的亲信。

钟会在灭蜀的过程所起到的作用并不如邓艾那么明显，不过钟会吸引了蜀军主力，还是为邓艾偷渡阴平拉开了战略空间。但在灭蜀之后，钟会和邓艾一样，狐狸尾巴开始掖不住了。

邓艾虽然骄傲自负，但他确实没有反心，只不过"小人得志"罢了。钟会所暴露出来的问题要远大于邓艾，因为钟会并不甘心做司马昭的走狗，他居然想要推翻司马昭，做天下的主人。

如果钟会想翻天，首先要做到的就是牢牢控制住西川，以及他带来的这支魏军。这时钟会最主要的敌人还不是司马昭，而是邓艾，不除掉邓艾，钟会什么事都做不成。

钟会这个人实在够阴险的，他为了给邓艾下黑手，居然想到了这么一条毒计。钟会的书法功底非常扎实，他模仿邓艾的字迹，以邓艾的名义给司马昭写信，内容非常不敬。

钟会这招极狠，司马昭对邓艾的不满，很大程度上是因为钟会伪造的这些书信。钟会利用司马昭急切除掉邓艾的心理，顺利地从司马昭手上骗来了前线部队的指挥权，轻松拿下邓艾。

司马昭"帮助"钟会除掉了邓艾，接下来钟会就要把刀头对准司马昭，按钟会的战略规划，他准备率军队杀回长安，然后反戈击杀司马昭。想从司马昭的虎口夺食，那是非常困难的，司马昭已经开始对钟会有所怀疑。为了防备钟会捣乱，司马昭给钟会放话，说为了顺利接收邓艾，他先率十万精兵亲临长安……

司马昭的话都说到这个份上，所有人都知道司马昭真正要防的到底是谁。钟会一看司马昭这个架势，就知道他出关的道路实际上已经被司马昭给封死了，中原皇帝是做不成了。不过钟会还有另外一个想法：割据西川，做刘备第二。

人活着就应该有些野心，但钟会的野心却有些像空中楼阁，看得见，摸不着。钟会最大的问题是他没有自己的嫡系部队，虽然他是西征军的主帅，但帐下许多高级将领却都是司马昭的心腹，他们根本不会买钟会的账。

有一点很重要，钟会为了造反，可以抛弃在洛阳的家人，但这些魏军将领却不会这么绝情。他们明白，跟着钟会造反所能得到的，未必就比司马昭给的多。在得不到特别利益的情况下，他们凭什么跟着钟会蹚浑水？

不过钟会这时还没有除掉他们的意思，只不过是想把他们都召集起来，强迫他们跟着自己造反。但如果这些人不听话，那只好请他们都上西天了。钟会平时做军事高参，可以说是算无遗策，可现在轮到他自己拿主意的时候，钟会就出现了犹豫不决的老毛病，错过了机会。

钟会应该在自己的野心还没有暴露之前就杀掉这些将领，快刀斩乱麻，然后迅速起事，未必没有机会。可现在近乎所有的前线将领都知道了钟会的野心，即使钟会暂时还没下手，他们也已经嗅到了刺鼻的血腥味。

为了自保，胡烈等人四处放话，说钟会要把他们骗过去，全部给活埋了。整个魏军前线部队本来就对企图造反的钟会非常反感，再加上钟会要对他们下手，本来还持观望态度的中级将领，这下全部被逼反了。

魏景元五年（公元264年）正月十八日，震惊天下的成都之乱终于不可避免地爆发了。无数愤怒的魏兵拿起武器冲进了成都，和心怀鬼胎的姜维、钟会进行血战，战况非常惨烈，繁花似锦的成都城陷入一片火海。钟会最终没有实现割据梦想，死在这场可怕的大乱之中。

说来已经不是巧合，三国末期三大明星人物姜维、邓艾、钟会的人生都是悲剧性的结局，没有一个善终，并且死于同一场兵乱。姜维的悲剧让人扼腕，邓艾的悲剧让人长叹，至于钟会的悲剧，不由得让人感慨人性的贪婪。

钟会在谋反之前，他所能得到的一切荣誉，几乎都是司马昭给他的。没有司马昭知人善任，钟会不过是一个顶级名士，不可能在历史上演绎这么吃重的戏份。其实在钟会和邓艾出兵灭蜀之初，司马昭就已经做好了对付他们的准备，只等着他们自己上套了，尤其是对钟会。

钟会实际上不过是司马昭的一枚棋子，可这枚棋子却不甘心任人摆弄，想摇身一变做棋手。棋手岂是随便能做的？钟会的悲剧就在于此。

三四 / 吴蜀关系

老话说："在家靠父母，出门靠朋友。"在社会上闯荡，谁能没有三五个朋友呢？无论朋友之交是淡如水，还是甜如蜜，朋友感情总还是有的。

朋友之间虽然没有血缘关系，但如果感情处到位了，一旦自己有难，朋友就会刀山火海，在所不辞。历史上有一些著名的患难朋友，比如俞伯牙和钟子期，管仲和鲍叔牙，还有热血兄弟刘关张。

"朋友"这个词的本义是指人与人之间的交往，当然朋友一词的含义也可以外延，比如用在国与国之间的交往。外交上有两个名词：友国、敌国。友国自然就是自己的朋友之国，敌国自然就是自己的敌人之国。

不过在生活中交朋友，看重的是感情，而在国与国（统治集团）的关系中，朋友关系可就没那么纯粹了。国家之间的"朋友之交"，完全是建立在各自利益的基础上的。

换句话说，生活中的朋友交的是感情，国家关系中的朋友交的是彻头彻尾的利益。西方有句我们耳熟能详的名言：没有永远的朋友，也没有永远的敌人，只有永远的利益。

凡是有一个以上统治集团的时代，对外交往都是不可避免的，比如我们最熟悉的三国时代。虽然只有三个政权，但他们之间的外交来往是非常精彩的。说到三国时代最著名的外交事件，应该是东吴和蜀汉从合作到分裂，从分裂到战争，从战争再到合作的曲折历程。

孙权集团和刘备集团的外交关系史，可以大致分为几个时期：

第一，合作，东汉建安十三年（公元208年），孙刘联合在赤壁抵抗曹操南下；

第二，猜疑，东汉建安十六年（公元211年），刘备入蜀，孙权就对刘备产生了怀疑；

第三，分裂，东汉建安二十年（公元215年），刘备迫于孙权的压力，与孙权中分荆州；

第四，战争，东汉建安二十四年（公元219年），孙权偷袭刘备控制下的荆州，杀关羽，吴蜀关系彻底破裂。蜀汉章武元年（公元221年），刘备为夺回荆州，大举伐吴，最终失败。

第五，再次合作，蜀汉建兴元年（公元223年），诸葛亮派遣邓艾出使东吴，双方达成谅解，重归于好。

其实在前两个时期内，严格来说，不能将刘备称为蜀，因为那时的刘备距离益州还有八丈远呢。在建安十三年（公元208年）之前，寓居荆州的刘备和孙权还没有发生命运的交集。可以说是曹操将两条原来不相交的平行线扭曲在了一起。

其实率先提出来与孙权联合的是诸葛亮，在大名鼎鼎的《隆中对》中，诸葛亮就提出了这个观点。"孙权据有江东，已历三世，国险而民附，贤能为之用，此可以为援而不可图也。"

诸葛亮和孙权非常有缘分，刘备集团中第一个和孙权交往的就是他。当刘备被曹操拎着菜刀满世界追砍的时候，诸葛亮就主动要求过江见孙权，说动孙权联合刘备抗曹。

孙刘之所以能联盟成功，主要还是形势所迫，东吴内部也最终决定联刘抗曹。但在孙权下定决心抗曹的心理过程中，诸葛亮的一番激将法起到了非常关键的作用。换了别人去，未必能起到这么好的效果。

孙刘联盟战略的主要制定者是诸葛亮和鲁肃，但如果没有孙权和刘备的识大体、顾大局，一切都是水中花。其实这是人的本能反应，在一个强大的敌人面前，两个弱小的抵抗者，他们能做的，必然是弱弱联合。虽然一加一未必大于二，但两个一如果不相加，必然小于二。

孙刘集团的蜜月期时间不算短，从赤壁之战开始，孙权和刘备几乎就要穿上一条裤子了，曹操见这哥俩这么亲热，没少吃醋。孙权为了拉拢刘备，不惜割让地盘，甚至还把自己的妹妹嫁给了刘备。这时的刘备春风得意，左拥江山，右搂美人，好不快活。

不过刘备和孙权毕竟是两个利益集团，他们可以暂时为了相同的利益走到一块。但他们在互相称兄道弟的时候，还是防备着对方，甚至还要背地里使坏，比如孙权想独吞益州。

刘备是个人精，他当然知道孙权如果吞掉益州，几乎就绝了他的生路。对刘备来说，益州是绝对不容别人染指的。

在孙权准备伐蜀期间，刘备没少给孙权泼凉水，使眼色，暗示孙权不要打蜀地的主意。双方脆弱的同盟关系在这时已经出现了明显的裂痕，只不过双方的矛盾还没有到非公开不可的地步，只是暗地里较劲。

等到刘备拿下益州之后，孙刘双方的利益矛盾逐渐摆上了台面，原因无他，还是利益分配问题。当初刘备向孙权"借荆州"，约定取益州之后就把荆州还给孙权。可等刘备取蜀之后，还荆州？刘备还想向孙权借扬州呢。爷们打下来的江山，凭什么还你？

孙权平白被刘备给耍了，心里那个恼火！要不是鲁肃从抗曹的大局出发，极力劝解，孙权早就拔刀找刘备玩命去了。刘备也自知理亏，任凭孙权半偷半抢地夺回长沙、桂阳、零陵三郡，给足了孙权面子。刘备的言下之意很明白：咱俩的账结清了，以后别再寻爷的麻烦。

虽然双方在此之后尽量控制住情绪，避免擦枪走火，但明眼人都能看出来，吴蜀联盟的裂痕越来越大，战争已经是不可避免的。就双方来讲，刘备并不想和孙权开战，能捞到半个荆州也不吃亏。

不过孙权显然不这么想，在孙权的潜意识中，整个荆州都应该是他的。只是主和派鲁肃反对贸然对蜀开战，孙权只好忍着这口气。等到建安二十二年（公元217年）鲁肃病故后，孙权没有了内部压力，开始准备对荆州下手。

当然，因为孙刘双方同样面对来自曹操强大的军事压力，尤其是孙权，他暂时还不会和刘备彻底翻脸，何况攻占荆州的时机还没到。在荆州的问题上，孙权处处占理，刘备方面有些理亏，也尽量维持双方极度脆弱的已经名存实亡的联盟关系。

如果一定要找一个真正破坏吴蜀联盟的责任人，这个人只能是关羽。本来孙权还打算继续维护所谓的吴蜀同盟，只要孙权不主动出击荆州，刘备正好与孙权相安无事，他还有更重要的事要做，比如西图雍凉，哪知道事情却坏在关羽身上。

关羽作为荆州最高军政长官，他直接面对孙权，蜀汉的对吴外交大战略虽然是刘备等为核心的统治集团制定的,但真正具体落实的,还是关羽。关羽这个人本事不小,但臭毛病太多,他最大的问题就是骄傲自负,眼睛长在脑门上,轻易瞧不起人,孙权就一直被关羽鄙视。

孙权曾经打算替自己的儿子向关羽求婚,请关羽把女儿许配给自己的儿子,双方做亲家。这本是维护吴蜀同盟关系的好机会,虽然国家之间联姻未必就十分可靠,但至少这是个缓解双方矛盾的润滑剂。

不知道关羽到底在琢磨什么,他居然将东吴使者骂得狗血淋头,还说什么"虎女焉能配犬子!"关羽骂孙权是狗,彻底得罪了孙权。孙权在众多手下面前丢尽了面子,他当然恨透了关羽。有这份恩怨牵扯,孙权已经对刘备方面完全退还荆州不抱任何希望了,只能打。

老话说:"伸手不打笑脸人。"关羽给孙权甩脸子,表面上满足了自己的虚荣心:自己是虎,孙权是狗。可实际上关羽此举闯下了大祸,而为关羽犯错买单的却是刘备,刘备真够冤的。

后来关羽围襄阳,曹操派人请求孙权偷袭关羽,以解襄阳之围,孙权二话不说就出兵了。孙权之所以答应得这么痛快,一是他确实希望能夺回荆州,二是关羽太招人恨了。孙权是个睚眦必报的人,现在公私两便的机会来了,孙权怎么会错过这个也许是唯一的机会。

孙权最终如愿以偿,杀掉关羽,成功报了仇,同时夺回了朝思暮想的荆州。吴蜀自公元208年建立起来的同盟关系以孙权袭荆州为标志,彻底地破裂了,没有留半点余地。

其实孙权和刘备当初在结盟的时候,就应该想到会有这样的一天。同盟关系不是天生的,完全是根据利益变化而存在的。今天是朋友,明天就可能是仇人,反之亦如此。

两个独立的统治集团在选择合作的时候,不可能完全信任对方,都有各自的小算盘,给对方使绊子穿小鞋的事情也不少见。我们都知道,人类社会中的利益是有限的,几百号人抢一个蛋糕,必然会产生分配不均的问题。

就三国的历史来看,实际上蜀汉和曹魏的争夺才是主线,蜀魏之间是绝不可能出现联盟关系的,这就导致了东吴成为平衡三国势力的砝码。孙权尽情地在两个死敌中间吃大头,吃得满嘴流油,好不快活。

孙权看人下菜碟,跟刘备合作有利,就和刘备结盟,跟曹操合作有利,那就

三四/吴蜀关系 · 317

倒向曹操，毫无愧色。不过魏吴同盟甚至比蜀吴同盟更加脆弱，孙权和曹操是因为一次突发事件（关羽北伐）而临时穿一条裤子的，根本没有长远的合作计划。

因为吴蜀关系破裂，双方一直处在战争的边缘，所以孙权才暂时抱住曹操（曹丕）的大腿。孙权巴结曹魏，倒不是说孙权害怕蜀汉的军事进攻，而是怕魏国在蜀汉攻吴的同时背后给他下黑刀子。孙权和魏国结盟的主要目的，实际上还是防备魏国，蜀汉的威胁倒在其次。

吴蜀关系破裂后最高潮的一幕，是刘备为了夺回荆州而发动的夷陵之战。刘备发动这场战争也是迫不得已，如果不夺回荆州，之前诸葛亮制定的《隆中对》就成了一张废纸。

既然孙权把事情做得那么绝情，也别怪爷爷翻脸不认你这个大舅子了。如果说之前刘备赖着荆州不还，心里对孙权还有点亏欠的话，那现在刘备欠孙权的债也还清了，刘备反而因此去掉了心理负担，可以轻装上阵，找孙权玩命。

对于这样一场仓促的战争，蜀汉统治集团内部对此分歧非常大，大多数人反对伐吴。不过维护吴蜀同盟关系的主导者之一诸葛亮并没有参与这场论战，实际上诸葛亮是倾向于伐吴的，理由如下。

盟国之间关系一旦破裂，战争也许是解决双方矛盾的唯一办法。从外交理论上来讲，同盟关系的建立，是因为双方（或多方）维护或扩大己方利益的需要。国家之间不可能出现真正的朋友关系，只不过有时关系牢固些，有时关系薄弱些，只是这个分别而已。

吴蜀之间爆发大规模的战争，其实最占便宜的还是曹魏，"鹬蚌相争，渔翁得利"的道理再浅显不过。虽然吴魏之间有盟约，但最需要吴魏盟约的是孙权，而不是曹丕。自襄阳之围解后，曹魏实际上已经不需要孙权了，完全可以弃之如敝屣。

如果魏军趁吴军主力被蜀军吸引到西线战场，在东线战场搞几场大的战役，以孙权的国力，根本承受不起两线作战。一旦东吴统治崩溃，首先发大财的肯定是曹丕，而不是刘备。

可惜曹丕过分拘泥于吴魏同盟的道义约束，不听刘晔趁势伐吴的建议，白白浪费了这一千载难逢的机会。没有了魏军的强大压力，孙权集中精锐，在夷陵大败刘备，蜀汉军界精英几乎丧失殆尽。夷陵之战的惨败，标志着刘备统一事业的彻底破灭，三国鼎立格局最终定型。

刘备和孙权的梁子算是结下了，可以说刘备的统一大业就是毁在了孙权手上，孙权也明白刘备恨他入骨。现在孙权面临的压力丝毫不比刘备小，虽然夷陵之战获胜，但孙权现在真正的敌人已经不是刘备，而是曹丕。

虽然在夷陵之战后，孙权还假惺惺地给曹丕上表称臣，双方还装模作样地互相恭喜，但实际上吴魏双方的所谓盟约在破关羽之后就已经不存在了。孙权料定曹丕迟早要对江东发起大规模的战争，所以在打败刘备的过程中，孙权是留了力的，专门对付曹丕。

果然不久后，曹丕便大举出兵，进攻东吴，宣告吴魏关系正式破裂。在魏蜀吴三国中，魏国的实力最强大，远不是江东一国之力所能抵抗的。

在两弱对一强的格局下，孙权要想自保，还必须依靠刘备的力量，即蜀军在西线给曹丕制造军事压力，至少蜀军不要再卷土重来攻打江东。刘备夷陵败后，元气大伤，但蜀军的基本实力还是具备的。万一刘备拼了老命，再来闹事，孙权就吃不消了。

刘备也看出了孙权心中的压力，所以他给陆逊写了封恐吓信，说他不久就要再次伐吴，陆逊当然不吃刘备这一套。其实刘备此举意在试探孙权的底线，给孙权发出暗示，吴蜀关系未必就没有再次联盟的可能性。毕竟蜀国势衰，单独对抗曹丕，也是刘备力所能及的。

刘备不久后就含恨病故了，但他给诸葛亮留下了与东吴再次联盟的可行性，对于这一点，孙权心里门儿清。

这时的蜀吴关系，因为曹魏强大的军事压力，已经出现了回暖的迹象，但这种迹象还不是很明显。孙权其实是不再想和蜀汉为敌的，当然前提是蜀汉承认他对荆州的统治权。只是孙权作为一个胜利者，他似乎不太能放下面子，主动向蜀汉示好，而是在等蜀汉主动找上门来，这样能讨价还价。

蜀汉自刘备死后，出现了一段混乱的时期，诸葛亮刚刚执政，根基不稳，内部叛乱迭起。孙权暂时还摸不透蜀汉的外交方向，需要观察一段时间。这期间的孙权手脚并不干净，甚至他还接纳蜀汉内部的叛乱分子，比如雍闿，孙权想趁蜀汉形势混乱，浑水摸鱼。

对于蜀汉实际上的最高统治者诸葛亮来说，摆在他面前的只有一条路，就是和孙权联合。因为蜀汉立国的最高纲领就是北伐曹魏，蜀汉国力和曹魏根本没法比，如果孙权再和曹丕联手捣乱，诸葛亮也吃不消。

在夷陵惨败后的压抑气氛中，诸葛亮与孙权修好不是一个容易做出的决定，是需要很大勇气的，至少要在感情上说服自己。虽然诸葛亮很早就有与吴修好的战略思想，但蜀汉第一个提出与吴联合的高级官员是尚书邓芝。

邓芝是吴蜀第二次合作的关键人物，邓芝的辩才很出色，而且为人有胆识。所以诸葛亮一眼就相中了邓芝，派他出使东吴，完成吴蜀结盟的重大政治任务。这时孙权还是没有下定与蜀汉结盟的决心，他担心什么？主要还是蜀汉方面是否有诚意和他联合，孙权最不希望看到蜀汉趁魏军大举南下的时候找东吴复仇。

在确定了蜀汉确实无意复仇的外交底线后，孙权面对蜀汉主动伸出来的橄榄枝，还是羞羞答答地接了过来。但是孙权还是在和邓芝的谈判过程中讨价还价，想给自己与蜀汉的结盟战略卖个好价钱。

孙权本就对吴蜀结盟抱有很大的期望，所谓孙权"默然良久"才认同邓芝的结盟主张，不过是在演戏，给自己争面子的。邓芝对当前局势的分析，比如合二弱以抗一强，这些大道理孙权当然都懂。孙权也是三国的顶尖枭雄，如果连这都不明白，干脆别混了。

蜀汉建兴元年（吴黄龙二年，公元223年）十月，吴蜀经历了血雨腥风的战争之后，终于再次走到了一起。至于曹丕的愤怒，孙权已经管不着了，你爱干什么就干什么去吧，我不陪你玩了。

吴蜀第二次合作和第一次合作一样，都是因为要对抗强大的魏国。国与国之间的结盟就讲究一个实用性，没好处谁跟你玩啊？但双方心里都明白，所谓的结盟，不过是互相利用罢了，早晚还是要翻脸的。刘备时代已经翻过一次脸了，再翻一次也没什么，这年头翻脸比翻书还快，面子其实是不值钱的。

邓芝就曾经针对孙权所说的灭魏之后吴蜀共享天下的假话，直接反驳孙权："天无二日，土无二王。如并魏之后，君各茂其德，臣各尽其忠，将提枹鼓，则战争方始耳。"孙权当然知道这个道理，只不过被邓芝的大白话说得非常难堪，只是大笑着说："没想到先生真是快人快语，确实是这个道理。"来掩饰自己的尴尬。

当然魏国不是那么好消灭的，这也决定了这次吴蜀结盟的长效性，因为孙权已经拿到了对他来说是命脉的荆州。以东吴的实力，还没有能力直接消灭蜀汉，除了与蜀汉称兄道弟，也没别的路好走，北边的曹丕早就把刀架在了他的脖子上……

其实当初孙权贪图小利偷袭荆州，和刘备翻脸的举动就是错误的，如果不是曹丕犯傻，在刘备大举攻吴的时候按兵不动，孙权早完蛋了。现在孙权再次抱住蜀汉的大腿，完全是补救上次得罪刘备的败招。

这次邓芝赴吴谈判，只是初步确定了吴蜀联盟的框架，吴蜀之间官方性的正式结盟，则在蜀汉建兴七年（吴黄武元年，公元229年）六月。这一年的四月，孙权正式称帝，随后诸葛亮力排朝内争议，派卫尉陈震赴吴，祝贺孙权即位。

孙权在武昌和陈震正式签署了汉帝国（蜀汉的正式国号是"汉"）和吴帝国的同盟合约，从此吴蜀两国亲如兄弟……（鬼才信）这份盟约是明显针对曹魏的，主要内容是提前瓜分了曹魏的地盘，一旦灭魏，豫、青、徐、幽四州归吴，兖、冀、并、凉归蜀。

一般来说，同盟合约都会有一个重要内容，即双方给对方提供军事援助。盟约国的任何一方遭遇侵犯，其他盟约国都有责任出兵相助。吴蜀盟约就是这样，"自今日汉、吴既盟之后，勠力一心，同讨魏贼，救危恤患，分灾共庆，好恶齐之，无或携二。若有害汉，则吴伐之；若有害吴，则汉伐之"。

这份盟约书篇幅不算短，五百余字。不过其中最有价值的就是上段那句话，其他的多是些假大空话，不是辱骂曹魏，就是吴蜀互相约束"各守分土，无相侵犯，传之后叶，克终若始"。这话有什么意思？邓芝早就把话挑明了，但在这种正规场合，外交用语还是要讲究的，大家心里有数就行。

自此之后，终蜀汉之世，蜀吴再没有发生过外交上的不愉快，双方合力对抗曹魏。为了及时了解对方战场的情况，双方军事首脑还经常向对方通报自己战区的战报，就差没在对方地盘常派联络官了。

就三国整体形势来看，主线还是魏蜀战争，从头打到尾，甚至连外交往来都没有，而东吴在魏蜀战争中起到的还是砝码作用。当初孙权突然和曹操结盟，背后捅了刘备一刀，破坏了刘备的统一大业。

现在东吴和蜀汉结盟，无论从哪方面讲，都是对蜀汉有利无弊的。至少蜀汉可以不用在吴蜀边境投入大量兵力，将有限的兵力用在对魏战场，诸葛亮制定的联吴战略还是非常成功的。

孙权也明白与蜀联合的重要性，这也是吴国外交的基石，在孙权时代，他一直严格遵守吴蜀之间的盟约。虽然在诸葛亮死后，孙权突然向吴蜀边境增兵，但孙权说他此举是为了防备魏国偷袭蜀汉，从形势上分析，孙权这话还是可信的。

诸葛亮的死并没有影响蜀军的战斗力，孙权不会做为曹叡火中取栗的傻事。

吴蜀联盟的终点是公元 263 年蜀汉灭亡，因为看到蜀汉大势已去，吴主孙休终于等到了发财的机会，他希望完成老爹孙权当年未竟的取蜀遗愿。这时蜀汉还没有完全灭亡，吴军就打着救援盟友的旗号杀进了蜀汉地盘，准备吃掉蜀将罗宪驻守的西线重镇永安城，打通进蜀通道，抢在司马昭前面吃大头。

反正蜀汉没药救了，背信弃义又如何？国家间的盟约从来都是不可靠的。纸上的约定永远无法约束现实中的利益，一旦需要，撕毁盟约、刀兵相见的事例并不少见。要不是罗宪痛恨吴国无耻之举，固城死守，难说吴军没机会杀到成都城下。

不过蜀汉的亡国，对东吴来说是致命的打击，晋军占领益州后，东吴所恃的长江天险则与晋共有，晋对东吴实现了两面合围之势。公元 280 年，晋军大举伐吴时，晋益州刺史王濬就率兵沿长江东下，在其他各路晋军的合作下，消灭了吴国，晋朝统一天下。

三五 / 魏国的封疆大吏

说到《三国演义》，大家耳熟能详，可以这么讲，《三国演义》是一部三国人物群像谱，近乎所有的一线人物都被罗贯中请进了小说中，被我们牢牢记住，比如曹操、刘备、诸葛亮、孙权、袁绍、关羽、张飞、周瑜、鲁肃、张辽等人。

二线人物就没有这么幸运了，有相当一部分人被罗贯中有选择性地给遗忘了。倒不是说二线人物就必须被写进来，但问题的关键是许多三线人物，甚至是四五线的人物都写进来了。那些二线人物却没有被写进《三国演义》，虽然他们所处的三国是中国人最熟悉的时代，可他们的大名却被历史遗忘了。

这里所说的二线人物，不是说当时的职务低，而是历史的知名度不高。在三国（本篇只讲魏国）有这么一群人，他们在魏国的地位并不低，甚至处在官场一线，可他们所处的位置，却远离聚光灯下。当处在舞台中间的一线人物在呼风唤雨时，他们则默默地固守在自己的阵地，完成历史赋予自己的使命。

这群人就是魏国的封疆大吏，下面做个简表，把这些隐藏于历史背后的国家栋梁都请出来。历史不会忘记他们：

姓名	职务
刘馥	扬州刺史
温恢	扬州刺史
梁习	并州刺史
张既	雍州、凉州刺史
裴潜	代郡太守、兖州刺史、魏郡太守、荆州刺史
贾逵	豫州刺史
苏则	酒泉、安定、武都、金城刺史
杜畿	河东刺史
郑浑	左冯翊太守、上党太守、京兆尹、阳平沛郡太守、山阳太守、魏

郡太守

  仓慈 敦煌太守

  颜斐 京兆太守

  常林 博陵太守、幽州刺史

提到这些人物，我们似乎感觉有些陌生，在《三国演义》中很难觅到他们的踪迹，只有看《三国志》时，才能感觉到他们精彩的存在。在这些人中，我们也许对刘馥还有些印象，可刘馥好不容易在罗贯中笔下混出场，却因为劝谏曹操不要轻视江东，被醉鬼曹操一槊给捅死了。

罗贯中之所以对魏国的这些封疆大吏爱惜笔墨，原因可能有两个：一是他们是曹操的部下，罗贯中以丑化曹操为能事，自然不肯写这些能臣为曹操脸上增光，干脆全都忽略了。二是他们都远离三国的中心舞台，聚光灯照不到他们，罗贯中的写作宗旨是"抓大放小"，所以就没有提到他们。

中前期曹魏官场（嘉平陵政变之前）可以分为四个主要系统：

第一，核心智囊团：比如荀彧、荀攸、郭嘉、程昱、刘晔等人。

第二，武将系统：比如诸曹夏侯、张辽、张郃、徐晃、乐进、文聘等人。

第三，花瓶老臣：比如钟繇、华歆、王朗、蒋济等人。

第四，边镇军政长官：上面提到的那些封疆大吏。

这些封疆大吏的职能和那帮铁血武将的职能有相似之处，都在外折腾，不过武将主要负责军事行动，专门砍孙权或刘备的。而这些封疆大吏基本上都是出身文官系统，他们的工作侧重点是维持地方治安，发展地方经济，填满朝廷的钱袋子。

当然，在乱世中当地方官，在形势不稳，叛乱迭出时，也是要学会砍人的，不然根本混不下去。而这些地方大员处治的州郡，大多数在边境线上。这里要么是诸民族杂居，要么是和吴、蜀接壤，军事斗争几如家常便饭。所以曹操对这些地方大员的要求只有两点：发展经济、维持地方治安。

从发展经济这个角度来看，这恰是这帮封疆大吏的强项，他们基本是文官出身，干这行买卖驾轻就熟。比如上面提到的扬州刺史刘馥，罗贯中说刘馥被曹操刺死，完全是向壁虚构。不过罗贯中虽然虚构了刘馥的死，但对刘馥在扬州做出的政绩则非常肯定，照实入书，对刘馥还算厚道。

刘馥在扬州的几年时间内，最大的贡献就是兴修水利（刘馥督建的水利工程，到了晋朝还能发挥巨大作用）、开垦荒地、广植水稻，同时大力发展畜牧业。畜牧业主要是指耕牛，耕牛数量增加了，反过来又能反哺农业生产，官民两得其便。

无论是乱世还是盛世，想让老百姓认可自己的统治，办法只有一个——让老百姓都有饭吃，这是硬标准。达不到这个标准，任凭你说得天花乱坠，老百姓都是不买账的。从政治角度来讲，世界上最愚蠢的事情是什么？就是糊弄老百姓，最终只能搬起石头砸了自己的脚。

刘馥死得很早，建安十三年（公元208年）就去世了，但一般都把刘馥看成魏人，《晋书·刘弘（刘馥之孙）传》就把刘馥称为"魏扬州刺史"。《三国志》把刘馥放在魏边臣传中的第一位，不是没有道理的。

曹操手下在地方上干出成绩的能臣还有很多，比如主政并州的别部司马梁习。梁习和许多封疆大吏一样，也是从最基层的县一路杀到刺史位置上的。梁习接连做了几个县的县令，积累了不少治政经验，史称"在治有能名"。曹操当然知道手下有这号能人，就把梁习派到了当时乱成一团麻的并州。

并州本是袁绍的地盘，这里地接羌胡，强人出没，形势非常混乱，可以说并州百弊丛生，诸废待举。梁习先是用强硬的军事手段，强力打压那些唯恐天下不乱的胡族和地方豪强。然后在境内"勤劝农桑"，梁习作风非常强硬，他说一，别人不敢说二，不数年间，并州大治，曹操非常高兴，立刻给梁习转了正。

虽然在建安十八年（公元213年）初，曹操进行行政区划改革，将并州合并入冀州，但曹操依然让梁习管理旧有的并州辖境，除了换块招牌，什么都没变。虽然梁习从来没有在曹操身边做过事，一直外放，但在地方上工作的难度并不比在核心层低。

因为是地方上的一把手，有时面对更加复杂的局面，需要地方官有能力、有魄力，尤其是开拓型的地方官。这种类型的地方官一般都有一个特点，就是任职时间比较长，梁习在并州一干就是二十多年，直到魏明帝太和二年（公元228年）才受调赴京任大司农。

在曹操时代，他控制下的中原地区大致分为十州：司州、豫州、冀州、兖州、徐州、青州、幽州、扬州、雍州、凉州。除了兖、冀、徐、青，其余六州均地处边防，军事压力很大。所以这些州的刺史不但要有治政能力强，还要有相当强硬的军事手段，否则根本镇不住周边那帮浑水摸鱼的强人。

如果一定要在六州历任刺史中挑出一个最能打的，应该是凉州刺史张既。张既也是从县令起家的，先在新丰（今陕西西安附近）历练过，治绩突出，时称"治为三辅第一"。

后来张既跟在雍州刺史钟繇手下做事，张既干的第一件漂亮事就是说服了西凉军阀马腾，让马腾单车赴京做人质，马超承袭父位，这也为将来马超的悲剧埋下了伏笔。马超失败后，雍州饱受兵火，百姓苦不堪言，张既在任职京兆尹期间，安抚百姓，稳定地方治安，深受曹操好评。

曹操似乎也发现了张既的军事才能，但张既又不是单纯的武将，他最大的长处还是治政地方。所以曹操让张既做了雍州刺史，张既两方面的长处都能发挥出来，识人眼光毒辣，这是曹操了不起的优点。

在公元214年，曹操占领汉中之后的这几年，有时无法分清张既的身份到底是地方官还是将军，张既甚至还当过一段时间曹操的智囊。张既先是跟着曹洪参加对蜀将吴兰的军事行动，随后又和夏侯渊联袂，摘了不少的桃子。

西北地区自东汉末年以来非常混乱，再加上刘备的介入，这里的军事、政治形势非常复杂，叛乱迭起，对曹魏的统治构成了非常大的威胁。为了稳定西北局势，曹丕继位后，就让张既出任新划出来的凉州刺史，并给了张既"便宜从事"的权力，就是遇到什么突发事件，张既可以不必向朝廷请示，自己看着办。

张既在凉州打得最漂亮的一仗是显美伏击战，此战的起因是世居于陇西的泸水匈奴人在凉州发动武装叛乱，七千多匈奴骑兵扼守要塞鹯阴口（今甘肃靖远），阻止魏军西进。张既深通兵法，没有和匈奴人拼刀子，而是抄小道，直插武威郡，反过来对鹯阴口的匈奴兵构成了威胁。匈奴人没办法，只好大幅度向西后撤至显美（今甘肃永昌东）。

张既既然来了，就没打算空手回去，他决定向匈奴人发起总攻。不过他手下的一些将领对打败匈奴人的信心不足，劝张既不要头脑发热，让弟兄们多休息几天再打也不迟。

对于这些反对意见，张既说了一句非常有名的话："若虏见兵合，退依深山，追之则道险穷饿，兵还则出候寇钞。如此，兵不得解，所谓一日纵敌，患在数世也。"大意就是胡人用兵的核心思想是"汉进胡退，汉退胡进"。如果这次不打败他们，以后几十年西北地区别想过安生日子。

张既是个强硬的男人，他想要做到的事，就一定尽最大努力去做。他在附近埋伏了三千精锐，然后派小股骑兵去诱敌上套。匈奴人贪小利，见有一票大鱼，傻头傻脑地就冲了上来。结果很简单：前后两股魏军夹击，尽歼匈奴兵。此战之后，匈奴人再无力在河西闹事，史称"河西悉平"。

有张既强硬地坐镇关西，曹丕可以不必为关西操心，集中精力对付不听话的孙权。张既在关西所起到的作用，和当初钟繇坐镇关西差不多，稳定住西北局势，就是对朝廷最大的贡献。只是可惜张既死得太早，黄初四年（公元223年）就病故了，不然张既还能在西北发挥更大的作用。

在曹操手下的这帮地方官中，像张既这样通吃军政两界的人不算少，但大多数人还是以文治为主。如果说张既是曹魏地方官群体中的一面，那郑浑就代表着曹魏地方官群体中的另一面，和张既这样的半个军事家相比，郑浑是典型的文臣。

郑浑出身清流名门，祖父郑众（和东汉大太监郑众同姓同名）、父亲郑兴都是当代士林名儒，在官场上人脉深广。郑浑算不上是曹操的嫡系，他是从袁术那里辗转华歆治下的豫章才投奔曹操的。不过曹操用人没有门户之见，只要有真才实学，他都一体重用。

郑浑也是从地方基层干起的，当过下蔡和邵陵两个县的县太爷。郑浑在两县做出的最大政绩就是强令百姓生儿育女，进行人口基数的积累。这件事的背景是当时天下大乱，百姓生活困苦，再加上这里以渔猎为主，不事农业生产，所以人口出生率非常低。

在小农社会里，赋税是朝廷的主要经济来源，没有人口是绝对不行的。郑浑认识到了人口问题的严重性，但他看的则是更深层次的问题。百姓不愿生育，说到底还是经济落后，没有余粮养孩子。反正生下来儿女也没饭喂他们，那还不如不养，就这样恶性循环，导致人口出生率直线下降。

郑浑的办法其实很简单，他强行没收了老百姓的渔网和打猎工具，然后逼着老百姓去开垦荒地，尤其是种植水稻。这是最关键的一步，只要老百姓有饭吃，万事好商量，否则，一切都是空谈。

接下来郑浑颁布了相关法律，严厉惩罚老百姓抛弃初生婴儿的野蛮而无奈的行为，发现一个重罚一个。本来生儿育女是老百姓的自由，现在则成了政治任务，老百姓只好改变长久以来的民俗习惯，开始养儿育女。

好在当地的粮食连年丰收，老百姓家家都有余粮，养几个孩子不成问题。一个人口生育周期下来，当地人口出现了大幅度的增长。老百姓现在才明白郑浑的苦心，他们都对郑浑感恩戴德，甚至都给儿女取名为"郑"，老百姓用最淳朴的方式，感谢郑浑的善举。

郑浑的官其实做得并不算大，他还不如张既那样做到了州刺史这样的高位，郑浑最高的位子，不过是魏郡太守，相当于副刺史级别。郑浑的地方官仕途路线图如下：新蔡、邵陵令—左冯翊太守—上党太守—京兆尹—阳平、沛郡太守—山阳、魏郡太守。

官虽然做得不大，但做地方官却是郑浑的强项，做了京官，未必能有机会做出多少成绩。郑浑的地方治政能力堪称一流，他的辖境变来变去，但唯一不变的是郑浑有一颗博大的爱民之心，这比什么都重要。官当得好不好，老百姓最有发言权。世界上最大的政治，就是解决老百姓的吃饭问题。

郑浑每到一个地方赴任，都要"明赏罚、与要誓"，和老百姓开诚布公地订立"道德契约"。所谓"道德契约"，就是郑浑承诺他会尽最大的努力为百姓谋福祉，而百姓则要承诺安守本分，毕竟在乱世中生存，扯旗叛乱是家常便饭。地方官稳定住了当地百姓，就是对朝廷做出的最大贡献。

郑浑有个长处就是他会根据各地不同的情况，有针对性地制定施政方针。比如在任京兆尹期间，因为关中地近蜀、凉，战争频繁，许多百姓都是从外地迁到关中的。针对这种特殊情况，郑浑制定了"百姓移居法"。

具体做法就是让人口多的家庭和人口少的家庭住在一起，人品良好的百姓和孤寡百姓比邻而居，让他们帮助有困难的百姓，大家一起感受大家庭般的温暖，这样有利于百姓和睦。然后郑浑率百姓开垦土地，老百姓通过互相协作，都吃上了饱饭，不仅社会安定，而且民风淳朴，郑浑确实不简单。

在阳平、沛郡任太守期间，郑浑针对这里地形低洼、经常发生水涝的特点，劝导百姓修堤坝、种水稻。老百姓嫌太麻烦，对郑浑颇有微词，郑浑不受百姓的影响，他认为他做的是善民之举，问心无愧。郑浑以身作则，亲自下地劳动，一年下来，当地水稻大丰收，老百姓都有饭吃了。现在他们才知道当初郑浑的强硬是正确的，无不感激郑浑，将郑浑修筑的堤坝命名为"郑陂"。

郑浑在仕途上最辉煌的顶点是任魏郡太守，魏郡是魏国的第二国都，其繁华程度相当于现在的上海市。魏郡的经济在当时中国首屈一指，但最大的问题就是绿化做得不太好，树木太少。

郑浑的办法很有意思，他让百姓们先种上榆树，用来划清各自的责任地。然后在榆树中间种满了果树，这样最大的好处就是魏郡的绿化面积扩大了，同时也让百姓增收，可谓一举两得。

郑浑虽然在地方上转来转去，但他始终恪守自己的一个道德底线，就是清廉如水。他从来没有以自己在地方上有成绩，就面无愧色地四处搂钱，确实难得。因为郑浑在地方上出色的政绩，魏明帝曹叡特意下诏昭告天下，称赞郑浑的政绩。

在形势混乱的社会大背景下，地方官一定要有魄力，因循守旧是做不出成绩的，大破才能大立。在这一点上，敦煌太守仓慈做得非常出色。从地理位置上来讲，敦煌是魏国真正的西北边陲，出了敦煌，就是辽阔而陌生的西域未知世界。

因为连年战乱，敦煌的社会治安异常混乱，甚至二十多年都没有最高地方长官，都是一些豪门大户在这里穷折腾。这些豪强仗着权势，残酷地进行土地兼并，普通百姓被逼得走投无路……

政局是否稳定，关键就看最广大百姓阶层的利益是不是受到了保护。在古代，土地就是老百姓生存的最基本保障，丧失土地比要他们命还让他们伤心。仓慈心善，他最看不得老百姓吃苦蒙冤，他一到任，立刻开始打击兼并土地的豪强。仓慈强行将被豪强兼并的土地分还给农民，然后通过制定各种法规，来限制豪强们的势力。

除了土地兼并问题，敦煌还面临一个非常棘手的问题。敦煌是西域和中原的交通要塞，所以当地豪强经常以低价强买，甚至抢劫西域商人运往中原的商品，大发不义财，西域商人怨声载道。如果任由这些豪强发邪财，最终败坏的则是朝廷在西域的名声，表面上这是一个经济问题，实际上这是一个严重的政治问题。

仓慈的做法其实并不算高难度，他先是安抚了西域商人代表，然后下令为西域商人办好相关入境手续，只要是合法生意，都允许他们进中原贸易，并安排专人护送。同时仓慈下令，如果西域商人不想进入中原，敦煌郡官方可以按市价买下他们的货物，断不会让他们吃亏，这事关朝廷的脸面，绝对小气不得。

通过种种举措，仓慈很好地解决了敦煌积累多年的老大难问题，商民两便，同时也让仓慈在当地人（包括西域商人）心中树立了威信，同样是公私两利。当仓慈去世的时候，敦煌百姓和西域商人无不哀痛。老百姓是最有资格给官员盖棺定论的，是不是好官，用民心一量，答案就出来了。

在汉魏时代的行政区划中，有这么一种情况，有些郡因为种种原因，或地势险要，或经济发达，都算是朝廷的一线重郡，相当于现在的计划单列市。比如冀州的魏郡、中山，豫州的颍川，兖州的陈留，徐州的琅琊，幽州的辽东，以及司隶校尉部（魏改司州）的河东。现在讲一讲河东郡。

河东郡有多大？这么讲，东汉的河东郡大致辖境是今山西省的西南大部，下辖二十个县，极盛时期的人口近六十万，这里盐、铁储量非常丰富。河东的地理位置非常重要，正处在雍州、并州、司隶校尉部的接合部，西、南两面临黄河，东依太行，距离都洛阳不过几十里地，是洛阳重要的北面门户。

因为河东在汉末曹、袁相争的时代，正好濒临袁绍外甥高干控制下的并州和马腾控制下的关西，属于前线军事重镇，形势相当复杂。当时的河东太守王邑因事调离，曹操正为没有合适的接替人选而发愁，曹魏首席谋士荀彧给曹操推荐了西平太守杜畿。曹操向来对荀彧言听计从，立刻署杜畿为河东太守。

说来很有意思，杜畿本人早就对河东太守的位置垂涎三尺了，接到调令后，杜畿欣然赴任。不过在这个时候，河东土豪卫固和范先企图割据河东，率兵堵住黄河渡口，不让杜畿过河赴任。杜畿这个人做事也非常强硬，不让我从陕津渡口过，那我就绕道从郖津渡口北上，想难住爷们儿，门儿都没有。

卫固和范先虽然慑于曹操的势力，还是勉强接纳了杜畿，但他们手上有兵，对杜畿的威胁非常大。在这种虎狼环伺的险恶环境中，杜畿却玩得风生水起，和卫固等人从容周旋，为曹操扫清并州高干势力赢得了大把时间。

卫固等人和高干的命运很快就被曹操给彻底终结了，曹操留给杜畿一个相对安定，但却百弊丛生的烂摊子。这也许正是杜畿的机会，地方官要想出政绩，最容易出彩的是"雪中送炭"，而不是"锦上添花"，这个道理想必杜畿是明白的。

河东和其他州郡相比，最幸运的一点就是受大战波及程度较小，经济基础保存得相对完整。在这种情况下，地方官最先应该做的就是稳定社会局面，也就是稳定人心，否则人心一乱，再跳出几个居心叵测的人出来一搅和，不定生出什么大麻烦来。

杜畿在稳定人心方面很有一套，他采取的对策是道家所推崇的"清静无为"之术，也就是在发展经济的同时，尽量不增加老百姓的经济负担。农业社会的经济主体一是种田植谷，二是畜养牛马。

这两点杜畿做得都非常出色，杜畿经常走进田间地头，指导百姓发展畜牧业。不仅是马牛这样的大型牲畜，鸡鸭鹅狗猪都要养，老百姓兜里有了钱，社会才会稳定，否则无从谈起。

经济上去了，接下来杜畿在河东搞起了"精神文明建设"，历史已经证明，物质文明发展和精神文明发展要配套，缺了哪条腿都走不好路。杜畿经常在河东进行先进家庭的评选，抓一些典型，比如评孝子、贞妇、顺孙，然后给予他们适当的物质奖励，来引导人们向标兵们看齐，大家共同建设精神文明家园。

精神文明建设还有一个重要环节，就是普及教育，老百姓不能只有钱，还要有知识，没有知识的民族是没有前途的。杜畿在河东建学校，广招学生，开讲儒学，对河东的精神文明建设做出了重大贡献。

我们通常所说的教育主要是指文化课教育，实际上军事教育也是全民教育的重要组成部分。当时东汉政权早已分崩离析，军阀割据，战争是家常便饭，所以在有饭吃的同时，绝对不能忘记随时准备战争。

杜畿经常在冬天组织青年后生进行军事训练，开讲军事课程。只有全民皆兵，才能确保国家利益不受侵犯。战争绝不只是军人的事情，只要发生战争，每一个国人都应该是慷慨赴死的热血战士。

由于杜畿出色地完成了在河东的物质文明和精神文明的建设，河东大治，人心稳定。虽然河东地接边患，但"民无异心"。这个道理其实很简单，水往低处流，人往高处走，河东简直就像天堂一样，当地百姓自然在感情上会珍视这来之不易的大好局面。老百姓只有在实在活不下去的时候，才会闹出动静来。

杜畿在河东待了十六年，史称"（治绩）常为天下最"，最好的一个，没有之一。像杜畿这样的地方官，实在是社稷、百姓之福。"政治路线确定之后，干部就是决定的因素。"不要小看地方官在巩固政权建设方面的作用，没有优秀的地方官，再好的政策都只是无法落实的一纸空文。

因为篇幅有限，不可能在这么短的篇幅内讲完所有的魏国封疆大吏，只能选择讲几位有代表性的人物。下面再讲最后一个地方官，就是历任代郡太守、兖州刺史、魏郡太守、荆州刺史的裴潜。

说到裴潜，先不说他的地方政绩，先重点讲一下以下两点。一是西晋著名的地理学家裴秀，中国历史上完善地理理论的第一人，就是裴潜的儿子。二是裴潜对一代枭雄刘备做出了最准确的评价，曹操问裴潜，刘备何如人也？裴潜回答："使居中国，能乱人而不能为治也。若乘间守险，足以为一方主。"

裴潜投靠曹操的时间比较晚，建安十三年（公元 208 年）曹操收荆州之后，裴潜才正式挂靠在曹操门下。裴潜不算是曹操的嫡系，再加上他本也不是荀彧那样的谋略型人才，所以曹操照例把他安排在地方上任职。

在裴潜的地方官生涯中，最辉煌的无疑是在任代郡太守期间，他为稳定西北局势做出了突出贡献。代郡位于并州、冀州、幽州的接合部，这里同时也是乌丸族（也作乌桓）传统的聚居地，郡内民族杂居，强人出没，形势也非常复杂。

代郡名义上属于幽州管辖，实际上在代郡折腾的三部乌丸族头领，他们自称单于，在代郡横冲直撞，所谓的代郡太守形同虚设，根本不敢管这伙强人。曹操没少为代郡混乱的局面头疼，想来想去，就派裴潜出任代郡太守。

不知道是裴潜手腕足够强硬，还是慑于曹操的军事实力，代郡的那三位乌丸老兄乖乖地任由裴潜接管了代郡的权力。并把他们平时抢的美女和财宝都物归原主，他们心里明白，曹操是得罪不起的。

裴潜是个聪明人，他知道这些乌丸强人是代郡最不稳定的因素，但现在还不能动他们。便拿乌丸强人的汉人帮凶开刀，斩杀了十几个吃里爬外的汉人，在当地引发了强烈震动，百姓无不拍手称快。三位乌丸大人当然知道裴潜这是杀鸡给猴看，个个都老实了不少。

不过可惜的是，还没等裴潜下力度整治地方治安，曹操看到代郡形势平稳，就把裴潜调离了代郡。裴潜不想走，他写信告诉曹操，现在还不是他走的时候，他前脚一走，那三位乌丸强人后脚就敢造反。曹操不信，果然裴潜刚离开代郡，三位大人就扯旗称大王了。

裴潜的长处也许不是发展经济，但他最大的特点就是行事果断，甚至心狠手辣。在混乱的地方当官，先不要想发展经济，没有稳定的局面，谈何发展经济？

不用雷霆手段镇住当地那帮抹油贪吃的地头蛇，什么事都干不了。

地方官要想做出一番成绩，最需要具备的是什么？就两个字：威信！得让众人服你，你才能顺利推行各项政策。具体怎么做？说得通俗一点，就是一手拿着胡萝卜，一手拎着大棒子。听话，赏胡萝卜吃，不听话，抡起棒子劈头盖脸就打。强硬从来就不是目的，而是手段。敢玩狠的，才能做得了大事。

三国曹魏封疆大吏的事情，就先讲到这里。

三六 / 蜀汉三大边镇

讲完了曹魏的封疆大吏，再来讲一讲蜀汉的地区的行政建设。这一篇实际上是上一篇《魏国封疆大吏》的姊妹篇，之所以分成两篇讲，一是篇幅有限，二是蜀汉的情况和曹魏有很大的不同，所以在这里单独讲一讲蜀汉。

在三国鼎立的历史格局中，蜀汉的地盘最小，原先只有一个益州，后来把汉中从益州划出来，另置梁州，勉强算是两个州。即使失去了汉中，益州依然是蜀汉疆域的主体构成部分，甚至可以说是整个三国各州中面积最大的一个州。

蜀汉大致上可以分成四个主要部分：

第一，以成都为中心，环绕于成都的川西平原，这是蜀汉的核心统治区，经济最为发达。

第二，以今川东平原、重庆市大部组成的东部地区，即永安都督区，治所在巴东郡，也称永安（今重庆奉节）。

第三，长江以南的广大地区，也就是我们经常提到的南中地区，即蜀汉设置的庲降都督区，治所在建宁郡（今云南曲靖）。

第四，处在关中和西川接合部的汉中地区，即汉中都督区，治所在南郑（今陕西汉中）。

虽然蜀汉疆域狭小，川西平原也紧邻青藏高原，但一般很少将川西地区看成蜀汉的边镇地区。蜀汉边镇通常意义上是指三个地区，即汉中、永安、南中。与川西平原的文官行政编制不同的是，这三个边镇地区全部是军事编制，相当于现在的大军区制。

在三国中，蜀汉的生存环境最为险恶。失汉中，则魏军可长驱南下成都；失永安，则东吴水军可逆江西进，进入川中腹地。失南中，则蜀汉顿少大半国土。所以对蜀汉来说，少了这三大边镇中的任何一个，必然是国将不国！

说到汉中，我们并不陌生，这是一座位于陕西省南部的历史文化名城，历史积淀非常厚重。尤其是对三国历史而言，不讲汉中，就如同讲《三国演义》不讲诸葛亮一样，顿时少了许多精彩环节。

汉中位于秦岭深处，因为地处关中进入西川的要塞通道，历来是兵家必争之地。历史上大名鼎鼎的汉高祖刘邦，就是从汉中开始，向不可一世的西楚霸王项羽发动命运大反击的。对北方政权来说，谁得到了汉中，就等于得到了进入四川平原的大门钥匙。反过来也一样，蜀地政权一旦失去了汉中，离垮台的日子也就不远了。

这已经不是一个巧合，历代割据四川称王称帝者，莫不据有汉中以为天险要塞。成家（公孙述）、蜀汉、成汉、前蜀、后蜀、蜀夏（明玉珍）据蜀后，皆是东守永安，北守汉中，构成坚固的战略防御体系。

东汉建安十九年（公元214年），刘备耍尽了花招，终于从刘璋手上夺去了西川。虽然刘备潜龙入海，但他依然不太开心，原因无他，因为汉中要塞此时已经被曹操夺去。要不是曹操一时犯糊涂，没有趁势攻蜀，以刘备的实力，恐怕架不住曹操的狂轰滥炸。

得不到汉中，刘备根本睡不安稳，夺取汉中，是刘备集团入蜀面临的最重要的战略大事。在刘备率蜀军主力北上夺汉中之际，留守成都的诸葛亮对此稍有疑问，从事杨洪明确告诉诸葛亮："汉中则益州咽喉，存亡之机会，若无汉中则无蜀矣，此家门之祸也。"汉中对于四川平原的重要性，于此可见一斑。

东汉建安二十四年（公元219年）五月，经过和曹操长达一年多的艰苦作战，刘备终于从曹操嘴里强行抠出了汉中这块肥肉，美滋滋地吞下肚去。刘备异常重视汉中的战略防御建设，在选择第一任汉中都督时，刘备特别慎重，他没有选择当时公认最合适的人选张飞，而是出人意料地选择了当时名望尚浅的魏延。

任命汉中都督，首先要求这个人选在政治上必须绝对可靠，只能用嫡系人马，绝不敢冒险用杂牌系。张飞自然是比魏延还要可靠的嫡系，只是张飞脾气不好，刘备怕他因此误事，还不如用资历比较浅，但能力很强的嫡系魏延，至少魏延做事比张飞稳。

刘备让魏延守汉中，还有另一层意思，张飞在夺汉中之前就已经是蜀汉官场一线重臣，让张飞守汉中最多是平级调用。而魏延此时不过是三线的牙门将军，刘备的信任让魏延在众人面前出尽了风头，魏延对此感激涕零，必然会以死报主,这正是刘备用魏延的真正原因。

由于汉中对四川平原有重大的战略意义,刘备在汉中留下了重兵,交给魏延主持汉中防务。汉中兵的任务就是死守险要,"皆实兵诸围以御外敌,敌若来攻,使不得入"。至于诸葛亮日后的北伐部队,主要由蜀汉的中央军担纲。

魏延镇守汉中的时间非常长,从公元219年算起,到公元230年,魏延在汉中待了十一年。在这些年的汉中守牧生涯中,魏延实现了他当初对刘备的承诺:"若(魏)偏将十万之众至,请为大王吞之。"魏延时代的汉中,成了魏军水泼不进的坚固堡垒,为蜀汉政权的艰难存在,立下了汗马大功。

蜀汉的三大边镇主官有一个共同特点,他们是清一色的武将出身,与魏国封疆大吏多数出自文官系统截然不同。蜀汉疆域实在太小了,禁不起太大的折腾,魏国丢了凉州还是魏国,但蜀汉要丢了三大边镇,干脆亡国算了。所以只有武将出任三大边镇的督牧,才能最大限度地保证国家利益,这是没有选择余地的。

魏延之后的汉中都督是车骑将军吴懿,也就是刘备的大舅哥。吴懿是在公元234年诸葛亮病死五丈原,魏延受冤案遭诛的背景下出任汉中都督的。和魏延相比,吴懿又多了一个特权——假节,即有先斩后奏之权,全权负责汉中防务。吴懿在汉中的时间比较短,只有三年时间,建兴十五年(公元237年)病故于任上。

吴懿死了,自然还有能人顶上来,第三任汉中都督是"只认识十个大字"的"文盲"——讨寇将军王平。其实王平是和吴懿一起到汉中赴任的,只不过王平的职务是汉中太守,汉中防区的二把手,配合吴懿守汉中。吴懿死后,王平才转了正,继任汉中都督。

王平虽然大字不识几个,但他的军事作战经验非常丰富,天生就是吃乱世饭的。王平军事生涯中最有名的一场战役是场败局,就是著名的街亭之战,如果主将马谡听从王平的建议,不泥古不化地跑到山上搞什么"置之死地而后生",诸葛亮轰轰烈烈的第一次北伐也不至于虎头蛇尾地收场。

正是在这场失败的街亭之战后,王平在军界混得风生水起,职务一路飙升。王平性格比较沉稳,做事不毛躁,这正是当初刘备选择王平守汉中的原因。所以王平守住汉中,确实是给蜀中腹地上了一道保险锁。不管对手是司马懿还是张郃,都被王平给请回去了,魏军在王平面前占不到半点便宜。

由于诸葛亮死后,继任宰相蒋琬基本中止了对魏的主动进攻,汉中从前哨阵地变成了前线门户，承受着来自魏军方面越来越大的军事压力。王平在汉中的任务就是死守险要，不能放魏军进入蜀中腹地。在攻守概念中，进攻向来是比较困难的，但防守则相对容易些，所以王平很自然地就完成了历史赋予他的使命。

这里还有个情况需要说明一下，自魏延死后，吴懿、王平先后继任汉中都督，但由于汉中的特殊战略地位，蜀汉最高行政长官蒋琬一直长驻汉中，直接督导前线军防。不过由于蒋琬体弱多病，而且他又是文官，实际上的汉中防务，还是由吴懿、王平等武将负责。

当然，蒋琬毕竟是最高行政长官，他驻守汉中，汉中都督的地位在一定程度上被弱化了。后来的费祎接替蒋琬做最高行政长官，依然长驻汉中，而且是在王平死后（延熙十一年，公元248年），正好顺手接管了王平的职权。

于史有考的蜀汉最后一任汉中都督是前将军胡济，但胡济在《三国志》中无传，只是附在《三国志·蜀书·董和传》里，有五十个字的简单生平介绍。胡济在汉中都做了些什么，甚至胡济到底是不是蜀汉最后一任汉中都督都不清楚。

蜀汉末年的汉中防务，虽然还没到土崩瓦解的地步，但确实有群龙无首的感觉，都搞不清楚谁在负责汉中防务。蜀汉最后一位名将姜维此时还不在汉中，因为他得罪了大太监黄皓，为避祸逃到了远离汉中的沓中。

在蜀汉灭亡之前，姜维曾大幅度调整汉中军防体系，姜维的战略思维是"诱敌深入"，将汉中兵分散在各个险要隘口，吸引魏军进汉中，然后合而围歼之。在这种莫名其妙的军事指导方针下，汉中都督胡济撤往汉寿，监军王含守乐城，护军蒋斌守汉城，其他各个隘口均有重兵协防。元人胡三省就认为姜维此举是"自弃险要以开狡焉启疆之心，为亡国张本"。

不知道姜维天天都在琢磨什么，这种"袒胸露背"的防御体系实在太过冒险，一旦魏军直插进汉中，各个小城的蜀军根本无法抵抗强大的魏军。魏西路军主将钟会带了多少人马？十几万！按姜维的这种思维，那些险要地势的军事重镇几乎就没有存在的必要了，比如徐州、潼关、寿春、襄阳、江陵、广陵……

十几万魏军对付各自防守的蜀军小部，实在是太过轻松，各个击破就行了。从汉中防务的角度看，即使没有邓艾偷渡阴平，直插成都迫降刘禅，以魏军的整体实力，在汉中消灭分散的蜀军也不是什么难事。汉中蜀军被魏军消灭之后，刘禅想不投降也不行了。

真不知道姜维都在干什么！

讲完了蜀汉的北线军防重镇汉中，再来讲一下蜀汉的东线军防重镇永安。

说到蜀汉的巴东郡，或者是巴东郡的治所永安，也许我们都不是特别熟悉，但永安还有一个名称，就是历史上大名鼎鼎的白帝城。

蜀汉章武三年（公元223年），刘备伐吴惨败，退守白帝城。在这里，刘备含泪将残破的蜀汉天下，连同十七岁的儿子刘禅，都交给了泪流满面的诸葛亮。随后刘备带着千古遗恨离开了人世，这就是著名的"白帝城托孤"。再加上诗仙李白那句极有名的"朝辞白帝彩云间，千里江陵一日还"更让白帝城名满天下。

自吴、蜀夷陵之战后，两国的边境就以白帝城为界，以东属吴，以西属蜀，这无形中就突显了永安防吴军事重镇的地位。关于吴蜀关系，之前我们已经讲过了。虽然诸葛亮执政后，改善了与东吴的外交关系，两国结成反魏同盟，但吴蜀之间谁也信不过谁。在共同防魏的同时，双方都对所谓盟国提高了警惕，谁知道对方会不会在自己倒霉的时候捅刀子。

不过从双方的统治区域来看，东吴的核心统治区是江东，所以东吴的西线防御体系是整个荆州，战略纵深非常大。即使蜀军打到荆州，离江东还有很远的距离。但蜀汉不一样，一旦吴军突破永安防线，就可直接插进蜀中腹地，直捣成都。

在蜀汉的两大军防重镇汉中、永安中，汉中承担的更多是进攻任务，蜀军以汉中为跳板，谋略关中和河西。而永安的战略任务就是防御东吴，因为吴蜀已经媾和，所以永安暂时没必要承担进攻任务。

由于永安有这层特殊的战略意义，所以诸葛亮在选择永安都督的人选时非常慎重。这可是事关身家性命的大事，诸葛亮绝对不敢在这上面玩火。于史可查的蜀汉第一任永安都督是李严，其实选择李严做永安都督的并不是诸葛亮，而是刘备。

刘备在托孤于诸葛亮的时候，还是留了一个心眼，挑出李严做二号托孤顾命大臣，并以重兵留镇永安。刘备用李严坐镇东线，一方面防御孙权，另一方面也是间接给诸葛亮提个醒：我把儿子交给你抚养，你要对得起我对你的信任，否则李严的永安兵可不是吃闲饭的……

当然，刘备让李严防备诸葛亮只是一种假想情况，李严真正的敌人还是孙权。只要李严能守住永安，就是对蜀汉政权做出的最大贡献。虽然诸葛亮北伐时，带去了大多数蜀军精锐，留驻永安的也还是蜀军精锐部队，仅凭这一点，就能断绝孙权的非分之想。

李严在永安驻守了四年，建兴四年（公元226年），诸葛亮北驻汉中练军，因朝中无大佬坐镇，就把李严调到江州（今重庆市）驻屯，同时还兼管永安军防。

蜀汉军界在早期强人辈出，走了一个李严，还不至于挑不出名将驻防永安，亲临永安前线坐镇的是蜀汉名将陈到。

讲到陈到，想多说几句。在《三国演义》中，我们都知道刘备手下有一位贴身名将赵云。其实刘备身边还有一位贴身名将，就是没有被罗贯中写进《三国演义》的陈到。

不知道罗贯中为什么不写陈到，可能是罗贯中已经将陈到的事迹都移到了赵云身上，所以就不想多费笔墨了。在蜀汉军界，陈到是和赵云齐名的元勋大将，而且陈到也是刘备嫡系中的嫡系。

早在刘备挂个空头的豫州刺史头衔的时候，陈到就跟了刘备。几十年来的腥风血雨，陈到对刘备忠贞不贰，是刘备少数至亲至信的心腹之一。李严离开永安任上，由陈到及时补了缺，像永安这样的军事重镇，交给陈到是众望所归。

这次陈到赴永安任都督，还有一个特别的情况，就是陈到是率领蜀汉最精锐的侍从卫队"白毦兵"去永安的。这支白毦兵的第一任主将不是别人，正是刘备本人，刘备死后，就把这支精锐部队交给陈到统领。

在吴蜀结成联盟的背景下，诸葛亮派白毦兵驻守永安，重点防御孙权偷袭的意味非常明显。其实诸葛亮这么做也是无奈之举，他马上就要北伐曹魏，李严又改任江州，一旦孙权背信弃义偷袭永安，谁都承担不起这样的灾难性后果。

历史早就证明，孙权从来就不是一个可靠的盟友，专捅盟友黑刀是孙权的拿手戏。有了陈到率白毦兵坐镇东线，孙权即使有袭蜀这个贼心，也没这个贼胆，诸葛亮可以放心地北伐。

陈到于建兴八年（公元230年）在永安都督任上去世，但随之而来的就出现了一个问题。下任有史可查的永安都督是宗预，不过宗预是在公元234年诸葛亮去世后，出使完东吴回来后接任的永安都督的，永安都督出现了四年的空档期。难道这四年永安就没人管了？当然这是不可能的。

上面提到了前任永安都督李严移驻江州时，同时还管着永安军防，公元230年，李严受诸葛亮调令，率兵北上汉中，协助诸葛亮北伐。江州的防务交给了李严之子李丰，随后李丰又继任江州都督，直到诸葛亮去世那一年（公元234年）

才卸任。而这一年正好宗预任职永安都督，也就是说，从公元230年至234年，永安军防一直由江州都督代理。

宗预来到永安都督军之后，永安防区是否还受江州都督导，史无明载。不过从形势上来分析，诸葛亮死后，东吴方面已经现出了破坏吴蜀联盟的一些轻微举动，比如吴军集结于吴蜀边境。蜀汉方面对此做出了敏感而及时的反应，增兵永安，孙权想浑水摸鱼？对不起，这里没有鱼，只有螃蟹，小心夹到你的爪子。

宗预可能是蜀汉各大军镇都督中任职最长的一个，他居然做了二十五年的永安都督，从234年就任，到258年受调回成都。虽然《三国志·宗预传》并没有提到宗预在这二十五年的时间内都在永安做了哪些工作，但永安都督的任务就是防备东吴。只要东吴没出兵西进，就是永安都督最大的成就，宗预显然完成了任务。

宗预之后，负责永安军防的是《三国志》无传的大将军阎宇，阎宇这个人因为和蜀汉大太监黄皓关系很好，所以被罗贯中写成了攀附太监的小人。其实阎宇是个能员干臣，没有罗贯中写得那么龌龊。

阎宇从公元258年开始任永安都督，一直干了五年，公元263年，魏军伐蜀，蜀汉北线军防吃紧，阎宇被调离永安。阎宇临行前，将永安军防交给了永安防区的二把手、巴东郡太守罗宪，并留下了两千蜀军。罗宪应该是没有正式任职永安都督，但罗宪却是蜀汉最后一任永安防区的领导者。

也许是历史的戏弄，永安都督设立了几十年，从来没有吴军犯界的情况发生。但在罗宪的任期内，永安防区终于迎来了大考。数万吴军利用蜀汉灭亡，东线军防混乱的机会，大举西进。吴军盛宪、步协等部打着救援蜀军的旗号，企图拿下永安，打通西进蜀中腹地的通道，抢在司马昭之前占领蜀汉。

面对东吴的背信弃义，罗宪特别地愤怒。罗宪做出一个很男人的决定，吴军不是想吃豆腐吗？好吧，今天爷们儿就让你们见识见识，有些豆腐是不能随便吃的！罗宪"保城缮甲"，鼓励将士，誓死守城。吴军在永安碰了钉子，被蜀军打得稀里哗啦，败得很惨。

吴国孙权没想到罗宪这个"亡国奴"居然敢这么对待自己的军队，暴跳如雷，又派东吴名将陆抗率三万精兵西进，孙休不信堂堂大吴雄师，奈何不了永安这个小城。罗宪真是个爷们儿，硬是在吴军强大的攻击力面前，以孤弱悲凉之兵，足足守了大半年！

罗宪虽然后来向司马昭通款，请求晋军急速救援，但罗宪宁降晋，不降吴，可能和吴军背叛吴蜀盟约的无耻举动有关。男人的尊严让罗宪咽不下这口气，别说你陆抗了，就是你老子陆逊从阴间复活，也奈何老爷不得！

最终吴军因为晋军南下救援，才心不甘情不愿地退回荆州。孙权偷鸡不成蚀把米，还落了个背信弃义的恶名，恼火可想而知，呵呵。可能是出于稳定的考虑，司马昭并没有调罗宪去其他地方任职，而是继续督军永安，也许司马昭就是看中了罗宪的这股狠劲。

不过罗宪这时的身份已经不是蜀汉的巴东太守了，而是晋朝的巴东监军，虽然这时司马昭还没有废魏自立。罗宪在蜀汉灭亡后，在永安又干了七年实职都督，牢牢封死吴军的西进通道，对晋朝顺利稳定蜀汉局势做出了非常重大的贡献。

永安这个地名从晋朝开始已经不复存在，晋武帝将永安县更名为鱼复县，唐太宗李世宗为了纪念诸葛亮托孤之诚，又改名为奉节县，一直沿用至今。

在蜀汉的三大边镇都督区中，汉中是北伐曹魏的前线阵地，永安是封锁吴军西进的战略要塞，至于另外一个边镇——庲降，情况则与汉中和永安有所不同。

先简单介绍一下庲降的地理情况，所谓庲降，辖区范围非常大，差不多占去了蜀汉的一半国土。具体位置大约为今四川省的西昌市、攀枝花市以及宜宾至泸州段长江以南地区，贵州省大部、整个云南省，广西的西北地区，缅甸北部大片地区及东北部分，老挝的北部地区，以及越南北部的小部分地区。

这一大片地区在行政区划上，自东汉以前皆属于益州辖境，到了蜀汉，依然受益州管辖，通称为南中。南中从益州脱离出来单独划州，还是在晋武帝司马炎时代。晋泰始六年（公元271年），司马炎将南中划为宁州。

蜀汉时代的南中地区总共有七个郡，分别是：越巂郡（治今四川西昌）、朱提郡（治今云南昭通）、牂柯郡（治今贵州黄平）、云南郡（治今云南姚安）、永昌郡（治今云南保山）、兴古郡（治今云南砚山北）、益州郡（后改名建宁，治今云南曲靖）。建宁郡就是蜀汉庲降的治所，是南中的行政中心。

庲降都督区和汉中、永安最大的不同在于，庲降都督区境内是著名的民族杂居区，居住汉、僰、濮、夷、越、僚等民族，情况非常复杂。自古以来，南中就是西南少数民族的天堂，史称"西南夷"。历史上大名鼎鼎的夜郎国，就在蜀汉牂柯郡境内。

南中地区并不是像蜀汉丞相长史王连说的"不毛之地",南中虽然经济相对落后一些,但这里物产非常丰富,尤其是金属矿藏。比较有名的有朱提铜、贡古铜、律高锡、采山锡、云南银、越巂铁等。南中几乎就是蜀汉的大半个国库,如果失去了南中,蜀汉的财政收入将顿减大半,这是蜀汉无法承受的。

自刘备入蜀后,就非常重视对南中的管理。东汉建安十九年(公元214年),刘备任命安远将军邓方为朱提太守,同时兼领庲降都督,庲降都督从此出现在历史舞台上。

邓方为人"轻财果毅",处事公平,从"夷汉敬其威信"这句史料来看,邓方在处理夷汉关系的问题上很有一套。民族关系说复杂也复杂,说简单也简单,如何处理好多民族关系?就两个字:公平!只要一碗水端平了,万事都好商量。

邓方做了七年庲降都督,蜀汉章武元年(公元221年),邓方卒于任上,接替邓方的是益州别驾从事李恢。刘备这人很无聊,他明明想让李恢赴任,却找来李恢,拐弯抹角地说闲话。最终还是李恢挑明了他想当庲降都督,刘备大笑:"我找你来,就是这个意思。"真够无聊的。

刘备选择李恢主要有两层意思,一是李恢本就是南中建宁人,对南中情况非常熟悉。二是李恢的姑父爨习是南中豪门,在当地很有威望,所以综合这两方面情况,李恢其实是最合适的人选。

李恢在庲降都督任上最出彩的事情是协助诸葛亮南征,平定了南中豪强雍闿、高定等人发动的大规模叛乱,为稳定南中局势做出了重大贡献。南中一日不定,诸葛亮就不敢北上伐魏,南中是蜀汉的战略大后方。后院起了大火,谁敢没事人似的,出门耍猴遛鸟?就是这个道理。

李恢时代的庲降都督区形势比较混乱,叛乱不断,李恢以强硬的手段打击了那些上蹿下跳的地方豪强。为了釜底抽薪,李恢干脆把那些俘虏的叛乱头子都押往成都,这招真狠,不过非常有效,稳定住了南中局势。

南中之于蜀汉还有另外一层意义,就是南中可以源源不断地给蜀汉朝廷供应大量的战略物资,以及强壮的少数民族士兵。蜀汉之所以能屡次发动对曹魏的大规模战争,凭借的就是南中丰富的物产、人力资源。战争,说得通俗一点,就是烧钱。

第三任庲降都督是前蜀郡太守张翼,张翼是蜀汉官场少有的一线清流名门出身的高官。我们知道东汉历史上有句著名成语"豺狼当道,安问狐狸",就是张翼的曾祖父、东汉名臣张纲说的。张翼的高祖父，就是东汉顺帝时的司空张浩，在东汉士林中属于一线名士。

张翼是在建兴九年（公元231年）接任李恢任庲降都督的，张翼与前两任都督最大的区别在于张翼执法异常严厉，对当地豪强以高压为主，不懂变通，结果平白惹出了一场叛乱。

诸葛亮觉得张翼这毛躁的性格不太可靠，干脆调回成都，改派性情稳重的马忠取代张翼。张翼自知有过，为了弥补过失，他硬是顶住了叛军首领刘胄的攻击，顺利地和马忠办理了交接手续。张翼随地大便，却让马忠给他擦屁股，马忠在张翼走后，很快就平定了刘胄叛乱。

马忠是蜀汉中后期的柱石级大臣，刘备当初就非常喜欢马忠，称马忠为当世贤才。马忠也是历任庲降都督中任职最长的一位，从建兴十一年（公元233年）开始，直至延熙十二年（公元249年）病故于任上，前后长达十七年。

虽然在这十七年中，马忠有一段时间代替北驻汉中的宰相费祎坐镇成都，但时间不长，费祎回到成都后，马忠继续在庲降任事。马忠做事没张翼那么急躁，张翼重在于剿，而马忠则重在于抚，很好地处理了当地的夷汉关系，深受好评。史称"柔远能迩，甚垂惠爱"。马忠死后，当地人民甚至建庙来纪念他，足见马忠是深得民心的。

第四任庲降都督是张表，不过张表在正史中无传，只知道他是在景耀四年（公元261年）之前去世的。而第五任庲降都督阎宇则是在景耀元年（公元258年）就离开南中，赴任永安都督。也就是说张表和阎宇这两任庲降都督总共做了十年，至于他们任职的具体年限，已经于史无考了。

在蜀汉末期，南中形势相对比较稳定，这也可能是蜀汉朝廷撤裁庲降都督建制的主要原因。综合蜀汉历史来看，蜀汉政权在南中的政策，可以用马谡的那句名言来归纳，"南中恃其险远，不服久矣，虽今日破之，明日复反耳……攻心为上，攻城为下；心战为上，兵战为下。"诸葛亮鼓掌称赞。

蜀汉历任庲降都督在治理南中的时候，基本上都按这个大政方针执政，自诸葛亮平定南中以来，很少发生大规模的叛乱事件。所以在魏军大举攻蜀的时候，刘禅就想到了往地形复杂险要的南中避难。虽然刘禅在谯周的劝止下没有南奔，但刘禅此举恰恰为南中的形势稳定提供了证明，如果南中依然乱成一团，刘禅也不敢轻易南下冒险。

除了以上讲到的汉中都督区、永安都督区、庲降都督区，蜀汉其实还有一个江州都督区，大致辖境约为今重庆市的大部分。不过江州都督区严格来说不算是蜀汉边镇，一般是将江州都督区算进以川西平原为主的蜀汉核心统治区。

三七 / 东吴两大边镇

讲完了蜀汉的三大边镇，接着再讲一讲东吴的边镇情况。

在进入正题之前，也照例将东吴的疆域概况简单介绍一下。东吴全盛时期的疆域，大致可以分为三个州：

第一，扬州：今江西、浙江、福建三省全部，江苏南部、安徽南部，以及长江北岸部分地区。

第二，荆州：今湖南全部，湖北南部、贵州东部、广西东北部、广东北部。

第三，交州：今广东大部、广西大部、越南北部。

在具体行政区划上，这三大州又略有变动，吴黄武元年（公元222年），孙权从荆州拆出江夏等郡，另置郢州。黄武五年（公元226年），在吕岱的建议下，孙权将交州的东部拆出来，另置广州。不过郢州和广州存在的时间不长，很快又撤销了。直到孙休永安七年（公元263年），又重置广州。

在这东吴三大州中，扬州是东吴的核心统治区，经济最发达，也是孙权的命根子。虽然扬州在江北要面对强大的魏军轮番攻击，但和蜀汉的川西平原地区一样，严格来说都不能算是边镇。

至于荆州，严格意义来讲，荆州是东吴最大的战略缓冲区。孙权有了荆州，就能最大限度地抵御来自蜀军从西线发动的攻击，荆州横长数百里，只要守住荆州，孙权就几乎没有了西线的威胁。同时可以反击曹魏，也能最大限度地减轻扬州（来自魏军）的军事压力。

东吴的交州，实际上就相当于蜀汉的南中地区，这里民族杂居，情况也相当复杂。相对于荆州的重大战略价值，交州的战略意义似乎要略小一些。但交州的稳定与否，直接关系荆州和扬州的南线安全。万一蜀军要东进交州，那东吴几乎就是被蜀汉两面合围，孙权承受不起这样的惨重损失。

和蜀汉的情况差不多，表面上孙权和蜀汉结盟，但孙权根本不相信蜀汉。孙权两次严重伤害了蜀汉的重大利益，他不信蜀汉会不记仇。吴蜀都在结盟的同时，暗中防备对方。

在与蜀汉接壤的荆州和交州中，如果让孙权拼尽身家性命必保一个州，孙权一定会死守荆州。荆州的地理位置实在太优越了，占据荆州之后，孙权西可进蜀，北可图取中原，退而划江自守。

可惜孙权是个懒羊羊，小富即安的主儿，他没有统一天下的魄力，只想守住这一亩三分地，做个快乐的土财主。欲保江东，必守荆州，这是吴国高层的共识。正因为如此，所以镇守荆州的人选，必须是吴国官场有名望的一线重臣，而且此人必须有过硬的军事能力。当时吴国符合这两个条件的，只有陆逊。

陆逊出身于江东四大姓之一的陆氏家族，门庭显贵。当时东吴顶级的豪门大族有四家，全部出自吴郡（今江苏苏州），即"吴郡四大姓"，分别是吴郡顾氏、吴郡张氏、吴郡朱氏、吴郡陆氏。

因为陆氏是江东首屈一指的超级豪门，陆家的威望不成问题。再加上陆逊是三国顶级的名将，袭荆州、杀关羽、败刘备，这样的功劳很有含金量，江东文臣武将个个对他心服口服。

可以这么说，孙权能拿下并坐稳荆州，陆逊是第一功臣，所以让陆逊守荆州，也算是对陆逊的一种奖赏。孙权甚至把陆逊的爵位由娄侯改成了江陵侯，给陆逊改了"户口"。孙权此举，实际上是变相承认了陆逊对荆州的统治，东吴一直有两个朝廷的说法，一个在扬州，一个在荆州。

后来吴蜀联盟，孙权只负责外交的大政方针，与蜀外交的具体事宜，均全权交由陆逊负责。孙权另外打造了一方印玺，交给陆逊，孙权与蜀汉所有的外交来访文件，都要交给陆逊过目。如果陆逊觉得哪个地方不妥，直接修改，并盖上印玺。说陆逊是东吴的二号皇帝，并不为过。

在吴蜀关系复好后，两国停止了军事斗争，荆州的西线防御体系基本不见刀兵。而吴魏关系就此破裂，战事不断，荆州的防御重点由西线转向了北线。以东汉时荆州的辖界来看，东吴的荆州占了至少七成，曹魏占了三成。大致从从今湖北云梦县至今湖北兴山县拉一条曲线，北荆州属魏，南荆州属吴。

因为边界划定的原因，魏军对东吴的军事进攻，只有两条路可走：东线攻扬州，西线攻荆州。陆逊在荆州的主要任务就是防御魏军南下，绝对不能让魏军突破长江防线，否则魏军千舰东进，孙权就死了。

因为魏军慑于陆逊的强悍，直到陆逊被孙权逼死的那一年（公元245年），魏军始终没有在荆州战场发动大规模的战争，不是不想，而是不敢。倒是陆逊在公元236年，奉孙权的旨意，主动率军北伐，在襄阳附近转了一圈，把魏军吓得魂飞天外。都说老鼠怕猫，其实猫也有怕老鼠的时候，就看老鼠狠不狠了。

从魏国的角度来看，魏国南方表面上分为专对蜀汉的西线战场和专对东吴的东线战场，实际上还可以将东吴控制的荆州分为中线战场，东吴扬州为东线战场。因为东吴对坐镇荆州的人选慎之又慎，魏国基本没机会对荆州下嘴，只能专攻东线扬州。魏国"跛腿"式的对吴军事战略，其实对孙权来说是最安全的。

孙权对统一天下没兴趣，他对荆州的战略要求就是守好北线防御体系，陆逊出色地完成了守荆州的任务，孙权没有了西线压力，小日子过得非常开心。继陆逊之后出镇荆州的是东吴第一神童诸葛恪，诸葛恪才能出众，这也是孙权为什么不担心逼死陆逊的主要原因。

诸葛恪是在公元245年任荆州牧的，他的任期虽然没有陆逊坐镇二十四年那么长，但也不算短。诸葛恪在荆州待了七年，公元252年孙权病故，孙权有遗诏征诸葛恪回建业，以太傅、扬州牧的身份辅弼幼主孙亮，但同时还兼任荆州牧。

不过也许是出于分化权力的考虑，孙权把荆州交给诸葛恪的同时，还让年逾八十的老将吕岱与诸葛恪共守荆州。之前的荆州差点被陆逊搞成了独立王国，这让孙权格外警惕外镇权力的平衡问题，不能让一个国家重将在一个地区坐镇时间太长，很容易生出事端。

当然，分化权力必须建立在局势稳定的基础上，否则更容易出乱子。诸葛恪回京辅政并连年北伐曹魏，荆州的防备主要由吕岱和卫将军滕胤负责。滕胤和诸葛恪是一条藤上结出的两个瓜，共进共退，最终被孙峻等反对派一网打尽，滕胤陪着诸葛恪被灭了三族。

在三国鼎立、吴蜀联合抗魏的大格局下，东吴的荆州牧所承受的军事压力并不大。东吴朝廷对荆州的态度就是将荆州当成抵御蜀军东进的防御纵深，直到蜀汉灭亡之后，晋朝占领了西川上游要道，这时荆州的战略纵深意义才真正显现出来。

从晋朝对灭吴的军事准备上看，一旦发动攻击，晋军必然从蜀中顺长江直下。所以加强荆州军防是刻不容缓的要务，东吴最后一个皇帝孙皓把事关身家性命的荆州交给了陆逊的侄子陆凯。陆凯的荆州战略非常清晰，就是死守要塞，遏住晋军东下的水路。

这个防御思路无疑是正确的，司马炎久欲统一天下，正愁没借口对东吴用兵，所以陆凯绝不上司马炎的当，从不占小便宜。陆凯在荆州坐镇六年，晋朝的荆州大员羊祜找不到下嘴的机会，只好和陆凯这么不尴不尬地耗着。

当初为了加强荆州的防御力量，东吴在荆州设置了许多军事机关，就是都督制度。在整个荆州军防体系中，最重要的无疑是西陵都督，西陵都督实际上是东吴荆州江防的最高军事长官。在东吴历任西陵都督中，最有名的一个，自然是陆逊的儿子、西陵都督陆抗。

吴永安二年（公元258年），三十三岁的陆抗就被孙休任命为西陵都督，扼守西陵江防要塞。随后陆抗的权力越来越大，负责督管从巫县到公安县数百里的军事防线。陆凯死后，荆州防务基本上都由陆抗负责。

陆抗是三国末期的名将，羊祜遇到这样一个对手，自然不敢多事，又和陆抗磨洋工。羊祜和陆抗是魏晋时代最有名的一对"敌国朋友"，他们互相问候，并经常送给对方礼物或者药品。实际上他们哪里有半点私交，都不过是以假应假罢了。

东吴之所以在蜀汉灭亡后，还能在晋朝强大的军事压力下顽强坚持了十五年，并不是暴君孙皓有本事，而是孙皓在荆州用对了人。陆凯、陆抗都是一世良才，他们在荆州严防死守，不给晋军半点下手的机会。如果不是陆抗在公元274年病故，荆州再无良将，天知道晋朝统一还要等上多少年。

从晋朝的统一战略来看，晋军的主攻方向就是荆州。只要晋军能拿下荆州，即使没有攻克江东本部，晋朝也能进一步压缩东吴的生存空间，东吴的灭亡只是时间问题。

晋军灭吴出了六路大军，其中有四路是主攻荆州的：建威将军王戎出武昌，平南将军胡奋出夏口，镇南大将军杜预出江陵，龙骧将军王濬、巴东监军唐彬出益州。

二百年后，前秦皇帝苻坚为了统一天下，向东晋发起疯狂的进攻。从军事角度看，苻坚这次用兵最大的问题就是只将兵力集中于扬州一线，忽略了荆州，从而让东晋军从容地将有限的兵力汇集于寿春。

当时前秦和东晋的对立几乎就是西晋、东吴对立的翻版，前秦据有巴蜀、襄阳，完全可以学习西晋灭吴，兵分数路，重点攻击荆州，分散东晋有限的兵力，让东晋军首尾难顾。这就如同打蛇，击其首则尾至，击其尾则首至，最好的办法就是多点进攻。

只要拿下荆州，江东必不可保，这是历史给出的答案。后来的隋灭陈、宋灭南唐、元灭南宋，莫不如是。

与荆州军防重点防御魏、蜀的进攻相比，东吴另一个边镇交州的军防任务相对要轻松一些。吴蜀第二次联合抗魏后，军防重点都在北线，吴蜀长达千余里的边境线数十年不见大规模战争，甚至连吴蜀之间零星走火的交恶事件都少见。

我们都知道，蜀汉的立国战略是北伐曹魏，统一天下。至于蜀汉的东线——南线战略，诸葛亮的思路是以稳定为主，毕竟南中是蜀汉的大后方。不过南中和东吴的交州接壤，诸葛亮是否考虑进攻交州，扩大地盘和战略纵深？

从《三国志·蜀书·李恢传》那句"（李恢）使持节领交州刺史"来看，蜀汉确实是准备在等待合适的机会拿下交州。因为南中发生大规模叛乱时，东吴在南中下了黑手，和雍闿等人勾搭在一起，企图窥伺南中。孙权想拿南中，蜀汉作为回应，自然不会给孙权好脸色看，借李恢给孙权提个醒：我们想要交州。

不过后来吴蜀结盟，双方共同放弃了对对方领土的窥伺，蜀汉以官方形式正式承认了东吴对交州的主权。其实早在刘备建立蜀汉政权的前四年，也就是公元210年，孙权就已经控制了交州，孙权派步骘任交州刺史，接管了由前军阀士燮控制的交州。

步骘在交州共任职十年（公元220年去职），在这十年间，步骘通过软硬两手，一方面诱杀了不太听话的苍梧太守吴巨，树立了威信；另一方面安抚交州各界人心。史称"南土之宾（服），自此始也"。

继步骘之后，东吴的第二任交州刺史是吕岱。吕岱可能是感觉到交州的形势太复杂，他未必能驾驭得住这里的地头蛇，在公元226年，很油滑地上书孙权，在交州分出东半部分另置广州，自己求任广州刺史。

孙权也觉得交州太大了，而且交州的主要问题是西交（交趾），应该在交趾设置高一级行政区划，由专人管理。孙权同意了吕岱分置交州的建议，让吕岱坐镇广州，另派倒霉的将军戴良为新交州刺史，陈时为交趾太守。

之所以说戴良和陈时倒霉，是因为他们刚刚上任，就遭到了士燮的儿子士徽的强烈抵抗，士徽甚至带着本部兵拒绝戴、陈二人入交趾。吕岱真会挑日子做好人，随后吕岱出兵西进交趾，杀掉了士徽等叛乱分子，平定了交趾。吕岱坐视士徽叛乱，然后干掉士徽，捞尽了头功。吕岱做人做到这个份上，实在油滑。

吕岱虽然会打小算盘，但能耐还是有的，至少他有魄力，能镇得住大场面。在山高皇帝远的地方当官，必须两手都要硬，一手要有枣子，另一手要拎着大棒子，恩威并施，才能做得了大事。

不久后，孙权又废除了广州建制，恢复旧交州的辖境，吕岱全权主政交州。吕岱在交州待了十二年，他对东吴政权做出的最大贡献就是以强硬手段稳定住了交州局势，孙权没有了后顾之忧，可以集中精力对付曹魏。

吕岱并不是一个安抚型的地方官，他的开拓能力更强一些。在交州主政期间，吕岱不断向南发展，向中南半岛上的一些部落国家宣示大吴帝国的威武，这些小国慑于吴国的强大军事压力，纷纷与东吴建立了朝贡关系。

东吴统治下的交州面临着与蜀汉南中同样的问题，一是民族杂居；二是当地豪强闹事。但这两个问题治理起来说复杂也复杂，说简单也简单，就是"软硬兼施，恩威并行"。

不过综合历史史料来看，虽然交州和南中都经常性地发生叛乱事件，但南中局面更稳定一些。蜀汉对南中的战略就是以武为经，以抚为纬，双管齐下。终蜀汉之世，南中形势比较平稳。而东吴治理交州的效果不算太好，大规模叛乱一起接着一起，这可能和东吴对交州以剿为主的战略有关。

虽然吕岱在职期间，交州相对稳定，但吕岱刚一离职，交州就发生大规模叛乱。孙权没办法，又将八旬高龄的吕岱重新调回交州，吕岱用了一年时间，才平定以廖式为首的交州叛乱。

吕岱是交州叛乱者的克星，但天下毕竟只有一个吕岱，而且吕岱年事已高，等吕岱彻底离开交州之后，交州接二连三地爆发叛乱。虽然后来新任交州刺史陆胤改变战略，对交州以抚为主，"重宣至诚"，安抚交州各阶层，效果确实不错。史称"贼帅百余人，民五万余家，深幽不羁，莫不稽颡，交域清泰"。

但问题恰恰出在这里，陆胤在交州以抚为主，恰恰说明了在吕岱之后、陆胤之前的这十几年里，东吴对交州的管理模式过于生硬。据史料记载，东吴的赋税一直非常重，尤其是孙权晚年，加重赋役，江东苦不堪言。交州作为东吴财政大宗，自然免不了孙权的零敲碎打。把老百姓当成自家的提款机，老百姓被逼得没办法，造反是他们唯一能选择的道路。

陆胤自吴赤乌十一年（公元248年）坐镇交州，直到永安元年（公元258年）才离开交州。陆胤离职之后，交州再次习惯性地发生叛乱，东吴对交州的治理时好时坏，根子一方面是出于交州方面大员良莠不齐；另一方面还在于东吴对交州的压榨政策。

在蜀汉灭亡之前，蜀汉不便参与交州事务，所以东吴在交州面临的压力还不算大，有造反的，大不了剿灭了事。但自蜀汉灭亡之后，交州立刻从东吴的战略大后方变成了前线抗晋阵地。

晋朝不断地在交州施加影响，再加上东吴坐镇交州的大员们一个比一个贪暴荒唐，比如两个大活宝：交趾太守孙谞和察战邓荀。孙谞在交趾任内，专事欺压百姓，导致民怨沸腾。最搞笑的还是邓荀，此公来到交趾后，莫名其妙地下令在交趾征调三千只孔雀，准备进奉于内廷。

虽说南方多孔雀，但三千只孔雀也绝不是小数目，这些孔雀可能是当地百姓散养的。朝廷不拔一毛就想拿百姓的财物，百姓自然不答应，结果激起一场大乱。交趾郡吏吕兴杀孙谞和邓荀，举郡向晋朝内附。东吴辛苦经营五十多年的交趾，一夜之间就变成了司马炎的地盘。

晋朝占领交趾，对东吴的南线军防体系构成了极严重的威胁，如果晋军从南线进攻江东本部，再加上长江一带的晋军配合，以东吴的实力，未必能撑得住。东吴皇帝孙皓虽然残暴，但也知道丢失交趾对东吴意味着什么。

因为吴军的对手是强大的晋军，东吴收复交趾的战争屡遭失败，直到公元271年，十万吴军大举南下，在大都督薛珝与苍梧太守陶璜的率领下，费尽了九牛二虎之力，才勉强打败了已经弹尽粮绝的晋军，收复交趾。随后孙皓下诏，留陶璜镇守交州，与荆州一起建立起西线军防体系，共同分担来自晋军的军事压力。

陶璜是三国后期非常有实力的地方重将，只可惜在历史上没什么名气。陶璜的父亲陶基曾经做过交州刺史，任期不详。陶璜坐镇交州期间，用强硬的军事手段打击当地武装豪强，完全控制了交趾全境。陶璜在交州的军事存在，基本上断绝了晋军抄南线回攻江东本部的奢望。

直到公元280年，六路晋军浩荡南下，孙皓穷途投降。虽然江东本部陷落，但大吴的旗帜依然骄傲地飘扬在交趾的上空。如果晋军用武力解决交趾，可能会付出非常惨痛的代价。

为了避免这场战争，司马炎命令亡国皇帝孙皓亲自给陶璜写信，劝他投降大晋，不要再负隅顽抗了。史称陶璜接到孙皓的手书后，号啕痛哭，陶璜无路可走，只好违心地易帜。不过出于稳定南方大局的考虑，司马炎并没有动陶璜，依然让他坐镇交州。

像陶璜这样驻守形势复杂地区的方面大员，仅有军功是不能服人的，关键还在于博取当地百姓的信任。让老百姓信任地方官也不是什么难事，只要地方官有一颗爱民之心，做几件符合群众利益的事情，老百姓是善良纯朴的，他们分得清谁是好官。

陶璜在交趾最出色的政绩就是开"珠禁"，所谓"珠禁"，就是东吴禁止当地以渔业为生的百姓下海采集珍珠。交趾近海，海产非常丰富，东吴的"珠禁"政策与民争利，断绝了老百姓的致富路，这也是交趾屡发民变的重要原因之一。

陶璜有限度地开放了"珠禁"，规定老百姓采的上等珍珠的三分之二交给朝廷，中等珍珠的三分之一上交，下等珍珠允许百姓自行买卖。老百姓有了活路，自然就能接受统治，老百姓没有野心，他们只想有口热饭吃。

陶璜虽然是统治阶层，但他至少知道在一定程度让利于民，所以陶璜在交州的口碑极好。包括晋朝统治期内，陶璜共在交州坐镇了三十年，史称"威恩著于殊俗"，无论夷汉，都衷心拥护陶璜。民心，万不可侮！

陶璜死后，交州由同样是东吴降将的吾彦接任，吾彦也是一代贤吏，主政交州二十余年，同样是"威恩宣著，南州宁靖"。不过这已经和三国没有什么关系了。东吴边镇的情况大致就讲到这里吧。

三八 / 三国神童

北宋大文学家王安石有一篇著名短文《伤仲永》，说的是有一个叫方仲永的孩子，从小聪明异常。仲永五岁的时候就能写诗，被当时人称为神童，人们纷纷请仲永题诗写字，并给予他一定的报酬。结果仲永的父亲发现了这个财路，让仲永提早进入社交场合，却忽略了给仲永提供良好的学习环境。几年之后，方仲永才思俱退，已经"泯然众人矣"。

王安石通过这个故事来告诫天下父母：教育孩子要尊重儿童成长的客观规律，不能揠苗助长。王安石承认神童是存在的，但神童的最终成才，还需要后天的勤奋努力。神童最终成才的例子非常多，比如晋明帝司马绍、唐德宗时的山中宰相李泌、宋朝大文学家黄庭坚、明朝大改革家张居正等。

至于三国的神童，其实是非常多的，而且都是历史上"重量级"的神童。最有名的三国神童有六个：曹冲、周不疑、孔融、诸葛恪、孙亮、钟会。不知道是不是巧合，除曹冲早逝之外，其他五个神童的人生结局全部是悲剧，没有一个善终。

曹冲、周不疑、钟会我们都讲到了，下面重点讲讲孔融、诸葛恪和孙亮。

说到孔融，不得不提及他极为显赫的家世，孔融是儒家圣人孔子的第二十代孙。要说从古至今的第一清流名门，非鲁国孔氏莫属，孔融生在鲁国孔家，他的人生自然非同凡响。

作为神童，孔融最为后人所熟悉的有两件逸事，一是"孔融让梨"的故事，这已经成为历代儿童早期道德教育的经典教材，实在太有名了。著名的《三字经》也提到了孔融让梨的佳话："融四岁，能让梨。弟于长，宜先知。"《后汉书·孔融传》说孔融有"幼有异才"，不知道是不是指让梨这件事情。

真正让孔融成为名满天下的"神童"的，还是在孔融十岁时发生的一件事情。东汉延熹五年（公元162年），十岁的孔融随父亲孔宙去洛阳办事，这可能是孔融第一次来洛阳。孔融在来洛阳之前，就听说了士林一线名士、河南尹李膺不畏强暴，执法严正的传奇故事，孔融想见一见李膺。

不过孔融一家和李膺没有交情，孔宙也应该不认识李膺，而且李膺为人简重，轻易不与生人交往。用什么办法能见到李膺呢？孔融聪明伶俐，他有的是办法。孔融大摇大摆地来到李府门前，骄傲地告诉李府门卫："去禀告你家老爷，就说李大人的世交通家子弟来拜见李公。"

门卫不知道孔融是哪路神仙，自然不敢怠慢，进门禀告了正在宴客的李膺。李膺在江湖上认识的朋友何止千百，李膺也想不起来这是谁家的小公子。但李膺又不能不见，万一这小公子受家人所托，有要事来访呢，李膺忙命门卫将小公子请进内宅问话。

等李膺看到孔融的时候，有些傻眼了，这是谁家的孩子，从来没见过。李膺问孔融："这位小公子说与我是累世通家，敢问尊门何人？"孔融应该是见惯了大场面，并不怯场，孔融用稚嫩清脆的声音回答："我祖上是孔子，李公祖上是老子，孔子曾向老子求教，所以孔、李两家有累世之交。"

李膺听说孔融这话后，眼都直了，孔融说得没错，李耳和孔丘确实有过交情，可这已经过了六百多年了。在座的士林名流也没想到这个小孩子会这么伶俐，混饭吃都混出境界来了，众人拍掌称奇，赞叹不已。

过了一会儿，李膺的好友、太中大夫陈韪匆匆赶来赴宴，席间有人将刚才孔融的事情告诉了陈韪。陈韪可能是见过了太多的"仲永"，觉得这也没什么稀奇的，不就是混饭吃的把戏吗？陈韪随口说了句："看这孩子确实聪明，不过老话说过：小时了了，大未必佳！谁知道他长大后是不是平庸无奇。"

孔融确实够机灵的，还没等陈韪话音落地，孔融立刻顶了句："陈大人说得在理，看得出陈大人小时候必定是个神童！"孔融说的这是反向讽刺话，用陈韪的话来打陈韪自己的嘴巴，言下之意陈韪现在是个平庸凡人。陈韪没想到孔融的嘴巴这么尖酸刻薄，面红耳赤，一时无语，

在座众人谁也没想到眼前这个十岁的小男孩居然轻松扳倒了名士陈韪，无不暗中窃笑，让你没事招惹这个小人精子，这下吃瘪了吧。东道主李膺更是忍不住仰天大笑，用手指着孔融大声说道："此儿非凡品！将来必成当世伟器！"看得出李膺非常欣赏聪明秀朗的孔融。

有了这件雅事，孔融迅速在士林江湖中打出了名声，一来他出身正宗的士林名门，二来有李膺四处给孔融抬轿子吹喇叭，孔融想不出名都难。后来党锢之祸

中，孔融收留了落难的名士领袖张俭，因事发被捕入狱。孔融慷慨赴死，赚尽了英雄之名。孔融从此一跃成为中原士林中的顶级名士。

在中原士林中，老一辈的李膺、张俭、范滂等人逐渐退出江湖，新一代的孔融、刘表、袁绍等人闪亮登场。孔融在士林的威望有多高？问问刘备就知道了，呵呵。孔融在做北海相的时候，黄巾军来攻城，孔融一时抵挡不过，火速派太史慈去邻近的平原郡请救兵，这时担任平原相的就是一代戏霸刘备。

刘备出身草根，在士林中根本没地位，所以当刘备收到孔融的求救信后，受宠若惊，激动地说："孔北海乃复知天下有刘备邪！"马上就派三千精锐赶赴北海，打跑了黄巾军。刘备攀上了孔融这棵大树，就好像天下掉了一块大肉饼砸在刘备的脑袋上，刘备自然爽得不得了。

不过孔融虽然和刘备都算是一路（地市级）诸侯，但刘备天生就是吃乱世饭的，乱世才是刘备的天堂。但孔融的这种名士做派显然不太适合在乱世中找饭吃，史称孔融"负有高气，志在靖难，而才疏意广，迄无成功"。

手下人曾经劝孔融结交当时两大诸侯袁绍和曹操，不知道孔融少了哪根筋，孔融觉得袁绍和曹操都不是汉室忠臣，冷冰冰地拒绝了，甚至还杀掉了这个人。孔融书生气十足的举动得罪了袁绍和曹操，这也为后来曹操杀孔融埋下了伏笔。

而将孔融从北海赶跑的，正是另一外"汉室逆臣"袁绍，建安元年（公元196年），孔融被袁谭打败，老婆孩子全都丢了。孔融狼狈地逃到许昌，虽然当朝权臣曹操收留了孔融，但只给孔融安排了一个将作大匠的闲职，孔融的诸侯生涯就此结束，从此在曹操的刀尖上讨生活。

刚开始的时候，曹操和孔融还能相安无事，毕竟孔融是天下顶级名士，曹操也需要孔融这块金字招牌，所以对孔融曲意优容。孔融也逐渐适应了闲职散官的生活，他有两样爱好，一是结交名士，奖掖士林后进；二就是喝酒。孔融是三国著名的酒鬼，反正他也没正事做，每天约上三朋五友，在府里喝个烂醉。

如果孔融只是乱认朋友和喝酒，倒也不犯曹操的忌讳，但孔融偏偏喜欢在老虎头上拔毛。今天拔一根，明天拔两根，三天两头地给曹操添恶心，最终把曹操给惹毛了。孔融最有名的两次捣乱事件，一次是上书反对曹操禁酒，这个话题在《三国的酒肉江湖》中已经说过了。

另一次就是曹操攻破邺城后，俘获了袁绍的二儿媳甄宓，曹操晚了一步，被逆子曹丕抢先下手。事情传到孔融耳朵里，猴子性格的孔融决定要一耍曹操。孔融给曹操写了封信，胡说什么当年周武王灭商纣王，把妖女妲己赐给了弟弟周公旦，劝曹操宽容一些，把甄宓让给曹丕。

曹操也号称博学多才，却不知道历史上还有这个典故，曹操想破了脑袋，也不知道周武王赐妲己给周公出于何书，就虚心地请教孔融。孔融大笑："这个典故出自孔融之口，是我想当然编出来的。"曹操平白被孔融耍了，老脸都气变形了，有你这么糟蹋人的吗？曹操越来越恨孔融。

但真正让曹操起杀心的，并不是孔融在这些八卦逸事上给他搞乱，而是孔融经常发表一些反对曹操内政外交军事的言论，比如孔融反对曹操北伐袁绍、乌桓，在曹操权力圈中产生了非常恶劣的影响。"羊之乱群，犹能为害"，曹操最终忍无可忍，决定除掉孔融，以绝后患。

建安十三年（公元 208 年）八月，曹操先是指使光禄勋郗虑和军谋祭酒路粹等人上书诬告孔融"大逆不道""宜极重诛"。随后曹操以朝廷的名义将孔融一家处死，孔融时年五十六岁。

在孔融出事的时候，最让人感叹的是孔融的一对小儿子，当孔融被捕的消息传来，小哥俩正在下棋，家人惊慌来告孔大人被捕。小哥俩还在下棋，只是淡淡地回了句："老窝都破了，我们这两个小鸟蛋自然没有存在的机会，不就是一死吗，等着便是。"小哥俩从容赴死，时人莫不感伤。

孔融死了，但孔融留给后世太多太多的精神遗产，尤其是与孔融有关的几个著名成语（词语）和典故，如下：

　　小时了了，大未必佳
　　累世通家
　　想当然耳
　　谈笑自若
　　不胫而走（原句：珠玉无胫而自至者。以人好之也。况贤者之有足乎。）
　　岁月如流（原句：岁月不居，时节如流。）
　　不可多得
　　单孑独立（著名成语"茕茕孑立"的前身。）
　　警戒
　　零落殆尽

疾恶如仇（推荐祢衡书）

覆巢之下，安有完卵。（孔融两个儿子说的）

大逆不道（《史记·高祖本纪》作"大逆不道"）

融四岁，能让梨。弟于长，宜先知。（《三字经》）

孔融是汉末三国极负盛名的大文学家，著名的文学集团"建安七子"之首，他在文学上的成就自不必多言。但孔融最大的人生悲剧恰在于此，倒不是说文学家都是悲剧，而是孔融用一种文学化的人格在官场上存在，这就注定了孔融的悲剧。

在建安七子中，孔融的政治地位和社会影响最大。七子中只有孔融身处权力最高层，按说孔融应该用更圆滑的方式存在着，为官几十年，其实就是一个性格棱角不断被磨平的过程。但孔融却是一个例外，他桀骜不驯，蔑视一切，即使是当时能掌握孔融命运的第一权臣曹操，也被孔融狠狠踩在脚下。

伴君如伴虎，曹操是什么样的人，孔融最清楚。不要以为他是天下名士，曹操就不敢把他怎么样，边让也是天下名士，照样被曹操杀了。士林痛骂曹操，曹操安之若素，兵权在人手，你又能奈何？刻薄一些讲，孔融的死，实际上是他自找的。

但恰因为孔融在官场上的另类，才成就了孔融的一世才名。如果孔融低眉顺眼地给曹操当孙子，那世界上多了一个平庸的官僚，却少了一个绝世的才子。也许正如清人赵翼的那句诗："国家不幸诗家幸"，正是孔融的人生悲剧，才真正证明了孔融的独立存在。

从这个角度来看，孔融的人生是完美的。

讲完了中原的神童孔融，再来讲一讲东吴的神童诸葛恪。

诸葛恪和孔融有许多相似之处，比如孔融出身显赫，诸葛恪也是名门之后，诸葛恪的父亲是东吴名臣诸葛瑾，诸葛恪的叔父更是名声震破天——千古第一名相诸葛亮。要论政治地位，诸葛恪还高于孔融，孔融只是个清闲的散官，诸葛恪后来成为东吴第一权臣，官拜太傅、大将军，盛极一时。

作为当时的著名神童，孔融十岁时喷倒了瞧不起他的太中大夫陈韪，而诸葛恪则为父亲诸葛瑾赢得了一头小毛驴，呵呵。就历史知名度而言，诸葛恪的这则小故事甚至要在孔融"小时了了，大未必佳"之上，当然比孔融让梨的知名度还要差一些。

这个故事非常有意思，有一次吴主孙权大会群臣，诸葛瑾作为重臣自然有资格参加。不知道是孙权的意思，还是诸葛瑾想让儿子见见世面，诸葛瑾带上了诸葛恪参加宴会。孙权这个人"性滑稽"，就是喜欢恶作剧，大到偷荆州，小到放火烧张昭的宅子，只要孙权愿意，世界上就没孙权不敢干的事情。

因为诸葛瑾的脸长得比较长，"面长似驴"，已经有醉意的孙权决定捉弄一下诸葛瑾。孙权让内侍从外面牵来一头驴，还没等众人明白过来是怎么回事时，孙权就东摇西晃地蹿到了驴的跟前。孙权忍着笑，装模作样地围着驴转了几圈，众人都直盯着孙权，想看看这位猴子性格的大王能耍出什么活宝来。

果然孙权没安好心，他皮笑肉不笑地让侍从上场，强行按住驴头，孙权拿着一支笔，在驴脸上写了四个大字："诸葛子瑜（诸葛瑾的字）"。然后将笔丢在地上，仰天大笑。众人一看吴王原来是在捉弄诸葛瑾的大驴脸，无不笑得前仰后合，两旁的内侍宫女们都掩口而笑，整个大殿上笑声不绝。

诸葛瑾万没想到孙权会拿他的驴脸开涮，脸腾地一下就红了，如坐针毡。虽然他也知道孙权并无恶意，可在公开场合出重臣的丑，也确实有些不雅观，但诸葛瑾又不敢顶撞孙权，只好强忍着不快，低头不语。

坐在诸葛瑾旁边的诸葛恪看到吴王在出父亲的洋相，立刻就坐不住了，大人护犊子，小孩子也会护父母，这是人的天性。诸葛恪站了起来，走到孙权面前，跪曰："至尊好笔法，只是少了两个字，请至尊允许我添上。"孙权一愣，这小人精子要搞什么？他倒要看看诸葛元逊能耍出什么幺蛾子来。

孙权让人把笔交给诸葛恪，诸葛恪稳步走到这头名叫"诸葛子瑜"的驴跟前，在孙权题写的"诸葛子瑜"四个字之后添上了"之驴"两个字。这两个字完全改变了整个事件的意义，"诸葛子瑜"是说这头驴的名字叫诸葛子瑜，而"诸葛子瑜之驴"是说这头驴是诸葛瑾的。

孙权没想到诸葛恪会这么聪明，一下子就替父亲解了围，在座众人也无不鼓掌喝彩，这孩子果然聪明！孙权大笑，顺手就把这头驴赏给了诸葛恪。诸葛瑾也非常开心，幸亏儿子出色地打了一个翻身仗，不然以后自己就永远是一头被别人嘲笑的驴。

此役过后，诸葛恪在东吴官场声名鹊起，孙权也特别喜欢这个孩子，经常让诸葛恪参加各种宴会，甚至还让诸葛恪充当他的恶作剧打手。有一次孙权设宴招待群臣，诸葛恪照例来蹭饭吃。孙权很喜欢诸葛恪，就让他扮作酒童，在席间给各位老大人敬酒。

其他人都还买诸葛瑾的面子，不让诸葛恪为难。唯独老臣张昭不睬诸葛恪，推托已经喝醉了，不能再喝了。而且张昭对诸葛恪死皮赖脸劝酒的方式非常反感，说了句："元逊，你逼我喝酒，我年迈苍苍，体力不支，你这样做是不是有些不尊重老年人了？我凭什么要喝你敬的酒？"

当着众人的面，诸葛恪被张昭驳了面子，心里非常恼火：你敬酒不吃吃罚酒，别怪小爷使招了。诸葛恪当场向张昭发难："当年姜子牙年过九十，尚且亲临战阵，没听说姜子牙倚老卖老。老大人从来没上过战场，而每次宴会，老大人却从不缺席。您总不见得比姜子牙还老吧？"张昭被诸葛恪的话问得哑口无言，只好强忍不快，喝下了诸葛恪的敬酒。

诸葛恪的优点在于他的应变能力非常强，无论是什么样的场合，诸葛恪几乎就没有输过。但如果说"诸葛子瑜之驴"是诸葛恪智慧的体现，那之后诸葛恪在酒场上的辩难越来越朝着滑稽派发展，最后纯粹变成磨嘴皮子了，少了几分童真，却多了几分油滑。

比如有次诸葛恪不知道因为何事得罪了皇太子孙登，孙登在宴会上公然出诸葛恪的丑："诸葛元逊是个笨蛋，应该去吃马粪。"孙登哪里是诸葛恪的对手？孙登话音刚落，诸葛恪就顶了上去："恪愿意去吃马粪，但请太子殿下去吃鸡蛋。"

诸葛恪这没头没尾的话一出，所有人都愣了，吃鸡蛋是什么意思？孙权也没想明白诸葛恪要干什么，反正不是什么好话，孙权就问诸葛恪："太子让你吃马粪，你怎么让太子吃鸡蛋？何解？"诸葛恪笑道："马粪是马憋出来的，鸡蛋是鸡憋出来的，性质都是一样的。"孙权仰天大笑。

还有诸葛恪讽刺张昭是白头翁（鸟），张昭不服气，说世上根本就没有这种鸟，诸葛恪要有本事就找来一只白头母，张昭才承认白头翁的存在。诸葛恪早就修炼成精了，这点小意思难不倒他。

诸葛恪立刻还击张昭："谁规定有白头翁，就一定要有白头母的？如果按张老大人的逻辑，这世上有鹦母（鹦鹉），老大人能否给俺找来一只鹦父，让俺开开眼界？"张昭哑口无言，上哪儿找鹦父去？在座众人见诸葛恪又一次扳倒了张昭，笑倒一片。

随着诸葛恪年龄渐长，孙权开始有意在政界栽培诸葛恪，以诸葛恪的聪明才智，做一个弄臣太可惜了。诸葛恪作为东吴第二代政界精英，很快就在官场打出了局面，尤其是治理民情复杂的丹杨郡，更让诸葛恪在东吴政界一炮走红，奠定了诸葛恪如花似锦的前程。

东吴第二代的政治精英有很多，比如陆抗（陆逊子）、陆凯（陆逊侄）、张承、张休（张昭子）、顾劭（顾雍子）等，他们因为出身好，加上有才学，都挤进了官场一线。不过要论孙权最欣赏的，还得说是诸葛恪。孙权喜欢诸葛恪，这是官场中人都知道的，他们的外向性格很相似。

此时的孙权已经年近古稀，所以孙权最重要的任务就是给帝国找一个可靠的管家，孙权看上了诸葛恪。公元245年，陆逊被孙权给气死了，孙权并不伤心，至少不为荆州的事务伤心，因为他已经物色到了一个更加优秀的荆州牧人选，就是诸葛恪。

荆州是东吴的二号朝廷，能当上荆州刺史的人，将来是免不了要出将入相的。果然，在七年后（公元252年），孙权弥留之际，他下诏征诸葛恪入朝。孙权拜诸葛恪为大将军，辅佐幼主孙亮，确定了诸葛恪"内阁首辅"的地位，这一年诸葛恪整整五十岁。

由于孙亮年幼不能理政，东吴的最高统治者实际上就是诸葛恪，诸葛恪大展宏图的机会终于来了。诸葛恪和他的叔父诸葛亮一样，都有强烈的北伐瘾，诸葛恪执政不久，就大举北伐。诸葛亮北伐是为了报刘备三顾之恩，而诸葛恪北伐，主要还是为自己挣军功，在乱世官场上，没有军功是难以服人的。

诸葛亮北伐时，已经在蜀汉官场确定了绝对威望，没人不服诸葛亮。诸葛恪在官场上威望尚浅，他急巴巴地想立军功，可惜北伐屡败，吴军死伤惨重，诸葛恪的威望还没树立起来，就彻底栽了下去。东吴"众庶失望，而怨黩兴矣"。

在官场上缺少能镇住人的威望是非常致命的，大家都不服你，你的命令没有权威性，离崩台的日子也就不远了。因为诸葛恪在官场上威望太浅，由他来做首辅，大多数人是不服气的。

雪上加霜的是，诸葛恪北伐失败后，依然在官场上耀武扬威，今天踢这个，明天踹那个，整个东吴官场无不对诸葛恪恨得咬牙切齿。孙峻之所以敢发动意在除掉诸葛恪的政变，就是因为诸葛恪"民之多怨，众之所嫌"。

诸葛恪本事通天，仅仅当了一年的首辅，就把东吴上自权贵、下至百姓全都得罪了，甚至连皇帝孙亮都受不了他。诸葛恪在官场上存在的社会基础彻底丢掉了，等待诸葛恪的只能是无情的毁灭。

吴建兴二年（公元253年）十月，一场残酷的政变如期上演，孙亮下诏请太傅诸葛恪入宫饮酒，孙峻伏兵于殿中，还没等诸葛恪闻出酒的味道，伏兵就一拥而上，将诸葛恪等人就地斩首。诸葛恪就这么稀里糊涂地被干掉了，受牵连的还有他的整个家族！

诸葛恪和孔融的失败，有一个共同点，就是他们都恃才狂傲，目中无人。在官场上混，最忌讳的就是得罪人，诸葛恪出事，问题的核心并不在于北伐失败导致的威望丧失，诸葛恪的叔父诸葛亮五次北伐基本上都以失败告终，但诸葛亮在蜀汉官场上的威望却几近于神，诸葛恪和诸葛亮的差距就在这里。

诸葛亮在官场上未必没有敌人，但诸葛亮的做法是团结大多数人，孤立少数人，让政敌陷入自己的人脉大海中。而诸葛恪恰恰相反，他自视才高八斗，谁都瞧不起，以为靠自己的聪明可以镇服所有人。可根本没有人吃诸葛恪这一套，你有才又如何，再有才也不能骑在我的头上拉屎撒尿，没人受得了。

诸葛恪的失败，其实在他如日中天的时候，就有许多人看了出来，包括他的父亲诸葛瑾。诸葛恪聪明外露，是诸葛瑾非常担心的，官场上的水非常深，没有诸葛恪想得那么简单。

诸葛恪以为他踩的只是一尺深的水，实际上在这一尺深的水不远处，就是万丈深渊。

诸葛恪的悲剧告诉我们，做人，还是低调些好。

在诛杀诸葛恪的那场可怕政变中，真正起决定作用的是武卫将军孙峻。孙峻也是孙权内定的辅政大臣，只是所有的风光都被诸葛恪给抢了，孙峻连几句台词都没捞到，他自然恨透了诸葛恪。

孙峻是东吴官场上有名的反诸葛恪派，但还有一个人，他在这场政变中所起到的作用也非常大，可历史却有意无意忽略了他，这个人就是当朝皇帝孙亮。

在诸葛恪出尽同风头的那两年，所有人都是配角，其中也包括孙亮。虽然当时孙亮是个不到十岁的小孩子，但像孙亮这个年龄段的孩子，已经有了初步分辨是非的能力。

汉质帝刘缵八岁时就知道大将军梁冀是个"跋扈将军"，孙亮自然知道诸葛恪瞧不起他，心里不可能没有反应。所以孙峻密谋要除掉诸葛恪，孙亮立刻就答应了。没有孙亮的配合，以皇帝名义强征诸葛恪入宫，孙峻纵有天大的本事，也拿诸葛恪没奈何。

当然,孙亮能最终当上皇帝,也是机缘巧合,说句唯心论的话,孙亮的帝位是上天给的。孙亮是孙权最小的儿子,公元243年孙亮出生时,孙权已经六十二岁了,典型的老来得子。

本来孙亮是没有机会当皇帝的,可孙亮的大哥太子孙登没有当皇帝的命,在孙亮出生前两年就死掉了。继任太子的三哥孙和与四哥孙霸为了争夺储位大打出手,最终惹恼了孙权,全部废掉。孙权很喜欢孙亮的母亲潘夫人,再加上强悍的公主孙鲁班也把宝押给了孙亮,这才成全了孙亮。

吴神凤元年(公元252年)八月,七十一岁的一代枭雄孙权病逝,皇太子孙亮名正言顺地登基。不过此时孙亮只有九岁,还没有能力主持朝政,根据孙权的遗诏,由大将军诸葛恪全面辅政。这时的孙亮非常类似于刚登基的刘禅,他们只是金字招牌,蜀吴两国真正的皇帝,分别是诸葛亮和他聪明绝顶的侄子。

孙亮虽然年纪小,但他却是一个明君坯子,和同样是老爹幺儿的汉昭帝刘弗陵非常相似。孙亮和他的首辅诸葛恪一样,都是东吴有名的神童,而且相比于诸葛恪的急智,孙亮的急智难度更大一些,最有名的一个故事就是孙亮和老鼠屎的故事。

有一次孙亮在西苑游玩,他看到园中长满了梅子,感觉有些口渴,就让太监去食品储藏室取一些蜂蜜来,他准备蘸着蜂蜜吃梅子。太监很快就拿来了一个装满蜂蜜的罐子,孙亮拿勺子挖了一些蜂蜜,却愕然发现这勺蜂蜜上有一个黑点。仔细一看,孙亮差点晕倒,原来是颗老鼠屎。

皇帝很生气,后果很严重,孙亮质问藏吏(管理食品库的官员):"是你想让朕吃老鼠屎吗?"藏吏万没想到蜂蜜里居然会有老鼠屎,这可是给皇帝吃的!藏吏腿都软了,跪在地上大声呼冤:"臣冤枉!臣绝没有胆子戏弄陛下,真不知道这老鼠屎是从哪来的。"藏吏辩解的声音中明显带着哭腔。

孙亮是个聪明的孩子,他从藏吏的反应中初步判断藏吏是被人陷害了。孙亮仔细想了一下,能接近蜂蜜的只有两个人:藏吏和去取蜜的太监。想到这儿,孙亮突然明白是怎么回事了,孙亮指着取蜜的太监问藏吏:"这个阉人是不是曾经找你要过蜜吃?"

藏吏实话实说:"回陛下,小公公前不久确实向臣索要过蜂蜜,但蜜是皇家所用,臣按制度,没有给他。"旁边的那个太监一看矛头突然转向自己,立刻就急了，上前辩冤："藏吏欺陛下！奴才怎敢贪食皇家蜂蜜，定是藏吏恨奴才，所以胡乱攀咬奴才，请陛下明察。"

孙亮大笑道："怎么，朕还冤枉你了？既然你不服，那好，朕就给你分析一下，让你服罪。"孙亮让人把老鼠屎从蜜中取出来，当场劈成两瓣，众人伸头一看，这颗老鼠屎内部很干燥，感觉应该是某只老鼠最近刚诞生的作品，但众人没明白孙亮的意思，都在看着孙亮。

孙亮又大笑，指着这颗老鼠屎给众人讲解："如果在蜜中浸泡的时间很长，那老鼠屎应该早就被蜜浸泡透了，屎里应该是湿的。可这颗老鼠屎里面却是干的，明显是刚放进去的，不信我们找几颗干老鼠屎试试？"

孙亮吐了一口唾沫，然后笑着问那个取蜜的太监："现在服不服？朕是不是真的冤枉你了？"那个太监万没想到皇帝会这么聪明，居然这么简单就揭穿了他的谎言，吓得跪在地上，磕头如捣蒜，承认这颗老鼠屎是自己刚趁人不注意放进去的。围观众人这才明白过来，无不佩服小皇帝聪明绝顶。

孙亮当起得"聪明绝顶"这句评语，但问题是孙亮生不逢时，他的"绝顶聪明"受到了历史的限制，基本上发挥不出来。孙亮要比汉质帝刘缵幸运许多，因为孙亮身边的大将军诸葛恪要比刘缵时的大将军梁商人品更端正，至少诸葛恪没有对孙亮下黑手。

不过孙亮和同时代的蜀汉皇帝刘禅相比，则谈不上幸运。刘禅虽然昏庸无能，但他身边有一位千古名相级别的相父诸葛亮，而孙亮身边的诸葛恪一没有他叔父的威望，二没有他叔父的才干，只当了一年多的首辅，就被孙峻等人给干掉了。

对孙亮来说更加不幸的是，继诸葛恪之后的两任首辅大将军孙峻、孙綝个个飞扬跋扈、蛮横难缠，从来不把孙亮当回事。刘禅身边继诸葛亮之后的蒋琬、费祎都是文官首辅，性格内敛，刘禅趁机收回了不少权力。即使是强悍的武人姜维，在蜀汉官场也没多少权力可言，在很多时候，姜维都要看刘禅的脸色吃饭。

这时的孙亮，更类似于同时代的傀儡皇帝曹芳，他们都是权臣手上的玩物。人生最大的悲哀就是命运掌握在别人手中。孙亮有一点还是比曹芳幸运的，就是曹芳身边的权臣是外姓司马氏，而孙亮身边的权臣却是东吴本姓宗室。而且孙峻等人只想弄权，倒没有篡位的想法。

孙峻还好一些，至少他还知道给予孙亮最起码的一点尊重，而且孙峻执政时间并不长，只有三年。孙亮真正的噩梦来自孙峻的堂兄弟孙綝，按辈分，孙亮还是孙綝的堂叔，但孙綝眼中只有权力和欲望，没有堂叔。

作为宗室系的权臣，孙綝执政对东吴孙家天下来说，至少能保证东吴国祚的延长，即使孙綝称帝，也还是大吴帝国。但对于孙亮来说，他的悲剧正在于此，因为他太聪明了。

如果孙亮幼弱不更事，小皇帝和权臣之间还能相安无事，可随着孙亮慢慢长大，他想收回权力的欲望越来越强烈，这就和孙綝的利益发生了严重的冲突。孙亮是十五岁时（公元257年）亲政的，从此之后，孙亮就开始给孙綝找麻烦，"綝所表奏，多见难问"。孙綝由此大惧。

孙亮到底是年轻，政治经验不足，这点不如同样是少年继位、朝中同样有权臣执政的宋文帝刘义隆。刘义隆以外藩入承大统，徐羡之等人把持朝政，刘义隆在继位的前几年一直在隐忍装傻，慢慢等待机会夺回权力，最终发动兵变，一举铲除徐羡之。

孙亮知进不知退，他没有考虑到，他对孙綝步步紧逼，会不会把孙綝逼得狗急跳墙。当然孙綝作为臣子贪恋权力，孙亮收回权力是天经地义的，因为他是皇帝。但孙亮的方式不对，他只知对孙綝一味打压，却没有考虑到孙綝的感受。

对孙亮来说，最稳妥的办法就是以退为进，挖了大坑请孙綝往里跳，后来刘义隆就是这样玩死徐羡之的。如果孙亮对孙綝做出重大让步，孙綝骄横无度，必然更加的趾高气扬，等孙綝把官场高层都得罪光了，就是收拾孙綝的最佳时机。

可惜孙亮太年轻了，他不知道官场这潭浑水的深浅，孙亮密谋诛杀孙綝，结果事机不密，被孙綝抢先下了手。吴太平三年（公元258年），孙亮诛杀孙綝的计划失败，孙亮同时把自己的政治生命也搭进去了，被愤怒的孙綝当场废黜，贬为会稽王，另立孙权第六子琅琊王孙休为帝。

两年后，无权无势的孙亮因为受到了孙休的猜忌，贬为侯官侯，发配到更加边远荒凉的地区。孙亮在绝望之下，伏剑自杀，时年只有十八岁。

孙亮的失败，和本篇另外两个主角孔融、诸葛恪一样，都是聪明外露，不会隐忍。在政治经验上，孙亮明显不如六哥孙休稳重。孙休同样面对气焰熏天的孙綝，可孙休刚继位时一味隐忍，麻痹了孙綝。

同样是密谋铲除权臣，孙休的计划就非常谨慎，几乎没有破绽。而孙亮却把绝密的除奸计划外泄给了皇后全氏，可全皇后的母亲（也就是孙亮的岳母）却是孙綝的堂姐！

　　孙亮虽然已经注意到了岳母的这层特殊身份，但孙亮还是抱有侥幸心理，以为岳母会疼自己这个女婿，哪知道全夫人还是疼自己的堂弟，她在第一时间把密谋告诉了孙綝，孙綝可以以最快速度做出军事反应，结果孙亮这场豪赌输了个精光。

　　孙亮很聪明，但他很年轻，成长是需要付出代价的，可孙亮付出的代价太大了。

三九 / 蜀汉真的没有人才吗

据统计，四大名著之一的《三国演义》总共描写了一千二百多个有名有姓的人物，比《水浒传》描写的七百个人物多出了不少。但有一点需要说明，《水浒传》的时代背景前后不过十几年，而《三国演义》从黄巾起义开始，到三家归晋结束，时间跨度长达一百年。时间长，出场的人物自然也就多了。

我们都知道水泊梁山一百单八将的故事，其实《水浒传》真正的主角不过十几个，能排到一线的无非宋江、吴用、公孙胜、鲁智深、林冲、武松、三阮、燕青、李逵等人，其他的好汉多数是跑龙套混盒饭的。甚至潘金莲、西门庆、武大郎、郑屠、蒋门神、高俅、李师师的名气在水浒世界中都算是一线人物。

三国也是一样，一线人物也无非就是曹操、诸葛亮、关羽、刘备、周瑜、孙权、袁绍、张飞、赵云、吕布、鲁肃、姜维、马超、邓艾、钟会等人。二三线人物实在太多了，是很难记住的。有些人只是在舞台上走个过场，然后就消失在茫茫的历史天空之中了。

但万事非绝对，有些二三线人物因为机缘巧合，在历史上出尽了大名，比如蜀汉将军廖化，因为那句著名的俗语："蜀中无大将，廖化作先锋。"廖化的知名度远高于蜀汉一线重臣董允、马忠、邓芝、陈到、吴懿等人。

很为廖化感到冤枉，他明明是蜀汉官场后期的准一线重臣，官拜右车骑将军、领并州刺史，封中乡侯，在蜀汉官场以"果烈"著称。这样的人物被当成了反面教材：看，廖化这种饭桶草包都当上了先锋，可见蜀汉已经没人才可用了。

废话讲了这么多，下面切入正题：蜀汉到底有没有人才？

孔子曾曰："十室之邑，必有忠信。"任何一个地方都不会缺少人才，只在于领导者能不能发现人才，会不会使用人才。如果蜀汉没有人才，也不可能在强大的曹魏和东吴的夹缝中顽强存在了五十年。

蜀汉的官场一线人物大致如下：

文官系：诸葛亮、庞统、法正、黄权、刘巴、董和、马良、陈震、蒋琬、费祎、王谋、习祯、郭攸之、张裔、杨洪、伊籍、秦宓、王连、李福等。

武官系：关羽、张飞、赵云、黄忠、魏延、马超、陈到、王平、李严、吴懿、吴班、马岱、向宠、霍峻、冯习、张南、傅肜、句扶、霍弋、罗宪等。

地方官系：邓方、李恢、邓芝、程畿、马忠、吕乂、吕凯、张嶷、张翼、宗预、阎忠等。

实际上这个名单远远不能涵盖蜀汉所有的文武百官，这还不包括许靖、杜微、谯周、来敏、孟光这样的花瓶角色。有些重要人物在《三国演义》中只是一笔带过，有的甚至在《三国志》中根本不存在。

仅以蜀汉灭亡的公元263年为例，蜀汉亡国时，人口近百万（刘备建国也是此数），军队十万，官吏四万人。抛开有些滥竽充数的官员，在四万名各级官吏中挑选几百个能员干吏应该不难吧。

再者，蜀汉的百万人口还是官方统计，其实益州地区还有世家大族控制的大量非在编户口存在，蜀汉总人口绝不止百万。上距蜀汉建国时期不远的东汉桓帝时代，益州总人口就达到了惊人的六百万，而益州自汉末黄巾起义以来并没有遭受大规模的战争洗劫，怎么到了刘备时代，就凭空少了五百万人口？

人口数量和人才数量是正向比的，即使世家大族严格控制这些荫户，不受朝廷管理。但只要朝廷肯下功夫治理，还是能收到相当成果的，后来蜀郡太守吕乂就从蜀郡强行查出了一万多荫户。人才在哪里？就在这些草头百姓中，草根中藏龙卧虎，这是千古至理。

当然，蜀汉人才库和曹魏、东吴比起来，因为疆域狭小、人口基数较小，所以选材的空间也相对较小。尤其是人口基数，魏国亡时，人口近五百万，东吴亡时，人口二百万。因为人口基数大，魏和吴的选材空间相对就比蜀汉要大许多。

雪上加霜的是，蜀汉本就不太丰裕的人才库，因为各种原因，造成精英人才总量大幅锐减。蜀汉早期的人才损失，简单归纳起来有三个原因：

一、孙权偷袭荆州：损失关羽、糜芳、士仁、郝普、潘濬、刘封、孟达、申仪、申耽（并失上庸等三郡），以及未来四十多年的荆州人才供应。

二、伐吴失败：损失张飞、马良、冯习、张南、傅彤、程畿、黄权。

三、战死和早逝：庞统、霍峻、法正、刘巴、马超、黄忠、邓方。

以上这些人物中，绝大多数是蜀汉文武两条战线上的一线精英，他们或投降魏、吴，或战死，或早亡，都是蜀汉莫大的损失。所以在刘备伐吴惨败，退回白帝城时，蜀汉人才库确实有些空空荡荡，有不胜凋零之痛。

自从刘备病逝于白帝城之后，整个蜀汉官场唯一能算得上三国顶级人物的，也许只有诸葛亮了。但历史并不是靠一个顶级人物来推动的，在这个顶级人物周围，会聚集着许多干才精英。他们为了共同的理想走到一起，在"天下三分，益州疲弊"的危难时刻，和诸葛亮共同迎接命运的挑战。

不算蜀汉的后妃和宗室，在《三国志·蜀书》中，陈寿共为五十六人立了正式的传记，而活到诸葛亮执政之后的，差不多有四十位。实际上在诸葛亮执政后，活跃在蜀汉官场一、二线的远不止这四十位。

虽然蜀汉没有立史官，陈寿搜集故国史料比较困难，但我们还是可以从其他史料上找到大量关于蜀汉文官武将的记录。大致来源有三处，一是《三国志·蜀书·杨戏传》附载的《季汉辅臣赞中》，二是裴松之的注，三是东晋人常璩编撰的《华阳国志》。

《三国志·蜀书·杨戏传》附载的《季汉辅臣赞》中，就提到了正史所不载的三十多位官员的生平简介，其中有许多官场一线人物，比如陈到、吴懿、费观、李福等人。

在《三国志·蜀书·李严传》附载了一篇裴松之注的《公文上尚书》，在这篇弹劾李严的文章中，提到了许多正史所不载的蜀汉官员，比如前将军袁綝、右将军高翔、征南将军刘巴（与刘子初同名）、偏将军许允、笃信中郎将丁咸、讨虏将军上官雝、建义将军阎晏、禅将军杜义、武略中郎将杜祺、绥戎校尉盛勃等。

《华阳国志》中提到了大量蜀汉官员，从职务上看属于一、二线的有广汉太守何祗、太常镡承、五官中郎将五梁、尚书郎文立、汉中黄金都督柳隐、益州从事柳伸、巴东监军柳纯、梁州都督杜祯、尚书左选郎司马胜之、督军常勖、长水参军常忌、光禄郎中主事何随、尚书郎王化、巴东太守王振、大将军主簿李密（《陈情表》作者）、蜀郡功曹杜轸、黄门侍郎寿良、广汉太守张微（张翼之子）

等人，再加上《三国志》的作者陈寿本人。

之所以不厌其烦地列举这么多蜀汉官员，只是想说明一个观点，蜀汉拥有大量高精尖的人才，无论是武将、文臣还是博士。还有一点需要特别说明，《华阳国志》所提到的这些官员，大多数生活在蜀汉中后期，其中许多人后来都入了晋朝做官。

明末大儒王夫之在史评名著《读通鉴论·三国》中提出了"蜀汉无人"的观点，王夫之认为："蒋琬死，费祎刺，蜀汉之亡必也，无人故也。图王业者，必得其地。得其地，非得其险要财赋之谓也，得其人也；得其人，非得其兵卒之谓也，得其贤也。巴蜀、汉中之地隘矣，其人寡，则其贤亦仅矣。故蒋琬死，费祎刺，而蜀汉无人。"

王夫之认为蜀汉的疆域狭小，所以人才也少，这个论点上面已经讲到了。蜀汉国小人才少，不代表除了蒋琬、费祎之后就没有人才了。王夫之的论点基础在于绝对量，而我们讲的则是相对量。

当然王夫之认为蜀汉缺少具有担任首席执政官能力的人才，从这个角度讲，王夫之讲的有一定道理。但上面提到的这一大批文官中没有再出蒋琬、费祎，不代表他们的能力就比蒋琬、费祎差。

这些非主流文官缺少的不是能力，而是机会，最高统治层不给他们施展才华的空间，让他们如何展翅高飞？人才是需要去发现的，总不能让人才去找最高执政官，骄傲地说："汝可取而代之！你能力不如我，还是让我当宰相吧。"这只是个笑话。

不谈宰辅的选才问题，再回到本篇提到的那个著名俗语："蜀中无大将，廖化作先锋。"认为蜀汉自五虎上将、魏延之后再无大将之才，这个观点也是不客观的。蜀汉的军事人才其实还是相当多的，介绍几个在《三国志》和《三国演义》上根本不见踪影的蜀汉武将，看看他们是不是真的是全方面将才。

先说说柳隐，常璩对柳隐的评价相当高，"直诚笃亮，交友居厚，达于从政"。意思是人品好、人缘好、政治情商高。柳隐并不是一个纯粹的文职将军，而是能兼文武的全才。

柳隐曾经跟着蜀汉大将军姜维数次北伐中原，一方面他能给姜维出谋划策；另一方面他还可以拎刀上战场砍人，"当敌陷阵，勇略冠军"。作为武将，能得到这八个字的评价，已经是相当难得了。

柳隐的职务并不算低，先当过牙门将，后来又出任蜀中重镇巴郡的太守。不过真正让柳隐大出风头的，还是在任职汉中黄金都督的时候。蜀汉景耀六年（公元263年），晋王司马昭兵分三路，大举伐蜀，其中主攻汉中的是镇西将军钟会。

这时的钟会早就名满天下，但柳隐并不在乎你是钟会，还是邓艾，他知道坚守自己军人的底线，那就是血战到底，用铁血和霸道来向钟会证明：蜀中并非无大将！

钟会是个很拽的人，他平时自视甚高，而且他手握重兵，再加上姜维对汉中军防的灾难性布局，导致钟会很容易地就进入了汉中腹地。镇守汉中各处军防要塞的蜀汉将军们见魏军这次是动真格的，没人再愿意给老阿斗卖命，都当了"英雄好汉"，投降了。

钟会一路上顺风顺水，心情大好，可钟会没想到会在柳隐面前碰上一颗大头钉子。柳隐死守要塞，任凭魏军使尽各种进攻手段，宁死不降，大汉的旗帜依然高高飘扬在崇山峻岭之中。

柳隐知道他公然捋钟会的虎须，一旦城破，可能会玉石俱焚。但柳隐并不在乎这些，他只想让钟会知道，男人是有尊严的。魏军狂攻柳隐无果，钟会实在耗不起了，现在被柳隐拖着，万一要被邓艾抢先进成都，自己就亏大了。钟会不再理会柳隐，派部将率偏师继续围攻柳隐，自己急速南出汉中，和邓艾抢食吃。

后来刘禅被邓艾的孤军给吓破了胆，哆哆嗦嗦地做了亡国俘虏，随后刘禅最后一次以皇帝的名义给柳隐下诏，命令柳隐就地投降魏军。柳隐这才大摇大摆地去见钟会，当老态龙钟的柳隐骄傲地站在钟会面前时，不知道钟会心里在想什么，也许会佩服这个老头子的硬挺。

晋王司马昭知道了柳隐坚守不降的事情，也非常钦佩，男人就得有骨头。柳隐在蜀汉灭亡时已经七十多岁了，不知道柳隐是何时进入官场的，但柳隐小时候就在家乡成都非常知名，应该也算是个老江湖了。像柳隐这种级别和层次的武将，总不至于比差不多同时代的廖化差吧。

说完了柳隐，再说另外一个强硬的男人常勗，之所以选择常勗来讲，是因为柳隐和常勗有很多的共同点。常勗也是成都人，而且同样少年知名于乡里，后来柳隐和钟会对着干，常勗则和邓艾对掐。不过与柳隐更侧重于军事相比，常勗是个标准的文官。常勗的从政生涯，基本上与军事不沾边，全是文职。

从常勗的履历来看，常勗更像是一个安贫乐道的隐士、一个博学多才的知识分子。常勖在隐居期间，专攻《毛诗》和《尚书》，并博览群书，灌了一肚子的墨水。像常勖这样的人才，不出山为朝廷做事，实在太可惜了。

益州幕府知道了常勖的本事后，征常勖出山，做了光禄郎中主事。后来又当上了尚书左选郎，级别都不算高，但人才施展能力，初始平台还是不要太高的好，人才需要一个由低到高不断历练的过程。不知道过了多长时间，常勖改任益州督军，主抓刑事审案工作。常勖为人清正刚直，处事公正，所以在断狱时，"治讼平当"，为时人所称道。

不过真正让常勖名扬天下的，不是他的断狱，而是他在蜀汉亡国时的铁骨铮铮。历史最容易记住四种官：功臣、奸臣、直臣、强项之臣，常勖应该算是第四种官。在蜀汉快要灭亡的时候，常勖改任郫县的县令，常勖在任期间，"为政简而不烦"，是个能真心为老百姓办事的好官。

公元263年，魏征西将军邓艾偷渡阴平，深入蜀中腹地，尤其是绵竹一战，消灭了诸葛瞻率领的蜀军主力，蜀汉已经基本失去了反抗能力。蜀汉的地方官们看刘禅真的要完蛋了，成群结队地找邓艾报到，至于什么主辱臣死，早抛到了九霄云外。

邓艾看了一下花名册，发现成都周边各县长官能来的都来了，只有郫县常勖没来。邓艾派人一看，好家伙，常县令正带着军民在城上修建防御工事，看样子是要和魏军血战到底。虽然史料上没提魏军是否进攻过郫县，但就冲常勖这份宁死不降的骨气，邓艾也有理由高看常勖一眼。

和柳隐一样，常勖在得到刘禅的诏书后，才大摇大摆地去见邓艾。常勖为自己挣足了面子，也用实际行动告诉邓艾：莫谓蜀中无人！英雄向来是敬重英雄的，男人想得到别人的尊重，不一定非要成功，但要用热血捍卫男人的尊严，这样的失败比成功更能赢得他人发自内心的敬重。

上面讲了王夫之认为自蒋琬、费祎之后，蜀汉再无战略人才，这话说得绝对了，蜀中人杰地灵，什么样的人才没有？就看有没有机会施展才华了。在蜀汉灭亡时，有一个战略型人才值得讲一下，就是尚书郎黄崇。

黄崇是蜀汉早期名臣黄权的儿子，刘备伐吴惨败时，时任江北岸督军的黄权"降吴不可，还蜀无路"。他投降了曹魏，深受魏国朝野器重。黄权虽然降魏，但他在益州留下了儿子黄崇。

黄崇不知道哪一年出生，但在公元263年时，至少四十岁了。尚书郎属于尚书台的中级职务，不高不低。邓艾偷渡阴平得手后，直下江油，成都大震。蜀汉朝廷立刻派诸葛亮的儿子、卫将军诸葛瞻率军北上，迎战游魂野鬼般的魏军。

本来形势对蜀军非常有利，魏军是长途机动作战，远离本土，后勤给养只能依靠以战养战。而蜀军是本土作战，熟悉地形，粮草充足，在这种情况下，蜀军应该趁早和魏军决战，但诸葛瞻到了涪县就不肯再北上。看诸葛瞻的意思，是打算放魏军进平原地带，然后围歼。

诸葛瞻这样的用兵简直就是马谡纸上谈兵的盗版，纵虎归山的道理他都不懂？后来刘裕伐南燕，公孙五楼就劝慕容超千万不要放晋军过大岘山进入平原，慕容超想在平原地区围歼晋军，不听公孙五楼的建议，结果被晋军打败，一战亡国。

随诸葛瞻北进的黄崇看到了这一点，他不止一次劝诸葛瞻：一定要抢在邓艾之前，占据山险要塞，阻止魏军进入平原地区。诸葛瞻可能是马谡附了体，对王平附体的黄崇这个正确建议置之不理，他坚信自己的选择是正确的。黄崇苦劝未果，他知道大势将去，悲怆的黄崇仰天长哭，也许他报效国家的时候到了。

魏军很顺利地进入平原，士气大振的魏军击败了蜀军的前锋部队，诸葛瞻无险可守，只好大幅后退。这时蜀军已经丧了士气，再加上魏军最善于平原作战，绵竹一战，诸葛瞻、诸葛尚父子战死。黄崇抱着必死的决心督军与魏军血战，最终力战不支，悲壮殉国。

诸葛瞻所部被魏军歼灭，直接导致了刘禅的投降，如果诸葛瞻听黄崇据险而守的建议，邓艾很难进入蜀中腹地，蜀汉未必就会这么快灭亡。诸葛瞻的迂腐用兵，恰恰衬托出了黄崇的战略眼光，只是替黄崇和蜀汉可惜，如果率军北上的是黄崇，邓艾还有机会一战成名吗？

蜀汉的灭亡，主要原因是在最关键的时候发生战略短路，比如姜维在汉中灾难性的军防布局，纵钟会进汉中；诸葛瞻错失良机，纵邓艾进平原。蜀汉国力虽然较魏为弱，但只要防御战略得当，纵然强大如魏国，也不能轻易使其灭亡。从这个角度看，蜀汉是自己把自己推进历史坟墓的。

至于说蜀汉无人可用，导致亡国，这个论据并不充分。蜀汉有人才，但似乎都未得大用，只能坐视亡国。

四〇 / 风流名士——嵇康和阮籍

自从汉武帝刘彻"罢黜百家，独尊儒术"以来，中国人的主体思想渐归于统一，儒家思想统治了中国两千多年，文人阶层绝大多数是接受儒家思想的。

文人阶层给后人的整体印象就是儒雅，文质彬彬，性情温和，理性稳重。历史从来都是相对的，有黑就有白，有大就有小，有儒雅的文人，自然就有狷狂另类的文人。

什么是狷狂另类，通俗一点讲，就是当大多数名士都在温文尔雅地读书时，这些狂生大呼小叫、东游西窜、爬高上梯、抱着酒坛子四处招摇、喜怒无常、到处骂人，甚至还随地大小便。种种出格的行为，让他们在士林中迅速成名，历史牢牢记住了他们。

历史上的狂生非常多，但如果说哪个时代的狂生最多，张口就来：魏晋！没有哪个时代会像魏晋时期一样，成群结队地出现不遵礼教的狂徒，这就引出了中国文学史上著名的现象——魏晋风度。

二十世纪二十年代中期，一代文豪鲁迅曾经写过一篇著名的文章《魏晋风度及文章与药及酒之关系》，正式提出了"魏晋风度"这个文学概念。魏晋风度，说得雅一些，就是"简约云澹，超然绝俗"。能玩得起魏晋风度的都是江湖名士，这是入门门槛，不是名士根本进不了这个圈子。

论学问见识，他们丝毫不逊于那些正统派的名士，但两者之间最显著的区别就是对人生的态度。正统名士奉行儒家"入世"思想，积极面对人生挑战，而这些狷狂名士在行为思想上更接近道家的"出世"。在正统名士看来，世界是白色的，希望就在明天。而在狷狂名士看来，这个世界是黑色的，每天都是世界末日。

其实魏晋风度的出现，有很深的政治背景，自东汉统治崩溃，曹魏和司马晋相继统治北方，他们崇尚法术治国，虽然魏晋统治者都出身士林，但他们与士林名士往往保持着一种不远不近的距离。尤其是司马懿父子执政以来，对士林采取高压政策，甚至对反对派大开杀戒。

黑暗的社会现实，让许多名士对前途感到绝望。这些猖狂派名士基本上都是儒生，他们也想入世有所作为，可残酷的现实却让他们的梦想破碎。如果低首下心地给司马懿父子当奴才，他们又不肯，怎么办？只能佯狂醉歌于草野，用古怪另类的举止行为来抗议司马懿父子的残暴统治。

在魏晋之际，猖狂派名士实在太多了，但如果要说其中最具代表性的人物，同样可以张口就来：大名鼎鼎的竹林七贤！竹林七贤是指谯人嵇康、陈留人阮籍及其侄阮咸、河内山涛和向秀、沛人刘伶、琅琊人王戎。

在文学史上，一般都将竹林七贤划入晋朝文学史范畴，视他们为晋朝人。其实竹林七贤都出生于司马氏执政（公元249年）以前，有的还出生在东汉末年，他们的出生年如下：山涛（公元205年）、阮籍（公元210年）、嵇康（公元223年）、向秀（公元约227年）、王戎（公元234年），阮咸比王戎大几岁，刘伶生年不详。

对于"竹林七贤"的时代划定问题，将其视为晋人可，视为魏人亦可，因为三国公认的结束年限是东吴灭亡的公元280年，而"竹林七贤"中有四人（嵇康、阮籍、向透、王戎）死于这一年之前，而"竹林七贤"的两大领袖嵇康和阮籍均死于晋朝正式建立之前，他们更有理由被看成三国时期的人，否则曹魏人就成了东汉人了。

嵇康虽然不是七贤最早出生的，但却最先离开人世，所以先讲一讲嵇康。与魏晋名士猖狂派代表人物阮籍相比，嵇康相对文雅了许多，他没有阮籍那么张狂，但嵇康却比阮籍更符合道家出世的标准，嵇康飘逸俊洒，仿佛神仙中人。说到七贤中的道家风骨，首推嵇中散。

嵇康是魏晋时代著名的美男子，身长七尺八寸，姿貌甚伟丽。虽然嵇康不像同时代的许多名士没事就涂脂抹粉，但丝毫不影响嵇康的名士做派，时人称嵇康为"龙章凤姿"，评价极高。名士是"腹有诗书气自华"的外在形式体现，装是装不出来的。

嵇康天生就是个闲云野鹤，他对做官的兴趣不大，他最大的爱好就是游山玩水、弹琴咏诗，典型的名士做派。嵇康最讨人喜欢的是他人格的纯粹，在嵇康的内心世界中，没有浮杂的世俗之见，有的只是行云流水般的写意。

有一次嵇康上山采药，在名山大川中来回穿行，在大自然的熏陶下，嵇康忘记了所有世俗的烦恼，待在大山中避世。因为嵇康不注重打扮，披头散发，气质飘逸，山人见之，惊呼为神仙下凡（嵇中散可爱至极）！

嵇康的性格温润如玉，不代表嵇康没有个性，实际上嵇康的性格是非常强硬的。因为嵇康娶曹魏宗室之女为妻，再加上他在士林中的领袖地位，深受司马昭的猜忌，所以嵇康有意远离官场。最能代表嵇康厌恶官场的一件事，就是文学史上那篇著名的《与山巨源绝交书》。

山巨源是山涛的字，时任选曹郎的山涛后来改任从事中郎，选曹郎人选空缺，山涛就向司马昭举荐嵇康。嵇康听说这事后，非常不高兴，就写了这篇名作。嵇康明确告诉山涛："近诸葛孔明不逼元直以入蜀，华子鱼不强幼安以卿相，此可谓能相终始，真相知者也。"意思很明白，嵇康责问山涛，明知道自己厌恶官场，却还把自己往火坑里推。我们交往这么多年，你连我是什么样的人都不了解，还能算是至交好友吗？

其实嵇康也知道，他的曹魏宗室亲属身份并不是遭忌的主要原因，关键是他不认同司马昭的治政方式，道不同不相与谋。当然只要嵇康向司马昭低下头，荣华富贵、三公之位是少不了他的。但嵇康却不稀罕这个浮名浮利，他只想做一个纯粹的人，而不是一台冰冷政治机器的零件。

嵇康不想招惹司马昭，司马昭也没打算和嵇康玩躲猫猫，不理他就是了。嵇康最终出事，最主要凶手并不是司马昭，而是后来灭蜀的镇西将军钟会。钟会虽然也是贵公子出身，但士林名望尚有待提高。有次钟会去拜访嵇康，想让嵇康这个名人替自己吹喇叭抬轿子，出名其实很容易，傍个名人就行了。

钟会虽然出身士林，但他身上的铜臭味太重，嵇康看出来钟会根本就不是个求仙问道之人，不愿和他扯在一起。嵇康没理睬钟会，这让自视甚高的钟会感觉受到了人格污辱，钟会因此恨透了嵇康。钟会是个容易记仇的人，嵇康得罪了他，他绝对不会放过嵇康。

钟会窜到司马昭那里给嵇康泼脏水，说嵇康是当代卧龙，其志深不可测，主公应该早点除掉此人。这还不算最狠的，最狠的是钟会诬告嵇康和当年在淮南作乱的毌丘俭有一腿，阴欲共反。司马昭最恨的就是别人对他不忠，钟会现在是他身边的大红人，司马昭大脑一短路，也不多加考虑，决定杀掉嵇康。

魏景元三年（公元262年）的某一天，嵇康被押到东市行刑，作为中原士林领袖，嵇康被杀的消息震惊了整个士林。三千太学生齐聚东市，哭泣着请求刀下留人，留嵇中散一命，但没有得到允许，只能眼睁睁看着一代宗师从此驾鹤西去。

嵇康对即将来到的死亡并没有一丝恐惧，此时夕阳西下，更加衬托了嵇康临刑的悲壮。嵇康淡然从容地请求在死前长弹一曲，以为人生绝唱，得到了允许。嵇康披发坐而抚琴，那一声声从容而幽远的曲调仿佛在向苍天诉说自己这四十年人生的苦与乐，感动了在场所有的太学生。

嵇康弹的这首曲子，就是中国古典音乐史上具有划时代意义的名曲《广陵散》，也是现在留存的中国古典十大名曲之一。此曲初起时较平淡，但渐渐转入高亢，弹指间有金石迸击之声，仿佛万川归海之磅礴……

嵇康弹完后，勾断琴弦，仰天长叹："当年袁孝尼求我将此曲传授给他，我因为爱此曲，未能相授，今日就刑而弦断，《广陵散》从此绝矣！"说完，嵇康微笑着闭上眼睛，等待着金光玄影之际，一切都化作苍白。

嵇康之死，士林中人莫不含冤呼痛，嵇康这样的绝顶风流人物，几百年才出一个，就这么被钟会这个小人给毁掉了，谁不惜之？虽然嵇康死后，司马昭就后悔了，可司马昭也只是发点廉价的同情，不值一文钱。在司马昭眼中，只有权力才是最值得珍惜的，至于文辞风流，司马昭没兴趣。

其实即使司马昭不杀嵇康，嵇康也视司马昭如无物。和世俗的司马昭相比，也许嵇康从来就不应该降临凡间，这不是他该待的地方，他真正的乐土，在天上，那个虚幻缥缈的神仙世界。

宋人李清照有首《咏史》诗云："两汉本继绍，新室台赘疣。所以嵇中散，至死薄殷周。"

整个以"竹林七贤"为代表的魏晋名士群中，有一对绝代双璧——嵇康和阮籍，提嵇康必提阮籍，否则就是不完整的。少了嵇康，"竹林七贤"名不副实，同样，少了阮籍，魏晋名士圈也少了阳光。

阮籍字嗣宗，生于东汉建安十五年（公元210年）。在汉末魏晋之际，陈留阮氏是著名的文学世家，才子辈出，阮籍的父亲就是东汉著名文学集团"建安七子"之一的阮瑀。阮籍继承了父亲优秀的文学基因，但历史记住阮籍的，除了他出色的文学成就，还有他极度狷狂的性格。

如果说嵇康是一幅轻逸灵动的写意山水画，那阮籍就是恣意汪洋的狂草，如后世的草圣张旭一样。阮籍其实是嵇康性格的另一个方向，嵇康内秀，阮籍张狂。嵇康性格是内敛型的,而阮籍则是外张型的,"任性不羁",行事随心所欲,洒脱至极,时人称他为阮疯子。

阮籍虽然行事猖狂,但阮籍的狂却没有让人生厌,而是狂出了一种艺术,或者说是一种境界。阮籍是有资本狂的,和天才嵇康一样,阮籍博览群书,灌了一肚子的墨水,尤其喜欢道家著作,比如《老子》和《庄子》。

阮籍对道家思想的态度与嵇康不同,嵇康更倾向于"品",而阮籍则重于"行"。阮籍是魏晋时代的超大号酒鬼,逢酒必醉,每醉必仰天长啸。躺在大地上,面向悠悠苍天,让寂寞的灵魂和大自然亲密接触。人生贵于豁达,不得意时,学学阮籍仰天长啸,未必不是一种快乐的解脱。

阮籍醉时,会弄来一张琴,一袭白衣倚坐树下,素手弄弦,天籁之音。宋人苏东坡有首绝词《行香子·述怀》,可赠阮籍:"清夜无尘,月色如银。酒斟时,须满十分。浮名浮利,虚苦劳神。叹隙中驹,石中火,梦中身。虽抱文章,开口谁亲。且陶陶,乐尽天真,几时归去,作个闲人。对一张琴,一壶酒,一溪云。"

因为政见偏中,所以苏轼夹在新旧两派的中间两头受气,尤其是乌台诗案,几乎磨平了苏轼身上的所有棱角,他曾经的热血已经渐渐冷了,有了野服骑鹤、浩然归去的念头。阮籍也是一样,本来阮籍也想在政坛大展拳脚的,但当阮籍看到司马师兄弟对士林的高压政策,他的热血也凉了。

阮籍逃避世事的办法很简单,就是佯狂醉酒,世间万般烦恼,尽一大白,皆如浮云飘散。当然,阮籍拼命地喝酒,也是向司马氏统治集团表白自己的政治态度:不参与,不反对。我不动你的奶酪,你也别来找我的麻烦,井水不犯河水。

阮籍抱定一个宗旨,就是不蹚司马师兄弟这潭浑水,有次司马昭想和阮籍攀亲家,希望能让阮籍的女儿做司马炎的媳妇。阮籍不敢明着反对,就是拼命喝酒,一连喝了两个月,不省人事。司马昭一看阮籍这架势,知道阮籍不稀罕这门亲事,也就算了,没难为他。

阮籍和司马昭划清界限,不代表他跳出三界外,不在五行中,阮籍依然在官场嬉戏玩耍,他这是大隐隐于朝。有次阮籍突然犯了官瘾,来找司马昭说想当东平相(太守),司马昭见阮籍开了窍,也非常高兴,立刻答应了。

没想到阮籍根本就不是去做官,而是借机旅行。阮籍骑着一头毛驴,怀中揣着酒葫芦,优哉游哉地蹬到了东平国。甫一到位,就立刻砸掉了府衙内的墙,让各个部门在一间大房子里办公。新官上任三把火,可阮籍只在东平待了十天,就骑驴回到了洛阳，司马昭一看阮籍居然是这德行，傻了半天。

国相是一郡之长，大事小事都要处理，阮籍的心已经死了，他对当太守没兴趣。只要阮籍点一下头，晋朝头号权臣贾充的那个位置就是他阮嗣宗的，昏君司马衷的皇后位子也是阮籍女儿的，如此，也许西晋的局势不会崩溃得那么彻底。

阮籍对当官已经失去了兴趣，但他依然保持着对酒的强烈热爱，只要有酒喝，当什么官都可以。不知道阮籍从哪儿打听到了，步兵校尉的厨房中有三百斛好酒，正好步兵校尉位子空缺，阮籍就主动要求做步兵校尉，司马昭立刻答应了。后人世称阮籍为"阮步兵"，即源于此。

阮籍这个步兵校尉当得太潇洒了，诸事不问，每天就是抱着酒坛子大笑狂饮。阮籍很会算账，三百斛酒早晚要喝完，省酒的办法倒有一个，就是蹭别人的酒喝。所以每逢朝廷举办宴会，阮籍必然到场，他才不看座上衮衮诸公，他关心的，只是杯中物。

官场中人都知道阮籍就是这副德行，也没人和他计较，如果阮籍一天不猖狂，那也就不是阮籍了。阮籍是官场上公认的狂徒，从来视礼教如无物，什么男女大防，家庭人伦，阮籍根本看不到，他看到的，只是世界末日即将到来。

阮籍蔑视礼教最典型的一件事就是有次他嫂子要回娘家，按当时风俗，阮籍是不能和嫂子单独说话的，可阮籍却和嫂子"卿卿我我"，说了几句话。有人嘲笑阮籍有"盗嫂之嫌"，阮籍嘴一撇："你懂什么，礼教是用来约束你们这些俗人的，清雅如我辈，岂屑为之！"

阮籍的邻居是个卖酒的，邻居之妻长得非常漂亮，酒店就是她开的。阮籍曾经拉着王戎去邻居家蹭酒喝，有次喝醉了，阮籍就躺在美女的身边呼呼大睡。邻居一看阮籍居然睡了自己的老婆，大怒，准备当场捉奸。结果这位爷在旁边偷看了半天，阮籍根本就没和他老婆发生关系，原来阮籍只是睡觉而已。

和嵇康一样，阮籍的人品也是非常纯粹，用世俗的眼光根本无法理解他们这样超凡脱俗的谪仙人。阮籍听说附近有个出身兵家的美女去世了，就打听美女的坟墓所在，携酒去坟前，号啕痛哭。

阮籍根本不认识这位美女，姓甚名谁一概不知，但阮籍却痛惜上天不成人之美，一朵美丽的花朵就这么凋落了，换了谁不心疼。这就是阮籍，他热爱美好的生活，却厌恶这黑白颠倒的世界。

阮籍有时苦闷极了，就独自驾车，漫无目的地随意驱行。他的人生早就失去了方向。每次驶到了无路可走的尽头，阮籍就仰望苍天，号啕痛哭，泪流满面……

人活着最大的悲哀，一是失去自由；二是找不到人生的方向。在司马昭的严密监管之下，阮籍的所谓自由也只是喝酒佯狂长哭而已。至于人生的方向，阮籍也曾经努力寻找过，可每次都走到人生的死胡同，只能"恸哭而返"。

阮籍的狂，是那个黑暗时代文人不得志的缩影，换言之，阮籍的狂是被残酷的生存环境给逼出来的。由于阮籍狂得太出名了，他的文学成就反而在一定程度上被掩盖了。实际上文学世界中的阮籍，丝毫不逊于那个狂放不羁的阮籍，一个人，可以交叉生存在两个不同的世界里，这不是神话。

读阮籍著名的《咏怀诗》八十二首，很难感觉到阮籍的狂。相反，阮籍笔下流露出来的，更多的是悲伤和哀悯，悲悠悠苍天，悯万物苍生。阮籍外表狂放不羁，实际上他的心思非常细腻，感情特别丰富，属于多愁善感型的。

阮籍生活在一个让士大夫看不到希望的时代，阮籍不支持以暴力崛起的司马晋政权，他不敢公然反对，只能采取非暴力不合作的态度。阮籍的内心世界非常痛苦，想远离这个充满杀戮和谎言的世界，但他特殊的身份和地位，又让司马昭死死盯着他。即使他逃到了天边，那也还是司马昭的天下。

在各种悲情因素的催合下，江湖上出现了一个猖狂不羁的名士，让后人引为笑谈，可是又有谁看到屠刀下阮籍因痛苦而扭曲的灵魂。阮籍把未来交给了命运，可命运并没有给阮籍一个完美的答案，阮籍能做的，只能是装疯卖傻。阮籍用这种方式，抗争命运的不公，很悲剧，很悲壮，很悲凉。

阮籍留给历史最有名的一句话是"时无英雄，使竖子成名！"这是阮籍在观看楚汉战争的古战场时说的，世多谓阮籍是瞧不起刘邦，骂刘邦是竖子。可真正让阮籍瞧不起的"竖子"，是另外一个人。

这个人是谁？答案就在文章里面。

说到阮籍，我们会在第一时间想到阮籍的猖狂不羁，其实在魏晋时代，尤其是"竹林七贤"中，还有一位可能比阮籍玩得还要疯狂，这就是阮籍的侄子阮咸。

虽然阮咸的年龄并不大，但以阮咸的家世和做派，风流逸洒，绝世才华，早就成为中原士林顶级的名士。因为年轻，身上有棱有角的阮咸相比于叔父阮籍来说，更加地任性放荡。阮咸"任达不拘"，是典型的反礼教派，深为当时的封建卫道士们所鄙薄，其种种出格行为没少受指责。

陈留阮氏在魏晋时代是个名门望族，但各家早就分开过日子，所以有穷有富。住在南街的诸阮经济条件比较差，比如阮籍和阮咸这对活宝叔侄；住在北街的诸阮都是大财主。

按当时的风俗，每逢七月七日，家家都晒衣服，这个习俗现在已经消失了。到了这一天，北街诸阮都把自己上等的华丽衣服晒在街前，件件光彩照人。北阮可能是有意提醒路人：北阮比南阮有钱，讥讽阮咸是个穷小子。

阮咸才不吃北阮那一套，有钱就了不起了？阮咸也晒了衣服。阮咸真够绝的，他找来一根长长的竹竿，把自己平时穿的大裤衩子挑在杆子上，挂在街头。北边是华服盛装，南头是破烂的大裤衩子，这种强烈的滑稽对比，不知笑翻了多少路人。有人问阮咸为什么要这样，阮咸嬉笑道："没什么，凑个热闹而已。"

最能体现阮咸特立独行性格的，是阮咸与猪喝酒的故事。有一次，诸阮举行酒会，阮咸自然到场蹭酒喝。诸阮喝酒与众不同，他们不是每人一个杯子，而是把酒倒在一个大盆里，诸阮围着大盆，用勺子舀酒喝。

可能是酒味太香了，居然把院中养的一群猪给吸引了过来，这群另类的猪哼哼唧唧走了过去，拱倒了诸阮，挤在盆边喝酒。诸阮嫌猪脏，不愿意跟猪混在一起，都在旁边看着。阮咸犯了酒瘾，才不管三七二十一，学猪的模样，趴在盆边，用嘴拱在盆里喝酒。与猪共饮后，阮咸仰天大笑。

阮咸和叔父阮籍一样，都是极度蔑视礼教的，阮咸曾经泡上了他姑妈家的一个鲜卑女奴，阮咸很喜欢她，后来母亲去世了，阮咸在家守孝。可当阮咸听说他姑妈准备将这个女奴送走的时候，当时就急了，向一个前来吊唁的客人借了一头驴，拼命地追赶。果然在半路上截住了女奴，阮咸把女奴抱在驴上，二人骑着驴，优哉游哉地回家了。

阮咸为了一个女人竟然置亡母灵柩于不顾，这等大逆不道的行为果然又受到了卫道士们大量的口水，差点没把阮咸骂死。但阮咸就是这样张狂，他随心所欲，干卿甚事！从礼教角度来看，阮咸这么做确实与礼有亏，但如果阮咸不这么做，那就不是他阮咸了。

作为江湖上的顶级名士，阮咸自然也有一手绝活，不然拿什么在士林中混？阮咸最擅长的是弹琵琶，常为天籁之声，时人多陶醉。阮咸的音乐素养极高，大音乐家、权臣荀勖都对阮咸甘拜下风。有一种乐器现在还被称为"阮咸"，足见阮咸的影响之大。

阮咸在士林中玩得风生水起，但阮咸因为过于桀骜不驯，深为卫道士们所疾恶，包括荀勖。荀勖自知音乐天赋不如阮咸，非常嫉妒，没少在晋武帝司马炎那里给阮咸穿小鞋。山涛举荐阮咸当官，司马炎不同意，说阮咸"耽酒浮虚"，有名无实，不肯用。

阮咸的这种性格，也根本不适合当官，盘踞在官场上的都是铁公鸡琉璃猫，阮咸哪是这些人的对手。阮咸的可爱率真，只有他在心无杂念的时候，才能完全地表现出来。一旦阮咸入了大染缸，他身上的棱角很快就会磨掉了。这对阮咸本人和后人来说，都是莫大的不幸。

阮咸因为贪酒不受重用，其实在"竹林七贤"最贪酒的还不是阮咸，而是历史上鼎鼎大名的酒神——刘伶。刘伶实际上就是魏晋时代酒鬼的代名词，讲魏晋酒史不提刘伶，就等于讲三国史不讲曹操一样。

刘伶离不开酒，没有酒，他一天也活不下去。刘伶家境虽然不太富裕，但酒还是能喝得起的，还能雇得起仆人。刘伶最经典的一个镜头就是：刘伶坐在鹿车上抱着坛子喝酒，身边跟着一个肩扛铁锹的仆人。刘伶醉醺醺地告诉仆人："我在哪儿喝死了，你就就地挖坑把我埋了。"

刘伶的妻子见丈夫天天泡在酒坛子里，非常心疼，就劝丈夫不要再喝了。刘伶很听话，不喝就不喝，但他有个要求，就是摆一桌酒席，向苍天诸神发誓，从此戒酒。

刘夫人大喜，立刻准备好酒肉，只见刘伶跪在地上念念有词："天生刘伶，以酒为名。一饮一斛，五斗解酲。妇人之言，慎不可听。"说完，刘伶以迅雷不及掩耳之势，拿起酒壶，又是一番豪饮，醉倒地上。旁边刘夫人却哭了，她这辈子算是栽了，嫁给了这个冥顽不化的酒鬼。

刘伶不但喝酒喝出了艺术，而且嘴特别刁钻刻薄，谁要是把他惹恼了，他能喷死人家。有次刘伶疯劲上来了，脱光了衣服，一丝不挂地在房间里裸奔。有朋友来找他，见刘伶这副模样，大笑讥之。刘伶嘿嘿一笑，说道："我以天地为屋，我的屋子是我的裤裆，先生怎么窜进我的裤裆里来了？"朋友脸红无语。

在"竹林七贤"中，刘伶活得最快乐，因为他不像嵇康、阮籍那样处在权力高层，进退不得。反正刘伶只是个非主流人物，在官场上无足轻重，这反而能让刘伶活出人生的精彩。人没有了世俗的牵绊，才能活出本色。

在"竹林七贤"中,最星光灿烂的是上面讲的那四位:嵇康、阮籍、阮咸、刘伶,而另外三贤王戎、山涛、向秀则相对落寞了些,他们和前四位相比,更符合主流价值观,所以"魏晋风度"相对淡了一些。不过能跻身"竹林七贤",说明他们还是有可爱讨巧的地方,不然都像贾充那般无趣,也进不了这个圈子。

王戎出身于琅琊王氏,典型的豪门贵公子,仕途一路通天,一直处在权力层核心。王戎之所以出名,一不是他官做得大,二不是他有多么风流倜傥,而是王戎是江湖上出了名的铁公鸡琉璃猫,最是一毛不拔的主。王戎的吝啬,已经达到了炉火纯青的境界,可以称之为铁公鸡艺术。

王戎能抠门到什么程度?王戎是天下第一等的大财主,家产田园无数。像王戎这等身份,家里应该有几个管账的大管家,王戎没请管家,而是自己管账。每天王戎抱着一把算盘,噼里啪啦地算今天赚了多少,花了多少。睡得比狗晚,起得比鸡早,时人笑之。

这还不算最绝的,王戎的抠门原则是六亲不认,即使是至亲,也休想从他口袋里搂钱。王戎的女儿曾经向老爹借了几万钱,但一直没有还,几万钱对王戎来说只是九牛一毛,但王戎不高兴,没少给女儿甩脸色。后来女儿明白了,把钱还给了老爹。王戎刚才还阴沉的核桃脸立刻笑开了花,对女儿非常疼爱(什么人这是)。

最荒唐还是王戎钻李核的故事。王戎家里种了许多株李树,每逢李子果实丰收的时候,王戎都要摘李子到市上去卖。卖就卖吧,但王戎怕别人买了李子后,取李核自种,影响王戎在李树行业的垄断地位,竟然不怕费事,将李子核一个个钻出来,然后卖无核的李子。因为这事,王戎一夜成名,没少遭到别人的笑骂:抠成这样,都快成精了。

至于另外两贤山涛和向秀,因为篇幅实在有限,就不多介绍了。山涛和嵇康,是魏晋时代士人的两个人生方向,或者说是两种不同的价值观。山涛的性格也闲逸如野鹤,但山涛比嵇康更能适应主流社会。山涛的名士风度和嵇康、阮籍相比,相对逊色了些。

四一 / 三国文人不相轻

老话说:"文无第一,武无第二。"

"武无第二"好理解,摆一个擂台,两位好汉上台对打,被踢下来的就是输家,谁是第一很容易看出来。但"文"则没有一个具体的量化标准,比文章谁是第一?给文章打分的是人,因为每个人的切入角度不一样,评出来的分自然也就有高有低,反正是公说公有理,婆说婆有理。

自古就有打文章官司的,比如李白和王昌龄的七绝谁写得更好,李白和杜甫谁是唐诗第一人,等等。一个人一个标准,这种辩论永远没有结果,无非各自坚持自己的观点而已。不仅是看热闹的,即使是有些写文章的大拿,也是互相攀比,然后双方吹胡子瞪眼,互相喷口水,大有不把对方喷倒誓不罢休的架势。

这就引申出了一个话题:文人相轻。文人之间互相瞧不起,都觉得自己的文章最棒。三国著名的大文学家、油滑政客魏文帝曹丕就在文学批评名篇《典论》中提出这个著名的话题:"文人相轻,自古而然。"

文人自古就相轻吗?要说文人之间有互相瞧不起的,自然大有人在。但如果说所有文人都相轻,那就绝对化了,否则曹丕如何解释他和当时大才子吴质、繁(pó)钦等人的真挚友情?

世间万物都是相对而言的,文人之间有互相轻视的,也有互相尊重的。文人也是人,他们也有感情,而且文人的感情更加丰富细腻。历史上从来不缺少文人之间互相尊重、结为挚友的事例,文人之间的肝胆相照和武将战死殉国同样的悲壮感人。

比如南宋遗民谢枋得被元朝强逼北上做官,谢枋得抱着必死的决心北上。行前,他的好友张叔仁作诗一首,劝谢枋得自尽以全忠节。诗中有名句:"此去好凭三寸舌,再来不值半文钱。"谢枋得读此诗,仰天长哭,最终在大都绝食殉国。

在汉末三国时代的士林中,名士辈出,可谓星光璀璨,大腕云集。虽然这些名士绝大多数都在仕途和士林这两个不同的世界中同时存在,但仕途的艰难油滑，并没有影响到他们的名士风范。

套用一句名言：不能在工作的时候读书，那就在读书的时候工作，三国名士也大抵如此。因为这种阶层特质，三国的名士们在士林中的交往，是一种真挚友情的外露，而很少带有功利性。

由于汉末战乱不休，偌大一个东汉帝国被诸侯割据得四分五裂，最终形成三分天下。东汉的士林圈子被人为地分成若干个小圈子，但这并不影响名士们的友情。想念朋友了，写封信往邮筒里一扔，一切就解决了。

无论什么时代，名士都是受到尊重的，名士之间的书信往来，各方统治者一般是不会加以限制的。在三国的"跨国友情"中，最典型的事例是曹魏的超级名士王朗与蜀汉的超级名士许靖之间真挚的友情，下面就讲一讲他们的故事。

许靖是中原名士，而王朗是江东名士，许靖一直在朝廷做事，王朗则在外郡任职，但他们很早以前就有了交情，属于江湖老友。许靖密谋诛杀权臣董卓的计划失败，为了躲避董卓的报复，仓皇东逃。几经辗转，许靖来到了王朗任太守的会稽郡，老友重逢于刀兵流离之际，自有一番感慨。

虽然史书没有明说王朗都给了许靖哪些照顾，但他们一则有旧交情，二则都是天下名士，惺惺相惜是少不了的。可这平稳快乐的日子没过多久，强悍的小霸王孙策就率兵渡江东下，攻城略地。

许靖见会稽也不是个安稳的地方，甩下老朋友王朗，带着家眷连夜就逃之夭夭了，许靖的人生下一站是交趾。许靖受到了交趾太守士燮的热情款待，勉强安顿下来。在交趾，许靖见到了许多逃难到交趾的中原名士，比如陈国人袁徽。

袁徽出身于士林名家陈国袁氏，在江湖上也是能数得上名号的。士林圈子其实并不大，许靖和袁徽都知道对方在江湖上的地位，所以二人私交不错。袁徽给曹操手下的头号名士颍川荀彧写了封信，在信中，袁徽极力赞美许靖，说许靖"英才伟士，智略足以计事"。

通过袁徽给荀彧写信这件事情，能看出当时虽然天下分裂，但名士间的书信来往非常频繁，估计许靖本人也没少给外地的士林好友写信，通报自己的生活情况，互通消息。后来许靖接受了益州牧刘璋的邀请，举家入川，开始了他人生中另一段奇妙的旅程。

若干年后，刘璋的江山被荆州枭雄刘备连蒙带骗抢走了，许靖又在刘备手下混饭吃。虽然刘备瞧不起当初许靖背叛刘璋的不忠之举，但在法正的劝谏下，刘备还是非常尊重许靖的。在蜀汉官场的排名中，许靖是当仁不让的头牌花旦，谁让许靖是蜀汉唯一的帝国级名士呢。

许靖在蜀中做官的消息，通过各种渠道，传到了中原士林。自从建安元年（公元 196 年），孙策出兵会稽，许靖南逃以来，许靖已经和他的老朋友王朗二十多年没见面了。

这时的王朗已经是曹魏的一线重臣，也是魏国的顶级名士。王朗也许是某一天凭栏西望，已经沉睡二十多年的记忆突然不可遏制地涌上心头，汝南许文休现在过得还好吗？应该是在曹丕刚建立魏朝后不久，王朗提起笔，给在蜀汉快乐生活的老友许靖写了一封感情非常真挚的信。

这封信很长，王朗在信的开头向许靖表达了一个老朋友最真诚的问候，然后感慨道："我们已经三十多年（应当是二十多年）没见面了，天涯各自漂泊，每思至此，不禁怆然。自建安元年与足下会稽相别后，历尽艰难，一言难尽。"

随后王朗将自会稽别后，他这二十多年来的仕途和生活情况向许靖做了非常详细的介绍，几乎是王朗的人生回忆录。王朗说有一次皇帝（曹丕）聚江湖名士座谈，就谈到了许靖，称许靖为蜀汉"谋首"，可能是指许靖在蜀汉官场的头牌地位。要说蜀汉的"谋首"，毫无疑问是法正，诸葛亮都得靠边站。

由于二十多年没有许靖的消息，王朗不知道许靖的家庭生活怎么样，就在信中问许靖："文休足下现在膝下有几个子女？今年多大了？"然后王朗介绍了自己的家庭情况："我以前生过一个男孩一个女孩，可惜都不在了。现在膝下有两个儿子，大儿子王肃二十九岁，文休是见过的。小子儿王裁只有一岁多。"

王朗和许靖山水相隔，而且他们都已经老了，这个时代已经不是他们的天下了，永无再会之日。但王朗却没有忘记许靖，朋友并非天天要见面，有些朋友是可以藏在心里的。在一个阳光灿烂的日子里，突然想到他们，那是一种温暖……

其实和许靖有书信往来的魏国重臣，除了王朗，还有陈纪及其子陈群、袁涣、华歆等人，他们都是许靖当年的至交好友。关于这些人和许靖的来往，陈寿是这么记载的："（陈纪等人）魏初为公辅大臣，咸与靖书，申陈旧好，情义款至，文多故不载。"陈寿说得挺热闹，却惜墨如金。

三国名士们的交情，还有一种特殊的情况，就是利用这种交情，来达到某种政治目的。比如蜀汉建兴元年（公元 223 年），诸葛亮在刘备死后刚刚执政，魏国的一些风流名士，包括华歆、王朗、陈群、许芝、诸葛璋等人似乎是事先约好的，一窝蜂地给诸葛亮写信，劝诸葛亮举蜀汉向魏称臣，实际上是想让魏国不战而灭蜀汉。

这些中原名士和诸葛亮应该是没有特别深的交情，甚至可能从来没有见过面。不过大家都是江湖上的顶级名士，圈子就这么大，谁不知道谁啊。这伙名士劝诸葛亮识时务，细胳膊是拧不过粗大腿的，魏蜀实力有天壤之别，何必拿着鸡蛋往石头上碰，场面很华丽，结果很难看……

如果诸葛亮要听从他们的劝告，举国投降，那还是诸葛亮吗？诸葛亮连回信都懒得写，直接写了一篇文章，驳斥华歆等人的谬论，将曹操、曹丕以及这伙名士统统骂了个遍。

诸葛亮作为天下响当当的一线名士，同时是蜀汉的真皇帝，他如果投降魏国了，就不再拥有像蜀汉这样的实权地位，最多成为华歆、王朗这样的花瓶名臣。再者，诸葛亮统一天下的思想也容不得他去做这等苟且之事。

虽然蜀汉名士的数量不如中原的多，但益州自古人杰地灵，名士的相对数量也不少。诸葛亮不是蜀人，但自诸葛亮入蜀以来，和蜀中名士的关系还是不错的，也结识了不少好友，比如张裔。

别看张裔的名气不如华歆、王朗大，但早年入蜀的顶级名士许靖就曾经说过："张裔如果生在中原，他的江湖地位不会比钟繇差。"许靖可不是个随便拍马的人物，如果不是张裔"治公羊春秋，博涉史（记）、（汉）书"，为人机敏，许靖也犯不着捧张裔的臭脚。

诸葛亮刚刚执政的时候，南中发生大规模的武装叛乱，益州郡土豪雍闿将时任益州太守的张裔强行押送到了东吴。后来诸葛亮派邓艾赴吴与孙权联合，邓艾此行除了吴蜀结盟的大事，诸葛亮交给他的另一个任务就是把张裔给要回来。张裔最终在孙权的不舍中，有惊无险地回到了成都。

张裔这人能力很强，文才也好，就有一样毛病，心胸狭窄。他在吴国羁押期间，蜀郡太守杨洪依法惩办了张裔犯事的儿子张郁，张裔就因这事记恨杨洪。还有就是诸葛亮重用了司盐校尉岑述，张裔吃醋，没少撒泼耍赖。诸葛亮看来是有必要给张裔提个醒了，就给张裔写了封信。

诸葛亮在信中说："君嗣（张裔字）当时在柏下和张飞作战的时候，我听说君嗣打了败仗，生怕鲁莽的张飞会做出对你不利的事情，非常担心。后来你又被押在东吴，我更加的难过，现在你好容易回来了，我非常高兴。"

随后诸葛亮话锋一转："因为我们是知己之交，义同金石，所以有些话我不妨直说。君嗣是朝廷重臣，大道理不用我多讲，不能因为个人恩怨而影响了国家大事。我之所以用岑元俭（岑述），是因为他有才干。君嗣连一个岑元俭都容不下，心中还能有天下吗？"

不知道张裔看完诸葛亮的这封信后是个什么心情，估计为此感到惭愧，张裔也不是那种知进不知退的人。其实张裔的人品是非常好的，谁还没有缺点呢？张裔在青少年时代和犍为人杨恭关系非常好，是莫逆之交。后来杨恭死得早，留下了寡母孤儿。

张裔主动把杨恭的母亲和儿子都接到自己家里，侍杨恭母如亲母，待杨恭子如亲子。后来杨恭的儿子长大了，张裔替世侄寻了个好姑娘，并出钱为他添置了产业。杨世侄可以自立门户了，张裔也就无愧于早亡的好友杨恭。

什么是朋友？就是当自己有难时，可以替自己上刀山赴火海的人。张裔虽然吃醋不足取，但宁取人一善，不取人一恶。能像张裔这样将一个无血缘关系的孩子抚养长大，并不是件容易的事情。有些事情说得很容易，但要做起来，不知道有几人可以做到。

人海茫茫，不是所有的人都能找到朋友，这需要缘分。交朋友也是双方共同认可了，才能成为朋友，一厢情愿是不行的。三国名士中有没有一厢情愿与别人交朋友的？有，而且这个人的名气极大，谁？曹操！

曹操当初还没有发迹的时候，曾经仰慕过南阳的一个名士宗承（字世林），想和宗承交朋友。不过宗承却瞧不起曹操的为人做派，三番两次拒绝和曹操成为朋友。后来曹操挟天子令诸侯，一时风光无二，曹操又把宗承给强行"请"了过来，低三下四地问宗承："世林兄，我们能成为朋友吗？"

宗承是正宗的儒学名士，他对曹操威挟天子的行为非常不满，根本不认曹操是哪根大葱，冷冷地回了句："松柏之志犹在！"意思是说：我以前对你什么态度，现在还是什么态度，我们不可能成为朋友。

宗承的骨头真够硬的，对权倾一时的曹操都视若无物，足见他的胆识和魄力。虽然接二连三地吃了宗承的闭门羹，但曹操心胸还算宽广，并没有为难宗承。

宗承不能成为曹操的朋友，却成了曹丕和曹植兄弟的老师，二曹每见宗承，必然长拜。曹操以这种"曲线交友"的方式，勉强维持着他和宗承这种朦朦胧胧的朋友关系。

说到三国名士的友情，还有一对非常著名，就是东吴军界两大巨头周瑜和鲁肃的莫逆之交。周瑜和鲁肃成为朋友，原因大家都是知道的，就是周瑜穷困时，路过鲁肃家，向鲁肃借粮。鲁肃真慷慨，家里有六千斛米，鲁肃随手就给了周瑜三千斛。

因为鲁肃的慷慨大气，彻底征服了周瑜，从此二人成为私交极好的朋友。后来鲁肃准备北投庐江土霸郑宝，周瑜听说后，当时就急了，立刻给鲁肃写信，劝鲁肃来江东效力，保证子敬能发大财。鲁肃相信周瑜是不会拿他的前途开玩笑的，就去见了孙权，果然成就了一段传奇。

周瑜和鲁肃相交已久，彼此也很了解，但还有一种交友情况是先闻其名，后交其人。这样的例子在汉末三国也有，会稽名士盛宪有一次出门游玩，突然在路边遇到了一个面目清秀的小男孩。盛宪一问，这小毛孩子居然是名满天下的神童孔融！

盛宪激动得不得了，立刻跳下车，抓住孔融的手，生怕他跑了。盛宪和孔融同乘一车，回到了家，二人言谈甚欢。盛宪摆了一桌酒宴，弄了一只鸡，和孔融喝鸡血拜了把子。盛宪果然是名士风范，激动的盛宪告诉他的母亲："恭喜老娘，贺喜老娘！老娘当初生下了我一根独苗，现在我也有弟弟了。"

朋友的交往，其实就是一种彼此感情上的互相需要，这和国籍、民族、年龄、职业没有任何关系，只要感情到位就行了。无论是官场、士林、江湖，只要对人怀有一颗坦诚之心，朋友是不难交到的。

朋友之间最讲究两点：平等和信任，这两个条件少了哪一个，都不可能交到真正的朋友。当然不是说所有的人都会成为朋友，这是不可能的，物以类聚，人以群分。

朋友不在于数量，而在于交心。

四二 / 三国末路帝王的人生终局

在古代什么人最尊贵？答案很简单：帝王。

自从人类进入阶级社会以来，帝王们就一直站在人类社会的最高层，一览众山小。帝王凌驾在万人之上那份骄傲和霸气，不是身临其境，是很难体会出来的。帝王可以拥有一切，包括权力和美女，只要他们愿意，可以做任何事情，而不受国法的约束。

当然，这说的是得势时的帝王，在帝王们牢牢掌握权力的时代，整个世界都是他们的，他们是命运的宠儿。但如果帝王失了势，尤其是失去了权力，那么，他们就是世界上最可怜的人。失去了权力、失去了自由，成为别人刀下待宰的羔羊。他们除了战战兢兢地等待死亡，什么也做不了。

历史上有开国帝王，自然也就有亡国（失权）的帝王，这些亡国失权的帝王不一定是帝国的最后一个统治者。不过帝王的存在完全是依附在权力之上的，一旦失去权力，帝王也就名不副实了。

末路帝王有多可怜？南朝宋顺帝刘准在将天下禅让给萧道成时，萧道成的狗腿子王敬则前来逼宫。十岁的刘准知道晋恭帝司马德文的下场（为刘裕所杀）就是他的下场，不禁号啕大哭，说了一句让人非常心酸的话："愿后身世世勿复生天王家！"帝王末路，欲为匹夫而不得，这就是历史赌局的残酷。

说到三国的末路帝王，其实人数不算少，如果算上傀儡汉献帝刘协，计有魏齐王曹芳、魏高贵乡公曹髦、魏元帝曹奂、蜀汉后主刘禅、吴少帝孙亮、吴末帝孙皓。再加上一些不算帝王的末代统治者，比如公孙瓒、吕布、袁尚、袁谭、刘琮、刘璋、马超、公孙渊，阵容相当庞大。

有些人物前面已经讲过了，比如曹芳、曹髦、孙亮等人，下面重点讲三个末路帝王，就是魏蜀吴三国历史终结的见证者——魏元帝曹奂、蜀汉后主刘禅、吴末帝孙皓，先讲一讲曹奂。

曹奂虽然和刘禅、孙皓一样都是亡国皇帝，但蜀、吴是被晋朝通过军事手段消灭掉的，而魏国则是司马氏通过政变夺权，最终被废掉的。在历史上，像曹奂这样被新统治者所谓"禅让"夺权失位的非常多（不包括齐明帝萧鸾这样内部"禅让"的例子）。

从西汉孺子婴"禅位"给王莽开始，有汉献帝刘协、魏元帝曹奂、晋恭帝司马德文、宋顺帝刘准、南齐和帝萧宝融、梁敬帝萧方智、东魏静帝元善见、西魏元廓、北周静帝宇文阐、隋恭帝杨侑、唐哀帝李柷、吴末王杨溥、后周恭帝柴宗训。在这些"主动禅让"天下的末代帝王中，真正能在失位后善终天年的只有两个，一个是汉献帝刘协，另一个就是曹奂。

本来曹奂是没有资格当皇帝的，因为自从司马氏控制魏国权力以来，魏国的政治局势动荡不安，接连死了两个皇帝曹芳和曹髦。曹髦被司马昭的打手成济杀死之后，魏国的帝位出现了空缺。这时司马昭自感篡位时机还不成熟，就假惺惺地从曹魏宗室中选择一个金牌傀儡，继续当他的挡箭牌。

先将曹魏的帝系给梳理一下：

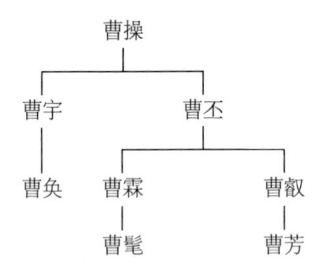

```
            曹操
         ┌───┴───┐
        曹宇     曹丕
         │     ┌──┴──┐
        曹奂   曹霖   曹叡
               │     │
              曹髦   曹芳
```

从辈分上来看，曹奂是曹髦的堂叔，但却比曹髦小了五岁，即位时十四岁。曹奂来到洛阳皇宫的时候，曹魏天下早已经被司马懿父子三人掏成了空壳。所有人都知道司马氏才是魏国真正的主宰者，只不过司马昭暂时还没有正式挂牌而已，就如当年曹操掏空东汉帝国一样。

以当时的形势来看，无论是谁当上魏国皇帝，都只是司马昭手上昂贵的橡皮图章，例行公事而已。司马昭之所以选择曹奂，主要还是因为曹奂年轻不懂事，容易摆弄。再说有曹髦被杀的前车之鉴，司马昭相信曹奂还不敢拿自己的小命开玩笑。天下，是司马家的。

果然，曹奂很"懂事"，他刚即位就下诏封大将军司马昭为晋公。在唐朝之前的"禅让"惯例中，先封公、再封王、后称帝，是新旧政权交接的三部曲。曹操就是这样把东汉天下玩弄于股掌之上的。

虽然司马昭假惺惺地"推让",但这不过是司马昭摆出的姿态而已。司马昭是个聪明人,他懂得"宁要实权不要虚名"的道理,他还没蠢到袁术那种地步。曹奂不过是挂了个皇帝的名,他手上什么权力都没有,一切都要听司马昭的安排。否则,曹髦的下场就是他的下场。

曹奂的皇帝生涯前后不过六年,做了几年的傀儡,然后被司马家摘了牌子,踢出洛阳,做一个衣食无忧的寓公。在这几年皇帝生涯中,魏国军政大事的一切得失都与他无关,无论是接受掌声和鲜花,还是接受骂声和臭鸡蛋,那都是司马昭的事情。曹奂,只是一个沉默的观众。

要说曹奂比前几代魏国皇帝幸运的是,曹奂亲眼见证了三国历史的重大变迁:他名下的大魏雄师挥刀西进,消灭了顽固抗争命运的蜀汉王朝。虽然权力是司马昭的掌上玩物,但曹奂作为合法皇帝,司马昭有许多事情还需要曹奂来串场跑跑龙套。

曹奂"恢复祖业"的心,从他刚上台的时候就已经死了,或者说曹奂根本就没有"恢复祖业"的壮志,司马昭可不是吃闲饭的。曹奂已经接受了命运对他的安排,司马昭让他做什么,他就做什么。虽然曹奂远没有曹髦有血性,可没有实力的血性究竟能换来什么?悲壮的历史瞬间?可悲壮是不能当饭吃的。

从伐蜀之前的下诏,到刘禅来到洛阳后的安慰诏,以及揭露钟会谋反的有罪诏,都是打着曹奂的旗号对外公布的。曹奂对这些例行公事早已经麻木不仁了,"吹皱一池春水,干卿何事?"

作为名义上的战胜国皇帝,曹奂应该是见过安乐公刘禅的,不知道曹奂内心深处在想什么。曹奂是胜利者?不,他和刘禅一样,都是命运的失败者。唯一与阿斗不同的是,他的身边竖着一杆"胜利"的大旗,可这杆旗的旗手,却是司马昭,这就是曹奂的悲哀。

曹奂知道,司马昭迟迟不肯接受晋公的封爵,就是司马昭感觉军功尚难服人,现在灭掉了蜀汉,司马昭的威望到了顶点,是时候换牌子了。对于这一点,曹奂心知肚明。灭蜀后不久,曹奂就下诏封司马昭为晋王,"命晋王冕十有二旒,建天子旌旗,出警入跸,乘金根车"。事情发展到了这一步,所有人都知道司马昭要干什么。

虽然司马昭在当上晋王两年后突然暴病而亡,但权力一直牢牢控制在司马氏手上,司马昭死了,晋王太子司马炎顺利接过父亲留下来的权杖。既然司马昭成为曹操第二，司马炎就是当仁不让的曹丕第二。至于汉献帝第二，自然就是曹奂。

那一天终于来了，魏咸熙二年（公元263年）十二月，"天禄永终，历数在晋"。曹奂面无表情地在政权更迭的文件上签了字。洛阳南郊受禅台上，司马炎笑容灿烂；受禅台下，祭告上苍的熊熊大火噼啪作响。在这一刻，曹奂依然出奇地从容，仿佛他从来不曾出现在这个热闹喧天的场合。

从这一天以后，在历史上煊赫一时的曹魏帝国永远成为历史深处的记忆。当年曹操意气风发的时候，可曾想到，仅仅过了四十五年，他辛苦三十年才打拼出来的大魏帝国，就这么轻易地被司马氏换了牌子，从此易主。曹操的孙子曹奂不幸见证了这一让人心酸的历史瞬间，就如同当年汉献帝刘协一样。历史，就是这么诡异的轮回。

由于曹奂对司马氏俯首帖耳，百般顺从，所以司马炎也没有难为他。司马炎以晋朝皇帝的名义，降封曹奂为陈留王，定居邺城，享食万钟。

曹奂在历史上给后人最大的印象就是沉默，他面无表情地看着历史的沧桑变迁：司马昭灭蜀、邓艾冤案、钟会谋反被杀、刘禅东迁、司马炎称帝、晋军六路伐吴、孙皓青盖入洛、晋朝高层的腐化、破坏力惊人的八王之乱……

西晋太安元年（公元302年），五十八岁的陈留王曹奂在四海汹沸的大乱中默默地离开了人世。

上面我们讲了，三国的末路帝王（包括实际统治者）有十多个，在这十多个末路统治者中，要说名气最响亮的，恐怕非蜀汉后主刘禅莫属。刘禅的名字在历史上并不是很响亮，但说起蜀后主或他的小名阿斗，那名气就大多了。

先不说历史作为，只说历史知名度，阿斗绝对是三国一线人物，关于他的故事实在太多了，比如那两个著名的典故：扶不起的阿斗、乐不思蜀。当然，阿斗之所以"小名垂宇宙"，主要还是傍上了三国两大名人：他的亲生父亲刘备、他的相父诸葛亮。前面也说过了，出名其实很简单，傍上个名人，一切就行了。

刘禅作为皇帝，他还有一项三国所有帝王都无法比的纪录——在位时间最长。从公元223年继位，到公元263年亡国，刘禅当了四十一年的皇帝！孙权的实际统治时间更长，共五十三年，不过孙权从称帝到死亡的时间只有二十四年。

刘禅和孙权都是富二代，如果没有刘备和孙策在腥风血雨中打下江山，凭他们的开拓能力，很难站在历史风云的最顶端。不过虽然孙权的能力远强于刘禅，但有一点，孙权是比不了刘禅的，就是刘禅多灾多难的命运。

刘禅的经历其实非常让人心酸，他不是刘备的第一个儿子，他的母亲甘夫人也不是刘备的第一任妻子。刘备早期在中原闯荡时，妻子数丧于敌手，在荆州被曹操追杀时，还丢了两个女儿。

公元207年，刘禅生于新野，第二年，曹操大军杀向荆州，刘备仓皇南逃，甘夫人和儿子刘禅被抛在荒野。幸亏名将赵云舍命相救，刘禅才避免填埋于沟壑的悲剧命运。三年后，刘备大举进蜀，孙尚香想趁机偷走刘禅，又是赵云"截江夺斗"，刘禅再次避免了厄运。如果刘禅被掠到江东，估计难逃孙权毒手。

都说庸人多福，这话有点道理，阿斗天生就是皇帝命。为了保证阿斗将来能继承基业，刘备不惜杀掉了立功卓著的养子刘封。刘备也知道，如果留下刘封，性格凶悍的刘封将来必然会给才具平庸的阿斗带来巨大的威胁，刘封夺位的可能性并非不存在。

刘封死后，作为刘备实际上的嫡长子，刘禅的太子位置牢牢不可动摇，他需要做的，就是等待刘备成为"先帝"。公元223年四月，伐吴失败的刘备病逝于白帝城，一个月后，十七岁的刘禅在成都继位。

从常理上来说，十七岁的孩子已经具备了相对成熟的心理，但刘备对这个儿子向来不太放心，毕竟刘禅从来没有执政经验。刘备为了确保蜀汉政权的长久生存，举国托孤于诸葛亮，刘禅成了诸葛亮的干儿子。刘备在死前明确告诉刘禅："汝与丞相从事，事之如父。"你亲爹死了，你干爹还在，要老实听话。

刘禅比同为傀儡皇帝的曹芳、曹髦等人幸运的是，曹芳们面对的是凶悍跋扈的司马师兄弟，而刘禅面对的则是忠贞不贰的诸葛亮。如果诸葛亮稍有异心，不是没可能踢掉刘禅，"自立为成都之主"。

刘禅能拥有诸葛亮这样的千古贤相，是蜀汉的幸运，也是刘禅的幸运。在诸葛亮当政的十二年里，"（蜀汉）政事无巨细，咸决于亮"。刘禅在这个时候所能做的，还是当一枚昂贵的橡皮图章，相父需要以他的名义下诏，刘禅直接盖上大印就行了。

诸葛亮的名声自不必多说，但诸葛亮不是神，他也有许多缺点，比如诸葛亮的权力瘾。在执政期间，他大事小事一一过问，却忽略了给刘禅锻炼的机会，这也是诸葛亮执政时最大的失误之一。刘禅后期的昏聩，尤其是缺乏临机判断能力，这和诸葛亮不重视培养刘禅的执政能力有很大的关系。

诸葛亮死后，刘禅有限度地接触国家大事，蒋琬和费祎执政时，都分了一部分权力给刘禅，但为时已晚。亡羊补牢是没错，可惜羊都跑光了，补牢还有什么用？诸葛亮不给刘禅锻炼机会，任由刘禅自生自灭，刘禅的青年期就这么给浪费了，好端端一棵树苗，结果长成了歪脖子树。

"后主渐长大，爱宦人黄皓。"刘禅实际上被诸葛亮排挤出了权力核心圈子，百无聊赖的刘禅没事干，就天天和太监黄皓混在一起，种下了蜀汉亡国的祸根之一。如果刘禅一直做一个花瓶皇帝，倒也不会对蜀汉国势造成多大的负面影响，但长大后的刘禅已经表现出了对权力的兴趣，这不是一个吉兆。

世界上有许多种悲哀，其中之一就是明明没有这方面的能力，却偏偏在这个行业里摸爬滚打，除了滚出一身泥巴，什么也得不到。刘禅就是这样，自延熙九年（公元246年）蒋琬死后，费祎常年领兵驻外，刘禅开始"自摄国事"。

花瓶很好看，但外人眼中的赞叹，却是花瓶本身的悲哀。刘家的天下，刘禅当然有资格收回来，但刘禅却明显不具备刘备、诸葛亮那样对权力超强的控制力。刘禅亲政后，对刘禅严肃管教的副宰相董允与蒋琬同年去世，刘禅终于摆脱了最后一道牢固的枷锁，可以为所欲为了。

刘禅亲政后，蜀汉官场迅速蹿红了两股势力，一是大太监黄皓，一是尚书令陈祗。陈祗是蜀汉著名的笑面奸臣，唐朝大奸臣李林甫其实就是陈祗的加强版。陈祗当政期间，勾结大太监黄皓，狼狈为奸，严重干扰了蜀汉政权机器的正常运转。

尤其是公元253年，宰相费祎被刺杀之后，刘禅彻底自由了，再也没有人敢管他了，包括大将军姜维。姜维在蜀汉军界的地位无人能及，但他最大的失败就是在官场混得一团漆黑。因为得罪了黄皓，姜维连成都都不敢回，远远躲在外面避祸。

姜维劝刘禅杀掉黄皓，刘禅是和黄皓从小一起厮混大的，两人感情很深，他不可能随便就杀掉黄皓。刘禅纵容黄皓的势力在官场高层蔓延，刘禅分辨是非的能力非常差，他看不到黄皓和陈祗对蜀汉政权机器的严重破坏。如果刘禅能看出来陈祗是个奸臣，那也就不是他刘阿斗了。

蜀汉的亡国，姜维至少要负一半的责任，另一半的责任，当然要由刘禅来负了。黄皓和陈祗是奸小，可信用奸小的肯定是昏君，这个黑锅，刘禅是背定了。

邓艾虽然偷渡阴平得手，并消灭了诸葛瞻的蜀军主力，但如果刘禅能坚守成都，胜负尚未可知。可刘禅压根儿就没考虑抵抗，要么逃到东吴，要么逃到南中，要么直接投降。刘禅还不如他的儿子北地王刘谌有血性，在亡国之际，刘谌哭拜昭烈庙，自刎以谢先祖，为蜀汉的灭亡添上了一抹悲壮的色彩。

五十七岁的刘禅，成为五十三岁的司马昭的俘虏，被司马昭请到洛阳喝茶去了。不过司马昭可能是出于稳定蜀汉人心的考虑，他非常厚道地安置了刘禅，封他为安乐公，食邑万户，除了失去了自由，刘禅还可以继续花天酒地。公元271年，刘禅善终于洛阳，晋武帝司马炎谥刘禅为安乐思公。

刘禅作为历史上非常著名的亡国皇帝之一，围绕他身上最大的争议就是那段著名的典故"乐不思蜀"。因为这件事情，刘禅被扣上了"没心没肺"的帽子，司马昭大笑，所有人都在大笑。他们想不到刘备英雄一世，居然生下了这个愚蠢无能的儿子。从此，阿斗就成了昏庸无能的代名词，这帽子一扣就是两千多年。

刘禅傻吗？举一个著名的例子，公元975年，南唐被北宋灭亡，南唐后主李煜北迁汴梁。从一个自由的帝王沦为他国的阶下囚，李煜每天以泪洗面，怀念故国，这种强烈的思乡情绪最终爆发，凝成了词史上极著名的那首《虞美人》：

春花秋月何时了，往事知多少！小楼昨夜又东风，故国不堪回首月明中。雕栏玉砌应犹在，只是朱颜改。问君能有多少愁？恰似一江春水向东流。

一个亡国帝王，在战胜国的土地上公然怀念故国，这是对战胜国皇帝公然的蔑视和挑战。不要说赵光义这样"阴贼险狠"的皇帝，换了任何一个皇帝，都不可能容忍李煜这样的行为。赵光义狠毒的毛病一发作，灌了李煜一肚子的牵机药，李煜惨死。

同样的道理，如果刘禅当着司马昭的面，痛哭流涕地说怀念蜀汉，以司马昭的狠毒性格，刘禅未必就能见到第二天的太阳，弄不好九族俱毁。其实司马昭在刘禅面前安排蜀宫女跳蜀舞，就是在试验刘禅，一旦刘禅表现出了对蜀汉的一丝怀念，司马昭是绝对不会放过他的。

如果刘禅真的傻，他怎么可能在诸葛亮死后，主政三十年？虽然晋安帝司马德宗是个昏庸之人，但司马德宗身边都是权臣：司马道子、桓玄、刘裕，都不把司马德宗当盘菜。而无论是诸葛亮、蒋琬、费祎或是姜维，都对刘禅毕恭毕敬。没有点手腕，刘禅怎么可能镇住这些人精？

所以，综合来看，刘禅在司马昭面前根本就是在演戏，故意装傻，来换取司马昭对他的放心。曹髦是怎么死的，刘禅应该是知道的。刘禅从来就没有想过像儿子刘谌那样自杀殉国，他人生的原则就是好死不如赖活着。

既然刘禅决定了在司马昭的刀口底下混饭吃，那只能将装傻进行到底。刘禅牺牲了自己的尊严，却"苟全性命于乱世"，安然度过余生。刘禅的行为虽然有些让人不爽，毕竟他是刘备的儿子，但刘禅在亡国之际，能保全九族性命，未必就不是刘禅装傻换来的。

从这个角度看，刘禅的人生又是成功的。

下面我们来谈谈东吴的亡国皇帝孙皓。

在进入正题之前，先把孙皓的名字讲一下。孙皓的"皓"本应该作"晧"，读音都一样，意思也相同（意为光明），读为"号"。"晧"是"皓"的异体字，现在一般都作"孙皓"，所以下面都写成"孙皓"。

孙皓是吴大帝孙权的孙子，废太子孙和的儿子。孙皓的帝位，可以说来得侥幸，也可以说是他应得的。如果不是孙和在那场可怕的政治斗争中失败，孙亮和孙休都没机会上台，天下依然还是孙皓的。而孙皓的侥幸，是因为孙休在晋灭蜀，东吴风声鹤唳中惊死，儿子又小，东吴朝野决定议立长君，这才给了孙皓机会。

首先推荐孙皓当皇帝的，是孙皓的朋友、左典军万彧。肥水不流外人田，估计是万彧想当宰相，可他又不是孙休的嫡系，干脆抬出孙皓，自己也好占占便宜。万彧到处吹捧孙皓，说孙皓是长沙桓王（孙策）附体，英明神武，千古一帝。朝中大佬濮阳兴和张布听信了万彧的鬼话，四处联系，最终决定由孙皓入嗣大统。

吴永安七年（公元264年）八月，二十三岁的孙皓被命运推向了时代的风口浪尖上。

三国鼎立的格局，在孙皓继位的时候，已经消失了，所以孙皓面对的是和前几任东吴皇帝完全不一样的局面。司马氏在灭蜀之后，已经完全控制了长江上游，虽然晋朝暂时还没有大举伐吴的打算，但东吴的军事压力，相较于三国鼎立时期明显地增大了。东吴上上下下都在看着孙皓，他们希望这个年轻皇帝能带领东吴走出历史的泥沼……

刚上台的孙皓，处处还表现出明君的风范，"发优诏，恤士民，开仓廪，振贫乏，科出宫女以配无妻者"。甚至连动物们都享受了大吴皇帝的无上恩泽，全被放生了。东吴朝野无不欢欣：长沙桓王果然灵魂附体了……

哪知道他们的笑容还没有褪去，一个个就全都傻眼了。等孙皓的明君瘾过完后，他的本来面目终于露出来了，孙皓狂妄残暴，贪酒好色，这哪是什么明君？活脱脱一副暴君嘴脸！

看到孙皓这副浑蛋模样，丞相濮阳兴和左将军张布后悔得直想撞墙，当初怎么就信了万彧这个政治骗子的鬼话，立了孙皓这个冒牌明君。可这世界上哪有卖后悔药的？

孙皓是三国罕见的超级暴君，他的残暴指数和后来的南朝宋和北齐的暴君有得一拼。这些残暴帝王有一个共同特点，就是杀起政敌（包括他认为的政敌）来毫不手软，尤其同宗至亲，孙皓在这方面表现得特别突出。南朝宋和北齐的皇帝特别喜欢诛杀至亲，其实他们都是跟孙皓学的本事。

孙皓的帝位，实际上是吴景帝（孙休）皇后朱氏最终拍板定下来的，朱皇后从保全东吴的高处着眼，说"我寡妇人，安知社稷之虑，苟吴国无陨，宗庙有赖可矣"。按说朱皇后是孙皓的政治恩人，可孙皓上台后，却直接拿皇姊开刀，不知道用了什么下三烂的手段，逼死了可怜的朱皇后。

最让人无法容忍的是，孙皓这个忘恩负义的小人不但逼死了朱皇后，还杀死了皇叔孙休的两个年龄稍大的儿子。孙皓这么狠毒，无非是怕孙休的儿子们长大后，对自己的帝位构成威胁。孙皓不愧是孙权的孙子，孙权刻薄对待孙策的后人，就怕孙策后人夺位，孙皓照猫画虎，直接铲除了政治威胁。

杀完了孙休一系，紧接着，孙皓开始对五叔孙奋下手。因为孙皓有段时间因思念亡妃而闭门不出，江湖上便传言孙奋有可能将入嗣大宗，孙皓最忌讳别人窥伺他的权力。不管是谁，只要是胆敢越红线的人，统统都要杀。孙奋平白招来一场大祸，连同五个儿子被孙皓诛杀。

不要说这些外支旁宗，就是孙皓的同父弟弟孙谦，因为被动成为野心家施但的政治旗号，也遭到了灭顶之灾。按说孙谦是无辜的，可孙皓不管这些，直接灌了孙谦和他的母亲一肚子的毒酒，送上了西天。至于外姓政敌濮阳兴和张布，孙皓更不可能放过他们，随便寻了个罪名给杀了，夷三族。

孙皓在位十六年，书写了一部"蔚然壮观"的杀人史，只要孙皓发威了，什么人他都敢杀。即使是万彧这样对孙皓来说恩重如山的宠臣，也照样难逃孙皓的

· 四二／三国末路帝王的人生终局 · 397

毒手。刚开始的时候，万彧还很受宠，当上了宰相。可没过多久，孙皓就对万彧腻烦了，三拳两脚就将万彧打翻在地，赐酒，归天。

在孙皓的潜意识中，他就是上天派到人间的主宰，谁敢触犯他的利益，那就必须杀掉。除了个别幸运的，其他人基本上都被夷了三族，孙皓是个冷酷没有人性的变态暴君，他从来不会考虑别人的感受，即使是无辜者。

不过话说回来，历史上这些杀人如麻的暴君，往往都对控制权力有相当的手段。比如孙皓、石虎、拓跋焘、刘骏、萧鸾、高洋、高湛、刘彧、朱棣等人。暴君不等于昏君，暴君们除了会杀人，也会玩权术，能力上并不差，有的还是千古大帝级的人物，如朱棣。

抛开残暴这一层讲，从东吴的利益角度来看，实际上当初朱皇后、张布等人选择孙皓是正确的。孙皓在位期间，东吴内政非常混乱，叛乱迭起，但东吴的生存形势却一直很乐观。虽然晋朝对东吴虎视眈眈，不过司马炎基本上是老虎吃天，无从下口。

孙皓是个聪明人，他随意杀人，但有一种人他是不会杀的。不但不杀，反而重用，就是东吴的边臣将帅，如陆凯、陆抗、陶璜。这三个人是东吴末期擎天柱式的边臣重将，二陆驻守荆州、陶璜驻守交州，从西线和南线顶住晋朝的军事压力。

这是孙皓的幸运，恰也是孙皓的悲哀，因为二陆死得很早，陆凯死于公元269年。陆凯死后，荆州防务由陆抗及时顶上来，可陆抗死于公元274年，年仅四十九岁。吴郡陆氏从陆逊开始，镇守荆州长达五十年，吴郡陆氏出了三位名将：陆逊、陆凯、陆抗。可他们都死在孙皓之前，荆州的防务自陆抗死后，出现了混乱。

东吴从建立开始，就奉行"荆州至上"的防御战略，西线控制荆州，牢牢堵死蜀汉和魏国的进攻，确保江东本部的安全。蜀魏皆为晋所并，但因为有名将二陆在，即使是晋朝头号名将羊祜，也拿二陆没办法，尤其是陆抗，羊祜只能和陆抗委蛇周旋，最终遗恨千古。

晋朝的对吴战略，实际上也是"荆州至上"，一路从北线襄阳南下，一路从西线益州顺江东进，再加上东线扬州万舰过江，东吴被晋朝三线合围，形势非常危险。东吴要想立国长久，唯一能指望的就是晋朝内部出现大动乱，中原分崩，然后东吴继续鼎立江东。

可惜孙皓的好运气已经用完了，在东吴灭亡十年后，晋朝才暴发了破坏力惊人的八王之乱。如果孙皓能再多坚持十年，东吴也许能立国百余年，甚至还真有可能西取益州，与中原形成南北对峙格局。

司马炎虽然不断地下臭棋，但这些臭棋的恶果却处在萌芽状态，在司马炎统治前期，晋朝还是积极向上的。司马炎之所以拖了十五年才决定大举灭吴，一是内政需要梳理，二是北线和西线边患不断，司马炎要不停地灭火。司马炎暂时还顾不上在江东过逍遥日子的孙皓，所以孙皓幸运地做了十六年的皇帝。

等到晋朝缓过元气了，尤其是暂时搞定了北线匈奴、鲜卑，西线羌、氐的军事反抗，司马炎终于可以腾出手对付孙皓了。孙皓主政江东十六年，已经闹得天怒人怨，六军晋军浩荡入吴，孙皓终于向命运低头了，无可奈何地做了司马炎的俘虏，被司马炎请到洛阳做寓公去了。

东吴的灭亡，原因很复杂，有政治原因，比如孙皓失人心；也有军事原因，比如名将凋零，新生代顶不上来。任何一场战争，其实都是双方主帅的智谋博弈和能力比拼，军队再强大，没有一个合格的主将是成不了大事的。

羊祜虽然被耗死了，但晋朝却不缺少名将，最大号的是杜预，其次还有王濬、王浑、胡奋、唐彬等人。特别是杜预，放在任何时代，杜预都是顶级的风流名将，类似于东吴的周瑜、陆逊。而孙皓这边有什么大号名将？不知道。好容易出了个名将陶璜，还被按在交州，远水解不了近渴，眼睁睁看着孙皓亡国。

司马炎是个厚道人，他知道孙皓是个暴君，也没有为难他。不过同样是亡国皇帝，孙皓的待遇明显不如刘禅。刘禅来到洛阳时，当时名义上的皇帝曹奂对刘禅大吹特吹，好话说尽，给足了刘禅面子。刘禅死后，晋朝官方以高规格称为"公泰始七年薨于洛阳"。

刘禅的经济条件也不错，封为安乐公，食邑万户、赐绢万匹、奴婢百人，还有其他许多赏赐。刘备的后人中有五十多人封侯，一个战胜国对战败国的宗室这么优待，实在是难得。

而孙皓和刘禅相比则寒碜多了，司马炎不咸不淡地说什么："孙皓穷迫归降，前诏待之以不死。"封孙皓为归命侯，摆明了污辱孙皓。安乐公是正式的爵位，归命侯是干什么的，专给亡国帝王备用的。

在经济上，孙皓只得到了"田三十顷，岁给谷五千斛，钱五十万，绢五百匹，绵五百斤"。而孙吴宗室的待遇也明显不如蜀汉宗室，他们只是得到了郎中的虚衔，没得到几个大钱。孙皓死后，陈寿只是不带任何感情地写了句："（太康）五年（公元284年），皓死于洛阳。"

陈寿是蜀人，他对故国有感情是可以理解的，同时陈寿是在晋朝的统治下写《三国志》的，如果不是得到司马炎的官方认可，这本书能不能流传下来都是个问题。陈寿在刘禅和孙皓的待遇上厚蜀薄吴，很大程度上是代表了晋朝官方对刘禅和孙皓的喜恶。

孙皓很悲剧，但这一切都是他自找的，得不到任何人的同情。

刘禅也很悲剧，但刘禅至少是个忠厚老实人，他极少杀人，比孙皓厚道多了。在这一点上，非常厚道的司马炎自然在感情上就偏向刘禅一些。

四三 / 三国官制

讲到官制，说得通俗一些，官就是管老百姓的；说得正式一些，官就是国家统治机器中的重要组成部分。自从人类进入阶级社会以来，出现了统治者和被统治者，被统治者有成百上千万，而统治者只有一个帝王。当然帝王不可能以一人治天下，而要集天下之众力，帮助他来进行有效的统治，所以就出现了官。

从远古的尧舜时代，也就是原始社会末期，就有了专职管理人员，有主管农业的，有主管林业的，有主管刑法的，有主管礼乐的，等等。不过这时的"官"还没有严格的等级管理体系，比较随意。

官员制度真正的成熟期是在商朝，在商朝时期，政府管理层的建设已经非常细致了，有六典、五官、六府、六工等，这是统治核心层的官制结构。在地方上，还有"八州八伯，五十六正"等，相当于后来的州牧、节度使等地方长官。

而到了周朝，绵延中国封建社会两千多年的官员制度才真正成型，最典型的是六卿制度，即天官冢宰（宰相）、地官司徒、春官宗伯、夏官司马、秋官司寇、冬官司空。另外还有三公：太师、太傅、太保，以及诸卿百官。

以后的秦汉诸朝的官员制度都是在周朝官制的基础上略加损益，特别是汉朝官制，对后世影响非常大。王莽曾经对周汉官制进行了大规模的改制，搞得乱七八糟，但刘秀后来建立东汉，又恢复了汉朝官制。

东汉官制相对于西汉官制来说，基本上没有什么太大的变动，无非修锅补灶，敲敲打打而已。东汉崩乱之后，作为从东汉军政体系中脱胎而出的三国，它们的官制也基本上是沿用东汉官制，下面就简单说说三国的官制，先说魏国。

作为三国之中实力最强大的魏国，天下十三州，魏占其九，横东跨西，就帝国气势而言，魏无疑是最有资格代表东汉的。从官制角度看，三国的政权制度建设，魏国最为完善。

不过曹魏的政权体制建设和东汉、吴蜀有一个最大的不同，就是曹魏曾长期控制东汉朝廷，以朝廷的名义号令四方。曹操在东汉朝廷之外，还有一个属于自己的独立控制的政权机构，一般称为霸府。

所谓霸府，是名义上从属于中央政府，但又实际控制中央政府，并代替中央政府行使权力的政治军事集团。霸府自有其一套与中央政府职能相对应的职务，这个名分比较低的职务实际上又是该职能的实际执行者。

东汉建安元年（公元196年），曹操听取了智囊荀彧和程昱"挟天子以讨不臣"的正确战略主张，迎四处流浪的汉献帝刘协入许。刘协册封曹操为大将军，自此，终汉两代，大将军是最高军事长官，在通常情况下都是"辅弼"幼主执政的实际政策制定者，比如霍光，再比如曹操之前的何进。

随后曹操任丞相，直到曹丕继立，曹氏集团都是东汉中央政府的实际控制者。曹操的反对者主要集中在藩镇，比如袁绍、孙权和刘备。在中原，几乎没有能和曹操相抗衡的政治集团，不过是零星的几个反对者，对曹操代替中央政府行使权力没什么影响。

曹操霸府大体有四类职能：主簿，长史诸曹掾，司马参军，司直、校尉等，各有一套与中央政府职能相对应的权力。曹操并没有对汉以来官制做太大的变动，基本上在原有制度的基础上进行有利于自己控制权力的调整。曹操甚至还设置了所谓发丘中郎将、摸金校尉，专事盗墓取宝，发死人财。

在曹操消灭袁绍集团后，派西曹令史梁习主政并州，梁习是以"司空府别部司马"的身份主政并州的，也就是说并州刺史已经归入司空职权范围之内。东汉时司空本掌水土事，类似于后来的工部尚书职能。建安十三年（208年），曹操废三公，自任丞相，灭袁绍后，曹操对中央政府职能进行全面替代和控制。

曹操霸府中的权力职能很多，比如二十四曹，如东曹主二千石迁降，西曹主内府吏的任用，类似于后来的吏部，有人事控制权。若户曹主民户，类户部；辞曹主刑讼，类刑部；兵曹主军事，类兵部；金曹主食货盐铁，类工部等。

后来的司马集团控魏，刘裕控晋，萧道成控宋，萧衍控齐，陈霸先控梁和宇文泰控制西魏，高欢控制东魏，都是参仿曹操的霸府建制，建立一套名义上从属但实际反过来控制中央政府的政权决策机构。

到了魏国正式建立后，非正式的霸府职能逐渐演变成正式的权力决策机构，比如尚书台建设。从东汉开始，朝廷最高决策机关是尚书台，而三公虽然位望隆重，但实际上都是荣誉性职务，有虚名无实权的。但东汉时的尚书台主政制度刚刚形成，在内容上还有许多不太完善的地方。

比如尚书台在东汉时还不是独立的决策机关，而是隶属于少府。少府卿的品秩是中两千石，而尚书仆射和六曹尚书却只有六百石，明显不是一个重量级的。到了汉末魏初，尚书台从少府中脱离出来，单独成为最高决策机关。

尚书台的最高长官是尚书令，下面还有诸曹尚书和尚书郎。用现代政治语言来解释的话，尚书台是国务院，诸曹尚书是各部部长，尚书郎是各部司局长。汉成帝时，将尚书分为四曹，汉光武帝刘秀增加为六曹，即三公曹、吏部曹、民曹、客曹、二千石曹、中都官曹，初步出现了后世六部尚书的原型。

到了曹魏时期，曹操对诸曹体制进行了大规模的变动，将六曹改为五曹，即吏部曹（相当于吏部）、左民曹（工部）、客曹（礼部）、五兵曹（兵部）、度支曹（户部），再加上尚书左右仆射（yè）以及尚书令，合称尚书八座。

诸曹尚书之下的尚书郎比较多，西汉置尚书郎四人，东汉则猛然涨到了三十六人，到了曹丕时，又回落到二十三人，分别是：殿中、吏部、驾部、金部、虞曹、比部、南主客、祠部、度支、库部、农部、水部、仪曹、三公、仓部、民曹、二千石、中兵、外兵、都兵、别兵、考功、定课。没过几年，魏明帝曹叡又增加了都官郎和骑兵郎，共二十五人。

尚书台作为魏国的最高决策机关，时间并不长，实际上早在曹操当魏王的时候，为了加强集权，曹魏统治集团开始有意识地分化尚书台的权力。曹操设立了秘书令，"典尚书奏事"，承担了一部分尚书台的职能。

曹丕上台后，将秘书令改为中书令，历史上正式出现了中书令的称谓。曹丕安插进他的心腹刘放和孙资入中书，"并掌机密"，实际上刘放和孙资才是真宰相。到了曹叡时代，中书令的职能更重，"号为专任，其权重矣！"尚书台的职能反而在相当程度上被弱化了，成为花瓶机构。

除了尚书台、中书台这些权力决策机构，还有其他辅助性的诸司衙门，就是著名的"九卿"制度。九卿从夏朝就开始设立，东汉的九卿分别是太常、光禄勋、卫尉、太仆、廷尉、大鸿胪、大司农、宗正、少府，曹魏建立后，依然继承了汉朝的九卿名号，没有进行改动。

古代的封建统治者除了注重权力机构建设，同时也非常重视官员的纠察弹劾制度建设，这方面的职能主要由御史台来负责，最高长官是御史大夫。在秦朝和西汉时期，御史大夫是三公之一，位望隆重，和宰相职能基本相近，在西汉末期甚至成了专职宰相。

· 四三／三国官制 · 403

即使御史大夫不是最高行政长官，也是第二行政长官，属于宰相的候补人选。有个有趣的历史现象，在汉朝，凡是当上御史大夫的，无不在暗中诅咒宰相早死，自己好取而代之，背后乱打王八拳的大有人在。因为这个原因，东汉干脆取消了御史大夫的设置，曹操当政后，复设，但已经没有什么实际意义了。

御史台的监察职能，实际上落在了御史中丞的头上，御史中丞也称为御史中执法，专门弹劾人的。御史中丞的品秩只有千石，但在朝会的时候，却有资格与尚书令、司隶校尉单独跪坐，而其他官员都要挤在一起，官场上称为"京师三独坐"，足见御史中丞属于那种位低权重的实权职务。御史有"风闻言事"的权力，说得通俗点，就是弹劾了你，即使你无罪，御史也不承担责任，弹了也白弹。

自古官场都是文武两道并行，文的一手和武的一手都要狠抓，否则国将不国。

古代武将制度有一个明显的分水岭，就是南北朝。在南北朝之前，武将制度相对比较简单，就是一个大将军、骠骑、车骑、前后左右、四征四镇四平四安诸卫，外加一些杂号将军。南北朝至唐之后，武将制度越来越复杂，到了宋朝之后，干脆连将军名号都懒得用了，取而代之的是行营招讨使、经略安抚使等。

在两汉时期，大将军是公认的武将之首，凡出任大将军者，基本都是兼领宰相职务的官场首辅，比如霍光、王凤、梁冀、何进等人。到了汉末三国，虽然夏侯惇曾经做过大将军，但这不过是荣誉性的虚职。

从这之后，大将军也基本成为虚职，因为大将军的权力实在太大了，当皇帝的不放心。而司马师、司马昭兄弟先后担任魏国大将军，明眼人一看就知道他们要篡位，这样的大将军，和真皇帝没什么区别。

魏国武将中真正挑大梁的职务，主要还是四征四镇四平四安。所谓"四"，是指东西南北，比如征西将军、镇南将军。四征将军在武将班中品秩最高，位在三公之后，属于官场中的一线职务。

由于三国鼎立，魏国的主要军事压力来自西线的蜀汉和东线的吴国，所以在这些征镇平安将军中，以东线和西线的专职将军为重。曹魏武将中的一线人物，比如征西将军夏侯渊、张郃、郭淮、邓艾，征东将军张辽，安西将军曹仁，安东将军曹休，镇南将军毌丘俭，镇东将军诸葛诞，镇西将军钟会等。

杂号将军是指大将军、四征四镇四平四安诸卫将军之外非常置的将军名号，属于二线武将，一般由官场上的二线人物出任，但有时也由一线人物出任。三国比较著名的杂号将军有破虏将军李典、讨逆将军文聘、鹰扬将军曹洪、武威将军于禁、横江将军鲁肃、牙门将军赵云等人。

在武将制度中，除了将军，下面还有许多次一级的武官，最著名的应该算是中郎将了，比如大名鼎鼎的五官中郎将曹丕。中郎将系列中比较重要的职务有五官中郎将、左右中郎将、东西南北中郎将、虎贲中郎将（桓阶）、军师中郎将（诸葛亮）等。

还有一些中郎将属于专职，比如专门对付匈奴的匈奴中郎将、专门对付南越的平越中郎将、专门开采金属矿藏的司金中郎将，当然也包括曹操专门发死人财的发丘中郎将。除了匈奴中郎将这样的专职武将，曹魏还沿袭东汉制度，设有全权处理对羌事务的护羌校尉，邓艾就担任过这个职务，以及护乌桓校尉。

许多重号将军经常在地方上驻防，有时也兼任地方刺史，但武将和地方官毕竟是两个截然不同的系统，下面就讲一讲魏国的地方官系统。曹魏和东汉一样，都是在地方上实行三级管理制度，即州刺史—郡太守—县令、长。

东汉总共有十三个州，所以能当上州牧刺史的，都是官场一线人物，到了东汉末期，各州牧基本上都衍变为割据军阀。曹魏也有十三个州：司、豫、徐、兖、青、幽、冀、并、凉、秦、雍、扬、荆。州刺史位高权重，如果管辖境内没有驻防的重号将军，则刺史在管辖境内文武两道通吃。

而州刺史以下的辅官，史书上称为"佐吏"，比较重要的州辅官有别驾、治中、主簿。别驾的全称是"别驾从事史"，因为这个职务每逢州刺史出行时，可以享受专门配小车的待遇，所以称为"别驾"，是州官员系统中仅次于刺史的二号职务。勾引刘备入川拐走刘璋江山的张松，就是益州别驾。

州实际上是政权的地方微缩版，除了名号级别降一等，实职功能是上下对接的。州牧刺史是"皇帝"，别驾就相当于丞相，治中是诸曹尚书，专管具体的政务。还有就是主簿，具体职能就相当于现在的秘书长，比如最有名的一个主簿——杨修。

除以上州辅官之外，还有部郡国从事史、祭酒从事史、中正等职务。部郡国从事史具体负责州下各郡的监察工作。每州有几个郡国，就设几个专职，相当于省区纪委驻各地市的特派员。祭酒从事史相当于现在的专职副省长，具体负责实际事务，"掌诸曹兵、贼、仓、户、水、铠之事"。中正，大体就相当于现在的人事部部长，专门给朝廷和州里选拔优秀人才。

州以下是郡，就是现在的地级市。不过在名称上，不是所有的二级行政区划都称为郡，如果某个郡是亲王的封地，那么就称为"国"，比如中山国、北海国。按汉魏制度，郡守称为太守，而"国"则称为"国相"，或简称为"相"，晋朝改为"内史"。国相和郡守的职责权力相等，只是换个称谓罢了。

如果某个郡是国家的国都，那级别和待遇就比太守、国相稍高一些。魏国国都定在洛阳，所以洛阳的"郡守"就称为河南尹。河南尹在天子脚下，实际上不算是地方官，而算是京官。

因为经济或军事上的原因，郡和郡之间在级别上平等，实际上在官场上的地位有重有轻。比如魏郡，作为魏国早期法理意义的国都，魏郡太守的分量就明显高于其他郡。比较大的郡有中山、河间、赵、南阳、河内、太原、河东、弘农、颍川、汝南、谯、京兆等，相当于现在的计划单列市或副省级城市。

在汉魏时期的郡下属吏中，有一个著名的职务，因为《三国演义》而名扬天下，就是督邮。《三国演义》中张飞怒鞭督邮的故事很出名，实际上让督邮挨鞭子的是刘备。为了突出张飞的鲁莽形象，刘备的血性就这样被罗贯中给抹掉了。督邮的职务其实就是州里"部郡国从事史"在郡里的功能，相当于市纪委在各县的巡视员。

郡以下是县，按汉魏制度，县的人口过万户的其长官称为县令，不过万户的其长官称为县长。县级行政人员编制也比较多，比较有名的几个职务如县尉（刘备就当过县尉）、门下书佐、小史。

在魏晋时代有一个极著名的美男子，就是周小史。周小史应该不是他的本名，这个姓周的美男子可能做过县小史这个职务。古代将姓与官位合称是比较常见的，比如孔北海、刘豫州、张江陵。

还有一个在历史上鼎鼎大名的小人物也做过小史，晋元帝司马睿的生父极有可能并不是琅琊王司马觐，而是小史牛金（或作牛钦）。这个小史牛金的职务是琅琊国小史，有机会接近王妃夏侯氏，在一个月黑风高的夜晚，小史牛金悄悄地钻进了夏侯王妃的被窝……

县并不是地方行政编制的最后一级，在县下面，还有"乡官"，就是村镇级的行政编制。三国时期的乡官建设基本沿袭了秦汉以来的旧制，没有什么太大的变动。县下面就是乡，如果一个县人口过万户，则置四个乡，过五千户的置三个乡，过三千户的置二乡，五百户以上的一个乡。

乡的行政事务负责人称为"啬夫"，财政一把抓，尤其是上级分配下的税收任务。在啬夫之外，还设有"三老"，主抓农村精神文明建设，比如评选孝子、顺孙、贞女、义妇、好人好事等。

乡下面是亭，每乡一般设有十个亭长，亭长就相当于现在的乡派出所所长，主要维持地方治安。亭长可能是历代所有乡官中最有名的一个职务，大名鼎鼎的汉高祖刘邦就当过泗水亭长，东汉末年的超级名士陈寔也做过西门亭长。

汉制，亭长的下一级是"邮"，一亭有两邮，也是主抓地方治安的。每"邮"下设五个"里"，"里"的头称为里魁，一个里约管百户，相当于村长。里之下就是什，管十户人家，相当于村民小组组长。什之下是伍，管五户人家。他们的具体工作就是监督百姓，如果发现谁有不法举动，立刻报官。

三国官制和东汉官制的区别不大，基本上是一脉相承，而魏国可以在相当程度上成为三国官制的模板，至于吴蜀，因为偏霸一方，与东汉朝廷没有直接的继承关系，而且国势弱小，所以简单地介绍一下。

因为蜀汉坚持认为自己才是东汉王朝的正牌继承者，所以蜀汉官制也不可能另起炉灶，否则岂不是砸了自己的招牌？蜀汉官制其实和曹魏没有本质的区别，大致上的行政编制，都在上一节讲过了。

和曹魏前期相比，蜀汉政治最大的特点就是"相权"非常突出，刘备托孤给诸葛亮后，实际上诸葛亮才是蜀汉官场的第一人，皇帝刘禅只能排第二。从名义上讲，刘禅第一他第二，由于这种政治特性，所以蜀汉有意无意地废止了三公的设置，不能允许有人名义上的官位大过诸葛亮，否则让诸葛亮如何施政？

就江湖地位而言，蜀汉早期还真有一位在名望上超过诸葛亮的大佬，就是司徒许靖。诸葛亮这样的牛人权臣，见着许靖，都要老老实实地下拜，这是江湖规矩，半点马虎不得。在劝刘备称帝的蜀汉官员中，时任汉中王太傅的许靖第一，诸葛亮第三。

不过许靖早在公元222年就去世了，许靖的死，其实是减去了诸葛亮沉重的压力。如果许靖多活十年，诸葛亮再气焰熏天，也要生活在许靖的阴影之下。自许靖后，除诸葛亮之外，蜀汉几乎不再设置三公，给足了诸葛亮面子。

继诸葛亮之后的蜀汉首席执政官蒋琬和费祎都不再担任丞相，而是以大将军的名义节制两川军政。至于其他诸卿百官，则和曹魏几无差别。蜀汉也有尚书台，最高长官是尚书令，以下也设诸曹尚书、尚书郎。不过由于蒋琬和费祎是以大将军衔录尚书事，尚书台是他们的后花园，尚书令有名无实。

虽然笑面奸臣陈祗做过尚书令，也是真宰相，但这是由于刘禅喜欢陈祗，和尚书令本身的职能权限无关。蜀汉制度：凡录尚书事为真宰相，两晋南朝因袭此例，就如同唐宋时不加"同中书门下平章事"衔的宰相不是真宰相。

蜀汉的武官系统比较简单，除了大将军，主要有骠骑、车骑、四征四镇外加前后左右、诸卫将军。另外也有一定数量的杂号将军，最有名的一个杂号将军——翊军将军赵云，不过赵云后来也当上了征西、镇西这样的重号将军。

至于蜀汉的地方官编制则有些特殊，因为蜀汉只有一个益州，而益州刺史基本上被首席执政官诸葛亮、蒋琬、费祎给承包了，所以蜀汉的地方官实行的是双重负责制。益州的地方官一方面要向朝廷（中央政府）间接负责；另一方面要向益州刺史直接负责。

由于蜀汉国土狭小，只有二十二个郡，所以蜀汉的郡太守在官场上的分量很重，几乎相当于曹魏州刺史的分量。在蜀汉的郡中，有几个一线重郡：蜀郡、巴郡、巴西、汉中、广汉、犍为。而吴蜀边境的巴东郡虽然分量不重，但由于巴东是永安都督的驻防区，所以在官场上的实际地位并不低。益州南部的庲降都督，虽然名义上属于益州管辖，但由于南中问题的特殊性，庲降都督区实际上相当于大军区编制。

无论是曹魏的官制，还是蜀汉的官制，都基本脱胎于东汉的官制，魏蜀都自称自己是东汉的继承者。而东吴的官制和魏蜀皆有不同，魏国实行的是群体决策制，一个皇帝加若干重臣；蜀汉实行的是相臣决策制，首席执行官包揽朝政；东吴则是双头鹰的权力格局，孙氏主扬州（交州），陆氏主荆州。

扬州（交州）和荆州名义都是孙权的地盘，但荆州实际上是陆逊的私有领地，荆州大小事务都是陆逊说了算。孙权也不敢和陆逊硬顶，他知道，没有陆逊就没有荆州的安全。从某种意义来说，荆州是东吴的自治区。

在东吴中央政府的行政编制上，实行的是强君弱相制度，即东吴虽然设有丞相，但丞相一般只负责日常政务，东吴真正的大掌柜还是孙权本人。无论是孙邵还是顾雍，他们都不具备诸葛亮那样的权力。如果说诸葛亮是蜀汉首席执行官，那顾雍等人只是孙权聘用的职业经理，凡事还是要听老板的。

东吴也有三公的设置，但东吴三公时有时无，而且东吴三公多是荣誉性职务，没有实权，比如孙皓时期的太尉范慎、司徒丁固、司空孟仁。倒是太傅诸葛恪手抓东吴军政大权，不过诸葛恪真正的身份是大将军，身兼太傅而已。孙权这么安排，无非是在官场上强行给诸葛恪提高威望，让官场都服诸葛恪。

从整个东吴行政编制来看，东吴丞相向来是没有什么实权的，倒是东吴的武官系统基本上可以视作真宰相。且不说坐镇荆州的上大将军陆逊是东吴的二号皇帝，其他武官，比如继任的上大将军吕岱，大将军诸葛瑾、左大司马朱然、右大司马全琮，这些人才是东吴权力层的核心人物，丞相倒成了花瓶。

东吴的尚书台建设是三国中最不完善的，尚书台的最高长官当然是尚书令，可东吴的尚书令居然是由九卿之一的太常兼任的。具体人物是出使魏国期间，和曹丕斗嘴皮子的陈化。东吴的尚书台只有四个分曹：选曹、户曹、左曹、贼曹，下面的尚书郎设置不详。

不但尚书台有名无实，就是中央政权百官象征的九卿，东吴也是丢三落四的，在孙权时代，九卿从来没有设齐过。东吴早期只有六卿，直到吴景帝孙休永安二年（公元259年）三月，才将九卿凑齐。

相比于尚书台，东吴的御史台比较完备，御史台的最高长官是御史大夫，下有御史中丞，前益州军阀刘璋的儿子刘阐就当过东吴的御史中丞。御史中丞以下还有御史中执法，专门负责京师的官场都察工作。东吴的御史监察部门还设有专门的对口监察职务，有专门监督军粮的御史，有专门监督农业生产的御史。

在东吴的监察系统中，还有一个比较特别的监察职务，就是"察战"。察战相当于朝廷派到地方上监察日常政务的巡视员，同时肩负体访下情的任务，官员百姓，都在察战的监督范围之内。

东吴的地方行政编制比蜀汉略复杂一些，东吴有三个大州：扬州、荆州、交州，后从交州中析置出广州，时设时省。东吴州的最高长官是州牧或刺史，但有一点奇怪的是，在东吴建立以后，在现有史料中很难发现有别驾、治中、主簿这样的高级辅官。

在郡一级的编制中，东吴还有一个特殊情况：不是所有的郡一级区划都称为"郡"。在扬州的区划编制中，曾经设立过"典农校尉"，典农校尉是郡级待遇，而且单独治理一个郡级区划，比如现在江苏的镇江、常州、无锡，当时就是东吴的毗陵典农校尉辖地。

东吴的县和郡一样，有些县不设县令或县长，而设部校尉，比如会稽郡的长山（今浙江金华）西部都尉、桂阳郡的始安（今广东韶关）南部都尉等，但数量不多。

下面讲一讲三国官制的品秩等级，就是我们经常提到的"九品"官阶。

第一品：三公、大将军、丞相；
第二品：重号将军，如四征四镇四平四安，以及将军加"大"者；
第三品：侍中、诸散官、尚书令、中书令、九卿、司隶校尉、河南尹；
第四品：诸杂号将军之上者如振威积射、有武将衔的州刺史；
第五品：诸杂号将军之下者如鹰扬折冲、无武将衔的州刺史、太守；
第六品：尚书左右丞、郎、各专业中郎将校尉（如司金中郎将、司盐校尉）、县长官禄千石者；
第七品：各将军之下的长史、司马、门下督、舍人、县长官禄六百石者等；
第八品：诸重号将军之下的参军、郡以下的长史、诸县丞尉、军司马等；
第九品：校尉部司马、军司马等。

我们在阅读汉魏时代的史书时，会经常看到"二千石"这样的名词，其实这是汉魏官员的俸禄级别。

万石，每月实发三百五十斛米谷：三公；
中两千石，每月实发一百八十斛米谷：御史大夫、九卿、河南尹；
二千石，每月实发一百二十斛米谷：太子太傅、将作大匠、司隶校尉、步兵校尉、各州刺史、郡守国相；
比二千石，每月实发一百斛米谷：光禄大夫、侍中、各中郎将、护羌校尉、射声校尉等；
千石，每月实发九十斛米谷：丞相长史、大司马长史、御史中丞、各重号将军长史、万户以上县令；
比千石，每月实发八十斛米谷：大将军军司马、太中大夫、谒者仆射、九卿丞等；
六百石，每月实发七十斛米谷：太史令、郡丞等；
比六百石，每月实发六十斛米谷：光禄议郎、中郎、太常博士祭酒等；

不过有时未必都是发米谷，朝廷可以通过折价的方式，按市价将米谷折算成铜钱，给大臣们发工资。还有一种情况，就是发一半米谷，发一半铜钱。其实就算是发米谷，大臣们也可以将米谷在市场上出售。在汉末三国的战乱时代，粮食是稀罕物，宁要粮食不要银子，所以粮食价格一直居高不下，不愁没钱花。

四四 / 三国礼仪制度

中国自古就是礼仪之邦，在传统的儒家思想体系中，"礼"是一个非常重要的组成部分，"不学礼，无以立"，儒以礼立。具体来讲，"礼"是古代的统治阶级为了维持自己的统治，自上而下推行的一种人与人之间的等级观念、交往规范，以及主流的道德价值观。

一代儒家圣人孔子就说过："夫礼，先王以承天之道，以治人之情，故失之者死，得之者生。故圣人以礼示之，天下国家可得而正也。"历代统治阶级都异常重视"礼"，举止必遵礼数，半点马虎不得，帝王也要遵守。如果谁违反了礼数，史必讥之，会收到大批封建卫道士的口水。

一般来说，"礼"分为大礼和小礼，小礼是指非正式场合中的人与人交往的行为举止规范，这个没有硬性规定，跟着惯例走就行了。大礼是政治场合中的正式礼数，非常严格正规，每一步怎么走，该说什么，该穿什么，都有严格规定。

在阶级社会中，无论什么样的礼仪制度，最终享受到最高礼节的肯定是高高在上的帝王。汉高祖刘邦称帝后，接受群臣三呼后，就非常得意地说："今天我才知道当皇帝是多么的快乐！"古代的礼仪制度的核心，主要还是围绕着帝王做文章。"礼"是等级分明的，没有帝王这个源头，什么都谈不上了。

中国古代的礼仪制度博大精深，即使是三国的礼仪制度，内容也非常多。因为篇幅有限，所以只能挑一些重要的礼节制度简单地讲一讲。

因为从王莽以"禅代"的方式夺去政权，直到宋朝陈桥兵变，政权之间的权力更迭，基本上都是以这种方式完成的，所以各朝更迭、新建之际的礼数特别繁杂。在汉之后、唐之前，凡是权臣加九锡、给予"赞拜不名，入朝不趋，剑履上殿"者，多是篡位的前兆，三国头号枭雄曹操就是如此。

汉建安十七年（公元 212 年），汉献帝刘协在各方面势力的胁迫下，给予曹操"赞拜不名，入朝不趋，剑履上殿"的特权：

按照严格的古礼制度，大臣在正规场合见皇帝时，必须由近臣通报该大臣的姓名。曹操可以不必通报姓名，这就是"赞拜不名"。

大臣在宫殿上见皇帝时，要迈着小碎步，快速地走到自己的座位上跪坐，曹操可以大摇大摆地慢行，这就是"入朝不趋"。

大臣在进宫殿之前，必须把自己的佩剑解下来交给近侍，同时要脱掉鞋子进殿跪坐。曹操可以佩剑上殿，同时不用脱鞋子，这就是"剑履上殿"。

在曹操之前，除了西汉开国名相萧何，很少有人享受到这三种待遇。曹操享受这三种待遇，当然不是为了学萧何，曹操和萧何也不是一种类型的人。曹操这是在向天下人进行心理暗示：要变天了……

公元213年，刘协册封曹操为魏公，加九锡，曹操走出了篡汉建立新政权的正式一步。九锡，本来是帝王专用的礼仪器物，九锡是指车马、衣服、乐县、朱户、纳陛、虎贲、斧钺、弓矢、秬鬯，合称九锡。九锡是轻易不授人臣的，像齐桓晋文这样的天下霸主，都没有享受到这个待遇。

曹操的这个"魏"，严格意义上来说是汉朝内部的一个异姓诸侯国，既然是"国"，曹操就有资格在"魏国"内建置自己的权力机构，比如尚书、侍中、六卿等。曹操的魏公爵位不算最高，上面还有诸王，但"魏公位在诸侯王上"，从爵位角度讲，汉朝除了皇帝刘协，就是曹操（当然是在他的统治区内）。

建安二十一年（公元216年），曹操晋爵为魏王，可以建天子旌旗、在魏国内建立曹氏宗庙。在第二年的十月，曹操加快了篡汉的步伐，刘协被迫给曹操加了"冕有十二旒、乘金根车，驾六马"的特权。

按古代制度，只有皇帝才有资格戴十二旒的冠冕，乘金根车、坐六匹马拉的车。到了这一步，曹操基本完成了掏空汉朝的伟大计划，虽然他始终不想当皇帝，但（中原）天下，早已经成为曹家的囊中物，只不过具体仪式由曹丕来完成了。

新旧政权的"禅让"更迭，过程非常烦琐，首先要由皇帝刘协下退位诏书，然后派近臣捧着皇帝玺绶，"命令"魏王曹丕接受"禅让"。曹丕当然不会接招，要虚伪客套一番，曹丕推说自己无德无能，还是另找贤人吧。都这个时候了，上哪儿找"贤人"去？即使找到了"贤人"，谁敢接招？

曹丕表演完了，接下来出场的是魏国群臣，这伙人不知道从哪翻出几本古书，编造所谓的谶语，劝曹丕登基。不过他们都不是玩谶语的专家，说服力不够，接着由太史令许芝出场，胡说什么某地黄龙现，某地麒麟出，乌龟兔子小麻雀上蹿下跳，齐声高呼请魏王即皇帝位。

群臣随后再出场，打着许芝的旗号，再劝曹丕称帝。曹丕继续装，说什么无论你们怎么逼我，我都不上钩，"三军可夺帅，匹夫不可夺志"。不知道曹丕是不是笑着写下这句话的，他不想当皇帝？鬼都不信。

不是曹丕不怕麻烦这么折腾，而是这是当时设计好的禅让程序，他必须三揖三让，以此证明他的帝位是刘协强行塞给他的，不是他自己抢的。让了三次后，曹丕觉得时机差不多了，不再演戏，再装下去大尾巴就要掖不住了。

按制度，新政权建立时，需要在京城外建一个受禅台，曹丕缓缓登坛，有侍臣在他旁边念禅让诏书，然后百官伏拜三呼。在登基仪式进行的同行，在坛下还要放几把大火，这叫"柴燎告天"，给老天爷塞银子的。随后要改元，大赦天下，最终完成禅让仪式。

在曹魏的敌国，刘备称帝，不是"禅让"，而是"上绍汉统"，以汉朝正统继承人自居。在官场上混，个个都是演戏高手，刘备的称帝过程也非常麻烦，不比曹丕轻松。先是蜀国群臣以曹丕篡逆，请汉中王继帝位，刘备也是再三推辞，戏谁不会演啊！

然后由懂谶语八卦的学士出面，开始牵强附会地给刘备称帝找"依据"，凡是古书上带有"备"字的，全都当成刘备应该称帝的理由。刘备虚伪地推让一番，还是羞羞答答地在成都建汉称帝，史称蜀汉。过程和曹丕差不多，在郊外设坛，柴燎告天，改元大赦。

新皇帝登基后，一般还有个祭天诏书，向老天爷汇报自己为什么要称帝。自蜀汉迄隋唐，几乎所有的开国皇帝都会在祭天诏书上这么写：皇帝臣某，敢用玄牡，昭告于皇天上帝后土神祇……

所谓玄牡，其实就是黑色的公牛，是古代统治者专门用来祭祀天地的牺牲（名词）。不过在孙权赐辽东军阀公孙渊的诏书中，却提到了玄牡二驷，就是黑色的公马。不过后来西晋、宋、南齐、梁、陈、北齐等政权在祭天诏书中都用的是玄牡，没有提到"驷"，用的应该都是黑色公牛。

在中华古代文明中，有一个特殊的文化现象，就是五德说。所谓五德轮回，就是金木水火土，五行相生相克理论。历史上的第一个王朝"夏"是火德，然后商是水德，周是土德，秦是水德，西汉先称火德，后称水德、土德，最后又回到火德，新莽是木德，东汉上继西汉，也是火德。

到了东汉末年，天下三分，魏蜀吴各自称正统。"德"是一个政权是否正统的极关键标准，半点不能马虎。曹魏方面翻了一大堆古书，最终给自己定的是土德。蜀汉方面以东汉正统自居，自然继续称火德。至于孙权，他比懒羊羊还懒，直接抄袭了魏国的土德。至于统一三国的晋朝，属金德。

五德不是随便起的，与五德相对应的是颜色，金德尚白，土德尚黄，水德尚黑，火德尚赤，木德尚青。曹魏既然是土德，所以曹魏的服色以黄色为主调，甚至连第一个年号也叫"黄初"。孙权也一样，连续两个年号都带有黄字：黄龙、黄武。

在古代的政治语境中，"天地""社稷""祖宗"都具有同等的尊崇地位，帝王们不但要祭天地，还要祭祖宗，这就有了宗庙。祭祖是人类社会自然属性的反应，普通百姓家谁还没有几座祖宗的坟头？帝王家是人类社会的统治者，他们的宗庙制度更加完善和严格，因为这事关统治的合法性，没人敢开玩笑。

按古代礼法制度，天子可享用七庙，诸侯可享用五庙。七庙，通常是指开国皇帝的父亲、祖父、曾祖父、高祖父，高祖父的父亲、祖父，再加上该政权认定的最远古的祖宗。

一般来说，开国皇帝建立新政权后，必须要给祖宗们上一个合适的庙号以及谥号。举个例子，比如曹操，他在史书中正式的尊称是太祖武皇帝，"武"是谥号，"太祖"是庙号。

庙号制度本来是非常严格的，尤其是在西晋之前，各政权很严格地遵守"祖有功而宗有德"的旧制，非有大功德的皇帝，只有谥号，没有庙号。汉末董卓和蔡邕等人商议，自东汉和帝以下，皆无庙号。不过到了东晋十六国之后，庙号开始泛滥成灾，遍地祖宗。

在唐朝之前的庙号制度中，最常用的有以下几种：太祖太宗、高祖高宗、世祖世宗，以及显宗、肃宗。但三国的庙号制度还在遵守旧制，像刘备这样的开国皇帝，就没有庙号，只谥为昭烈皇帝。

阿斗更惨，因为是亡国皇帝，连个谥号也没有。还是几十年后的刘渊发善心，送给阿斗"汉孝怀皇帝"的谥号。不过刘备虽然没有庙号，却还有专门的祖庙，北地王刘谌在自杀前，就哭拜了祖父的庙。

曹魏皇帝的庙号比较齐全：太祖武皇帝曹操、世祖（高祖）文皇帝曹丕、烈祖明皇帝曹叡。后边的三个小皇帝曹芳、曹髦、曹奂因为都是末路皇帝，没有庙号，只有曹奂捞到了一块"元皇帝"的铝合金招牌。

曹魏完善宗庙制度是在曹叡时期，为了凑够七庙，曹叡搞笑地把自己也算成了曹魏"祖宗"，一头扎进了死人堆里。从曹节开始算：曹节—高帝曹腾（大太监）—大帝曹嵩（曹腾养子）—武帝曹操—文帝曹丕—曹叡，也只有六庙。

东吴的庙号制度也不健全，只有两个帝王有庙号：始祖武烈皇帝孙坚（后来追谥）、太祖大皇帝孙权。孙策开创了江东百年基业，却只捞到了"长沙桓王"的名号，自然也没有庙号。一般祖宗庙都设在京师，孙坚庙却设在长沙，但滑稽的是，京城建业却有长沙桓王孙策的庙，孙和就是去了孙策的庙才出事的。

人臣一般是没有资格建庙的，但有一个人例外，就是大名鼎鼎的蜀相诸葛亮。在蜀汉灭亡的那一年（公元263年），刘禅就下诏在沔阳（今陕西勉县）给诸葛亮立庙。其实在此之前，蜀汉民间就已经私下拜祭诸葛亮了。在蜀汉还没有灭亡的时候，诸葛亮就已经被神化了，罗贯中不过是将神话诸葛亮集大成而已。

历代帝王在给祖宗建庙时，都要将祖宗的妻子们一同供在桌子上。父亲是"考"，母亲就是"妣"；祖父是"祖考"，祖母自然就是"祖妣"，往上以此类推。不过皇帝的考、妣之前都要加个"皇"字，以便与老百姓区别开来。

虽然古代讲究的是"男尊女卑"，但这是在民间，在帝王圈中讲究是的"妻以夫贵""母以子贵"，谁敢瞧不起皇帝的老婆？当然这是在帝王得势的时候。皇帝处处与凡人不同，皇帝娶妻不叫"娶"，而称为"纳"，一字之别，等级分明。顺便闲插一句，古代婚礼其实正确的写法是"昏礼"，"婚"字是后来改的。

皇帝纳后是封建政权中的重大事件，礼节非常烦琐，三国的皇帝纳后制度今已不存，以东汉制度为准，简单讲一下。皇帝在纳后时，一般先要给女方家下聘礼，汉桓帝刘志给了梁皇后家两万斤黄金（应该是黄铜）。

在纳后的这一天，皇帝正装面向南端坐在殿上，殿下百官陪位，皇后则面向北站着。太尉站在殿下，手上端着一个漆盘，漆盘上放着皇后的玺绶。婚礼开始后，由宗正面着西，朗读册封皇后的册文。

宗正读完后，皇后要跪在地上，给皇帝行大礼，要自称"臣妾谢恩"。然后由太尉亲授玺绶，中常侍（宦官）跪地，双手平伸，手掌向上，接过玺绶。接着由女史（宫中女官）出场，将玺绶依次交给婕妤、昭仪等人，最终转交给跪在地上的皇后，这就算基本完成了册后仪式。

一个女人做了皇后，她就是"天下之母"，除了皇帝，天下人见着皇后都要行跪拜大礼的，包括皇后的父母。在《红楼梦》中，元妃贾元春回荣国府省亲，父亲贾政、母亲王夫人都要跪在府门外恭迎贾元春。汉末三国同样如此，汉献帝的岳父伏完在朝堂上见着女儿伏皇后，也要跪拜如仪。不过父女之礼亦不可废，在非正式场合，皇后要反过来给父亲跪拜。

另外还有一种情况与此类似，就是在位皇帝出自帝系的旁支，那么皇帝的本生父也必须向皇帝儿子称臣，跪拜如仪。比如魏元帝曹奂是燕王曹宇的儿子，但曹奂入继的是曹丕一系，所以在名义上与曹宇不再是父子关系。

曹宇给曹奂的贺冬至表，开始就称"臣"，这是规矩。随后曹奂的答复格式是"皇帝敬问大王侍御"。不过曹宇毕竟是曹奂的生父，在待遇上要提高不少，他的名字也要避讳，"其非宗庙助祭之事，皆不得称王名，奏事、上书、文书及吏民皆不得触王讳，以彰殊礼"。

诸侯王虽然也非常尊贵，但毕竟不是皇帝，所以各方面的待遇都要低一等，活的时候是这样，死的时候也是这样。皇帝的大丧，不是一家一姓之私事，而是整个天下（统治区内）的国丧。

介绍几个专用名词，皇帝如果生病了，叫"不豫"；死了叫"崩""登遐"；在皇帝死后还没有得到庙号或谥号的这段时间，称为"大行皇帝"。历代新君皇帝继位后，都会下诏称赞先帝，格式基本雷同："大行皇帝迈仁树德，覆焘无疆，昊天不吊，寝疾弥留。某月某日奄忽升遐，臣妾号咷，若丧考妣。"

给皇帝办丧事可是一个技术活儿，而且手续非常繁杂。首先百官要尽穿孝，披上一层白衣，不能戴帽子，现在民间办丧事，也基本如此。然后由皇后、皇太子、诸皇子跪地号哭。至于是真哭还是假哭，只有他们自己知道。百官也不能闲着，都要上前号哭，这是政治任务。

老皇帝虽然死了，但他毕竟是天下的君父，儿女们给亡父母守丧是天经地义的事情。按古礼，天下臣民要为先君守丧三年，三年丧期满了，才能"除服"，也就是脱掉丧服。

汉文帝刘恒曾经对丧礼进行了一次影响极大的改革，就是将服丧三年改为三天，不能让死人干扰活人的正常生活秩序。不过从王莽开始，又恢复了服丧三年的制度，直到曹操死前，再次取消了服丧三年制度，而是"葬毕，便除服"。刘备临死前，也要求诸葛亮等人给他办丧时，以服丧三日为准。

皇帝下葬后，埋葬皇帝的坟墓称为"山陵"，历史上最有名的皇帝坟墓，自然就是秦始皇陵了。秦汉帝王本着"事死如事生"的原则，拼命地往坟头里塞金银财宝，最终都便宜了曹操。因为曹操盗过墓，所以他不希望后人也来盗他的墓，所以曹操用的是薄葬，没有太多的随葬品。

不但皇帝死时称大行，皇后死了也要称大行皇后，始作俑者是魏明帝曹叡。魏景初元年（公元237年），已经失宠的毛皇后被薄情寡义的曹叡赐死，可能是曹叡觉得对不住前妻，就在葬礼上大搞文章，企图减轻自己的罪恶感。

曹叡下诏称毛皇后为"大行皇后"，遭到了尚书孙毓的反对，孙毓的理由是汉朝皇后及本朝前几任皇后崩后都不称为"大行"。曹叡是出了名的自恋狂，根本听不进去，依然强行下诏定规矩，以后皇后崩了，要称为大行皇后。

下面我们讲一讲帝王的服饰。

我们都知道在古代，只有皇帝才有资格穿黄袍，黄色成为帝王的专用颜色，除非是出于特赐，否则臣民是绝不能僭用黄色的。其实黄色成为帝王的专用颜色，是从唐朝开始的。唐高祖李渊，成为历史上第一个吃螃蟹的皇帝，从此之后，黄色为帝王专用。最有名的黄袍故事，自然是宋太祖赵匡胤黄袍加身了。

唐朝因为是土德，所以服色尚黄，李渊穿黄袍也算有理论根据。不过三国的魏和吴都自称土德，却并没有对黄色有什么偏爱，而是严格遵守周汉以来的服色旧制。

皇帝在正式场合，比如在宫殿上召见群臣，或举行什么盛大的活动，都要戴冠冕、穿衮服。冠冕，就是皇帝的帽子。冠冕的样式大体是这样：先用上等好玉制作一块长七寸、宽二寸的长方形冕板，不过前面稍圆一些。然后在这块冕板的前后两边各装上十二道旒，旒是用白玉珠串成的，冠冕通常为黑色。

不过魏明帝曹叡喜欢和祖制作对，没事就在礼法制度上搞创新。他可能嫌白玉珠不好看，平时喜欢玩弄女人装饰的曹叡将白玉珠换成了珊瑚珠，颜色上可能更亮丽一些。

这种前后挂着二十四串珠子的冠冕戴起来非常麻烦，看不清眼前的东西不说，叮叮当当的也闹心。除冠冕之外，还有一种大裘冕，就是没有珠帘子的玉板，大裘冕戴起来比较舒服。

衮服分为上下两部分，上半部分称"衣"，下半部分称"裳"。关于衮服的颜色，一般是赤黑色的上衣、大红色的下裳。衮服和冠冕是一个整体，合称"衮冕"，不能分开穿戴，否则就要闹笑话。

公卿大臣们正式场合穿的服装称为朝服。汉魏时代的公卿在朝会时一般穿的是深衣，不分上衣和下裳，相当于袍。根据季节的不同，公卿朝服分为五种颜色：春天着青色、夏天着红色、夏秋之际着黄色、秋天着白色、冬天着黑色，不过通常情况下，都以着黑色为主。

前面也讲过了，公卿百官参加朝会时，要解下佩剑，脱下鞋子。汉魏时代的朝会很有古风，通常在一个很大的宫殿里议事，皇帝坐在最上方，两边放上许多席垫。大臣们要跪坐在席垫上，后脚跟紧顶着臀部，双手垂放膝上，这是汉魏时代朝会时大臣们的标准坐姿。汉魏时代的皇帝不像后来的明清皇帝坐在龙椅上，那时只有御床。两个漂亮宫女脱掉鞋子，上御床跪坐在皇帝身后，也是一道美丽的风景线。

公卿大臣在朝会中，每人手上都会竖拿着一块长方形的玉板，称为"笏"，也称"手板"。大臣们执笏奏事，一来为了点缀，二来可以把今天要奏的事情提前写在笏上面，直接看着笏读内容。如果大臣忘记了要奏的内容，这是欺君，轻者罚俸，重者贬官。

重臣的笏还有一个特权，就是在笏上可以挂着一支白笔，比如尚书台、中书省及二品以上的文官，王公武将则不加白笔。笏一般有两种携带的办法，一是直接将笏别在腰带上。二是在朝服的肩上搭一个紫布兜，将笏放在布兜里。

如果是德高望重的老臣，皇帝会允许他们挂着木杖上朝，誓死不降曹魏的东汉太尉杨彪就享受过这个待遇。曹丕篡汉时，杨彪已经近八十岁了，杨彪出身东汉第一等的清流名门——弘农杨氏，再加上杨彪的儿子杨修被曹操给杀了，所以曹丕特别优待杨彪。

帝王虽然在宫殿里生活办公，但他们也要经常离开宫殿，去祭祀天地祖宗，或者巡幸地方，这就需要交通工具。古代的车主要是指马车，条件稍差些的有牛车、驴车。如果想玩风雅，可以坐羊车，比如晋武帝司马炎和宋文帝刘义隆。搞笑版的还有狗车，几十条狗拉着车，汪汪乱叫着满世界撒欢，场面非常滑稽。

在古代官场上，坐车是有严格讲究的，什么身份坐什么样级别的车，否则就是越制。自从秦始皇以来，皇帝们坐的专车是用金子装饰的金根车，金根车由六匹马拉着，正式称法是"驾六马"。曹操在封魏公时，就得到了"乘金根车、驾六马"的政治待遇，明显是要篡位。

古人坐车时的马匹数量体现了等级制度的森严：帝王驾六马、诸侯驾五马、公卿驾四马、大夫驾三马、士驾二马、庶人驾一马。当然这个庶人也是指没有官职的富人，草根百姓谁坐得起马车？古代的马可是珍稀的资源，汉魏时代的一匹好马至少要三万钱，相当于现在的一辆豪华摩托了。

除了正式场合出行的金根车，皇帝还有许多专用车。比如皇帝要去郊外耕种示范天下，就乘坐用四匹马拉的耕根车（也称三盖车）。曹魏时皇帝到郊外耕作时，一般要打红旗。皇帝去郊外打猎，就乘坐用四匹马拉的猎车，曹魏称为蹋兽车。这名起得真好，皇帝到郊外打猎，不就是去糟蹋野兽的吗？

如果皇帝去参加军事活动，就乘坐四匹马拉的戎车。如果皇帝出远门，身边还会带有许多专用的车辆，比如放衣服的车、放书籍资料的车、放药品的车，这些车都是用牛拉的。

还有一种车比较罕见，就是大象拉的车，象车不是皇帝坐的，而是皇帝为了安全设置的。历史上只有晋武帝司马炎用过，他灭吴后，得到了许多头大象，司马炎每次外出，都要派象车去踩桥道，看看是否结实。大象都踩不塌的桥，司马炎才能放心地坐着马车通过。

皇帝大多数时间还是在皇宫里的，宫内殿阁林立，坐车不太方便，那就坐轿子。汉魏时代的轿子称为"舆（软舆）"，其实这种舆就相当于一张床，床下有洞，将杆子横竖插进去，由人抬着前行。一般这种舆都是有靠背的，皇帝可以半躺着，上面还撑着一把伞，用来遮阳或挡雨。

下面简单讲一下古代帝王避名讳的问题。在专制社会中，帝王与众不同，他们的名字也绝不能被人随便乱叫，所以就产生了避名讳。无论是非帝王的人名，还是地名、山名，只要与帝王的名字相同，就必须要改。

关于避讳最有名的一个典故就是"只许州官放火，不许百姓点灯"。宋朝某个州官名叫田登，这位大爷不允许百姓点灯，因为"灯""登"同音。正月十五按风俗要点花灯，州里不能提"灯"字，只好改成"放火"，成了官场著名的笑话。

五岳之一的恒山，因为与汉文帝刘恒的名字相同，被汉朝强行给改成了"常山"。秀才这个词，在东汉要避光武帝刘秀的名讳，称为"茂才"。东汉著名隐士严庄，因为名字冒犯了汉明帝刘庄的讳，被改成了"严光"。晋人为了避司马昭的名讳，四大美女之一的王昭君被改成了"王明君"。

晋元帝司马睿的妃子名叫郑春，所以凡是地名带"春"的，都改成"阳"，比如寿阳、富阳，甚至连经典巨著《春秋》都改成了《阳秋》。宋高宗赵构更狠，为了避他的名讳，民间绝不能提"狗"这个字，一律称为"犬"。

三国时的避讳也不少，比如后来叛蜀投魏的孟达，他本字子敬。后来为了要避主公刘备的叔父刘敬的名讳，被改成了"子庆"。比如现在的浙北名城嘉兴，东吴初年从"由拳"改名为禾兴。孙皓即位后，为了避父亲孙和的名讳，将禾兴县改成了嘉兴县，一直沿用至今。

四五 / 迷雾中的木牛流马

中华文明的博大精深让世人为之赞叹,在思想、哲学、文学、经济、军事,以及科学技术等各个领域,都在世界文明发展史上占有非常重要的地位,影响之大,不用多言。

之所以中国在近代时衰落了,一个重要的原因就是科学技术水平没有跟上西方大工业化时代的步伐,不进反退,最多就是在原地踏步。但无可否认的是,古代中国的科学技术成就灿烂辉煌,为后世留下了一个又一个令人骄傲的成果。

科技强国,道理一点都没错,一个没有在科学技术上有重大突破的民族,是很难在竞争极其惨烈的丛林世界中博得一席之地的。现代如此,古代也一样。古代的科技水平自然无法和现代科学相比,也没有形成严谨宏大的学科体系,但这是我们的祖先在未知世界中艰难的开创。我们之所以站得高、看得远,是因为我们站在祖先的肩膀上。

在中国古代的科学技术史上,今人对汉唐宋明几个大王朝的科技发展的关注度是比较高的,许多具有重大历史意义的科技发明都产生在这几个大王朝。其实在那些烽火连天的乱世中,中国的科学技术之路也没有被打断,而是在艰难地探索,为后世的科技辉煌铺平了道路,三国的科技创造,就是如此。

说到三国时代的科技发明,我们首先想到的,可能就是诸葛亮发明的大名鼎鼎的木牛流马。在某种意义上,传说中的木牛流马就是三国科技的代名词。不过关于木牛流马,在历史上的争议非常大。

虽然陈寿在《三国志》明确提到了诸葛亮制造过木牛流马,裴松之附载的《魏略》更是详细记载了木牛流马的制作方法,但由于没有留下实物和图纸,木牛流马具体是怎么制造的,一直是众说纷纭。

木牛和流马是两种交通运输工具,主要的功能是运输粮食。因为益州和汉中的交界地带处在秦岭深处,这里高山峻岭绵延不绝,运输一直是诸葛亮北伐时非常头疼的问题。如果用马力或牛力来运粮,需要大量的粮草成本,而木牛流马不需要吃饭，能省下不少成本粮。

一般观点认为木牛是一种四脚的人力推车，但其中的机械构造比普通的两轮或独轮车复杂许多，甚至在特定的环境中还能实现"自动化"行走，大大节省了运输时间。

从物理学角度看，木牛流马属于木制机械，主要是运用了物理学中的杠杆原理。木牛流马的内部构造说起来不算特别复杂，内部由一套连动杠杆，只要扭动机关，利用杠杆原理木牛流马就会自动行走。南北朝伟大的科学家祖冲之曾经按诸葛亮的方法打造了木牛流马，可惜也没有流传下来。

诸葛亮确实是个天才，他不但会搞政治、玩军事、做名士，也是一个优秀的发明家。不过话说回来，搞科技发明，毕竟只是诸葛亮的副业，没有人把诸葛亮当成三国著名的发明家。不过三国确实有一位在历史上极负盛名的伟大发明家，就是魏国扶风人马钧。

马钧在《三国志》中无传，幸亏裴松之在《三国志·方技传》中附注一篇晋人傅玄的文章，才没有让马钧的绝世才华泯没于历史的尘埃中。马钧有许多伟大的发明创造，其中之一就是指南车（也称司南车）。

我们都知道，四大发明之一的指南针发明于宋朝，对后世的大航海时代产生了重大影响。实际上早在周朝初年，就已经出现了指南车。从周朝开始，到东汉末年，指南车一直是军事重器。有了指南军，军队就不会迷失方向，有利于作战。

东汉末年天下大乱，指南车从此消失，几十年不见于世。直到魏明帝后期，曹叡命令时任博士的马钧依照古法，制作指南车。指南车的具体做法是找来一辆马车，然后雕刻一个木头人，固定在车中心。这个木头人的手平举着，无论车子如何转动方向，木头人的手永远指着南方。

指南车和指南针的科学原理大致相同，指南针利用地球磁极的微弱磁力阴阳相吸原理，通过磁针来完成指南的方向。而指南车原理也是靠地球磁极的引力，内部架构相对复杂一些，指南车的车上还有一个车厢，里面有一套木制齿轮的传动器。车子在转动方向时，车厢内的齿轮会通过不停地调整，使木头人的手保持原指方向不动。

顺便讲一个有趣的小故事，实际上指南车的出现，是马钧赌气制造出来的。有一次朝会，马钧因指南车的问题与常侍高堂隆和骁骑将军秦朗当场辩论起来。

高堂隆和秦朗根本不相信世上有什么指南车，实物谁也没见过，所谓指南车

四五／迷雾中的木牛流马

不过是上古传闻而已。马钧则认为以前确实出现过指南车，不过是后来失传了而已。高堂隆和秦朗则对马钧冷嘲热讽，马钧被逼急了，干脆说咱们在这斗嘴没意思，我给你们造出一辆指南车，让你们闭嘴。

高堂隆和秦朗一直想出马钧的洋相，就联名找到魏明帝曹叡，说马钧有本事做出指南车，曹叡这才下令让马钧造车。结果马钧真的造出了精美实用的指南车，那两位老先生面对着指南车，面面相觑，无话可说。

不过马钧最有名的一项发明，是改良了农业灌溉机械，也就是"翻车"，也称龙骨水车。水车是古代农村最常见的灌溉机械，在翻车没有出现之前，农民浇灌庄稼，都是用人力拎水。

后来发明了辘轳，就是在有水处架一个木杠，将舀水工具用绳索拴住，慢慢放在水里，舀水上来浇灌农田。这样的浇灌方式，虽然比人力取水进步了许多，但有一个重大的缺陷，就是只能从高处往低处取水，而且同样需要人力拉放，人力成本比较高。

在东汉末年，著名发明家毕岚发明了翻车，不过这时的翻车功能主要是浇洒道路，还没有普及于农业灌溉。几十年后，马钧在毕岚翻车的基础上进行改造，成功制作出使用效率非常高的新式翻车。

翻车的形状像一架呈四十五度角倾斜的梯子，上有木板链合而成的输水槽。翻车的输水槽底部放在农田边的水源里，底部设有刮水板，借助风力，或者人力在上面踩，通过齿轮运转，翻动刮水板，将水不停地刮进输水槽里。

因为翻车的动力主要依靠风力或畜力，人力的蹬踩只是起到辅助力的作用，所以马钧改进的翻车能大大节省人的体力，甚至儿童都可以轻松地蹬踩翻车。在靠天吃饭的农业社会里，人的体力是重要的生产力之一，翻车的出现，在中国农具发展史上具有划时代的意义。

随着古代社会科技整体水平的提高，其应用的范围绝不只是在农业生产领域，军事领域也是科学成果重要的展示平台。科技不但能强国，同样可以强军，为什么近代中国在反击外来侵略时会付出这么惨重的代价？一个最重要的原因就是武器落后。不提高军队的科技含金量，是很难取得胜利的。近现代的历史已经证明，绝对的唯武器论是不正确的，但绝对的非唯武器论也是不正确的。

在中国古代的武器发展史上，有一个明显的时代分水岭，就是战国。在历史学界有个说法，将战国以前称为"青铜时代"，战国之后则称为"铁时代"。铁器的出现和成熟运用在经济、军事领域，实现了社会发展的重大跨越。

在冷兵器时代，军队作战最常用的近战武器主要有戈、戟、槊、刀、枪，在铸炼技术运用成熟之后，铁制武器广泛运用。特别是西汉以后，生铁冶炼技术已经达到相当高的程度，这时的技术主要先将生铁加热烧熟，形成黏稠状，提粹杂质，然后铸造兵器。

不过上面这种铸钢方法比较麻烦，因为要炼成兵器，至少要经过几十次的锻炼打造，晋人刘琨那句极著名的"百炼成钢"就是受到这种炼钢方法的启发。虽然铸造出来的兵器还是拥有巨大的杀伤力，但质量上还不尽如人意，稍显粗糙，还有很大的技术提升空间。

差不多是在东汉三国时代，中国出现了灌钢技术。灌钢技术的出现，是古代锻炼史上具有划时代意义的重大科技成就，灌钢技术从出现，直到十七世纪前，都是世界上最先进的铸造方法。

灌钢的主要过程是先炼出生铁，然后将黏稠状态的生铁浇灌在熟铁板上，经过若干次的冶炼加工。钢铁是怎样炼成的？回答：就是这样炼成的。古代的钢铁需求量非常大，除了用于制造农业机械、兵器，达官贵人也都要配一柄上等好剑，这是身份的象征。

在阶级社会中，人有等级之分，物品也一样，俗话说一分钱一分货，这是客观的经济规律。两汉以来，国人尚武成风，无论文臣还是武将，都喜欢佩剑。魏文帝曹丕喜欢击剑，他曾经下令魏国的冶工部门，精选上等好铁，"精而炼之"，打造了一柄好剑，供曹丕击剑使用。

一柄上等好剑的市场价值是多少？魏国名将钟会的舅舅、后来成为晋朝权臣的荀勖就有一柄好剑，市值居然高达一百万钱。一百万钱相当于现在的三十多万元，可谓价值不菲，足见造工之精细。钟会早就看上了这柄剑，就利用自己会书法的优势，模仿荀勖的字迹，从钟会母亲那里骗走了这柄剑。

三国时代战争不断，所以需要大量的精造武器，吴黄武五年（公元233年），孙权下令大规模开采武昌铜铁，打造了十柄宝剑，可能留作自己或近臣悬佩，另外打造了一万把长近一米的上等好刀。每把刀上还刻有"大吴"篆字，可以想见当时冶炼工艺的先进。

最能体现三国先进冶炼工艺的，是蜀后主刘禅曾经打造过一柄剑。在蜀汉延熙二年（公元239年）时，刘禅下令冶工部门打造了一柄长达近三米的大金剑。

如果没有相当先进的冶炼工艺，这等长度的剑是很难打造精美的，当然这种长剑谁也佩带不了，是用来镇山的，可惜这柄长剑后来不知所踪。

蜀汉境内拥有丰富的铜铁资源，比如南中，所以蜀汉的武器数量很大，这也在最大限度上保障了蜀汉北伐的武器来源。刘备在章武元年（公元221年）从金牛山中精选上等的铁矿石，精心打造了八柄剑，一柄自用，太子刘禅、梁王刘理、鲁王刘永、诸葛亮、关羽、张飞、赵云各得一柄。当时关羽已经被孙权袭杀，可能是把这柄剑赐给了关羽的后人。至于赵云得到这柄剑，可以证明赵云在蜀汉军界的地位并没有想象中的那么低。

古代的兵器一般分为两种，一是近战兵器，比如上面讲的戟、刀、槊等；二是远战兵器，就是弓箭、弩机，相当于现在的远距离发射器，比如手枪、火箭炮等。三国是远战兵器运用非常广泛的时代，最有名的远战兵器，自然就是天才发明家诸葛亮发明的连弩。

弓是单发的远战武器，每张弓一次只能装上一支箭，而且射程不算很远。每次射完后，需要从箭筒里取出箭，搭在弓上，瞄准目标再射，过程比较麻烦，影响作战效率。

早在战国时期，就出现了弩，弩的射程比弓要远得多，能达到五六百米，威力巨大。但这种弩的构造原理和弓一样，只能单发。诸葛亮在这种单发弩的基础上进行改造，发明了连弩。连弩的优点不在于射程，而在于连续发射能力，这种连弩一次能连续发十支箭。

这种连发弩的正式名称是"元戎弩"，有时也称为"诸葛弩"。不过诸葛弩的用箭明显要比单发弩的箭要短，每支长八寸，箭头是用精铁打造的。这种弩机的样式和单发弩差不多，只是射糟下面有一个箭盒，上面一支箭射出去后，箭盒中的下一支箭会自动顶到箭糟里，这样能最大限度地提高作战效率。

后来马钧不知道从什么地方得到了一只诸葛弩，可能是战场上缴获的蜀军战利品。马钧仔细分析了诸葛弩的内部构造，有些不屑地说："诸葛孔明的这种弩杀伤力确实很强，不过我能造出连发五十箭的连弩。"可惜因为种种原因，马钧没有机会打造这等更加可怕的新式武器。如果五十发连弩真做出来了，蜀军可就要吃大苦头了。

汉末三国时代的科技发明，除了上面讲的应用在农业、军事等领域，在生活中的各个方面都产生了重要的作用。比如在文化传承中做出重大贡献的纸张，在汉末三国时就取得了重大的技术突破。

一般观点认为虽然早在西汉时就出现了"灞桥纸"，但灞桥纸还不是真正意义上的纸，而且这种纸表面极糙，难以用来书写文字。直到东汉中期，著名的宦官发明家蔡伦改进了造纸工艺，史称"蔡侯纸"。蔡侯纸的主要原料是树皮、弃用的碎布、麻头还有一些纤维制品，然后将这些原料捣制成浆状，再加上草灰水等辅料，磨铺晾晒，最终做成了纸。

蔡侯纸从质量上来说远胜于西汉的灞桥纸，但纸的洁白度还不太高，手感比较粗糙，这可能是蔡侯纸出现之后，东汉官方还以竹简或帛等作为主要书写材料的原因。大约到了东汉末年的灵帝、献帝时期，一位生活在山东的发明家左伯在蔡侯纸的基础上提高了纸的质量。

左伯造纸的具体操作流程没有流传下来，不过自左伯纸受到了社会各界的强烈追捧，好评如潮。左伯纸最大的优点就是手感平滑、洁白可人，纸面上没有杂质。

科技发明的原则是"优胜劣汰"，左伯纸在运用于社会生活后，迅速淘汰了旧有的纸张，成为当时最主要的书写材料。当然不能因为左伯纸的优质，就否定蔡伦的伟大贡献。还是那句话，左伯之所以看得远，是因为他站在了蔡伦的肩膀上。由于左伯纸的质量相当出色，在魏晋时代，左伯纸是与张芝笔、韦诞墨齐名的三大文化用品，谓为三绝。

还有一件很有意思的发明，利用最后一点篇幅讲一讲。唐朝人段成式的名作《酉阳杂俎》记载了这么一件事，说魏国名臣王肃曾经为了驱赶老鼠，制造出一种"逐鼠丸"。

唐朝之前有两个魏国名臣王肃，一是三国北魏名臣王肃，二是南北朝时期北魏名臣王肃。这两个王肃在历史上同样大名鼎鼎，都是士林中的顶级名士，不知道段成式说的到底是哪一个王肃。不过综合各方面情况来看，制造逐鼠丸的极可能是三国的王肃。

这种逐鼠丸的构造说起来很简单，王肃用精铜打造了一个铜球，然后将铜球固定在一个金属架上。不知道王肃用了什么方法，能让铜球在金属架上昼夜不停地旋转。因为老鼠偷东西最怕旁边有动静，把逐鼠丸放在粮仓等存储食物的地方，就能起到吓跑老鼠的作用。

四六 / 算一算三国的经济账

中国古代"弱肉强食，适者生存"。说得通俗一点，就是"有本事吃肉，没本事看人吃肉"。人类社会的存在核心是什么？有许多种解释，但有一点是公认的，那就是竞争！

竞争的核心是利益，"天下熙熙，皆为利来；天下攘攘，皆为利往"。从这个角度来说，人其实就是利益动物。利益是相对而论的，只要有两个人，或两个具有不同利益主体的集团存在，竞争就不可避免。

人类的竞争实际上就是一个抢蛋糕的过程，谁的力气大，谁就抢得多。当然人类这么聪明，是可以自己做蛋糕的，但问题有三个：一是你有没有足够的原料？比如面粉、饮用水、糖。二是你会不会做蛋糕？三是你千辛万苦做出来一个大蛋糕，别人会不会抢？

如何使自己做出的美味蛋糕不被人抢走？那需要有强大的武装力量来保证自己的利益不被侵犯。不过这个话题属于军事范畴，不是本篇讲的这个主题。本篇要讲的是我们如何做蛋糕。一个人吃的蛋糕是蛋糕，而一个国家吃的蛋糕，那就是经济。

一辆汽车，如果没有了汽油，就只能原地趴窝。同理，足够强大的经济实力，就是一个国家（独立的利益集团）的汽油。如果一个国家的经济出了问题，那必定是全局性的，影响很大，政治、军事都将受到沉重的打击。

经济基础决定上层建筑，没有钱，政权机器无法运转，老百姓吃不上饭，从而引发一系列的社会问题，危及社会和政权稳定。还是那句不知道引用了多少遍的至理名言：钱不是万能的，但没有钱是万万不能的。经济决定政治，古今中外，莫不如是。

古代的经济架构没有现代这么完备，尤其是古代中国，以农业经济为主，但内在的经济规律是一样的。现代经济和古代经济相比，无非是鸟枪换炮而已，没什么本质的区别。古人向来是非常重视经济问题的，"身无分文，不敢横行"的道理，古人当然懂。老大，你兜里没钱，谁跟你玩啊？

《尚书·周书·洪范》篇就提出了"经济决定上层建筑"这个概念：洪范八政，食、货为先。所谓食、货，按《汉书·食货志》的解释：食是粮食，包括一切人类可以吃的东西；货是指布帛衣服、矿产、水产，以及货币。从《汉书》开始，历代就将食货志列为记载前朝经济活动最权威的官方史料。

不过遗憾的是，尊为前四史之一的《三国志》，却只有纪传，没有志，更别提什么食货志了。《三国志》无食货志，不代表三国官方不重视经济发展，而是陈寿没有搜集到相关的经济资料。如果曹操、刘备、孙权等人不搞经济，他们吃什么啊？弟兄们早就作鸟兽散了。

古代的经济基础构成，主要包括土地制度（农业生产）、在编户口（赋税劳役）、矿产开发、机械制造、内外贸易，交通运输、货币流通等范围，和现代经济基础构成基本差不多。

古代经济和现代经济一样，都存在着一个受历史大环境影响的问题，尤其是大规模的战争。三国也是这样，三国是从东汉末年全国范围的军阀混战中脱胎出来的，其经济发展自然会不同程度上受到战乱的影响。所谓"天步艰难，之子不犹"。我们就来算一算三国的经济账。

三国承东汉末年战争之余，"白骨露于野，千里无鸡鸣"。社会生产力遭到了极严重的摧毁破坏，尤其是中原地区。最能体现一个时期社会生产力是否遭到严重破坏的是人口数据，因为小农社会里，人的自然力（体力）是第一生产力。而且人口的多少，和朝廷征收赋税的多寡直接挂钩。

三国的人口到底有多少？我们先来看一看东汉全盛时期的人口数据，汉桓帝永寿三年（公元157年），官方统计的户口数为一千零六十七万，人口数为五千六百四十八万。如果以曹魏统治的地盘人口来算，中原地区共有人口三千一百三十八万。而到了近百年后的魏晋禅代之际，曹魏人口只有四百四十三万，只有东汉极盛时人口的百分之十五左右。

据现有史料，从东汉末年黄巾起义，经过军阀混战以来，中原人口急剧下降了十之八九，"建安之际，海内荒残，人户所存，十无一二"。陈群说魏国总人口不过能抵上汉朝全盛时的一个大郡人口。陈群的数据稍夸大了一些，东汉人口最多的郡是荆州的南阳郡，约为二百四十三万。再者是汝南郡，约为二百一十万。魏国总人口抵上汉朝两个人口大郡，比较合理一些。

・四六／算一算三国的经济账・ 429

当然，这里说的曹魏人口是官方统计的在编人口数据，是朝廷可以征入赋税的人口数量。东汉末年，军阀混战，世族豪强兼并土地人口的现象非常严重，有许多农户都被豪强们强行隐藏不报，就是"荫户"。

现在有一种观点认为，如果加上豪强们隐匿不报的荫户数量，再加上曹魏的官方统计数，曹魏总人口在二千万上下浮动。虽然曹魏与吴蜀的战争不断，但中原地区自曹操统一后，就没有再发生大规模的战争，人口恢复性增长是必然的。

关键的问题就是豪强隐匿的人口数量实在惊人，居然吞占了全国总人口的百分之八十！有时怀疑是不是历史记载的数据有问题？不然豪强们的能力真能大到如此地步？

蜀汉和东吴的人口统计和曹魏差不多，蜀汉灭亡时的在编人口只有九十万，而东汉全盛时期的益州人口有七百二十七万。益州并没有像中原那样遭到大规模的战争破坏，人口怎么会凭空下降近十分之九？归其原因，无非是豪强隐匿人口。

关于东汉时期的益州人口总数，有一个疑问，就是《后汉书·郡国志》记载益州永昌郡人口居然达到了一百八十九万！在汉魏之际，永昌属于经济非常落后的地区，哪来的这么多人口？而邻近的益州郡（建宁郡）也不过只有十一万人口。怀疑永昌郡的人口数据是不是传抄有误？

东吴在编人口大约是曹魏在编人口的一半，公元280年东吴灭亡时，有二百三十万人口。当然东吴的实际人口数远不止于此，东汉全盛时期的扬州、荆州（不算魏占南阳）、交州共有人口九百三十多万。不过东吴受战乱的波及程度比较大，人口锐减是可能的，但也不可能凭空死去七百万，无非是被豪强们隐匿了荫户。

有了大量的人口，尤其是壮劳力，一方面可以耕种土地，朝廷可以征收赋税吃饭。另一方面，朝廷也有充足的兵源，没枪杆子，皇帝老子靠什么混江湖？当然能参军的壮劳力毕竟只是少数，多数劳力还是在务农。

吃饭问题，从来都是最大的政治问题，人活着为了什么？不要讲什么治国安邦平天下的大话，所有人活着，都是为了吃饭。无论古今中外，土地都是人类最重要的生存资源，说得天花乱坠，没有饭吃，一切都是白扯。

在小农经济中，土地的开发（粮食的产量）除了与劳动力的数量挂钩，还与政治形势有很密切的联系。东汉顺帝建康元年（公元144年），全国共有可耕作土地近三千五百万亩，多数集中在黄河流域。

东汉末年的战乱导致了劳动力的大量减少，大量土地荒芜，粮食产量的锐减，出现了"人相食"的悲惨局面。军阀混战时，他们手上的粮食也并不宽裕，甚至连弟兄们的军饷都发不出。袁绍发给弟兄们的"工资"是桑葚和枣子，袁术更绝，发给弟兄们的是水草和田螺。

曹操的情况也好不到哪儿去，但曹操比袁绍等军阀有眼光，如果成天拿枣子糊弄弟兄们，弟兄们早晚要饿急的。而且活人不能让尿憋死，办法总是有的。曹操的办法其实很简单，就是屯田。

中原地区缺少的不是肥田沃土，而是劳动力。战乱虽然造成了大量伤亡，但人口基数还是有的，只是为了避战乱，许多百姓都藏进了山里。曹操通过各种手段，征募百姓，在许昌附近实行了大规模屯田。

许昌屯田试验大获成功，"得谷百万斛"，很好地解决了军民的吃饭问题。手上有粮，心中不慌，也有利于稳定统治区的形势。此后，曹操下令在各州郡推行屯田法，设立田官，监督指导屯田工作。曹操最终统一中原，和屯田制有直接的关系。

蜀汉的情况和曹魏略有不同，中原地区遭受战乱的破坏程度非常严重，而益州地区除了刘备入川时的战争稍具规模，破坏程度一般。益州的经济基础没有受到太大的破坏，再加上诸葛亮非常重视粮食生产，益州基本上实现了"足食足兵"。

东吴受战争的影响比较大，尤其是荆州，连年战乱。荆州今天是曹操的，明天是刘备的，后天是孙权的，三家轮流坐庄，成天打来打去。直到吴黄武五年（公元233年），陆逊还要求孙权允许荆州诸将开拓农田，理由是"所在少谷"。

屯田是三国普遍的耕作方式，军队在无战事时就地开垦荒地，比如东吴设有"典农校尉"，职同郡守。典农校尉的任务就是在辖境内拓荒屯粮，以备战事之需。

老百姓耕种土地，获得了收成，大致有三种用途：自己吃、在市场上销售、上交朝廷规定的各种赋税。汽车上路跑，先把油喝饱，没有油，汽车只能趴窝。权力机器正常运转所需要的油料，就是从民间征收上来的赋税，以及其他杂役。

汉朝政府对民间的财物征收主要有两大块：田租、赋税，再加上一些乱七八糟的杂税。田租就是土地收益，汉朝的田租比较轻，西汉初年规定百姓只需交纳总收入的十分之一，以谷物结算。汉景帝更是进一步减轻了农民负担，"三十税一"。东汉光武帝时，又恢复了"三十税一"的制度，天下大治。

赋税主要是指算赋（成年人交纳的税金）和口赋（未成年人交纳的税金），就是俗称的人头税。此外还有赀金（家庭财产税），均以货币结算。在算赋之外，还有一种附加的收税方式，就是"更赋"。

因为成年人通常要承担国家下达的劳役，这是法定的。如果成年人不想劳役，也有变通的办法，就是出钱交给朝廷，以钱代役，劳役就免了。朝廷可以通过征收上来的更赋钱，另寻他人完成劳役。

算赋、口赋的制定没有一个统一的标准，随意性很大，老百姓苦不堪言。本来种粮就没多少收成，除被官府砍去了一部分之外，还要交纳人头税。第一个废除人头税的，不是别人，正是一代枭雄曹操。

人头税是按人口计算的，一户有五人，就要交五份人头税，以此类推，这样的收税方式对人口多的家庭是非常不公平的。曹操废止人头税的主要原因有两个，一是维护相对的社会公平，曹操曾经明确说过："有国有家者，不患寡而患不均，不患贫而患不安。"就是针对人头税讲的。

二是人头税以货币结算。但自东汉末年董卓废罢五铢钱，别铸小钱以来，钱币质量大大降低，造成了"货轻而物贵"的局面。钱币的混乱必然造成物价飞涨，当时一斛谷子值五十万钱，一斛豆麦值二十万钱。那时有钱不如有粮，所以此后几十年里"钱货不行"，货币流通基本废止。

在这种情况下，征收实物就成了一个不错的选择。收上来货币，又不能吃铜钱，还是要用钱来购买实物。与其这样麻烦，不如直接征调实物，公私两便，何乐而不为。粮食的征收有田租这一块，所以实物征收主要是绢布。历史上称这种用征收实物取代人头税的方式为"户调"。

户调改变以个人为单位计算的征收模式，而是以家庭（户）为单位。东汉建安九年（公元204年），曹操平定河北后，下达了历史上第一道户调令。曹操规定以后每户除田租之外，另外只需交纳二匹绢、二斤棉。每匹绢的市值大约是多少？粗略算一下，汉魏时代，每匹绢约等于五石谷子的价值。一户普通百姓一年上交五石谷子，不算多，比人头税厚道多了。

其实早在建安五年（公元200年），曹操就在统治区试行了户调制度，效果不错，然后正式推行。曹操严格约束官府，"他（物）不得擅兴发"，曹操现在需要最大限度地收买人心，人心稳不稳，先看老百姓能不能活下去。

另外，曹操还减轻了田租，规定每亩可耕地上交四升谷子。古制：十升为一斗，十斗为一斛，每亩征四升，已经算得上是薄赋了。曹操统一河北之后，中原地区的农业出现了恢复性增长，和曹操实行的薄赋轻役政策有很直接的关系。

与曹魏隔江对峙的东吴政权，并没有实行户调制度，而是继续实行算赋和口赋的征收方式，所以东吴百姓的负担最重。三国的历代统治者中，东吴的统治者最贪得无厌，苛捐杂税多如牛毛，而且丝毫不体谅百姓生计艰难，骑在百姓头上作威作福。

有些心地尚善的东吴地方官不忍见老百姓受算赋和口赋的敲诈，没有在当地征收人头税，比如会稽太守车浚和湘东太守张咏。虽然他们的做法是对的，但不符合东吴统治者的利益，公元276年，暴君孙皓将车浚和张咏斩首，理由就是不上交当地的人头税。

车浚、张咏被杀后，他们的人头被孙皓的使者巡行诸郡，意在警告：谁敢废除人头税，车浚和张咏就是他们的下场。从这条史料上可以判断东吴是没有废除人头税的。孙皓管什么百姓死活？他连最基本的道义都不讲，指望他爱民？笑话！东吴在强行征缴人头税之外，还不定期地征调鹿皮、麂皮、孔雀、水牛皮等物，这是典型的"苛捐杂税"，和户调不是一个概念。

至于蜀汉，因为史料严重短缺，不清楚蜀汉是否实行了户调制度。在蜀汉灭亡后，中原士人在讨论诸葛亮北伐得失时，曾经说了这么一句话："诸葛亮……无岁不征，未能进咫尺之地，开帝王之基，而使国内受其荒残，西土苦其役调。"

蜀汉因为连年兴兵北伐，发动百姓服劳役是在所难免的，甚至包括妇女。杨洪在诸葛亮问他是否应该强攻汉中时，说过："男子当战，女人当运。"不过这都属于正确的劳役范畴。关键是"役调"中的"调"字做何种解释？

在我们的印象中，蜀汉国土狭小，再加上不断发动战争，经济压力可想而知。实际上蜀汉经济的整体基础还是不错的，蜀汉与魏、吴的经济形态相比，有一个特别的地方。蜀汉的经济支柱，除粮食之外，还有生产力强大的纺织产业。

蜀汉灭亡时，官方统计的存粮有四十万斛，但这还不是蜀汉政府收入的主要来源。除了这四十万斛粮食，还有蜀锦、绮、彩、绢各二十万匹，这是一个非常惊人的数字。

诸葛亮曾经说过："今民困国虚，决敌之资，唯仰锦耳。"可见蜀锦的内外贸易才是蜀汉财政收入的大头。当然蜀锦自古已有，非自蜀汉政权建立才有的。刘备占领益州后，就曾经赏关羽、张飞、诸葛亮、法正每人一万匹蜀锦。四万匹蜀锦随手就赏人了，足见蜀汉的纺织业发达到了什么程度。

在小农经济社会里，土地是政权的立国之本，也是财政大宗。不过仅靠种粮吃饭是远远不够的，还要有许多副业产生出来的财政收入来支撑政治机器的正常运转。除了种粮，还有种植经济作物，比如桑麻，以及饲养畜类。在畜类饲养中，最重要的是养马。

古代的马，就相当于现在的重型机械，马不但能耕种，还能骑乘，最重要的可以组成战斗力最强悍的骑兵部队。历史早已经证明，骑兵作战是比步兵作战更先进的战争模式。不过由于地理上的原因，北方产马，而南方基本不产马。这也是为什么历代北方政权总是能最终战胜南方政权的一个重要原因。

北方产马区主要集中三个地区：辽东、漠南、陇西。这三个产马区或处在曹魏控制之下，或与曹魏接壤，所以曹魏占了这个便宜，战马来源不成问题。比如曹操和袁绍决战前夕，时任司隶校尉的钟繇就从关中给前线运送了两千匹战马，曹操兴奋得差点没蹦上天去。

袁绍之所以敢在他面前这么牛，就是仗着大队精良的北方战马，从地理位置上来看，袁绍的马主要是辽东马或漠南马。曹操得到了陇西马，足以和袁绍的精锐马队抗衡。曹操最终战胜袁绍，钟繇送的陇西马作出了重大贡献。

蜀汉的情况比曹魏要差一些，但蜀汉的北方边境和传统的陇西产马区接壤，和羌氐来往密切，也能获得大批优良的陇西马。东吴比蜀汉还不如，东、南两面靠海，西、北两面濒临魏蜀，马源几乎为零。

东吴的战马一般有两种来路，一是与魏蜀作战时俘获的，二是吴蜀联盟时，蜀国赠送的。东吴和曹魏短暂的蜜月期，曹丕也送给孙权一些战马，但数量不多。蜀汉则出手很大方，有一次就给了东吴二百匹战马。蜀汉不定期地向东吴赠送马匹，有时东吴还能放下脸面，到蜀汉求马。

在以上两种得马方式外，孙权意外地获得第三种方式：与辽东军阀公孙渊结盟，获得辽东战马。孙权可着劲地巴结公孙渊，目的很明确，就是要马。不仅是辽东的马源，甚至是高句丽的马匹，孙权都得到过。有次高句丽送给孙权数百匹优良战马。孙权知道，没有马他就没法对付曹魏，开拓马匹来源，是孙权的重要工作。

吴黄武元年（公元229年），孙权称帝，不久蜀汉派卫尉陈震来武昌，与东吴正式结成抗魏联盟。吴蜀共同宣布了分魏方案：如果吴蜀消灭魏国，魏国的幽州、青州、徐州、豫州归吴，兖州、冀州、并州、凉州属蜀。至于曹魏的司州，以函谷关为界，东属吴，西属蜀。

从地理位置上来看，蜀汉分到冀州后，将吴国分到的幽州和青州在陆地上隔开，幽州成了东吴的飞地。在古代交通不发达的情况下，飞地是很难管理的，尤其幽州还隔着海。孙权当然知道这种地理概况，他为什么一定要得到幽州？原因很简单，孙权要幽州的战马！

幽州的辖境比较狭长，东部是辽东地区，西部紧靠漠南，这是两大马源基地。孙权心里明白，一旦吴蜀灭魏，随后吴蜀就将大打出手。蜀汉本来就有马，再加上得到了并州、凉州，优良战马会更多。在这种情况下，如果吴军不配备大批优良战马，根本打不过拥有精锐骑兵的蜀汉。出于这种战略考虑，孙权宁可不要与江东本土更近的兖州，也要隔海相望的幽州。

前面我们讲了，在东汉三国时代，一匹好马的市值大约是三万钱。但由于马是极珍贵的重要战略物资，所以有钱都未必能买到马。当然，话说回来，钱不是万能的，没有钱是万万不能的。不管能不能买到自己想要的商品，兜里装着硬通货，这才是真理。

说到古代的钱，我们最先想到的可能就是"孔方兄"，即外圆内方的铜钱。这种铜钱早在战国时代就已经进入商品流通领域了，到了秦始皇统一六国后，"孔方兄"就成了法定货币。此后一直沿用了两千多年，直到清朝末年废止。

不过秦朝时的铜钱（称为半两钱）只是古代货币中的辅币，也称为下币。上币是黄金，以镒（每镒二十两）为计量单位。但黄金一般是不进入商品流通领域的，只是对外贸易和大宗结算时才用黄金，铜钱才是主要流通货币。

铜钱是国家法定货币，铜钱的铸造权当然属国家所有，这也是国家权力威严的一个重要体现。在西汉初年，诸侯王一度拥有钱币铸造权，比如吴王刘濞就曾经"铸钱煮盐"，收其利以抗衡朝廷。西汉初年采取"与民休息"的政策，允许民间私人铸钱，最终导致货币体系的混乱，而且财富外流。

在汉武帝之前，社会上依然流通秦朝的半两钱，只不过币制上下浮动，前后不一。到了汉武帝刘彻建元元年（公元前140年），下诏废半两钱，改行三铢钱。元狩元年（公元前118年），刘彻又废止了三铢钱，取而代之的，是历史上大名鼎鼎的五铢钱。

五铢钱的式样也是外圆内方，在铜币方孔的两边刻上五铢两个字。自此以后，五铢钱成为主流货币，存在了七百多年，直到唐朝建立，才正式废止了五铢钱，采用通宝钱。唐朝至清朝，流通的皆是通宝钱，就是铜钱上刻四个字"××（年号）通宝"，通宝钱是现在最常见的一种铜钱制式。

虽然汉武帝时出现了年号，但终汉魏时代，一直沿用五铢钱。中国最早出现的年号钱是五胡成汉时铸造的"汉兴钱"，南北朝也有个别皇帝铸年号钱，比如宋孝武帝刘骏、北魏孝文帝元宏。不过在唐朝之前，五铢钱是钱币的主流形态。

五铢钱从某种意义上来讲，是汉朝的代称，唐人刘禹锡就将刘备建立蜀汉称为"势分三足鼎，业复五铢钱"。五铢钱在汉朝流通的三百多年间，曾经有过两次灾难，一是王莽罢废五铢钱，改行"当泉五十"。王莽将货币制度改得乱七八糟，官民两不便，东汉建立后，刘秀又恢复了五铢钱。

二是董卓专权时期，董卓罢废五铢钱，改行小钱。这种小钱的质量极差，外形非常难看，外不圆内不方，在民间根本流不通。货币的币值下降，购买力也跟着下降，一斛谷子能卖到几十万甚至上百万钱。

到了曹操取得中原统治权，又恢复了五铢钱的流通，不过因为战事繁多，曹操并没有铸钱，而是继续流通散存在社会的五铢钱。经过董卓大规模的收铸，两汉的五铢钱已经存世不多，而曹操又没有新铸钱，所以汉末的五铢钱购买力又大大提升。

因为汉末的五铢钱存世太少，流通起来确实不太方便，当时社会上主要的流通方式还是以实物结算，或者把粮食或绢布当成货币进行流通。魏黄初三年（公元222年），曹丕下诏废除五铢钱，正式认可了粮食和绢布的货币功能。

但不久后，问题就来了。什么问题？很简单，就是造假。以前流通五铢钱的时候，社会上就有大量假五铢存在。曹丕以为废除了钱币，就能避免造假，这只是他的一厢情愿而已。

粮食和绢布也能造假吗？具体地说，不是造假，而是掺假，比方有一次交易，买方购买了货物，需要付出十斗谷子。如果卖方想占便宜，很容易，把谷子在热水中浸泡，谷子泡水后膨胀变大然后再进行交易。用绢布交易也是这样，减轻绢布的重量，然后再交易。

这种掺假的情况在曹魏初期非常普遍，虽然朝廷每每以严刑峻法惩罚掺假行为，但毕竟其中的利益太大了，有些人还是铤而走险，屡禁不止。在司马芝等人的建议下，魏太和元年（公元227年）四月，曹叡恢复了五铢钱的铸造，并流通于市。

曹魏五铢钱的货币购买力是一比一，即一枚五铢的价值等同于其本身的币值。而蜀汉和东吴的货币则有些特殊，蜀汉和东吴也铸钱，但蜀吴钱的币值却不是一比一，而是一比一百，甚至是一比五百、一比一千。

说得具体一些，蜀汉在刘备刚进成都后，为了稳定军心，曾许诺弟兄们进城后可以抢财物。结果等府库空了之后，刘备才发现他手上没钱花了。这时刘巴给刘备出了个主意：铸值百钱的五铢。即一枚五铢的币值是旧币值的一百倍，一枚新五铢等于一百枚旧五铢。

孙权是个搂钱高手，他玩得比刘备还狠。嘉禾五年（236年），孙权"铸大钱，一当五百"，称为"当泉五百"。一枚钱价值是旧五铢的五百倍。同时孙权还购买吴国臣民手上的铜料。没铜料拿什么铸钱啊？

最值得注意的是，孙权还下诏禁止私人铸钱，违反者，依法论处。由此看来，东吴前期的私人铸钱之风盛行。如果允许私人铸钱，那利润都流到了个人腰包，朝廷一根毛都拔不到。不与民争利，官府喝西北风啊？

孙权铸大面值的钱上了瘾，仅仅两年后（公元238年），在侍御史谢宏的建议下，孙权又铸造了面值一千的钱，称为"当千大钱"。当千大钱还不是东吴面值最大的货币，在东吴后期铸造了更狠的钱：当泉二千、当泉五千。

无论是当泉一百，还是什么当泉二千、当泉五千，这种非正常面值的钱进入商品流通领域，官府的目的很明确，就是敲诈百姓。东吴的当泉一千出台后，在流通市场上引发了大混乱，物价飞涨，商人百姓苦不堪言，民怨沸腾。

九年后（公元246年），孙权才总算发了点善心，下诏进行自我批评，说当初不应该相信谢宏的鬼话，让百姓们受苦了。随后孙权废除了所谓的当泉一千，同时回购民间的当泉一千，全部熔化。从这条史料上来看，东吴的当泉二千和当泉五千应该都是暴君孙皓的"杰作"。

吴蜀钱币制度的混乱，导致吴蜀五铢的实际购买力非常不稳定，而曹魏流通的是币值稳定的五铢，所以中原地区的经济复苏，稳定的货币政策是其中一个重要原因。

在古代的经济社会中，除土地、绢布、货币之外，还有一种特殊的大宗财政收入，就是盐利。盐和粮食一样，都是人必须吃的，"无盐则肿"。

粮食能榷税，盐同样也能榷税，所以在很早以前，统治者就意识到了盐对于国家财政的重要性。早在春秋时期，沿海诸国比如齐国就大兴煮盐，贩盐于列国，获利无数。

汉末三国时期，虽然连年战乱，但盐利的问题依然受到了统治阶层的高度重视。曹操手下的尚书郎卫觊就说过："盐，国之大宝也！"盐利是国家财政的重要组成部分，所以盐一直是官营的，但因战乱，政府已经失去了对采盐权的控制。私人霸占盐池，财富都流入了个人腰包。

卫觊建议通过强行的国家行政手段将盐池的开采经营权收回来，然后实行专营，用卖盐的收入购买国家需要的战略物资，同时改善百姓的生活条件，稳定人心。曹操认为此议可行，只要霸住了盐池，就不愁没钱花了。如果不是兜里缺银子，曹操也不至于去掘古人的坟头，发死人财，落得万世骂名。

中原地区的主要盐产地有河东、太原、渤海、雁门、渔阳、陇西、关中等地。盐一般产于天气干燥少雨的地区，比如凉州的武威、酒泉，雍州的长安、天水、南安等地。在魏明帝曹叡在位期间，凉州刺史徐邈就修复陇西盐池，司马懿建议从冀州抽调五千精壮农夫赴关中采盐，"以益军实"。

魏国通过卖盐发家致富，蜀汉也有办法靠卖盐发财。蜀汉境内有许多著名的盐产地，比如临邛、朐䏰、西充国、牛鞞等地。与中原地区的盐池不同，西南地区的盐是通过开发盐火井取得的。

益州的盐产量非常大，卖盐利润非常高。刘备刚定益州时，就非常重视盐的开采销售工作，置盐府校尉、司盐校尉，专管盐、铁。《三国志·王连传》就记载："（王连）迁司盐校尉，较盐铁之利，利入甚多，有裨国用。"在蜀汉政府的财政收入中，盐利占了相当大的一部分。

东吴的食盐开采则是另外一种情况，这里沿海，主要是通过煮盐来卖钱。西汉的吴王刘濞"东煮海水为盐，以故无赋，国用饶足"。仅靠卖盐的收入就能养得起一个大国，足见盐利之丰厚。

东吴的产盐地主要有海盐、高要、番海等地，都是沿海地区。东吴也设有司盐校尉，专门负责盐务。东吴的盐产量是非常丰富的，东吴大将朱桓死后，因家境贫寒，孙权赐给朱桓家人五千斛盐。当然办丧事用不了这么多盐，这些盐可以到市场上销售，换取现钱。

三国经济的事情，就讲到这里吧。

四七 / 三国的法律制度

自从人类进入阶级社会以来，维持社会等级秩序就成了统治者面临的重要任务，统治阶级需要什么样的规范来管理庞大而复杂的社会？简单来说，有两把刷子，一是道德，二是法律。

孔子说过："道之以政，齐之以刑。"道德是约束人们日常行为的礼仪规范，不具有强制约束力，全凭个人自觉。如果有人违反了道德规范，最多是"世人讥之"，也不能把人怎么着。

法律则没有道德规范那么有人情味，法律是一把冰冷锋利的剑，通过对犯事者的惩罚，来震慑人们，从而达到维护社会稳定的目的。当然，在等级社会中，"王子犯法与庶民同罪"这种话千万别信。所谓窃钩者诛，窃国者侯，在古代，法律只是统治阶级镇压被统治阶级的强有力武器。

在古代的社会体系中，法律具有非常重要的地位，《白虎通》有言："圣人治天下，必有刑罚。"下面，我们就讲一讲三国的法律制度。

早在迷雾中的尧舜时代，就制定出了相关法律，比如有鞭刑、扑刑、流刑，甚至还有赎刑（花钱减罪）等。中国历史上最早的一部国家刑法大典是《禹刑》，《夏刑》有刑法三千条，"大辟二百，膑辟三百，宫辟五百，劓、墨各千"，之后的殷朝有《汤刑》，殷朝最有名的刑法就是"炮烙"，这是纣王的杰作。

到了周朝，刑法制度日趋完善严密，大致来说，周朝具五刑之法，"墨罪五百，劓罪五百，宫罪五百，刖罪五百，杀罪五百"。周刑的礼法等级制度非常严酷，规定杀亲者处火刑、杀贵族者处磔刑（车裂）。不过周朝法律中还有许多人性化的举措，比如报仇自首者、杀盗贼者皆无罪。

战国时代的刑法，尤其是秦国的刑法，较之周法更加残酷，出现了灭族、具五刑（凌迟）、定杀（溺死）、阬（活埋）、腰斩、连坐等。秦法中有一条现代人非常熟悉："失期，法皆斩。"就是说如果戍卒没有按事先指定的时间到达服役地点，无论有什么不可预料的客观困难，所有人都要被杀掉，打响反秦头炮的陈胜、吴广就是因此被逼反的。

秦朝大举严刑峻法，最终亡国的教训，被汉朝统治者引以为鉴。刘邦初入咸阳时，就颁布了著名的"约法三章"：杀人者死，伤人及盗抵罪。乱世当用重典，刘邦的轻刑政策并没有改变社会治安混乱的局面。

不久后，相国萧何以"三章之法不足以御奸"为由，制定了《九章律》，在秦法的基础上进行改进。九章是指：盗律、贼律、囚律、捕律、兴律、户律、杂律、具律、厩律。汉初的法律并没有废除夷三族、大辟等严刑酷法，一代战神韩信就被夷了三族。

后来汉文帝刘恒认为肉刑太过残忍，下诏废除肉刑，将肉刑改为鞭刑（笞刑）。不过鞭刑最多时要打五百鞭，轻的也有三百鞭，犯人基本上都被鞭死。笞刑和肉刑实际上没什么区别，无非是以羊易牛的把戏而已。

东汉初年以宽仁治世，所以废除了严刑酷法，社会富足安定。东汉法律制度的败坏，始于汉安帝刘祜，"法稍苛繁，人不堪之"。不过整体来看，东汉法律还是相对宽松的，甚至没有肉刑。

到了汉献帝初期，天下大乱，礼崩乐坏，法制不存。在这种严酷的社会背景下，统治阶层意识到非严刑峻法不足以震慑奸人，"咸以为宜复肉刑"，主要代表人物是郑玄、陈纪，只是因故未能施行。曹操迎献帝入许，自权朝政，再一次将恢复肉刑提到了议事日程上，从而引发了法律史上著名的"肉刑辩"。

是否恢复肉刑，干系重大，曹操把这个议案交给了手下重臣们进行讨论，征求大家的意见。在这个问题上，只有两个人坚决要求恢复肉刑，一是司隶校尉钟繇，二是御史中丞陈群，其他人如王朗等则坚决反对恢复肉刑。

钟繇虽然建议恢复肉刑，但同时主张用肉刑代替死刑，这样既能震慑犯罪，又能活人一命，岂不善哉！陈群不太认同钟繇以肉刑代替死刑的想法，但却坚决认为不恢复肉刑，则不足以震慑犯罪。

曹操本人认可钟繇、陈群的建议，要不然也不会提出这个议案。但由于反对派人数众多，再加上战事繁忙，无暇操办此事，就暂时把恢复肉刑的事情搁置了下来。

到了曹丕时期，钟繇再次提出了恢复肉刑的主张，只是当时魏国正与吴蜀两国激烈交战，也没时间管这事，又搁置在一边。几年后，年迈苍苍的钟繇耐不住寂寞，第三次提出恢复肉刑。

钟繇主张恢复肉刑以取代死刑，每年都至少救三千条人命，这些受肉刑者虽然身体残疾，但还能生育。现在中原地广人稀，正缺少人口，有了这些人口，就有赋税，他们生育的下一代壮丁还可以服兵役。钟繇的提案也许有些泥古不化，但出发点是好的。救人一命，胜造七级浮屠。

钟繇的议案再次遭到了老朋友王朗的强烈反对，王朗认为钟繇议案的出发点值得肯定，但王朗认为钟繇纯属画蛇添足。王朗的理由是现行法律中已经有"减死一等（由死刑改判为其他刑罚）"的轻罪处罚，这已经是法外开恩了。既然有"减死一等"条款的存在，又何必再多此一举地恢复肉刑？

王朗和钟繇一样，同样是站在政治高度来看待是否恢复肉刑的建议。王朗觉得现在天下尚未统一，如果现在就恢复肉刑，就等于授吴、蜀以柄，反过来对我们进行抹黑宣传，不利于我们的统一。

王朗提出来一个补充议案：不如将肉刑改成服劳役。如果将犯罪的壮丁实行肉刑，他们就无法从事耕作，对国家财政收入造成一定负面影响。如果让他们服役，则国家一来可以获得许多收益，二来不用付报酬，岂不是更好。

这次参加会议的有一百多人，其中绝大多数人认同王朗的意见，魏明帝曹叡出于同祖、父一样的考虑，顾及天下未定，不宜过早恢复肉刑，第三次搁置此案。王朗的议案比钟繇的议案更符合人道主义，事实上王朗的建议对魏国刑法还是产生了一定影响，早在黄初四年（公元223年）正月，曹丕就从增加人口的战略角度考虑，下诏规定：凡民间有私自报仇者，皆灭三族。

在曹魏历史上，总共有四次"肉刑辩"，第四次辩论是魏少帝曹芳正始年间，征西将军夏侯玄、河南尹李胜、中领军曹羲、尚书丁谧等人又讨论恢复肉刑，但因反对派力量过大，最终还是不了了之。

终魏一代，还是没有恢复肉刑制度，依然是"减死一等"作为死刑的次一级刑罚。关于"减死一等"，三国曹魏初期有一个著名案例，就是刘朱逼死儿媳案。曹丕时期，某地有个恶婆婆刘朱，脾气暴躁，做事狠戾。刘朱有一个儿子，先后娶了三房老婆，却都被刘朱逼得精神崩溃，自杀身亡。

刘朱犯案后，官府最终给刘朱的定罪是"减死输作尚方"，就是免除刘朱的死罪，毕竟三个儿媳不是刘朱亲手杀的。但三个儿媳均是被刘朱逼死的，所以死罪可免，活罪难逃，罚到尚方监做苦力。因为这个案例比较特殊，没有前例可循，曹丕为此专门下了一道《怨毒杀人减死之令》，明确规定了这种案件的定罪原则。

在古代的法律体系中，还有一种特殊的刑罚，就是污辱犯人的人格，从而"齐之以耻"，来达到威慑百姓的作用。比如曹魏施行的"完刑""髡（kūn）刑""钳刑"。

在这三种刑罚中，完刑最轻，只是剪掉犯人鬓角处的头发。被施行完刑的，通常不是什么重犯，都是些偷鸡摸狗的罪犯。髡刑比完刑要重一些，髡刑就是剪去犯人的头发。

古人都留长发，所谓"身体发肤，受之父母"。头发被剪了是非常丢人的。三国时期最著名的髡刑犯，是蜀汉的彭羕。彭羕就是因为被人诽谤侮辱益州牧刘璋，被剪掉头发。

钳刑比较特别，官府特制一个铁项圈，套在犯人的脖子上，在服刑期间要一直戴着铁项圈。钳刑的侮辱性并不比髡低，剪掉头发还是个人，可戴上铁项圈算是什么？狗才戴项圈。钳刑把人变成了狗，这确实是对人的极大侮辱。

曹魏的法律制度先讲到这里，下面讲一下蜀汉的法律制度。虽然曹魏是三国最强大的政权，而且曹魏的法律制度相较比较完善，但历史知名度却不如蜀汉。因为诸葛亮严法治蜀，成就了历史上的一段佳话。

建安十九年（公元214年），一代枭雄刘备要尽了阴阳手段，终于将刘璋的益州吞下肚去。在新得益州之后，刘备统治集团有两件非常重要的事情要做，一是稳定民心，二是制定适用于益州的法律制度。

刘备成立了一个由诸葛亮、法正、刘巴、伊籍、李严五人组成的法制小组，制定了蜀汉最高法律《蜀科》。《蜀科》的具体内容今已失传，但从诸葛亮严峻刑法治蜀，招致益州豪强强烈抵制的情况来看，《蜀科》的刑法比较严厉，量刑也比较重。

刘备、诸葛亮的法制思想总体来说，是倾向于法家的，以严治国。早在荆州时期，庞统因得不到重用，醉酒不理事，被刘备给免了官，可见刘备集团的早期就已经有了一套严格的官员奖惩制度。

统治益州之后，刘备、诸葛亮吸取了刘焉、刘璋父子滥施仁政，导致益州"德政不举，威刑不肃。蜀土人士，专权自恣，君臣之道，渐以陵替"的混乱局面，制定了相当严厉的法律。通过打击豪强，限制豪强的不法之举，来达到稳定益州的目的。

作为益州豪强的代言人，法正认为诸葛亮行法过于严厉，而且得罪了当地豪强，不利于对益州的统治。诸葛亮则反驳了法正所谓宽仁治国的谬论，诸葛亮考虑问题确实比法正要全面，他逐条批驳法正。

诸葛亮坚守住自己的原则，有句话他说得非常好："宠之以位，位极则贱；顺之以恩，恩竭则慢。"诸葛亮懂得"物以稀为贵"的道理，实行仁政只有在严刑峻法的背景下才有价值。这就像奖励，如果对所有人都奖励，那奖励也就变得一文不值了。

治国在于治吏，治吏在于治人，治人之术，在于赏罚分明。滥赏则人不惜赏，滥罚则人心去矣。诸葛亮深明此理，所以在诸葛亮当政期间，他惜赦如命，从不肯以滥下大赦争取民心，他认为这是一种短视行为。

诸葛亮关于大赦的思想是"治世以大德，不以小惠"。比如大仁政和小仁政，滥施宽仁是小仁政，只图短期利益。而大仁政未必有小仁政那般能让民众享受到短期利益，但从长远利益看，最终享受到大仁政成果的，还是百姓。

诸葛亮坚持自己的法家路线不动摇，他针对社会上反对他惜赦的观点反驳说："刘表、刘焉父子每年都要在境内实行大赦，却并没有人感激他们，只会让社会变得更加混乱。"诸葛亮说得有道理，君王主政，手操二柄：一曰赏，二曰罚。赏罚分明才能得人心，不然，刘表、刘璋就是前车之鉴。

诸葛亮死后，他的继承人费祎并没有很好地执行诸葛亮的既定方针，胡乱大赦，结果费祎遭到了司农卿孟光的当众指责。孟光的思路和诸葛亮是一致的，都认为应该惜赦，这样才能保证大赦的权威性。

大赦的内容一般是除死刑犯之外，其他一些轻刑犯都可以赦免。如果经常实行大赦，那么法律的威严又如何体现？大赦本身是和现行法律相冲突的一种非常规法律行为，大赦就如同补药，尽量少吃，当饭吃肯定是不行的。

蜀汉和曹魏一样，没有实行肉刑，但大体上的刑罚都差不多，比如有砍头（弃市）、鞭刑、杖刑、幽闭（徒刑）、流徙。在三国中，内部形势最为稳定的就是蜀汉，即使统治阶层有权力斗争，也多是和风细雨的争吵和拐马腿，真正拔刀子的几乎没有。

蜀汉内部的稳定和魏吴内部的血腥屠杀形成了鲜明对比，这不得不说刘备、诸葛亮治蜀方向是正确的：团结多数人，孤立少数人。蜀汉用法最严，但其社会形势却最稳定，这恰恰说明了蜀汉的严刑峻法是有成效的。

清人赵蕃有副名联："能攻心则反侧自消，从古知兵非好战；不审势即宽严皆误，后来治蜀要深思。"无论是宽还是严，都要有个对比，宽到极点必为乱，严到极点亦必为乱。蜀汉就很好地把握住了这个度，当宽则宽，当严则严，这才是治国的关键。

诸葛亮坚决推行严刑峻法，目标也非常明确，就是"法行则知恩，限之以爵；爵加则知荣"。其实在刘璋统治时期，益州还是有法律的，比如彭羕的髡头事件。但在刘璋时代，法律对于豪强几乎没有什么限制，豪强肆无忌惮地欺上凌下，导致益州社会一片混乱。刘备、诸葛亮以严刑峻法治蜀，基本上达到了维护益州稳定局面的目的。

至于东吴，东吴的法律比蜀汉还要严厉酷烈。刘备是个严守道德底线的君子，他为人宽厚，虽然蜀汉执法较严，但蜀汉严法主要是打击豪强地主的，对百姓还算宽仁。孙权则与刘备相反，孙权为人尖酸刻薄，胸无大志。道德对孙权来说毫无约束力，孙权眼里只有利益，没有道德。

《三国志·孙权传》记载了这么一件事：黄龙五年（公元226年）十月，荆州牧陆逊上表孙权，请求孙权"施德缓刑，宽赋息调"。陆逊的这道表章恰好证明了孙权在江东实行的暴政多么不得人心，东吴法律严酷，百姓生活困苦，连陆逊这样没什么道德底线的人都看不下去了，可见事态之严重。

陆逊从稳定人心的角度劝孙权发点善心，在天下三分，连年战乱的历史大背景下，稳定人心比什么都重要。但孙权却驳回了陆逊的表章，孙权的法制思想很简单，就是铁血镇压，他不管百姓有什么苦衷，只要敢反对他的统治，统统都要消灭。

孙权认为制定法律的意义就在于"遏恶防邪，警戒未然"。如果没有严刑峻法，如何威慑不法分子？孙权到底是个官场高手，一个华丽的转身，把自己打扮成一个仁厚长者。孙权说："陆公认为刑法太重，可孤实行这些刑法，对孤有什么好处？社会上那些不法分子为害百姓，孤这么做也是出于无奈。"

其实早在此前一年，张昭就曾上表，认为"法令太稠，刑罚微重"。请孙权减轻刑罚力度，顾雍也认同张昭的看法。孙权下令有关方面重新审定刑法，但从一年后陆逊的上表来看，孙权只不过是做做样子，糊弄张昭等老臣的。

不过陆逊的分量到底要比张昭重一些，孙权好歹要给陆逊三分薄面的。可能是在舆论的强大压力下，孙权修改了一下相关刑法，然后寄给陆逊和诸葛瑾，让他们再审一遍。这份修改后的东吴刑法施行的情况怎么样，史无明载。

三国的刑法从整体上来看，依然没有脱离汉朝法律的范畴，只不过在细节上有所差别而已。比如说魏蜀吴各自刑法系统中最重的刑罚，肯定是惨无人道的灭族制度。

灭族制度在历史上普遍存在，是专门针对谋逆者实行的残酷刑罚，当然，被诛族者是否谋逆，胜利者说了算。灭族的具体施刑手段也不尽相同，有灭三族、灭五族、灭九族等几种。不过在三国时代，普遍实行的是夷三族制度，即处死犯事者的父系一族、母系一族、妻系一族，无论老幼，一个都跑不了。

在三国之中，蜀汉被夷三族的例子只有一个，就是魏延被夷三族，还是个冤案。而魏吴两国的失败者被夷三族的例子特别多，粗略统计一下，不算曹操死前夷三族的例子，比如张邈、伏完、边让、袁忠、桓邵。

仅魏国正式建立之后，被夷三族的失败者中，有名有姓的就有二十多人。尤其是王凌反司马懿失败，与王凌同反的那些人全部被夷了三族。曹爽被司马懿除掉后，曹爽的心腹如丁谧、何晏、李胜、桓范等人俱被夷三族。

东吴的情况更加糟糕，仅有名有姓的被夷三族的就有十五人，著名的如诸葛恪、滕胤、孙綝等，不太著名的有马茂、朱贞、朱志、吕据等。其中西陵督步阐降晋，步阐一伙人被夷三族的有数十家，可以想见当时的场面有多么血腥惨烈。

三国的具体刑法差别不大，但就法制思想和具体实施的情况来看，蜀汉最宽厚，是真正的以德治国，这不能不说是刘备、诸葛亮仁人之心的体现。至于魏、吴，实际上都是以威立国，视民命如草芥。

抛开蜀汉连年北伐导致国困民穷这个因素，蜀汉的法律是最宽仁的，如果由蜀汉统一天下，是最符合广大百姓利益的。可惜历史没有站在刘备这一边，这是刘备的悲哀，也是历史的悲哀。

四八 / 三国文学纵横谈（上）

中国古代文学史，如果按时代先后划分，大致分为六个阶段：一是先秦文学；二是两汉文学；三是魏晋文学；四是隋唐文学；五是宋元文学；六是明清文学。

如果按文体风格来划分，又可以大致分为"古风时期"和"近风时期"，以唐人韩愈在文坛上的出现为界，之前是"古风时期"，之后是"近风时期"。之所以这样划分，和政治史以及民族性格的改变大有关系。

在中国古代史上，安史之乱是个分水岭，之前的历史属于粗略型发展，粗豪有余，细密不足。而安史之乱后的历史则正相反，属于精细型发展，细密过了头。中国人的民族性格也由此大受影响，之前的整体民族性格慷慨悲壮，有浓重的侠风。而安史之乱后，尤其是宋朝建立，最终改变了中国人的民族性格。政治史的精细型发展和民族性格的改变，也直接影响了文学发展的走向。

不过无论是在古风时期，还是在近风时期，整体的文学体系和思想都是一脉相承的，从而造就了辉煌灿烂的中国古代文学史。而放眼整个中国古代文学，我们不难发现，不管从哪个角度讲，两汉文学都无疑是具有里程碑意义的。

两汉文学上承先秦，下启魏晋隋唐，可以说是中国文学体系的重要成型期。汉朝的散文、赋、五言诗都极深刻地影响了之后的中国古代文学史，代表作主要有散文《过秦论》《史记》《汉书》，赋《七发》《长门赋》《上林赋》，诗歌《古诗十九首》等。

两汉文学的时代上限比较容易确定，从刘邦建立西汉开始往后算，但两汉文学的时代下限则相对比较模糊。在文学史上，魏晋南北朝时期是作为一个独立的文学范畴。但其中有一个问题，就是开魏晋南北朝文学之先声的建安文学，严格来说应该算是汉朝的，比如著名的文学集团"建安七子"大多数都死在曹丕废汉建魏之前。

我们讲三国文学的发展，就不可能不提到东汉末年的文学概况，这就像讲三国必讲曹操一样。在政治史上，公认的三国上限是公元184年，黄巾起义开始的那一年。而在文学史上，三国文学的上限则不好讲，一般把东汉大文学家蔡邕被杀的那一年（公元192年）当成三国文学的上限。

说句比较刻薄的话，如果不把蔡邕、蔡文姬父女俩，建安七子算进三国文学的范畴，那能扛起三国文学这杆大旗的只有三曹父子了（严格说曹操还是东汉人），星光较之前的两汉和之后的两晋南北朝，实在过于黯淡。借用一句名言：从哪儿讲起呢？还是从蔡邕讲起吧。

蔡邕可不是一般意义上的著名文学家，在东汉末年的文坛，蔡邕是公认的一代宗师，连一代枭雄曹操都是蔡邕的徒弟。虽然蔡邕的仕途坎坷不平，以蔡邕呆头呆脑的模样，在铁公鸡琉璃猫盘踞的官场上也混不出来。

因为蔡邕得罪了司徒刘郃和将作大匠阳球，被人给参了，最终朝议将蔡邕定为死罪。幸亏善良的大太监吕强可怜蔡邕无罪遭诛，在汉灵帝面前说了几句好话，蔡邕才保住了性命，被处以髡钳刑，赶到朔方喝凉风去了。蔡邕天生就不是吃官场饭的，他真正的舞台，还是在文坛上。

历史没有记住官场上那个小小的左中郎将蔡邕，却牢牢记住了一代文坛宗师蔡邕。蔡邕的传世作品非常多，而且可喜的是量多质优，题材范围非常广，诗、赋、铭、碑、箴等题材，蔡邕均信手拈来。有时不得不相信有些人的绝世才华确实是天生的，比如蔡邕，再如李白、苏轼。

在两汉文学体裁中，最重要的无疑是赋，能不能写一手好赋，是衡量汉朝文人文学水平的重要标准，就如同唐人写诗、宋人写词一样。蔡邕的赋流传下来的不算多，只有十几篇，而且多是短篇，有许多篇的内容都残缺不全。

因为内容残缺不全，蔡邕的赋在文学史上都不算太知名，但有一篇残赋写得笔墨极佳，和以作赋出名的曹植相比也不遑多让，就是《协和婚赋》。这篇赋是对一对新人结婚场景的描写，行文一唱三叹，文采飞扬，让人爱不释手。《协和婚赋》的残篇如下：

惟情性之至好，欢莫备乎夫妇。受精灵于造化，固神明之所使。事深微以元妙，实人伦之端始。考遂初之原本，览阴阳之纲纪。乾坤和以刚柔，艮兑感其腒腓。葛覃恐其失时，摽梅求其庶士。惟休和之盛代，男妇得乎年齿。婚姻协而莫违，播欣欣之繁祉。良辰既至，婚礼以举。二族崇饰，威仪有序。

嘉宾僚党，祈祈云聚。车服照路，骖騑如舞。既臻门屏，结轨下车。阿传御竖。雁行蹉跎。丽女盛饰，晔如春华……

其在近也，若神龙采鳞奋翼将举。其既远也，若披云缘汉见织女。立若碧山亭亭竖，动若翡翠奋其羽。众色燎照，视之无主。而若明月，辉似朝日。色若莲葩，肌若凝蜜……

长枕横施，大被竟床，莞蒻和软，茵褥调良……

粉黛弛落，发乱钗脱……

在《协和婚赋》残篇的第一段，蔡邕通过对新人的祝福，从伦理纲常的角度谈了婚姻对社会发展的重要性，可以看出蔡邕是个正统的儒家知识分子。随后蔡邕笔锋一转，将镜头拉向府宅门外：新人坐着华丽大车快乐地驰来……

第二段，蔡邕将镜头对准了美丽的新娘，尤其是"其在近也，若神龙采鳞翼将举。其既远也，若披云缘汉见织女"。华丽得让人吐血，不愧是文坛宗师。如果不是看到这篇赋的署名是蔡邕，十有八九会认为这是曹植的杰作。第三段是描写洞房内的摆设，床上铺着锦被，床头横放着一条长枕，洞房里洋溢着一片喜气。至于第四段的八个字，纯粹是新人行夫妻大礼的激情写真了。

与其说蔡邕的这篇《协和婚赋》是一篇赋，不如说是一场婚礼的现场纪实。这篇赋的镜头感非常强，由远而近，层层铺开，而且辞藻华丽，展示了蔡邕驾驭文字的超强功力。

蔡邕不仅赋写得好，书法也是千古一绝。蔡邕的书法理论和书法创作都在文学史上产生了重大的影响，尤其是蔡邕在书法理论上的贡献。蔡邕有两篇经典的书法理论文章：《篆势》《隶势》，奠定了以后中国书法的主流形态。

最有意思的是蔡邕提出了书法字画的起源，蔡邕认为古人创作书法字画是受到了鸟类的影响。鸟儿在雪地上或其他能留下印迹的地方，用爪子来回刨踢，所谓"书画之始，因于鸟迹"。古人受到了鸟儿用爪子"创作"的启发，这才有了书画。

蔡邕对书法发展最大的贡献就是提出了"九势"理论，所谓九势，是指书法创作中的九种笔法：落笔、转笔、藏锋、护尾、疾势、掠笔、涩势、横鳞。蔡邕认为书法贵在自然，切不可过于雕琢，含蓄才能产生美。

客观来讲，蔡邕在历史上的知名度不算很高，晚辈的陈琳都比蔡邕知名多了。造成这种现象的最主要原因是，蔡邕没有一部代表性的作品。南朝宋人范晔如果不是写了一部名垂千古的《后汉书》，谁知道这个会弹琵琶的黑胖子是哪路尊神？可以说范晔成就了《后汉书》，也可以说《后汉书》成就了范晔。

早在范晔作书之前，就已经有许多史家撰写了《后汉书》，经过历史的淘汰，范晔的《后汉书》最终大浪淘沙始见金，笑到最后。如果范晔的对手是蔡邕，范晔还能笑到最后吗？恐怕很难。

在东汉末年的官场上，蔡邕是公认的最有资格撰写《后汉书》的史学家，除了蔡邕，没有第二人选。蔡邕也以撰《后汉书》为人生最重要的目标，他在正式撰写后汉史之前，就已经开始了创作，比如写成了《汉灵帝纪》和《列传》四十二篇，如果再给蔡邕十年时间，蔡版《后汉书》必将横空出世。

可惜，蔡邕在即将达到人生巅峰时，突然掉进了一场可怕的政治旋涡，最终不仅终结了蔡邕的生命，也毁掉了一部伟大的史书。因为蔡邕深受权臣董卓的赏识，所以王允在除掉董卓后，对董卓同党进行政治清算时，把矛头对准了蔡邕，将蔡邕下狱。

蔡邕被捕的消息传开后，官场一片哗然，几乎所有的官场名士都向王允求情，请放蔡邕一条生路，不然谁来写国史？可迂腐的王允却拒绝了天下士人的求情，结果蔡邕不幸死在狱中。

噩耗传出来，天下哗然，这可是文坛宗师蔡邕啊，国宝级的人物，说没就没了，谁不痛心！士林中人"莫不流涕"，可见蔡邕的江湖地位之高。郑玄在东汉士林江湖中的地位不用多说，也是国宝级的人物。郑玄得知蔡邕之死，仰天长叹："汉世之事，谁与正之！"汉史没人写了！

还有一件事情更加可惜，蔡邕生前写的几十篇后汉人物的列传，都在不久后的李榷、郭汜之乱中散失殆尽，连残本也没有留下来。幸运的是，后来曹操请蔡邕的女儿蔡文姬将蔡邕的诗文背诵下来，勉强留下了一部分。如果蔡邕的作品一篇都没有流传下来，这将是文学史上空前的灾难。不因为别的，只因为他是蔡邕！独一无二的蔡邕。

在汉朝文学体系中，赋的地位就相当于诗在宋朝前期的崇高地位，而汉诗（五言诗）的地位则相当于早期宋词的地位。在宋朝相当长的时间内，宋朝文学的主流文学形式还是诗，词只是"诗余小技"，这方面的代表人物是陆游。

汉朝的诗也是如此，要成为公认的大文学家，首先要会写一手好赋。我们都非常熟悉汉高祖刘邦的《大风歌》和西楚霸王项羽的《垓下歌》,其实严格来说,这两首"诗"都是短赋。

比如东汉大文学家班固的一首《白雉诗》:"启灵篇兮披瑞图,获白雉兮效素乌。嘉祥阜兮集皇都,发皓羽兮奋翘英,容洁朗兮于纯精。彰皇德兮侔周成,永延长兮膺天庆。"在梁昭明太子萧统编撰的《文选》中就被列为赋类。

赋之后才是诗,而且两汉流行的诗体主要是四言诗,五言诗成型于西汉后期,在东汉中前期的文坛上没什么地位。东汉末期,五言诗才开始盛行起来,讲到五言诗,就不能不提被明朝大文学家王世贞誉为"千古五言之祖"的《古诗十九首》。

从某种程度上讲,《古诗十九首》在中国诗歌史上的地位,就像是中国词史上的李后主词、中国小说史上的《三国演义》,地位极为崇高。《古诗十九首》的出现,极大地改变了汉代文学体系的版图,五言诗从此挤掉了四言诗,成为与赋并驾齐驱的主流文体,直接影响了魏晋南北朝的五言诗、七言诗的发展,最终对震撼千古的唐诗产生了极为重大的影响。

在《古诗十九首》中,个人认为最富有艺术表现力的,应该是第十四首《生年不满百》:"生年不满百,常怀千岁忧。昼短苦夜长,何不秉烛游!为乐当及时,何能待来兹。愚者爱惜费,但为后世嗤。仙人王子乔,难可与等期。"

这首《生年不满百》诗在艺术思想上属于道家的出世诗,诗中弥漫了绝望和故作洒脱的情绪,有些像苏轼的那首名作《临江仙》中的:"小舟从此逝,江海寄余生。"《生年不满百》可以说是在一定程度上开了魏晋士林的猖狂不羁、厌世超脱的先河。

在东汉末年的五言诗体系中,并行着两驾马车,一是《古诗十九首》,二是大名鼎鼎的《汉乐府诗》。乐府是汉武帝刘彻时设立的一个国家音乐机关,专门收采全国各地的音乐作品,供朝廷在大型礼仪活动中使用。到了东汉中后期,乐府逐渐成为一种独立的文学形式。

客观来说,《汉乐府诗》在民间的知名度要高于《古诗十九首》,其中有许多我们耳熟能详的名篇,比如著名的《上邪》《陌上桑》《十五从军征》《孔雀东南飞》《江南可采莲》等。

如果说《古诗十九首》影响了唐五言诗、七言诗的发展,那《汉乐府诗》就可以称为唐乐府诗的鼻祖。唐乐府诗中有许多名篇至今为人们所熟吟,仅诗仙李白就有乐府诗一百三十多首，如《蜀道难》《将进酒》《梁甫吟》《战城南》《侠客行》《白马篇》《行路难》，等等。

在上面提到的《汉乐府诗》中，《上邪》篇幅最短。只有三十五个字，但《上邪》的艺术表现力却让人震撼。《上邪》的全文如右："上邪！我欲与君相知，长命无绝衰。山无陵，江水为竭，冬雷震震，夏雨雪，天地合，乃敢与君绝。"

这是一首极著名的爱情诗，诗中的女主人公表达对爱情忠贞的方式别出心裁，她对上天发誓，除非高山崩塌、河水枯干、冬天打雷、夏天下雪、天地不复存在，她才会熄灭爱情之火。这份浓烈的爱，强烈震撼了久已麻木的世俗心灵，除了震撼，还有感动。在这个冰冷的世界上，还是有真爱存在的。

如果要在众多篇乐府诗中找一篇从分量上能扛起乐府诗大旗的作品，相信得票最多的，十有八九是《孔雀东南飞》，名气实在太大了。早在唐朝时，诗仙李白就写了一首《庐江主人妇》：孔雀东飞何处栖？庐江小吏仲卿妻。为客裁缝君自见，城乌独宿夜空啼。而且抛开内容不说，仅"孔雀东南飞"这个名字，就已经成为一句家喻户晓的俗语。

《孔雀东南飞》之所以在文学史上如此著名，一个最重要的原因：这是一篇催人泪下的爱情悲剧叙事诗。人都是爱哭的感情动物，最容易受到这种悲情的打动，为什么项羽这么受欢迎，并不是他武功有多厉害，而是他和虞姬有一段感动千古的爱情悲剧。

《孔雀东南飞》讲的是在汉献帝建安年间，庐江郡小吏焦仲卿的母亲不喜欢儿媳妇刘氏，逼儿子休掉了刘氏。刘氏是个有气节非常刚烈的女人，她回到娘家后，为了保持她对焦仲卿的爱，发誓永不再嫁。

娘家人可能是替刘氏寻到了一个好婆家，就逼刘氏再嫁。刘氏抵死不从，最终悲凉地投水自尽。当焦仲卿听到妻子自尽的消息后，这个情种号啕痛哭，上吊殉妻。焦仲卿忠贞悲壮的爱情故事传开之后，"时人伤之"。不知道是哪位大才子，写下了这首名震千古的《孔雀东南飞》。

《孔雀东南飞》是中国诗歌史上第一首长篇叙事诗，不算序言，正文共有两千一百多字。两千多字的诗，在诗歌体系中算得上是庞然大物，没有高超的艺术表现力，很难驾驭好这样超长的诗篇。

这首《孔雀东南飞》和上面讲的蔡邕那篇《协和婚赋》的题材一样，不过《协和婚赋》更像是一组特写镜头，而《孔雀东南飞》则是以五言诗的形式讲述了焦仲卿夫妻殉情的过程,从头至尾讲得非常详细,可以把《孔雀东南飞》看成一篇五言体的叙事小说。

因为这个爱情悲剧在封建礼教时代太具有典型性了,纯洁的爱情在封建礼教的高压之下非常脆弱。刘氏和焦仲卿都无力反抗,他们唯一能做的,就是用死来抗议吃人的封建礼教,用生命来捍卫自己的尊严。

长篇叙事诗因为篇幅很长,所以除叙事之外,作者还有足够的空间进行评论。《孔雀东南飞》诗中的作者评论却只有最后两句:"多谢后世人,戒之慎勿忘。"不过这两句评论起到了画龙点睛的作用,达到警醒后世的效果。

四九 / 三国文学纵横谈（下）

在两汉文学史和三国文学史上，蔡邕注定是个绕不过去的人物，可以将蔡邕归入两汉文学史，也可以将蔡邕归入三国文学史。可以说蔡邕死于东汉末年，也可以说他死于三国早期。从这个角度讲，蔡邕正好处在两汉文学向三国文学过渡的关键时期，他上承两汉，下启魏晋，历史地位非常崇高。

上面也讲了，因为蔡邕没能留下一部代表作，他在历史上的知名度还不如他的晚辈。说到蔡邕在三国文坛上的晚辈，主要有两个文学集团，这两个集团在文学史上的名气都震破天。一是建安七子文学集团，二是三曹父子文学集团，我们先来讲一讲著名的建安七子。

"建安七子"这个称呼是魏文帝曹丕提出来的，在曹丕著名的文学批评名作《典论》中提到了当时文坛上七位著名的作家，他们是鲁国人孔融、广陵人陈琳、山阳人王粲、北海人徐幹、陈留人阮瑀、汝南人应玚、东平人刘桢。

在魏晋文坛上，建安七子和竹林七贤并驾齐驱，难分高下。就各自在文学集团中的地位而言，在竹林七贤中，嵇康和阮籍地位稍高一些，其他人气场相对偏弱。建安七子也有这样的情况，孔融和王粲的名气最大，气场最强。孔融我们讲过了，下面讲一讲王粲。

王粲的家世非常显赫，他的曾祖父王龚在汉顺帝时任过太尉，祖父王畅在汉灵帝时任过司空，属于汉末官场的一线重臣。王畅是和名臣李膺齐名的士林名士，因为王畅和李膺坚决反对宦官干政，遭到宦官的废黜，由是在士林中打出了好名声。王粲出身于清流名门，也决定了他必定要在文坛混饭吃。

王粲可不是一般文人，在王粲十几岁的时候，他就受到文坛宗师蔡邕高看，每次王粲来蔡府，蔡邕都要亲自出门迎接。以蔡邕的身份，如此纡尊降贵，可见王粲的才华足以折服蔡邕。蔡邕甚至把王粲当成了自己在文坛上的继承人，"吾家书籍文章，尽当与之"。

后来因天下大乱，王粲避难荆州，可能由于王粲身材短小，其貌不扬，得不到向来以貌取人的刘表的重视，郁郁不得志。直到曹操南下荆州时，王粲才重新回到中原文坛。曹操用人向来是唯才是举，何况他又是文坛领袖，自然与王粲惺惺相惜，重用王粲。

王粲在政坛上没什么作为，他主要的贡献是在文坛上，这里才是他的乐土。在建安七子中，孔融和王粲最为知名，但孔融长于赋而短于诗，孔融很少写诗。

王粲正相反，虽然王粲也写过佳赋，比如著名的《登楼赋》，还有《浮淮赋》《出妇赋》《寡妇赋》，但真正让王粲名重天下的，还是他的五言诗。梁人刘勰称王粲为"七子之冠冕"，从某个角度来看，是有一定道理的。

说到王粲诗的代表作，非那首著名的《七哀诗·其一》莫属，全诗如下：

西京乱无象，豺虎方遘患。复弃中国去，委身适荆蛮。亲戚对我悲，朋友相追攀。出门无所见，白骨蔽平原。路有饥妇人，抱子弃草间。顾闻号泣声，挥涕独不还。未知身死处，何能两相完？驱马弃之去，不忍听此言。南登霸陵岸，回首望长安。悟彼下泉人，喟然伤心肝。

这首诗描写的是董卓死后，李榷、郭汜拥兵作乱，王粲从长安南下荆州避难，看到百姓深陷战乱的惨状。其中两句"出门无所见，白骨蔽平原"成为后世对汉末乱世的经典评语。"路有饥妇人，抱子弃草间。"写得非常真实，触动人们心灵最脆弱的那根弦，心酸，悲痛，让人不忍卒读。

这首《七哀诗·其一》运用的是乐府诗的白描手法，朴实无华，镜头感非常强，就像是一部王粲南逃过程所见所闻的纪录片。而另外一首在荆州避难时写的《七哀诗·其二》则显示了王粲高深的文学功底和文字掌控能力，《七哀诗·其二》给人的感觉不像诗，而是一篇五言诗形式的短赋。诗中对仗工整，辞藻华丽，全诗如下：

荆蛮非我乡，何为久滞淫。方舟溯大江，日暮愁我心。山冈有余映，岩阿增重阴。狐狸驰赴穴，飞鸟翔故林。流波激清响，猴猿临岸吟。迅风拂裳袂，白露沾衣襟。独夜不能寐，摄衣起抚琴。丝桐感人情，为我发悲音。羁旅无终极，忧思壮难任。

这首诗最特别的地方，不在于诗的内容，而是暴露了以王粲为代表的避乱于南方的中原士人的优越感，他们虽然暂时远离中原，但他们无时无刻不想回到中原。在汉魏时代，中国的经济、文化中心还在黄河流域，长江流域还没有大规模开发，所以在绝大多数士人的眼中，中原才是他们的天堂。

公元208年，荆州牧刘表病死，次子刘琮袭位，随后曹操大举南下，避难荆州的王粲伙同傅巽、蒯越等人，劝说刘琮投降曹操。其实就算刘琮不降，只要刘琮愿意放王粲等人北归，这些人会立刻卷起铺盖，欢天喜地地找曹操要饭吃。江东张昭那伙名士也是这样想的，可惜他们的春秋大梦被周瑜给搅黄了。

说到建安七子的知名度，孔融和王粲之后，可能就要算陈琳了。甚至从作品的传播度来看，陈琳还要在王粲之上，因为陈琳曾经写过一篇在历史上超级有名的文章《为袁绍檄豫州》，就是替曹操治愈头风病的那篇名作。

陈琳是汉魏晋时代文坛中一文成名的典型，虽然陈琳写过不少精品诗作，但历史唯独记住了陈琳这篇名垂千古的檄文。这篇《为袁绍檄豫州》与隋末祖君彦《为李密檄洛州文》、唐朝骆宾王《为徐敬业讨武曌檄》、明初宋濂《奉天讨元北伐檄》可以并称为檄文史上的四大经典名篇。

陈琳这篇檄文站在袁绍的立场上痛骂曹操，曹操做过的丑事都晒在光天化日之下，连曹操的祖宗八辈也被陈琳给拎出来骂了个遍，骂得真叫狠！不过这篇檄文对后世的最大贡献，是陈琳提到了曹操盗墓的事情，比如曹操设立发丘中郎将和摸金校尉。

一般来说，政治目的极强的檄文在文采上总嫌不足，但以上这四篇檄文之所以能流传后世，一是文章的气势霸道雄壮，二是文章的辞藻华丽惊艳。这四篇檄文的作者——陈琳、祖君彦、骆宾王、宋濂都是当时的文坛重将，文笔自不必多说。没两把刷子，靠什么在文化圈子中混？

《为袁绍檄豫州》气势磅礴，最精彩的一段是："幕府奉汉威灵，折冲宇宙；长戟百万，胡骑千群；奋中黄育获之士，骋良弓劲弩之势；并州越太行，青州涉济漯；大军泛黄河而角其前，荆州下宛叶而掎其后：雷震虎步，并集房庭。若举炎火以焫飞蓬，覆沧海以沃焱，有何不灭者哉！"写得何其霸道！可惜袁绍是个银样镴枪头，最终败给了曹操。幸亏曹操胸怀博大，没杀陈琳，要换成是心胸狭窄的孙权，陈琳不知道死过多少回了。

建安七子中的阮瑀是个比较特殊的人物，如果说知名度，他不如孔、王、陈，但若论子孙的知名度，那就太响亮了。竹林七贤两大领袖之一的阮籍，就是阮瑀的儿子，而另一个狂生阮咸，是阮瑀的孙子。能在建安七子和竹林七贤都打下地盘的，仅阮氏一家，别无分店。

在曹操的幕府中，阮瑀是和陈琳齐名的两大文案秘书。陈琳因为《为袁绍讨豫州》而声名大噪，阮瑀诗、赋、文皆能应手，比如诗有《驾出北郭门行》、赋有《筝赋》《止欲赋》。其实阮瑀的文章同样了得，阮瑀也有一篇相当于檄文的文章，就是《为曹公作书与孙权》，但这篇绝妙的文章却没什么名气。

这篇书信最有意思的地方是曹操公开抹黑周瑜在赤壁之战和江陵之战的功劳，文章虽然是阮瑀写的，却是曹操审阅过的，所以可以代表曹操的态度。曹操说赤壁之战是曹军遭到疫疾，自己主动烧船退还，江陵之战也是曹操主动命令曹仁撤军的，和周瑜没半毛钱的关系。

曹操之所以让阮瑀写这封书信，主要目的是修好与东吴的外交关系，劝孙权听张昭的和议，与他联合，共击刘备。这时孙刘两家已经联合，曹操看得着急，就想挑拨孙刘的联盟关系。

孙权知道，他和曹操联合起来灭掉刘备，曹操下一个就会拿他开刀。虽然曹操的战略目的没有达到，但阮瑀的这篇好文章却幸运地保留了下来，为后世研究三国历史留下了一份重要的资料，这也是阮瑀对历史做出的重要贡献吧。

就像提竹林七贤很少提到山涛、王戎一样，在建安七子中，后世对徐幹、应场、刘桢相对比较陌生，但名气和能力并不完全成正比，比如贺方回名气不如周美成，但谁能说贺铸写词不如周邦彦？能进入建安七子的，都是当时文坛最顶尖的才子，没两把刷子，进得去吗？

徐幹赋、诗俱佳，可惜徐幹的赋现在多是残篇，比如《齐都赋》，其中有两句写得最精彩："皓皓乎若白雪之积，鄂鄂乎若景阿之崇。"徐幹的诗流传不多，比较有名的是《室思诗》六首，描写妻子对远行丈夫的思念，写得非常真挚动情。

第三首写得尤其好，诗如下："浮云何洋洋，愿因通我辞。飘摇不可寄，徙倚徒相思。人离皆复会，君独无返期。自君之出矣，明镜暗不治。思君如流水，何有穷已时。""思君如流水，何有穷已时"这一句最精彩，将思念比喻成滔滔不绝的江水，江水永远不会停歇，妻子对丈夫的思念也永远不会停止，非常感人。

刘桢也长于写诗，以《赠五官中郎将（曹丕）四首》最为知名。刘桢的风格相对同时代的其他文学家,风格渐趋于悲壮苍凉,铮铮有不平之鸣。可以说刘桢的诗与唐边塞诗的风格有些接近,如赠曹丕诗的第三首有两句写得很有这种味道:"秋日多悲怀,感慨以长叹。"

至于应玚,留下来的作品极少,但他的那首《侍五官中郎将建章台集诗》却达到了很高的艺术境界。应玚的风格和刘桢比较接近,比较崇尚自然流畅的风格,比如这首诗的前几句:"朝雁鸣云中,音响一何哀。问子游何乡,戢翼正徘徊。"笔由心生,自然而出,不见丝毫做作。

建安七子是与三曹、蔡邕父女齐名的汉魏文学集团的代表人物,但在汉魏文坛上活跃的远远不止这十二个人,还有许多名动当时的文学家,比如繁钦、王修、丁冲等。

繁钦是曹操的丞相府主簿,因为长时间在曹丕身边周旋,所以繁钦和曹丕的私交极好。曹丕本身就是个大才子,能留在他身边侍从的,也都是当时的顶尖才子。繁钦能诗能赋,虽然他的文名不太响亮,但繁钦有一首诗写得极好,就是那首描写女人冲破封建礼教,自主择偶的《寄情诗》(又名《定情诗》)。

这首《寄情诗》是一篇乐府诗,可能是这首诗与封建礼教严重冲突,封建卫道士们自然不会宣传这首情诗。但无可否认的是,就创作手法来看,繁钦的才气得到了最大限度的释放,如行云流水,一泻千里,是汉魏诗的极品之作。

这首《寄情诗》的前半段写得非常"露骨",这个女人追求爱情的方式大胆而炽烈,当她出门游玩时,看到一个美男子,两人一见钟情,说了许多海枯石烂的甜言蜜语。

看得出,诗中的女主人公爱上了这个男人,两人约定了时间,准备下一次的幽会。两人分手后,女主人公欢天喜地地在约定时间等待情郎,可从早晨到傍晚,这个男人始终没有出现。诗的后半段,就是对这个傻女人痴情等待的心理过程的描写。

在上午的时候,女主人公还抱有一丝希望,可能是情郎有事耽误了。女主人公有些埋怨,但这种埋怨是建立在幸福的企盼基础上的。到了傍晚,"日暮兮不来,凄风吹我襟"。

女主人公终于发现自己上当了,那个男人根本不爱她,他只是把她当成一个感情世界中的过客,满足了他的欲望,仅此而已。女主人公非常伤心,"自伤失所欲,泪下如连丝",她在悲壮的夕阳下失声痛哭,用哭声宣告这段短暂爱情的结束。

这首诗很长，但这首诗是汉魏诗中难得的爱情诗精品，不忍割爱，还是全篇摘录下来吧，诗如下：

我出东门游，邂逅承清尘。思君即幽房，侍寝执衣巾。时无桑中契，迫此路侧人。我既媚君姿，君亦悦我颜。何以致拳拳？绾臂双金环。何以道殷勤？约指一双银。何以致区区？耳中双明珠。何以致叩叩？香囊系肘后。何以致契阔？绕腕双跳脱。何以结恩情？美玉缀罗缨。何以结中心？素缕连双针。何以结相于？金薄画搔头。何以慰别离？耳后玳瑁钗。何以答欢忻？纨素三条裙。何以结愁悲？白绢双中衣。与我期何所？乃期东山隅。日旰兮不来，谷风吹我襦。远望无所见，涕泣起踟蹰。与我期何所？乃期山南阳。日中兮不来，飘风吹我裳。逍遥莫谁睹，望君愁我肠。与我期何所？乃期西山侧。日夕兮不来，踯躅长叹息。远望凉风至，俯仰正衣服。与我期何所？乃期山北岑。日暮兮不来，凄风吹我襟。望君不能坐，悲苦愁我心。爱身以何为，惜我华色时。中情既款款，然后克密期。褰衣蹑茂草，谓君不我欺。厕此丑陋质，徙倚无所之。自伤失所欲，泪下如连丝。

和繁钦相比，另一位魏国名臣王修（曹操任命的司金中郎将就是他）留下的作品并不多，但他有一篇教育子女的《试子书》，没什么华丽的辞藻，但感情真挚，体现了一个父亲对在外打拼的儿子的关心和怀念。

我们都知道刘备那著名的《敕后主诏》，告诫儿子刘禅要"勿以恶小而为之，勿以善小而不为。惟贤惟德，能服于人"。王修在《试子书》中也告诫儿子："禹不爱尺璧，而爱寸阴，时过不可还……闻一得三，志在善人……言思乃出，行详乃动。"

世界上最大的浪费就是浪费时间，每个人的青春只有一次。王修担心儿子在外面学坏，就要求儿子多和有德行的高人接触，学习他们的长处，人存在的过程就是一个不断学习充实的过程。并劝诫儿子做事不要冲动，无论做什么事情，都要先考虑清楚再做。冲动是魔鬼，千古皆然。

上面也讲了，汉魏文坛的主要人物包括建安七子、三曹和繁钦等人。历史上有三组著名的父子文学集团：魏国的曹操、曹丕、曹植；梁朝的萧衍、萧纲、萧绎；北宋的苏洵、苏轼、苏辙。

三曹和三萧都是帝王，这就决定了他们在当时文坛上的领袖地位。萧衍的文坛领袖地位稍弱一些，毕竟在他的前面还有个老妖精沈约，而曹操在汉魏文坛则独步天下，蔡邕之后，文坛领袖非曹操而谁？

以曹操为首的曹氏父子文学集团在汉魏文坛上赚尽了风流，与三曹同时代的刘备父子、孙权父子根本就不会写诗，赋也没见到一篇。曹操和曹丕的一些文坛事迹在之前的第十八篇、第十九篇都讲过了，曹植也讲了一些。下面讲一讲曹植的那篇超级名作《洛神赋》。

如果曹操的《短歌行》可以称为汉魏诗的旗帜性作品，那曹植的《洛神赋》则当之无愧地坐上汉魏赋的头把交椅，论文采、论影响，汉魏还没有哪篇赋超过《洛神赋》，曹植的另一篇名作《铜雀台赋》在气势上总感觉稍弱一些。

在曹植之前的汉魏文坛上，有许多文人都写过梦见女神的赋，比如王粲、陈琳都写过，难说曹植没有受到他们的影响。这类神女赋的共同特点是明虚暗实，都是借用一个虚幻的梦境，来影射世俗的某种感情，曹植的《洛神赋》也是如此。

王粲的《神女赋》已经写得非常华丽，比如这句"戴金羽之首饰，珥照夜之珠晔；袭罗绮之黼衣。曳缛绣之华裳"。曹植在王粲华丽赋风的基础上更进一步，曹植在《洛神赋》中也借用了王粲的名句，改成了"披罗衣之璀璨兮，珥瑶碧之华琚。戴金翠之首饰，缀明珠以耀躯。践远游之文履，曳雾绡之轻裾"。

不过在《洛神赋》中，公认最经典，也是传唱最多的是以下这一段：

> 其形也，翩若惊鸿，婉若游龙，荣曜秋菊，华茂春松。仿佛兮若轻云之蔽月，飘飖兮若流风之回雪。远而望之，皎若太阳升朝霞。迫而察之，灼若芙蕖出渌波。秾纤得衷，修短合度。肩若削成，腰如约素。延颈秀项，皓质呈露，芳泽无加，铅华弗御。云髻峨峨，修眉联娟，丹唇外朗，皓齿内鲜。明眸善睐，靥辅承权，瑰姿艳逸，仪静体闲。柔情绰态，媚于语言。奇服旷世，骨象应图。

尤其是后半段描写美女仪态那几句，简直就是《诗经·卫风·硕人》："手如柔荑，肤如凝脂，脸如蝤蛴，齿如瓠犀。巧笑倩兮，美目盼兮"的翻版，华丽到了极致，但不显丝毫造作，一气呵成，毫无瑕疵，让人惊叹。

《洛神赋》之所以能名垂千古而不朽，重要有的两点，一是辞藻华丽，二是赋中弥漫着一股浪漫主义的伤感，甚至有些颓废，恰恰是后一点最能打动人。再加上曹植悲剧性的人生，更渲染了《洛神赋》的悲情特性。一篇优秀的文学作品，首先要求作者必须要有悲情的人生，不然感动不了读者。

上面用相当长的篇幅讲了汉魏时代的文学概况，在整个三国时代，曹魏的文学最为发达，名家辈出，这还不算曹魏末期的两大超级才子——嵇康、阮籍。而三国的另外两足——蜀汉、东吴的文学则相对有些黯淡无光。

在清人严可均编集的《全三国文》七十五卷中，魏文就占了五十六卷，达百分之七十五，蜀文只有六卷，吴文稍多，也不过十三卷。蜀文六卷中居然没有一篇赋或一首诗，几乎都是政论文或文人间的书信。

《全三国文》是在三国之后一千五年多年以后编集的，时隔千年沧桑，蜀文遗漏的非常多。蜀大将军文曹椽文立曾经写过一篇《蜀都赋》，这还可能是文立入晋后写的。可到了唐朝李善给《文选》作注时，这篇《蜀都赋》只残存下来四个字："虎豹之人。"

蜀汉文坛虽然没有留传下来赋、诗，但蜀汉的政论文比较发达，比如谯周那篇著名的《仇国论》和费祎的《甲乙论》。谯周是蜀汉的文坛大宗师，文笔没得说，所以《仇国论》的文学含金量非常高，在三国文学史上还是有《仇国论》一席之地的。

蜀汉和东吴的文学有一个特别的情况，就是"头轻脚重"，即中前期基本上没什么文学可言，而到了后期，尤其是原蜀汉和东吴的文人降晋后，创作了一大堆优秀的作品，有的作品甚至是千古扬名，比如蜀汉太子洗马李密入晋后写的那篇极有名的《陈情表》。

相比于蜀汉文坛的低沉，东吴文坛则相对活跃一些，而且东吴文坛"头轻脚重"的现象比蜀汉轻许多。在东吴早期，文坛上就活跃着一大批才子佳人，比如张昭、张纮、程秉、阚泽、薛综、胡琮等人。

张昭的传世文章不多，只有两篇，一是《宜为旧君讳论》，二是《徐州刺史陶谦哀辞》。前者属于政论文，不需要什么文采，表达出自己的政见即可。而后一篇，客观来说，文采一般，只是应景的文章，也不必追究得太细。

在早期东吴文坛上，最引人关注的是薛综，他是公认的东吴早期文坛宗师，文笔没得说。薛综著作等身，他写过诗、赋、难、论等各种体裁的文章数万字，可惜历经沧桑，所存者不过四百余字。比如留传下来的《麟颂》《凤颂》等赞颂神兽（实际上是赞颂孙权）的文章，就写得相当好。

在早期东吴文坛上，胡综是一个后人关注度并不太高的文人，但胡综的才华，至少不在薛综之下。胡综最有名的两篇文章是《黄龙大牙赋》和《（与蜀汉）中分天下盟文》。

后人对《中分天下盟文》非常熟悉，蜀汉卫尉陈震在武昌和孙权设坛立盟时读的就是胡综写的这篇文章。胡综按孙权的意思，将曹操祖孙三代骂了个狗血淋头，"始于董卓，终于曹操，穷凶极恶，以覆四海，至令九州幅裂，普天无统，民神痛怨，靡所戾止。及操子丕，桀逆遗丑，荐作奸回，偷取天位。而叡幺麽，寻丕凶迹，阻兵盗土，未伏厥诛。"骂人骂到这个份上，也是一绝。孙权就是一条变色龙，昨天差点认了曹丕当干爹，今天就将曹丕骂得臭死，吴大帝果然"英雄本色"。

到了东吴晚期（约以孙亮即位至吴亡这段时间），文坛上依然是热闹非凡，比较大牌的文人有薛莹、韦昭（韦曜）、华覈。他们的文章都非常好，不过因篇幅有限，仅介绍一位在文坛没什么知名度的文人——陆景。

陆景虽然没混出什么名堂，但他的身份可不一般，他是东吴名将陆抗的次子，标准的豪门贵公子。之所以要讲陆景，是因为陆景写了一篇非常有深度的文章《诫盈》。从某种意义上来讲，《诫盈》或应划进哲学范畴，而不是文学范畴。

《诫盈》全文如下：

> 富贵，天下之至荣；位势，人情之所趋。然古之智士，或山藏林窜，忽而不慕；或功成身退，逝若脱屣者，何哉？盖居高畏其危，处满惧其盈，富贵荣势，本非祸始，而多以凶终者，持之失德，守之背道，道德丧而身随之矣。是以留侯、范蠡，弃贵如遗；叔敖、萧何，不宅美地。此皆知盛衰之分，识倚伏之机，故身全名著，与福始卒。自此以来，重臣贵戚，隆盛之族，莫不罹患构祸，鲜以善终。大者破家，小者灭身。唯金张子弟，世履忠笃，故保贵持宠，祚钟昆嗣。其余祸败，可为痛心。

《诫盈》写得很震撼人心，因为这篇文章中有一种清醒的人生态度。庸俗一点说,《诫盈》是一篇官场（名利场）的做人警示录,每天背上几遍,给发热的头脑浇几盆凉水,有益无害。

陆景出身豪门,处在官场顶层,见惯了江湖仇杀,权倾一时的诸葛恪就是在陆景的眼皮底下被灭族的。血的教训不可谓不深刻,所以陆景说"隆盛之族,莫不罹患构祸,鲜以善终。大者破家,小者灭身"。说的很可能就是诸葛恪被灭族事件。

陆景这篇《诫盈》实在太伟大了,人的社会生存哲学基本上都被写进去了,让世人警醒。感觉这一段说得最有哲理性:"居高畏其危,处满惧其盈,富贵荣势,本非祸始,而多以凶终者,持之失德,守之背道,道德丧而身随之矣。"说得多好! 富贵荣华本不是祸之根源,真正的祸源是不会做人,处事太高调,挤压了别人的生存空间,招致祸患。

三国的文学大致就讲到这里吧,虽然东吴最负盛名的文人是二陆——陆机、陆云,不过二陆在一般情况下都被算进了晋朝文学。二陆成名的时候,东吴已经灭亡了,所以就不讲二陆了。

五〇 / 评说三国历次战争

问一个大而泛之的问题：历史终究是靠什么推动向前的？

答案五花八门，比如人心丧失论，经济崩溃论，气候异常论。这些答案都有各自正确的因素，虽然一个时代的结束，有这样或那样的原因，但有一个原因，是古代新旧时代交替时的永恒定律，那就是战争！换言之，战争才是改变历史进程的最直接原因。

战争是两个或多个对立的军事集团解决彼此利益矛盾的终极手段，虽然军事手段不能解决所有问题，但如果没有强大的军事力量，是连半点生存机会都没有的。我们对武力的理解应该是这样的：武力就像是一把利刃，我们不会拿这把刀去杀人，但我们会用这把刀自卫。害人之心不可有，防人之心不可无！这是千古至理。

从性质上来说，战争实际上也是人类竞争的一种模式，和其他竞争在本质上没什么区别。但战争与所有竞争都不同的是，战争的筹码是一个民族（或军事集团）的生存机会，以及成千上万的血肉之躯。战争的标签是什么？两个字：残酷！

战争史是人类历史的重要组成部分，没有战争对历史发展的一次次洗牌，历史也不会是现在这个模样。不过从另外一个角度来看，战争本身也是一种艺术。什么是军事家？就是那些把战争当杂耍玩出艺术的牛人。

讲到中国历史上的战争，就不能不提及汉末三国。由于三国本身特殊的魅力，以及《三国演义》的强力渲染，三国的战争史已经家喻户晓。三国的战争史和三国的政治史一样，都是从公元184年黄巾起义开始算起的。如果不这么算，那么震撼历史的官渡之战和赤壁之战就成了东汉战争史，岂非滑稽。

如果从公元184年算起，截至公元280年晋朝灭吴，三国总共发生过多少场战役？粗略估计，三国时代大大小小的战役有六百多场，这还不包括更小的战役。可以这么讲，没有三国波澜壮阔的战争，三国的历史不会如此精彩。

我们对三国的三大战役已经耳熟能详了，官渡之战拉开了曹操统一北方的序幕；赤壁之战奠定了三国鼎立的历史格局；夷陵之战正式确定了三国鼎立的局面。

其实这三场战役只是三国战争史上最著名的战役，并不能代表三国战争史所有的精彩，三国精彩的战役还有好多。比如袁绍和公孙瓒的界桥之战、魏吴合肥之战、魏蜀汉中之战、吴偷袭荆州之战、诸葛亮北伐、魏灭蜀之战、晋灭吴之战，等等。

在上面提到的这些战争中，最陌生的就是那场发生在初平三年（公元192年）的界桥之战，这是袁绍和公孙瓒之间的军阀混战，在战争史上的知名度不高。但不得不提的是，界桥之战是三国战争史上罕见的大规模骑兵会战，过程相当精彩。

因为篇幅有限，所以本篇只讲三场战争：界桥之战、官渡之战、夷陵之战，赤壁之战已经单独讲过了。现在先讲一讲相对陌生但却精彩十足的袁绍和公孙瓒的界桥之战。

之所以要着重讲界桥之战，是因为界桥之战实际上是官渡之战的微缩版。我们都知道官渡之战是曹操消灭袁绍集团、统一河北的关键性战役，而界桥之战恰是袁绍集团占领河北的关键性战役。

界桥之战的胜利，标志着袁绍河北军事集团的正式成型，袁绍因此才有能力和曹操掰腕子。界桥之战的发生，其实是冀州军阀袁绍和幽州军阀公孙瓒之间恩怨矛盾的总爆发，就相当于刘备和孙权彻底翻脸后，爆发夷陵之战一样。

在（东汉末期）三国早期，公孙瓒可不是个等闲人物，他是和袁绍齐名的河北大军阀。即使在士林中，公孙瓒也是能挂上号的，公孙瓒的老师是当时士林的顶级名臣卢植。当然不能不提公孙瓒师出同门的著名师弟——草根枭雄刘备。

公孙瓒和刘备一样，身上都有强烈的草根气质，热血霸道，这样的男人比孙权有趣得多。公孙瓒最牛的事迹就是带着几十个弟兄奇袭数百强悍的鲜卑骑兵，因此一战，鲜卑"不敢复入塞"，从而在一定程度上稳定了北方局势。

公孙瓒从此在江湖上打出了自己的名声，不过让公孙瓒更加出名的是他组成的一支著名的骑兵近卫部队——白马义从。这支骑兵部队清一色的白色战马，能被选进白马义从的都是神箭手，个个英武帅气，功夫了得。

不过公孙瓒真正发家致富还是在初平二年（公元191年），他率两万多步骑兵在渤海郡大败三十多万黄巾军，收降七万余人，车甲财物无数，公孙瓒狠狠发了笔横财，一跃成为河北大军阀之一。

当时河北的形势是袁绍据南边的冀州，公孙瓒打着刘虞的旗号据北边的幽州。公孙瓒和袁绍都想统一河北，然后南下争天下，不过最先动手的却不是袁绍，而是公孙瓒。

公孙瓒攻击袁绍的借口是他的弟弟公孙越在与袁绍的作战中战死，他是在为弟弟报仇，实际上公孙越不死，公孙瓒也要南下与袁绍决战。利益决定一切，借口都是糊弄傻小子的，千万别信，谁信谁上当。

对于袁绍来说，公孙瓒是他统一之路上的第一个强敌，翻不过公孙瓒这座山，袁绍就别想征服天下。但公孙瓒可不是一般的散兵游勇，公孙瓒手下的幽州兵非常剽悍，不是袁绍说吞掉就能吞掉的。

公孙瓒这次南下是有备而来，他对冀州志在必得，可以说这次公孙瓒出了血本。公孙瓒迎战袁绍的战阵是典型的"罗马战阵"，具体布阵是这样的：三万步兵列成方阵，左右两翼各五千轻骑兵，中间是他嫡系的白马义从，实际上是重骑兵部队。白马义从也分为左右两部，公孙瓒居中指挥。

论步兵实力，袁绍并不弱，数万袁军步兵结阵南线，与公孙军对峙。不过袁绍并没有派出骑兵应战，而是派河北名将麹义率八百死士出场。袁绍这样安排也是无奈之举，袁绍骑兵并不多，与其拿少量骑兵和公孙瓒的一万骑兵硬碰硬，不如以智取胜，麹义就是袁绍取得这场战役胜利的关键人物。

麹义在投袁绍之前，一直生活在西凉地区，对公孙瓒这种阵法再熟悉不过了，之后的马超也是这样的玩法。麹义知道自己只有八百人，公孙瓒必然瞧不上这盘小菜，麹义要的就是这个效果。

公孙瓒果然没瞧上麹义的八百弟兄，公孙瓒准备派骑兵蹚平这小股袁军，可他却忽视了与麹义八百步兵同时出现的袁军强弩阵，这一千张强弩机才是袁绍真正的撒手锏，麹义只是诱饵。

强弩机的发射力度非常劲爆，远非寻常弓箭可比。袁绍骑兵有限，在平原地区与骑兵的作战中取胜，最方便的办法就是强弩劲射，切不可派步兵和骑兵肉搏，否则纯属是自杀。

麹义见幽州骑兵结阵南下，他让弟兄们都伏在盾下不动，因为现在还不是他们表演的时候。公孙瓒的大将严纲率轻骑兵只走了几十步，就发现袁军恐怖的一千张强弩机,强弩对骑兵的杀伤力,严纲当然知道。可这时已经晚了,袁军成千上万支强弩箭如烈火流星,直扑幽州骑兵,"强弩雷发,所中必倒"。

幽州骑兵被袁军强弩射得阵法大乱,这正是麹义出风头的时候,麹义率弟兄们号叫着杀过来,将公孙瓒的部队杀得溃不成军。幽州军一直溃逃到界桥才勉强站住阵脚。

麹义不会给公孙瓒喘息的机会。战争的一个重要原则就是"持续打击",让敌人没有一分钟的喘息时间,麹义一鼓作气,将公孙瓒打得找不着北。

界桥之战其实是分成两个战场,麹义负责和公孙瓒直接单挑,袁绍则镇后指挥。袁绍见麹义大破幽州骑兵,就有些轻敌,只带着一百多个弟兄和几十张强弩机往前乱闯。

没走多远,袁绍就迎头撞上了公孙瓒手下的两千多骑兵,幽州骑兵不知道对方是袁绍,但估计也是条大鱼,笑得嘴都歪了。幽州骑兵都是轻装部队,他们最具威胁性的武器就是短弓,两千多张弓斜向天空,一支支利箭骄傲地飞向袁绍阵营,场面非常令人恐惧。

谋士田丰劝袁绍找个地方避箭,这时的袁绍非常有英雄气概,绝不比曹操逊色。袁绍红着眼,将头盔摘下来掷在地上,大怒道:"大丈夫当前赴死,而入墙间,岂可得活乎!"袁绍这么英雄,当然不是说不怕死,而是他手上有制敌利器——强弩。

强弩比弓箭笨拙,但杀伤力惊人,袁绍手上的几十张强弩机不算多,但足够对付这些散骑的。"强弩乃乱发,多所杀伤。"没过多久,已经将公孙瓒打跑的麹义来驰援袁绍,幽州骑兵见无利可图,一哄而散。

界桥之战的战略意义远大于这场战役的战术意义,界桥之战中,公孙瓒的伤亡虽然很大,但他的整体实力并没有受到太大损伤,依然有能力和袁绍保持均势抗衡。界桥之战对于公孙瓒来说最大的伤害就是此战过后,他夺取冀州的计划成为泡影,袁绍已经牢牢控制冀州,将公孙瓒的势力挡在冀州之外。

说到汉末三国具有重要战略意义的战役,我们通常会自然而然地想到官渡、赤壁、夷陵三大战役,实际上界桥之战的战略意义也非常大。而且从过程来看,界桥之战是典型的阵地攻防战,从某种程度上来讲甚至要比千古第一名战——赤壁之战精彩许多。

在冷兵器时代,最震撼人心的战争方式就是近距离肉搏战,它将人类竞争的残酷性展现得淋漓尽致。如果将一场战争比喻成一部电影，那界桥之战有头有腰有屁股，非常有视觉上的震撼力。如果说赤壁之战是一部让人陶醉的文艺片，界桥之战就是一部让人大呼过瘾的功夫片。

界桥之战和官渡之战都是北方逐步走向统一的关键性战役，但因为官渡之战是最具决定性的统一北方的战役，再加官渡之战的双方是袁绍和曹操，所以官渡之战的知名度显然要高于界桥之战。

在三国战争史上，赤壁之战的战前铺垫远比黄盖放的那把火精彩，界桥之战是经典的阵地攻防战，但规模很小，而同样是阵地攻防战的官渡之战可以填补这个空缺。论战争过程，官渡之战跌宕起伏、大开大合，几乎融合了所有大片的经典元素，想不出名都难。

界桥之战的战略意义是袁绍和公孙瓒争夺河北的统治权，而官渡之战的战略意义则是袁绍和曹操争夺中原的统治权。当时袁绍占据冀州、青州、幽州、并州，相当于今天的河北、京津、山东北部、山西大部。另外插一句，袁绍在公元199年消灭了公孙瓒，取得了对幽州的统治。

幽州地处农耕文明区和游牧文明区的接合部，这里最大的特产就是马，公孙瓒如果不是控制着幽州产马地，他哪来的这么多战马？袁绍也是一样，自从袁绍得到幽州之后，袁军的骑兵部队空前暴涨，万匹战马对袁绍来说只是盘小菜。

而袁绍的对手曹操则控制着黄河下游地区，包括今河南、山东中南部、淮河北部地区。从整体实力来看，曹操远不如袁绍，原因很简单，曹操控制的中原地区饱受战乱破坏，"千里无鸡鸣，白骨露于野"。别的不说，仅兵源问题就够曹操头疼的。

在曹操和袁绍官渡决战（公元200年）的前两年，曹操还和盘踞在徐州的军阀吕布血战一场，对徐淮地区的破坏非常大。而河北地区大规模的战争不算多，对百姓的破坏没有中原地区那么严重。河北人口众多，土地肥沃，再加上战马无数，袁绍有足够的本钱和老朋友曹操掰腕子，鹿死谁手，只有天知道！

官渡之战前的袁绍到底有多少兵力？历史上的说法不一，陈寿撰写的《三国志》中，同时给出了两个不同的说法。陈寿在《曹操纪》中说袁军共有十余万，而在《袁绍传》中则说袁军共有数十万，这两个数据均是建立在袁绍击败公孙瓒，取得幽州基础上的。而且后来范晔在《后汉书·袁绍传》中也说袁军有数十万。

袁绍在过河南下寻曹操决战时，共带了十万步兵和一万骑兵，《世说新语》给这个数字挤了一下水分，也有五万步兵和八千骑兵。不管哪种说法正确，袁军的数量都远在曹军之上，更不用说曹操眼馋得不得了的重甲骑兵。

曹操的实力明显不如袁绍，曹军的主力是曹操嫡系的兖州兵和豫州兵，总共三万不到。另外钟繇虽然掌控关中兵，但钟繇需要对付韩遂，曹操不敢动用关中兵。原属刘备的徐州兵和张绣的南阳军虽然各有万人，但都是新附，所以曹操对抗袁绍的主力就是三万多的兖、豫兵。

面对袁绍咄咄逼人的进攻态势，说曹操心里不紧张那是假话，但曹操是伟大的军事家，他知道该如何面对袁绍。曹操在袁曹大战中最要紧的一招就是派名将臧霸率精锐部队在青州一线牢牢顶住袁军，事实证明曹操用兵如神，如果袁军从青州突破，以徐州为通道向曹操腹地发动猛击，曹操将陷入万劫不复的深渊，只能坐以待毙。

木桶装多少水取决于什么？取决于最短的那一根木板的长度，而臧霸就是要补齐这根木板。他堵住了袁绍两路南下的去路，曹操才可以相对安全地与袁绍单挑，单挑总比一个打两个胜算要大一些。

曹操知道他和袁绍的这场兄弟恩怨早晚是要算清的，虽然官渡之战发生在公元200年九、十月间，但早在公元199年的九月，曹操就先见性地在官渡（今河南中牟东北）一带构建防御工事，随时恭候本初大驾南下。

对于这场战争，袁军阵营中的两大谋士田丰和沮授都执反对态度，沮授从政治角度劝袁绍先稳定新得的幽州，养精蓄锐，再图后举。田丰则认为与曹操决一死战太过冒险，反正曹操光脚不怕穿鞋的，阿瞒正希望一战定生死。而袁军实力强大，全可以和曹操玩消耗战，成天骚扰曹操，时间一长，曹操就会疯掉的。

袁绍新破公孙瓒，志骄意满，根本听不进去两大谋士的劝告，执意南下。这时的袁曹对峙形势，像极了几年后的赤壁之战前的对峙形势，袁绍现在面对的优势局面，就是几年后曹操面对的情况。孙刘希望与曹操一场定输赢，他们玩不起持久战，而曹操如果能听贾诩的经营荆州战略，孙刘必死无疑。

同样的道理，如果袁绍能听进沮授和田丰的正确战略主张，曹操将面临战不能战和不能和的尴尬局面，主动权完全掌握在袁绍手上。什么时候发动战争，完全要由袁绍说了算，曹操只能被动迎战。

让袁绍集团中精英谋士感到万分可惜的是，当曹操心怀忐忑地东征盘踞在徐州的刘备时，袁绍居然按兵不动。这可是千古难逢的绝佳战机，消灭曹操的最佳机会失去了，这是袁绍的失招，却给了曹操翻盘的机会。

袁绍太过自信了，他相信自己手下的数十万精锐雄兵，无论用什么战术，都可以干掉曹操。建安六年（公元200年）初，震撼历史的官渡之战终于打响了。河北名将颜良奉命南下攻沿河重镇白马（今河南滑县东），白马是河北通向河南的重要军事据点，一旦袁军突破白马，曹军将无险可守。

四月，曹操亲率主力北上救白马，不过双方的实力相差悬殊，如果单挑，曹操肯定不是对手。大谋士荀攸给曹操出了分袁军而治之的战术，就是曹操做出偷袭沿河重镇延津口的假象，诱骗袁军主力来救延津，"轻兵袭白马，掩其不备，颜良可擒也"。曹操大喜，果然是好办法。

袁绍上当了，他派军队急救延津，却让曹操钻了个大空子。曹军阵中一员大将在白马的万军之中一战斩杀名将颜良，谁呢？关羽。关羽"身在曹营心在汉"，干掉颜良后，关羽认为已经对得起曹操了，潇洒地挥挥手，天涯海角寻大哥刘备去了。

曹操成功地解了白马之围，让被骗到延津的袁绍大为恼火，平白被阿瞒给耍了！袁绍大军南下，步步紧逼，双方主力在阳武（今河南原阳东）对峙，正如沮授所说，曹操粮草有限，力求速战，没有和袁绍打持久战的本钱。

曹操试图攻击袁军，但初战不利，只好高垒深沟，慢慢寻找机会。袁绍也想一战解决曹操，曹操不出战，那就射死阿瞒。袁军垒土山，利用高度的优势，用大弩射曹军。曹军只好在营中举着盾牌行走，严重影响了部队的正常备战。

曹操有的是办法，他推出了一件新式重型武器——霹雳车，就是炮车，也称为发石机。这种炮车可以发射几十斤的大石头砸死三百多步外的敌人，它砸死了许多袁军，制止了袁军的射袭。袁绍不服，又挖地道，准备抄曹操的脚下。曹操见招拆招，在营周围挖起长沟，让袁军的地老鼠部队都见光死。

虽然这样耗下去未必能分出胜负，但对于财大气粗的袁绍来说，他耗得起。曹操不行，"士卒疲乏，百姓困于征赋"。甚至在曹军营中发生了许多起叛变投袁事件。最要命的是，曹操没粮食了，多耗一天，就多一分危险。一旦粮尽，军心崩溃，曹操只有死路一条。

袁绍也算准了曹操缺粮，准备打一场曹操最害怕的持久战，不断地从河北本部运粮至前线。曹操想我没东西吃，你也别想吃安生饭！曹操现在能做的，就是破坏袁军的粮食运输，让袁绍感觉到生存压力，被迫与曹操决战。

九月，曹操派徐晃和史涣奇袭袁军粮队，烧掉了袁军的数千车粮草。袁绍的粮食后援非常充足，他完全有本钱和曹操这么不痛不痒地耗下去。十月，名将淳于琼奉袁绍之命，率一万多弟兄押着粮草运往乌巢。乌巢位于袁军大营北四十里，这次袁绍也学乖了，用重兵在后方护粮，他不信曹操还有本事烧粮。

现在的形势对袁绍非常有利，曹操无粮，军心已经出现涣散的苗头。这次曹操北上，基本上是掏空家底陪袁绍玩的，许都空虚。河北名士许攸劝袁绍奇袭许都，抄了曹操的老巢，从而瓦解曹军斗志，可一举解决曹操。可愚蠢的袁绍却只想活捉曹操，他相信自己的实力足以让曹操变成他的阶下囚。

个性十足的许攸见袁绍不足成大事，一怒之下，投降了曹操。许攸给曹操出的主意其实非常简单——火烧袁军前线屯粮中心乌巢，其实曹操未必就想不到袭烧乌巢，只是曹操不清楚袁军在乌巢的守备情况，只知道袁军有万人守粮，他不敢贸然动手。万一中了袁绍的埋伏怎么办？

许攸给曹操交了底——乌巢袁军虽有万人，但"屯军无严备"，只要烧掉了乌巢，"不过三日，袁氏自败也"。曹操现在已经走投无路了，只能冒险赌一场大的。曹操留下重兵守营，自率步骑兵五千人，打着袁军的旗号，抄小道直奔乌巢。曹军士兵每人都带着柴草，准备到时放火。

因为时间比较紧迫，曹军抄到了乌巢，二话不说，直接放火烧粮，冲天的火光预示着曹操光明的未来……袁军屯粮主将淳于琼虽然发现了曹军，但为时已晚，再加上曹军士气正盛，五千曹军居然围着一万袁军死缠烂打。

袁绍得到了曹军奇袭乌巢的消息，乌巢是袁军的总后勤基地，按理说袁绍应该先救乌巢。可袁绍却机械地运用"围魏救赵"之计先劫曹军本部，只派少数人马去救淳于琼，结果袁军主力在曹军本部面前狂攻不下，白白浪费了救援乌巢的绝佳时机。

乌巢军粮被曹操一把火烧得干干净净，俗话说：手上有粮，心中不慌。袁军听说粮草被烧，斗志全无，再加上河北名将张郃、高览被迫在阵前投曹，导致袁军的士气全盘崩溃。

不过就当时的形势来看，袁军的主力并没有受到损失，只要袁绍能迅速稳定军心，未必不能和曹操决一胜负。但当形势对袁绍不利时，他没有选择逆风飞翔，而是带着八百亲兵仓皇北逃。主帅阵前逃跑是对军队士气的终极打击，袁军的最后一丝取胜希望被袁绍自己给浇灭了。

这场胜利对曹操来说稍有些意外，他才不在乎胜利是怎么来的，只要享用胜利就可以了。曹军士气极盛，在曹操的率领下，将七万袁军尽数歼灭，其中包括被曹军斩杀和被曹军活埋的。曹操从来不讲什么道德，他只在乎胜利，这正是曹操和刘备的区别。

官渡之战是曹操集团统一北方的关键性战役，也标志着袁绍集团的土崩瓦解。其实虽然在官渡吃了败仗，但袁绍的家底还是非常厚实，最终袁绍集团被消灭，问题在于袁绍在官渡弃军逃窜的懦夫行为，严重伤害了袁军的士气。行军打仗全凭一口气，主帅都怕死，还让弟兄们怎么卖命？

客观地讲，曹操笑到最后有一定的运气成分，袁绍总是在最关键的时刻"配合"曹操。但话又说回来，成功总是留给那些努力的人，曹操和袁绍最大的区别，在于曹操会在逆境中创造机会，而袁绍只会在顺境中丢掉机会。

从这点上看，曹操的胜利是一场悲喜剧，对胜利者来说战争是喜剧，对失败者来说则是悲剧。在三国的三大战役中，曹操、刘备、孙权三大巨头缠在一起死掐，把他们之间的战争胜利关系列个简表，如下：

战争	双方	胜利者
官渡之战	曹操 vs 袁绍	曹操
赤壁之战	曹操 vs 孙权、刘备	孙权、刘备
夷陵之战	刘备 vs 孙权	孙权

也就是说，在三国三大战役中，曹、孙、刘均各参加了两场，结果是曹操一胜一负，刘备一胜一负，孙权两胜。竞争总是要分出胜负的，作为失败者，战争失败的苦涩只有他们才能品味出来。如果说在三国的一些重大战役中的失败者中找出最为悲情的一个，应该是刘备。

刘备这辈子活得太不容易，他是底层草根出身，历尽千辛万苦，才从历史的夹缝中杀出一条血路，打下了一份不大不小的家业。在三国三大巨头中，只有孙权是铁了心搞割据，曹操和刘备都在努力谋求统一。谁知道曹刘都命中注定要遇到孙权这个破坏者，他们的统一大业都坏在了孙权的手上，也许这是历史的安排。

刘备的人品在赤壁之战后实现了大爆发，用了差不多十年的时间，由一个四处流浪的落魄小军阀，变成了坐拥荆、益两大州的超级军阀，眼看着离北伐中原就差那一步了。刘备万没想到孙权会在这个时候捅他一刀，这一刀捅得太狠了，直接葬送了刘备集团的统一大业。

建安二十五年（公元 219 年），孙权单方面撕毁吴蜀湘水之盟，派两大打手：吕蒙和陆逊偷袭荆州，袭杀关羽。孙权这一违背道德的行为果然激怒了感性的刘备，无论是从兄弟感情，还是从国家利益，孙权袭取荆州杀关羽都是刘备绝对无法容忍的无耻行径。

刘备几十年行走江湖，扛的就是"仁义"大旗，仁者爱庶民，义者爱兄弟。刘备决定找孙权讨还公道，赵云劝刘备先攻曹操后攻孙权，这一计从大战略上也许是正确的，但赵云却忽略了刘备的面子问题。如果刘备舍吴而攻魏，刘备的"仁义"名声是要打折扣的。现在好兄弟关羽被孙权袭杀了，不要说刘备，换了任何一个有血性的男人，这事都不会和孙权拉倒。

蜀汉章武元年（公元 221 年）九月，刚刚失去三弟张飞的大汉皇帝刘备，在一片凄凄惨惨的气氛中踏上了悲壮的复仇之路。收复荆州是一方面，对刘备来说更重要的是要找背盟的孙权讨一个公道：做人不能没有道德底线！

孙权为了短期利益，袭取荆州，是典型的战略自杀行为，可惜孙权却一直为偷到荆州沾沾自喜，早把鲁肃"联刘抗曹"的劝告抛到了九霄云外。孙权贪图小利，最终引火上身，招来了这场战争。

说孙权心里不害怕那是假的，否则孙权也不会派诸葛瑾（也只有诸葛瑾出面最合适）去低三下四地向刘备求情。这次刘备东征是出了血本，蜀兵精锐尽出，声势浩大，摆出了要和孙权玩命的架势，孙权心里一直在打鼓。

当然与其说孙权怕刘备，不如说孙权害怕曹丕在这个节骨眼上出兵捣乱，一旦魏蜀合击东吴，孙权半点活路都没有。对孙权来说幸运的是，孙权耍了几套棉花拳，向魏称臣上贡，弄晕了曹丕，没有战略远见的曹丕最终放弃了攻吴的军事计划，让孙权有能力单独抗蜀。

蜀军从永安进入荆州界内，吴蜀边境的第一个重镇是巫县（今重庆巫山），这里的吴军布防比较薄弱，刘备留下吴班、冯习等人围攻巫县，自己率蜀军主力四万余人顺江东进，直抵秭归（今湖北秭归）。秭归距荆州中心江陵不过百余里，一旦蜀军突破秭归防线，后果不堪设想。

孙权也不是白扯的，论军事实力，东吴甚至要强于蜀汉，孙权随手就拿出五万精兵，以镇西将军陆逊为大都督，迎战刘备。陆逊的出场，更激起了刘备的愤怒，当初暗害关羽，就是陆逊出的鬼主意。

刘备此次东征，身边没什么顶尖谋士，好容易有个马良，还被派往武陵征蛮夷兵去了。除马良之外，能够得上谋士级别的，只有黄权。黄权认为刘备亲率蜀军主力孤军深入太冒险，他劝刘备在后坐镇，自己替刘备打前锋。刘备已经被仇恨迷了心窍，听不进黄权的忠告，反而将黄权打发到江北督军。

刘备红着眼要找陆逊寻仇，这时刘备的心态比较骄躁，陆逊是个战场老手，他知道这时候和刘备硬碰硬是不明智的。陆逊选择了战略退却，将秭归以西让给蜀军，命吴军大幅东撤。陆逊诱蜀军深入，一方面制造吴军胆怯的假象迷惑刘备，另一方面吴军跳出了沿江山陵地带，集结于平原，有利于反击。

不得不承认，陆逊这一招极为毒辣，吴军驻扎在平原与山陵相接的猇亭，进可攻，退可守。而蜀军则被吴军堵在沿江的狭长山陵地带，陆逊下了死命令：无论蜀军如何叫骂，都死守不出。蜀军战不能战，退又没面子，只能在沿江的狭长山陵地带扎下几十个营寨，绵延数百里，这就为后来陆逊火烧连营埋下了伏笔。

刘备在沿江狭长的山陵地带扎营，几万军队集中在树木茂盛之地是犯了兵家大忌的。曹丕这样的军事庸才都看出来刘备这么布阵纯属找抽，刘备好歹也纵横天下三十年，对这样的军事常识他会不懂？但现在的问题是刘备明知道这是陆逊给他挖的坑，他还必须往里跳，刘备也没办法。

现在刘备唯一能做的，就是尽早诱使吴军出战，这和当初曹操在官渡诱使袁军决战是同样的情况。为了想办法将陆逊从洞里勾出来，刘备不知道死了多少个无辜的脑细胞，真是难为刘备了。

刘备先是派吴班带着几千人突击至平地下寨子，勾引吴军出洞。吴军将领果然中了计，"皆欲击之"。只有陆逊看出了刘备的战略意图，坚决不许出战，就这么耗下去。刘备耗不起，又派出八千人做出诱饵，"香饵之下必有伏钩"，陆逊才不会上刘备这个当。

陆逊死守夷陵峡口以扼住蜀军东进的战略是正确的，夷陵以西的长江正处在三峡的险峻地带。"自三峡下九陵，连山叠嶂，江行其中，回旋湍激。至夷陵峡口，始漫为平流。夷陵正当峡口。"陆逊从巫山开始大幅东撤，夷陵是底线，陆逊宁可在夷陵和刘备血战，也不敢放蜀军过夷陵，否则荆州弄不好就会崩盘。

从公元 222 年年初退守夷陵，吴军已经和蜀军相持了大半年，在当年的六月，陆逊觉得反击的时候差不多到了，下令准备反击。不过吴军将领对陆逊的决定感觉有些不解，他们觉得蜀军固守沿江要塞，进退两便，我们贸然出击，会导致大规模的伤亡。再者蜀军虽然士气稍有下滑，但论战斗力，如果吴军硬顶上去，伤亡会非常大。

陆逊胸有成竹，他知道该如何面对"猾虏"刘备。陆逊先是派部队用常规作战方式攻击一下蜀军，结果没捞到什么便宜。其实陆逊这次进攻是在进行尝试，他发现用常规作战方式反击效果不大，于是陆逊立刻改变反击战术。什么战术，很简单——火攻。

天气越来越热，再加上蜀军都驻扎在密林深处，这时候放火是再合适不过的。陆逊下令吴军士兵每人手持一把茅草，点着后朝蜀军大营投掷，制造混乱，然后趁乱反击。这招实在狠毒，蜀军果然没有防备这一招，被大火烧得晕头转向。还没等蜀军明白过来是怎么回事，吴军的大刀片子就已经架在他们的脖子上了。

以孙权为首的东吴军事集团最擅长偷袭战，从军事角度上来看这是非常成功的，讲不讲道义是另外一回事。蜀军毫无防备，几百里的连营被大火烧了个干净，吴军趁乱发起了大反击，蜀军伤亡极为惨重，许多蜀汉精英将领死于这场可怕的战争，还有大量蜀军向吴军投降。

刘备被陆逊突如其来的反击搞乱了手脚，带着残兵爬上马鞍山，固兵自卫。陆逊则率领吴军拼命狂攻，如果能活捉刘备，一鼓作气直捣成都也不是梦想。好在刘备命大，蜀军精锐部队在极力突围中，勉强为刘备杀出一条血路，刘备狼狈逃回白帝城。

蜀军在夷陵之战中是彻头彻尾的大惨败，刘备东征带着的几乎所有的战船、军械、军粮物资，全部打包送给了陆逊。蜀军东征部队几乎被吴军全歼，"尸骸塞江而下"。在江北岸的黄权所部，因为回归蜀中的道路被吴军截断，黄权不愿投降东吴，只好违心地北向投降了坐山观虎斗的战略庸才曹丕。

陆逊替孙权保全了荆州，从而天下三分最终定型，孙权终于满足了割据江东称王的伟大理想，这要万分感谢陆逊。一家欢笑一家哭，孙权激动得张牙舞爪，仰天狂呼乱叫。

而夷陵之战的惨败，使实力本就弱小的蜀汉遭到了极为沉重的打击，统一已成画饼，最要命的是丧失了大批政界和军界的顶级精英，以及几万精锐部队。刘备逃回白帝城后，仰天大哭："吾乃为陆逊所折辱，岂非天耶！"

战争就是这么残酷无情，刘备的痛哭和孙权的狂笑形成了最鲜明的对比。孙权这辈子顺风顺水，没受到什么大的坎坷，他的历史定位就是一个历史的破坏者。而刘备历经坎坷苦难，他渴望重新建立汉朝的统治，可历史却并没有选择刘备。

在三国的几大领袖中，刘备是最悲情的，他的经历让人心酸，却又无可奈何。一如一代圣主柴荣之死，打拼来的偌大天下为他人做了嫁衣一样，心酸而无奈。

半年以后，也就是蜀汉章武三年（公元223年）四月，一代草根英雄刘备含恨病逝于白帝城。夷陵之战带给刘备的耻辱，并没有随着刘备的病逝而烟消云散，蜀汉从建立到灭亡，其实一直笼罩在夷陵之耻的阴影中。但这却不能责怪刘备，他已经尽力了。

大事年表

公元 184 年　汉灵帝光和七年，十二月改元中平

正月，北方爆发以张角三兄弟为首的黄巾起义，天下大乱。

三月，汉灵帝解禁党锢，发天下精兵围剿黄巾军。

五月，骑都尉曹操会同左中郎将皇甫嵩、右中郎将朱儁在长社大破黄巾军，斩首数万。

十月，皇甫嵩在广宗大破黄巾军张梁部，斩首三万。此时张角已经病死，官军开棺戮尸，送张角人头至洛阳。

十一月，皇甫嵩在下曲阳大破黄巾军张宝部，斩首十余万。

公元 185 年　汉灵帝中平二年

二月，黑山贼张燕归顺朝廷。

三月，凉州北宫伯玉等人作乱，司徒崔烈建议放弃凉州，遭到议郎傅燮严厉驳斥，汉灵帝从傅燮议。

十月，谏议大夫刘陶上疏弹劾十常侍乱政，被陷害死于狱中。

十一月，破虏将军董卓破凉州军阀边章、韩遂。

此年，琅琊王氏的始祖王祥出生。

公元 186 年　汉灵帝中平三年

六月，荆州刺史王敏击杀割据南阳的赵慈。

十二月，鲜卑骚扰并州、幽州。

公元 187 年　汉灵帝中平四年

三月，凉州刺史耿鄙被杀，韩遂又起。凉州司马马腾拥兵造反，与韩遂合流，纵横关中。

十月，区星在长沙自称将军，朝廷拜孙坚为长沙太守，孙坚击杀区星，因功封乌程侯。

十一月，朝廷免司徒崔烈，由曹操父亲曹嵩继任。

此年，超级名士颍川陈实病故，海内吊丧者三万余人。

魏文帝曹丕出生。

公元188年　汉灵帝中平五年

三月，太常刘焉出为益州牧，开蜀中割据之先声。

五月，马相号称黄巾军，杀前益州刺史却俭，自称天子，为益州从事贾龙击杀。

冀州刺史王芬谋废灵帝，曹操劝止不听，王芬事泄自杀。

八月，置西园八校尉，袁绍为中军校尉，曹操为典军校尉。

十一月，骑都尉公孙瓒大败张纯于辽东石门。

公元189年　汉灵帝中平六年

二月，左将军皇甫嵩大败凉州叛军于陈仓，斩首万级。

四月，汉灵帝刘宏驾崩，年三十四；十七岁的皇太子刘辩即位，改元光熹，由大将军何进秉政。

八月，何进与宦官集团的矛盾总爆发，十常侍杀何进，袁绍等人率兵攻皇宫，洛阳大乱。张让胁迫刘辩出宫外逃，被尚书卢植等人责骂，张让惊恐自杀。刘辩随后遇上强行进京的并州牧董卓，并改光熹年号为昭宁。

九月，董卓控制朝政，废刘辩为弘农王，立陈留王刘协为帝，改元永汉。同月，董卓毒死何太后，解除党人禁令。

十二月，董卓废除光熹、昭宁、永汉年号，仍称中平六年。

公元190年　汉献帝初平元年

正月，关东诸侯联兵讨董卓。

二月，为避兵祸，董卓奉汉献帝迁都长安。

三月，董卓杀太傅袁槐满门。诸侯联军在酸枣怯敌不战。

五月，董卓废五铢钱，改行小钱，导致币制混乱。

公元191年　汉献帝初平二年

正月，关东诸侯欲立幽州牧刘虞为帝，为刘虞所拒。

二月，董卓自封太师，位在诸侯王上。孙坚斩董卓部将华雄，后为袁术嫉妒，不送军粮。董卓畏孙坚之勇，欲与之和亲，被孙坚严词拒绝。

七月，冀州牧韩馥将冀州让给袁绍。

此年，涿郡人刘备为平原相。

袁术与兄长袁绍不和，诋毁袁绍非袁氏子，二袁互骂。

五斗米教主张鲁据汉中自立。

中原名士管宁、邴原避难辽东。

公元192年　汉献帝初平三年

正月，荀彧离开冀州，归顺曹操。

袁绍在界桥大败公孙瓒。

董卓在长安建郿坞。

四月，司徒王允联合吕布，击杀董卓，灭董卓三族。文学家蔡邕因为董卓所赏识，连坐下狱，死于狱中。陈宫说服兖州归顺曹操。

五月，董卓部将李傕、郭汜反击王允。

六月，王允被杀，吕布出逃。

十月，荆州刺史刘表被封为镇南将军。

十二月，曹操在济北大败黄巾军，得兵三十万，号称青州兵。

袁绍在平原龙凑大败公孙瓒。

曹植出生。

公元193年　汉献帝初平四年

正月，袁术占领淮南。

十月，公孙瓒杀幽州牧刘虞。

此年，孙坚攻荆州，为刘表部将黄祖射死。

公元194年　汉献帝兴平元年

二月，平原相刘备驻屯徐州小沛。

曹操为报父仇，攻徐州牧陶谦，大肆屠杀百姓。因部将陈宫叛迎吕布，曹操撤军。

八月，吕布与曹操在濮阳大战。

十二月，益州牧刘焉病死，其子刘璋袭位。益州将领甘宁反刘璋，不利，逃入荆州（后成为东吴名将）。同月，徐州牧陶谦病死，刘备袭位。孙策替袁术攻庐江，袁术食言。

公元195年　汉献帝兴平二年

二月，李傕和郭汜反目成仇，互相攻击。

四月，汉献帝立贵人伏氏为皇后。

闰四月，吕布被曹操打败，逃到徐州投奔刘备。

六月，李傕部将杨奉叛逃，李傕势力衰落。

十月，沮授劝袁绍迎汉献帝，号令天下，袁绍不从。

此年，周瑜投奔孙策帐下，与孙策转战江东，辟地千里。

袁绍攻陷东郡，杀名将臧洪。

公元196年　汉献帝建安元年

六月，徐州牧刘备攻袁术，吕布趁机偷袭徐州，自称徐州牧，与刘备言和，使刘备屯小沛。

八月，曹操采纳荀彧建议，奉迎汉献帝入许，挟天子以令诸侯。孙策攻陷会稽，太守王朗投降。

十月，郭嘉抛弃袁绍，投奔曹操。

袁谭攻破北海，北海相孔融逃往许都。

袁术攻刘备，吕布辕门射戟解救刘备。随后吕布攻刘备，刘备投奔曹操。

祢衡骂曹操，被送往荆州，不久被黄祖所杀。

此年，曹冲出生。

公元197年　汉献帝建安二年

正月，曹操收降张绣，因私通张绣叔母邹氏，引发张绣叛乱，曹军大败。曹操长子曹昂、大将典韦战死。

袁术在淮南称帝。

九月，曹操东征袁术。许褚投奔曹操。

此年，邓艾出生。

公元198年　汉献帝建安三年

四月，李傕被段煨所杀。

十月，曹操东征吕布。

十二月，吕布在白门楼被擒杀。

此年，孙策放王朗投奔曹操。太史慈归顺孙策。

公元199年　汉献帝建安四年

正月，袁绍灭公孙瓒，吞并幽州。

六月，袁术病死。

八月，曹操进军黎阳，防御袁绍。

十一月，张绣投降曹操。

十二月，孙策进攻黄祖，大胜。

曹操与刘备煮酒论英雄，放刘备出许都。随后刘备杀车胄，占据徐州。

公元 200 年　汉献帝建安五年

正月，董承、王服谋杀曹操，事败被杀，诛三族。

曹操东征刘备，刘备逃奔袁绍。

二月，袁绍率大军南下，驻军黎阳。

孙策被许贡门客所杀，弟孙权袭位。

十月，曹军在官渡大败袁军，取得了官渡之战的胜利。

此年，鲁肃投奔孙权。

益州牧刘璋杀张鲁之母。

公元 201 年　汉献帝建安六年

九月，曹操败刘备于汝南，刘备逃入荆州。

汉宁太守张鲁欲自封汉宁王，功曹阎圃谏之，止。

公元 202 年　汉献帝建安七年

袁绍病死，三子袁尚袭位，与兄袁谭反目成仇。

九月，曹操攻袁谭。

刘备在叶县大败魏将夏侯惇。

曹操要求孙权献质子，孙权不听。

公元 203 年　汉献帝建安八年

二月，曹操攻黎阳，袁尚、袁谭大败，退守邺城。

五月，曹操接受郭嘉让二袁自相残杀之计，退回许都，二袁果然互相残杀。

诸葛恪出生。

公元 204 年　汉献帝建安九年

二月，袁尚攻袁谭。

五月，曹操围攻邺城，城中饿死者过半。

七月，袁尚救邺城，为曹操所败。

九月，曹操平定冀州。

曹丕纳袁熙妻甄宓。

公元205年　汉献帝建安十年

正月，曹操攻破南皮，杀袁谭。

四月，黑山贼张燕率众十余万降曹。

十月，并州刺史高幹发动反曹叛乱。

公元206年　汉献帝建安十一年

正月，曹操消灭高幹，平定并州。

七月，武威太守张猛杀雍州刺史邯郸商。

公元207年　汉献帝建安十二年

三月，曹操亲征乌桓。

刘备劝刘表趁曹操北征之际偷袭许都，刘表不从。

此年，郭嘉病死，刘禅出生。

公元208年　汉献帝建安十三年

正月，甘宁叛逃江东，引吴军攻江夏，杀黄祖。

六月，曹操罢三公，自为丞相。司马懿进入曹魏政界。

八月，曹操杀孔融。荆州牧刘表死，次子刘琮袭位。

九月，刘琮投降曹操。刘备携民渡江，在长坂坡被曹操追上，大败。

十月，刘备与孙权联合抗曹，孙刘联军火烧赤壁，曹军北撤。吴军围攻江陵，刘备南略四郡。

此年，司马师出生。

公元209年　汉献帝建安十四年

三月，孙权围攻合肥不下，撤军。

曹操派李典驻屯合肥。

周瑜攻克江陵。

孙权将妹妹孙尚香嫁给刘备。

曹操派名士蒋干劝降周瑜，不果。

公元210年　汉献帝建安十五年

正月，曹操下《求贤令》。

周瑜劝孙权软禁刘备，孙权不从。周瑜献取蜀之计，不久周瑜病死。

交州军阀士燮归降孙权。

公元 211 年　汉献帝建安十六年

八月，曹操西征马超，在潼关渡河时被马超打败。

九月，贾诩献离间韩遂、马超之计，曹操趁机反击，马超逃走。

十二月，曹操留夏侯渊守长安。

益州别驾张松为曹操所辱，暗中投靠刘备，献攻蜀之计。刘璋听信张松建议，迎刘备入蜀。孙权得到刘备入蜀的消息后，企图偷走阿斗，被张飞、赵云拦江救下。庞统劝刘备杀刘璋，奇袭成都，刘备不从。

公元 212 年　汉献帝建安十七年

五月，曹操杀马腾，夷三族。

九月，张纮劝孙权迁都秣陵（今南京）。

十月，曹操加九锡，荀彧反对，为曹操所恨，荀彧郁郁而终。

十二月，刘备听庞统之计，袭取涪水关，与刘璋刀兵相向。

公元 213 年　汉献帝建安十八年

正月，曹操亲征孙权，不克，曹操感慨道："生子当如孙仲谋！"

五月，汉献帝封曹操为魏公。

益州从事郑谷劝刘璋坚壁清野耗死刘备，刘璋不从。

七月，汉献帝纳曹操三个女儿为贵人。

九月，杨阜在关中大败马超，马超兵败，只身逃往汉中投奔张鲁。

十一月，曹操置魏国百官。曹操欲恢复肉刑，群臣反对，止。

公元 214 年　汉献帝建安十九年

三月，汉献帝被迫提高曹操的政治待遇，魏公位在诸侯王上。

五月，吴军攻陷皖城。

刘备攻蜀不利，诸葛亮留关羽守荆州，带张飞、赵云西征援助刘备。庞统在攻雒城时被乱箭射死。

马超投降刘备，荆州军进围成都，刘璋投降。

七月，荀攸病死。

十一月，伏完谋杀曹操，事泄被杀，伏皇后和两个皇子被曹操废杀。

公元 215 年　汉献帝建安二十年

正月，汉献帝立曹操次女曹节为皇后。

三月，曹操亲征张鲁。

五月，孙权派吕蒙偷袭长沙等三郡。

关羽"单刀赴会"。

七月，曹操攻克汉中，司马懿劝曹操趁势取益州，曹操不从。

八月，孙权率军十万亲征合肥，被张辽打败。张辽在逍遥津险些生擒孙权，吴军撤退。

十一月，张鲁向曹操投降。

公元216年　汉献帝建安二十一年

五月，汉献帝晋封曹操为魏王。曹操杀崔琰，废毛玠。

七月，南匈奴单于来朝贡。

公元217年　汉献帝建安二十二年

二月，曹操攻孙权于濡须口。

十月，曹操立次子曹丕为王太子。

刘备纳法正取汉中之计，北征汉中。

鲁肃病死，吕蒙接任大都督。

公元218年　汉献帝建安二十三年

正月，少府耿纪等人谋杀曹操，事败，诛三族。

七月，曹操西征，与刘备争汉中。

公元219年　汉献帝建安二十四年

正月，蜀将黄忠在定军山斩杀魏军主将夏侯渊。

三月，曹操自斜谷进汉中。

五月，曹操兵败，撤出汉中，汉中遂为刘备所有。

七月，刘备自称汉中王。关羽发荆州兵攻曹仁于樊城，水淹七军生擒魏军主将于禁。

孙权妒忌刘备势大，单方面撕毁盟约，派吕蒙、陆逊偷袭荆州。

十一月，关羽战败被杀。

十二月，吕蒙忽得疾病死。

公元220年　汉献帝建安二十五年，魏文帝黄初元年

正月，魏王曹操病死，王太子曹丕继位。

十月，曹丕废汉献帝，自立为帝，国号魏，改元黄初。

十一月，曹丕封刘协为山阳公，奉汉正朔。

公元 221 年　魏文帝黄初二年，蜀汉昭烈帝章武元年

四月，汉中王刘备在成都称帝，国号大汉，改元章武，史称蜀汉。

五月，刘备立夫人吴氏为皇后。

六月，曹丕赐原配甄宓自尽。张飞被部下所杀。

七月，刘备誓报孙权偷袭荆州之仇，尽起国中精锐伐吴。

八月，孙权向曹丕称臣，受封吴王。

公元 222 年　魏文帝黄初三年，蜀汉昭烈帝章武二年，吴王黄武元年

六月，陆逊在夷陵火烧蜀军连营七百里，蜀军惨败，刘备逃回白帝城。

八月，蜀将黄权还蜀无路，投降曹丕。

九月，曹丕立贵妃郭女王为皇后。曹丕亲征孙权。

此年，西晋名将杜预出生。

公元 223 年　魏文帝黄初四年，蜀汉昭烈帝章武三年——后主建兴元年，吴王黄武二年

二月，诸葛亮赴永安看望刘备。魏军攻吴不利，撤军。

四月，刘备托孤于诸葛亮，病逝。

五月，蜀汉皇太子刘禅在成都即皇帝位，改元建兴。诸葛亮总揽蜀汉军政。

六月，魏太尉贾诩病死。

十月，诸葛亮派邓芝出使东吴，吴蜀第二次结盟。

此年，嵇康出生。

公元 224 年　魏文帝黄初五年，蜀汉后主建兴二年，吴王黄武三年

四月，魏立太学。

九月，曹丕亲征孙权。

十月，曹丕撤军。

东吴太子太傅张温被废，卒于家。

十一月，鲜卑酋长轲比能杀扶罗韩，抚罗韩弟步度根降魏，魏军攻轲比能，不利。

公元 225 年　魏文帝黄初六年，蜀汉后主建兴三年，吴王黄武四年

三月，诸葛亮亲征南中，平定雍闿等人叛乱。

五月，吴丞相孙劭病死，孙权以顾雍继任。

七月，诸葛亮七擒孟获，平定南中。

十月，曹丕亲征孙权，不克，撤军。

此年，钟会出生。

公元226年　魏文帝黄初七年，蜀汉后主建兴四年，吴王黄武五年

五月，曹丕病死，皇太子曹叡继位。

八月，孙权攻江夏，文聘固守。吴军不利，撤退。

此年，交州军阀士燮病死。

公元227年　魏明帝太和元年，蜀汉后主建兴五年，吴王黄武六年

三月，诸葛亮率军北驻汉中，上《出师表》，准备北伐曹魏。

四月，曹魏恢复五铢钱。

六月，司马懿为荆、豫都督，镇宛城。

十二月，曹叡立贵嫔毛氏为皇后。

公元228年　魏明帝太和二年，蜀汉后主建兴六年，吴王黄武七年

正月，司马懿奇袭上庸，杀孟达。魏延献奇袭子午谷之计，诸葛亮不从。蜀军北伐，关中大震，三郡降蜀。魏将姜维归顺蜀汉。

马谡违诸葛亮的节度，在街亭被张郃击败，第一次北伐失败。三郡复归魏。

五月，吴鄱阳太守周鲂献诈降计，诱曹休深入，大败魏军。

十一月，诸葛亮上《后出师表》。王朗病死。

十二月，诸葛亮第二次北伐，围攻陈仓，魏将郝昭坚守，蜀军不利。

公元229年　魏明帝太和三年，蜀汉后主建兴七年，吴大帝黄龙元年

春，蜀将陈式攻取阴平、武都二郡。

四月，孙权在武昌称帝，改元黄龙。吴蜀正式结盟，定分魏之议。

九月，孙权迁都建业，留太子孙登守武昌。

公元230年　魏明帝太和四年，蜀汉后主建兴八年，吴大帝黄龙二年

春，孙权派诸葛直、卫温率军征中国台湾。

四月，魏太傅钟繇病死。

六月，魏太皇太后卞氏病死。

七月，魏将曹真伐蜀。

九月，曹真撤军。

十二月，吴军攻合肥不利，撤军。

公元 231 年　魏明帝太和五年，蜀汉后主建兴九年，吴大帝黄龙三年

二月，孙权杀诸葛直、卫温。

三月，魏大将军曹真病死。

六月，蜀军在木门道射死魏将张郃。

八月，诸葛亮攻祁山，李严以粮尽为借口，骗刘禅召诸葛亮撤军。

十二月，魏太尉华歆病死。

公元 232 年　魏明帝太和六年，蜀汉后主建兴十年，吴大帝嘉禾元年

正月，孙权次子孙虑病死。

三月，孙权遣使通辽东公孙渊。

十月，公孙渊向孙权称臣。

十一月，魏陈思王曹植病死。

公元 233 年　魏明帝青龙元年，蜀汉后主建兴十一年，吴大帝嘉禾二年

二月，曹叡改年号太和为青龙。

三月，孙权封公孙渊为燕王。

六月，魏将秦将打跑鲜卑轲比能。

十二月，公孙渊杀吴使，向魏称臣。孙权大怒，意欲亲征，群众苦谏，乃止。

此年，《三国志》著者陈寿出生。

公元 234 年　魏明帝青龙二年，蜀汉后主建兴十二年，吴大帝嘉禾三年

二月，诸葛亮率兵十万出斜谷。

三月，汉献帝刘协病死。

四月，诸葛亮屯兵五丈原。

五月，吴军十万大举北伐。

七月，吴军不利，撤退。

八月，诸葛亮病死于五丈原。魏延"谋反"被杀，夷三族。

公元 235 年　魏明帝青龙三年，蜀汉后主建兴十三年，吴大帝嘉禾四年

正月，魏皇太后郭女王病死。蜀汉废杨仪为平民，杨仪自杀。

四月，蒋琬为蜀汉大将军，总揽军政。曹叡大兴土木，修建宫室。

八月，曹叡立皇子曹芳为齐王。

公元236年　魏明帝青龙四年，蜀汉后主建兴十四年，吴大帝嘉禾五年

春，吴铸当五百大钱。

三月，张昭病死。

五月，武都氐酋长苻健降蜀汉。

十二月，魏司空陈群卒。

此年，晋武帝司马炎出生。

公元237年　魏景初元年，蜀汉后主建兴十五年，吴大帝嘉禾六年

六月，蜀汉敬哀皇后病死。

九月，魏北方发生大水灾。

十月，诸葛恪平定山越。

公元238年　魏景初二年，蜀汉后主延熙元年，吴大帝嘉禾七年

正月，司马懿东征辽东军阀公孙渊。

二月，刘禅立敬哀皇后之妹张氏为皇后，立王贵人所生子刘璿为皇太子。

吴铸当千大钱。

八月，司马懿平定辽东，杀公孙渊。

九月，吴改嘉禾七年为赤乌元年。

十二月，蜀汉大将军蒋琬屯兵汉中。

公元239年　魏景初三年，蜀汉后主延熙二年，吴大帝赤乌二年

正月，魏明帝曹叡病死，皇太子曹芳继位，由曹爽辅政。

公元240年　魏少帝正始元年，蜀汉后主延熙三年，吴大帝赤乌三年

正月，蜀汉越巂郡叛乱，张嶷讨平之。

公元241年　魏少帝正始二年，蜀汉后主延熙四年，吴大帝赤乌四年

四月，吴军北伐，全琮败于淮南。

五月，吴皇太子孙登病死。

闰六月，吴大将军诸葛瑾病死。

此年，名士管宁病死。

公元242年　魏少帝正始三年，蜀汉后主延熙五年，吴大帝赤乌五年

正月，孙权立三子孙和为皇太子。

三月，孙权派陆凯抄掠珠崖。

八月，孙权立四子孙霸为鲁王。

公元 243 年　魏少帝正始四年，蜀汉后主延熙六年，吴大帝赤乌六年

十一月，吴丞相顾雍病死。

公元 244 年　魏少帝正始五年，蜀汉后主延熙七年，吴大帝赤乌七年

三月，曹爽率兵攻蜀汉中。

五月，魏军不利，撤退。

蜀汉大将军蒋琬身体不适，将益州刺史让于费祎。

公元 245 年　魏少帝正始六年，蜀汉后主延熙八年，吴大帝赤乌八年

正月，吴太子孙和与鲁王孙霸争宠，东吴官场一地鸡毛。

二月，吴荆州牧陆逊病死。

八月，蜀汉皇太后吴氏病死。

十二月，蜀汉尚书令董允病死。

公元 246 年　魏少帝正始七年，蜀汉后主延熙九年，吴大帝赤乌九年

二月，魏幽州刺史毌丘俭大败高句丽的军。

九月，吴以诸葛恪为大将军，镇武昌。

十一月，蜀汉首辅蒋琬病死。

公元 247 年　魏少帝正始八年，蜀汉后主延熙十年，吴大帝赤乌十年

五月，魏太傅司马懿避曹爽势力，称病不出。

吴丞相步骘病死。

公元 248 年　魏少帝正始九年，蜀汉后主延熙十一年，吴大帝赤乌十一年

五月，蜀汉大将军费祎屯兵汉中。

是年冬，司马懿装傻骗李胜，曹爽不再防备司马懿。

公元 249 年　魏少帝正始十年——嘉平元年，蜀汉后主延熙十二年，吴大帝赤乌十二年

正月，曹芳祭高平陵。司马懿发动高平陵兵变，曹爽集团被全部歼灭，自此，魏国军政归司马懿。魏将夏侯霸降蜀。

四月，魏改正始十年为嘉平元年。

公元 250 年　魏少帝嘉平二年，蜀汉后主延熙十三年，吴大帝赤乌十三年

八月，孙权废太子孙和，赐鲁王孙霸自尽。

十一月，孙权立幼子孙亮为皇太子。

十二月，魏东海定王曹霖（曹髦生父）病死。

此年，左思出生。

公元251年　魏少帝嘉平三年，蜀汉后主延熙十四年，吴大帝赤乌十四年——太元元年

四月，魏扬州刺史王凌谋废少帝改立楚王曹彪，司马懿东征王凌。

五月，王凌自杀。吴立潘夫人为皇后，改赤乌十四年为太元元年。

六月，曹彪被赐自尽。

七月，司马懿病死，长子司马师任大将军，接管权力。

十二月，孙权拜诸葛恪为太子太傅，准备托孤。

公元252年　魏少帝嘉平四年，蜀汉后主延熙十五年，吴大帝太元二年——神凤元年

正月，孙权改封废太子孙和为南阳王，居长沙。

二月，曹芳立张氏为皇后。吴改太元二年为神凤元年。吴宫人缢杀潘皇后。

四月，孙权病死，皇太子孙亮继位，改神凤元年为建兴元年，诸葛恪任首辅。

十一月，魏军分三路攻吴，魏军大败，死数万。

公元253年　魏少帝嘉平五年，蜀汉后主延熙十六年，吴少帝建兴二年

正月，魏降将郭脩在宴会上杀蜀汉大将军费祎。

四月，吴诸葛恪发兵二十万攻魏。

五月，吴军攻新城。

七月，吴军不利，撤。

十月，吴武卫将军孙峻杀诸葛恪，自专朝政。

此年，吴废太子孙和自尽。

公元254年　魏少帝嘉平六年——高贵乡公正元元年，蜀汉后主延熙十七年，吴少帝五凤元年

二月，司马师杀尚书令李丰、夏侯玄等人，俱夷三族。

三月，司马师废皇后张氏。

九月，司马师废少帝曹芳为齐王。

十月，司马师迎立高贵乡公曹髦为帝，改元正元。

公元255年　魏高贵乡公正元二年，蜀汉后主延熙十八年，吴少帝五凤二年

正月，魏镇东大将军毌丘俭、扬州刺史文钦在淮南武装反抗司马师的统治。

司马师出兵灭毌丘俭，夷三族。文钦降吴。

司马师病死。

二月，司马昭继任大将军，总揽朝政。

七月，吴武卫将军孙峻杀孙权次女朱公主。

八月，蜀将姜维在洮西大败魏军王经部。

公元 256 年　魏高贵乡公正元三年——甘露元年，蜀汉后主延熙十九年，吴少帝五凤三年——太平元年

正月，蜀汉拜姜维为大将军。

六月，魏改正元三年为甘露元年。

七月，魏将邓艾在段谷大败蜀军。

九月，吴大将军孙峻病死，族弟孙綝袭位。

十月，吴改五凤三年为太平元年。

此年，晋惠帝皇后贾南风出生。

公元 257 年　魏高贵乡公甘露二年，蜀汉后主延熙二十年，吴少帝太平元年——吴景帝永安元年

五月，魏征东大将军诸葛诞在淮南武装反抗司马昭的统治。司马昭奉魏帝及太后出讨诸葛诞。

七月，吴大将军孙綝率军北救淮南。

十二月，吴将全怿降魏。

公元 258 年　魏高贵乡公甘露三年，蜀汉后主景耀元年，吴少帝太平二年——吴景帝永安元年

正月，魏军攻破淮南，杀诸葛诞，吴军惨败。

九月，吴孙綝废孙亮为会稽王，迎立孙权六子孙休为帝。

十月，孙休继位，改元永安。

十二月，孙休杀孙綝，夷三族。

此年，蜀汉宦官黄皓专权。

公元 259 年　魏高贵乡公甘露四年，蜀汉后主景耀二年，吴景帝永安二年

三月，东吴设九卿。

十月，魏置上庸郡。

此年，晋惠帝司马衷出生。

公元 260 年　魏高贵乡公甘露五年——魏元帝景元元年，蜀汉后主景耀三年，吴景帝永安三年

五月，司马昭派成济杀魏帝曹髦，迎立曹操孙常道乡公曹璜。

六月，曹璜即位，改名曹奂，改元景元。

九月，蜀汉追谥关羽、张飞、马超、庞统、黄忠。十月，追谥赵云。

秋，吴会稽王孙亮自杀。

公元 261 年　魏元帝景元二年，蜀汉后主景耀四年，吴景帝永安四年

秋，吴派薛莹出使蜀汉，言蜀汉朝政混乱，民有菜色。

公元 262 年　魏元帝景元三年，蜀汉后主景耀五年，吴景帝永安五年

十月，魏将邓艾在侯和大败蜀军。

嵇康被杀，弹《广陵散》含笑而死。

公元 263 年　魏元帝景元四年，蜀汉后主景耀六年——炎兴元年，吴景帝永安六年

五月，魏军大举伐蜀，邓艾攻沓中，诸葛绪攻武街，钟会攻汉中。

八月，蜀汉改景耀六年为炎兴元年。

十月，邓艾偷渡阴平，直进平原地带。魏封司马昭为晋公，加九锡。

十一月，刘禅投降邓艾，蜀汉灭亡。

十二月，魏分益州为梁州，治汉中。

阮籍病死。

公元 264 年　魏元帝景元五年——咸熙元年，吴景帝永安七年——吴末帝元兴元年

正月，司马昭收捕邓艾，邓艾遭钟会诬为谋反，被监军卫瓘杀。钟会谋反，成都大乱，钟会、姜维死于乱军之中。

二月，东吴背蜀吴盟约，出兵攻蜀，不克。

三月，魏封晋公司马昭为晋王。蜀汉后主刘禅举家东迁洛阳，封安乐公。

五月，魏改元咸熙。

七月，吴景帝孙休病死，吴立孙和子孙皓为帝，改元元兴。

十一月，孙皓杀丞相濮阳兴、左将军张布。

公元 265 年　魏元帝咸熙二年——晋武帝泰始元年，吴末帝元兴二年——甘露元年

四月，吴改元甘露。

五月，晋王司马昭立长子司马炎为王太子。

八月，司马昭病死。

十二月，司马炎废魏，建立晋朝，改元泰始。

公元 266 年　晋武帝泰始二年，吴末帝甘露二年——宝鼎元年

正月，司马炎立杨艳为皇后。

三月，吴遣大鸿胪张俨、五官中郎将丁忠赴晋吊司马昭丧。张俨道病卒，丁忠劝孙皓攻晋，陆凯反对，吴虽然没有出兵，但与晋断绝关系。

八月，吴改甘露二年为宝鼎元年。

十二月，孙皓从武昌迁都建业。

此年，东晋名将祖逖出生。

公元 267 年　晋武帝泰始三年，吴末帝宝鼎二年

正月，司马炎立长子司马衷为皇太子。

公元 268 年　晋武帝泰始四年，吴末帝宝鼎三年

三月，司马炎生母王太后病死。

四月，晋太保王祥病死。

九月，晋青、兖、徐、豫四州发生大水灾。

十月，吴军攻晋襄阳、江夏，为晋军所败，退还。

公元 269 年　晋武帝泰始五年，吴末帝宝鼎四年——建衡元年

正月，孙皓立长子孙瑾为皇太子。

二月，晋分雍、凉、梁州置秦州。晋以尚书左仆射羊祜都督荆州军事，为灭吴做准备。

十月，吴改宝鼎四年为建衡元年。

十一月，吴左丞相陆凯病死。

公元 270 年　晋武帝泰始六年，吴末帝建衡二年

四月，吴以镇军大将军陆抗都督荆州。

六月，晋秦州刺史胡烈讨鲜卑首长秃发树机能，胡烈兵败战死，关西大震。

此年，南匈奴改姓刘氏。

公元271年　晋武帝泰始七年，吴末帝建衡三年

四月，晋凉州刺史牵弘讨北地胡人，牵弘兵败战死。

吴军收复交趾诸郡。

此年，蜀汉后主刘禅病死。西晋名将刘琨出生。

公元272年　晋武帝泰始八年，吴末帝凤凰元年

二月，晋皇太子司马衷纳贾充女贾南风为太子妃。晋安平王司马孚病死。

八月，吴西陵都督步阐降晋。

十二月，吴将陆抗攻陷西陵，擒杀步阐。

公元273年　晋武帝泰始九年，吴末帝凤凰二年

三月，吴以陆抗为大司马、荆州牧。

四月，晋为邓艾冤案平反。

公元274年　晋武帝泰始十年，吴末帝凤凰三年

二月，晋分幽州北部置平州。

七月，晋皇后杨艳病死。吴荆州牧陆抗病死。

此年，魏少帝曹芳病死。后赵皇帝石勒出生。

公元275年　晋武帝咸宁元年，吴末帝天册元年

十二月，晋追尊司马懿为高祖，司马师为世宗，司马昭为太祖。

公元276年　晋武帝咸宁二年，吴末帝天册二年——天玺元年

七月，吴改天册二年为天玺元年。

十月，晋立前皇后杨艳之妹杨芷为皇后。

此年，东晋元帝司马睿出生。东晋开国名相王导出生。

公元277年　晋武帝咸宁三年，吴末帝天纪元年

八月，晋大封宗室诸王。

此年，鲜卑、匈奴诸部内附晋朝。鲜卑酋长拓跋力微病死。

公元278年　晋武帝咸宁四年，吴末帝天纪二年

十月，司马炎以皇太子司马衷昏愚，几废之，赖贾充等人偷奸耍滑，欺骗司马炎，保住司马衷太子位。

十一月，西晋名将羊祜病死，司马炎以杜预代羊祜。

公元279年　晋武帝咸宁五年，吴末帝天纪三年

正月，鲜卑酋长秃发树机能攻陷凉州。

南匈奴左贤王刘豹病死，其子刘渊袭位。

十一月，二十万晋军六路大举伐吴。

十二月，晋武威太守马隆斩秃发树机能，平定凉州。

公元 280 年　晋武帝咸宁六年——太康元年，吴末帝天纪四年

二月，晋军攻克西陵、江陵，诸道并进，直下建业。

三月，晋军攻克建业，孙皓投降。三国鼎立局面彻底结束，晋朝统一天下。

四月，司马炎改咸宁六年为太康元年。